Die grundgesetzlichen Anforderungen an die Legitimation der Europäischen Unionsgewalt

Europäische Hochschulschriften

Publications Universitaires Européennes
European University Studies

Reihe II
Rechtswissenschaft

Série II Series II
Droit
Law

Bd./Vol. 3859

PETER LANG
Frankfurt am Main · Berlin · Bern · Bruxelles · New York · Oxford · Wien

Wolfgang Bruckmann

Die grundgesetzlichen Anforderungen an die Legitimation der Europäischen Unionsgewalt

PETER LANG
Europäischer Verlag der Wissenschaften

Bibliografische Information Der Deutschen Bibliothek
Die Deutsche Bibliothek verzeichnet diese Publikation in der Deutschen Nationalbibliografie; detaillierte bibliografische Daten sind im Internet über <http://dnb.ddb.de> abrufbar.

Zugl.: Jena, Univ., Diss., 2003

27
ISSN 0531-7312
ISBN 3-631-52011-5

www.peterlang.de

Inhalt

Literaturverzeichnis

Achternberg/Krawietz (Hrsg.), Legitimation des modernen Staates, Franz Steiner Verlag GmbH, Wiesbaden 1981

v. Arnim, Hans Herbert, Demokratie vor neuen Herausforderungen, ZRP 1995, 340

ders., Die Verfassung hinter der Verfassung, ZRP 1999, 326

Baade, Hans W., Das Verhältnis von Parlament und Regierung im Bereich der auswärtigen Gewalt der Bundesrepublik Deutschland, Hansischer Gildenverlag, Joachim Heitmann & Co, Hamburg 1962

Badura, Peter, Über Wahlen, AöR 97(1972), 1

ders., Bewahrung und Veränderung demokratischer und rechtsstaatlicher Verfassungsstruktur in den internationalen Gemeinschaften, VVDStRL 23(1966), 34

Baer, Susanne, Grundrechtscharta ante portas, ZRP 2000, 361

Baetge, Dietmar, Grundzüge des Vertrags von Maastricht, BayVBl. 1992, 711

Bakker, Rainer, Verfassungswidrigkeit des Mehrheitswahlrechts, ZRP 1994, 457

Baldus, Manfred, Europol und Demokratieprinzip, ZRP 1997, 286

Bandilla/Hix, Demokratie, Transparenz und Bürgerrechte in der Europäischen Gemeinschaft, NJW 1997, 1217

Bangemann, Martin, Direktwahl des Europäischen Parlaments: Kein Ablenkungsmanöver !, Zeitschrift für Parlamentsfragen ZfP 1978, 279

Barth, Michael /Demmke,, Christoph /Ludwig, Grit, Die Europäisierung des nationalen Verwaltungsverfahrens- und Verwaltungsorganisationsrechts im Bereich des Umweltrechts, Natur und Recht 2001, 133

Beckedorf, Ingo, Das Untersuchungsrecht des Europäischen Parlaments, EuR 32 (1997), 237

Benda, Ernst, Demoskopie und Recht, JZ 1972, 497

ders., Zukunftsfragen der Parlamentarischen Demokratie, ZfP 1978, 510

ders., Konsens, Meinungsforschung und Verfassung, DÖV 1982, 877

Beutler, Bengt, Offene Staatlichekit und europäische Integration, in: Offene Staatlichkeit, FS für Böckenförde, Dunker & Humblot Verlag, Berlin 1995

Beutler/Bieber/Pipkorn/Streil, Die Europäische Gemeinschaft - Rechtsordnung und Politik, 3. Auflage, Nomos Verlagsgesellschaft, Baden-Baden 1987

Beyer, Thomas C. W., Die Ermächtigung der Europäischen Union und ihrer Gemeinschaften, Der Staat 35(1996), 189 ders., Gewährträgerhaftung ohne Gewähr ?, NJW 1999, 1085

Bieber, Roland, Funktion und Grundlagen direkter Wahlen zum Europäischen Parlament im Jahre 1978, ZfP 1976, 228

ders., Die politischen Parteien im Demokratisierungsprozeß der Gemeinschaft, EuR 13 (1978), 381

ders., Perspektiven des Europäischen Parlaments nach der 2. Direktwahl, in: Jürgen Schwarze (Hrsg.), Integrationsrecht, Nomos Verlagsgesellschaft, Baden-Baden 1985, S. 85

Blanke, Hermann-Josef, Der Unionsvertrag von Maastricht, Ein Schritt auf dem Weg zu einem europäischen Bundesstaat ?, DÖV 1993, 412

Blanke, Hermann-Josef / Kuschnik, Michael, Bürgernähe und Effizienz als Regulatoren des Widerstreits zwischen Erweiterung und Vertiefung der Europäischen Union, DÖV 1997, 45

Bleckmann, Albert, Nationales und europäisches Souveränitätsverständnis - Strukturalistisches Modelldenken im Europäischen Gemeinschaftsrecht und im Völkerrecht, in: Georg Ress (Hrsg.), Souveränitätsverständnis in den Europäischen Gemeinschaften, Nomos Verlagsgesellschaft, Baden-Baden 1980, S. 3

ders., Chancen und Gefahren der europäischen Integration, JZ 1990, 301

ders., Europarecht, Carl Heymanns Verlag KG, 5. Auflage, Köln 1990, 6. Auflage, Köln 1997

ders., Die Umsetzung von Gemeinschaftsbeschlüssen in nationales Recht im Lichte der Beziehungen zwischen den nationalen Parlamenten und dem Europäischen Parlament, ZfP 1991, 572

ders., Der Vertrag über die Europäische Union, DVBl. 1992, 335

ders., Die Wahrung der „nationalen Identität" im Unions-Vertrag, JZ 1997, 265

Blumenwitz, Dieter, Kontrolle der auswärtigen Gewalt, BayVBl. 1996, 577

Bluntschli, J. C., Lehre vom modernen Staat, Band III, Verlag der J.G. Cotta`schen Buchhandlung, Stuttgart 1876

Böckenförde, Ernst-Wolfgang, Die Methoden der Verfassungsinterpretation - Bestandsaufnahme und Kritik, NJW 1976, 2089

ders., Verfassungsgerichtsbarkeit: Strukturfragen, Organisation, Legitimation, NJW 1999, 9

Boest, Reinhard, Ein langer Weg zur Demokratie in Europa - Beteiligungsrechte des Europäischen Parlaments bei der Rechtsetzung nach dem Vertrag über die Europäische Union, EuR 27 (1992), 182

v.Bogdandy, Armin, Konturen des integrierten Europas, EA 1993, 49

ders., Zweierlei Verfassungsrecht - Europäisierung als Gefährdung des gesellschaftlichen Grundkonsenses ?, Der Staat 39(2000), 163

v.Bogdandy/Nettesheim, Die Verschmelzung der Europäischen Gemeinschaft in der Europäischen Union, NJW 1995, 2324

diess., Die Europäische Union: Ein einheitlicher Verband mit eigener Rechtsordnung, EuR 31 (1996), 3

Boguslawski, Alexander, Direktwahl zum Europäischen Parlament und Europa-Bewußtsein, EA 1983, 7

Borchmann, Michael, Die Bundesgesetzgebung zu internationalen Abkommen in den Jahren 1997 und 1998, NJW 1999, 1223

Borchardt, Klaus-Dieter, Der sozialrechtliche Gehalt der Unionsbürgerschaft, NJW 2000, 2057

Brenner, Michael, Das Gesetz über die Zusammenarbeit von Bundesregierung und Deutschem Bundestag in Angelegenheiten der Europäischen Union, ThürVBl. 1993, 196

Breuer, Rüdiger, Die Sackgasse des neuen Europaartikels (Art. 23 GG), NVwZ 1994, 417

Brinktrine, Ralf, Organisationsgewalt der Regierung und Vorbehalt des Gesetzes - zur Reichweite der „Wesentlichkeitstheorie" am Beispiel der Zusammenlegung von Justiz- und Innenministerium in Nordrhein-Westfalen, JURA 2000, 123

Brosius-Gersdorf, Frauke, Die doppelte Legitimationsbasis der Europäischen Union, EuR 34 (1999), 133

Brünneck, Alexander von, Die öffentliche Meinung in der EG als Verfassungsproblem, EuR 24 (1989), 249

Bryde, Brun-Otto, Sicherheitspolitik zwischen Regierung und Parlament, Jura 1986, 363

Burgbacher, Hans Gerwin, Der Beitrag Maastrichts zur europäischen Integration, Demokratie und Recht 1993, 26

Busch, Tobias, Bundesländer und Grundgesetz im Spannungsfeld der europäischen Integration, Centaurus-Verlagsgesellschaft, Pfaffenweiler 1990

Caspar, Johannes, Nationale Grundrechtsgarantien und sekundäres Gemeinschaftsrecht, DÖV 2000, 349

Chimelli, Rudolph, Der permanente Staatsstreich, EGmagazin 1991 Nr. 7/8, 18

Christiansen, Thomas, Gemeinsinn und Europoäische Integration. Strategien zur Optimierung von Demokratie- und Integrationsziel, in: Steffani/Thaysen, Demokratie in Europa: Zur Rolle der Parlamente, Westdeutscher Verlag GmbH, Opladen 1995, S. 50

Chwolik-Lanfermann, Braucht die Europäische Union einen Grundrechtskatalog, ZRP 1995, 128

Classen, Claus Dieter, Europäische Integration und demokratische Legitimation, AöR 119(1994), 238

Constantinesco, Léontin-Jean, Das Recht der Europäischen Gemeinschaften, Band I, Nomos Verlagsgesellschaft, Baden-Baden 1977

Cremer, Nans-Joachim, Das Demokratieprinzip auf nationaler und europäischer Ebene im Lichte des Maastricht-Urteil des Bundesverfassungsgerichts, EuR 30 (1995), 21

Dagtoglou, Prodromos, Recht auf Rücktritt von den Römischen Verträgen ?, FS für Forsthoff, 1972, S. 77

Dahrendorf, Ralf, Gesellschaft und Demokratie, Piper Verlag, München 1965

Dederer, Hans-Georg, Organisatorisch-personelle Legitimation der funktionalen Selbstverwaltung, NVwZ 2000, 403

Degen, Manfred, Die Unionsbürgerschaft nach dem Vertrag über die europäische Union unter besonderer Berücksichtigung des Wahlrechts, DÖV 1993, 749

Delmas, Über den nächsten Krieg mit Deutschland, Econ Ullstein List Verlag, München, Propyläen Verlag, 2000

Delors, Jacques, Entwicklungsperspektiven der Europäischen Gemeinschaft, Aus Politik und Zeitgeschichte 1993, 3

Denninger, Erhard, Anmerkungen zur Diskussion um Europäische Grundrechte, Kritische Vierteljahresschrift für Gesetzgebung und Rechtswissenschaft 2000, 145

Di Fabio, Udo, Der neue Art. 23 des Grundgesetzes, Der Staat 32(1993), 191

ders., Information als hoheitliches Gestaltungsmittel, JuS 1997, 1

ders., Eine europäische Charta, JZ 1999, 737

Doehring, Karl, Staatsrecht der Bundesrepublik Deutschland, Alfred Metzner Verlag GmbH, Frankfurt/Main, 2. Aufl. 1980

Döring, Eberhard/Döring, Walter, Philosophie der Demokratie bei Kant und Popper. Zum Verhältnis von Freiheit und Verantwortung, Akademie Verlag, Berlin 1995

Dörr, Oliver, Noch einmal: Die Europäische Union und die Europäischen Gemeinschaften, NJW 1995, 3162

Dreier, Horst (Hrsg.), Grundgesetz - Kommentar, Verlag J. C. B. Mohr (Paul Siebeck), Tübingen 1996

Duden, das große Wörterbuch der deutschen Sprache, Bibliographisches Institut - Dudenverlag, Mannheim/Wien/Zürich, Bd. 1 1976 Bd. 3 1977, Bd. 4 1978, Bd. 6 1981

Eckhoff/Sundby, Rechtssystem, Verlag Dunker & Humblot, Berlin 1988

Ehlermann, Claus-Dieter, Das Parlament muß berechenbar sein. Zum Verhältnis von Kommission und Europäischem Parlament, ZfP 1982, 185

Eisenhardt, Ulrich, Der Begriff der Toleranz im öffentlichen Recht, JZ 1968, 214

Enders, Christoph, Offene Staatlichkeit unter Souveränitätsvorbehalt - oder: Vom Kampf der Rechtsordnung nach Maastricht, in: Offene Staatlichkeit, FS für Böckenförde, Dunker & Humblot Verlag, Berlin 1995

Epiney, Astrid, Neuere Rechtsprechung des EuGH in den Bereichen des institutionellen Rechts und der Grundfreiheiten, NVwZ 1999, 1072

Epiney, Astrid/Freiermuth, Marianne/Mosters, Robert, Der Vertrag von Nizza, DVBl. 2001, 941

Epping, Volker, Die demokratische Legitimation der dritten Gewalt der Europäischen Gemeinschaften, Der Staat 36(1997), 349

Erler, Georg, Das Grundgesetz und die öffentliche Gewalt internationaler Staatengemeinschaften, VVDStRL 18(1960), 7

Erler/Kaufmann, Handwörterbuch zur deutschen Rechtsgeschichte, Band II, Erich Schmidt Verlag, Berlin 1978

Everling, Ulrich, Vom Zweckverband zur Europäischen Union - Überlegungen zur Struktur der Europäischen Gemeinschaft -, in: FS für H.P. Ipsen, Beiträge zum deutschen und europäischen Verfassungs-, Verwaltungs- und Wirtschaftsrecht, Verlag J.C.B. Mohr, Tübingen 1977, S. 595

ders., Zur föderalen Struktur der Europäischen Gemeinschaft, in: Staat und Völkerrechtsordnung, FS für Karl Doehring, Springer Verlag, Berlin 1989, S. 179

ders., Überlegungen zur Struktur der Europäischen Union und zum neuen Europa-Artikel des Grundgesetzes, DVBl. 1993, 936

ders., Richterliche Rechtsfortbildung in der Europäischen Gemeinschaft, JZ 2000, 217

Fastenrath, Ulrich, Kompetenzverteilung im Bereich der auswärtigen Gewalt, Verlag C.H. Beck, München 1986

Fiedler, Wilfried, Sozialer Wandel, Verfassungswandel, Rechtsprechung, Verlag Karl Alber, Freiburg 1972

Fischer, Per, Wider die neue Europa-Wehleidigkeit der Deutschen, EA 1992, 187

Fischer, Wolfgang, Die Europäische Union im Grundgesetz: der neue Artikel 23, ZfP 1993, 32

Flint, Thomas, Die Übertragung von Hoheitsrechten - Zur Auslegung der Art. 23 Abs. 1 Satz 2 und Art. 24 Abs. 1 GG, Verlag Duncker & Humblot, Berlin 1998

Freund, Dorrit, Alexis Tocqueville und die politische Kultur der Demokratie, Verlag Paul Haupt, Bern 1974

Friauf, Heinrich, Zur Problematik rechtsstaatlicher und demokratischer Strukturelemente in zwischenstaatlichen Gemeinschaften, DVBl. 1964, 781

Friesenhahn, Ernst, Parlament und Regierung im modernen Staat, VVDStRL 16(1958), 9

Fromont, Michel, Europa und nationales Verfassungsrecht nach dem Maastricht-Urteil - Kritische Bemerkungen; JZ 1995, 800

Frowein, Jochen Abr., Zur institutionellen Fortentwicklung der Gemeinschaft, KSE 22, 83

ders., Zur institutionellen Fortentwicklung der Europäischen Gemeinschaften, EA 1972, 623

Fuss, Ernst-Werner, Positionsstärkung des Europäischen Parlaments, EuR 7(1972), 358

ders., Rechtsstaatliche Bilanz der Europäischen Gemeinschaften, in: FS für Küchenhoff, Verlag Dunker & Humblot, Zweiter Halbband, Berlin 1972, S. 781

Gaa, Meinhard, Familienwahlrecht bei der nächsten Bundestagswahl ?, ZRP 1997, 345

Gassner, Ulrich M., Kreation und Repräsentation - Zum demokratischen Gewährleistungsgehalt von Art. 38 Abs. 1 S. 1 GG, Der Staat 34(1995), 429

Geiger, Rudolf, EG-Vertrag - Kommentar, Verlag C. H. Beck, München 1993

ders., Grundgesetz und Völkerrecht, Verlag C. H. Beck, 2. Auflage, München 1994

Geiger, Theodor, Demokratie ohne Dogma, 4. Auflage, Verlag Dunker & Humblot, Berlin 1991

Gehring, Norbert, Parlament - Regierung - Opposition, Verlag C. H. Beck, München 1969

Glaesner, Hans-J., Die Beziehungen zwischen Ministerrat und Europäischem Parlament - Erfolg der "kleinen Schritte" ?, ZfP 1982, 191

ders., Die Entwicklung des Europäischen Rates bis zum Vertrag von Maastricht, EuR 29(1994), 22

Gnan, Reinhald, Der Vertrag von Nizza, BayVBl. 2001, 449

Götz, Volkmar, Europäische Gesetzgebung durch Richtlinien - Zusammenwirken von Gemeinschaft und Staat, NJW 1992, 1849

ders., Das Maastricht-Urteil des Bundesverfassungsgerichts, JZ 1993, 1081

Grabitz/Hilf, Kommentar zur Europäischen Union, Verlag C.H.Beck, München, Stand Mai 1995

Grabitz/Schmuck, Das Europäische Parlament im Verflechtungssystem der EG - Handlungsspielräume, Rollenbeschreibung, Funktionen, ZfP 1984, 427

Gramm, Christof, Politische Problemlösungskompetenz als knappes Gut, ZRP 2000, 282

Grawert, Rolf, Der Deutschen supranationaler Nationalstaat, in: Offene Staatlichkeit, FS für Böckenförde, Dunker & Humblot Verlag, Berlin 1995

Grewe, Wilhelm G., Die auswärtige Gewalt der Bundesrepublik, VVDStRL 12(1954), 129

ders., Zum Verfassungsrecht der Auswärtigen Gewalt, AöR 112(1987), 521 ders., Auswärtige Gewalt, in: HdbdStR, Bd. III, § 77, 1988

Grimm, Dieter, Braucht Europa eine Verfassung ?, JZ 1995, 581

v.d.Groben/Boeckh/Thiesing/Ehlermann, Kommentar EWG-Vertrag, Band 2, Nomos Verlagsgesellschaft, 3. Auflage, Baden-Baden 1983

v.d.Groeben/Thiesing/Ehlermann, Kommentar EWG-Vertrag, Band 3, Nomos Verlagsgesellschaft, 4. Auflage, Baden-Baden 1991

diess., Band 4, 5. Auflage 1997

diess., Band 1, 5. Auflage 1997

Groß, Thomas, Verfassungsrechtliche Möglichkeiten und Begrenzungen für eine Selbstverwaltung der Justiz, ZRP 1999, 361

Großfeld, Bernhard, Sprache und Schrift als Grundlage unseres Rechts, JZ 1997, 633

Gusy, Christoph, Das Mehrheitsprinzip im demokratischen Staat, AöR 106(1981), 329

ders., Verwaltung durch Information, NJW 2000, 977

Habermas, Jürgen, Die postnationale Konstellation, Suhrkamp Verlag, Frankfurt am Main 1998

Häberle, Peter, Der kooperative Verfassungsstaat, FS für Helmut Schlesky, Verlag Dunker & Humblot, Berlin 1978, S. 141

ders., Zeit und Verfassungsstaat - kulturwissenschaftlich betrachtet, Jura 2000, 1

Häferlein, Ulrich, Die Rechtspersönlichkeit des Staates, I. Teil, Verlag J.C.B. Mohr, Tübingen 1959

Häfner, Gerald / Strawe, Christoph / Zuegg, Robert, In der Auseinandersetzung um eine Charta der Grundrechte der Europäischen Union, ZRP 2000, 365

Haffner, Sebastian, Im Schatten der Geschichte, Deutsche Verlags-Anstalt, 5. Auflage, Stuttgart 1985

Hahn, Hugo J., Über die Gewaltenteilung in der Wertewelt des Grundgesetzes, JöR 14(1965), 15

Hain, Karl-E., Die Grundsätze des Grundgesetzes - eine Untersuchung zu Art. 79 Abs. 3 GG, Nomos Verlagsgesellschaft, Baden-Baden 1999

Hänsch, Europäische Integration und parlamentarische Demokratie, EA 1986, 191

Hatje, Armin, Die institutionelle Reform der Europäischen Union, EuR 36(2001), 143

Hauser, Erich, Illegitime Frucht der deutschen Einheit, EGmagazin 1991 Nr. 4, 6

Hasselbach, Kai, Maastricht II: Ergebnisse der Regierungskonferenz zur Reform der EU, BayVBl. 1997, 454

Heimlich, Jörn, Die Ländermitwirkung bei EG-Entscheidungen, BayVBl. 2000, 231

Heine, Joachim-Friedrich, Kontrollsysteme des Gemeinschaftsrechts zur Bekämpfung von Betrug und anderen Unregelmäßigkeiten zu Lasten des EG-Haushalts, Wirtschaft und Verwaltung 1996, 149

Hennis, Wilhelm, Demokratisierung - Zur Problematik eines Begriffs, Westdeutscher Verlag, 2. Auflage, Opladen 1972

Herdegen, Matthias, Die Belastbarkeit des Verfassungsgefüges aus dem Weg zur Europäischen Union, EuGRZ 1992, 589

Herzog, Roman, Demokratie und Gleichheit heute, DVBl. 1970, 713

ders., Allgemeine Staatslehre, Athenäum Verlag GmbH, Frankfurt/M. 1972

ders., Zur Legitimation der Willensbildung in den Gemeinschaften, KSE 22, 35

Heß, Die „Europäisierung" des internationalen Prozeßrechts durch den Amsterdamer Vertrag - Chancen und Gefahren, NJW 2000, 23

Hesse, Konrad, Die verfassungsrechtliche Stellung der politischen Parteien im modernen Staat, VVDStRL 17(1959), 11

ders., Grenzen der Verfassungswandlung, in: FS für Ulrich Scheuner, Verlag Dunker & Humblot, Berlin 1973, S. 123

ders., Grundzüge des Verfassungsrechts der Bundesrepublik Deutschland, C. F. Müller Juristischer Verlag, 18. Auflage, Heidelberg 1991

Heun, Werner, Das Mehrheitsprinzip in der Demokratie, Verlag Dunker & Humblot, Berlin 1983

Hilf, Meinhard, Völkerrechtliche und gemeinschaftsrechtliche Elemente des Beschlusses vom 20. September 1976 im Lichte des Souveränitätsdenkens in der EG, in: Georg Ress (Hrsg.), Souveränitätsverständnis in den Europäischen Gemeinschaften, Nomos Verlagsgesellschaft, Baden-Baden 1980, S. 21

ders., Die rechtliche Bedeutung des Verfassungsprinzips der parlamentarischen Demokratie für den europäischen Integrationsprozeß, EuR 19(1984), 9

ders., Die Europäische Union und die Eigenstaatlichkeit ihrer Mitgliedstaaten, in: Hommelhoff/Kirchhof, Der Staatenverbund der Europäischen Union, C. F. Müller Juristischer Verlag, Heidelberg 1994, S. 75

ders., Amsterdam - Ein Vertrag für die Bürger ?, EuR 32(1997), 347

Hilf, Meinhard / Pache, Eckhard, Der Vertrag von Amsterdam, NJW 1998, 705

Hirsch, Günter, Europäischer Gerichtshof und Bundesverfassungsgericht - Kooperation oder Konfrontation ?, NJW 1996, 2457

ders., Kompetenzverteilung zwischen EuGH und nationaler Gerichtsbarkeit, NVwZ 1998, 907 ders., EG: Kein Staat, aber eine Verfassung ?, NJW 2000, 46

ders., Der EuGH im Spannungsfeld zwischen Gemeinschaftsrecht und nationalem Recht, NJW 2000, 1817

Hitzel-Cassagnes, Tanja, Rechtsstaatliche Domestizierung der Außenpolitik, Kritische Justiz 2000, 63

Hochbaum, Ingo, Der Begriff der Kultur im Maastrichter und Amsterdamer Vertrag, BayVBl. 1997, 641 (Teil 1), 680 (Teil 2)

Höfling, Wolfram, Demokratische Grundrechte - zu Bedeutungsgehalt und Erklärungswert einer dogmatischen Kategorie, Der Staat 33(1994), 493

Hofmann, Ekkehard, Welche Verfassung für Europa ?, NJW 2000, 289

Hölscheidt, Sven, Zwangsgelder gegen die Bundesrepublik Deutschland wegen Nichtbeachtung von Urteilen des Europäischen Gerichtshofs, BayVBl. 1997, 459

Hölscheidt, Sven / Schotten, Thomas, Die Erweiterung der Europäischen Union als Anwendungsfall des neuen Europaartikels 23 GG ?, DÖV 1995, 187

diess., Zur Rolle des Deutschen Bundestages beim Eintritt in die dritte Stufe der Währungsunion, NJW 1997, 479

Hofmann, Ekkehard, Welche Verfassung für Europa ?, Bericht über das Erste interdisziplinäre "Schwarz-Kopfkolloquium" zur Verfassungsdebatte in der Europäischen Union am 26. und 27.11.1999 in Hamburg, NVwZ 2000, 289

Hofmann, Hans / Meyer-Teschendorf, Klaus G., Der „Europa-Artikel“ 23 GG in der staatlichen Praxis, ZfG 1997, 81

Hofmann, Hasso, Legitimität und Rechtsgeltung, Verlag Dunker & Humblot, Berlin 1977

Horn, Hans-Detlef, "Grundrechtsschutz in Deutschland" - Die Hoheitsgewalt der Europäischen Gemeinschaften und die Grundrechte des Grundgesetzes nach dem Maastricht-Urteil des Bundesverfassungsgerichts, DVBl. 1995, 89

Hrbek, Rudolf, Parteibünde: Unterbau der EP-Fraktionen und unverzichtbares Element einer funktionsfähigen Infrastruktur der EG, ZfP 1976, 179

ders., Demokratiegebot und Europäische Gemeinschaft, in: Die Demokratie im Spektrum der Wissenschaften, Verlag Karl Albert, Freiburg 1980, S. 285

ders., Die "Europäische Union" als unerfüllbare integrationspolitische Daueraufgabe ?, in: Ernst-Joachim Mestmächer/Hans Möller/Hans-Peter Schwarz (Hrsg.), Eine Ordnungspolitik für Europa, FS für Hans von der Groeben, Nomos Verlagsgesellschaft, Baden-Baden 1987, S. 167

Hrbek/Läufer, Die Einheitliche Europäische Akte, EA 1986, 173

Huber, Ernst Rudolf, Nationalstaat und Verfassungsstaat, Verlag W. Kohlhammer, Stuttgart, 1965

Huber, Peter M., Bundesverfassungsgericht und Europäischer Gerichtshof als Hüter der gemeinschaftsrechtlichen Kompetenzordnung, AöR 116(1991), 210

ders., Die Rolle des Demokratieprinzips im europäischen Integrationsprozeß, Staatswissenschaft und Staatenpraxis 1992, 349

ders., Maastricht - ein Staatsstreich ?, Jenaer Schriften zum Recht, Band 1, Boorberg Verlag, Stuttgart 1993

ders., Die Anforderungen der Europäischen Union an die Reform das Grundgesetzes, ThürVBl. 1994, 1

ders., Recht der Europäischen Integration, Verlag Franz Vahlen GmbH, München 1996

ders., Die parlamentarische Demokratie unter den Bedingungen der europäischen Integration, in: Peter M. Huber(Hrsg.), Das Ziel der europäischen Integration, Schriften des Hellmuth-Loening-Zentrums für Staatswissenschaften Jena Band 2, Berlin Verlag Arno Spitz GmbH, Berlin 1996

ders. Die politischen Parteien als Partizipationsinstrument auf Unionsebene, EuR 34(1999), 579

Hummer, Waldemar, Das "institutionelle Gleichgewicht" als Strukturdeterminante der Europäischen Gemeinschaft, FS für Alfred Verdross, Verlag Dunker & Humblot, Berlin 1980, S. 459

Iliopoulos, Constantin, Die rechtliche Bedeutung des Verfassungsprinzips der parlamentarischen Demokratie für den europäischen Integrationsprozeß, EuR 19(1984), 98

Iglesias, Gil Carlos Rodriguez, Gedanken zum Entstehen einer Europäischen Rechtsordnung, NJW 1999, 1

Ipsen, Hans Peter, Fusionsverfassung Europäische Gemeinschaften, Verlag Gehlen, Bad Homburg v.d.H., 1969

ders., Europäisches Gemeinschaftsrecht, Verlag J.B.C. Mohr, Tübingen 1972

ders., Zur Tragfähigkeit der Verfassungsprinzipien der Europäischen Gemeinschaft, in: Integrationskonzepte auf dem Prüfstand, Nomos Verlagsgesellschaft, Baden-Baden 1982, S. 9

ders., 40 Jahre Grundgesetz der Bundesrepublik Deutschland, JöR 38(1989), 3

ders., Europäische Verfassung - Nationale Verfassung, EuR 22(1987), 195

ders., Zehn Glossen zum Maastricht-Urteil, EuR 29(1994), 1

Ipsen, Knut, Völkerrecht, Verlag C.H. Beck, 3. Auflage, München 1990

Ipsen/Nicolaysen, Bericht über die aktuelle Entwicklung des Gemeinschaftsrechts, NJW 1964, 961

Isensee/Kirchhof, Handbuch des Staatsrechts, Band I und II, C. F. Müller Juristischer Verlag, Heidelberg 1987 §§ 1 - 28 bzw. §§ 29 - 56

Band III, C. F. Müller Juristischer Verlag, Heidelberg 1988 §§ 57 - 86

Band VII, C. F. Müller Juristischer Verlag, Heidelberg 1992 §§ 158- 183

Band VIII, C. F. Müller Juristischer Verlag, Heidelberg 1995 §§ 184 - 201

Band IX, C. F. Müller Juristischer Verlag, Heidelberg 1997 §§ 201 - 221

Isensee, Josef, Staatseinheit und Verfassungskontinuität, VVDStRL 49(1990), 39

ders., Die alte Frage nach der Rechtsfertigung des Staates, JZ 1999, 265

Jarras, Hans D., Die Kompetenzverteilung zwischen der Europäischen Gemeinschaft und den Mitgliedstaaten, AöR 121(1996), 173

Jarras, Hans D./Pieroth, Bodo, Grundgesetz für die Bundesrepublik Deutschland - Kommentar -, Verlag C.H. Beck, 4. Auflage, München 1997

Jekewitz, Jürgen, Deutscher Bundestag und Rechtsverordnungen, NVwZ 1994, 956

Jellinek, Georg, Allgemeine Staatslehre, 3. Auflage, Verlag Julius Springer, Berlin 1929

Jochimsen, Reimut, Die Europäische Wirtschafts- und Währungsunion, EA 1991, 537

ders., Perspektiven einer Wirtschafts- und Währungsunion, Nomos Verlagsgesellschaft, 2. Auflage, Baden-Baden 1998

Jung, Otto, Aktuelle Probleme der direkten Demokratie in Deutschland, ZRP 2000, 440

Kahl, Bruno, Europäische Union: Bundesstaat - Staatenbund - Staatenverbund ?, Der Staat 33(1994), 241

Kahl, Wolfgang, Montesquieu, Staat und Europa, JöR 45(1997), 11

Kaiser, Joseph, Bewahrung und Veränderung demokratischer und rechtsstaatlicher Verfassungsstruktur in den internationalen Gemeinschaften, VVDStRL 23(1966), 1

Kamann, Hans-Georg, Regierungskonferenz 1996/97 - Überlegungen zu einer Reform des Berschlußverfahrens im Rat der Europäischen Union, EuR 32(1997), 58

Kamann, Hans-Georg/Selmayr, Martin, Das Risiko der Bestandskraft - Praktische Hinweise zur Anfechtung von Gemeinschaftsentscheidungen, NVwZ 1999, 1041

Kaltefleiter, Werner, Die Grenzen der Demokratie, in: H. Hattenhauer, W. Kaltefleiter (Hrsg.), Mehrheitsprinzip, Konsens und Verfassung, C. F. Müller Juristischer Verlag, Heidelberg 1986, S. 137

Kassimatis, Georg, Der Bereich der Regierung, Verlag Duncker & Humblot, Berlin 1967

Kaufmann, Marcel, Permanente Verfassungsgebung und verfassungsrechtliche Selbstbindung im europäischen Staatenverband, Der Staat 36(1997), 521

Kautz, Steffen, Überhangmandate und die Gleichheit der Wahl, NJW 1995, 1871

Kelsen, Hans, Allgemeine Staatslehre, Verlag Julius Springer, Berlin 1925 (unveränderter Nachdruck 1966, Verlag Dr. Max Gehlen, Bad Homburg v.d.Höhe)

ders., Reine Rechtslehre, Verlag Franz Deuticke, 2. Auflage, Wien 1960 (unveränderter Nachdruck 1967)

ders., Was ist juristischer Positivismus, JZ 1965, 465

Kempen, Bernhard, Grundgesetz oder neue deutsche Verfassung, NJW 1991, 964

Kenntner, Markus, Das Subsidiaritätsprotokoll des Amsterdamer Vertrages, NJW 1998, 2871

ders., Die Schrankenbestimmungen der EU-Grundrechtscharta - Grundrechte ohne Schutzwirkung, ZRP 2000, 423

Kielmansegg, Legitimität als analytische Kategorie, Politische Vierteljahresschriften 1971, 367

Kimminich, Otto, Deutsche Verfassungsgeschichte, Nomos Verlagsgesellschaft, 2. Auflage, Baden-Baden 1987

Kipke, Rüdiger, Die Untersuchungsausschüsse des Europäischen Parlaments - Rechtsgrundlage und Verfahrenspraxis, ZfP 1989, 488

Kirchhof, Paul, Die verfassungsrechtlichen Grundlagen des Europarechts, EGmagazin 1991 Nr. 1/2, 4

ders., Das Maastricht-Urteil des Bundesverfassungsgerichts, in: Hommelhoff/Kirchhof, Der Staatenverbund der Europäischen Union, C. F. Müller Juristischer Verlag, Heidelberg 1994, S. 11

ders., Die Gewaltenbalance zwischen staatlichen und europäischen Organen, JZ 1998, 965

Kirchner, Christian/Haas, Joachim, Rechtliche Grenzen für Kompetenzübertragungen auf die Europäische Gemeinschaft, JZ 1993, 760

Kischel, Uwe, Der unabdingbare grundrechtliche Mindeststandard in der Europäischen Union, Der Staat 39(2000), 523

Klein, Eckart, Entwicklungsperspektiven für das Europäische Parlament, EuR 22(1987), 97

ders., Der Verfassungsstaat als Glied einer europäischen Gemeinschaft, VVDStRL 50(1991), 56

Kleffner-Riedel, Angelika, Die Mitwirkung der Länder und Regionen im EU-Ministerrat, BayVBl. 1995, 104

Kluge, Ethymologisches Wörterbuch, Walter de Gruyter Verlag, Berlin 1975

Knöll, Ralf, Die Charta der Grundrechte der Europäischen Union, NVwZ 2001, 392

Koenig, Christian, Volksabstimmungen nach dem Grundgesetz auf dem Weg in die Vereinigten Staaten von Europa ?, DVBl. 1993, 140 ders., Anmerkungen zur Grundordnung der Europäischen Union und ihrem fehlenden „Verfassungsbedarf", NVwZ, 1996, 549

Kohler, Beate, Direktwahlen zum Europäischen Parlament, EA 1971, 727

dies., Der Abgeordnete als Vertreter des europäischen Volkes ? Die Demokratietheorie vor der Bewährungsprobe, EuR 13(1978), 333

Kokott, Juliane, Deutschland im Rahmen der Europäischen Union - zum Vertrag von Maastricht, AöR 119(1994), 207

diess., Kontrolle der auswärtigen Gewalt, DVBl. 1996, 937

Konow, Gerhard, Die Beschlußfassung des Rates und die Erweiterung der Europäischen Gemeinschaften, ZRP 1997, 321

Kraus, Das Erfordernis struktureller Kongruenz zwischen der Verfassung der Europäischen Verteidigungsgemeinschaft und dem Grundgesetz, in: Der Kampf um den Wehrbeitrag, Veröffentlichungen des Instituts für Staatslehre und Politik e.V., Band II, 2. Halbband, Mainz 1953, S. 530ff.

Kriele, Martin, Das demokratische Prinzip im Grundgesetz, VVDStRL 29(1971), 46

ders., Legitimationsprobleme der Bundesrepublik, Verlag C.H. Beck, München 1977

ders., Einführung in die Staatslehre, Westdeutscher Verlag, 4. Auflage, Opladen 1990

ders., Brücke zu einer neuen Verfassung, ZRP 1991, 1

Kröning, Volker, Kernfragen der Verfassungsreform, ZRP 1991, 161

Krüger, Herbert, Allgemeine Staatslehre, 2. Auflage, Verlag W. Kohlhammer, Stuttgart 1966

ders., Über die Herkunft der Gewalt der Staaten und der sogenannten supranationalen Organisationen, DÖV 1959, 721

Küchenhoff/Küchenhoff, Allgemeine Staatslehre, Verlag W. Kohlhammer, 8. Auflage, Stuttgart 1977

Kugelmann, Dieter, Zu Transparenz des Handelns der Europäischen Union, EuR 31(1996), 207

Kulow, Arnd-Christian, Bericht über die Tagung zur Eröffnung des Bayreuther Instituts für Europäisches Recht und Rechtskultur, BayVBl. 2000, 492(494)

Kundoch, Harald Giselbert, Die Konstituierung des Europäischen Parlaments - zur Reform des Berufungsverfahrens der Abgeordneten, KSE 23, 1

Lachmayer, Friedrich, Mythos und Staatsbewußtsein, in: FS für Alfred Verdross, Verlag Dunker & Humblot, Berlin 1980, S. 115

Lahr, Rolf, Die Legende vom "Luxemburger Kompromiß", EA 1983, 223

Lamprecht, Rolf, Untertan in Europa - Über den Mangel An Demokratie und Transparenz, NJW 1997, 505

Lang, Ruth, Die Mitwirkungsrechte des Bundesrates und des Bundestages in Angelegenheiten der Europäischen Union gemäß Artikel 23 Abs. 2 bis 7 GG, Verlag Dunker & Humblot, Berlin 1997

Langguth, Gerd, Memorandum zur Demokratieentwicklung in der EG, Berliner Europaforum, 1992, 22

Laufer, Heinz, Die demokratische Ordnung, Verlag W. Kohlhammer, Stuttgart 1966

Läufer, Thomas, Die politische Rolle des Europäischen Parlaments, EA 1982, 397

Leibholz, Gerhard, Parteienstaat und repräsentative Demokratie, DVBl. 1951, 1

ders., Strukturprobleme der modernen Demokratie, Verlag C. F. Müller, Karlsruhe 1967

ders., Die Repräsentation in der Demokratie, Verlag Walter de Gruyter, Berlin 1973

Leible, Stefan/Sosnitza, Olaf, Richtlinienkonforme Auslegung vor Ablauf der Umsetzungsfrist und vergleichende Werbung, NJW 1998, 2507

Lemke, Christiane, Europa als politischer Raum, Kritische Justiz 1999, 1

Lenz, Carl Otto, Vertrag von Maastricht - Ende der demokratischen Staatlichkeit ?, NJW 1993, 1962

ders., Der Vertrag von Maastricht nach dem Urteil des Bundesverfassungsgerichts, NJW 1993, 3038

ders. (Hrsg.), EG-Vertrag - Kommentar zu dem Vertrag zur Gründung der Europäischen Gemeinschaften, Bundesanzeiger Verlagsgesellschaft mbH, 2. Auflage, Köln 1999

Lenz, Christofer, Das Grundgesetz und die Verteilung der Sitze im Europäischen Parlament, NJW 1996, 1328

Lerche, Peter, Stiller Verfassungswandel als aktuelles Politikum, in: Festgabe für Theodor Maunz, Verlag C.H. Beck, München 1971

Lindner, Josef Franz, EG-Grundrechtscharta und gemeinschaftsrechtlicher Kompetenzvorbehalt, DÖV 2000, 543

Losch, Bernhard/ Radau, Wiltrud, Christine, Grundrechtskatalog für die Europäische Union, ZRP 2000, 84

Löwenstein, Karl, Verfassungslehre, Verlag J.C.B. Mohr, 2. Auflage, Tübingen 1969

Lorenz, Norbert, Die Übertragung von Hoheitsrechten auf die Europäischen Gemeinschaften, Verlag Peter Lang GmbH, Frankfurt/M. 1990

Luhmann, Niklas, Legitimation durch Verfahren, Luchterland Verlag GmbH, 2. Auflage, Darmstadt 1975 ders., Komplexität und Demokratie, Politische Vierteljahresschriften 1969, 314

MacCormick, Neil, Das Maastricht-Urteil: Souveränität heute, JZ 1995, 797

Mackensen, Lutz, Deutsche Etymologie, Verlag Schibli-Doppler, Birsfelden 1977

Magiera, Siegfried, Organisationsformen der politischen Parteien auf Gemeinschaftsebene und ihre Funktion bei der politischen Willensbildung, EuR 13(1978), 311

ders., Parlament und Staatsleitung in der Verfassungsordnung des Grundgesetzes, Verlag Dunker & Humblot, Berlin 1979

ders., Die Einheitliche Europäische Akte und die Fortentwicklung der Europäischen Gemeinschaft zur Europäischen Union, Gedächtnisschrift für Wilhelm Karl Geck, Carl Heymanns Verlag, Köln 1989, S. 507

Mahrenholz, Ernst-Gotthilf, Tagung zur Eröffnung des Bayreuther Institutes für Europäisches Recht und Rechtskultur am 11./12.11.1999, BayVBl. 2000, 492(493)

v.Mangoldt/Klein/v.Campenhausen, Das Bonner Grundgesetz, Band 14, (Art. 136 - 146 GG), Verlag Franz Vahlen, 3. Auflage, München 1991

v.Mangoldt/Klein, Das Bonner Grundgesetz, Band I, Verlag Franz Vahlen, 2. Auflage München 1966

v.Mangoldt/Klein/Starck, Bonner Grundgesetz, Band 2, Verlag Franz Vahlen, 4. Auflage München 2000

Mann, Golo, Deutsche Geschichte des 19. und 20. Jahrhunderts, 1958, Ausgabe 1992, S. Fischerverlag GmbH, Frankfurt/Main

Mantl, Wolfgang, Repräsentation und Identität, Springer-Verlag, Wien 1975

Maunz, Theodor, Die verfassungsgebende Gewalt im Grundgesetz, DÖV 53, 645

Maunz/Dürig/Herzog/Scholz, Grundgesetz-Kommentar, Verlag C.H. Beck, München, Stand 1994

Maurer, Hartmut, Allgemeines Verwaltungsrecht, Verlag C.H.Beck, 12. Auflage, München 1999

Maurer/Degenhart, Kommentar zum Bonner Grundgesetz, C. F. Müller Juristischer Verlag, Heidelberg, Stand 1993

Mayen, Thomas, Der Umweltgutachterausschuß - ein strukturelles Novum ohne hinreichende demokratische Legitimation ?, NVwZ 1997, 215

Mayer, Hans, Das Parlamentarische Regierungssystem des Grundgesetzes, VVDStRL 33(1975), 69

Meesen, Karl M., Politische Identität in Europa, EuR 34(1999), 701

Meyer, Jürgen, Die EU ist auch eine Wertegemeinschaft - Die Grundrechtscharta soll die Integration fördern, ZRP 2000, 114

Meyer, Jürgen / Engels, Markus, Aufnahme von sozialen Grundrechten in die Europäische Grundrechtscharta, ZRP 2000, 368

Meyers Großes Standardlexikon in 3 Bänden, Bibliographisches Institut Mannheim/Wien/Zürich, Meyers Lexikonverlag, Mannheim 1982

Menzel, Adolf, Beiträge zur Geschichte der Staatslehre, Verlag Hölder-Pichler-Tempsky, Wien 1929

Menzel, Eberhard, Die Auswärtige Gewalt der Bundesrepublik Deutschland, VVDStRL 12(1954), 179

Meyers Taschenlexikon Geschichte, Bibliographisches Institut Mannheim/Wien/Zürich, Meyers Lexikonverlag, Mannheim 1982

Mols, Manfred, Integrationslehre und politische Theorie, AöR 94(1969), 513

Montag, Frank, Die Entwicklung des Europäischen Gemeinschaftsrechts, NJW 1998, 2088

ders., Die Entwicklung des Gemeinschaftsrechts, NJW 2000, 32

Mögele, Neuere Entwicklungen im Recht der Europäischen Gemeinschaft, BayVBl. 1993, 129

Möller, Franz/Limpert, Martin, Informations- und Mitwirkungsrechte des Bundestages in Angelegenheiten der Europäischen Union, ZfP 1993, 21

Möllers, Christoph, Zur demokratischen Legitimation der Enteignungsbehörde nach dem Baugesetzbuch, NVwZ 1997, 858

Möschel, Bernhard, Politische Union für Europa: Wunschtraum oder Alptraum ?, JZ 1992, 877

Mössner, Jörg Manfred, Rechtsvergleich und Verfassungsrechtsprechung, AöR 99(1974), 193

Murswiek, Dietrich, Die Verfassungsgebende Gewalt nach dem Grundgesetz für die Bundesrepublik Deutschland, Schriften zum öffentlichen Recht Bd. 343, Verlag Dunker & Humblot, Berlin 1978

ders., Maastricht und der pouvoir constituant, Der Staat 32(1993), 161

Müller, Lothar, Verfassungsrechtliche Fußnoten zum Maastrichter Vertrag über die Wirtschafts- und Währungsunion, DVBl. 1992, 1249

Müller-Graff, Peter-Christian, Die politischen Parteien im Demokratisierungsprozeß der Europäischen Gemeinschaft, NJW 1979, 471

v.Münch, Ingo, Die Zeit im Recht, NJW 2000, 1(4)

v.Münch/Kunig, Grundgesetz-Kommentar, Band I (Präambel - 20 GG), Verlag C.H. Beck, 4. Auflage, München 1992

v.Münch/Kunig, Grundgesetz-Kommentar, Band II (Art. 21 - 69 GG), Verlag C.H. Beck, 3. Auflage, München 1995 v.Münch/Kunig, Grundgesetz-Kommentar, Band III (Art. 70 - 146 GG), Verlag C.H. Beck, 2. Auflage, München 1983

Münkler, Herfried, Die Nation als Modell politischer Ordnung, Staatswissenschaften und Staatspraxis 1994, 367

Narr/Naschold, Theorie der Demokratie, Verlag W. Kohlhammer, Stuttgart 1971

Naschold, Frieder, Demokratie und Komplexität, PVS 1968, 494

Nettesheim, Martin, Art. 23 GG, nationale Grundrechte und EU-Recht, NJW 1995, 2083

Neunreither, Karlheinz, Legitimationsprobleme in der Europäischen Gemeinschaft, ZfP 1976, 245

Nicolaus, Helmut, Wahlunrecht und Ausgleichsmandate, ZRP 1995, 251

ders., Offenheit des Grundgesetzes bezüglich des Wahlsystems - ein Mythos ?, ZRP 1997, 185

Nicolaysen, Gert, Der Gerichtshof - Funktion und Bewährung der Judikative, EuR 7(1972), 375

ders., Vom Beruf zur Verfassungsgebung in Europa, EuR 29(1984), 94

ders., Ansichten zur Gemeinschaftsverfassung, EuR 22(1987), 299

Nicolaysen, Gert / Nowak, Carsten, Teilrückzug des BVerfG aus der Kontrolle der Rechtmäßigkeit gemeinschaftlicher Rechtsakte: Neuere Entwicklungen und Perspektiven, NJW 2001, 1233

Oehler, Klaus, Zur Problematik der Sachverständigenauswahl, ZRP 1999, 285

Oellers-Frahm, Karin, Demokratieverständnis und Verfassungsgerichtsbarkeit in der Bundesrepublik Deutschland und in Frankreich, in: Staat und Völkerrechtsordnung, FS für Karl Doehring, Springer Verlag, Berlin 1989, S. 691

Ophüls, C.F., Quellen und Aufbau des Europäischen Gemeinschaftsrechts NJW 1963, 1697

Oppermann, Thomas, Parlamentarisierung der Europäischen Gemeinschaft ?, in: Um Recht und Freiheit, FS für Friedrich August Freiherr von der Heydte, Verlag Dunker & Humblot, Berlin 1977, S. 449

ders., Vom Marktbürger zum EG-Bürger ?, in: Nicolaysen/Quaritsch (Hrsg.), Lüneburger Symposium für H.P. Ipsen zur Feier des 80. Geburtstags, Nomos Verlagsgesellschaft, Baden-Baden 1988, S. 87

ders., Europarecht, Verlag C.H. Beck, München 1991

ders., Zur Eigenart der Europäischen Union, in: Hommelhoff/Kirchhof, Der Staatenverbund der Europäischen Union, C. F. Müller Juristischer Verlag, Heidelberg 1994, S. 87

ders., Der Europäische Traum zur Jahrhundertwende, JZ 1999, 317

Oppermann / Classen, Die EG vor der Europäischen Union, NJW 1993, 5

Oppermann / Kilian, Vergangenheit und Zukunft des Europäischen Parlaments, EuR 16(81), 366

Oschatz, Georg-Berndt/Risse, Horst, Die Bundesregierung an der Kette der Länder ?, DÖV 1995, 437

Ossenbühl, Fritz, Vorrang und Vorbehalt des Gesetzes, in: HdbdStR Bd. III, 1988

ders., Maastricht und das Grundgesetz - eine verfassungsrechtliche Wende ?, DVBl. 1993, 629

ders., Die Parteien im System des Grundgesetzes, BayVBl. 2000, 161

Pache, Eckhard, Der Grundsatz der Verhältnismäßigkeit in der Rechtsprechung der Gerichte der Europäischen Gemeinschaften, NVwZ 1999, 1033

Pache, Eckhard / Schorkopf, Frank, Der Vertrag von Nizza, NJW 2001, 1377

Papier, Hans-Jürgen / Möller, Johannes, Das Bestimmtheitsgebot und seine Durchsetzung, AöR 122 (1997), 177

Partsch, Karl Josef, Das Wahlverfahren und sein Einfluß auf die Legitimation des Europäischen Parlaments, EuR 13(1978), 293

Paulys Realenceklopädie der classischen Altertumswissenschaften, Supplementband X, Alfred Druckenmüller Verlag, Stuttgart 1965

Pechstein, Matthias, Rechtssubjektivität der Europäischen Union ?, EuR 31(1996), 137

Peitsch, Dietmar / Polzin, Christina, Die parlamentarische Kontrolle der Nachrichtendienste, NVwZ 2000, 387

Penski, Ulrich, Bestand nationaler Staatlichkeit als Bestandteil der Änderungsgrenze des Art. 79 III GG, ZRP 1994, 192

Pernice, Ingolf, Maastricht, Staat und Demokratie, Die Verwaltung 1993, 449

ders., Carl Schmitt, Rudolf Smend und die europäische Integration, AöR 120(1995), 100

ders., Deutschland in der Europäischen Union, HdbdStR VIII, § 191

ders., Tagung zur Eröffnung des Bayreuther Institutes für Europäisches Recht und Rechtskultur am 11./ 12.11.1999, BayVBl. 2000, 492(493f.)

Peschel-Gutzeit, Lore Maria, Unvollständige Legitimation der Staatsgewalt oder: Geht alle Staatsgewalt nur vom volljährigen Volk aus ?, NJW 1997, 2861

Pieroth, Bodo/Schlink, Bernhard, Grundrechte - Staatsrecht II, C. F. Müller Juristischer Verlag, Heidelberg 1985

Pöhle, Klaus, Europäische Union à la Maastricht - Eine ernste Herausforderung für die Parlamente der EG, ZfP 1993, 49

Pöhle, Marlies, Direktwahl des Europäischen Parlaments: Ein Ablenkungsmanöver ?, ZfP 1976, 222

Poschmann, Thomas, Wahlrechtsgleichheit und Zweitstimmensystem. Zur Frage der Verfassungsmäßigkeit von Überhangmandaten, BayVBl. 1995, 299

Pukelsheim, Friedrich, Mandatszuteilungen bei Verhältniswahlen: Vertretungsgewichte der Mandate, Kritische Vierteljahresschrift für Gesetzgebung und Rechtswissenschaft 2000, 76

Rabe, Hans-Jürgen, Europäische Gesetzgebung - das unbekannte Wesen, NJW 1993, 1

Randelzhofer, Albert, Zum behaupteten Demokratiedefizit der Europäischen Gemeinschaft, in: Hommelhoff/Kirchhof, Der Staatenverbund der Europäischen Union, C. F. Müller Juristischer Verlag, Heidelberg 1994, S. 39

Rath, Christian, Die „unionswärtige Gewalt" des Deutschen Bundestages. Zur verfassungsrechtlichen Legitimation des gemeinschaftlichen Rechtssetzungsprozeß, in: Steffani/Thaysen, Demokratie in Europa: Zur Rolle der Parlamente, Westdeutscher Verlag GmbH, Opladen 1995, S. 114

Rauschning, Dietrich, Organstreit zur Nachrüstung - BVerfGE 68, 1, JuS 1985, 863

Rauser, Karl Th., Die Übertragung von Hoheitsrechten auf ausländische Staaten, Verlag C.H.Beck, München 1991

Ress, Georg, Souveränitätsverständnis in den Europäischen Gemeinschaften als Rechtsproblem, in: Georg Ress (Hrsg.), Souveränitätsverständnis in den Europäischen Gemeinschaften, Nomos Verlagsgesellschaft, Baden-Baden 1980, S. 11

ders., Über die Notwendigkeit der parlamentarischen Legitimierung der Rechtsetzung der Europäischen Gemeinschaften, in: GS für Wilhelm Karl Geck, Carl Heymanns Verlag, Köln 1989, S. 625

ders., Die Europäischen Gemeinschaften und der deutsche Föderalismus, EuGRZ 1986, 549

ders., Die Europäische Union und die neue juristische Qualität der Beziehung zu den Europäischen Gemeinschaften, JuS 1992, 985

Riedel, Norbert K., Der Vertrag von Amsterdam und die institutionelle Reform der Europäischen Union, BayVBl. 1998, 545

ders., Inkrafttreten des Vertrags von Amsterdam, BayVBl. 1999, 717

Rilinger, Lothar, Die Europäisierung des Einbürgerungsrechts, ZRP 1995, 372

Ritgen, Klaus, Grundrechtsschutz in der Europäischen Union, ZRP 2000, 371

Rittner, Fritz, Die wirtschaftsrechtliche Ordnung der EG und das Privatrecht, JZ 1990, 838

Robbers, Gerhard, Die Änderungen des Grundgesetzes, NJW 1989, 1325

Roellecke, Gerd, Brauchen wir ein neues Grundgesetz ?, NJW 1991, 2441

ders., "Mehr Demokratie wagen" in Europa !?, NJW 1995, 26

ders., Das Recht von außen und von innen betrachtet, JZ 1999, 213

Röper, Erich, Das Volk Europas, einig in seinen Völkern und Stämmen, ZRP 1996, 468

Rösler, Hannes, Zur Zukunft des Gerichtssystems der EU - Entwicklungstendenzen des EuGH zum Supreme Court Europas, ZRP 2000, 52

Rossi, Matthias, Das Diskriminierungsverbot nach Art. 12 EGV, EuR 35(2000), 197

Roth, Gerald, Mit drei Direktmandaten in den Bundestag ? Zur Verfassungswidrigkeit der Grundmandatsklausel, NJW 1994, 3269

Rupp, Hans Heinrich, Muß das Volk über den Vertrag von Maastricht entscheiden ?, NJW 1993, 38

ders., Europäische „Verfassung" und demokratische Legitimation, AöR 120(1995), 269

ders., Wahlrechtsgleichheit bei der Verteilung der Sitze im Europäischen Parlament auf die Mitgliedstaaten, NJW 1995, 2210

Sander, Gerald G., Europäischer Gerichtshof und nationale Verfassungsgerichtsbarkeit, DÖV 2000, 588

Sasse, Christoph, Die institutionelle Fortentwicklung der Gemeinschaften, KSE 22, 61

ders., Die Zukunft der Verfassung der Europäischen Gemeinschaft, EA 1972, 87

ders., Zur Verfassung der Europäischen Union, in: Schneider/Wessels (Hrsg.), Auf dem Weg zur Europäischen Union ?, Europa Union Verlag, Bonn 1977, S. 189

ders., Eine Gemeinschaft - Neun Legitimationen, ZfP 1978, 254

Sachs, Michael (Hrsg.), Grundgesetz - Kommentar, C.H. Bech`sche Verlagsbuchhandlung, 2. Auflage, München 1999

Sautter, Guy, Legitimation der Willensbildung in den europäischen Gemeinschaften und politische Tradition in Frankreich, KSE 22, 47

Schaber, Thomas, Transparenz und Lobbying in der Europäischen Union. Geschichte und Folgen der Neuregelung von 1996, ZfP 1997, 266

Schachtschneider, Karl Albrecht/Emmerich-Fritsche, Angelika/Beyer, Thomas C. W., Der Vertrag über die Europäische Union und das Grundgesetz, JZ 1993, 751

Schäfer, Günther F., Die institutionelle Weiterentwicklung der Europäischen Gemeinschaften: Überlegungen zu neuen Strukturen der EG-Institutionen, DÖV 1991, 261

Schäfer, Peter, Der Vertrag von Nizza – seine Folgen für die Zukunft der Europäischen Union, BayVBl. 2001, 460

Scharpf, Fritz W., Europäisches Demokratiedefizit und deutscher Föderalismus, Staatswissenschaft und Staatspraxis 1993, 293

Schendelen, M.P.C.M. van, Das Geheimnis des Europäischen Parlaments: Einfluß auch ohne Kompetenzen, ZfP 1984, 415

ders., Die wachsende Bedeutung des europäischen Lobbying, ZfP 1993, 64

Scheuner, Ulrich, Beitritt der Bundesrepublik zur Europäischen Verteidigungsgemeinschaft und Grundgesetz, in: Der Kampf um den Wehrbeitrag, Veröffentlichungen des Instituts für Staatslehre und Politik e.V., Band II, 2. Halbband, Mainz 1953, S. 94ff.

ders., Politische Repräsentation und Interessenvertretung, DÖV 1965, 577

ders., Perspektiven einer Europäischen Union, EuR 11(1976), 193

Schilling, Kurt, Der Staat, Verlag Ernst Reinhardt, München 1935

Schilling, Theodor, Die deutsche Verfassung und die europäische Einigung, AöR 116(1991), 32

ders., Die Verfassung Europas, Staatswissenschaften und Staatspraxis 1996, 387

Schily, Otto, Die Europäisierung der Innenpolitik, NVwZ 2000, 883

Schmid, Gerhard, Das Verhältnis von Parlament und Regierung im Zusammenspiel der staatlichen Machtverteilung, Verlag Helbing und Lichtenhahn, Basel 1971

Schmidt, Rolf, Überhangmandate - Ist ein Ausgleich verfassungsrechtlich geboten ?, ZRP 1995, 91

Schmidt-Aßmann, Eberhard, Verwaltungslegitimation als Rechtsbegriff, AöR 116(1991), 329

Schmitt, Carl, Verfassungslehre, Verlag Duncker & Humblot, 5. Auflage, Berlin 1970; 8. Auflage 1993

Schmitt Glaeser, Walter, Das Ansehen des Politikers als Problem des parlamentarischen Regierungssystems, ZRP 2000, 95

Schmuck, Otto, Der Maastrichter Vertrag zur Europäischen Union, EA 1992, 97

Scholz, Rupert, Grundgesetz und europäische Einigung, NJW 1992, 2593

Scholz, Rupert/Hofmann, Hans, Perspektiven der europäischen Rechtsordnung, ZRP 1998, 295

Schoof, Eberhard, Bundestag und Europäisches Parlament. Zur Neugestaltung der Beziehungen seit der Direktwahl, ZfP 1982, 199

Schotten, Thomas, Das Grundgesetz nach Maastricht, Verwaltungsrundschau 1993, 89

Schreiber, Wolfgang, Die Neueinteilung der Wahlkreise für die Wahl zum 14. Deutschen Bundestag - verfassungswidrig ?, ZRP 1997, 105

Schröder, Meinhard, Das Bundesverfassungsgericht als Hüter des Staates im Prozeß der europäischen Integration, DVBl. 1994, 316

Schulte, Bernd, Neuere Entwicklungen des Europäischen Sozialrechts unter besonderer Berücksichtigung der Rechtsprechung des EuGH, BayVBl. 2000, 336

Schüttemeyer, Suzanne S., Funktionsverluste des Bundestages durch die europäische Integration ?, ZfP 1978, 261

Schütz, Raimund, Europaweite Freizügigkeit ohne demokratische Kontrolle, AöR 120(1995), 509

Schuppert, Gunnar Folke, Die verfassungsgerichtliche Kontrolle der Auswärtigen Gewalt, Nomos Verlagsgesellschaft, Baden-Baden 1973

ders., Zur Staatswerdung Europas, Staatswissenschaften und Staatspraxis 1994, 35

Schwarz, Hans-Peter, Ansätze zur Parlamentarisierung des europäischen Zusammenschlusses, in: Ernst-Joachim Mestmächer/Hans Möller/Hans-Peter Schwarz, Eine Ordnungspolitik für Europa, FS für Hans von der Groeben, Nomos Verlagsgesellschaft, Baden-Baden 1987, S. 369

Schwarze, Jürgen, Das allgemeine Völkerrecht in den innergemeinschaftlichen Rechtsbeziehungen, EuR 18(1983), 1

ders., Das Staatsrecht in Europa, JZ 1993, 585

ders., Ist das Grundgesetz ein Hindernis auf dem Weg nach Europa ?, JZ 1999, 637

Seefeld, Horst, Etwas mehr Zeit für Europa! Vorlagen von EG-Institutionen finden im Bundestag nicht immer genügend Beachtung, ZfP 1975, 364

Seeler, Hans-Joachim, Vertrag zur Gründung der Europäischen Union, EuR 19(1984), 41

ders., Die Legitimation des hoheitlichen Handelns der Europäischen Gemeinschaft/Europäischen Union, EuR 33(1998), 721

Seidel, Martin, Zur Verfassung der Europäischen Gemeinschaft nach Maastricht, EuR 27 (1992), 125

Seifert/Hömig, Grundgesetz für die Bundesrepublik Deutschland, Taschenkommentar, Nomos Verlagsgesellschaft, 4. Auflage, Baden-Baden 1991

Simson, Werner von, Das demokratische Prinzip im Grundgesetz, VVDStRL 29(1971), 3

ders., Was heißt in einer europäischen Verfassung "Das Volk" ?, EuR 26 (1991), 1

ders., Zur Theorie der Legitimität, FS für Karl Loewenstein, Verlag J.C.B. Mohr, Tübingen 1971

ders., Über den Preis der Gleichheit, ZRP 1995, 44(45)

v.Simson/Schwarze, Europäische Integration und Grundgesetz, Verlag Walter de Gruyter, Berlin 1992

Smend, Rudolf, Verfassung und Verfassungsrecht, Verlag Dunker & Humblot, München 1928

Sommermann, Karl-Peter, Staatsziel „Europäische Union“, DÖV 1994, 597

ders., Verordnungsermächtigung und Demokratieprinzip, JZ 1997, 434

Spinelli, Altiero, Die parlamentarische Initiative zur Europäischen Union, EA 1983, 739

Stauffenberg, Franz Ludwig Graf, Maastricht - Ein Fortschritt für Europa ?, ZRP 1992, 252

Steffani, Winfried, Parlamentarismus in den EG-Staaten und demokratisches Defizit der europäischen Institutionen, ZfP 1978, 233

ders., Parlamentarische und präsidentielle Demokratie: strukturelle Aspekte westlicher Demokratien, Westdeutscher Verlag, Opladen 1979

ders., Das Demokratie-Dilemma der Europäischen Union. Die Rolle der Parlamente nach dem Urteil des Bundesverfassungsgerichts vom 12. Oktober 1993, in: Steffani/Thaysen, Demokratie in Europa: Zur Rolle der Parlamente, Westdeutscher Verlag GmbH, Opladen 1995, S. 33

ders., Der parlamentarische Bundesstaat als Demokratie, ZfP 1999, 980

Steinberg, Rudolf, Grundgesetz und Europäische Verfassung, ZRP 1999, 365

Steinberger, Helmut, Der Verfassungsstaat als Gliedstaat einer europäischen Gemeinschaft, VVDStRL 50(1991), 8

ders., Anmerkungen zum Maastricht-Urteil des Bundesverfassungsgerichts, in: Hommelhoff/Kirchhof, Der Staatenverbund der Europäischen Union, C. F. Müller Juristischer Verlag, Heidelberg 1994, S. 25

Steindorff, Ernst, Verfassungsänderung durch die EG ?, AöR 116(1991), 460

Steiner, Udo, Verfassungsgebung und verfassungsgebende Gewalt, Schriften zum öffentlichen Recht Bd. 34, Verlag Dunker & Humblot, Berlin 1966

Stern, Klaus, Das Staatsrecht der Bundesrepublik Deutschland, Band I, Verlag C.H. Beck, 1. Auflage, München 1977, 2. Auflage, München 1984

ders., Das Staatsrecht der Bundesrepublik Deutschland, Band II, Verlag C.H. Beck, München 1980

Steuck, Jens-Peter, Die ständige Teilnahme von Fraktionsvorsitzenden an Kabinettssitzungen der Bundesregierung - ein Verstoß gegen das Gewaltenteilungsprinzip ?, ZRP 1999, 403

Stolleis, Michael (Hrsg.), Staatsdenker im 17. u. 18. Jh., 2. Aufl., Alfred Metzner Verlag, Frankfurt/Main 1987

Streinz, Rudolf, Der Verfassungsstaat als Glied einer europäischen Gemeinschaft, DVBl. 1990, 949

ders., Das Maastricht-Urteil des Bundesverfassungsgerichts, Europäische Zeitschrift für Wirtschaftsrecht 1994, 329

ders., Probleme des Zusammenwirkens von EG und Mitgliedstaaten beim Vollzug des Europäischen Wirtschaftsrechts, Wirtschaft und Verwaltung 1996, 129

Stricker, Gregor, Der Beirat - ein Rat contra legem ?, ZRP 1996, 184

Tettinger, Peter J., Maastricht II - Vertragsergänzung zur Sicherung der Daseinsvorsorge in Europa ? -, DVBl. 1997, 341

ders., Die Charta der Grundrechte der Europäischen Union, NJW 2001, 1010

Thieme, Werner, Das Grundgesetz und die öffentliche Gewalt internationaler Staatengemeinschaften, VVDStRL 18(1960), 50

Thum, Cornelius, Zur Ausgestaltung des Mehrheitsprinzips in der unmittelbaren Demokratie, BayVBl. 2000, 33

Thürer, Daniel, Der Verfassungsstaat als Glied einer europäischen Gemeinschaft, VVDStRL 50(1991), 97

Tomuschat, Christian, Wege zur deutschen Einheit, VVDStRL 49(1990), 70

ders., Aller guten Dinge sind III ?, EuR 25(1990), 340

Ukrow, Jörg, Unmittelbare Rechtswirkung von Richtlinien und gemeinschaftsrechtliche Staatshaftung nach Maastricht, NJW 1994, 2469

Unterpaul, Klaus, Zunehmende Zahl der Überhangmandate unbedenklich ?, NJW 1994, 3267

ders., Die verfassungsrechtlichen Vorgaben für die künftige Stimmkreiseinteilung in Bayern, BayVBl. 1998, 743

Verdross, Alfred, Die völkerrechtliche und politische Souveränität der Staaten, in: Um Recht und Freiheit, FS für August Freiherr von der Heydte, 1. Hlbb., Verlag Dunkert & Humblot, Berlin, 1977, S. 703

Verheugen, Günter, Die Arbeit des Sonderausschusses "Europäische Union (Vertrag von Maastricht)" des Deutschen Bundestages, Zeitschrift für Gesetzgebung 1993, 162

Volkmann, Uwe, Solidarität in einem vereinten Europa, Staatswissenschaften und Staatspraxis 1999, 17

Wagner, Grundbegriffe des Beschlußrechts der Europäischen Gemeinschaften, KSE 5, 1

Weber, Albrecht, Zur künftigen Verfassung der Europäischen Gemeinschaften, JZ 1993, 325

ders., Die Witschafts- und Währungsunion nach dem Maastricht-Urteil des BVerfG, JZ 1994, 53

ders., Die Europäische Grundrechtscharta - auf dem Weg zu einer europäischen Verfassung, NJW 2000, 537

Wege, Joachim, Positives Recht und sozialer Wandel im demokratischen und sozialen Rechtsstaat, Verlag Dunker & Humblot, Berlin 1977

Weiler, J.H.H., Der Staat „über alles", JöR 44 (1996), 91

Weiss, Hubert, Verfassungsrechtliche Fragen im Zusammenhang mit der Herstellung der staatlichen Einheit Deutschlands, AöR 116(1991), 1

Wessels, Wolfgang, Integrationsstrategie des Tindemans-Berichts, in: Schneider/Wessels (Hrsg.), Auf dem Weg zur Europäischen Union ?, Europa Union Verlag, Bonn 1977, S. 217

Wichard, Johannes Christian, Wer ist Herr im europäischen Haus ?, EuR 34 (1999), 170

Wiedmann, Thomas, Der Ausschuß der Regionen nach dem Vertrag von Amsterdam, EuR 34 (1999), 49

ders., Der Vertrag von Nizza – Genesis einer Reform, EuR 36(2001), 185

Wilhelm, Paul, Europa im Grundgesetz: Der neue Art. 23, BayVBl. 1992, 705

Winter, Gerd, Institutionelle Strukturen der Europäischen Union, DÖV 1993, 173

Wolff, Hans J./ Bachof, Otto/ Stober, Rolf, Verwaltungsrecht I, Verlag C.H.Beck, 10. Aiflage, München 1994

Wuermeling, Joachim, Streicht die Räte und rettet den Rat ! Überlegungen zur Reform des EU-Ministerrats, EuR 31 (1996), 167

Würtenberger, Thomas, Die Legitimität staatlicher Herrschaft, Verlag Dunker & Humblot, Berlin 1973

ders., Legitimationsmuster von Herrschaft im Laufe der Geschichte, JuS 1986, 344

Zedler, Hans-Peter, Zur Logik von Legitimationsproblemen, Kösel-Verlag, München 1976

Zeller, Willy, Die Strukturkrise der Europäischen Union, EA 1978, 205

Zippelius, Reinhold, Legitimation durch Verfahren ?, in: FS für Karl Larenz, Verlag C.H. Beck, München 1973

ders., Geschichte der Staatsideen, Verlag C.H. Beck, 5. Auflage, München 1985

ders., Rechtsphilosophie, Verlag C.H. Beck, 3. Auflage, München 1994

ders., Grundbegriffe der Rechts- und Staatssoziologie, Verlag C.H. Beck, München 1991 39/MS 6800

ders., Allgemeine Staatslehre, Verlag C.H. Beck, 13. Auflage, München 1999

ders., Der einstige Beitrag des Bayerischen Senats zur Kultivierung demokratischer Entscheidungen, BayVBl. 2000, 193

Zuleeg, Manfred, Der Verfassungsgrundsatz der Demokratie und die Europäischen Gemeinschaften, Der Staat 17(1978), 17

ders., Demokratie in der Europäischen Gemeinschaft, JZ 1993, 1069

ders., Bananen und Grundrechte - Anlaß zum Konflikt zwischen europäischer und deutscher Gerichtsbarkeit, NJW 1997, 1201

Abkürzungen

A.	Auflage
a.A.	anderer Ansicht
a.a.O.	am angegebenen Ort
ABl.	Amtsblatt
Abg.	Abgeordnete(r)
Abs.	Absatz
a.E.	am Ende
a.F.	alte Fassung
Alt.	Alternative
Anm.	Anmerkung
AöR	Archiv des öffentlichen Rechts
Art.	Artikel
BayVBl.	Bayerische Verwaltungsblätter
BB	Betriebsberater
Bd.	Band
BGB	Bürgerliches Gesetzbuch
BKGG	Bonner Kommentar zum Grundgesetz
BMF	Bundesminister der Finanzen
BR	Bundesrat
BR-Drs.	Drucksachen des Bundesrates
BReg.	Bundesregierung
BT	Bundestag
BT-Drs.	Drucksachen des Bundestages
Bull.	Bulletin
BVerfG	Bundesverfassungsgericht
BVerfGE	Entscheidung des Bundesverfassungsgerichts
BWahlG	Bundeswahlgesetz
bzw.	beziehungsweise
ca.	circa
ders.	derselbe
d.h.	das heißt
dies.	dieselbe
Diskbeitr.	Diskussionsbeitrag
Diss.	Dissertation
DÖV	Die öffentliche Verwaltung
DVBl.	Deutsche Verwaltungsblätter
EA	Europa-Archiv
EAG	Europäische Atomgemeinschaft
EAGV	Vertrag zur Gründung der Europäischen Atomgemeinschaft
EEA	Einheitliche Europäische Akte
EG(ten)	Europäische Gemeinschaft(en)
EGV	Vertrag zur Gründung der Europäischen Gemeinschaft
EGKS	Europäische Gemeinschaft für Kohle und Stahl
EGKSV	Vertrag über die Gründung der Europäischen Gemeinschaft für Kohle und Stahl
EIB	Europäische Investitionsbank

Einf.	Einführung
EMRK	Europäische Menschenrechtskonvention
EP	Europäisches Parlament
EPZ	Europäische Politische Zusammenarbeit
EU	Europäische Union
EuGH	Europäischer Gerichtshof
EuGRZ	Europäische Grundrechte-Zeitschrift
EuR	Europarecht
EUV	Vertrag über die Europäische Union ("Vertrag von Maastricht")
EUZBBG	Gesetz über die Zusammenarbeit zwischen BR und BT in Angelegenheiten der
EU	Europäische Union
EWG	Europäische Wirtschaftsgemeinschaft
EWGV	Vertrag zur Gründung der Europäischen Wirtschaftsgemeinschaft
f.	folgende (Seite)
ff.	fortfolgende (Seiten)
Fn.	Fußnote
FS	Festschrift
FusV	Vertrag zur Einsetzung eines gemeinsamen Rates und einer gemeinsamen Kommission der Europäischen Gemeinschaften vom 08.04.65
Gem.Verfk.	Gemeinsame Verfassungskommission
GG	Grundgesetz
GGO II	Gemeinsame Geschäftsordnung der Bundesministerien, Besonderer Teil
GO/BT	Geschäftsordnung des Bundestages
GO/EP	Geschäftsordnung des Europäischen Parlaments
GS	Gedächtnisschrift
Hervorh.	Hervorhebung
HdbdStR	Handbuch des Staatsrechts
h.M.	herrschende Meinung
Hrsg.	Herausgeber
incl.	inklusive
i.S.v.	im Sinne von
i.V.m.	in Verbindung mit
Jh.	Jahrhundert
JöR	Jahrbuch des öffentlichen Rechts
JuS	Juristische Schulung
JZ	Juristenzeitung
Kap.	Kapitel
KSE	Kölner Schriften zum Europarecht
lit.	littera
M/D/H/S	Maunz/Dürig/Herzog/Scholz
Min.	Minister(in)
m.w.N.	mit weiteren Nachweisen
n.F.	neue Fassung

NJW	Neue Juristische Wochenschrift
Nr.	Nummer
NW	Nordrhein-Westfalen
Öffentl.	öffentliche
Orig.	Original
Prot.	Protokoll
PVS	Politische Vierteljahresschriften
RG	Reichsgericht
RGSt	Entscheidungssammlung des Reichsgerichts in Strafsachen
RGZ	Entscheidungssammlung des Reichsgerichts in Zivilsachen
Rn.	Randnummer
S.	Seite
s.	siehe
Sen.	Senator(in)
Slg.	Sammlung
Sten.Ber.	Stenographischer Bericht
StMin.	Staatsminister
StSekr.	Staatssekretär
StwStp	Staatswissenschaft und Staatenpraxis
Sv.	Sachverständige(r)
SZ	Süddeutsche Zeitung
ThürVBl.	Thüringer Verwaltungsblätter
u.a.	und andere, unter anderem
UA	Unterabschnitt
UN	United Nations
v.	von, vom
v.d.	von der
VerfGH	Verfassungsgerichtshof
VO	Verordnung
VVDStRL	Veröffentlichungen der Vereinigung der Deutschen Staatsrechtslehrer
wib	woche im bundestag
WSA	Wirtschafts- und Sozialausschuss
WVK	Wiener Übereinkommen (Konvention) über das Recht der Verträge
WWU	Wirtschafts- und Währungsunion
z.B.	zum Beispiel
ZfG	Zeitschrift für Gesetzgebung
ZfP	Zeitschrift für Parlamentsfragen
Ziff.	Ziffer
zit.	zitiert
ZRP	Zeitschrift für Rechtspolitik
z.T.	zum Teil
zugel.	zugelassen(e)

A. Die Konfliktlage der Demokratie

Die demokratische Legitimation der Europäischen Union (EU)[1] und ihrer Teilorganisationen EG[2], EGKS[3] und EAG[4] sowie deren Handlungen ist ein Thema, mit dem sich die Rechtswissenschaft bereits seit den 50er Jahren beschäftigt[5]. Gegenstand der Diskussion waren dabei von Anfang an auch die Anforderungen, die das Grundgesetz an das innere Entscheidungssystem der europäischen Verträge als Legitimationssystem stellt[6]. Der Deutsche Bundestag hatte gerade zu diesem Punkt die Ratifikation der Vertragsgesetze zum EWGV und EAGV am 5. Juli 1957 mit folgendem Text begleitet[7] und damit mindestens politische Anforderungen an das innere Legitimationssystem der Verträge gestellt:

"Bei der Zustimmung zu den Verträgen über die EWG und die EAG geht der Bundestag von der Erwartung aus, dass die Bundesregierung in diesen Gemeinschaften darauf hinwirken wird, dass ... die Stellung der europäischen Versammlung stetig gestärkt und vor allem so entwickelt wird, dass alle parlamentarischen Rechte, auf welche die nationalen Parlamente der Mitgliedstaaten durch die Ratifikation verzichten, auf das Europäische Parlament übergehen und die Stärkung der Kontrollbefugnisse der Versammlung verbunden wird mit einer Weiterentwicklung der Kompetenzen der Kommission"[8].

Art. 23 Abs. 1 Satz 1 GG knüpft an diese Gedanken an. Über ihn stellt das Grundgesetz nun explizit strukturelle Anforderungen an das innereuropäische Entscheidungssystem. Deutschland wirkt künftig an einer Entwicklung der Union mit, die insbesondere „demokratischen Grundsätzen verpflichtet ist".

---

[1] Vertrag über die Europäische Union vom 7.2.1992 (EUV) (BGBl. II, S. 1253)

[2] Als Europäische Wirtschaftsgemeinschaft (EWG) gegründet mit Vertrag vom 25.3.1957 (EWGV) (BGBl. II S. 766); seit dem EUV heißt die EWG „Europäische Gemeinschaft" (EG), Art. 1 EGV

[3] Vertrag über die Gründung der Europäischen Gemeinschaft für Kohle und Stahl vom 18.4.1951 (EGKSV) (BGBl. II 1952, S. 447)

[4] Vertrag zur Gründung der Europäischen Atomgemeinschaft vom 25.3.1957 (EAGV) (BGBl. II, S. 1014)

[5] grundlegend dazu Kraus, Das Erfordernis struktureller Kongruenz zwischen der Verfassung der Europäischen Verteidigungsgemeinschaft und dem Grundgesetz, in: Der Kampf um den Wehrbeitrag, 1953, S. 545ff.; Erler und Thieme, jeweils: Das Grundgesetz und die öffentliche Gewalt internationaler Staatengemeinschaften in VVDStRL 18(1960); Kaiser und Badura, jeweils: Bewahrung und Veränderung demokratischer und rechtsstaatlicher Verfassungsstruktur in den internationalen Gemeinschaften in VVDStRL 23(1964); Ipsen, Europäisches Gemeinschaftsrecht, 1972

[6] Diese Diskussion wurde vor Inkrafttreten des Art. 23 GG n.F. für die europäische Integration unter Art. 24 Abs. 1 GG vor allem unter den Schlagworten der „strukturellen Kongruenz" und einer „Homogenität der Wertvorstellungen" geführt. Die Diskussion ist ausführlich zusammengefasst von Randelzhofer, in: M/D/H/S, Art. 24 Abs. I Rn. 104ff. sowie von Tomuschat, in: BKGG, Art. 24 Rn. 53ff. und soll hier nicht im einzelnen dargestellt werden. Auch die Rechtsprechung des BVerfG zur Integrationsgrenze unter Art. 24 GG (Solange-I-II-Rspr.) hat für Art. 23 GG wenig Erkenntniswert; die Anforderungen an die Integration und deren Schranken müssen aus Art. 23 GG unmittelbar entwickelt werden, Nettesheim, Art. 23 GG, nationale Grundrechte und EU-Recht, NJW 1995, 2083(2084)

[7] s. a. Sasse, Die institutionelle Fortentwicklung der Gemeinschaften, KSE 22, 61; Glaesner, Die Beziehungen zwischen Ministerrat und EP - Erfolg der "kleinen Schritte" ?, ZfP 1982, 191; Hänsch, Europäische Integration und parlamentarische Demokratie, EA 1986, 191(194)

[8] zit. nach Badura, Bewahrung und Veränderung ..., VVDStRL 23, 34(35, Fn. 3)

In der Diskussion um die demokratische Legitimation der Unionsgewalt wird vor allem auf die seit den Gründungsverträgen laufend gestärkte Stellung des EP verwiesen, um Fortschritte beim Abbau eines demokratischen Defizits europäischer Entscheidungen zu belegen[1]. Die Stellung des EP habe sich seit den Gründungsverträgen fühlbar verstärkt, es wurde und werde noch heute laufend mehr und mehr an den Entscheidungsprozessen beteiligt[2]. Habe es nach den ursprünglichen Verträgen nur über einzelne Beratungsrechte verfügt, stünden ihm inzwischen auch breite Entscheidungs- und Kontrollbefugnisse zu bis hin zum Mitentscheidungsrecht[3]. Das EP sei somit keine einflusslose repräsentative Körperschaft, sondern besitze durchaus politische, konstitutionelle und entscheidungsmäßige Züge, die es ihm ermöglichten, Gesetzgebung und Haushalt zu beeinflussen und eine Kontrollfunktion auszuüben[4]. Gerade mit dem Vertrag von Maastricht sei der Weg zu einem Parlament mit den klassischen Rechten einer Volksvertretung im Bereich der Gesetzgebung, der Haushaltsverabschiedung und der Kontrolle der Exekutive weitergegangen worden[5]. Man könne somit nicht mehr davon sprechen, dass die EU im wesentlichen eine Veranstaltung der Exekutive sei[6]. Das EP müsse sich deshalb nicht scheuen, hinsichtlich seiner Kompetenzen an den nationalen Parlamenten gemessen zu werden. Seine Legislativgewalten seien kaum geringer als die der französischen Nationalversammlung, seine Haushaltsgewalt sei größer als die des britischen Unterhauses, seine Kontrollgewalten seien denen der Zweiten Kammer in den Niederlanden sehr ähnlich. Die französische Regierung werde vom Präsidenten, nicht von der Nationalversammlung berufen und die Opposition im britischen Unterhaus sei praktisch machtlos. Es habe somit längst den Status einer bloßen transnationalen Versammlung verlassen und befinde sich in einer stürmischen Aufwärtsentwicklung[7]. Bereits 1964 wurde dem EP wegen seiner internationalen Frakti-

---

[1] Zuleeg, Demokratie in der EG, JZ 1993, 1069ff.; Classen, Europäische Integration und demokratische Legitimation, AöR 119(1994), 238(251f.); Fromont, Europa und nationales Verfassungsrecht nach dem MaatrichtUrteil, JZ 1995, 800(802); Rojahn, in: v. Münch, Art. 23 Rn. 24; die permanente demokratische Entwicklung der EU stellt auch Steinberg, GG und Europäische Verfassung, ZRP 1999, 365(372), heraus.

[2] v.Simson/Schwarze, Europäische Integration und GG, 1992, S. 15; Zuleeg, Demokratie in der EG, JZ 1993, 1069(1073); Seeler, Die Legitimation des hoheitlichen Handelns der EG/EU, EuR 33(1998), 721(729f.); Classen, Europäische Integration und demokratische Legitimation, AöR 119(1994), 238(251f.)

[3] Winter, Institutionelle Strukturen der EU, DÖV 1993, 173(179); Zuleeg, Demokratie in der EG, JZ 1993, 1069(1072)

[4] v. Schendelen, Das Geheimnis des EP: Einfluß auch ohne Kompetenzen, ZfP 1984, 415(424)

[5] Langguth, Memorandum zur Demokratieentwicklung in der EG, 1992, 22(25); Oppermann/Classen, Die EG vor der EU, NJW 1993, 5(7); Boest, Ein langer Weg zur Demokratie in Europa - Beteiligungsrechte des EP..., EuR 1992, 182; Langguth, Memorandum zur Demokratieentwicklung in der EG, 1992, 22(23); Jacques Delors in einer Rede vor dem EP am 12. Dezember 1992, EA 1992 D 108; Pernice, Maastricht, Staat und Demokratie, Die Verwaltung 1993, 449(469ff.)

[6] Hilf, Amsterdam - Ein Vertrag für die Bürger ?, EuR 32(1997), 347(358)

[7] Pöhle, K., EU à la Maastricht - Eine ernste Herausforderung für die Parlamente der EG, ZfP 1993, 49(63); so schon v. Schendelen, Das Geheimnis des EP: Einfluß auch ohne Kompetenzen, ZfP 1984, 415(416)

onen und seinen Befugnissen eine eindrucksvolle Entwicklung bescheinigt[1]. Man könne die EU deshalb heute erst recht nicht mehr pauschal mit dem Etikett des demokratischen Defizits versehen[2].

Am 02.10.1997[3] wurde in Amsterdam der Änderungsvertrag zum EUV von den Außenministern der EU unterzeichnet. Der Rat war bereits kurz nach Abschluss und vor Inkrafttreten des Vertrages von Maastricht auf seiner Tagung im Juni 1992 zu dem Ergebnis gekommen, dass sich die auf europäischer Ebene gefassten Beschlüsse zum großen Teil der Prüfung durch die einzelstaatlichen Parlamente entzögen, ohne einer ausreichenden demokratischen Kontrolle durch das Europäische Parlament (EP) unterworfen zu sein. Es sei deshalb notwendig, dieses "Demokratiedefizit" zu verringern und die Rolle des EP auszubauen[4]. Dazu sollte auch eine gleichmäßigere Repräsentation der Unionsbürger sichergestellt werden[5]. Für die Revision des EUV hatten sich die Vertragsparteien deshalb u.a. vorgenommen, die demokratische Entscheidungslegitimation[6] sowie die Transparenz[7] und Effizienz europäischer Entscheidungsfindung zu

---

[1] Kaiser, Bewahrung und Veränderung ..., VVDStRL 23, 1(21)

[2] so schon Hrbek, Demokratiegebot und EG, 1980, S. 285(321); von einer „demokratischen Schwäche" der EU spricht deshalb auch Steinberg, GG und Europäische Verfassung, ZRP 1999, 365(366), von einer „unvollkommenen Ausgestaltung" der Demokratie Zuleeg, Demokratie in der EG, JZ 1993, 1069.

[3] am 01.05.1999 in Kraft getreten (Gesetz zum Vertrag von Amsterdam, BGBl. II 1998, 387)

[4] Schlussfolgerungen des Rates im Vorfeld der Tagung des Europäischen Rates der Staats- und Regierungschefs am 26. und 27. Juni 1992 in Lissabon, EA 1992 D 511

[5] Hasselbach, Maastricht II: Ergebnisse der Regierungskonferenz zur Reform der EU, BayVBl. 1997, 454(456)

[6] so zur Funktion der Maastricht-Folgekonferenz auch der ehem. BMin. d. Justiz Schmidt-Jortzig in einer Rede zur Eröffnung des 17. Kongresses der Internat. Föderation für Europarecht am 10.10.96, NJW 1996, S. XVI

[7] Transparenz der Staatsleitung ist eine unabdingbare Voraussetzung für den demokratischen Willensbildungs- und Entscheidungsprozess, Magiera, Parlament und Staatsleitung in der Verfassungsordnung des GG, 1979, S. 275; Kugelmann, Zu Transparenz des Handelns der EU, EuR 1996, 207. Transparenz geht dabei über die bloße Öffentlichkeit einer Entscheidung hinaus. Sie verlangt Nachvollziehbarkeit durch Offenlegung und Durchschaubarkeit von Entscheidungsweg und Entscheidungsergebnis, BVerfGE 89, 155(189); BVerfGE NJW 1998, 1934(1936); Steffani, Parlamentarische und präsidielle Demokratie, 1979, S. 144f.; Kohler, Der Abgeordnete als Vertreter des europäischen Volkes ?, EuR 1978, 333(338). Der Streit über die erforderliche Transparenz europäischer Willensbildung prägt deshalb durchaus den demokratischen Charakter der EU. Im einzelnen würde es jedoch zu weit führen, an dieser Stelle das richtige Maß an Transparenz für die EU auszutarieren. Zudem reicht die Meinungspalette von der Ansicht, es sei kaum vorstellbar, wie der Rechtsetzungsprozess der EU noch transparenter gestaltet werden könne, Hilf, Amsterdam - Ein Vertrag für die Bürger ?, EuR 32(1997), 347(358) bzw. die Transparenz der europäischen Normsetzung entspreche dem derzeitigen Stand der Integration, Bandilla/Hix, Demokratie, Transparenz und Bürgerrechte in der EG, NJW 1997, 1217(1218), bis hin zur europäischen Gesetzgebung als "das unbekannte Wesen", Rabe, Europäische Gesetzgebung - das unbekannte Wesen, NJW 1993, 1(2), Der politische Wille zu transparenten Entscheidungen ist häufig bekundet worden, Kugelmann, Zu Transparenz des Handelns der EU, EuR 1996, 207(208) zum Urt. des EuGH v. 19.10.95, in dem dieser den Rat an seinen Bekundungen festhält; wenigstens formell gestärkt wurde die Transparenz indem in Art. 1 Abs. 2 EUV jetzt der Grundsatz der offenen und bürgernahen Entscheidungsfindung und in Art. 255 EGV das Recht auf Zugang zu den von der EG erstellten Dokumenten vereinbart wurde, Hasselbach, Maastricht II: Ergebnisse der Regierungskonferenz zur Reform der EU, BayVBl. 1997, 454(459); noch mehr Transparenz

stärken[1]. Sowohl eine damit einhergehende Neugewichtung der Stimmen im Rat bei Mehrheitsentscheidungen[2], die das Bevölkerungselement auch im Rat stärker berücksichtigt hätte, als auch eine Neuverteilung der Sitze im EP scheiterte daran, dass einige Staaten diese Veränderungen als Widerspruch gegen das Prinzip der Staatengleichheit angesehen haben[3].

Nach überwiegender Ansicht jedenfalls hat der Vertrag von Amsterdam die Rolle des EP erneut gestärkt[4]. Er verstärke deshalb die demokratische Legitimation europäischen Handelns[5]. Das EP wird sogar als der Gewinner gerade dieses Vertrages bezeichnet[6]. Betrachtet man die Vorbereitungen zur jüngsten Regierungskonferenz im Jahr 2000, so wird deutlich, dass mindestens die Kommission und das EP selbst eine weitere Stärkung des EP wünschen[7]. Bereits im Vorfeld der Sitzung mahnte das EP jedoch, dass die Tagesordnung für

---

und Offenheit wird auch im „Arbeitsprogramm der Kommission für 2000", Bull. EU, Beilage 1/2000, S. 41, versprochen. Angemahnt wird sie auch vom Rat, Schlussfolgerungen des Rates nach dem Gipfel der Staats- und Regierungschefs in Tampere am 15./16.10.1999, Bull.EU 10-1999, S. 9 und im Bericht der Kommission Weizsäcker/Dehaene/Simon, Die institutionellen Auswirkungen der Erweiterung, Bericht an die Europäische Kommission vom 18.10.1999, S. 3; mehr Transparenz soll künftig auch dadurch erreicht werden, dass der Öffentlichkeit möglichst viele Ratsdokumente über die Internetseite des Rates zugänglich gemacht werden, ohne dass ein Antrag auf Zugang zu den Dokumenten gestellt werden muss, Beschluss des Rates Bull.EU 3/2001; zunehmende Transparenz durch Ausweitung des Mitentscheidungsverfahrens stellt Rabe, Europäische Gesetzgebung - das unbekannte Wesen, NJW 1993, 1(4), fest. Mehr Transparenz in europäischen Entscheidungen verlangt auch immer wieder der Bundestag, Beschluss des Ausschusses für die Angelegenheiten der EU, wib 8/95-XVII/17; die Klagen über mangelnde Transparenz sind jedoch wie so oft Klagen über die Fehler der anderen. Der Europaausschuss (Art. 45 GG), der bei Entscheidungen zum Sekundärrecht die Rolle des Bundestages übernehmen kann, tagt ebenfalls nur ausnahmsweise öffentlich, wib 7/95-XVII/15

[1] Hilf/Pache, Der Vertrag von Amsterdam, NJW 1998, 705; Hasselbach, a.a.O. S. 454

[2] Durch eine Neugewichtung soll „das jeweilige Gewicht der Mitgliedstaaten ... repräsentativer wiedergegeben werden", Beitrag der Kommission zur Vorbereitung der Regierungskonferenz über institutionelle Fragen, Vorlage des Präsidenten „Institutionelle Reform für eine erfolgreiche Erweiterung" vom 05.11.1999, S. 10f.; zu den verschiedenen Varianten, die für eine angemessenere Vertretung der Mitgliedstaaten bei Mehrheitsentscheidungen im Rat hätte sogen sollen, s. Konow, Die Beschlussfassung des Rates und die Erweiterung der EGten, ZRP 1997, 321(322)

[3] so explizit für den Rat, s. Konow, a.a.O. S. 322; zu den Widerständen gegen entsprechende Veränderungen im EP s. Hasselbach, Maastricht II: Ergebnisse der Regierungskonferenz zur Reform der EU, BayVBl. 1997, 454(457); zu den Widerständen explizit in Frankreich s. Classen, Europäische Integration und demokratische Legitimation, AöR 119(1994), 238(250)

[4] Riedel, Inkrafttreten des Vertrags von Amsterdam, BayVBl. 1999, 717(718); Hasselbach, Maastricht II: Ergebnisse der Regierungskonferenz zur Reform der EU, BayVBl. 1997, 454(459); Hilf/Pache, Der Vertrag von Amsterdam, NJW 1998, 705(706); Borchmann Die Bundesgesetzgebung zu internationalen Abkommen..., NJW 1999, 1223(1224)

[5] Riedel, Der Vertrag von Amsterdam und die institutionelle Reform der EU, BayVBl. 1998, 545(546)

[6] Hilf/Pache, Der Vertrag von Amsterdam, NJW 1998, 705(710); Riedel, a.a.O. S. 547

[7] Stellungnahme der Kommission zur Einberufung der Regierungskonferenz, Bull. EU 1/2-2000, S. 7f.; Stellungnahme des EP zur Einberufung, a.a.O. S. 8f.; Beitrag der Kommission zur Vorbereitung der Regierungskonferenz über institutionelle Frage, Vorlage des Präsidenten „Institutionelle Reform für eine erfolgreiche Erweiterung" vom 05.11.1999, S. 9; so aber vor allem auch die Kommission Weizsäcker/Dehaene/Simon, Die institutionellen Auswirkungen der Erweiterung, Bericht an die Europäische Kommission vom 18.10.1999, insbes. S. 5 u. 9

die Regierungskonferenz dem Ziel einer weiteren Demokratisierung nicht gerecht werde[1]. Vor allem aber auch die Bundesregierung hat sich in der Vergangenheit bereits sehr für eine Stärkung des EP eingesetzt[2] und auch nach Abschluss des Vertrages von Maastricht immer wieder betont, dass sie eine weitere Stärkung des EP anstrebt[3], da mit dem EUV nicht alle ihre Wünsche erfüllt sind[4].

Der am 26.02.2001 unterzeichnete Vertrag von Nizza, der derzeit die nationalen Ratifikationsverfahren durchläuft, würde, wenn er die nationalen Ratifikationen erfolgreich durchläuft, für die Stellung des EP in den europäischen Verträgen nur wenig Änderungen bringen[5]. Allerdings verbessert der Vertrag von Nizza für die Zeit ab dem Jahr 2004 die proportionale Repräsentation der europäischen Völker im EP, da er die Verteilung der Sitze im EP stärker als die bisherigen Verträge an der Bevölkerungszahl orientiert[6] und er erweitert erneut das Mitentscheidungsverfahren nach Art. 251 EGV auf sechs weitere Bereiche[7]. Insofern stärkt auch der Vertrag von Nizza die Demokratie in der Union[1].

---

1 Bull.EU 1/2-2000, S. 9

2 Langguth, Memorandum zur Demokratieentwicklung in der EG, 1992, 22(23); Gemeinsame Erklärung des ehem. Außenministers Hans-Dietrich Genscher und des ehem. italienischen Außenministers Gianni De Michaelis, EA 1991 D 376; ehem. Bk Helmut Kohl in einer Regierungserklärung vor dem BT am 13. Dezember 1991 über die Ergebnisse des Europäischen Rates in Maastricht, EA 1992 D 115, und er fügt hinzu: "Es sind eben nicht nur die Regierungen, sondern in einem beachtlichen Maße auch die jeweiligen nationalen Parlamente, die, zumindest im Augenblick, nicht bereit sind, weitere Schritte zuzulassen."; Rede Helmut Kohls zur Rolle Deutschlands in Europa anlässlich der Tagung "Forum für Deutschland" vom 13. März 1991 in Berlin, EA 1991 D 374: es gehe dabei nicht darum, dem Bundestag Kompetenzen zu nehmen, sondern Kompetenzen, die schon nicht mehr beim Bundestag liegen, endlich einer parlamentarischen Kontrolle im EP zuzuführen. Wichtig sei auch eine Wahl der Kommission. Nach unserem allgemeinen Demokratieverständnis gehe es nicht an, dass die Kommission, die sich immer mehr in Richtung einer europäischen Regierung entwickelt, nicht angemessen parlamentarisch kontrolliert werden könne.

3 55. Integrationsbericht der BReg., wib 8/95-XVII/16; fraktionsübergreifender Beschluss des Europaauschusses, wib 1/97-XVII/76; Beschluss des Ausschusses für die Angelegenheiten der EU, wib 11/96-XVII/60; Antwort der BReg. auf eine Große Anfrage, wib 1/96-XVII/44; fraktionsübergreifender Beschluss des Europaausschusses, der die Bundesregierung auffordert, die Vorstellungen der Kommission zur Stärkung des EP (RatsDok. 9072/96) zur Grundlage weiterer Verhandlungen zu machen, wib 1/97-XVII/76; Forderung des Bundestages, wib 11/97-XVII/87; Erklärung der Bundesregierung, eine weitere Stärkung des EP „gegenüber der Kommission“ in der Regierungskonferenz mit Nachdruck zu vertreten, wib 20/96-XVII/72

4 ehem. BMin. d. Justiz Edzard Schmidt-Jortzig anlässlich der Eröffnung des 17. Kongresses der Internat. Föderation für Europarecht am 10.10.1996, NJW 1996, S. XVIf.; Langguth, Memorandum zur Demokratieentwicklung in der EG, 1992, 22(23)

5 s. zum Vertrag von Nizza (Abl. C 80 v. 10.03.2001, S. 1ff.) Pache/Schorkopf, Der Vertrag von Nizza, NJW 2001, 1377ff.(insbes. zum EP S. 1379), Epiney/Abt/Moster, Der Vertrag von Nizza, DVBl. 2001, 941; von einem „bescheidenen Ausbau der parlamentarischen Mitwirkungsrechte“ spricht Hatje, Die institutionelle Reform der EU, EuR 36(2001), 143(178, 179)

6 Nizza Pache/Schorkopf, Der Vertrag von Nizza, NJW 2001, 1377(1379); Wiedemann, Der Vertrag von Nizza, EuR 2001, 185(211); Anlagen I und II zum Vertrag von Nizza (Abl. C 80 v. 10.03.2001, S. 1ff.), Erklärung zur Erweiterung der Europäischen Union

7 Wiedemann, a.a.O.; allerdings weist Gnan auch darauf hin, dass auch im Vertrag von Nizza nicht in allen Berichen, in denen der Rat künftig mit qulifizierter Mehrheit entscheiden kann, das Mitentscheidungsverfahren eingeführt worden ist, Gnan, Der Vertrag von Nizza, BayVBl. 2001, 449(456); denn

I. Die innerstaatliche Diskussion zur demokratischen Legitimation staatlichen Handelns

Welchen Standpunkt man auch immer zur gegenwärtigen demokratischen Legitimation der Unionsgewalt und zu einer Weiterentwicklung des demokratischen Prinzips im Entscheidungssystem der EU einnimmt, darf man letztlich nicht aus dem Blick verlieren, dass auch die Diskussion um die demokratische Legitimation innerstaatlicher Handlungen deutscher Staatsgewalt noch nicht abgeschlossen ist[2]. Dies belegen etwa die aktuelle Diskussion um die Legitimation des mit dem Umweltauditgesetz neu installierten Umweltgutachterausschusses[3], die erst jüngst von Böckenförde wieder aufgegriffene Frage nach vor allem der inhaltlichen Legitimation verfassungsgerichtlicher Entscheidungen[4], die Diskussion um das wohl nie zur Gänze geklärte Spannungsverhältnis zwischen Verordnungsermächtigung und Demokratieprinzip[5] oder die Entscheidung des Bundesverwaltungsgerichts zur demokratischen Legitimation der Amtswalter in Kollegialorganen[6]. Selbst der Grundsatz der Wahlgleichheit sorgt auch innerstaatlich immer wieder für Debatten[7]. Sogar dem Grundgesetz insgesamt wird ein erhebliches Demokratiedefizit vorgeworfen[8].

---

in 27 weiteren Materien kann künftig mir qualifizierter Mehrheit entschieden werden, Hatje, Die institutionelle Reform der EU, EuR 36(2001), 143(155)

1 Hatje, Die institutionelle Reform der EU, EuR 36(2001), 143(179)

2 Steffani, Das Demokratie-Dilemma der EU, 1995, S. 33; s. auch Zippelius, Der einstige Beitrag des Bay. Senats zur Kultivierung demokratischer Entscheidungen, BayVBl. 2000, 193; oder die regelmäßig aufflammende Diskussion um die parlamentarische Kontrolle der Nachrichten/Geheimdienste, so wieder jüngst Peitsch/ Polzin, Die parlamentarische Kontrolle der Nachrichtendienste, NVwZ 2000, 387; Thum, Zur Ausgestaltung des Mehrheitsprinzips in der unmittelbaren Demokratie, BayVBl. 2000, 33; Jung, Aktuelle Probleme der direkten Demokratie in Deutschland, ZRP 2000, 440

3 Mayen, Der Umweltgutachterausschuß - ein strukturelles Novum ohne hinreichende demokratische Legitimation ?, NVwZ 1997, 215; oder Möllers, Zur demokratischen Legitimation der Enteignungsbehörde..., NVwZ 1997, 858ff. oder Dederer, Organisatorisch-personelle Legitimation..., NVwZ 2000, 403

4 Böckenförde, Verfassungsgerichtsbarkeit: Strukturfragen, Organisation, Legitimation, NJW 1999, 9; BVerfG BayVBl. 1999, 16, dass Verfassungsrichtern die notwendige demokratische Legitimation auch durch eine Wahl mittels einfacher Mehrheit vermittelt wird.

5 Sommermann, Verordnungsermächtigung und Demokratieprinzip, JZ 1997, 434; zum Wusch des Bundestages, auch am Verordnungserlass beteiligt zu werden s. Jekewitz, Bundestag und Rechtsverordnung, NVwZ 1994, 956ff.

6 BVerwG NVwZ 1999, 870; s. zum Demokratieprinzip auch etwa die Entscheidung des BVerfG zum Recht des Bundestages, die Bundesregierung über Untersuchungsausschüsse zu kontrollieren, NJW 1984, 2271 oder zu den Voraussetzungen einer Legalplanung für eine Autobahn, NJW 1997, 383

7 BVerfG NJW 1997, 1568 zur Grundmandatsklausel bei Bundestagswahlen; BVerfG NJW 1999, 43 zur Verfassungsbeschwerde wegen Verstoßes gegen die Gleichheit der Wahl in den Ländern; NdsStGH, NVwZ 2000, 670 zur verfassungswidrigen Wahlkreiseinteilung; Unterpaul, Die verfassungsrechtlichen Vorgaben für die künftige Stimmkreiseinteilung in Bayern, BayVBl. 1998, 743

8 Bericht über ein ZEIT-Symposium zum 75. Geburtstag von Helmut Schmidt: „Demokratie in der Krise“, ZEIT*magazin* Nr. 1/1994 in der Reihe ZEIT-Punkte; Parteienstaat in der Kritik, a.a.O. S. 27ff.; die SZ übertitelt ihren Bericht über eine Diskussion anlässlich des 50. Jubiläums des GG mit einem Zitat Hildegard Hamm-Brüchers „Wir Bürger sind zu unmündigen Zuschauern degradiert“ und resümiert, dass in der Diskussion allgemein der Zustand der Demokratie beklagt wurde. Frau Hamm-Brücher erklärt bei diesem Anlass zudem, die Forderung des Grundgesetzes, dass alle Staatsgewalt

II. Die doppelte Kritik am europäischen Legitimationssystem

Auch wenn ein Grundkonsens darüber besteht, dass Europa die einzig mögliche und alternativlose Perspektive der Demokratie ist[1], führt dieser kaum weiter, sobald um die konkreten Formen von demokratischer Legitimation europäischen Handelns gerungen wird[2]. Äußerungen, dass wer Europa wolle, es als demokratisches Europa wollen müsse, da eine andere Basis der Legitimation politischer Herrschaft in Europa heute nicht möglich sei[3], unterstellen dabei der EU einen Weg, den sie nicht einmal in Ansätzen zu gehen beabsichtigt. Das Demokratieprinzip in seiner Ausprägung als parlamentarische Demokratie mit Gesetzgebungsbefugnis des Parlaments gehört zur gemeinsamen Verfassungstradition der Mitgliedstaaten[4]. Die parlamentarische Demokratie in einem Mitgliedstaat war schon immer zwingende Voraussetzung für die Mitgliedschaft in der EU[5]. Seit dem EUV ist diese Zugehörigkeitsvoraussetzung sogar explizit in die europäischen Verträge aufgenommen (Art. 6 Abs. 1 EUV). Hinweise darauf, dass mit der Verlagerung der Gesetzgebungskompetenz vom Parlament auf die Regierung in der deutschen Rechtsgeschichte erschreckende Erfahrungen verbunden seien, denen es in den Anfängen vorzubeugen gelte[6], sind deshalb überflüssig[7].

"Es ist gerade in Deutschland populär, der Gemeinschaft ein demokratisches Defizit vorzuwerfen. Ich glaube, dass dieser Vorwurf der tatsächlichen Lage nicht gerecht wird. Gewiss, das "Verfassungsmodell" der Gemeinschaft entspricht nicht den Gedanken der Väter des Grundgesetzes. Aber gerade im Vertrag von Maastricht ist viel getan worden, um die Gemeinschaft stärker zu demokratisieren: Das Europäische Parlament wird gestärkt durch verbesserte Mitentscheidung bei Gesetzesvorhaben, durch Mitsprache bei der Ernennung der Kommissionsmitglieder, durch Einführung eines Petitions- und Enquête-Rechts. Die Rechte des Europäischen Parlaments sind jedoch nur ein Aspekt der demokratischen Kontrolle innerhalb der EG. ... . auch eine nationale Verantwor-

---

vom Volke ausgeht, sei nicht erfüllt, SZ vom 10.3.1999, S. 9; ähnlich fundamental ist die Demokratiekritik v. Arnims, Die Verfassung hinter der Verfassung, ZRP 1999, 326ff., der in der praktischen Demokratie des Grundgesetzes u.a. eine „Entmündigung des Souveräns" und der Volksvertreter sieht, a.a.O. S. 329; ähnlich bereits ders., Demokratie vor neuen Herausforderungen, ZRP 1995, 340(348ff.); interessant in diesem Zusammenhang auch der Titel einer Untersuchung Walter Leisners, Demokratie: Betrachtungen zur Entwicklung einer gefährdeten Staatsform, Berlin 1998; Peschel-Gutzeit, Unvollständige Legitimation der Staatsgewalt oder..., NJW 1997, 2861

1 Abg. Ullmann, Gem.Verfk., Sten.Ber. 2. Sitzung, S. 38; Nicolaysen, Vom Beruf zur Verfassungsgebung in Europa, EuR 1984, 94(96)

2 Nicolaysen, a.a.O.; Steffani, Das Demokratie-Dilemma der EU, 1995, S. 33

3 Murswiek, Maastricht und der pouvoir constituant, Der Staat 1993, 161

4 Ress, Über die Notwendigkeit der parlamentarischen Legitimierung der Rechtsetzung der EGten, 1989, S. 641

5 Ress, a.a.O. S. 642; Tomuschat, in: BKGG, Art. 24 Rn. 52

6 Ress, a.a.O. S. 627

7 Nicolaysen, Ansichten zur Gemeinschaftsverfassung, EuR 1987, 299(304); Disk.-beitr. Klein, in: H./K., 1994, S. 104

tung für die Demokratie in der Gemeinschaft gibt (es). Das gilt insbesondere für die Arbeitsweise des Rates, aber auch der nationalen Parlamente"[1].

Kein Entscheidungsorgan in der Union hat sich und seine Stellung im Vertragsgefüge seit den Gründungsverträgen stärker verändert als das EP. Gleichzeitig stellte der ehemalige Kommissionspräsident Delors in diesen Sätzen die Dualität der europäischen Legitimation heraus[2]. Die europäische demokratische Legitimation stützt sich nicht nur auf das EP, sondern die Mitgliedstaaten selbst sind ebenfalls Teil der europäischen demokratischen Legitimation.

1. Die Kritik am nationalen Legitimationssystem für die Unionsgewalt

Parallel zum dualen europäischen Legitimationssystem setzt auch die Kritik an beiden europäischen Legitimationssträngen an. Am nationalen Legitimationsstrang wird beklagt, dass sich die Aufgaben der gesetzgebenden Gewalt zunehmend vom Bundestag auf die Exekutive verlagert hätten, die die vormals dem Bundestag zustehenden Entscheidungen nunmehr im Ministerrat vertritt[3]. Damit sei die grundgesetzliche Gewaltenteilung massiv tangiert, wodurch eine entscheidende Lücke in der demokratischen Legitimation und Kontrolle der gemeinschaftlichen Hoheitsgewalt entstanden[4] und die Machtbalance zwischen Exekutiv- und Legislativorganen gestört worden sei[5]. Mit der Verlagerung sei die europäische Hoheitsrechtsausübung entparlamentarisiert und somit entdemokratisiert worden[6], die europäische Integration ersetze geradezu die parlamentarische durch eine exekutive Gesetzgebung[7], wie überhaupt die Bundesregierung durch die ständig steigende Bedeutung der zwischenstaatlichen Beziehungen für das Zusammenleben der Völker inzwischen über ihre außenpolitische Zuständigkeit eine Stellung erlangt habe, die das Verhältnis von Exekutive

---

[1] Delors, Entwicklungsperspektiven der EG, Aus Politik und Zeitgeschichte 1993, 3(9); überhaupt ist die ganze Debatte in Deutschland um den Fortbestand der Staatlichkeit einzigartig unter den Mitgliedern der EU, Schröder, Das BVerfG als Hüter des Staates im Prozeß der europäischen Integration, DVBl. 1994, 316(317)

[2] so auch Disk.-beitr. Everling, in: H./K., 1994, S. 61; „Vollkommen neue Wege finden, wie wir Europa gestalten" und „Europa eine neue Gestalt geben", will Kommissionspräsident Prodi, Rede vor dem EP am 15.02.2000, Bull. EU Beilage 1/2000, S. 7(10).

[3] Lang, Mitwirkungsrechte...BT..., 1997, S. 275

[4] Scharpf, Europäisches Demokratiedefizit und deutscher Föderalismus, StwStp 1993, 293(295); Möller/ Limpert, Informations- und Mitwirkungsrechte des BT..., ZfP 1993, 21(23); Ress, Die EU und die neue juristische Qualität der Beziehung zu den EGten, JuS 1992, 985(988); von „offensichtlich schwerwiegenden demokratischen Defiziten" spricht Weiler, Der Staat „über alles", JöR n.F. Bd. 44 (1996), 91(93); v. Arnim, Die Verfassung hinter der Verfassung, ZRP 1999, 326(331); Lemke, Europa als politischer Raum, Kritische Justiz 1999, 1(7)

[5] Weiler, Der Staat „über alles", JöR 44 (1996), 91(106); Lang, Mitwirkungsrechte... BT..., 1997, S. 273ff.

[6] Kirchhof, Die Gewaltenbalance zwischen staatlichen und europäischen Organen, JZ 1998, 965(972); Rupp, Europäische „Verfassung" und demokratische Legitimation, AöR 120(1995), 269f.

[7] Kirchhof, Das Maastricht-Urteil des BVerfG, 1994, 11(18)

und Legislative in Teilbereichen der Gesetzgebung „umstülpe“[1]. Der Rat vermittle zudem nur eine mittelbare demokratische Legitimation, die auf Dauer und vor allem mit zunehmender Integration nicht mehr ausreichend sei[2]. Sogar eine stärkere innerstaatliche Bindung der deutschen Ratsmitglieder an ein Votum des Bundestages könnte nur wenig zusätzliche Legitimität vermittelt, da im Rat zunehmend mit Mehrheit entschieden wird[3].

2. Die Kritik am europaeigenen Legitimationssystem

Das europaeigene Legitimationssystem wird vor allem angegriffen, da hier immer noch keine parlamentarische Allzuständigkeit des EP als Kernbestandteil einer parlamentarischen Demokratie besteht[4]. Dort, wo eine angemessene parlamentarische Kontrolle durch das EP nicht gegeben sei, müssten wenigstens den nationalen Parlamenten entsprechende Mitwirkungsrechte erhalten bleiben, um diese Demokratielücke für die Unionsgewalt zu schließen[5]. Die Entscheidungsverfahren in der EU könnten zudem schon deshalb nicht als parlamentarische Demokratie verstanden werden[6]. Bereits aus diesem Grund könne das EP auch die Zustimmung oder Ablehnung der Bevölkerung zur europäischen Herrschaftsausübung nicht annähernd vermitteln[7]. Sogar sein Status als Parlament wird dem EP deshalb abgesprochen: „materiell“ sei es weiterhin „eine Versammlung“[8]. Die „spärlichen, i.d.R. lediglich mitberatenden Rechte“ reichen „bei weitem nicht aus“, um in der EU von einer parlamentarischen Demokratie sprechen zu können[9]. Die Umbenennung der Versammlung in Parlament sei sogar gerade ein Beispiel „semantischer Problembewältigung“[10]. Die Bezeichnung diene deshalb immer noch eher der Verwirrung und wirke sich sogar belastend aus[11]. Selbst heute noch wird vereinzelt im Vergleich zu den nationalen Parla-

---

[1] Baade, Das Verhältnis von Parlament und Regierung im Bereich der auswärtigen Gewalt..., 1962, S. 93

[2] Pernice, in: HdbdStR Bd. VIII, § 191 Rn. 53; Lang, Mitwirkungsrechte...BT..., 1997, S. 276

[3] Kokott, Kontrolle der auswärtigen Gewalt, DVBl. 1996, 937(949)

[4] Steinberg, GG und europäische Verfassung, ZRP 1999, 365(367); Ress, Die EU und die neue juristische Qualität der Beziehung zu den EGten, JuS 1992, 985(988); Möller/Limpert, Informations- und Mitwirkungsrechte des BT..., ZfP 1993, 21(24); Kirchner/Haas, Rechtliche Grenzen für Kompetenzübertragungen..., JZ 1993, 760(764); Grimm, Braucht Europa eine Verfassung ?, JZ 1995, 581(582); Weber, Zur künftigen Verfassung der EGten, JZ 1993, 325(327); sogar der EU selbst spricht Jochimsen eine direkte demokratische Legitimation ab, Perspektiven der europäischen WWU, 2. A. 1998, S. 200; von einer skeptischen Einbeziehung des EP in das Gesetzgebungsverfahren durch den EUV spricht Christiansen, Gemeinsinn und europäische Integration, 1995, S. 52

[5] Forderung von CDU/CSU/FDP zur Regierungskonferenz zum Vertrag von Amsterdam, wib 11/97XVII/87

[6] Kirchner/Haas, Rechtliche Grenzen für Kompetenzübertragungen..., JZ 1993, 760(764)

[7] Epping, Die demokratische Legitimation der dritten Gewalt der EGten, Der Staat 36(1997), 349(350)

[8] Kirchhof, Das Maastricht-Urteil des BVerfG, 1994, S. 18; ders., Die Gewaltenbalance zwischen staatlichen und europäischen Organen, JZ 1998, 965(972)

[9] Lange, Die Mitwirkungsrechte des BT..., 1997, S. 277

[10] Randelzhofer, Zum behaupteten Demokratiedefizit der EG, 1994, S. 42

[11] Steffanie, Das Demokratie-Dilemma der EU, 1995, S. 36

menten von einer weitgehenden Funktionslosigkeit des EP gesprochen[1]. Gefordert wird mindestens eine Erweiterung der Kontrollbefugnisse des EP[2], da dies leichter zu verwirklichen sei als eine Verlagerung der Gesetzgebungskompetenz vom Rat auf das EP[3].

Auch für die europäische Ebene wird zudem der exekutive Charakter der Gesetzgebung beklagt. Die EU beziehe ihre Legitimation in erster Linie aus den europäischen bürokratischen Legislativorganen Rat und Kommission[4]. Das EP besitze von allen Organen der EU das geringste Gewicht, da sämtliche europäischen Entscheidungen, einschließlich solche legislativer Art, exekutiv bestimmt seien[5]. Für ein demokratisches Vollparlament sei es nicht ausreichend, ihm lediglich die Möglichkeit zuzugestehen, Gesetzgebungsvorschlägen der Regierung die Zustimmung zu verweigern[6]. Auch nach Art. 6 der Erklärung der Menschenrechte sei "das Gesetz ... der Ausdruck des allgemeinen Willens". Entsprechend liege nach heutigem Verständnis eine parlamentarische Demokratie erst dann vor, wenn das Parlament von Rechts wegen über Gesetze maßgebend positiv entscheiden könne[7]. Die EU-Rechtsetzung erfolge deshalb weitgehend ohne demokratische Legitimation, der Rat als „staatsrechtliches Ungetüm" sei Regierung und Gesetzgebung in einem[8]. Im Rat sei Demokratie sogar am wenigsten entwickelt, hier sei der europäische Prozess noch reine Diplomatie und der Rat so unkontrollierte Macht[9]. Umgekehrt wachse aber gerade mit der Verlagerung von Aufgaben an sich bereits der Bedarf an demokratischer Legitimation auf der Empfängerebene[10]. In der EU dagegen sei jedoch gerade diese Schere zwischen Grad des Betroffenseins und Möglichkeiten politischer Partizipation

---

1 Epping, Die demokratische Legitimation der dritten Gewalt der EGten, Der Staat 36(1997), 349(351)

2 Rojahn, in: v.Münch , Art. 23 Rn. 24

3 Schwarze, Das Staatsrecht in Europa, JZ 1993, 585(589)

4 Grabitz/Hilf, Kommentar zur EU, Stand Mai 1995, Art. 235 Rn 24; Zuleeg, Demokratie in der EG, JZ 1993, 1069(1071); Steinberg, GG und europäische Verfassung, ZRP 1999, 365(367); Epping, Die demokratische Legitimation der dritten Gewalt der EGten, Der Staat 36(1997), 349ff.; Kokott, Deutschland im Rahmen der EU..., AöR 119(1994), 207(215)

5 Grimm, Braucht Europa eine Verfassung ?, JZ 1995, 581(582)

6 Steffani, Parlamentarismus in den EG-Staaten und demokratisches Defizit der europäischen Institutionen, ZfP 1978, 233(238)

7 Schmid, Das Verhältnis von Parlament und Regierung im Zusammenspiel der staatlichen Machtverteilung, 1971, S. 12 Fn. 6

8 Lamprecht, Untertan in Europa - Über den Mangel an Demokratie und Transparenz, NJW 1997, 505

9 Wuermeling, Streicht die Räte und rettet den Rat !..., EuR 1996, 167; mangelnde Publizität im Rat beklagt auch Rath, Die „unionswärtige Gewalt" des BT..., 1995, S. 132; Lamprecht, a.a.O.: „Zu den unvermeidlichen Begleiterscheinungen der Machtkonzentration in Brüssel gehört, dass der Euro-Bürger vom Ideal der Demokratie, in der alle Staatsgewalt vom Volke ausgeht, wieder so weit entfernt ist, wie einst die Untertanen in wilhelminischer Zeit. Der Rat regiert über die Köpfe der Menschen hinweg nicht weniger elitär als das preußische Herrenhaus. Die Deutschen, die mit Hilfe des BVerfG langsam gelernt hatten, sich als mitgestaltende Subjekte der Politik zu begreifen, sind längst wieder das, was sie immer waren, ohnmächtige Objekte staatlichen Handelns."

10 Steinberg, GG und Europäische Verfassung, ZRP 1999, 365(367); Zuleeg, Demokratie in der EG, JZ 1993, 1069(1073); Pernice, Maastricht, Staat und Demokratie, Die Verwaltung 1993, 449(475)

zu groß[1]. Die durch den Weg über den Rat bewirkte „Mediatisierung der Legitimation“ mindere zudem noch deren demokratischen Gehalt[2].

3. Die umstrittene Stärkung des Europäischen Parlaments

Gleichzeitig ist aber kaum etwas so umstritten wie die künftige Rolle von EP und Rat[3]. Jede Form der Parlamentarisierung der EU ziele auf eine Entstaatlichung der Mitgliedstaaten[4]. Jeder Demokratisierung der EU stehe die Souveränität der Mitgliedstaaten gegenüber[5]. Eine Demokratisierung der EU nach nationalem Vorbild würde ihr ihren zwischenstaatlichen Charakter nehmen[6]. Mit einer Demokratisierung der EU wäre deshalb der Weg zu einem europäischen Bundesstaat vorgezeichnet[7]. Mit jedem Demokratisierungsfortschritt in Europa verschärfe sich die Spannung zum nationalen demokratischen Legitimationssystem[8]. Mehr Parlamentarismus soll aber auch der Integration schaden, da mit ihm Effizienz verloren gehe[9], und eine stärkere Transparenz im Rat schwäche dessen Kompromiss- und Problemlösungsfähigkeit[10]. Gerade die Handlungsfähigkeit der EU wird jedoch als „wichtiger Faktor ihrer Legitimation“ gesehen, Effizienz sogar als Kompensation für den Verlust nationaler Mitwirkungsrechte akzeptiert[11].

III. Die Handlungen der gesamten EU als Untersuchungsgegenstand

Untersuchungsgegenstand sind im nachfolgenden die Handlungen der gesamten EU, nicht nur die ihrer Teilorganisationen EG, EGKS und EAG. Diese sind zwar die „Grundlage der Union“ (Art. 1 Abs. 3 Satz 1 EUV) und bestehen auch nach dem EUV als Einzelgemeinschaften fort, auch sind nur sie völkerrechtli-

---

[1] Lemke, Europa als politischer Raum, Kritische Justiz 1999, 1(7)

[2] Epping, Die demokratische Legitimation der dritten Gewalt der EGten, Der Staat 36(1997), 349(378); so bereits u.a. Hrbek, Demokratiegebot und EG, 1980, S. 285(299) und Neunreither, Legitimationsprobleme in der EG, ZfP 1976, 245(248): Die Beschlussfassung im Ministerrat führe durch eine doppelte Selektierung zu einer entscheidenden Veränderung der nationalen Legitimitätsbasis.

[3] nicht nur Grimm sieht in einer Vollparlamentarisierung des EP das demokratische Defizit der EU vergrößert, Braucht Europa eine Verfassung ?, JZ 1995, 581(588f.); auf die Widerstände in anderen Mitgliedstaaten gegen eine Stärkung des EP im Vorfeld der Verhandlungen zum Vertrag von Amsterdam macht die Bundesregierung aufmerksam, wib 20/96-XVII/72

[4] Kirchhof, HdbStR Bd. VII, 1992, §183 Rn. 61; Lange, Die Mitwirkungsrechte des BT..., 1997, S. 278

[5] Bleckmann, Die Wahrung der „nationalen Identität“ im Unions-Vertrag, JZ 1997, 265(268)

[6] Badura, Bewahrung und Veränderung ..., VVDStRL 23, 34(These 20); Lang, Mitwirkungsrechte...BT..., 1997, S. 278

[7] Breuer, Die Sackgasse des neuen Europaartikels (Art. 23 GG), NVwZ 1994, 417(424f.)

[8] Steffani, Das Demokratie-Dilemma der EU, 1995, S. 38

[9] Christiansen, Gemeinsinn und Europäische Integration, 1995, S. 63

[10] Christiansen a.a.O., S. 62

[11] Christiansen a.a.O. S. 62f.; so auch Kommissionspräsident Prodi in einer Rede vor dem EP am 15.02.2000 zum Arbeitsprogramm der Kommission: „Die europäischen Institutionen beziehen ihre Legitimation zuallererst aus der Effizienz ihrer Handlungen“, Bull. EU Beilage 1/2000, S. 7(10)

che Rechtssubjekte und nicht die EU[1]. Der EUV sollte ausweislich seiner Präambel jedoch künftig die Organe „die ihnen übertragenen Aufgaben in einem einheitlichen institutionellen Rahmen besser wahrnehmen" lassen. Auch nach Art. 3 Abs. 1 EUV handelt die Union seit dem EUV in einem „einheitlichen institutionellen Rahmen". Die europäischen Organe handeln damit für die EU sowie für die drei Gemeinschaften[2]. Von einer Einheit der Europäischen Union in diesem Sinne geht auch Art. 23 GG aus. Auch er spricht mit der „Europäischen Union" nicht nur das institutionelle Dach mit den die bisherigen Gemeinschaften ergänzenden Politiken an, sondern seine Anforderungen beziehen sich auch auf die in die Union mit einbezogenen bisherigen Gemeinschaften[3]. Soweit deshalb im Nachfolgenden nicht eine Aussage getroffen wird, die ausdrücklich eine der drei europäischen Einzelgemeinschaften betrifft, wird von der Europäischen Union bzw. der Union (Art. 1 Abs. 1 EUV) als Inbegriff aller Einzelgemeinschaften zuzüglich der im EUV vereinbarten gemeinsamen europäischen Politiken und Formen der Zusammenarbeit (Art. 1 Abs. 3 Satz 1 EUV) gesprochen werden[4].

---

[1] Pechstein, Rechtssubjektivität der EU ?, EuR 1996, 137ff.; Bleckmann, Europarecht, Rn. 166; Everling, Überlegungen zur Struktur der EU und zum neuen Europa-Artikel des GG, DVBl. 1993, 936(941); Geiger, Kommentar zu EGV, Präambel Rn. 10; Dörr, Noch einmal: Die EU und die EG, NJW 1995, 3162(3165); Lindner, EG-Grundsrechtscharta..., DÖV 2000, 543(545); noch weitere Nachweise zur insoweit h.M. bei Wichard, Wer ist Herr im europäischen Haus ?, EuR 1999, 170(172), der selbst jedoch a.A. ist, da spätestens seit dem Vertrag von Amsterdam die EU Kompetenzen habe, die sie nur als eigene Rechtspersönlichkeit wahrnehmen könne. Lediglich wünschenswert wäre es gewesen, der EU diese Rechtspersönlichkeit auch ausdrücklich zuzuerkennen, a.a.O. S. 174; ein „Bedürfnis" dafür sieht auch Pechstein, a.a.O., S. 139; die Tendenz zur Anerkennung einer eigenen Rechtspersönlichkeit sehen Hilf/Pache, Der Vertrag von Amsterdam, NJW 1998, 705(709), im Vertrag von Amsterdam gestärkt, letztlich wurde sie jedoch auch hier nicht anerkannt, Montag, Die Entwicklung des Europäischen Gemeinschaftsrechts, NJW 1998, 2088

[2] v.Bogdandy/Nettesheim, Die Verschmelzung der EG in der EU, NJW 1995, 2324(2326); diess., Die EU: Ein einheitlicher Verband mit eigener Rechtsordnung, EuR 1996, 3(13); Ress, Die EU und die neue juristische Qualität der Beziehung zu den EGten, JuS 1992, 985(986); Rat und Kommission haben deshalb auch beschlossen, sich einheitlich für alle Verträge "Rat der Europäischen Union" bzw. "Europäische Kommission" zu nennen, Entschließung der Kommission vom 17.11.1993 in: EG-Nachrichten Nr. 46 vom 29.11.1993, S. 2, die sich jedoch bei rechtserheblichen Texten weiterhin „Kommission der Europäischen Gemeinschaften" nennt; Beschluss des Rates vom 08.11.1993, Abl. L 281/18, der in seinem Beschluss sogar ausdrücklich davon ausgeht, dass der Begriff „Europäische Union" alle drei Gemeinschaften umfasst, Epping, Die demokratische Legitimation der dritten Gewalt der EGten, Der Staat 36(1997), 349, Fn. 4.; zur aktuellen Organbezeichnung s. auch Hilf, Die EU und die Eigenstaatlichkeit ihrer Mitgliedstaaten, 1994, S. 76f.

[3] Breuer, Die Sackgasse des neuen Europaartikels (Art. 23 GG), NVwZ 1994, 417(421)

[4] im Sinne einer Gesamtheit der europäischen Verträge, v.Bogdandy/Nettesheim, Die Verschmelzung der EG in der EU, NJW 1995, 2324; so auch Wichard, Wer ist Herr im europäischen Haus ?, EuR 1999, 170(180f.), der zwar, da er von der Rechtspersönlichkeit der EU ausgeht, mit einem anderen Impetus argumentiert, der aber letztendlich die einheitliche Bezeichnung nicht von der Annahme einer eigenen Rechtspersönlichkeit abhängig macht; entsprechend aber auch die Empfehlung des Bundesministeriums der Justiz zur Bezeichnung der Organe und Verträge, abgedr. in KommunalPraxis 1996, 139; ausführliche Gedanken mit umfassenden Quellennachweisen zum Verhältnis der einzelnen Gemeinschaften zur EU („Trennungsthese" oder „Einheitsthese") s. Wichard, a.a.O. S. 175ff.

IV. Die umfassende Legitimierungspflicht staatlichen Handelns

Ausgangspunkt der nachfolgenden Überlegungen ist zudem, dass jede Herrschaft legitimierungsbedürftig ist[1]. Das BVerfG will für das Grundgesetz vorbereitende und rein konsultative Tätigkeiten der staatlichen Gewalten aus der Legitimationspflicht herausnehmen[2], wenn sie nur der Vorbereitung von Entscheidungen ohne Teilhabe daran dienen (z.B. Beiräte oder sonstige Expertengremien, die mit beratenden Aufgaben befasst sind). Gleiches soll für technischinstrumentelle Verrichtungen gelten, die bloße Hilfsfunktionen für solches Handeln darstellen[3].

Auch neuere Überlegungen in der Literatur knüpfen die Frage der Legitimationsbedürftigkeit einer Handlung wieder eng an den Begriff der Staatsgewalt an und heben das - grammatikalisch in dem Begriff enthaltene - Gewaltmoment besonders hervor. Nur dort, wo hoheitliche Entscheidungen mit verbindlicher Wirkung getroffen werden könnten, stelle sich überhaupt die Frage nach demokratischer Legitimation[4]. Für diese Ansicht stellt sich die Legitimationsfrage für europäisches Handeln nur bei europäischen Richtlinien, Verordnungen und Entscheidungen, da es sich nur bei diesen um hoheitliche Entscheidungen mit verbindlicher Wirkung handelt[5].

Staatsgewalt kann - gerade auch in einer zunehmend auf Konsens ausgerichteten politischen Wirklichkeit - aber nicht mit den Kategorien des Befehls und des Zwangs gleichgesetzt werden[6]. Zu eng ist deshalb sogar das Abstellen lediglich auf öffentliche Gewalt[7]. Das Erfordernis der Legitimation bezieht sich nicht nur auf öffentliches oder hoheitliches staatliches Handeln, sondern auf die Wahrnehmung sämtlicher vom Staat in Anspruch genommener Aufgaben. Die staatliche Herrschaft insgesamt muss sich legitimieren[8]. Allein entscheidend ist die Möglichkeit des Staates, das Verhalten seiner Mitglieder direkt oder indirekt zu beeinflussen[9]. Entsprechend legt auch das BVerfG den Begriff des Eingriffs in Grundrechte extensiv aus. Es will so eine möglichst umfassende Kontrolle staatlichen Handelns sicherstellen. Grundrechtsverletzungen können demnach gerade nicht nur durch staatliches Handeln erfolgen, das unmittelbar in ein Grundrecht eingreift oder dessen Inhalt regelt, sondern auch durch Vor-

---

1 Würtenberger, Die Legitimation staatlicher Herrschaft, 1973, S. 17; dies gilt im übrigen nicht nur für staatliche Herrschaft, sondern auch für private Herrschaftsverhältnisse. Im Beruf z.B. legitimiert sie sich eben nicht aus dem Grundgesetz, sondern aus dem Arbeitsvertrag.

2 BVerfG NJW 1991, 159(160); BVerfG NJW 1978, 1967; Böckenförde, in: HdbdStR Bd. I, § 22 Rn. 13

3 Böckenförde, a.a.O.

4 Brosius-Gersdorf, Die doppelte Legitimationsbasis der EU, EuR 1999, 133(133/146f./151)

5 Brosius-Gersdorf, a.a.O. S. 153

6 Herzog, Allgemeine Staatslehre, 1972, S. 401; Everling, Vom Zweckverband zur EU, 1977, S. 605

7 Kaiser, Bewahrung und Veränderung ..., VVDStRL 23, 1(2)

8 Böckenförde, in: HdbdStR Bd. I, § 22 Rn. 12

9 Würtenberger, Die Legitimation staatlicher Herrschaft, 1973, S. 21

schriften, die infolge ihrer tatsächlichen Auswirkungen geeignet sind, die Ausübung eines Grundrechts zu beeinträchtigen[1]. Daran ändert auch die Entscheidung zum Mitbestimmungsgesetz in Schleswig-Holstein nichts[2]. Hier steht zwar die Legitimation staatlichen Handelns mit Entscheidungscharakter im Mittelpunkt. Das Gericht stellt jedoch klar, dass „jedenfalls" alles amtliche Handeln mit Entscheidungscharakter der Legitimation bedarf. Die Entscheidung schließt es deshalb nicht aus, dass auch staatliches Handeln ohne Entscheidungscharakter der Legitimation bedarf. Für die Legitimationsbedürftigkeit staatlichen Handelns ist es deshalb auch unerheblich, ob Entscheidungen unmittelbar nach außen in die Gesellschaft hinein wirken oder erst durch einen anderen staatlichen Verwaltungsträger umgesetzt werden können oder müssen[3]. Deshalb sind z.B. auch Koordinierungsbefugnisse legitimierungsbedürftig[4]. Legitimationstheoretisch entscheidend ist nicht die Qualität staatlichen Handelns, sondern die mögliche Betroffenheit durch staatliches Handeln[5]. Lediglich die Intensität eines tatsächlichen oder möglichen Betroffenseins hängt von der Form und Verbindlichkeit eines konkreten staatlichen Handelns ab und ist bei den verschiedenen staatlichen Handlungsoptionen unterschiedlich groß[6]. Auswirkungen hat dies jedoch nur auf das für die Handlung erforderliche Legitimationsniveau, nicht auf deren grundsätzliche Legitimationsbedürftigkeit.

Deutlich wird dieses umfassende Legitimationsbedürfnis auch bei Erklärungen im politischen Bereich, etwa von Regierungsmitgliedern, deren Reden selten koordinierende, erst recht keine regelnde Funktion haben, die aber - werden sie aus dem Amt abgegeben - durchaus nicht lediglich als freie Meinungsäußerung gesehen werden können[7]. Die Information in Gestalt von Warnungen, Empfehlungen oder Aufklärungen soll sogar gerade persönliches Verhalten der Bürger staatlich lenken und wird deshalb von staatlicher Seite bewusst in diesem Sinne eingesetzt[8]. Lenkende Informationsmaßnahmen werden deshalb sogar häufig direkt als Eingriff in subjektive Rechte gewertet[9], obwohl der klassische Ein-

---

[1] BVerfGE 13, 181(185); 22, 380(384)

[2] BVerfGE 93, 37ff.

[3] Kaiser, Bewahrung und Veränderung ..., VVDStRL 23,1(2)

[4] Badura, Bewahrung und Veränderung ..., VVDStRL 23, 34(43)

[5] Kielmansegg, Legitimität als analytische Kategorie, PSV 1971, 367(389/397)

[6] Heun, Das Mehrheitsprinzip in der Demokratie, 1983, S. 206; Dederer, Organisatorisch-personelle Legitimation..., NVwZ 2000, 403(405)

[7] Böckenförde, in: HdbdStR. Bd. I, § 22 Rn. 3/13

[8] Di Fabio, Information als hoheitliches Gestaltungsmittel, JuS 1997, 1ff.; zur Öffentlichkeitsarbeit als Aufgabe der Bundesregierung im Rahmen der Staatsleitung und Problemlösung, BVerfG NJW 1989, 3269(3270); zur Notwendigkeit der Öffentlichkeitsarbeit aus dem Demokratieprinzip, Gusy, Verwaltung durch Information, NJW 2000, 977(987); BVerwG NJW 1989, 2272(2273); insgesamt so auch jüngst wieder VG Köln, NVwZ 1999, 912(913) zur Befugnis des Datenschutzbeauftragten, sich zu Belangen des Datenschutzes in der Öffentlichkeit zu äußern.

[9] BVerwGE 90, 112(120); BVerwG NVwZ 1994, 162(163); zur möglichen Eingriffsqualität staatlicher Informationstätigkeit s. auch umfassend Di Fabio, Information als hoheitliches Gestaltungsmittel, JuS 1997, 1(4ff.) m.z.w.N.; „Warnungen als Grundrechtseingriffe", Gusy, Verwaltung durch Information, NJW 2000, 977(982)

griff gerade durch seine unmittelbare und verbindliche Wirkung gekennzeichnet ist[1]. Das BVerfG hat dazu bereits 1977 ausgeführt, dass es eine zunehmend zu beobachtende Erscheinung ist, dass staatliche Einwirkungen nicht im Wege eines unmittelbar gezielten Eingriffs erfolgen[2]. Auch indirekte Wirkungen staatlichen Handelns könnten deshalb ein Grundrechtseingriff sein[3]. Inzwischen „bedarf es schon keiner näheren Darlegung mehr, dass ... öffentliche Äußerungen des Staates (= Warnhinweise) nicht zuletzt wegen der mit ihnen in Anspruch genommenen Staatsautorität für ... den ... geschützten Freiheitsraum schwerwiegende Folgen haben können“[4].

Ein weiterer Beleg für dieses Ergebnis ist auch eine eher beiläufige Ausführung des BVerfG zur Legitimation des Bundestages. Die dem Bundestag durch die Wahl der Abgeordneten vermittelte Legitimation „bezieht sich auf alle Aufgaben, Tätigkeiten und Befugnisse, die das Grundgesetz dem Bundestag zuweist“[5]. Mit der Erwähnung der dem Bundestag zugewiesenen Aufgaben und Befugnisse wären die Handlungsmöglichkeiten des Bundestages eigentlich ausreichend abgedeckt, da staatliches Tätigwerden ohne Aufgabeneröffnung nicht vorstellbar ist. Indem das BVerfG in seine Aufzählung Tätigkeiten des Bundestages ausdrücklich aufnimmt, will es sicherstellen, dass jede Handlung des Bundestages erfasst wird. Denn der Begriff der Tätigkeit ist nicht abhängig von juristischen Ordnungsvorstellungen. Tätigkeit ist schlicht die tatsächliche Beschäftigung mit etwas[6]. Auch wenn der Begriff der Tätigkeit und seine Aufnahme in die Aufzählung in der Entscheidung nicht näher erläutert werden, kann dieses Worttrio nicht als zufällig und damit ohne rechtlichen Gehalt eingeordnet werden. Diese umfassende Umschreibung des durch die Wahl zum Bundestag legitimierten staatlichen Handelns liegt im Gegenteil gerade in der Linie der gesamten Verfassungsrechtsprechung.

Somit besteht auch für rein konsultative Tätigkeit eine Legitimationspflicht. Dabei besteht kein grundsätzlicher Unterschied, ob ein staatlicher Amtsträger konsultiert wird oder er selbst eine außerhalb des Staatsgefüges stehende Stelle konsultiert. In seiner Auskunft trifft er bereits Wertungen und Auswahlentscheidungen, die die Entscheidung des konsultierenden Organs beeinflussen können und sogar sollen. Im Gegensatz dazu ist der Staat als Konsultierender noch in seiner Entscheidung frei. Entscheidungen trifft der Staat hier jedoch dadurch, dass er außenstehenden Quellen Einfluss auf seine Entscheidungsfindung einräumt, denn diese dürfen und sollen „privilegiert“ gegenüber anderen

---

1 Pieroth-Schlink, Staatsrecht II, Rn. 271

2 BVerfG NJW 1978, 313

3 explizit so nochmals in BVerfG NJW 1990, 2306(2307), das ausdrücklich an die frühere Rechtsprechung anknüpft; außerdem BVerwG NJW 1990, 2306f., wonach selbst die Nichtaufnahme einer Klinik in den Krankenhausbedarfsplan ein Grundrechtseingriff gegenüber dem das Krankenhaus betreibenden Arzt sein kann.

4 BVerwG NJW 1989, 2272(2273)

5 BVerfG NJW 1988, 890(891)

6 Duden, Das große Wörterbuch der deutschen Sprache, Bd. 6, Stichwort „Tätigkeit“

gesellschaftlichen Kräften ihre Argumente in die staatliche Entscheidungsfindung einbringen. Regelmäßig soll die Konsultation ja sogar gezielt die anstehende staatliche Entscheidung beeinflussen. Der Staat trifft hier bei der Auswahl seiner Konsultationsquellen eine Entscheidung, vor allem kann auf diesem Wege eine tendenziöse Scheinobjektivität erzeugt werden[1]. Bereits mit der Wahl des Konsultationspartners wirkt der Staat somit mindestens potentiell indirekt in die Gesellschaft hinein[2].

Auch wenn der Staat privatrechtlich handelt, wirkt er auf die Gesellschaft ein[3]. Im Gegensatz zum Individuum, das im Rechtsverkehr als Vertreter etwa seines Arbeitgebers oder als Privatmann auftreten kann, gibt es keinen privaten Staat. Der Wechsel der staatlichen Handlungsform ist legitimationstheoretisch nicht relevant. Auch das Erfordernis der Legitimation staatlichen Fiskalhandelns ist dabei kein Selbstzweck, sondern verfolgt das Ziel, die Freiheit der Staatsbürger vor staatlichem Einfluss und die Selbstbestimmung der Staatsbürger ohne staatlichen Einfluss umfassend zu sichern[4].

Unabhängig von möglichen und erforderlichen Legitimationsmitteln im Einzelfall führt deshalb der Grundsatz der Legitimationsbedürftigkeit jeder Herrschaft dazu, dass es für die grundsätzliche Legitimationsbedürftigkeit von Handlungen europäischer Organe nicht darauf ankommt, in welcher rechtlichen Form europäische Organe handeln. Nach Art. 249 EGV z.B. erfüllen die europäischen Organe ihre Aufgabe, indem sie Verordnungen, Richtlinien, Entscheidungen erlassen und Empfehlungen und Stellungnahmen abgeben[5]. Nach obigem Ergebnis spielt es für die Legitimationsbedürftigkeit keine Rolle, dass grundsätzlich lediglich die Verordnung und die Entscheidung Eingriffe i.S.d. klassischen Eingriffsbegriffs sein können. Auch im Gewande der anderen Handlungsformen wirkt die EU in die Gesellschaft hinein. Dies gilt auch für die Handlungsformen, die sich formell nur an die Mitgliedstaaten wenden. Besonders augenfällig wird dies bei der Richtlinie, die, wenn sie sich formell auch nur an die Mitgliedstaaten richtet, unter bestimmten Voraussetzungen direkt wirken kann[6]. Doch selbst wenn eine Richtlinie keine Direktwirkung hat, wird mit ihrem Erlass eine verbindliche Entscheidung für Deutschland und damit für das deutsche Volk

---

1 Scheuner, Politische Repräsentation und Interessenvertretung, DÖV 1965, 577(579)

2 zum starken Einfluss von Sachverständigen mangels eigener Kenntnisse des Auftraggebers, s. Oehler, Zur Problematik der Sachverständigenauswahl, ZRP 1999, 285ff.

3 Böckenförde, in: HdbdStR. Bd. I, § 22 Rn. 13

4 BVerfGE 44, 125(142); Pernice, in: Dreier, Art. 23 Rn. 51; darauf gründet letztlich auch der Zusammenhang zwischen Menschenwürde und Demokratieprinzip, Gassner, Kreation und Repräsentation, Der Staat 34(1995), 429(444)

5 darauf, dass auch tatsächliche Handlungen ohne Rechtsverbindlichkeit eine vertragliche Kompetenzzuweisung benötigen, verweist Jarras, Die Kompetenzverteilung zwischen der EG und den Mitgliedstaaten, AöR 121 (1996), 173(175)

6 Geiger, EG-Vertrag, 1995, Art. 189 a.F. Rn. 15ff.

gefällt[1], die - wenn auch nur indirekt - in die Gesellschaft hinein wirkt. Je nach Grad der Umsetzungsverpflichtung oder des Umsetzungsspielraumes kann sich dann allenfalls wieder die Frage nach dem notwendigen Legitimationsniveau stellen. Letztlich entscheidend für das konkret erforderliche Legitimationsniveau ist nämlich die konkret zu legitimierende Macht[2].

Aber auch Empfehlungen und Stellungnahmen wirken in die Gesellschaft hinein. Wenn sie Verfahrensvoraussetzung für einen Rechtsakt sind oder Tatsachenentscheidungen erzeugen, lösen sie sogar Rechtswirkungen aus[3]. Art. 211 EGV belegt zudem, dass dieses Wirken in die nationalen Gesellschaften hinein auch nicht nur eine faktische und unvermeidliche Nebenwirkung europäischer Stellungnahmen und Empfehlungen ist, sondern sogar deren Absicht. Die Kommission darf danach zu allen im Vertrag bezeichneten Gebieten Stellungnahmen und Empfehlungen abgeben, soweit sie dies für erforderlich hält (Art. 211, 2. Spiegelst. EGV). Allein das Wort „erforderlich" zeigt i.V.m. dem umfassenden Aufgabenkatalog der EU, dass mit der Stellungnahme oder Empfehlung gezielt eine Veränderung in der Gesellschaft oder im staatlichen Handeln - mit wiederum indirekten Auswirkungen auf die Gesellschaft - bewirkt werden soll. Zudem muss man den engen Zusammenhang zwischen dem Demokratieprinzip und dem der Volkssouveränität beachten. Auch direkt in die Staaten hineinwirkendes oder das staatliche Verhalten nicht nur als Nebenprodukt, sondern gezielt beeinflussendes Verhalten europäischer Organe beeinträchtigt das grundsätzlich umfassende Recht des Volkes, seine inneren Angelegenheiten selbst zu ordnen, weshalb allein eine solche gezielte Beeinträchtigung der Volkssouveränität legitimationsbedürftig ist.

An der grundsätzlichen Legitimationsbedürftigkeit europäischen Handelns ändert sich deshalb auch nichts, wenn in der EU Aufgaben im Rahmen bloßer Koordination zwischen den Mitgliedstaaten wahrgenommen werden. Auch hier können sich allenfalls unterschiedliche Anforderungen an Legitimationsform und Intensität ergeben.

Keine Rolle spielt es für die grundsätzlichen Legitimationsbedürftigkeit europäischer Handlungen auch, dass die Organe der EU keine staatliche Gewalt ausüben, sondern lediglich öffentliche[4], denn im Gewande öffentlicher Gewalt übt die Union eben gerade die von den Mitgliedstaaten übertragenen Hoheitsrechte aus (Art. 23 Abs. 1 Satz 2 GG), die gleichzeitig ein Ausschnitt aus dem Kompetenzspektrum der mitgliedstaatlichen Gewalt sind, weshalb allein die Frage nach der Legitimation dieser Ausübung zu stellen ist. Zudem fasst der

---

[1] diese Verknüpfung findet sich auch in BVerfG 89, 155(181ff.); Brosius-Gersdorf, Die doppelte Legitimationsbasis der EU, EuR 1999, 133(152)

[2] Epping, Die demokratische Legitimation der dritten Gewalt der EGten, Der Staat 36(1997), 349(367)

[3] Geiger, EG-Vertrag, 1995, Art. 189 a.F. Rn. 23; Beutler/Bieber u.a., Die EG, 3. A. 1987, Ziff. 6.2.3.5; Dederer, Organisatorisch-personelle Legitimation..., NVwZ 2000, 403(405)

[4] Huber, P.M., Recht der Europäischen Integration, § 5 Rn. 10

Begriff der Staatsgewalt nur das gesamte Tätigkeitsspektrum eines Staates zusammen. Ebenso wie jedes staatliche Handeln legitimationsbedürftig ist, bleibt es auch legitimationsbedürftig, wenn es vom Staat auf ein anderes Rechtssubjekt zur Wahrnehmung übertragen wird. Im Übertragungsakt wird die Brücke[1] geschlagen, die die überstaatlichen Handlungen überhaupt erst ermöglicht. An der Verantwortung des übertragenden Staates für die Tragkraft dieser Brücke setzt sich die Verantwortung des Staates für jede Handlung der das Hoheitsrecht empfangenden Einheit fort[2]. Auch Art. 23 GG erlaubt keine Unterbrechung der Legitimationskette aus dem Grundgesetz, sondern nur eine Verlängerung und Modifikation derselben über das innerstaatlich von Art. 20 GG gestattete Maß hinaus[3].

---

1 Breuer, Die Sackgasse des neuen Europaartikels (Art. 23 GG), NVwZ 1994, 417

2 Kirchhof, Das Maastricht-Urteil des BVerfG, 1994, S. 13

3 Baldus, Europol und Demokratieprinzip, ZRP 1997, 286(288); Schmidt-Aßmann, Verwaltungslegitimation als Rechtsbegriff, AöR 116(1991), 329(360), sieht in der Länge der Kette generell kein Kriterium für das Ausmaß demokratischer Würde, sondern stellt ausschließlich auf deren Lückenlosigkeit ab.

B. Konkurrenz zweier demokratischer Legitimationssysteme

Bereits daran, dass die Kritik an der Legitimation der Unionsgewalt sowohl das nationale als auch das europaeigene Legitimationssystem erfasst[1], besonders aber auch an der Diskussion über die Rolle des EP im europaeigenen Legitimationssystem[2] ist zu erkennen, dass zwei Legitimationssysteme den Anspruch erheben, das Handeln der Unionsorgane zu legitimieren: Das Grundgesetz und das Entscheidungssystem der europäischen Verträge.

I. Die fehlende Staatlichkeit der EU als zentrales Strukturmerkmal für die Legitimation der Unionsgewalt

Auf der Ebene der EU soll der Konflikt zwischen nationaler demokratischer Legitimation und europäischer demokratischer Legitimation[3] durch eine strukturangepasste[4], „doppelgleisige"[5], „duale"[6] Legitimation, mit Hilfe „paralleler, gegenseitig sich ergänzender, komplementärer Legitimationsstränge"[7] gelöst werden. Verlangt wird in diesem Rahmen zudem eine „dem Typus der EG entsprechende" Demokratie[8]. Die Struktur der EU bestimme letztlich, in welchen Formen der institutionellen, funktionellen, sachlich-inhaltlichen und personellen Legitimation der demokratisch legitimierende Zurechnungszusammenhang hergestellt werden müsse[9]. Die Struktursicherungsklausel aus Art. 23 Abs. 1 Satz 1 GG wird als nunmehr eindeutige Forderung nach einer solchen strukturangepassten doppelgleisigen Legitimation gesehen[10]. Erforderlich sei ein kombiniertes Vorgehen auf nationaler und transnationaler Ebene[11].

---

[1] s. oben A.II.1.u.2.

[2] s. oben A.II.3.

[3] Penski, Bestand nationaler Staatlichkeit als Bestandteil der Änderungsgrenze in Art. 79 III GG, ZRP 1994, 192(195)

[4] v.Simson/Schwarze, Europäische Integration und GG, 1992, S. 15; Pernice, in: Dreier, Art. 23 Rn. 51; Randelzhofer, Zum behaupteten Demokratiedefizit der Europäischen Gemeinschaft, 1994, S. 51ff., 55

[5] Streinz, in: Sachs Art. 23 Rn. 24; Rojahn, in: v. Münch, Art. 23 Rn. 23; Classen, Europäische Integration und demokratische Legitimation, AöR 119(1994), 238(246ff.)

[6] MdEP Tsatsos, zit. in Kulow, Bericht über die Tagung zur Eröffnung des Bayreuther Instituts für Europäisches Recht und Rechtskultur, BayVBl. 2000, 492(494)

[7] Pernice, Maastricht, Staat und Demokratie, Die Verwaltung 1993, 449(483); Pernice, in: Dreier, Art. 23 Rn. 52

[8] Pernice, a.a.O. S. 478

[9] Pernice, in: Dreier, Art. 23 Rn. 51

[10] Streinz, in: Sachs, Art. 23 Rn. 22/24; ungeachtet unterschiedlicher Terminologie ebenso Randelzhofer, in: M/D/H/S, 24 Abs. I Rn. 202; Breuer, Die Sackgasse des neuen Europaartikels (Art. 23 GG), NVwZ 1994, 417(422); Everling, Überlegungen zur Struktur der EU und zum neuen Europa-Artikel des Grundgesetzes, DVBl. 1993, 936(944); Ossenbühl, Maastricht und das GG - eine verfassungsrechtliche Wende ?, DVBl. 1993, 629(633); Einzelheiten zum Inhalt der Struktursicherungsklausel s.u. C., insbes. C.III.

[11] Weiler, Der Staat „über alles", JöR 44 (1996), 91(108); Lemke, Europa als politischer Raum, Kritische Justiz 1999, 1(3); Oppermann, Europarecht, 1999, Rn. 279

In die gleiche Richtung argumentiert das BVerfG, wenn es bereits beim derzeitigen Stadium der Integration anerkennt, dass der Legitimation durch das EP neben der Legitimation durch den Bundestag eine „stützende Funktion“ zukommt, und verlangt, dass dieser Legitimationsstrang als demokratische Grundlage der Union „schritthaltend mit der Integration ausgebaut werden...“ muss[1].

Weniger an Legitimationsstränge, sondern stärker an Legitimationsebenen knüpft die Kommission an, wenn sie für die EU von einer „neuen, demokratischeren Form der Partnerschaft zwischen den verschiedenen Ebenen von Politik und Verwaltung in Europa“ ausgeht[2]. Dazu sollten „neue Synergien zwischen allen demokratischen Institutionen der EU als Teil einer breiter angelegten Verbesserung europäischen Regierens“ gefunden werden[3]. Vor allem aber auch die Mitgliedstaaten müssten in diese Synergien einbezogen werden[4]. Als komplexes Mehrebenensystem, das in seiner Gesamtheit auch die Demokratien in den Mitgliedstaaten einbezieht, sieht auch Pernice die EU[5].

Eine strukturangepasste Demokratisierung der EU wird aber auch explizit mit einer zunehmenden Staatsähnlichkeit der EU verknüpft[6]. Hier liegt auch in der Tat die Nahtstelle zwischen der völkerrechtlichen Gleichheit von Staaten und der innerstaatlichen Gleichheit der Staatsbürger. Je näher man die EU an dieser rechtliche Existenzformen anlehnt, desto weniger Abstriche können in der Tat am demokratischen Prinzip vorgenommen werden[7].

Im Ergebnis legitimiert sich die EU zwar über verschiedene Legitimationsstränge, gleichzeitig gewinnen diese Legitimationsstränge aber ihr legitimierendes Profil auf zwei unterschiedlichen Legitimationsebenen. Die Vorstellung von einer doppelgleisigen, dualen oder parallel verlaufenden Legitimation lässt außer Betracht, dass das Fundament europäischer Legitimation gerade nur einen Legitimationsstrang besitzt, nämlich einen nationalen aus den Mitgliedstaaten. Allein deren Entscheidung ist es, welche Rolle das EP im Rahmen der Verträge spielt. Das EP kann von sich aus seine Rolle in den Verträgen nicht stärken. Betrachtet man sich das Verhältnis zwischen Grundgesetz und europäischer Rechtsordnung, so wird deshalb deutlich, dass im Rahmen der Integration zwei Legitimationsebenen entstanden sind. Die von der EU vermittelte Legitimation

---

[1] BVerfGE 89, 155(186)

[2] Präs. Prodi, Rede vor dem EP am 15.2.2000, Bull.EU, Beil. 1/2-000, S. 8

[3] Präs. Prodi, Strategische Ziele 2000 - 2005, „Das neue Europa gestalten“, a.a.O. S. 20

[4] Präs. Prodi a.a.O., S. 20

[5] Pernice, in: Dreier, Art. 23 Rn. 58

[6] Ress, Über die Notwendigkeit der parlamentarischen Legitimierung der Rechtsetzung der EGten, 1989, S. 677/675

[7] Di Fabio, Der neue Art. 23 des GG, Der Staat 1993, 191(200); Bleckmann, Nationales und europäisches Souveränitätsverständnis, 1980, S. 34; Boest, Ein langer Weg zur Demokratie in Europa - Beteiligungsrechte des EP..., EuR 1992, 182(196);Streinz, Der Verfassungsstaat als Glied einer europäischen Gemeinschaft, DVBl. 1990, 949(961/63)

baut dabei auf den gesammelten nationalen Legitimationen auf. Erst auf dieser neuen Ebene kann dann die Vorstellung von parallel verlaufenden Legitimationssträngen zum Tragen kommen. Die europäischen Verträge transportieren die nationale Legitimation der Verträge auf dem Weg über den Grundsatz der begrenzten Einzelermächtigung in die Einzelentscheidung. Der Rat füllt die nationale Legitimationslücke, die durch im Rahmen der begrenzten Einzelermächtigung eröffnete Handlungsspielräume entsteht. Das EP ergänzt diese nationale demokratische Legitimation durch eine europäische demokratische Legitimation, denn der Rat fällt seine Einzelentscheidung mit nur noch rudimentären Bindungen an die nationalen Verfassungen im europäischen Rechtsraum. Als mit Mitgliedern der nationalen Regierungen besetztes Organ vermittelt er - ebenso wie die europäischen Verträge selbst - eine europäische Legitimation in der Form der addierten nationalen Legitimationen. Nur das EP ist - wenn derzeit allerdings auch erst in Ansätzen - in der Lage, nicht addierte Legitimationen zu vermitteln, sondern die Rechtfertigung einer entstehenden europäischen demokratischen Entscheidungseinheit.

Für die vom Grundgesetz für die Unionsgewalt verlangte Legitimation ist es von zentraler Bedeutung, dass die EU als demokratische Entscheidungseinheit kein Staat ist. Bereits der Völkerbund in Genf befasste sich 1929 mit der Frage der zukünftigen Gestalt Europas. In dem Streben nach Frieden und Verständigung nach dem Ersten Weltkrieg führte Frankreichs damaliger Außenminister Briand als neues Element zur Sicherung des Friedens in Europa den Gedanken einer "Europäischen Union" i.S.e. Europäischen Staatenbundes ein. Das friedliche Zusammenleben Europas sollte zu einer ethischen, wirtschaftlichen und politischen Aufgabe werden, durch deren Erfüllung ein Band der Solidarität um die europäischen Völker geschlungen werden sollte[1]. Auch die politische Diskussion in den 60er Jahren war von der Auseinandersetzung geprägt, ob man eine "Staatenunion" oder eine "Union europäischer Staaten und Völker" wolle. Zur Überbrückung dieses Streits wurde hier ebenfalls die umfassende Bezeichnung "Europäische Union" verwendet[2]. Diese wurde gleichzeitig aber auch inhaltlich bewusst unbestimmt und unklar gehalten[3].

Auf ihrer Konferenz in Paris am 19. und 20. Oktober 1972 hatten die Staats- und Regierungschefs es sich "als vornehmstes Ziel gesetzt, vor dem Ende dieses Jahrhunderts in absoluter Einhaltung der bereits geschlossenen Verträge die Gesamtheit der Beziehungen der Mitgliedstaaten in eine Europäische Union

---

[1] Otto Meissner, Ebert-Hindenburg-Hitler, Erinnerungen eines Staatssekretärs 1918-1945, S. 169

[2] Magiera, Die EEA und die Fortentwicklung der EG zur EU, 1989, S. 507(521); Art. 1 des Fouchet-Planes lautete: "Durch diesen Vertrag wird eine Staatenunion (Union europäischer Staaten und Völker) gegründet, die nachstehend "Europäische Union" genannt wird."

[3] Magiera, a.a.O. S. 521; Sasse, Zur Verfassung der Europäischen Union, 1977, S. 197; Hrbek, Die "EU" als unerfüllbare integrationspolitische Daueraufgabe ?, 1987, S. 167f.; inhaltlich gleiche Ziele hatten sich die Staats- und Regierungschefs bereits 1969 in Den Haag gesetzt.

umzuwandeln"[1]. Wie wenig aussagekräftig der Begriff "Europäische Union" ist wird gerade in diesem Zusammenhang sehr deutlich. Eine Umwandlung "in absoluter Einhaltung der bereits geschlossenen Verträge" hätte im Jahre 1972 niemals zu einem Bundesstaat führen können. Selbst die erste Direktwahl zum EP lag damals noch in weiter Ferne, ebenso die umfangreichen Kompetenzausweitungen durch die EEA im Jahr 1986.

Tindemans Auftrag aus dem Jahr 1972 lautete, eine Studie über den Weg zu einer "Europäischen Union" zu erstellen[2]. Er sollte so zu einem vorhandenen Wort den fehlenden Inhalt suchen[3]. Hier wurde schließlich zwar die Prozesshaftigkeit des Gebildes "Europäische Union" entdeckt, wiederum aber nicht sein exakt beschreibbarer Endzustand[4].

Auch die EEA verstand sich als Beitrag zur Entwicklung einer Europäischen Union[5], ohne den Begriff zu definieren. Er blieb auch danach eine Leerformel potentieller Vieldeutigkeit[6] und konnte für jedes denkbare Integrationskonzept in Anspruch genommen werden[7].

Mit dem EUV flammte die Diskussion um den rechtlichen Charakter der EU, insbesondere mit Blick auf die WWU, erneut auf. Die Währungshoheit gehöre zum Kernbereich staatlicher Souveränität[8]. Gerade die WWU führe deshalb zu einer faktischen Staatswerdung[9], die Staatlichkeit Deutschlands schrumpfe parallel dazu auf Null[10]. Der EUV sei lediglich äußerlich ein Änderungsvertrag[11], das Grundgesetz werde mit ihm zur Verfassung eines Gliedstaates[12]. Gemeinschaftsaufgaben würden über wirtschaftliche Zuständigkeiten hinaus auf große

---

[1] Bull. EG 10/1972, Kap. I; EA 1972 D 508; Magiera, Die EEA und die Fortentwicklung der EG zur EU, 1989, S. 507(521); bereits im Schlusskommuniqué zur Konferenz der Staats- und Regierungschefs in Den Haag 1969 hatten diese erklärt, zur weiteren Stärkung der Gemeinschaft einen Stufenplan für die Errichtung einer Wirtschafts- und Währungsunion auszuarbeiten und die Wirtschaftspolitiken der Staaten zu harmonisieren, Ziffer (des Kommuniqués, Bull.EG 3/1970, 12(15); die Kommission hat in ihrem Memorandum zur Konferenz sogar die Forderung aufgestellt, „Europa in Richtung auf eine politische Union voranzubringen", Ziff. 6, a.a.O. S. 17(18)

[2] Oppermann, Parlamentarisierung der EG ?, 1977, S. 449(451)

[3] Sasse, Zur Verfassung der Europäischen Union, 1977, S. 189(191)

[4] Sasse, a.a.O. S. 194

[5] Burgbacher, Der Beitrag Maastrichts zur Europäischen Integration, Demokratie und Recht 1993, 26(29 Fn. 19)

[6] Ipsen, Europäische Verfassung - Nationale Verfassung, EuR 1987, 195(203)

[7] Huber, P.M., Recht der Europäischen Integration, 1996, § 1 Rn. 6

[8] Murswiek, Maastricht und der pouvoir constituant, Der Staat 1993, 161(181); Weber, Zur künftigen Verfassung der EGten, JZ 1993, 325(328)

[9] Di Fabio, Der neue Art. 23 des GG, Der Staat 1993, 191(193)

[10] Rupp, Muß das Volk über den Vertrag von Maastricht entscheiden ?, NJW 1993, 38(40)

[11] Scholz, GG und europäische Einigung, NJW 1992, 2593(2594); Möschel, Politische Union für Europa: Wunschtraum oder Alptraum ?, JZ 1992, 877

[12] König, Volksabstimmungen nach dem GG auf dem Weg in die Vereinigten Staaten von Europa ?, DVBl. 1993, 140(147)

Politikfelder ausgeweitet[1], was den Übergang zu einer eigenstaatlichen Einrichtung bedeute[2]. Die EU habe deshalb „längst das Entwicklungsstadium einer zwischenstaatlichen Einrichtung hinter sich gelassen“[3] und die Dimension einer supranationalen Staatlichkeit erreicht[4]. Mindestens sei der Einstieg in die europäische Staatlichkeit erfolgt[5] oder man befinde sich im Vorhof zu dieser[6] bzw. habe den Weg zum Superstaat angetreten[7]. Die EU gewinne durch den EUV Staatsnähe, ohne Vollstaat zu werden[8], sei spätestens jetzt ein im Entstehen begriffener Bundesstaat[9], eine Art föderales Gebilde[10], gekennzeichnet durch Parastaatlichkeit[11]. Das vom EUV konzipierte Gemeinwesen habe staatsähnlichen Charakter, da eigene Vollorgane und ein eigenes Unionsbürgerrecht[12]. Andere Stimmen schätzen den Zuwachs an Kompetenzen durch den Vertrag von Maastricht wiederum sogar als „eher bescheiden“ ein[13].

Die Diskussion darüber, ob für die EU eher die völkerrechtliche oder die staatsrechtliche Perspektive angemessen ist, füllt Bibliotheken[14]. Deutliche bundesstaatliche Züge wurden ihr in Deutschland schon kurz nach Gründung der EGKS nachgesagt[15]. Lediglich wegen der inhaltlichen Begrenztheit dieses Vertrages auf Kohle und Stahl wurde die Gründung eines Bundesstaat verneint.

---

1 Murswiek, Maastricht und der pouvoir constituant, Der Staat 1993, 161(180); BT/Drs. 12/3334, 81(104)

2 Scholz, GG und europäische Einigung, NJW 1992, 2593(2594)

3 Abg. Möller, Gem.Verfk., Sten.Ber. 3. Sitzung, S. 6

4 Ossenbühl, Maastricht und das GG - eine verfassungsrechtliche Wende ?, DVBl. 1993, 629(631)

5 Di Fabio, Der neue Art. 23 des GG, Der Staat 1993, 191(194); Pöhle, K., EU à la Maastricht - Eine ernste Herausforderung für die Parlamente der EG, ZfP 1993, 49(50)

6 Murswiek, Maastricht und der pouvoir constituant, Der Staat 1993, 161(181)

7 Pöhle, K., EU à la Maastricht - Eine ernste Herausforderung für die Parlamente der EG, ZfP 1993, 49(50f)

8 Blanke, Der Unionsvertrag von Maastricht, Ein Schritt auf dem Weg zu einem europäischen Bundesstaat ?, DÖV 1993, 412(421)

9 Abg. Verheugen, Gem.Verfk., Sten.Ber. 8. Sitzung, S. 9;

10 Abg. Verheugen, Gem.Verfk., Sten.Ber. 2. Sitzung, S. 31; Müller, Verfassungsrechtliche Fußnoten zum Maastrichter Vertrag über die Wirtschafts- und Währungsunion, DVBl. 1992, 1249(1255)

11 Di Fabio, Der neue Art. 23 des GG, Der Staat 1993, 191(197)

12 Rupp, Muß das Volk über den Vertrag von Maastricht entscheiden ?, NJW 1993, 38(40); Möschel, Politische Union für Europa: Wunschtraum oder Alptraum ?, JZ 1992, 877(878); Wolf, Die Revision des Grundgesetzes durch Maastricht, JZ 1993, 594(597); Murswiek, Maastricht und der pouvoir constituant, Der Staat 1993, 161(179/182); der EuGH soll die Unionsbürger sogar bereits zu Staatsangehörigen gemacht haben, Di Fabio, a.a.O. S. 197 Fn. 20

13 Huber, P.M. Die Anforderungen der EU an die Reform des GG, ThürVBl. 1994, 1(5)

14 statt zahlreicher Schwarz, Ansätze zur Parlamentarisierung des europäischen Zusammenschlusses, 1987, 369; Badura, Bewahrung und Veränderung ..., VVDStRL 23, 34(49f.); Everling, Vom Zweckverband zur EU, 1977, S. 595(597); Wagner, Grundbegriffe des Beschlußrechts der EGten, KSE 5, 37ff., 48ff., 69ff.; Schwarz, Ansätze zur Parlamentarisierung des europäischen Zusammenschlusses, 1987, S. 369; Oppermann, Parlamentarisierung der EG ?, 1977, S. 458; ders., Europarecht, 1991, Rn. 250; Ophüls, Quellen und Aufbau des EGrechts, NJW 1963, 1697; Zeller, Die Strukturkrise der EU, EA 1978, 205(212)

15 Everling, Vom Zweckverband zur EU, 1977, S. 595(596f.); Badura, Bewahrung und Veränderung ..., VVDStRL 23, 34(58); Ophüls, a.a.O.; Zeller, Die Strukturkrise der EU, EA 1978, 205(212)

Dem EGKSV fehle die mit dem Staatsbegriff verbundene, potentielle Allzuständigkeit[1]. Bedenklich ist deshalb auch der Verweis auf eine Quasistaatlichkeit in Kompetenzbereichen[2]. Staatlichkeit kann weder horizontal noch vertikal relativiert werden. Sie liegt vor oder nicht. Zuzugeben ist jedoch, dass die nach verschiedenen Themenbereichen differenzierte Integration[3] eine Einordnung der EU zusätzlich erschwert.

Etwas anderes kann auch nicht aus der Forderung in Art. 23 Abs. 1 Satz GG gefolgert werden, wonach sich die EU nach „föderativen Grundsätzen" entwickeln muss. Damit ist nicht gemeint, dass sie sich zu einem (föderativen) Bundesstaat entwickeln muss[4]. Man hat im Gegenteil in Art. 23 GG bewusst den Begriff „föderativ" gewählt und die EU nicht auf „bundesstaatliche" Grundsätze festgelegt, um die Union nicht auf ein bestimmtes Föderalismusmodell, nämlich das eines Bundesstaates, zu verpflichten[5]. Mit den „föderativen" Grundsätzen soll Art. 23 GG allgemein einen dezentralen Aufbau der EU sicherstellen[6].

Es bestehen jedoch bis heute grundsätzliche Zweifel am Modell des Bundesstaates als geeignete Zielvorstellung für die Integration[7]. Die Figur des Bundesstaates verschafft Deutschland das Trittbrett in die Staatlichkeitsdiskussion der EU. Das Spiel mit den Begriffen "Bundesstaatlichkeit" oder "föderative Ordnung" ist deshalb vor allem dann gefährlich, wenn daraus Rückschlüsse für konkrete völkerrechtliche Rechtsfragen gezogen werden sollen[8]. Die Inhalte dieser Begriffe sind nicht völkerrechtlich definiert. Auch das Grundgesetz verwendet diese Begriffe ausschließlich mit innerstaatlich definierten Inhalten. Mit Bezug auf die innerstaatliche Ordnung definierten Begriffen kann eine Staatlichkeit der EU jedoch niemals festgestellt werden. Es bedürfe zudem keiner großen Phantasie[9], um in den Vertragselementen embryonale Bestandteile eines unvollendeten Bundesstaates zu erahnen[10]. Analogien zum Bundesstaat dürfen aber allenfalls behutsam gezogen werden[11]. Tatsächlich sind mit der EU im we-

---

[1] Di Fabio, Der neue Art. 23 des GG, Der Staat 1993, 191(195); Everling, a.a.O. S. 596

[2] Huber, E. R., Nationalstaat und Verfassungsstaat, 1965, S. 287

[3] v. Bogdandy, Konturen des integrierten Europas, EA 1993, 49(54)

[4] Scholz, in: M/D/H/S, Art. 23 Rn. 63

[5] Scholz, a.a.O. Rn. 62

[6] Scholz, a.a.O.

[7] Burgbacher, Der Beitrag Maastrichts zur Europäischen Integration, Demokratie und Recht 1993, 26(29); Schwarz, Ansätze zur Parlamentarisierung des europäischen Zusammenschlusses, 1987, S. 379; Diskbeitr. H.-P Ipsen, VVDStRL 23, S. 129; die Unionsarchitektur hat mit einer Bundesstaatlichkeit „nichts gemein", Koenig, Anmerkungen zur Grundordnung der EU..., NVwZ 1996, 549; generell vor einem „phantasielosen EuroEtatismus" warnen auch Blanke/Kuschnick, Bürgernähe und Effizienz als Regulatoren ..., DÖV 1997, 45(49)

[8] Diskbeitr. Ipsen, VVDStRL 23, S. 129

[9] Röper, Das Volk Europas, einig in seinen Völkern und Stämmen, ZPR 1996, 468ff.; Oppermann, Zur Eigenart der EU, 1994, S. 94

[10] Schwarz, Ansätze zur Parlamentarisierung des europäischen Zusammenschlusses, 1987, S. 379

[11] Häberle, Der kooperative Verfassungsstaat, 1978, S. 146; mit überzeugenden Gründen kritisch zu einem Weltstaat Isensee, Die alte Frage nach der Rechtfertigung des Staates, JZ 1999, 265(276); den

sentlichen neuartige und sowohl leistungsfähige wie flexible funktionale Institutionen entstanden, die es erlauben, ein vergleichsweise hohes Maß an Autonomie mit einem gleichfalls hohen Maß an zwischenstaatlicher Verflechtung und damit überstaatlichem Einfluss zu verbinden[1]. Letztendlich erfassen die beiden Kategorien Staat und Bundesstaat als Bezugsrahmen die EU aber nicht[2]. Selbstverständlich entstehen bei einer solch umfassenden Einbindung von Staaten in eine gemeinsame Organisation Probleme, die sich mit denen in einem Bundesstaat vergleichen lassen[3]. Auch mag das föderale Prinzip ein wesentliches Element der Gemeinschaftsverfassung sein[4]. Letztlich entstehen hier jedoch lediglich Probleme jedes mehrorganschaftlichen Mehrebenenentscheidungssystems. Auf den Charakter oder die Qualität der EU lässt sich daraus nicht schließen. Allenfalls treten diese Probleme typischerweise in Bundesstaaten gehäuft auf, dies aber nur, weil ähnlich enge Kooperationen wie die EU bisher nicht bekannt sind, nicht weil die EU ein Bundesstaat ist oder einem solchen ähnelt[5]. Staatstheoretisch steht zudem zwar der Bundesstaat zwischen Staatenbund und Einheitsstaat[6]. Er steht dort jedoch nicht als einzig mögliche Zwischenform, sondern als besondere Spielart der Staatlichkeit[7]. Auch der Bundesstaat ist ein Staat und steht damit dem Einheitsstaat rechtlich wesentlich näher als dem Staatenbund. Völkerrechtlich wird zwischen Einheitsstaat und Bundesstaat überhaupt nicht unterschieden.

Nicht geleugnet werden kann natürlich, dass sich über die Institutionen der Union, nicht zuletzt auch über das EP, auf der Ebene der EU bereits eine Intensität und Qualität der zwischenstaatlichen Zusammenarbeit entwickelt hat, die über die Beliebigkeit und jederzeitige Rückrufbarkeit des normalen internationalen Verkehrs hinausgeht[8]. Die Sicht der Integration als Grenzlage zwischen Staat und bloßer völkerrechtlicher Vertragsgemeinschaft, die dazu führt, dass sie einer staatsrechtlichen wie einer völkerrechtlichen Fragestellung zugänglich ist[9], begleitet die Diskussion um die Integration bereits seit den Anfängen. Nur allein deshalb ist die EU demokratietheoretischen Überlegungen aber überhaupt zugänglich und nicht nur völkerrechtlichen. Diese Identität als Grenzlage darf der EU aber nicht zugunsten einer Kategorisierung in hergebrachte Muster ge-

---

Begriff des Bundesstaates im Zusammenhang mit der europäischen Integration hält auch Tsatsos, MdEP, für „problematisch", Kulow, Bericht über die Tagung zur Eröffnung des Bayreuther Instituts für Europäisches Recht und Rechtskultur, BayVBl. 2000, 492(494)

[1] Schwarz, Ansätze zur Parlamentarisierung des europäischen Zusammenschlusses, 1987, S. 380

[2] Beutler, Offene Staatlichkeit und europäische Integration, 1995, 109(110)

[3] Ausführlich setzt sich Everling in Everling, Zur föderalen Struktur der EG, 1989, S. 179ff. mit den föderalen Parallelen in der Gemeinschaft auseinander.

[4] Everling, a.a.O. S. 197

[5] Everling, Vom Zweckverband zur EU, 1977, S. 595(608); Kirchhof, Die Gewaltenbalance zwischen staatlichen und europäischen Organen, JZ 1998, 965(967)

[6] Herzog, in: M/D/H/S, Art. 20 IV. Rn. 4

[7] Kahl, Montesquieu, Staat und Europa, JöR n.F. Bd. 45(1997), 11(17)

[8] Oppermann, Parlamentarisierung der EG ?, 1977, S. 449(458)

[9] Kaiser, Bewahrung und Veränderung ..., VVDStRL 23, 1

nommen werden[1], sondern es müssen sich umgekehrt die historisch innerstaatlichen Organisationskriterien von ihrer rein nationalstaatlichen Denkstruktur lösen[2]. Letztlich bleibt die Union auch nach ihrer Herausnahme aus Art. 24 GG und der Überleitung in Art. 23 GG eine zwischenstaatliche Einrichtung im Sinne einer zwischen selbständigen Staaten errichteten Institution und beansprucht gerade keine eigene Staatsqualität[3]. Dies gilt sowohl für die einzelnen Gemeinschaften der Union als vor allem auch für die Union selbst, die im Gegensatz zu den Einzelgemeinschaften noch nicht einmal eine eigene Rechtspersönlichkeit hat[4]. Bereits deshalb kann sie völkerrechtlich auch keine eigene staatliche Souveränität[5] entfalten, weshalb allein bereits jeder Ansatz zu einer Staatlichkeit fehlt[6]. Die EU bleibt in ihrer Gesamtheit wie in ihren Bestandteilen eine internationale Organisation sui generis[7]. In dieser Rolle ist sie ein Staatenbund und kein Staat; sie ist eben eine Organisation souveräner Staaten. Sie hat auch keine Staatsnähe. Das Besondere an ihr ist, dass sie ein Staatenbund geworden ist, der seine innere Organisation nach Kriterien ordnet, nach denen sich die historischen Staaten organisieren. Kern jeder Staatlichkeit, nämlich die Zuordnung der Staatlichkeit zu einem einzigen Volk als Zurechnungssubjekt, ist auf die EU nicht übertragbar. In ihrer derzeitigen Struktur ist die EU mit den überkommenen Kategorien des Staats- und Völkerrechts nur schwer zu fassen[8], für sie gibt es keine internationale Parallele[9].

---

[1] Oppermann, Zur Eigenart der EU, 1994, S. 94; Röper, Das Volk Europas, einig in seinen Völkern und Stämmen, ZPR 1996, 468ff.

[2] Rojahn, in: v.Münch, Art. 23 Rn. 23

[3] z.B. Steinberg, GG und Europäische Verfassung, ZRP 1999, 365(369); Grimm, Braucht Europa eine Verfassung ?, JZ 1995, S. 581f.; Lenz, Vertrag von Maastricht - Ende der demokratischen Staatlichkeit ?, NJW 1993, 1962(1963); Oppermann/Classen, Die EG vor der EU, NJW 1993, 5(11); Stauffenberg, Graf, Maastricht - Ein Fortschritt für Europa ?, ZRP 1992, 252(253); Seidel, Zur Verfassung der EG nach Maastricht, EuR 1992, 125(134): auch durch die WWU nicht; im einzelnen zu den fehlenden völkerrechtlichen Attributen der Staatlichkeit Huber, P.M., Recht der Europäischen Integration, 1996, S. 71 Rn. 7ff.; Sv. Lerche, Gem.VerfK., Sten.Ber. der 1. Öffentl. Anhörung, S. 12; Sv. Stern, ebenda S. 19; Hölzer, ebenda S. 84; Kirchhof, Das Maastricht-Urteil des BVerfG 1994, S. 12; Hrbek, Die "EU" als unerfüllbare integrationspolitische Daueraufgabe?, 1987, S. 167(194); Hilf, Die EU und die Eigenstaatlichkeit ihrer Mitgliedstaaten, 1994, S. 75

[4] auch im Vertrag von Amsterdam wurde davon abgesehen, ihr eine solche zu verleihen, Montag, Die Entwicklung des Europäischen Gemeinschaftsrechts, NJW 1998, 2088; Pernice, in: Dreier, Art. 23 Rn. 42

[5] Abg. Verheugen, Gem.Verfk., Sten.Ber. 2. Sitzung, S. 31

[6] Oppermann, Zur Eigenart der EU, 1994, S. 90f.

[7] Jochimsen, Perspektiven der europäischen WWU, 2. A. 1998, S. 199; Oppermann, a.a.O. S. 94; Ress, Die EU und die neue juristische Qualität der Beziehung zu den EGten, JuS 1992, 985(986); Steinberger, Der Verfassungsstaat als Gliedstaat einer europäischen Gemeinschaft, VVDStRL 50, 8(16); Hilf, Die EU und die Eigenstaatlichkeit ihrer Mitgliedstaaten, 1994, S. 77; Abg. Verheugen, Gem.Verfk., Sten.Ber. 7. Sitzung, S. 7; Lemke, Europa als politischer Raum, Kritische Justiz 1999, 1(3f.); den „Staatenverbund" als Etikett für die Bezeichnung „sui generis" sieht Kahl, EU: Bundesstaat - Staatenbund - Staatenverbund ?, Der Staat 33(1994), 241(245/257)

[8] Herdegen, Die Belastbarkeit des Verfassungsgefüges auf dem Weg zur EU, EuGRZ 1992, 589(590)

[9] Weiler, Der Staat „über alles", JöR 44 (1996), 91(104)

Der Begriff „Europäische Union“ wurde auch im Vertrag von Maastricht nicht im Sinne einer Staatlichkeit definiert. Er sollte weiterhin eine politische Bezeichnung bleiben und kein Rechtsbegriff werden[1] und gerade so für alle Vertragspartner akzeptabel bleiben[2]. In dem Begriff sollte auch weiterhin lediglich zum Ausdruck kommen, dass die europäische Integration keinen Zustand, sondern einen Prozess darstellt, angelegt auf eine fortschreitende Entwicklung[3], deren letzter Zustand zwar noch nicht erreicht ist[4], dessen Gestalt wiederum aber immer noch offen ist[5]. So sieht es auch das BVerfG: Wohin die EU nach weiteren Vertragsänderungen letztlich führen soll, mag in der Chiffre der "Europäischen Union" zwar im Anliegen einer weiteren Integration angedeutet sein, bleibt letztlich jedoch offen[6]. Zu Recht wird aber auch darauf hingewiesen, dass mindestens derzeit keine Notwendigkeit besteht, das Ziel der europäischen Integration endgültig und abschließend zu definieren[7].

Eine eigene Aussage über den aktuellen oder möglichen künftigen Charakter der EU trifft auch Art. 23 GG nicht[8]. Art. 23 GG knüpft an den EUV an, übernimmt ihn[9] und will so gerade die in ihm begründete Europäische Union verfassungsrechtlich rechtfertigen. Der Begriff aus dem EUV stand für Art. 23 GG nicht nur Pate[10], sondern Art. 23 GG wurde insoweit gezielt auf den Vertrag von Maastricht und „seine“ EU abgestimmt[11]. Die Verwendung des Begriffs in Art. 23 GG sollte ja gerade klarstellen, dass das Grundgesetz die mit dem Vertrag von Maastricht begründete EU zulassen will[12].

Zwar ist zuzugeben, dass der Begriff der Europäischen Union in seiner inhaltlichen Offenheit einen Bundesstaat als Endzustand nicht ausschließt[13]. Auch mag

---

1 Murswiek, Maastricht und der pouvoir constituant, Der Staat 1993, 161(166); als „den Versuch einer semantischen Selbsthypnose“ bezeichnet den Begriff Jochimsen, Perspektiven der europäischen WWU, 2. A. 1998, S. 199

2 Pöhle, K., EU à la Maastricht - Eine ernste Herausforderung für die Parlamente der EG, ZfP 1993, 49(52); Delors, Entwicklungsperspektiven der EG, Aus Politik und Zeitgeschichte 1993, 3(4)

3 v.Simson/Schwarze, Europäische Integration und GG, 1992, S. 8; Scholz/Hofmann, Perspektiven der europäischen Rechtsordnung, ZRP 1998, 295(296)

4 Fischer, W., Die EU im GG: der neue Artikel 23, ZfP 1993, 32(37); Sv. Bieber, Gem.VerfK., Sten.Ber. 1. Öffentl. Anhörung, S. 3; Ress, Über die Notwendigkeit der parlamentarischen Legitimierung der Rechtsetzung der EGten, 1989, S. 644

5 Huber, P.M., Recht der Europäischen Integration, 1996, S. 3 Rn. 5f., der deshalb an anderer Stelle von einer „tönenden Namensgebung“, die „erheblich mehr verheißt als sie einzulösen vermag“, Die Anforderungen der EU an die Reform das GG, ThürVBl. 1994, 1(4)

6 BVerfGE 89, 155(189)

7 Hilf/Pache, Der Vertrag von Amsterdam, NJW 1998, 705(713)

8 Scholz, GG und europäische Einigung, NJW 1992, 2593(2598); Di Fabio, Der neue Art. 23 des GG, Der Staat 1993, 191(195); Murswiek, Maastricht und der pouvoir constituant, Der Staat 1993, 161(166); Hilf, Die EU und die Eigenstaatlichkeit ihrer Mitgliedstaaten, 1994, S. 76f.

9 Hilf, a.a.O. S. 76

10 Scholz, in: M/D/H/S, Art. 23 Rn. 12

11 Pernice, in: Dreier, Art. 23 Rn. 40

12 Scholz, GG und europäische Einigung, NJW 1992, 2593(2598)

13 Murswiek, Maastricht und der pouvoir constituant, Der Staat 1993, 161(166)

er dynamisch auf Entwicklung hin angelegt sein[1]. Art. 23 GG führt jedoch einmal auf keinen Fall zwangsläufig zu einem europäischen Bundesstaat[2] und verpflichtet auch nicht zur Schaffung eines solchen[3]. Dass das Grundgesetz einen Wandel der EU zu einem Bundesstaat ermöglicht, war unter Art. 24 Abs. 1 GG bereits vertreten[4] und abgelehnt worden, da diese Entwicklung gegen Art. 79 Abs. 3 GG verstieße[5]. Der Bundesstaat als künftiges Ziel kann dem Begriff der EU außerdem gerade wegen seiner Offenheit ebenso wenig entnommen werden[6] wie ihn diese Offenheit ausschließt. Der Übergang zu bundesstaatlichen Strukturen ist deshalb mit Art. 23 GG auch nicht ernsthaft in die Wege geleitet worden[7]. Zum Teil wird zwar davon ausgegangen, dass angesichts des heute bereits erreichten Integrationsstands sowie seines Wortlautes wegen[8] Art. 23 GG überhaupt nur als innerstaatliche Gestattung eines europäischen Bundesstaates verstanden werden kann[9]. Die Erörterungen zur haben jedoch den Unterschied zwischen Bundesstaat und EU deutlich werden lassen. Zu diesem Punkt ist es noch weit.

Auf eine Staatsähnlichkeit der EU kann auch nicht daraus geschlossen werden, dass die EU unter Art. 23 GG nicht mehr notwendig eine zwischenstaatliche Einrichtung i.S.v. Art. 24 GG sein muss[10]. Zum einen ist dies nicht richtig. Die EU ist auch unter Art. 23 GG eine zwischenstaatliche Einrichtung und muss dies auch bleiben; allenfalls stellt sich die Frage, ob sie noch eine solche i.S.v. Art. 24 Abs. 1 GG ist. Hier gehen die Ansichten ohnehin weit auseinander. Bis zu welcher Integrationsstufe Art. 24 Abs. 1 GG den europäischen Einigungsprozess getragen hätte, war immer umstritten. Bereits 1978 war angenommen worden, der damalige status quo sei die Grenze dessen, was mit Art. 24 Abs. 1 GG möglich sei[11]. Später war dann die Einführung der Direktwahl als der letzte

---

1 Di Fabio, Der neue Art. 23 des GG, Der Staat 1993, 191(214); Murswiek, Maastricht und der pouvoir constituant, Der Staat 1993, 161(167);

2 BT/Drs. 12/3338, S. 4(7); BR/Drs. 501/92 zu Art. 23 Abs. 1 Ziff. d

3 Streinz, Der Verfassungsstaat als Glied einer europäischen Gemeinschaft, DVBl. 1990, 949(953); Huber, P.M., Recht der Europäischen Integration, 1996, S. 6 Rn. 12; nach Ossenbühl, Maastricht und das GG - eine verfassungsrechtliche Wende ?, DVBl. 1993, 629 und BT/Drs. 12/3334, S. 82 ist eine Entwicklung zur europäischen Union jedoch verbindlich vorgezeichnet

4 Art. 24 öffnet zu einem europäischen Bundesstaat, Stern, Staatsrecht Bd. I, 2.A., § 15 II 2; dass ein solcher nicht zulässig gewesen wäre, war jedoch absolut h.M., Breuer, Die Sackgasse des neuen Europaartikels (Art. 23 GG), NVwZ 1994, 417(418) m. zahlr. w. Nachw.

5 Sommermann, Staatsziel „Europäische Union", DÖV 1994, 597(599); Herdegen, Die Belastbarkeit des Verfassungsgefüges auf dem Weg zur EU, EuGRZ 1992, 589(590); Breuer, a.a.O. S. 423

6 Oppermann, Parlamentarisierung der EG ?, 1977, S. 460; Oppermann, Zur Eigenart der EU, 1994, S. 90; Streinz, Der Verfassungsstaat als Glied einer europäischen Gemeinschaft, DVBl. 1990, 949(960); DÖV 1994, 597(599)

7 so aber Oppermann, Der Europäische Traum zur Jahrhundertwende, JZ 1999, 317(318)

8 Murswiek, Maastricht und der pouvoir constituant, Der Staat 1993, 161(166)

9 auf dieses Problem weißt Di Fabio hin (der diese Konsequenz jedoch ablehnt), Der neue Art. 23 des GG, Der Staat 1993, 191(197); Fischer, W., Die EU im GG: der neue Artikel 23, ZfP 1993, 32(37): im Gegensatz zu Art. 24 GG legitimiert Art. 23 GG n.F. einen solchen Übergang

10 so Kirchner/Haas, Rechtliche Grenzen für Kompetenzübertragungen..., JZ 1993, 760(762)

11 Herzog, in: M/D/H/S, Art. 20 II. Rn. 114

unter Art. 24 Abs. 1 GG noch zulässige Schritt gesehen worden[1]. Spätestens aber mit der EEA sei was mit ihm erreichbar war endgültig überschritten[2]. Mindestens der EUV sollte schließlich endgültig strukturell über das hinausgehen, was Art. 24 Abs. 1 GG für Europa noch ermöglicht hätte, da hier eine neue Qualitätsstufe[3] erreicht werde, die auf eine eigenstaatliche Einrichtung abziele[4]. Mit der quantitativen Ausweitung der Befugnisse sei auch eine qualitative verbunden[5]. Wie groß die Unsicherheit über die Anwendbarkeit des Art. 24 Abs. 1 GG jedoch war, wird deutlich, wenn man sich vor Augen hält, dass die Notwendigkeit eines eigenständigen Integrationsartikels etwa damit begründet worden ist, dass die EU nach dem EUV „zumindest in der Tendenz den Weg von der „zwischenstaatlichen Einrichtung" im Sinne des Art. 24 Abs. 1 GG zur eigenstaatlichen Einrichtung supranationaler Qualität einschlägt"[6].

Die zwischenstaatliche Einrichtung des Art. 24 Abs. 1 GG ist jedoch eine spezielle Konstruktion des Grundgesetzes. Die Voraussetzungen, ab wann die EU ein Staat ist, ergeben sich aber aus dem Völkerrecht. Auf dem Weg dorthin kann die EU ohne weiteres einer zwischenstaatlichen Einrichtung nach Art. 24 GG entwachsen ohne deshalb ein neuer völkerrechtlicher Staat werden zu müssen. Die EU ist jedoch ein freiwilliger Zusammenschluss souveräner Staaten, ebenso wie es die zwischenstaatliche Einrichtung aus Art. 24 Abs. 1 GG ist. Und an diesem fundamentalen Element der EU hat auch Art. 23 GG nichts geändert. Die Gründung eines Bundesstaates würde deshalb die Identität dieser EU zudem so weit verändern, dass sie bereits mit der von Art. 23 GG legitimierten nicht mehr identisch wäre[7].

Die EU zu einem Staat im völkerrechtlichen Sinne auszubauen, selbst in der Form eines Bundesstaates, war auch zu keinem Zeitpunkt ein übereinstimmendes Ziel der Mitgliedstaaten[8]. Die Staaten in der EU denken derzeit überhaupt nicht daran, ihre eigene Staatlichkeit aufzugeben. Man war sich im Gegenteil

---

[1] Tomuschat, BKGG, Art. 24 Rn. 60

[2] Hänsch, Europäische Integration und parlamentarische Demokratie, EA 1986, 191(198)

[3] Sen. Peschel-Gutzeit, Gem.Verfk., Sten.Ber. 3. Sitzung, S. 20

[4] Ossenbühl, Maastricht und das GG - eine verfassungsrechtliche Wende ?, DVBl. 1993, 629(630)

[5] Sv. Tomuschat, Gem.VerfK., Sten.Ber. 1. Öffentl. Anhörung, S. 21/These I 2

[6] Scholz, in: M/D/H/S, Art. 23 Rn. 3

[7] s. zur Identität der EU als Übertragungsadressat B.I. und D.IV.5. a.E.

[8] Schwarz, Ansätze zur Parlamentarisierung des europäischen Zusammenschlusses, 1987, S. 387; Oppermann, Zur Eigenart der EU, 1994, S. 92; Süddeutsche Zeitung v. 14.10.1993, S. 11; Breuer, Die Sackgasse des neuen Europaartikels (Art. 23 GG), NVwZ 1994, 417(418); Hölscheidt/Schotten belegen zwar, dass sich vor allem CDU, CSU und FDP in Grundsatzprogrammen und Parteitagsbeschlüssen ausdrücklich zum Ziel eines europäischen „Bundesstaates" bekannt haben, lediglich die SPD hielt immer an der inhaltlich offeneren Formulierung „Vereinigte Staaten von Europa" fest, Zur Rolle des BT beim Eintritt in die dritte Stufe der Währungsunion, NJW 1997, 479(481f.). Diese Bekenntnisse erheben den europäischen Bundesstaat jedoch noch lange nicht zu einem gemeinsamen Ziel der Mitgliedstaaten. Der Einschätzung Seelers, dass am Anfang „der Wunsch, ... einen europäischen Bundesstaat zu schaffen" stand, Die Legitimation des hoheitlichen Handelns der EG/EU, EuR 33(1998), 721, kann deshalb nicht ohne weiteres gefolgt werden.

darüber einig, dass auch durch den EUV die Grundstruktur der Gemeinschaft als Staatengemeinschaft nicht angetastet werden sollte[1]. Auch die Bundesregierung lehnte eine Gründung der Vereinigten Staaten von Europa im Rahmen des EUV ausdrücklich ab[2]. Im EUV sollte es "nicht um die Überwindung von Nationen, sondern um die Überwindung eines kleingestrickten Nationalismus"[3] gehen. Beschworen worden war immer wieder die Formel von der Union als Einheit in Vielheit[4]. Zweideutig drückte man sich dazu lediglich in der Gemeinsamen Verfassungskommission aus: "Wir haben ein gemeinsames Ziel: einen europäischen Bundesstaat, in dem unser ganzer Staat und unsere Verfassung sich in einem Hegelschen Sinn aufheben werden, "Aufheben" nicht im Sinn, dass das nicht mehr gelten soll, was da existiert, sondern wir wollen, dass es dann dort weiterbesteht"[5].

Dass die EU kein staatsähnliches Gebilde[6], erst recht kein Staat und damit auch kein Bundesstaat werden sollte, lässt sich auch mit der Formulierung von der immer enger werdenden Gemeinschaft oder mit der inhaltsschweren Formel von der neuen Stufe der Integration - beides Wendungen aus der Präambel zum EUV - nicht widerlegen[7], wenn damit auch zugleich weitere Integrationsziele gesetzt werden mögen[8]. Denn die Grenze des "immer enger" wird nicht nur nicht definiert, sondern setzt indirekt sogar das weitere Bestehen der Einzelstaaten voraus, da eine Weiterentwicklung der EU nur über in den Mitgliedstaaten verabschiedete Vertragsänderungen möglich sind (Art. 48 EUV). „Alles ist offen - Das Ziel, der Weg, die Teilnehmer“[9]. Aufgabe der EU ist es außerdem auch ausdrücklich, die Beziehungen zwischen den Mitgliedstaaten und deren Völkern zu gestalten (Art. 1 UA 3 Satz 2 EUV). Zudem achtet die Union die nationale Identität der Mitgliedstaaten (Art. 6 Abs. 3 EUV) und betont und garantiert damit nicht nur deren Existenz als Staaten, sondern sogar als National-

---

1 Seidel, Zur Verfassung der EG nach Maastricht, EuR 1992, 125(130/139); so auch ganz klar Oppermann, Europarecht, 1999, Rn. 202 am Schluss allerdings wieder auch missverständlich, wenn er den „perfekten Bundesstaat“ als Zielvorstellung des EUV ausschließt. Unklar bleibt hier, ob er den „unperfekten Bundesstaat“ als Zielvorstellung des EUV sieht.

2 Bull. BReg. Nr. 39 vom 17.5.1993, S. 341(343f.); über das nächste Jahrzehnt eine Umwandlung der EU vom Staatenverbund „zur vollen Parlamentarisierung in einer Europäischen Föderation“ in einem „bewussten Neugründungsakt“ sieht Außenmin. Fischer als mögliche Entwicklung, wobei nicht die Nationalstaaten abgeschafft, sondern die Souveränität zwischen Föderation und Nationalstaat aufgeteilt werden sollen, Rede am 12. Mai 2000 in der Humboldt-Universität Berlin

3 Süddeutsche Zeitung vom 5. November 1993 S. 1

4 Frankfurter Allgemeine vom 14. Oktober 1993 S. 1

5 Abg. Verheugen, Gem.Verfk., Sten.Ber. 2. Sitzung, S. 30

6 nicht einmal den Ansatz zu einem Staat sieht Oppermann, Zur Eigenart der EU, 1994, S. 90

7 Verheugen, Die Arbeit des Sonderausschusses "EU (Vertrag von Maastricht)" des BT, ZfG 1993, 162; Pöhle, K., EU à la Maastricht - Eine ernste Herausforderung für die Parlamente der EG, ZfP 1993, 49(50)

8 BR/Drs. 501/92 Nr. 1

9 Beutler, Offene Staatlichkeit und europäische Integration, 1995,109(122)

staaten[1]. Der EU selbst ist es deshalb sogar verboten, auf einen europäischen Bundesstaat hinzuwirken[2]. Der EUV führt somit gerade nicht zum Untergang der Nationalstaaten, sondern bleibt umgekehrt Prototyp eines Verbandes offener Nationalstaaten[3].

Außerdem sollte schon der EGKSV nach seiner Präambel den ersten Grundstein für eine vertiefte Gemeinschaft legen[4]. Selbst die Präambel des Jahres 1957 zum damaligen EWGV sprach bereits von einem immer engeren Zusammenschluss der europäischen Völker.

Auch aus der Stärkung des EP als unitarisches Entscheidungsorgan im EUV kann nicht auf eine Absicht der Mitgliedstaaten geschlossen werden, einen Bundesstaat gründen zu wollen. Eine Stärkung des EP war von vornherein nur ein, zudem in erster Linie von Deutschland forciertes[5], untergeordnetes Konferenzziel, das noch dazu nur auf eine begrenzte Stärkung gerichtet war, um die Gesetzgebungshoheit des national dominierten Rates gerade nicht zu sehr anzutasten[6].

Außerdem werden in völkerrechtlichen Verträgen häufig pathetische Formulierungen verwendet. Ihnen kann jedoch keine eigenständige, unmittelbar rechtliche Wirkung beigemessen werden. Allenfalls können sie zur Interpretation der übrigen Vertragsbestimmungen herangezogen werden. Entsprechend arbeitet auch der EUV bewusst mit dem offenen Begriff der Europäischen Union, in dem jedermann seine persönlichen Erwartungen - und Ängste - wiederfinden kann[7]. Die angestrebte Form der Integration bleibt trotzdem weiter im unklaren[8]. Dies geschieht jedoch mit Absicht und nicht versehentlich, weshalb allein sich ein Umschlag der EU in die Staatlichkeit derzeit nicht lediglich aus der Interpretation der Verträge ergeben kann. Die Vertragsstaaten haben den völkerrechtlichen Vertrag als rechtliche Handlungsform nicht versehentlich oder mangels möglicher Alternativen gewählt. Die Handlungsform des völkerrechtlichen

---

[1] Bleckmann, Die Wahrung der „nationalen Identität" im Unions-Vertrag, JZ 1997, 265(266/269); Art. 6 EUV ist sogar gezielt als rechtliches und faktisches Gegengewicht gegen den Verfall der Nationalstaaten gedacht, Bleckmann, a.a.O. S. 265

[2] wegen des Schutzes auch der nationalen Identität soll es der EU sogar verboten sein, darauf hinzuwirken, dass sich in Europa ein gemeinsamer Konsens zur Bildung einer umfassenden demokratischen Entscheidungseinheit bildet, Bleckmann, Die Wahrung der „nationalen Identität" im Unions-Vertrag, JZ 1997, 265(267)

[3] v.Simson/Schwarze, Europäische Integration und GG, 1992, S. 3; Klein, Der Verfassungsstaat als Glied einer europäischen Gemeinschaft, VVDStRL 50, 56(59); Kahl, EU: Bundesstaat - Staatenbund - Staatenverbund ?, Der Staat 33(1994), 241(246)

[4] Magiera, Die EEA und die Fortentwicklung der EG zur EU, 1989, S. 514

[5] Schmidt-Jortzig, Europäische Perspektiven im Spannungsfeld von Integration und Nationalstaatlichkeit, NJW 1996, Heft 46, S. XVI(XVIII) = Bulletin der BReg. vom 15.10.1996, S. 874ff.

[6] Seidel, Zur Verfassung der EG nach Maastricht, EuR 27 (1992), 125(130f.)

[7] Ossenbühl, Maastricht und das GG - eine verfassungsrechtliche Wende ?, DVBl. 1993, 629

[8] v.Simson/Schwarze, Europäische Integration und GG, 1992, S. 3; Steinberger, Der Verfassungsstaat als Gliedstaat einer europäischen Gemeinschaft, VVDStRL 50, 8(43); BVerfG NJW 1993, 3047(3052)

Vertrages stellt deshalb nicht etwa eine belanglose Äußerlichkeit dar, sondern prägt entscheidend die effektive Einstellung aller Beteiligten zum rechtlichen Zustand der EU[1]. Eine Ablösung von dieser Grundlage hat bisher nicht stattgefunden[2].

Auch die Kommission sieht die EU nicht als staatsähnliches Gebilde. Wesentlich nüchterner und näher an den bestehenden europäischen Verträgen orientiert, charakterisierte der ehemalige Kommissionspräsident Delors[3] die EU als den "einzigen Rahmen für eine dynamische und fruchtbare Zusammenarbeit von Nationalstaaten", als "revolutionäres Modell für ein friedliches Zusammenleben von Völkern". Ein Kennzeichen dieses Modells sei die Entwicklung gemeinsamen Rechts statt nationaler Macht, Mitsprache aller Mitgliedstaaten statt Hegemonie eines einzelnen Staates. Anknüpfend gerade an die Intention des Vertrages von Maastricht und die Schwierigkeiten bei seiner Ratifikation vor allem in Frankreich, Dänemark und Großbritannien, weist er weiter darauf hin, dass der notwendige Respekt vor nationalen Traditionen und der kulturellen Vielfalt unseres Kontinents auch kein anderes Vorgehen zulässt. Er hält ausdrücklich fest, dass man sich auch im Vertrag von Maastricht gerade deshalb weder für das Modell eines Bundesstaats noch für das eines bloßen Staatenbundes entschieden habe, sondern für eine Mischung der beiden Modelle[4].

Es gibt mit der Lage der Kompetenz-Kompetenz, der Verteilung von Aufgaben und Kompetenzen[5], dem Austrittsrecht und der Frage nach der Souveränität allgemein[6] zwar zahlreiche Indizien[7] dafür, ob ein Staat oder ein Bundesstaat vorliegt. Das zentrale Abgrenzungsmerkmal zu einem Bundesstaat ist letztlich aber das Kriterium der Unabgeleitetheit der Herrschaftsgewalt[8]. Staatlichkeit hat ein Entscheidungssystem, wenn es sich von keiner anderen staatlichen Gewalt herleitet[9], d.h. sich auf keine von einer anderen Staatsgewalt gesetzte Ermächtigungsnorm stützt[10]. Eng mit der Unabgeleitetheit der Staatsgewalt hängt zwar

---

[1] Tomuschat, in: KBGG, Art. 24 Rn. 48

[2] Streinz, Der Verfassungsstaat als Glied einer europäischen Gemeinschaft, DVBl. 1990, 949(955); Klein, Der Verfassungsstaat als Glied einer europäischen Gemeinschaft, VVDStRL 50, 56(58)

[3] Delors, Entwicklungsperspektiven der EG, Aus Politik und Zeitgeschichte 1993, 3(5)

[4] Delors, a.a.O. S. 6

[5] zur Diskussion über diesen Gesichtspunkt s. etwa Ossenbühl, Maastricht und das Grundgesetz..., DVBl. 1993, 629(632); Seidel, Zur Verfassung der Europäischen Gemeinschaft nach Maastricht, EuR 27(1992), 125(139); Blanke, Der Unionsvertrag von Maastricht, DÖV 1993, 412(141ff.)

[6] dazu, wie wenig diese wegen ihrer mangelnden Schärfe als Abgrenzungekriterium geeignet ist, s. Herzog, in: M/D/H/S, Art. 20 IV. Rn. 8f.

[7] zum Problem von Quantität und Qualität der übertragenen Aufgaben als Abgrenzungskriterium für die Lage der Souveränität in der EU s. E.III.3.a.

[8] Herzog, in: M/D/H/S, Art. 20 IV. Rn. 10; Beutler, Offene Staatlichkeit und europäische Integration, 1995, 109(110); Einzelheiten zur Diskussion über den Status von Primär- und Sekundärrecht als unabgeleitete bzw. autonome Rechtordnungen s. B.II.

[9] Herzog, a.a.O. Rn. 10

[10] Herzog, a.a.O. Rn. 11; Art. 30 GG ist in diesem Sinne keine Herleitungsnorm, sondern eine Generalklausel für die Zuständigkeitsverteilung, Herzog, a.a.O. Rn. 26; Gubelt, in: M/D/H/S, Art. 30 Rn. 2

auch die Lage der Kompetenz-Kompetenz zusammen[1]. Sie ist jedoch lediglich die Folge der Unabgeleitetheit der Staatsgewalt und zudem nur ein Ausschnitt aus dem staatlichen Handlungsspektrum. Auch die Verteilung der staatlichen Aufgaben hat nur Indizfunktion für die Abgrenzung. Die unabgeleitete staatliche Gewalt teilt aufgrund ihrer Kompetenz-Kompetenz Aufgaben erst zu[2]. Selbst das Recht zum Austritt ist nicht von vorneherein ausschlaggebend dafür, ob ein Bundesstaat oder ein Staatenbund vorliegt. Auch das Austrittsrecht ist zwar ein starkes Indiz für die Unabgeleitetheit einer Gewalt und vor allem ein wesentliches Kriterium für staatliche Souveränität. Das Recht zum Austritt ist jedoch nur dann zur Abgrenzung geeignet, wenn es von keinem fremden Willen abhängt. Es muss somit seine rechtliche Wurzel im Völkerrecht behalten und darf nicht alleinig Bestandteil einer völkerrechtlichen Vereinbarung sein[3].

Staatenverbindungen im völkerrechtlichen Sinn erhalten dagegen die Gesetze ihres Handelns aus einer Vereinbarung und damit abgeleitet aus dem Willen der Signatarstaaten[4]. Dieser Unterschied ist legitimationstheoretisch deshalb von so großer Bedeutung, da am Ausgangspunkt der demokratischen Legitimationskette und nicht in einem Glied der Legitimationskette der Kern demokratischer Legitimation sitzt. Dieser Unterschied ist deshalb nicht lediglich eine äußere Formalie, sondern berührt den strukturellen Kern jedes Legitimationssystems.

Eine angemessene Legitimationsstruktur kann deshalb auch nicht an den Gedanken einer zwischen Mitgliedstaaten und EU geteilten Souveränität[5] oder einer „gestuften Staatlichkeit", i.S.e. „Staatlichkeit auf beiden Ebenen des föderalen Systems" anknüpfen[6]. Es gibt keine gestufte Unabgeleitetheit[7]. Auch die Souveränität der verfassten Staatsgewalt hat ihre Wurzeln in der Souveränität der verfassungsgebenden Gewalt. In der verfassten Staatsgewalt setzt sich die Souveränität der verfassungsgebenden Gewalt fort. Souverän ist zudem in Wirklichkeit nicht der Staat und souverän kann damit auch nicht die EU sein, souverän ist immer die dem staats- und/oder völkerrechtlichen Gebilde zugrundeliegende menschliche Gemeinschaft. Deren Souveränität bedient sich der Staat nur und vertritt sie nach innen und außen. Alleine solange eine unabgeleitete souveräne Personengemeinschaft auf der Ebene der EU nicht existiert, kann es auch keine souveräne und damit auch keine teilsouveräne EU geben. Und die Entscheidung, auf europäischer Ebene eine solche unabgeleitete ur-

---

1 s. auch E.III.3

2 s. a. E.III.3.a

3 s. a. E.III.3.a.(1)

4 Jellinek, Allgemeine Staatslehre, 3. A. 1966, S. 767

5 Pernice, HdbdStR Bd. VIII, § 191 Rn. 44 m.z.w.N.; Jacques Delors in einer Ansprache vor dem International Institute for Strategic Studies in London am 7. März 1991 über Europäische Integration und Sicherheit, EA 1991 D 368; eine solche für möglich hält auch Außenmin. Fischer i.S.e. Souveränitätsteilung zwischen Föderation und Nationalstaat, Rede am 12. Mai 2000 in der Humboldt-Universität Berlin

6 Pernice, in: Dreier, Art. 23 Rn. 37

7 zur Funktion einer unabgeleiteten Rechtsordnung s. näher B.II.ff.

sprüngliche Entscheidungseinheit bilden zu wollen, haben die Bürger in den Staaten der EU (noch) nicht gefasst.

Zwar geben die Mitgliedstaaten Teile der im Rahmen ihrer verfassten Souveränität ausgeübten Aufgaben an die EU ab. Deshalb kann sich die EU aber noch nicht auf die verfassungsgebende Souveränität der Mitgliedstaaten berufen. Auch nicht, wenn man den Gesamtwillen in der Union als Ausdruck einer gebündelten fünfzehnfachen Volkssouveränität sieht[1]. Diese Souveränitäten legitimieren die EU, sie verschaffen ihr jedoch keine eigene Souveränität. Souverän im staatsrechtlichen Sinn ist immer der unabgeleitete Träger eines Selbstbestimmungsrechts. Wenn der Träger der Souveränität Aufgaben auch zur selbständig Wahrnehmung überträgt, wird dem Träger der Aufgabe Autonomie in der Entscheidung, nicht jedoch ein Teil der ursprünglichen Souveränität zugestanden.

Absoluter Kerngedanke der deutschen staatlichen Souveränität ist es deshalb, dass die Mitgliedstaten Herren der Verträge bleiben und damit über deren Bestand und Inhalt allein entscheiden. Art. 48 EUV fordert für eine Vertragsänderung eine Ratifizierung durch sämtliche Mitgliedstaaten gemäß deren Verfassungen[2]. Damit sind die Mitgliedstaaten aber derzeit die alleinigen Herren der Verträge[3]. Sie haben ihre staatliche Kompetenz-Kompetenz[4] behalten und somit auch ihre Souveränität[5] als die Fähigkeit, die in ihrem Hoheitsgebiet tätige öffentliche Gewalt ausschließlich, unmittelbar selbst oder vermittelt über legitimierte Organe zu bestimmen[6].

---

[1] Ress, Über die Notwendigkeit der parlamentarischen Legitimierung der Rechtsetzung der Europäischen Gemeinschaften, 1989, S. 647; Schütz, Europaweite Freizügigkeit ohne demokratische Kontrolle, AöR 120(1995), 509(544)

[2] Steinberg, GG und Europäische Verfassung, ZRP 1999, 365(373); Möschel, Politische Union für Europa: Wunschtraum oder Alptraum ?, JZ 1992, 877(882); Lenz, Vertrag von Maastricht - Ende der demokratischen Staatlichkeit ?, NJW 1993, 1962(1963)

[3] und Herren der Verträge sind sie derzeit: BVerfGE 75, 223(242); 89, 155(190); Bleckmann, Die Wahrung der „nationalen Identität" im Unions-Vertrag, JZ 1997, 265(266); Lenz, a.a.O.; nicht mehr als solche sehen sie lediglich Schachtschneider u.a., Der Vertrag über die EU und das GG, JZ 1993, 751(759); Bleckmann, Die Wahrung der „nationalen Identität" im Unions-Vertrag, JZ 1997, 265(266); Classen, Europäische Integration und demokratische Legitimation, AöR 119(1994), 238(255); Hilf, Die EU und die Eigenstaatlichkeit ihrer Mitgliedstaaten, 1994, S. 79; sogar als Verfassungsgeber der EU bezeichnen sie Seidel, Zur Verfassung der EG nach Maastricht, EuR 1992, 125(128) u. Hilf/Pache, Der Vertrag von Amsterdam, NJW 1998, 705

[4] Steinberg, GG und Europäische Verfassung, ZRP 1999, 365(373); Beyer, Die Ermächtigung der EU..., Der Staat 35(1996), 189(208); als einer der weinigen sieht Schachtschneider die Kompetenz-Kompetenz bereits bei der EU und er begründet dies neben deren umfassenden Kompetenzen und der Rechtsprechung des EuGH vor allem mit Art. 6 Abs. 3 EUV, Der Vertrag über die EU und das GG, JZ 1993, 751(753)

[5] Bleckmann, Die Wahrung der „nationalen Identität" im Unions-Vertrag, JZ 1997, 265(266)

[6] Di Fabio, Der neue Art. 23 des GG, Der Staat 1993, 191(201)

Zudem ist es gerade Kennzeichen staatlicher Gewalt, Recht mit unmittelbarem Zwang durchsetzen zu können[1]. Nach der Drei-Elementen-Lehre ist sogar die Staatseigenschaft erst dann erfüllt, wenn eine Ordnung auf einem Staatsgebiet tatsächlich organisiert ist[2]. Nichtstaatliches Recht hat zwar ebenfalls den Charakter einer institutionellen normativen Ordnung, kann Zwang aber nur mittelbar durchsetzen[3]. Die Garantie für den tatsächlichen Vollzug europäischer Handlungen tragen weiterhin die Mitgliedstaaten[4]. Ihren nationalen Organen obliegt die Durchsetzung europäischer Entscheidungen[5]. Der EU stehen zur Durchsetzung ihres Normensystems praktisch keine Zwangsmittel zur Verfügung[6]. Das Gewaltmonopol, der „Staat pur", liegt deshalb weiterhin bei den Mitgliedstaaten[7]. Geltung und Erfolg des europäischen Rechts hängen somit noch immer vom guten Willen der Mitgliedstaaten ab[8].

Insbesondere kann der Wille der nationalen Regierungen nicht über eine Art Zwangsvollstreckung ersetzt werden. Tatsächlich wird gerade deshalb in wichtigen Angelegenheiten nur selten ein Staat überstimmt[9]. Der Luxemburger Kompromiss - demokratietheoretisch konsequent[10], da die Mehrheitsentscheidung die Kontrollmöglichkeiten der nationalen Parlamente schwächt[11], aber vertragsrechtlich unzulässig[12] - war letztlich nur der Spiegel dieser tatsächlichen Verhältnisse. Der dort vereinbarte Verzicht auf Mehrheitsentscheidungen entspringt schlicht der Erkenntnis, dass die EU keine Machtmittel zur Hand hat, einen widerstrebenden Partner zu Einhaltung gefasster Beschlüsse zu zwingen[13].

---

1 Steinberg, GG und Europäische Verfassung, ZRP 1999, 365(366)

2 Ipsen, K., Völkerrecht, 1990, § 5 Rn. 2 - 7

3 MacCormick, Das Maastricht-Urteil: Souveränität heute, JZ 1995, 797(780)

4 Bleckmann, Die Wahrung der „nationalen Identität" im Unions-Vertrag, JZ 1997, 265

5 BVerfG NJW 1993, 3047(3052); Streinz, Probleme des Zusammenwirkens von EG und Mitgliedstaaten beim Vollzug..., WiVerw 1996, 129(131); Heine, Kontroll- und Sanktionssysteme des Gemeinschaftsrechts..., WiVerw 1996, 149ff.; Friauf, Zur Problematik rechtsstaatlicher und demokratischer Strukturelemente in zwischenstaatlichen Gemeinschaften, DVBl. 1964, 781(786)

6 Rath, Die „unionswärtige Gewalt" des BT..., 1995, S. 121; Mögele, Neuere Entwicklungen im Recht der EG, BayVBl. 1993, 129(134/137); Friauf, Zur Problematik rechtsstaatlicher und demokratischer Strukturelemente in zwischenstaatlichen Gemeinschaften, DVBl. 1964, 781(786)

7 Oppermann, Zur Eigenart der EU, 1994, S. 91

8 Rösler, Zur Zukunft des Gerichtssystems der EU, ZRP 2000, 52(56)

9 Zuleeg, Der Verfassungsgrundsatz der Demokratie und die EGten, Der Staat 1978, 17(38)

10 Scharpf, Europäisches Demokratiedefizit und deutscher Föderalismus, StwStp 1993, 293(297)

11 Badura, Bewahrung und Veränderung ..., VVDStRL 23, 34(72)

12 Ipsen, Zur Tragfähigkeit der Verfassungsprinzipien der EG, 1982, S. 9(19); Konow, Die Beschlußfassung des Rates und die Erweiterung der EGten, ZRP 1997, 321(322); Bleckmann, Europarecht, 1990, Rn. 45

13 Lenz, Vertrag von Maastricht - Ende der demokratischen Staatlichkeit ?, NJW 1993, 1962(1963); Zuleeg, Der Verfassungsgrundsatz der Demokratie und die EGten, Der Staat 1978, 17(39); Huber, P.M., Maastricht - ein Staatsstreich ?, 1993, S. 47; Seidel, Zur Verfassung der EG nach Maastricht, EuR 1992, 125(128)

Mit dem Vertrag von Maastricht wurde ein neues Instrumentarium geschaffen, um der Umsetzungsverpflichtung der Mitgliedstaaten von europäischem Recht in ihr nationales Rechtssystem mehr Nachdruck verleihen zu können[1]. Kommt ein Mitgliedstaat seiner Umsetzungsverpflichtung auch nach einem Urteil des EuGH nicht nach, kann die Kommission nach Art. 228 Abs. 2 EGV den EuGH anrufen, damit dieser ein von der Kommission in der Höhe beantragtes Zwangsgeld festsetzt. Zwar ist ein Titel vollstreckbar, wenn in ihm eine Zahlung auferlegt wird (Art. 256 EGV). Ausdrücklich ausgenommen ist jedoch auch hier die Vollstreckbarkeit von Zahlungstiteln gegen einen Mitgliedstaat. Wird gegen diesen ein Zwangsgeld verhängt, so kann es nicht zwangsweise beigetrieben werden[2]. Doch selbst bei vollstreckungsfähigen Titeln richtet sich die Zwangsvollstreckung nach den nationalen Vorschriften des Staates, in dem die Vollstreckung stattfinden soll (Art. 256 UA 2 Satz 1 EGV). Bereits die Vollstreckungsklausel wird von der nationalen Behörde erteilt (Art. 256 UA 2 Satz 2 EGV). Die tatsächliche Vollstreckung findet durch das nach nationalem Recht zuständige Organ statt (Art. 256 UA 3 EGV).

Im Bereich der Wirtschaftspolitik erhält die EU mit dem EUV zwar die Befugnis, im Falle eines Verstoßes gegen die Haushaltsdisziplin gegenüber dem betroffenen Mitgliedstaat einen Tadel auszusprechen (Art. 104 Abs. 3 ff. EGV). In letzter Konsequenz kann jedoch selbst in diesem, für die Stabilität der gemeinsamen Währung zentralen Bereich kein Zwangsgeld festgesetzt oder keine Zwangseinlage verlangt werden (Art. 104 Abs. 11 EGV). Darüber, wie diese Sanktionen durchgesetzt werden können, schweigt der Vertrag[3].

Auch kann der Rat im Rahmen der zukünftigen koordinierten Wirtschaftspolitik zwar Empfehlungen zu den Grundzügen für die nationalen Wirtschaftspolitiken geben (Art. 103 Abs. 1 und 2 EVG). Er überwacht auch, ob die Mitgliedstaaten den Empfehlungen nachkommen. Die Staaten sind dabei verpflichtet, der Kommission wichtige einzelstaatliche Maßnahmen auf dem Gebiet der Wirtschaftspolitik zu melden (Art. 99 Abs. 3 EVG). Zwangsmittel, seine Empfehlungen durchzusetzen oder der Kommission entsprechende Informationen zu verschaffen, stehen aber weder dem Rat noch der Kommission zu. Steht die Wirtschaftspolitik eines Staates in Widerspruch zu den Empfehlungen des Rates, dann kann der Rat den betreffenden Staat nur ermahnen, seine Wirtschaftspolitik künftig an den vereinbarten Kriterien auszurichten (Art. 99 Abs. 4 EVG).

Wirtschaftet ein Mitglied nicht mit der von Art. 104 EVG geforderten Haushaltsdisziplin, so kann die Kommission darüber einen Bericht anfertigen (Art. 104 Abs. 3 und 5 EVG). Stellt der Rat daraufhin mit qualifizierter Mehrheit ein

---

[1] Hölscheidt, Zwangsgelder gegen die Bundesrepublik Deutschland wegen Nichtbeachtung von Urteilen des EuGH, BayVBl. 1997, 459(460)

[2] Hölscheidt, a.a.O. S. 461

[3] Lenz, Vertrag von Maastricht - Ende der demokratischen Staatlichkeit ?, NJW 1993, 1962(1963)

übermäßiges Haushaltsdefizit i.S.v. Art. 104 c EVG fest, so richtet er wiederum eine Empfehlung an den betreffenden Staat mit dem Ziel, das Defizit innerhalb einer gesetzten Frist zurückzuführen (Art. 104 Abs. 6 und 7 EVG). Kommt der Staat dieser Empfehlung nicht nach, kann der Rat dem Mitglied einzelne Maßnahmen auferlegen (Art. 104 Abs. 9 EVG). Bereits das Klagerecht der Kommission gegen ein Mitglied wegen Vertragsverletzung ist jedoch in diesem Fall ausdrücklich ausgeschlossen (Art. 104 Abs. 10 EVG).

Nach Art. 105 Abs. 2 4. Spiegelstrich EVG verwaltet das ESZB zukünftig zwar auch die mitgliedstaatlichen Währungsreserven. Dies geschieht jedoch nur nach Anweisung der Mitgliedstaaten und buchhalterisch. Dem ESZB steht somit keine Art treuhänderischer Verwaltung mit eigenmächtiger Verwaltungsbefugnis zu. Das Weisungsrecht an die nationalen Zentralbanken zur Geldpolitik (Art. 12.1 ESZB-Satzung) kann wiederum nicht zwangsweise durchgesetzt werden.

Die besonders gegenüber den Staaten zurückhaltende Haltung hinsichtlich Zwangsmitteln wird auch darin deutlich, dass auch das EP keine Möglichkeit hat, die Mitwirkung eines Mitglieds an einer Untersuchungskommission zu erzwingen[1].

Der EU stehen zur Durchsetzung ihres Normensystems praktisch keine Zwangsmittel zur Verfügung[2]. Geltung und Erfolg des europäischen Rechts hängen somit noch immer vom guten Willen der Mitgliedstaaten ab[3]. Aus dem Urteil zum Vertrag von Maastricht ergibt sich, dass das BVerfG dem Fehlen von Zwangsmitteln zur Durchsetzung vertraglicher Verpflichtungen eine wichtige legitimierende Rolle zumisst. Gerade die Offenheit des Integrationsprogramms in den Verträgen rechtfertigt das Gericht mit dem Fehlen von Zwangsmitteln: Vollzug und Entwicklung der EU müssen vom Willen der Mitgliedstaaten getragen werden, diese müssen die Verträge „ständig mit Leben erfüllen". Das Integrationsprogramm der Verträge könne nicht erzwungen werden, sondern lasse sich nur „bei der stetigen und ernsthaften Vollzugsbereitschaft aller Mitgliedstaaten verwirklichen"[4]. Und erst jüngst hat das Gericht diese Linie ausdrücklich bestätigt und festgestellt, dass die EU von den Verfassungen der Mitgliedstaaten und „deren ernsthafter Vollzugsbereitschaft getragen wird"[5]. Das effektivste Sanktionsmittel dürfte der EU in Art. 7 EUV, 309 EGV zur Verfügung stehen. Danach können Vertragsrechte incl. des Stimmrechts eines Mitgliedstaates suspendiert werden, wenn seine nationale Machtstruktur die in Art. 6 Abs. 1 EUV genannten, allen Mitgliedstaaten gemeinsamen Grundsät-

---

[1] Beckedorf, Das Untersuchungsrecht des EP, EuR 1997, 237(245)

[2] Mögele, Neuere Entwicklungen im Recht der EG, BayVBl. 1993, 129(134/137); Friauf, Zur Problematik rechtsstaatlicher und demokratischer Strukturelemente in zwischenstaatlichen Gemeinschaften, DVBl. 1964, 781(786)

[3] Rösler, Zur Zukunft des Gerichtssystems der EU, ZRP 2000, 52(56)

[4] BVerfGE 89, 155(201)

[5] BVerfG NJW 1998, 1934(1937)

ze verletzt. Hier wird zwar ein innerstaatliches Fehlverhalten europäisch sanktioniert. Auch hier ist als Sanktion jedoch kein Eingreifen in die nationalen Herrschaftsstrukturen vorgesehen, sondern es verbleibt bei einer völkervertraglichen Sanktion im Rahmen eines völkerrechtlichen Vertrages[1].

In diese Richtung geht auch Art. 88 UA 3 EGKSV, der regelt, dass die EU, kommt ein Mitgliedstaat nach entsprechendem Urteil durch den EuGH einer Verpflichtung weiterhin nicht nach, die Zahlung an diesen Staat aussetzen kann.

II. Europäisches Recht als ursprüngliche und autonome Rechtsordnung ?

Für Verwirrung über das Verhältnis der beiden Legitimationssysteme zueinander sorgt auch die Sprachregelung, mit der über das Unionsrecht geschrieben wird. So wird hervorgehoben, dass es sich bei den Hoheitsbefugnissen der Union um originäre Hoheitsgewalt[2] handle, dass sich die Hoheitsgewalt der Union nicht in irgendeiner Weise von mitgliedstaatlicher Hoheitsgewalt ableite[3], dass mit der Schaffung der EU ein neuer Hoheitsträger mit originären und damit nicht abgeleiteten[4], ja nicht einmal mit übertragenen Hoheitsrechten[5], ein autonomer Träger außerstaatlicher hoheitlicher Gewalt[6], entstanden sei[7]. Mit der Zustimmung zu den Verträgen sei eine eigene Rechtsordnung errichtet worden, die vom mitgliedstaatlichen Recht nicht abhängig ist[8]. Aufgrund der souveränen Staatlichkeit der Mitgliedstaaten lasse sich die Autonomie der EU und ihrer Rechtsordnung nicht abstreiten[9]. Der EuGH sieht das Unionsrecht als unmittelbar aufgrund eines Gemeinschaftsbefehls geltendes autonomes Recht[10]: Das Gemeinschaftsrecht hat autonomen Vorrang vor dem Verfassungsrecht der Mitgliedstaaten[11]. Daran soll auch der Umstand nichts ändern, dass die EU durch

---

[1] Iliopoulos, Die rechtliche Bedeutung des Verfassungsprinzips der parlamentarischen Demokratie für den europäischen Integrationsprozeß, EuR 1984, 98ff.

[2] Badura, Bewahrung und Veränderung ..., VVDStRL 23, 34(57)

[3] Nicolaysen, Ansichten zur Gemeinschaftsverfassung, EuR 1987, 299(303)

[4] Thieme, Das GG und die öffentliche Gewalt internationaler Staatengemeinschaften, VVDStRL 18, 50(53/83); Anmerkung Klein zum Vorlagebeschluss des FG Rheinland-Pfalz, DÖV 64, 308(310); Klein, Der Verfassungsstaat als Glied einer europäischen Gemeinschaft, VVDStRL 50, 56(79); dazu grundlegend Krüger, Über die Herkunft der Gewalt der Staaten und der sogenannten supranationalen Organisationen, DÖV 1959, 721; Diskbeitr. Hoffmann, VVDStRL 23, S. 116

[5] Randelzhofer, in: M/D/H/S, Art. 24 Abs. I Rn. 55

[6] BFHE 93, 102ff., insbesondere 105; Tomuschat, in: BKGG, Art. 24 Rn. 8

[7] die Begriffe „autonom" und „originär" werden in der Diskussion häufig undifferenziert verwendet. Auch Schilling meint wohl unabgeleitetes und nicht lediglich selbständiges Recht, wenn er von einer „autonomen Grundordnung Europas" spricht, die „durch einen Volksentscheid...geschaffen werden könnte", Die Verfassung Europas, StwStp 1996, 387(395). Andernfalls würde nicht deutlich, weshalb ein Volksentscheid zur Begründung dieser Grundordnung erforderlich sein soll. Von einer „autonomischen Rechtsordnung" spricht Steinberg, ohne dass er mit diesem Begriff neue Inhalte verbindet, GG und Europäische Verfassung, ZRP 1999, 365

[8] Zuleeg, Bananen und Grundrechte -..., NJW 1997, 1201(1202)

[9] Zuleeg, a.a.O.; Tomuschat, in: BKGG, Art. 24 Rn. 72f.

[10] EuGH Slg. 1964, 1251(1269ff); 1969, 1(15); 1978, 629(643f.)

[11] EuGH v. 02.07.1996, Rs. C-473/93, Kommission/Luxemburg, Rn. 38

das Zusammenwirken der Mitgliedstaaten entstanden ist[1]. Die Zustimmung der nationalen Verfassungsorgane zur Begründung der Gemeinschaftsgewalt soll dieses Recht nicht zu einem abgeleiteten Recht machen[2].

Ähnlich hat sich das BVerfG geäußert. Seiner Meinung nach ist mit dem Abschluss der europäischen Gründungsverträge eine autonome, neben den Mitgliedstaaten stehende und von ihnen weitgehend unabhängige Hoheitsgewalt als öffentliche Gewalt geschaffen worden, die von diesen anerkannt werden müsse[3]. Das BVerfG relativiert diese "Autonomie" des Europarechts jedoch[4]. Die Unionsgewalt ist schon nicht deutsche Hoheitsgewalt[5] und erst recht nicht deutsche Staatsgewalt, sondern eine mit Hilfe der deutschen Staatsgewalt geschaffene, aber von der deutschen Staatsgewalt verschiedene öffentliche Gewalt[6]. Im Gegensatz zum EuGH unterwirft das BVerfG die angeblich autonome europäische Rechtsordnung deshalb konsequent nicht nur hinsichtlich der Zustimmungsgesetze zu den völkerrechtlichen Verträgen der Kontrolle des Grundgesetzes, sondern grundsätzlich auch hinsichtlich des nach der Übertragung des Hoheitsrechts erlassenen Sekundarrechts[7]. Rechtstechnisch misst es dazu das Sekundärrecht aber am deutschen Zustimmungsgesetz und nicht direkt am Grundgesetz[8]. Das Zustimmungsgesetz wird dann verfassungskonform ausgelegt[9] und gegebenenfalls verstößt schließlich ein Sekundärrechtsakt gegen das verfassungskonform ausgelegte deutsche Zustimmungsgesetz[10].

In der Diskussion um die Stellung des Unionsrechts als eigenständige Rechtsordnung ist zwischen den Gemeinschaftsverträgen als primärer Rechtsquelle und dem aufgrund der Verträge gesetzten Sekundärrecht zu unterscheiden sowie zwischen der Einstufung des letzteren als unabgeleitetes und damit originäres bzw. als autonomes Recht.

1. Das Primärrecht als abgeleitete Rechtsordnung

Originär und damit unabgeleitet ist eine Rechtsordnung nur, wenn sie sich auf keine vorausgehende Rechtsordnung stützt. Das europäische Primärrecht legitimiert sich aber aus vorausgehenden Rechtsordnungen, nämlich aus denen der Mitgliedstaaten. Es leitet sich damit aus jedem einzelnen Mitgliedstaat ab, denn

---

1 Randelzhofer, in: M/D/H/S, Art. 24 Abs. I Rn. 55

2 s. zu dieser Diskussion umfassend Bleckmann, Europarecht, 6. A. 1997, Rn. 1080ff.

3 BVerfGE 22, 293(296); 31, 145(147); 37, 271(280ff.)

4 Kokott, Deutschland im Rahmen der EU..., AöR 119(1994), 207(213)

5 Mosler, in: HdbdStr. VII, § 175 Rn. 41

6 BVerfGE 22, 293(295); Badura, Bewahrung und Veränderung ..., VVDStRL 23, 34(63)

7 BVerfGE 37, 271(281); seit der Entscheidung zum EUV spricht es in diesem Zusammenhang von einem Kooperationsverhältnis BVerfGE 89, 155(178/175)

8 Huber, P.M., Recht der Europäischen Integration, § 7 Rn. 11

9 Enders, Offene Staatlichkeit unter Souveränitätsvorbehalt, 1995, 29(43)

10 dazu, wie verzahnt nationale und europäische Rechtsordnung in der Praxis sind, s. auch die Entscheidung des BVerfG zur Bananenmarktorganisation, JZ 1995, 352

der Abschluss der Gründungsverträge sowie die Änderung derselben bedurften - und bedürfen weiterhin - der Billigung sämtlicher Mitgliedstaaten[1]. Definitiv nicht Legitimationsquelle des Primärrechts ist ein europäisches Volk. In der Demokratie ist aber das Volk die einzige mögliche ursprüngliche Legitimationsquelle und damit als einzige Instanz zur Herstellung unabgeleiteten Rechts anerkannt. Nur wenn sich das Primärrecht von einem selbständig handelnden europäischen Volk ableiten würde, könnte man von ihm als unabgeleitetem Recht sprechen[2].

2. Keine Autonomie des Primärrechts

Das Primärrecht ist auch kein autonomes Recht, da die EU dieses Recht nicht aus sich selbst heraus erzeugen kann[3]. In seinem griechischen Ursprung[4] bedeutet autonom „unabhängig, selbständig, nach eigenen Gesetzen lebend"[5]. Autonom ist eine Entscheidung deshalb dann, wenn sie ohne Beeinflussung von außen aus ihren eigenen Gesetzen und Gesetzmäßigkeiten heraus gefällt werden kann. Zwar enthält das Primärrecht Regeln zu seiner eigenen Veränderung. Diese Regeln verknüpfen jedoch nur verfahrenstechnisch die nationalen Entscheidungsmechanismen über den Abschluss völkerrechtlicher Verträge mit dem Aushandeln von Vertragsänderungen zwischen den souveränen Mitgliedstaaten der EU. Die Letztentscheidung über den Inhalt einer Vertragsänderung bleibt - davon unberührt - eine rein nationale Entscheidung. Die Autonomie der Entscheidung fällt auch nicht an die EU, wenn es um den Beitritt neuer Mitglieder geht. Hier muss dem Beitritt zwar das EP als Unionsorgan zustimmen (Art. 49 UA 1 Satz 2 EUV). Ohne die Mitgliedstaaten und damit selbständig kann das EP aber auch den Kreis der Unionsmitglieder nicht erweitern. Zudem stimmt es nur grundsätzlich dem Beitritt neuer Mitglieder zu. Die mit den neuen Mitgliedstaaten ausgehandelten Beitrittsbedingungen werden jedoch wieder ausschließlich von den Vertragsstaaten ratifiziert. Eine Zustimmung des EP zu diesen Bedingungen ist nicht erforderlich (Art. 49 UA 2 Satz 2 EUV). Dass, einmal in Geltung, das Primärrecht nicht von jedem Mitgliedstaat alleine verändert werden kann, macht es nicht zu einer autonomen Rechtsordnung. Insofern unterscheidet es sich nicht von anderem Völkervertragsrecht.

---

[1] nicht nur von einem Staat legitimiert ist die objektive Geltung des Primärrechts, da es gemäß den bisherigen vertraglichen Vereinbarungen immer erst in Kraft getreten ist, wenn sämtliche Mitgliedstaaten die Ratifikationsurkunde hinterlegt hatten. Subjektiv aus der Sicht des Grundgesetzes legitimiert sich das Primärrecht jedoch allein über die Zustimmung der in Deutschland gesetzgebenden Organe des Grundgesetzes.

[2] MacCormick, Das Maastricht-Urteil: Souveränität heute, JZ 1995, 797(800)

[3] Schilling, Die Verfassung Europas, StwStp 1996, 387(393); s. Art. 48 EUV

[4] αὐτός, αὐτή, αὐτό = selbst, νόμος = Gesetz

[5] Meyers Großes Standardlexikon in 3 Bänden

3. Das Sekundärrecht als autonome aber abgeleitete Rechtsordnung

Ist das Primärrecht auch selbst keine autonome Rechtsordnung, so schafft es doch eine solche[1]. Das Sekundärrecht nämlich ist bezogen auf das hier relevante Grundgesetz autonomes, d.h. ohne Beteiligung der nationalen Rechtsetzungsorgane geschaffenes Recht. Die Mitgliedstaaten sind deshalb in der Tat nicht „Herren des Sekundärrechts“[2]. Es wird in eigenständigen Verfahren hervorgebracht und in eigenständiger Weise auf seine Rechtmäßigkeit kontrolliert[3]. Der Ursprung des Sekundärrechts in eigenständigen europäischen Entscheidungsverfahren macht es jedoch nicht zu unabgeleitetem Recht[4]. Die EU hat zwar eigene Hoheitsgewalt[5], und zwar nicht nur gegenüber den Staaten, sondern auch direkt gegenüber dem Einzelnen[6]. Auch das Sekundärrecht existiert deshalb aber nicht aus eigenem Recht, sondern hängt von der Staatengemeinschaft ab und leitet sich von ihr ab[7]. Aus der Sicht des Grundgesetzes ist Art. 23 GG überhaupt erst die Brücke zwischen Grundgesetz und Europarecht[8]. Das Grundgesetzes ist deshalb die Grundlage der Integration und kein Gegensatz zu ihr[9]. Die EU besitzt auch nicht die Fülle der Hoheitsgewalt, die nur von den Verträgen begrenzt ist, sondern die Befugnisse der Unionsorgane müssen umgekehrt aus den Verträgen abgeleitet werden[10]. Allein der innerstaatliche Anwendungsbefehl europäischen Rechts kommt nicht aus einem Rechtsanwendungsbefehl der Gemeinschaftsrechtsordnung, sondern ist ein nationaler Anwendungsbefehl des Grundgesetzes[11]. Würde man das europäische Sekundärrecht als unabgeleitetes Recht sehen, würde „die supranationale Rechtsordnung in hilfloser Autonomie ihre Kreise ziehen“[12]. Aus dem Grundgesetz als Rechtsquelle speist sich auch der Vorrang des Gemeinschaftsrechts, der überhaupt erst dazu verleitet, europäisches Recht als autonom oder gar originär einzustufen[13]. Das Sekundär-

---

1 europäische Hoheitsgewalt ist autonom, soweit ihre Kompetenz reicht, Flint, Die Übertragung von Hoheitsrechten..., 1998, S. 158

2 Hilf, Die EU und die Eigenstaatlichkeit ihrer Mitgliedstaaten, 1994, S. 80

3 Tomuschat, in: BKGG, Art. 24 Rn. 72; Mosler, in: HdbdStR Bd. VII, Rn. 41; Hilf, Die EU und die Eigenstaatlichkeit ihrer Mitgliedstaaten, 1994, S. 79

4 Steinberger, Anmerkungen zum Maastricht-Urteil des BVerfG, 1994, S. 28

5 Herzog, Allgemeine Staatslehre, 1972, S. 411; Seeler, Vertrag zur Gründung der EU, EuR 1984, 41(42); Zuleeg, Der Verfassungsgrundsatz der Demokratie und die EGten, Der Staat 1978, 17(32); Scharpf, Europäisches Demokratiedefizit und deutscher Föderalismus, StwStp 1993, 293; v.Simson/Schwarze, Europäische Integration und GG, 1992, S. 67

6 Glaesner, Die Beziehungen zwischen Ministerrat und Europäischem Parlament - Erfolg der "kleinen Schritte" ?, ZfP 1982, 191(191/192); Magiera, Organisationsformen der politischen Parteien auf Gemeinschaftsebene und ihre Funktion bei der politischen Willensbildung, EuR 1978, 311(318)

7 Mosler, in: HdbdStR Bd. VII, § 175 Rn. 41

8 Breuer, Die Sackgasse des neuen Europaartikels (Art. 23 GG), NVwZ 1994, 417

9 Kirchhof, Die Gewaltenbalance zwischen staatlichen und europäischen Organen, JZ 1998, 965(970)

10 Bleckmann, Nationales und europäisches Souveränitätsverständnis, 1980, S. 46f.

11 Schilling, Die Verfassung Europas, StwStp 1996, 387(392); Koenig, Anmerkungen zur Grundordnung der EU..., NVwZ 1996, 549

12 Schwarze, zit. nach Kaufmann, Permanente Verfassungsgebung..., Der Staat 36(1997), 521(542)

13 MacCormick, Das Maastricht-Urteil: Souveränität heute, JZ 1995, 797(800)

recht leitet sich jedoch nicht unmittelbar aus dem Grundgesetz ab, sondern über das Primärrecht als Glied einer Legitimationskette. Über diese Legitimationskette erhält es auch aus den Mitgliedstaaten seine demokratische Legitimation. Es ist deshalb nicht zulässig, die demokratische Legitimation des Sekundärrechts generell in Frage zu stellen. Wenn, dann muss man das Primärrecht darauf hin untersuchen, ob es geeignet ist, die demokratische Legitimation aus den Mitgliedstaaten in das Sekundärrecht weiterzutransportieren.

Die Autonomie des Sekundärrechts ist aber gleichzeitig der Hauptgrund für die Forderungen an die EU, ihre Entscheidungsverfahren verstärkt nach demokratischen Entscheidungsregeln zu gestalten. Eine Herrschaft, die sich nach ihrer Herleitung verselbständigt und der Kontrolle des Volkes entgleitet, verliert ihre Qualität als demokratische Herrschaft. Kontrolle und Rückrufbarkeit sind deshalb Kernelemente einer demokratischen Ordnung. Jeder Mitgliedstaat gibt mit seiner Zustimmung zum Primärrecht Herrschaftsmacht aus der Hand und überantwortet sie der Autonomie der Union. Aus seiner Sicht verselbständigt sich die übertragene Hoheitsgewalt in den vom Primärrecht definierten autonomen Rahmen. "Übertragung" bedeutet zwar auch weiterhin nicht, dass Hoheitsrechte mit "quasi dinglicher Wirkung" auf die EU übergehen[1]. Mit der Übertragung werden die Hoheitsrechte somit auch nicht aus der deutschen Staatsgewalt ausgegliedert. Mit der Übertragung ist deshalb auch kein Rechtsverlust verbunden. Übertragen werden die Hoheitsrechte „lediglich“ zur gemeinsamen Wahrnehmung durch die Organe der EU[2]. Wird das betreffende Hoheitsrecht auch nicht in dem Sinn übertragen, dass es der deutschen Staatsgewalt verloren geht, so sind die Unionsorgane doch auch nicht lediglich Ausführungsorgane der deutschen Staatsgewalt. Mag der Begriff „übertragen“ auch insofern missverständlich sein, als er eine endgültige Übertragung und Verlagerung weg von der nationalen auf die zwischenstaatliche Ebene suggeriert[3], so bringt der Begriff doch gerade in dieser Missverständlichkeit zutreffend zum Ausdruck, dass die europäischen Organe das übertragene Hoheitsrecht nicht in einer Art Bevollmächtigtenstellung ausüben oder im Auftrag der Vertragsstaaten, sondern dass ihnen die Hoheitsrechte zur selbständigen und damit autonomen und eigenverantwortlichen Ausübung überlassen werden.

---

[1] Tomuschat, in: BKGG, Art. 24 Rn. 18; Rojahn, v.Münch, Art. 24 Rn. 30; Rauser, Übertragung von Hoheitsrechten, 1991, S. 25ff.

[2] Scholz, in: M/D/H/S, Art. 23 Rn. 51; Kirchhof, Die Gewaltenbalance zwischen staatlichen und europäischen Organen, JZ 1998, 965(966); von einem „Anvertrauen“ zur Wahrnehmung spricht Pernice, es gehe bei der Übertragung nicht um ein „transferre“, sondern um ein „conferre“ von öffentlicher Gewalt, in: Dreier, Art. 23 Rn. 83

[3] Randelzhofer, in: M/D/H/S, Art. 24 Abs. I Rn. 55; Flint, Die Übertragung von Hoheitsrechten..., 1998, S. 136/141 versteht deshalb die Übertragung als Rechtsübertragung im klassischen privatrechtlichen Sinn und leitet dies eben vor allem aus dem Wortlaut der Norm ab; es sei nicht zulässig, diesen eindeutigen positivrechtlichen Inhalt aus abstrakten Überlegungen der allgemeinen Staatslehre, wie etwa dem Konzept der Einheitlichkeit der Staatsgewalt, zu korrigieren.

Autonome Entscheidungen von Organen im innerstaatlichen Bereich können wieder - mindestens für die Zukunft - rückgängig gemacht werden, indem die Ermächtigungsnorm verändert wird. Hat ein Mitgliedstaat dem Primärrecht als Ermächtigungsnorm zugestimmt und es legitimiert, dann muss es sich an dieser Zustimmung festhalten lassen, kann die Ermächtigungsnorm nicht mehr einseitig verändern. Die aufgrund der Ermächtigung im Primärrecht vorgenommene autonome Handlung von Organen der EU billigt Deutschland eventuell durch seine Zustimmung im Rat, wird Deutschland dort im Rahmen einer Mehrheitsentscheidung jedoch überstimmt, wird die Verselbständigung europäischer Handlungen aus der Sicht des Grundgesetzes besonders deutlich[1]. Erst dann entsteht wirklich die Notwendigkeit, zu der nationalen Legitimation aus den Mitgliedstaaten über den Rat etwa eine Legitimation durch das EP „hinzutreten“ zu lassen. Solange der Rat einstimmig entscheiden muss, kann zwar eine Zustimmung des EP rechtstheoretisch ebenfalls hinzutreten. Ihre Wirkung ist jedoch begrenzt. Auch aus dem Umstand, dass das EP ein Gemeinschaftsorgan ist und nur den europäischen Interessen verpflichtet, lässt sich nicht allzu viel Spielraum für eine ergänzende Legitimation gewinnen. Auch der Rat als Organ ist nicht an die nationalen Verfassungen gebunden, sondern ausschließlich an die Verträge. Allerdings ist es Aufgabe seiner Mitglieder, die nationalen politischen Interessen in die Entscheidungsfindung einzubringen. Die Abgeordneten des EP repräsentieren dagegen eine andere Basis als die Regierungen der Mitgliedstaaten. Die Unionsbürger in ihrer Gesamtheit können durchaus anderer Meinung sein, als dies die Regierungen als Vertreter ihrer Völker im Rat repräsentieren. Das EP mag die trennenden nationalen Argumentationsmuster eventuell wirksamer überwinden wollen als der Rat. Nur in diesem Rahmen kommt aber einer Entscheidung des EP, mit der es eine einstimmige Ratsentscheidung unterstützt, zusätzlich legitimierende Wirkung zu.

Rechtlich kontrolliert zwar das Bundesverfassungsgericht, dass die europäischen Organe die Grenzen ihrer Ermächtigungsnormen beachten[2]. Politisch bleibt es jedoch bei dem, rechtlich abgesicherten, verselbständigten europäischen Herrschaftsbereich[3]. Eine verstärkte Rolle des EP wird deshalb vor allem für Mehrheitsentscheidungen im Rat angemahnt[4]. Für die Revision der Verträge im Jahr 2000 war deshalb von der Kommission als Konferenzziel vorgeschlagen worden, dass künftig „die Verabschiedung legislativer Akte durch den Rat

---

[1] aber auch wenn Deutschland zustimmt: allein die Möglichkeit der Mehrheitsentscheidung hat Auswirkungen auf das Verhandlungsergebnis im Rat, Götz, Das Maastricht-Urteil des BVerfG, JZ 1993, 1081(1085)

[2] Hirsch, Kompetenzverteilung zwischen EuGH und nationaler Gerichtsbarkeit, NVwZ 1998, 907(908f.); sowie nationale Grundrechtsgarantien, dazu zuletzt Caspar, Nationale Grundrechtsgarantien und sekundäres Gemeinschaftsrecht, DÖV 2000, 349; Pernice, Maastricht, Staat und Demokratie, Die Verwaltung 1993, 449(468); zuletzt zum Verhältnis von EuGH und BVerfG Sander, EuGH und nationale Verfassungsgerichtsbarkeit, DÖV 2000, 588

[3] den Zusammenhang zwischen politischem Charakter europäischer Entscheidungen und europaeigener Legitimität hebt auch Tomuschat, in: BKGG, Art. 24 Rn. 20, hervor.

[4] Pernice, in: Dreier, Art. 23 Rn. 57

mit qualifizierter Mehrheit natürlich mit einem Verfahren der Mitentscheidung des EP verbunden werden“ müsse[1]. Die „Ausdehnung der Mitentscheidung des Parlaments generell als demokratische Konsequenz der Ausdehnung von Mehrheitsentscheidungen“ sah auch die Kommission Weizsäcker/Dehaene/Simon[2].

Nach H. P. Ipsen[3] würden in der EU Sachzwänge europäische Akte weniger als Entscheidung denn als Verkündung von Einsicht und Erkenntnis auftreten[4]. Wo aber nicht entschieden, sondern erkannt werde, herrsche die Kompetenz des Sachverstandes und die Frage nach Legitimation brauche nicht mehr gestellt werden. Erkenntnisse fänden ihre Legitimation in Gründen, nicht im Mehrheitskonsens[5].

Selbstverständlich sind diese Überlegungen auf Kritik gestoßen[6]. Gerade der Rat sei auch nach dem System der europäischen Verträge das Forum für Entscheidungen, die nicht nur durch Sachzwänge bestimmt seien[7]. Legitimation durch Sachverstand könne zudem allenfalls dort eine dominierende Rolle spielen, wo eine richtige Lösung objektiv und unabhängig von persönlichen Wertungen feststellbar ist[8]. Wer trifft aber die Entscheidung, wenn mehrere Sachverständige unterschiedlicher Meinung sind[9] ? Wie wird sichergestellt, dass sich die Sachverständigen auch tatsächlich von ihrem Sachverstand und nicht von anderen Interessen leiten lassen[10] ? Zudem gibt es häufig mehr Alternativen als behauptet[11]. Ist sich die Fachwelt in der Diagnose noch einig, trennen sich die Wege fast immer in der Therapie[12]. Zudem verlangt gerade Planung vielfach

---

1 Beitrag der Europäischen Kommission zur Vorbereitung der Regierungskonferenz über institutionelle Fragen vom 5.11.1999, S. 9; Stellungnahme „Institutionelle Reform für eine erfolgreiche Erweiterung“ der Kommission vom 26.01.2000, S. 28: Die Mitwirkung des EP an der Ausübung der legislativen Gewalt durch Mitentscheidung mit dem Rat stärkt den demokratischen Charakter des Handelns der Gemeinschaft. Die Mitentscheidung ... ist die notwendige Ergänzung der Beschlüsse mit qualifizierter Mehrheit, da dieses Beschlussfassungsverfahren naturgemäß zur Überstimmung einiger Mitglieder führen kann“.

2 Die institutionellen Auswirkungen der Erweiterung - Bericht an die Europäische Kommission vom 18.10.1999, S. 5; Stellungnahme der Kommission zur Einberufung der Regierungskonferenz, Bull.EU 1/2-2000, S. 7

3 Ipsen, Europäisches Gemeinschaftsrecht, 1972, S. 24/124/190f.; Hilf, Die rechtliche Bedeutung des Verfassungsprinzips der parlamentarischen Demokratie für den europäischen Integrationsprozeß, EuR 1984, 9(11)

4 Ipsen, Fusionsverfassung EGten, 1969, S. 64f.

5 auf den Zusammenhang zwischen politischen Entscheidungsspielräumen Ipsen, a.a.O. S. 66

6 Hilf, Die rechtliche Bedeutung des Verfassungsprinzips der parlamentarischen Demokratie für den europäischen Integrationsprozeß, EuR 1984, 9(12); Sasse, Die institutionelle Fortentwicklung der Gemeinschaften, KSE 22, 61(73); Everling, Vom Zweckverband zur EU, 1977, S. 610

7 Everling, a.a.O.

8 Nicolaysen, Ansichten zur Gemeinschaftsverfassung, EuR 1987, 299(305)

9 Sasse, Die institutionelle Fortentwicklung der Gemeinschaften, KSE 22, 76

10 Zuleeg, Der Verfassungsgrundsatz der Demokratie und die EGten, Der Staat 1978, 17(35); s. dazu auch die Ausführungen unter C.II.1.

11 Hesse, Grundzüge des Verfassungsrechts, 18. A. 1991, § 5 Rn. 165; Everling, Vom Zweckverband zur EU, 1977, S. 609

12 Sasse, Die institutionelle Fortentwicklung der Gemeinschaften, KSE 22, 76

Entscheidungen zwischen verschiedenen Entwicklungsprognosen[1]. Vor allem bei den in der Union üblichen "deals" spielen irrationale und politische Überlegungen einer große Rolle[2]. Dem reinen Handeln nach Sachzwang ist der Kompromiss jedoch im wesentlichen fremd.

In der EU werden auch nicht lediglich in den Gründungsverträgen angelegte Entwürfe ausgeführt. Die allgemein gehaltenen Ziel- und Aufgabenbestimmungen der Verträge vertrauen der EU politische Entscheidungs- und Gestaltungsspielräume an. Der EU ist deshalb nicht nur Problemlösung durch technokratischen Sachverstand, sondern auch politische Gestaltung aufgegeben[3]. Deshalb wird gerade im Rahmen des Art. 308 EGV mit seinen weiten Handlungsspielräumen das Fehlen einer gemeinschaftseigenen demokratischen Legitimation besonders deutlich[4]. Letztlich lässt die Legitimation durch Sachverstand aber auch die Frage der Ergebniskontrolle und die der Irrtumssanktion unbeantwortet[5].

Ein Austritt aus der EU wäre zwar der radikale Schritt zur Rückholung der übertragenen Herrschaftsmacht und damit das ultimative Mittel zur Kontrolle der Ausübung dieser Macht. Denn in jedem Fall ist ein Austrittsrecht Ausfluss der demokratischen Letztverantwortlichkeit[6]. In der Zeit zwischen Übertragung der Herrschaftsmacht bis zu ihrem Rückruf liegt jedoch die Gestaltung der politischen Gemeinschaft. Auch die Entscheidungen zwischen diesen Polen müssen sich deshalb legitimieren. Aber auch da der Bürger mit der Unionsgewalt einer selbständigen, von den Mitgliedstaaten in der einzelnen Entscheidung losgelösten, eben autonomen, Herrschaftsordnung gegenübersteht, ist die Beschränkung auf den legitimierenden Staat aufgebrochen und eine eigenständige europäische Legitimation erforderlich[7].

III. Die Direktwahl zum EP als Indiz für die Unabgeleitetheit des Sekundärrechts ?

Das EP ist sicherlich das Organ, durch das sich die Entscheidungsstruktur der EU am spezifischsten von der traditioneller internationaler Organisationen un-

---

[1] Zuleeg, Der Verfassungsgrundsatz der Demokratie und die EGten, Der Staat 1978, 17(35)

[2] Zuleeg, a.a.O.

[3] Steinberger, Der Verfassungsstaat als Gliedstaat einer europäischen Gemeinschaft, VVDStRL 50, 8(40); als im wesentlichen Wirtschaftsgemeinschaft sieht offensichtlich das BVerfG die EU immer noch, BVerfGE 89, 155(190), Kahl, EU: Bundesstaat - Staatenbund - Staatenverbund ?, Der Staat 33(1994), 241(247); Breuer, Die Sackgasse des neuen Europaartikels (Art. 23 GG), NVwZ 1994, 417(420)

[4] Zuleeg, Der Verfassungsgrundsatz der Demokratie und die EGten, Der Staat 1978, 17(43); Hrbek, Demokratiegebot und EG, 1980, S. 285(296)

[5] Zuleeg, a.a.O. S. 36

[6] Kokott, Deutschland im Rahmen der EU..., AöR 119(1994), 206(225)

[7] Epping, Die demokratische Legitimation der dritten Gewalt der EGten, Der Staat 36(1997), 349(357)

terscheidet[1]. Seit der Direktwahl ist das EP auch ein unmittelbar demokratisch legitimiertes Organ[2], da seine Abgeordneten direkt von den Völkern in den Mitgliedstaaten gewählt werden.

Das EP bestand ursprünglich aus Abgeordneten, die nach nationalen Verfahren aus der Mitte der nationalen Parlamente ernannt wurden[3]. Bereits an diesem Wahlmodus der Abgeordneten wird deutlich, dass das EP nicht aus der Vorstellung von einem unabgeleiteten Volk als ursprünglicher Legitimationsquelle entstanden ist, sondern aus der Vorstellung, parallel zum Rat könnten die einzelnen Parlamente an der europäischen Normsetzung beteiligt werden. Das EP hat damit zu Beginn der europäischen Einigung die Parlamente der Mitgliedstaaten repräsentieren, jedoch nicht ihre Völker. Während nämlich Legitimation mittelbar oder unmittelbar vermittelt werden kann, gibt es nur eine unmittelbare Repräsentation. Es gibt keine Repräsentationskette. Seine Autorität leitet der Repräsentant immer nur von der unmittelbar vorhergehenden Einheit ab. Er repräsentiert lediglich diese[4].

Ursprünglich hieß das EP auch "Gemeinsame Versammlung". Es gab sich zwar schon 1958 selbst den Namen "Europäisches Parlament"[5]. Die Abgeordneten sahen dies damals aber weniger als Feststellung eines status quo, sondern eher als zukunftsweisenden Anspruch[6]. Einige Attribute einer parlamentarischen Körperschaft wies das EP dabei aber von Anfang an auf: Geschäftsordnungsautonomie mit der Möglichkeit, parlamentarische Arbeitsprozeduren zu etablieren einschließlich der Einsetzung von Ausschüssen; das Recht zu öffentlicher Tagung und kontroverser Diskussion; ein Fragerecht gegenüber der Kommission; das Recht, der Kommission das politische Misstrauen auszusprechen und sie damit zur Amtsniederlegung zu zwingen; eine selbstbestimmte Sitzordnung[7]. Anerkannt wurde die eigenmächtige Umbenennung der Versammlung jedoch nicht. Auch Art. 1 Direktwahlbeschluss spricht vom EP als „Versammlung“. Selbst ein Kompromissvorschlag ("Die Versammlung, nachstehend Europäisches Parlament genannt, ...") konnte sich nicht durchsetzen[8]. Immerhin sprach nach der Direktwahl der französische Staatspräsident von einer "Assemblée parlamentaire européen"[9].

---

[1] Beutler/Bieber, 3. A. 1987, 4.2.1
[2] Streinz, in: Sachs, Art. 23 Rn. 25
[3] Bleckmann, Europarecht, 5. A. 1990, Rn. 69
[4] Leibholz, Die Repräsentation in der Demokratie, 1973, S.38
[5] Steffani, Parlamentarische und präsidielle Demokratie, 1979, S. 133
[6] Steffani, a.a.O. S. 134
[7] Steffani, a.a.O. S. 136
[8] Hilf, Völkerrechtliche und gemeinschaftsrechtliche Elemente des Beschlusses vom 20. September 1976 im Lichte des Souveränitätsdenkens in der EG, 1980, S. 27
[9] Hilf, a.a.O. S. 27

Erst Art. 6 EEA hat die Bezeichnung "Versammlung" durch das "Europäische Parlament" ersetzt[1] - allerdings nur für einige Bestimmungen[2]. Vor allem aber in Art. 4 EWGV, der offiziell die Organe aufzählt und in den Art. 137ff. EWGV blieb es bei der Bezeichnung "Versammlung". Durchgängig als "Europäisches Parlament" bezeichnet wird die "Versammlung" erst seit dem EUV (Art. 7 EGV).

Davon, dass die Bestellung der Abgeordneten des EP durch nationale Verfassungsorgane keine dauerhafte Lösung auf der Suche nach einer europaeigenen Legitimation sein konnte[3], ging man auch bei Abschluss der Gründungsverträge aus[4]. Die Direktwahl zu einer Europäischen Versammlung war deshalb bereits in Art. 138 Abs. 3 EWGV aufgenommen worden. Lediglich bis zu einer solchen sollten die Mitglieder der Versammlung von den nationalen Regierungen ernannt werden[5]. Man war sich außerdem darüber im klaren, dass die Zustimmung der nationalen Parlamente zu den Gemeinschaftsverträgen auf Dauer keine zureichende Legitimation für europäisches Handeln vermitteln werde können. Die Direktwahl sollte hier eine Änderung einleiten, selbst wenn das EP dadurch nicht bereits Träger der eigentlichen Gemeinschaftsgewalt wurde, sondern weiterhin nur an der Ausübung derselben mitwirkte[6].

Die Einführung der Direktwahl wurde als herausragende Demonstration des allen Mitgliedstaaten gemeinsamen demokratischen Ideals gesehen[7]. Mit ihr werde der Weg zur vielbeschworenen Demokratisierung und Parlamentarisierung Europas in einer wesentlichen Etappe förmlich vorgezeichnet[8]. Sie symbolisiere den Übergang von überwiegend technokratischer zu demokratischer Entscheidungslegitimation[9]. Die Direktwahl schaffe eine neue und tiefe Legitimität, die zwar an den Grundfesten der nationalstaatlichen Vorstellungswelt rüttle[10]. Sie ändere überhaupt die Qualität des EP[11]. Die unmittelbare Legitimation des di-

---

[1] Ipsen, Europäische Verfassung - Nationale Verfassung, EuR 1987, 195(199 Fn. 4)

[2] Art. 7, 49, 54, 56, 57, 145, 149, 168a, 188, 237, 238 EWGV, Art. 30 Abs. 4 EEA

[3] Oppermann, Parlamentarisierung der EG ?, 1977, S. 450

[4] Oppermann, a.a.O. S. 451

[5] Die Direktwahl als Ziel wurde in erster Linie auf deutsche Initiative in die Gründungsverträge aufgenommen, Schwarz, Ansätze zur Parlamentarisierung des europäischen Zusammenschlusses, 1987, S. 369(381f.)

[6] Hilf, Völkerrechtliche und gemeinschaftsrechtliche Elemente des Beschlusses vom 20. September 1976 im Lichte des Souveränitätsdenkens in der EG, 1980, S. 25

[7] Hrbek, Demokratiegebot und EG, 1980, S. 285f.; Bleckmann, Europarecht, 6. A. 1997, Rn. 290; EuGH Slg. 1980, 3333(3360); 3393(3424)

[8] Oppermann, Parlamentarisierung der EG ?, 1977, S. 449

[9] Magiera, Organisationsformen der politischen Parteien auf Gemeinschaftsebene und ihre Funktion bei der politischen Willensbildung, EuR 1978, 311(322)

[10] Helmut Schmidt in einer Rede vor dem EP im Juni 1979, Steffani, Parlamentarische und präsidielle Demokratie, 1979, S. 138; 13 Jahre später soll der Vertrag von Maastricht erneut an den Grundfesten der Mitgliedstaaten rütteln, so Herdegen, Die Belastbarkeit des Verfassungsgefüges auf dem Weg zur EU, EuGRZ 1992, 589

[11] Sasse, Die Zukunft der EG, EA 1972, 87(98)

rekt gewählten EP müsse das Dogma der nationalen Souveränität zurücktreten lassen[1]. Mit der Direktwahl werde zudem ein Band zwischen den Wahlberechtigten aller Mitgliedstaaten und dem EP wachsen, da es im Bewusstsein der Wähler wegen der zugewachsenen höchsten Legitimation, die eine Demokratie anzubieten hat, wesentlich intensiver verankert werde[2]. Der Marktbürger sei jetzt auch Wahlbürger und damit aus dem geschlossenen Personalverband seines Staates herausgetreten[3]. Die Direktwahl hätte nicht lediglich zu einer Verfahrensänderung geführt[4], sondern die Qualität der gemeinschaftlichen Binnenstruktur grundsätzlich verändert[5]. Das EP wurde deshalb sogar in die historische Kontinuität der französischen Nationalversammlung von 1789 und der Paulskirche von 1848 gestellt[6]. Darüber hinaus erlange es durch die direkten Wahlen einen Zuwachs an Unabhängigkeit und Autorität und käme damit einem echten Parlament näher[7]. Seine parlamentarischen Initiativen hätten künftig größeres Gewicht[8]. Aus gestärkter politischer Stellung könne es somit seine parlamentarische Funktion wirkungsvoller wahrnehmen[9].

Die Direktwahl wurde aber auch von Bedenken begleitet. Eine Versammlung würde allein durch eine Direktwahl noch nicht zum Parlament[10]. Ein unmittelbar gewähltes, supranationales Parlament sei überhaupt nur bei voller Verschmelzung der beteiligten Nationalstaaten zu einem Bundes- oder Einheitsstaat möglich[11]. Volle Demokratisierung und Parlamentarisierung der supranationalen Gemeinschaft sei somit das Ende der europäischen Nationalstaaten[12]. Von einer Direktwahl allein gehe insbesondere kein starker legitimatorischer Effekt aus[13]. Entscheidend sei vielmehr, ob es gelinge, mit der Direktwahl eine Europäisierung der nationalen politischen Szenen zu erreichen[14]. Zwar könnten von einem direkt gewählten Parlament ein Mehr bei der demokratischen Gestaltung europäischer Politik sowie zusätzliche Integrationsimpulse erwartet werden[15]. Allein die Direktwahl könne dem demokratischen Defizit der Gemeinschaft je-

---

1 Häberle, Der kooperative Verfassungsstaat, 1978, S. 157

2 Kundoch, Die Konstituierung des EP, KSE 23, 55

3 Hilf, Völkerrechtliche und gemeinschaftsrechtliche Elemente des Beschlusses vom 20. September 1976 im Lichte des Souveränitätsdenkens in der EG, 1980, S. 30

4 Bleckmann, Europarecht, 6. A. 1997, Rn. 292; EuGH Slg. 1980, 3333(3360); 3393(3424)

5 Bleckmann, a.a.O.

6 Boguslawski, Direktwahl zum EP und Europa-Bewußtsein, EA 1983, 7(7); Hilf, Die rechtliche Bedeutung des Verfassungsprinzips der parlamentarischen Demokratie für den europäischen Integrationsprozeß, EuR 1984, 9(40)

7 Kundoch, Die Konstituierung des EP, KSE 23, 56f.

8 Nicolaysen, Vom Beruf zur Verfassungsgebung in Europa, EuR 1984, 94(95)

9 Hrbek, Demokratiegebot und EG, 1980, S. 313

10 Steffani, Parlamentarische und präsidielle Demokratie, 1979, S. 135

11 Huber, E. R., Nationalstaat und Verfassungsstaat, 1965, S. 287

12 Huber, E.R., a.a.O. S. 288

13 Zuleeg, Demokratie in der EG, JZ 1993, 1069(1073)

14 Neunreither, Legitimationsprobleme in der EG, ZfP 1976, 245(257)

15 Wessels, Integrationsstrategie des Tindemans-Berichts, 1977, S. 233

doch kaum begegnen[1]. Sie könne allenfalls ein erster Schritt zur ihrer Demokratisierung und Parlamentarisierung sein[2].

1. Trotz Direktwahl keine Repräsentation einer ursprünglichen Legitimationsquelle

Trotz Namensgleichheit ist das EP aber kein Parlament i.S.e. ursprünglichen Volksrepräsentation[3]. Ein europäisches Volk gibt es nicht nur tatsächlich nicht, sondern bereits rechtlich[4]. Das EP, für das man an erster Stelle eine Berufung auf ein europäisches Volk erwarten würde, legitimiert sich „aus Vertretern der Völker der in der Gemeinschaft zusammengeschlossenen Staaten“ (Art. 189 UA 1 EGV). EUV und EGV sprechen nicht deshalb von Staatsvölkern, weil kein europäisches Volk existiert[5], sondern weil sie ein solches nicht schaffen wollten. Die Direktwahl zum EP wurde zwar als ein Schritt zur Erhöhung seines repräsentativen Charakters betrachtet[6]. Sie hat auch in der Tat überhaupt erst die Chance eröffnet, dass das Prinzip der repräsentativen Demokratie in der Gemeinschaft tatsächlich wirksam werden konnte[7]. Im EP und seiner Entwicklung dokumentiert sich deshalb das Bekenntnis der EU zur parlamentarischen Demokratie[8] und zum Grundsatz der parlamentarischen Repräsentation[9]. Eine Direktwahl mag auch eine notwendige Bedingung dafür sein, dass einer Volksvertretung repräsentativer Charakter zukommt, sie ist jedoch noch keine hinreichende dafür, dass die Abgeordneten für sich in Anspruch nehmen können, "Vertreter des ganzen Volkes" zu sein[10]. Ein Repräsentant muss die zu repräsentierende Einheit präsent machen wollen und können[11], damit demokratische Repräsentation überhaupt entstehen kann[12]. Das EP darf ein europäisches Volk im Sinne einer ursprünglichen, demokratisch verfassten Entscheidungseinheit noch nicht präsent machen wollen, da sich die Bürger in den europäischen

---

1 Steffani, Parlamentarische und präsidielle Demokratie, 1979, S. 135

2 Kohler, Der Abgeordnete als Vertreter des europäischen Volkes ?, EuR 1978, 333(334); Zuleeg, Der Verfassungsgrundsatz der Demokratie und die EGten, Der Staat 1978, 17(45); dazu auch Frowein, Zur institutionellen Fortentwicklung der EGten, EA 1972, 623ff.; Fuss, Positionsstärkung des EP, EuR 1972, 358

3 Ossenbühl, Maastricht und das GG - eine verfassungsrechtliche Wende ?, DVBl. 1993, 629(634)

4 Seidel, Zur Verfassung der EG nach Maastricht, EuR 1992, 125(127); Kahl, Montesquieu, Staat und Europa, JöR n.F. Bd. 45(1997), 11(25); Steinberg, GG und Europäische Verfassung, ZRP 1999, 365(369)

5 so Cremer, Das Demokratieprinzip auf nationaler und europäischer Ebene im Lichte des Maastricht-Urteil des BVerfG, EuR 1995, 21(36)

6 Kohler, Der Abgeordnete als Vertreter des europäischen Volkes ?, EuR 1978, 333

7 Ipsen, Zur Tragfähigkeit der Verfassungsprinzipien der EG, 1982, S. 26

8 Oppermann, Europarecht, 2.A. 1999, Rn. 242

9 Streinz, in: Sachs, Art. 23 Rn. 25

10 Kohler, Der Abgeordnete als Vertreter des europäischen Volkes ?, EuR 1978, 333

11 Leibholz, Die Repräsentation in der Demokratie, 1973, S. 27

12 Böckenförde, in: HdbdStR Bd. I, § 30 Rn. 26

Staaten derzeit noch nicht dafür entschieden haben, eine solche Einheit bilden zu wollen[1].

Misst man das EP nur an dem Vergleich Staatsvolk - europäisches Volk, dann steht es für die Souveränität der Völker der Mitgliedstaaten und nicht für die Souveränität eines europäischen Staatsvolkes[2]. Das EP bezieht seine Legitimation aber bereits ausdrücklich aus den „Völkern", nicht aus den „Mitgliedstaaten"[3]. Es ist deshalb ein Repräsentationsorgan der Völker Europas und keine Staatenversammlung[4]. Die Abgeordneten des EP besaßen immer ein europäisches Mandat, denn sie vertreten die Völker der Union in ihrer Gesamtheit und nicht nur isoliert das Volk, von dem sie jeweils gewählt sind[5]. Die Abgeordneten in ihrer Gesamtheit sind Vertreter aller Völker in der EU. Dies gilt umso mehr nach der Einführung der Unionsbürgerschaft und dem mit ihr gekoppelten Wahlrecht nach Art. 19 Abs. 2 EGV[6].

Andererseits spricht Art 189 EUV von den Abgeordneten im EP aber nicht als Vertreter der Bürger der EU. Das EP ist damit nicht Repräsentant eines Volkes, sondern Repräsentant der in der EU vereinigten Völker. Das europäische Mandat der Abgeordneten ist durch Nationalität gebrochen – durch die nationale Gliederung des Wahlkörpers, durch die nationale Gliederung der Sitzverteilung, durch die Zuordnung jedes Abgeordneten primär zu einem nationalen Ursprung.

2. Die Unionsbürgerschaft schafft keine europäischen Staatsbürger

Auch die Unionsbürgerschaft schafft keine ursprüngliche europäische Staatsbürgerschaft, auch wenn der ehem. Bundeskanzler Kohl und der ehemalige französische Staatspräsident Mitterrand im Dezember 1990 in einer gemeinsamen Botschaft vorgeschlagen hatten, zur besseren demokratischen Legitimation eine europäische Staatsbürgerschaft einzuführen[7], was die Begründung einer europäischen demokratischen Entscheidungseinheit suggeriert. Dieser Eindruck wird noch verstärkt, wenn man die Unionsbürgerschaft als wichtigen Schritt in Richtung auf die Schaffung eines europäischen Bundesstaates[8] sieht, der die

---

[1] s. näher dazu oben B.I. sowie B.II.4.ff.

[2] Schütz, Europaweite Freizügigkeit ohne demokratische Kontrolle, AöR 120(1995), 509(544)

[3] Beutler, Offene Staatlichkeit und europäische Integration, 1995, S. 117

[4] Pernice, in: Dreier, Art. 23 Rn. 53

[5] Bleckmann, Europarecht, 5. A. 1990, § 2 Rn. 74; auf die Auswirkungen des Art. 19 EGV auf die Repräsentationsfunktion des EP und seiner einzelnen Abgeordneten wird unter B.III.2. näher eingegangen.

[6] s. dazu auch B.III.2.

[7] EA 1991 D 26; eine solche eingeführt sieht Lemke, Europa als politischer Raum, Kritische Justiz 1999, 1(8), wenn er auch den Begriff der „europäischen Staatsbürgerschaft" in Anführungszeichen setzt.

[8] Schlussfolgerung des Rates im Vorfeld zu der Tagung der Staats- und Regierungschefs in Rom am 14. und 15. Dezember 1190, Bull. EG 12/1990 S. 7(11)

Rechtsnatur der Union weiter in die Arme eines Staatscharakters treibt[1], wenn man in ihr den Smend'schen Weg vom Bourgeois zum Citoyen[2] und damit zu einem „status activus Europaeus“[3] sieht.

Ähnliche Gedanken in der Form eines europäischen Bürgerrechts waren bereits auf der Pariser Gipfelkonferenz der Staats- und Regierungschefs 1974 ausgesprochen worden[4]. Auch im Marktbürger der Gründungsverträge wurde immer wieder nach Staatsbürgeranalogien gesucht[5]. Der Unterschied zwischen dem Marktbürger und dem durch die Staatsangehörigkeit definierten Bürger der Mitgliedstaaten sollte nur in der bereichsmäßigen Zuständigkeitsbeschränkung der Union liegen. Spätestens die Direktwahl zum EP sollte rechtlich den Schritt von der Markt- zur EG-Bürgerschaft vollziehen. Die Überwindung des Marktbürgers nunmehr durch den Unionsbürger wird nach dem Vertrag von Maastricht erneut proklamiert[6].

Die Unionsbürgerschaft erkennt nun jeden einzelnen Bürger der EU als Teil einer europäischen Gemeinschaft an und löst sich damit von der rein staatlichen Sicht und selbst vom Blick auf die europäischen Völker als Kollektiv[7]. Sie fasst das Staatsvolk Europas zusammen[8]. Sie bringt zum Ausdruck, dass in der EU über eine Solidarität der Staaten hinaus auch eine Solidarität der Bürger gewollt ist[9]. Sie lehnt sich sogar sprachlich an die Staatsbürgerschaft an. Da die EU jedoch kein „Staat“ ist, tauscht die Bezeichnung diesen Wortbestandteil aus gegen den der „Union“[10]. In der Unionsbürgerschaft ist deshalb bereits das angelegt, was sich zum Subjekt demokratischer Legitimation entwickeln kann[11]. In ihr liegt ein Ansatz zur Bildung eines europäischen Staatsvolkes[12], wobei sie selbstverständlich offen lässt, ob es zu einem solchen kommen wird.

---

[1] Ress, Die EU und die neue juristische Qualität der Beziehung zu den EGten, JuS 1992, 985(987); Ipsen, Völkerrecht § 5 Rn. 2ff.

[2] Oppermann, Vom Marktbürger zum EG-Bürger ?, 1988, S. 92/88

[3] Blanke/Kuschnick, Bürgernähe und Effizienz als Regulatoren ..., DÖV 1997, 45(49)

[4] Baetge, Grundzüge des Vertrags von Maastricht, BayVBl. 1992, 711

[5] Oppermann, Vom Marktbürger zum EG-Bürger ?, 1988, S. 88

[6] Hilf, Amsterdam - Ein Vertrag für die Bürger ?, EuR 32(1997), 347(360); v. Bogdandy, Konturen des integrierten Europas, EA 1993, 49(51)

[7] Wolf, Die Revision des Grundgesetzes durch Maastricht, JZ 1993, 594(597)

[8] Schilling, Die Verfassung Europas, StwStp 1996, 387(394)

[9] Volkmann, Solidarität in einem vereinten Europa, StwStp 1999, 17(32)

[10] darauf, dass geschichtlich erst im Zuge der Nationalstaatenbildung aus dem Bürger der Staatsbürger und schließlich der Staatsangehörige geworden ist, verweist Hilf, Amsterdam - Ein Vertrag für die Bürger ?, EuR 32(1997), 347(351). Welche rechtliche Bedeutung die unterschiedliche Bezeichnung haben soll, macht er jedoch nicht deutlich; üblicherweise werden die Begriffe „Staatsbürger“ und „Staatsangehöriger“ synonym verwendet. Entsprechend spricht auch das StAG von einer „Einbürgerung“ (z.B. § 8 StAG).

[11] Pernice, in: HdbdStR Bd. VIII, § 191 Rn. 51

[12] Steinberg, GG und Europäische Verfassung, ZRP 1999, 365(369); Murswiek, Maastricht und der pouvoir constituant, Der Staat 1993, 161(182); Di Fabio, Der neue Art. 23 des GG, Der Staat 1993, 191(202); sie fasst das Staatsvolk Europas zusammen, Schilling, Die Verfassung Europas, StwStp 1996, 387(394)

Sie ist aber trotzdem keine Staatsbürgerschaft, sondern ergänzt lediglich die von den Mitgliedstaaten anerkannten Staatsbürgerschaften[1]. Dies stellt seit dem Vertrag von Amsterdam Art. 17 Abs. 1 Satz 3 EGV ausdrücklich klar. Sie bringt zwar diplomatischen Schutz, eine "civitas perfecta" im Sinne einer auf individueller Verbandsmitgliedschaft beruhendenden politischen Schicksalsgemeinschaft, gekennzeichnet durch ein grundsätzliches Status-, Schutz- und Gehorsamsverhältnis, schafft sie jedoch nicht[2]. Die Unionsbürgerschaft bleibt ein Oberbegriff für in den Verträgen aufgezählte europäische Rechtspositionen[3].

Schafft die Unionsbürgerschaft auch keine ursprüngliche europäische Legitimationsquelle, ist sie mit der Freizügigkeit der aktiven und passiven Wahlberechtigung aber einen wichtigen Schritt zu einer einheitlichen europäischen Repräsentation im EP gegangen[4]. Spätestens seit Einführung der Unionsbürgerschaft ist Legitimationsgrundlage des EP mehr als nur eine Addition der Völker der EU[5]. Die Unionsbürgerschaft „durchbricht die Homogenität der nationalen Repräsentation im Europäischen Parlament“[6]. In ihr hat die Gesamtheit der Völker, von denen Art. 189 EGV spricht, normative Gestalt erhalten[7]. In ihr tritt der eigentliche Kern des Wahlrechts als individuelles Recht zur Verwirklichung der eigenen Persönlichkeit in den Vordergrund[8]. Art. 190 Abs. 3 EGV spricht zwar von einer Wahl zum EP „in jedem Mitgliedstaat“ und stellt so die innerstaatlich-kollektivistische Sicht des Wahlvorgangs in den Mittelpunkt. Mit Art. 19 Abs. 2 EGV wird diese Perspektive aufgebrochen, der kollektivistische Aspekt rückt in den Hintergrund. Art. 19 Abs. 2 EGV öffnet die Perspektive unmittelbar auf den Wähler. Mit ihm überspielt die Wahl zum EP die Staatsbürgerschaften der Mitgliedstaaten. Primär bleiben die Abgeordneten zwar national kontingentiert und national rückgebunden und werden nicht zu Mandatsträgern einer europäischen Volksrepräsentation[9]. Formell sind damit weiterhin die Völker und nicht die Unionsbürger Wähler des EP[10]. Denkt man Art. 19 Abs. 2 EGV jedoch zu Ende und nimmt eine zunehmende Durchmischung der europäi-

---

1 Epping, Die demokratische Legitimation der dritten Gewalt der EGten, Der Staat 36(1997), 349(357); Blanke/ Kuschnick, Bürgernähe und Effizienz als Regulatoren ..., DÖV 1997, 45(49); Klein, Disk.-beitr. in: Hommelhoff/Kirchhof, 1994, S. 104

2 Steinberger, Der Verfassungsstaat als Gliedstaat einer europäischen Gemeinschaft, VVDStRL 50, 8(28); Blanke, Der Unionsvertrag von Maastricht, Ein Schritt auf dem Weg zu einem europäischen Bundesstaat ?, DÖV 1993, 412(414f./421)

3 Oppermann/Classen, Die EG vor der EU, NJW 1993, 5(7); Ress, Die EU und die neue juristische Qualität der Beziehung zu den EGten, JuS 1992, 985(987); Ossenbühl, Maastricht und das GG - eine verfassungsrechtliche Wende ?, DVBl. 1993, 629(634)

4 Seidel, Zur Verfassung der EG nach Maastricht, EuR 1992, 125(140); Sv. Stern, Gem.VerfK., Sten.Ber. 1. Öffentl. Anhörung, S. 154

5 Beutler, Offene Staatlichkeit und europäische Integration, 1995, S. 118

6 Sv. Lepsius, Gem.VerfK., Sten.Ber. 1. Öffentl. Anhörung, S. 98

7 Beutler, Offene Staatlichkeit und europäische Integration, 1995, S. 118

8 Huber, P. M., Die politischen Parteien als Partizipationsinstrument auf Unionsebene, EuR 34(1999), 579(586)

9 a. A. Bleckmann, Der Vertrag über die EU, DVBl. 1992, 335(336)

10 Steffani, Das Demokratie-Dilemma der EU, 1995, S. 38

schen Bevölkerung an, so verliert die nationale Rückbindung der Abgeordneten immer mehr ihre Bedeutung. Theoretisch ist es künftig möglich, dass für einen Mitgliedstaat nicht ein einziger Staatsangehöriger im EP sitzt oder ein Abgeordneter, der nicht von einem deutschen Staatsangehörigen gewählt worden ist. Der Grundsatz der nationalen Kontingentierung wird zwar formal aufrechterhalten, inhaltlich durch Art. 19 Abs. 2 EGV jedoch erheblich verändert. Dieser geht den ersten Schritt zu einer gesamteuropäischen personellen Legitimation des EP[1]. Das EP ist so verstärkt zu einem Parlament der EU-Bürger geworden[2]. Die Unionsbürgerschaft knüpft auch gerade durch diesen Wahlmodus zwischen den Staatsangehörigen aber auch zur EU selbst ein auf Dauer angelegtes rechtliches Band, das zwar nicht die Dichte wie in einem gemeinsamen Staat besitzt, dem bestehenden Maße existentieller Gemeinsamkeit jedoch einen rechtlich verbindlichen Ausdruck verleihe[3]. Und diese Gemeinsamkeit ist repräsentationsfähig durch das EP.

Das EP ist damit nicht mehr nur die Summe der Repräsentanten der Staatsvölker, sondern Repräsentant einer europäischen Völkergemeinschaft[4]. Während die Zugehörigkeit zum deutschen Volk an die deutsche Staatsangehörigkeit gebunden ist, sind an der Legitimation der deutschen Vertreter im EP auch Nicht-Deutsche beteiligt. Ihre Legitimation leiten sie somit nicht mehr allein vom deutschen Volk ab. Zwar soll dies in Konflikt mit der Rechtsprechung des BVerfG stehen, wonach Wahlen, an denen Ausländer beteiligt sind, grundsätzlich keine demokratische Legitimation vermitteln können[5]. Diese Rechtsprechung bezieht sich jedoch nur auf die Legitimation deutscher Staatsgewalt. Weder die EU noch die Abgeordneten des EP üben jedoch deutsche Staatsgewalt aus.

Die Unionsbürgerschaft löst somit die Legitimation der nationalen Abgeordnetenkontingente von einer identischen Staatszugehörigkeit der Wähler ab. Sie löst die Abgeordneten aus ihrer Zuordnung zu einem einzelnen Volk. Entscheidend ist nunmehr nur noch, dass der Wähler überhaupt die Staatsangehörigkeit eines Mitgliedstaates hat. Man hätte das gleiche Ergebnis ohne Umweg über die Unionsbürgerschaft erreichen können, wenn man jedem Staatsangehörigen die Teilnahme an der Wahl zum Abgeordnetenkontingent seines Aufenthaltsstaates ermöglicht hätte. Der Weg über die Unionsbürgerschaft verdeutlicht aber, dass man mit der Gemeinschaft der Unionsbürger eine neue repräsentationsfähige Gesamtheit schaffen wollte.

---

1 Lenz, Das GG und die Verteilung der Sitze im EP, NJW 1996, 1328(1329)

2 Pernice, in: Dreier, Art. 23 Rn. 53

3 BVerfGE 89, 155(184); Blanke/Kuschnick, Bürgernähe und Effizienz als Regulatoren ..., DÖV 1997, 45(49)

4 Seeler, Die Legitimation des hoheitlichen Handelns der EG/EU, EuR 33(1998), 721(731)

5 Seeler, a.a.O. S. 32 unter Bezug auf BVerfGE 83, 6ff.

Die Unionsbürgerschaft konstituiert deshalb - auch bei insoweit unveränderten Art. 189 ff. EGV - eine neue europäische Repräsentationsbasis. Sie verändert die Art. 189 ff. EGV inhaltlich, auch wenn ihr Wortlaut unverändert geblieben ist. Die Unionsbürgerschaft geht zwar nicht von einer europäischen Staatsbürgerschaft aus. Obwohl sie umgekehrt sogar von den durch die Mitgliedschaften geschaffenen Staatsbürgerschaften abhängt, zielt sie doch auf eine gemeinsame europäische Identität. Als Glücksgriff[1] wird der Begriff des Unionsbürgers gerade deshalb bezeichnet, da er bewusst einen Rechtsstatus schafft, der gerade nicht durch die Merkmale definiert ist, die die Zugehörigkeit zu einem Nationalstaat ausmachen[2]. Die Unionsbürgerschaft unternimmt den Versuch, abgekoppelt von den überkommenen Begriffen von Nationalität und Staatsangehörigkeit, ein Gemeinwesens zu entwickeln, in dem Demos vorrangig in politischen und rechtlichen anstatt organisch-kulturellen Begriffen verstanden wird[3]. Und dieses Gemeinwesen repräsentiert das EP. Es repräsentiert die Unionsbürger.[4]

Wegen dieser Entwicklung kann es in der Tat auf Dauer unhaltbar werden, das EP als Vertretung der Völker zu betrachten[5]. Bereits jetzt wird auch etwa der WSA als Repräsentation „der Zivilgesellschaft" und damit als einheitlicher Repräsentationskörper gesehen[6]. Der Unterschied zwischen der Legitimation der Unionsgewalt über die Mitgliedsregierungen im Rat und der über die Abgeordneten im EP erschöpft sich nicht mehr darin, dass die Legitimation aus den Völkern „einmal entlang des längeren, aber erprobten Weges durch die mitgliedstaatliche Organisationsform und das andere Mal entlang des kürzeren, noch neuen Weges durch unmittelbaren Wahlakt fließt"[7]. Die Repräsentationsbasis der nationalen Kontingente hat sich durch die Einführung der Unionsbürgerschaft rechtlich fundamental gewandelt. Die Wahlen zum EP gehen von einem anderen Volksbegriff aus als die Wahlen zum Bundestag. Die Legitimationsbasis der Abgeordneten zum Bundestag und die der deutschen Abgeordnetem zum EP sind rechtlich verschieden. Die Abgeordneten des Bundestages behalten als legitimierende und von ihnen repräsentierte Basis ausschließlich die eigenen Staatsangehörigen, die Abgeordneten des deutschen Kontingents im EP erhalten neben den eigenen Staatsangehörigen die Angehörigen anderer EU-Staaten als Repräsentationsbasis. Sie repräsentieren diese nicht mehr nur fiktiv in einer von Art. 189 EGV angeordneten Repräsentation der Völker, sondern parallel dazu auch als im Wahlvorgang unmittelbare Legitimation vermittelnde Individuen. Die nationale Zuordnung der europäischen Abgeordneten ist des-

---

1 Hilf, Amsterdam - Ein Vertrag für die Bürger ?, EuR 32(1997), 347(352)

2 Hilf, a.a.O. S. 352f.

3 Weiler, Der Staat „über alles", JöR 44 (1996), 91(130)

4 Pernice, in: Dreier, Art. 23 Rn. 53

5 Boest, Ein langer Weg zur Demokratie in Europa - Beteiligungsrechte des EP..., EuR 1992, 182(196)

6 Stellungnahme der Kommission zur Einberufung der Regierungskonferenz, Bull.EU 1/2-2000, S. 8

7 zit. Di Fabio, Eine europäische Charta, JZ 1999, 737(742)

halb mit Art. 19 Abs. 2 EGV endgültig aufgebrochen. Die Sitzverteilung in Art. 190 Abs. 2 EGV dient nur noch der technischen Berücksichtigung souveräner Staatlichkeit.

Die Anzahl der Staatsbürger der Mitgliedstaaten legitimiert noch die Verteilung der Sitze im EP. Die Wahl zu den so zahlenmäßig ermittelten Repräsentanten führt jedoch nicht zu einer Repräsentation der die Sitzverteilung rechtfertigenden Personengruppe, sondern zur Repräsentation einer europäisierten Personengruppe, die in entsprechend den Grenzen der Mitgliedstaaten segmentierten Wahlen europäische Legitimation verleiht. Mit der Wahl zum EP entsteht damit eine einheitliche personelle europäische Repräsentation, die numerisch an das Element der Staatsangehörigkeit und verfahrensrechtlich an das der Staatlichkeit geknüpft ist.

Auch bei der Wahl zum Bundestag laufen personelle und institutionelle Legitimation der Abgeordneten auseinander, ohne dass dadurch der repräsentative Charakter des Bundestages in Frage gestellt wird. Die Abgeordneten zum Bundestag werden über Landeslisten gewählt und führen ihre Legitimation streng genommen auf das jeweilige Landesvolk zurück[1]. § 7 Abs. 1 BWahlG schließt die Landeslisten einer Partei nur für die Mandatsverteilung zu einer Bundesliste zusammen. Lediglich für die Proporzberechnung, und damit für die Zuteilung der Mandate, sind also die im gesamten Bundesgebiet erzielten Zweitstimmen maßgeblich[2]. Zur Wahl in den einzelnen Bundesländern stehen jedoch nur die Abgeordneten der dortigen Landesverbände. Überhangmandate können zudem noch zu einem höheren Stimmengewicht für die Bewohner des Bundeslandes führen, in dem das Überhangmandat anfällt[3]. Letztlich ist das System der Landeslisten nur akzeptabel, weil die über Landesliste gewählten Abgeordneten durch Art. 38 Abs. 1 Satz 2 GG von Weisungen der Landesvölker freigestellt sind, von der Bevölkerung entsprechend der Regelung in Art. 38 Abs. 1 GG als Vertreter des ganzen Volkes anerkannt werden, weil Deutschland ein föderalistischer Staat ist[4] und weil die Einheitlichkeit der Repräsentationsgrundlage gerade nicht in Frage steht.

Trotz Repräsentationsfähigkeit der Unionsbürger findet die demokratische Entwicklung der Union nicht in einer unabgeleiteten Rechtsordnung statt, sondern in einer, die ihrerseits wieder aus demokratischen Quellen legitimiert ist. Die demokratische Legitimation auf europäischer Ebene ist in diesem Sinn legiti-

---

[1] Herzog, in: M/D/H/S, Art. 20 II. Rn. 56; das BVerfG rechtfertigt das System der Landeslisten mit dem gliedstaatlichen Aufbau Deutschlands und daran anknüpfend den der Parteien, auf den diese bei der Kandidatenaufstellung über Landeslisten zurückgreifen, BVerfG NJW 1997, 1553; kritisch zum System der Landeslisten auch Nicolaus, Wahlunrecht und Ausgleichsmandate, ZRP 1995, 251(255)

[2] Meyer, in: HdbdStR Bd. II, § 38 Rn. 32

[3] Nicolaus, Wahlunrecht und Ausgleichsmandate, ZRP 1995, 251(255); Poschmann, Wahlrechtsgleichheit und Zweitstimmensystem, BayVBl. 1995, 300(302)

[4] Herzog, in: M/D/H/S, Art. 20 II. Rn. 59; Die Wahl über Landeslisten dient vor dem parteiinternen Länderproporz, Nicolaus, Wahlunrecht und Ausgleichsmandate, ZRP 1995, 251(255)

mierte Legitimation. Legitimationsgrundlage europäischer Legitimation sind institutionell und sachlich-inhaltlich uneingeschränkt die europäischen Verträge und damit das Grundgesetz. Elemente einer ursprünglichen Legitimation hat die Unionsgewalt erst auf europäischer Ebene und damit auf der Ebene der abgeleiteten Legitimation. Den Charakter einer unabgeleiteten Legitimation nimmt jedoch zunehmend das Element der personellen Legitimation der Abgeordneten zum EP an. Dies wirkt sich jedoch vor allem nicht auf die institutionelle Legitimation der Unionsgewalt aus. Die europäischen Entscheidungsorgane bleiben auch auf dieser Ebene ausschließlich in den europäischen Verträgen verwurzelt. Die Legitimation der europäischen Entscheidungsverfahren findet ihre Grundlage deshalb in der Tat maßgeblich in der Legitimation der europäischen Organe[1]. Erst sachlich-inhaltliche Legitimation für europäische Akte fließt in dem Rahmen, den die Verträge zulassen. Die europäischen Verträge definieren jedoch den Rahmen für diese Normen. Erst die personelle Legitimation der Abgeordneten zum EP hat seit Art. 19 Abs. 2 EGV den Charakter abgeleiteter Unabgeleitetheit. Denn institutionell schaffen sich die Völker Europas in den Verträgen selbst als Wahlorgan. In dieser Funktion schließen sie sich auch zu einer repräsentationsfähigen Einheit zusammen. Institutionell als Wahlorgan kommt ihnen damit abgeleitete Legitimation zu. Wählt dieses Wahlorgan die Abgeordneten zum EP, teilt sich der Charakter der von dieser Wahl ausgehenden Legitimation in verschiedene Stränge. Auch die institutionelle Legitimation des EP bleibt ausschließlich in den Verträgen verankert. Seine Existenz und seine Rolle im Gefüge der europäischen Entscheidungsorgane ist von den Verträgen zwischen souveränen Staaten abhängig und nicht von einer Entscheidung eines bereits zu einer unabgeleiteten Entscheidungseinheit verbundenen europäischen Volkes. Als Quelle der personellen Legitimation für die Unionsabgeordneten haben die Völker der Union mit den Verträgen jedoch mehr geschaffen als nur die Addition der personellen Legitimationen aus den durch die nationalen Verfassungen konstituierten Legitimitäten. Sie haben auf europäischer Ebene eine personell legitimierende neue Legitimationseinheit geschaffen. In dieser personellen Legitimationsfunktion ist diese Einheit aber ursprünglich. In ihrer Rolle als Vermittler personeller Legitimation vermitteln die europäischen Völker als Wahlorgan unter Art. 19 Abs. 2 EGV deshalb teil-unabgeleitete Legitimation.

IV. Zusammenfassende Schlussfolgerung

Soweit die europäischen Organe aufgrund der Verträge entscheiden, entscheiden sie somit unabhängig und nach eigenen, europäischen Gesetzen und deshalb autonom. Hinsichtlich dieser Gesetze sind sie jedoch gerade nicht unabhängig. Damit handeln die europäischen Organe insgesamt, trotz teilunabgeleiteter Legitimation, auf der Basis einer abgeleiteten Rechtsordnung autonom. Nicht vertieft werden muss vorliegend, in wie weit europäisches Sekundärrecht

---

[1] Bandilla/Hix, Demokratie, Transparenz und Bürgerrechte in der EG, NJW 1997, 1217

inhaltlich letztlich an die nationalen Verfassungsordnungen gebunden ist[1]. Denn die inhaltliche Abhängigkeit hat nur Auswirkungen auf den Grad an Autonomie, der dem europäischen Sekundärrecht zukommt und der Kontrolle, der es unterliegt, beseitigt seine grundsätzliche Autonomie jedoch nicht[2].

Die europäischen Verträge gehen zudem weiter davon aus, dass allein die Mitgliedstaaten die Macht zu ihrer Veränderung haben. Deshalb ist es nicht nur eine Forderung des Grundgesetzes, dass sich die Unionsgewalt notwendig durch die Rückkopplung des Handelns europäischer Organe an die Parlamente der Mitgliedstaaten legitimieren muss, sondern dies ist auch ein zentrales Strukturelement der europäischen Verträge. Und damit akzeptiert auch das Unionsrecht den legitimationstechnischen Vorrang der nationalen Verfassungen. Deshalb werden nicht die Handlungen der Union an den nationalen Verfassungen gemessen. Der Vorrang des Gemeinschaftsrechts vor den nationalen Verfassungen bezieht sich auf die Gesetzmäßigkeit der Einzelhandlung. Dieser Grundsatz berührt jedoch nicht den Status der Mitgliedstaaten als ursprünglich legitimierende Quelle der gesamten europäischen Gewalt. Die Verträge überwinden die nationalen Verfassungen als Handlungsquelle, aber nicht als Legitimationsquelle.

Auch eine mangelnde autonome Effektivität[3] mangels Zwangsgewalt kann weder die Autonomie der europäischen Sekundärrechtsordnung beseitigen noch deren Geltung aufheben.

An der Abgeleitetheit des Sekundärrechts ändert auch die Direktwahl zum EP nichts. Ein europäisches Volk als ursprüngliche, unabgeleitete Entscheidungseinheit existiert nicht. Dies mag Folge eines fehlenden individuell verankerten, auch in der Massengesellschaft unverzichtbaren[4] Willens der Bürger sein, als Volk gemeinsam zu handeln[5] und als solches den notwendigen gemeinsamen Willen zu bilden[6]: Europa muss europäisch sein wollen[1]. Die Verträge sind jedenfalls das rechtliche Ergebnis dieses fehlenden Willens.

---

[1] nach inzwischen nicht mehr ernsthaft bestrittener Meinung muss auch das europäische Sekundarrecht den Wesengehalt der Grundrechte beachten, BVerfGE 37, 271(280ff.); 73, 339(376ff.; 89, 155(174f.), zu Art. 14 GG bestätigt im Streit um die Bananenmarktordnung, BVerfG NJW 1995, 930(931); in der Entscheidung des BVerfG vom 07.06.2000 wiederum zur europäischen Bananenmarktordnung hat sich das Gericht nunmehr darauf zurückgezogen, dass es nur noch überprüft, ob die EU im Einzelfall den „als unabdingbar gebotene Grundrechtsschutz generell nicht gewährleistet", BVerfG NJW 2000, 3124; das Gericht korrigiert hier den nach seiner Meinung entstandenen Eindruck, es „übe seine Prüfungsbefugnis nach dem Maatsicht-Urteil entgegen der Solange-II-Rechtsprechung ausdrücklich wieder aus"; s. auch Nicolaysen/Nowak, Teilrückzug des BVerfG aus der Kontrolle der Rechtmäßigkeit gemeinschaftlicher Rechtsakte: Neuere Entwicklungen und Perspektiven, NJW 2001, 1233

[2] so aber Grimm, Braucht Europa eine Verfassung ?, JZ 1995, 581(586)

[3] diese verneint Schilling, Die Verfassung Europas, StwStp 1996, 387(392)

[4] Bleckmann, Chancen und Gefahren der europäischen Integration, JZ 1990, 301(302)

[5] Di Fabio, Der neue Art. 23 des GG, Der Staat 1993, 191(202); s. auch Isensee, in: HdbdStR, Bd. I, § 13 Rn. 11, Löwenstein, Volk und Parlament, 1964, S. 10

[6] v. Simson, Was heißt in einer europäischen Verfassung "Das Volk" ?, EuR 1991, 1(2); Di Fabio, a.a.O. S. 203; Kahl, Montesquieu, Staat und Europa, JöR n.F. Bd. 45(1997), 11(26) m.w.N.

Aus der Tatsache, dass das europäische Recht im dargelegten Sinn autonom ist, ergibt sich jedoch gleichzeitig, dass es nicht ausreicht, Sekundärrecht als durch Übertragung staatlicher Hoheitsrechte von den Vertragsstaaten geschaffene neue Hoheitsgewalt[2] allein aus den nationalen Verfassungen zu legitimieren[3]. Denn auch die in Anspruch genommene Autonomie im Rahmen der europäischen Verträge muss sich legitimieren. Diese Autonomie in der Entscheidung ist es auch, auf die sich die Forderung des Art. 23 Abs. 1 Satz 1 GG bezieht, die EU müsse demokratischen Grundsätzen verpflichtet sein. Die Autonomie in der Entscheidung, die durch die Hoheitsrechtübertagung auf die EU dieser eröffnet wird, verlangt aber nicht nur ein nach den Vorstellungen des Art. 23 Abs. 1 Satz 1 GG gestaltetes Entscheidungssystem auf europäischer Ebene, sondern gibt einem eigenständigen Legitimationssystems auf europäischer Ebene überhaupt erst einen Sinn.

Die Abgeleitetheit der europäischen Rechtsordnung steht einer solchen Entwicklung jedoch nicht entgegen. Solange die europäische Rechtsordnung eine abgeleitete Rechtsordnung ist, kann nur auf europäischer Ebene keine unabgeleitete Rechtsordnung entstehen. Die EU kann jedoch eine demokratisch organisierte Rechtsordnung ausbilden, ohne dass sie selbst vollständig auf eine ursprüngliche demokratische Legitimationsquelle zurückgreifen können muss.

Gleichzeitig unterscheidet sich das europäische Entscheidungssystem dadurch, dass es keine unabgeleitete Gewalt schafft und dadurch, dass es sich aus keiner ursprünglichen Legitimationsquelle heraus rechtfertigt, sondern lediglich autonome Entscheidungsspielräume definiert, so fundamental von innerstaatlichen Entscheidungssystemen, dass es grundsätzlich sachlich gerechtfertigt ist, die Legitimationsanforderungen, die an ein unabgeleitetes Entscheidungssystem gestellt werden, nicht unmodifiziert auf das Entscheidungssystem der EU als abgeleitetes System zu übertragen und dieses daran zu messen.

---

[1] Ipsen, Europäische Verfassung - Nationale Verfassung, EuR 1987, 195(206)

[2] Seeler, Die Legitimation des hoheitlichen Handelns der EG/EU, EuR 33(1998), 721(723)

[3] Epping, Die demokratische Legitimation der dritten Gewalt der EGten, Der Staat 36(1997), 349(357)

C. Die Funktion der Struktursicherungsklausel in Art. 23 Abs. 1 Satz 1 GG

Das Mittel, mit dem die autonomen Entscheidungen der EU stärker demokratisch legitimiert werden sollen, wurde in der Diskussion zum neuen Art. 23 GG ausdrücklich und eindeutig benannt: Das Europäische Parlament muss gestärkt werden. „Alle" waren sich „einig, dass die Demokratisierung der Union weitergetrieben werden muss. Was Maastricht zum EP sagt, ist noch unbefriedigend"[1]. Es müsse sichergestellt werden, „dass die europäischen Institutionen einer effektiveren demokratischen Kontrolle durch das Europäische Parlament unterliegen"[2]. Derzeit jedenfalls würden Entscheidungen in einem Europa gefällt, „das undemokratisch" sei, da es kein Parlament als Korrektiv zum Regierungshandeln habe[3]. Deshalb würden auch mit Maastricht Kompetenzen an eine Institution abgegeben, die „undemokratisch organisiert" sei[4]. Die EU habe ein „Demokratiedefizit"[5]. Sie sei sogar „unbezweifelbar" ein „demokratiefreier Raum"[6].

Um die demokratisch legitimierende Wirkung des europäischen Entscheidungssystems zu stärken und gleichzeitig den Einfluss des Grundgesetzes auf die weitere demokratische Entwicklung der EU sicherzustellen, wurde in Art. 23 Abs. 1 Satz 1 GG die Bundesrepublik darauf verpflichtet, nur an einer EU „mitzuwirken", die „demokratischen Grundsätzen verpflichtet ist". Art. 23 GG soll so das Demokratieprinzip auf europäische Ebene übertragen[7]. Er „dokumentiere" künftig umfassend, „welche Strukturen die Bundesrepublik Deutschland im vereinten Europa anstrebe"[8]; außerdem begegne man mit ihm dem Vorwurf an die EU, nicht demokratisch legitimiert zu sein und trage der Frage Rechnung, wie sich im Geltungsbereich des Grundgesetzes Hoheitsgewalt legitimiere, die nicht i.S.d. Grundgesetzes vom Staatsvolk der Bundesrepublik ausgeht[9]. Die derzeitige Demokratisierung der europäische Ebene stehe aber deshalb künftig in offensichtlicher Diskrepanz zu Art. 23 Abs. 1 Satz 1 GG[10]. Mindestens sei es zu bezweifeln, ob die Rolle des EP dem derzeitigen Integrationsstand genüge und somit derzeit mit Art. 23 GG vereinbar sei[11]. Aus seinem Demokratiegebot soll sich sogar die Verpflichtung ergeben, in der EU ein echtes Parlament zu

---

1 Abg. Irmer, Sten.Ber. zur 126. Sitzung des BT, S. 10818(C)

2 ehem. Bk. Kohl, Sten.Ber. zur 126. Sitzung des BT, S. 10827(A); man wolle ein „Europa nicht der Bürokraten, sondern der Bürger", Abg. Däubler-Gmelin, Gem.Verfk., Sten.Ber. 3. Sitzung, S. 23

3 Abg. Verheugen, Gem.Verfk., Sten.Ber. 2. Sitzung, S. 38

4 Abg. Fuchs, Gem.Verfk., Sten.Ber. 3. Sitzung, S. 11

5 Abg. Geißler, Gem.Verfk., Sten.Ber. 3. Sitzung, S. 18, von einem „unerträglichen Demokratieprinzip" spricht Senatorin Peschel-Gutzeit, Gem.Verfk., Sten.Ber. 3. Sitzung, S. 19

6 Abg. Verheugen, Gem.Verfk., Sten.Ber. 3. Sitzung, S. 12

7 Pernice, in: Dreier, Art. 23 Rn. 51

8 BT-Drs. 12/3338,S. 4

9 Pernice, in: Dreier, Art. 23 Rn. 51

10 v. Arnim, Hans Herbert, Die Verfassung hinter der Verfassung, ZRP 1999, 326(331)

11 Rojahn, in: v.Münch, Art. 23 Rn. 24

schaffen[1]. Denn das EP vermittle zwar der Hoheitsgewalt der Gemeinschaft „echte demokratische Legitimation“[2], es habe demokratisches Legitimationspotential[3]. Solange das EP jedoch nicht weiter gestärkt werde, könne es nur legitimierende Hilfsfunktion haben[4]. Eine weitere Demokratisierung der EU könne deshalb „nahezu ausschließlich“ über eine Stärkung des EP erfolgen[5]. Für die Zukunft wird das EP als Organ gesehen, das eine gesamteuropäische Volkssouveränität verkörpert[6]. Die Übertragung von Rechtsetzungsbefugnissen wird sogar als Voraussetzung gesehen, das EP überhaupt erst als Parlament anerkennen zu können[7]. Der europäischen Integration insgesamt wird sogar eine demokratische Legitimation abgesprochen, da das EP bei Vertragsänderungen auf ein Anhörungsrecht beschränkt ist[8].

Rechtstechnisch sollte Art. 23 Abs. 1 Satz 1 die Bundesregierung verpflichten, im weiteren Integrationsprozess den Kernbereich dieser Verfassungsgrundsätze auch für Europa als Verfassungsprinzipien anzustreben[9]. Einerseits wollte man so an die bisher schon in Art 79 Abs. 3 GG enthaltenen Übertragungsvoraussetzungen anknüpfen[10]. Gleichzeitig sollten aber auch dessen Inhalte nur für das eigene Gemeinwesen, sondern auch für das, dessen Teil man sei, gelten. Zwar sah man, dass das Grundgesetz nicht die institutionelle Ausgestaltung der EU bestimmen kann, man forderte jedoch, sie für sich selber verpflichtend festzulegen[11]. Hoheitsrechtsübertragungen sollten künftig nur noch zulässig sein, wenn sich die EU in ihren elementaren Strukturen nach grundgesetzlichen Kernprinzipien entwickelt[12]. Die EU sollte so in ihren konstituierenden Prinzipien die Homogenität mit der nationalen Verfassungsstaatlichkeit des Grundgesetzes wahren[13].

---

[1] Ress, Über die Notwendigkeit der parlamentarischen Legitimierung der Rechtsetzung der EGten, 1989, S. 672

[2] Zuleeg, Demokratie in der EG, JZ 1993, 1069

[3] Epping, Die demokratische Legitimation der dritten Gewalt der EGten, Der Staat 36(1997), 349f.

[4] Pernice, in: HdbdStR Bd. VIII, § 191 Rn. 39; Breuer, Die Sackgasse des neuen Europaartikels (Art. 23 GG), NVwZ 1994, 417(424)

[5] Steffani, Das Demokratie-Dilemma der EU, 1995, S. 34

[6] Blanke/Kuschnick, Bürgernähe und Effizienz als Regulatoren ..., DÖV 1997, 45(53)

[7] Ress, Über die Notwendigkeit der parlamentarischen Legitimierung der Rechtsetzung der EGten, 1989, S. 636

[8] Weber, Zur künftigen Verfassung der EGten, JZ 1993, 325(330); außer bei der Aufnahme neuer Mitglieder (Art. 49 EGV).

[9] Min. Schnoor, Gem.Verfk., Sten.Ber. 7. Sitzung, S. 5

[10] BR/Drs. 501/92 Nr. 1 a

[11] Abg. Däubler-Gmelin, Gem.Verfk., Sten.Ber. 3. Sitzung, S. 23

[12] BR/Drs. 501/92, Nr. 1 a zu Art. 23 Abs. 1 GG

[13] Scholz, GG und europäische Einigung, NJW 1992, 2593(2598); Randelzhofer, in: M/D/H/S, Art. 24 Abs. I Rn. 202

Ein Anflug von Grundgesetzimperialismus[1] kann diesen Überlegungen nicht abgesprochen werden. Gleiches gilt etwa für die Formulierung, das Grundgesetz sei wegen Art. 23 Abs. 1 Satz 1 GG „für die Verfassung der Gemeinschaft besonders wichtig“[2]. Dies gilt auch für Interpretationen, die in Art. 23 GG genannten Prinzipien sollten „analog der deutschen Staatsstruktur“ auf europäischer Ebene gewährleistet sein[3] bzw. mit Art. 23 Abs. 1 Satz 1 GG sollte eine nach außen gerichtete Sicherung der innerstaatlichen Garantien aus Art. 79 Abs. 3 GG, eine Verlängerung seiner Garantien nach Europa, erfolgen[4]. Die Struktursicherungsklausel ziele darauf ab, die bestehenden Strukturprinzipien der Bundesrepublik zu wahren. Auf diese Weise würden die verfassungsrechtlichen Vorgaben der Art. 20 Abs. 1 und 2 GG auch für die EU zur Maxime und nur wenn diese erfüllt sind, dürften Hoheitsrechte übertragen werden[5]. Auch die Bezeichnung des Art. 23 Abs. 1 Satz 1 GG als „Struktursicherungsklausel“ symbolisiert eine Funktion dieser Bestimmung, die bereits sprachlich der alten Forderung nach struktureller Kongruenz[6] sehr nahe kommt.

Für die Anhörung in der Gemeinsamen Verfassungskommission war den Sachverständigen die Frage vorgelegt worden, ob in das Grundgesetz eine Struktursicherungsklausel zur Wahrung u.a. des Grundprinzips der Demokratie in Europa aufgenommen werden sollte. Dies wurde z.T. nicht für erforderlich gehalten. Zwar könne das Ziel der Demokratie in einer Struktursicherungsklausel bekräftigt werden, es sei als Ziel jedoch bereits im Vertrag von Maastricht enthalten[7]. Demokratisch möge auf europäischer Ebene zwar einiges nachzuholen sein, aber das sei in den Verträgen bereits ebenfalls angelegt[8]. Wegen seiner Verfassungsbindung an Art. 20 Abs. 3 GG dürfe der Integrationsgesetzgeber ohnehin

---

[1] Sv. Isensee, Gem.VerfK., Sten.Ber. 1. Öffentl. Anhörung, S. 10/49; Sv. Randelzhofer, ebenda S. 15; von „textlich in problematischer Anlehnung an Strukturprinzipien des deutschen Verfassungsrechts“ spricht Classen, Europäische Integration und demokratische Legitimation, AöR 119(1994), 238(244)

[2] Zuleeg, Demokratie in der EG, JZ 1993, 1069; ähnlich aber etwa auch Art. 7 Abs. 5 der Verfassung der Republik Portugal, sogar beinahe identisch Kap. 10 § 5 UA 1 Satz 1 der Verfassung des Königreiches Schweden

[3] Breuer, Die Sackgasse des neuen Europaartikels (Art. 23 GG), NVwZ 1994, 417(421); Verfasser beruft sich dabei auf Scholz NJW 1992, GG und europäische Einigung, NJW 1992, 2593(2598); Wilhelm, Europa im GG: Der neue Art. 23, BayVBl. 1992, (706); Schwarze, Das Staatsrecht in Europa, JZ 1993, 585(590); Randelzhofer, in: M/D/H/S, Art. 24 Abs. 1 Rn. 202; Herdegen, Die Belastbarkeit des Verfassungsgefüges aus dem Weg zur EU, EuGRZ 1992, 589(591f.)

[4] Vors. Scholz, Gem.Verfk., Sten.Ber. 3. Sitzung, S. 22; Fischer, W., Die EU im GG: der neue Artikel 23, ZfP 1993, 32(38); Randelzhofer, in: M/D/H/S, Art. 24 Abs. I Rn. 204

[5] Brosius-Gersdorf, Die doppelte Legitimationsbasis der EU, EuR 1999, 133(166)

[6] Kraus, in: Kampf um den Wehrbeitrag, Bd. II 2. Halbb., S. 545(550ff.), danach hätten Hoheitsrechte nur auf solche Einrichtungen übertragen werden dürfen, die zur innerstaatlichen Verfassungsordnung kongruent sind, d.h. die „eine der Bundesverfassung entsprechende demokratische, föderalistische und rechtsstaatliche Verfassung“ haben; Frieauf, Die Notwendigkeit einer verfassungskonformen Auslegung im Recht der westeuropäischen Gemeinschaften, AöR 85(1960), 224(232f.); s. im einzelnen dazu auch Randelzhofer, in: M/D/H/S, Art. 24 Abs. I Rn. 104

[7] Sv. Bieber, Gem.Verfk., Sten.Ber. 1. Öffentl. Anhörung, S. 63

[8] Sv. Stern, Gem.VerfK., Sten.Ber. 1. Öffentl. Anhörung, S. 21

auch ohne ausdrückliche Regelung Hoheitsrechte nur dann übertragen, wenn ein Mindestmaß an Homogenität auf der Ebene der EU gesichert sei. Eine Struktursicherungsklausel habe deshalb nur klarstellenden Charakter[1]. Auch die Sachverständigen haben jedoch mehrfach betont, eine Struktursicherungsklausel dürfe nicht darauf abzielen oder dazu benützt werden, die EU auf die demokratischen Strukturen des Grundgesetzes festzulegen[2]. Es dürfe allenfalls eine gewisse Selbstbindung deutlich gemacht[3] und festgelegt werden, unter welchen Homogenitätsvoraussetzungen sich die Bundesrepublik weiter integrieren darf[4]. Es müsse klar sein, dass mit der Struktursicherungsklausel nur die Bundesrepublik gebunden werden könne[5]. Entsprechend zurückhaltend wurde deshalb auch gefordert, dass allenfalls "die Grundidentität des künftigen Europas ... im Grundgesetz enthalten sein (sollte)"[6]. Vor allem könne man mit der Struktursicherungsklausel gerade nicht die Grundsätze aus Art. 79 Abs. 3 GG mechanisch auf Europa übertragen[7]. Möglich sei allenfalls eine analoge Anwendung, die den besonderen Strukturen dieses supranationalen Verbandes angemessen ist[8].

Die Struktursicherungsklausel wurde aber auch für überflüssig gehalten; sie bestätige nur, was bereits bisher als Grenze für eine Zugehörigkeit Deutschlands zur EU gegolten hat[9] und in letzter Konsequenz sogar zu einer Austrittspflicht hätte führen können[10]. Sie wiederhole im wesentlichen deklaratorisch Art. 79 Abs. 3 GG[11]. Als „Formelkompromiss", der weniger hergebe, „als es auf den ersten Blick scheinen mag" und „schon im Ansatz die Züge abstrakter und künstlicher Gedankenspiele in sich" trage, wurde sie bezeichnet[12]. Das demokratische Prinzip sei für die staatliche Existenz der Bundesrepublik von so fundamentaler Bedeutung, dass der Gedanke, das Grundgesetz wollte die Übertra-

---

[1] Sv. Randelzhofer, Gem.Verfk., Sten.Ber. 1. Öffentl. Anhörung, S. 120, 125; als „ohne jede Einschränkung beifallswürdig" bezeichnet der Sv. Tomuschat die Idee, in das Grundgesetz eine Struktursicherungsklausel aufzunehmen, Gem.Verfk., Sten.Ber. 1. Öffentl. Anhörung, S. 175

[2] Sv. Isensee, Gem.VerfK., Sten.Ber. 1. Öffentl. Anhörung, S. 10/49; Sv. Randelzhofer, ebenda S. 15

[3] Sv. Isensee, Gem.VerfK., Sten.Ber. 1. Öffentl. Anhörung, S. 10/49

[4] Sv. Randelzhofer, Gem.Verfk., Sten.Ber. 1. Öffentl. Anhörung, S. 120, 125

[5] Sv. Isensee, Gem.Verfk., Sten.Ber. 1. Öffentl. Anhörung, S. 49; Sv. Randelzhofer, Gem.Verfk., Sten.Ber. 1. Öffentl. Anhörung, S. 120, 125

[6] Vors. Scholz, Gem.Verfk., Sten.Ber. 3. Sitzung, S. 22

[7] Sv. Randelzhofer, Gem.Verfk., Sten.Ber. 1. Öffentl. Anhörung, S. 120, 125

[8] Sv. Isensee, Gem.Verfk., Sten.Ber. 1. Öffentl. Anhörung, S. 49

[9] Zuleeg, Demokratie in der EG, JZ 1993, 1069; Huber, P.M., Die Anforderungen der EU an die Reform das GG, ThürVBl. 1994, 1(5); Tomuschat, in: BKGG, Art. 24 Rn. 50ff; Randelzhofer, in: M/D/H/S Art. 24 Abs. I Rn. 68ff; Kirchhof, HdbStr. Bd. VII, § 183 Rn. 59; Isensee, HdbStr. Bd. IV, § 98 Rn. 288ff.; Ossenbühl, Maastricht und das GG - eine verfassungsrechtliche Wende?, DVBl. 1993, 629(63)

[10] Tomuschat, in: BKGG, Art. 24 Rn. 52; Badura, Bewahrung und Veränderung ..., VVDStRL 23, 34(95)

[11] Murswiek, Maastricht und der pouvoir constituant, Der Staat 1993, 161(178); Brosius-Gersdorf, Die doppelte Legitimationsbasis der EU, EuR 1999, 133(165); darauf, dass der Verweis nur deklaratorisch ist, weißt auch Breuer hin, Die Sackgasse des neuen Europaartikels (Art. 23 GG), NVwZ 1994, 417(421/423)

[12] Breuer, Die Sackgasse des neuen Europaartikels (Art. 23 GG), NVwZ 1994, 417(422)

gung auf nicht-demokratische oder nicht demokratisch legitimierte Einrichtungen bzw. eine solchermaßen fehlentwickelte EU gestatten, geradezu abwegig ist[1].

Zum Teil wurde eine Struktursicherungsklausel schlicht für „ratsam"[2], „begrüßenswert"[3] oder „ohne jede Einschränkung beifallswürdig"[4] gehalten, um die Grundanforderungen an das vereinte Europa ausdrücklich in das Grundgesetz aufzunehmen.

Auch in der Literatur wurde immer wieder herausgestrichen, dass die Struktursicherungsklausel künftig explizit formelle und inhaltliche Anforderungen an die Legitimation der europäischen öffentlichen Gewalt stelle. Sie bringe zudem zum Ausdruck, dass ein Kernbestand an Verfassungsinstitutionen und -prinzipien auch nicht um den Preis eines vereinten Europas disponibel ist. Deutschland dürfe nunmehr keinem weiteren Integrationsakt zustimmen, der den strukturellen Direktiven des Art. 23 Abs. 1 GG nicht genüge[5]. Aber auch hier wird immer wieder betont, dass das Grundgesetz nicht Maß aller Dinge sein dürfe[6]. Die Völkergemeinschaft verbietet es ihren Mitgliedern, den eigenen Maßstab zur Wahrheit für andere zu machen[7]. Auch die Kommission hat bereits darauf hingewiesen, dass das Grundgesetz nicht der einzige Maßstab für die weitere Integration sein könne und dass den anderen Mitgliedstaaten seine Inhalte nicht aufgezwungen werden könnten. Die demokratischen Konzeptionen der anderen Mitgliedstaaten müssten als Maßstab für ein gemeinsames europäisches Verfassungsrecht ebenfalls anerkannt werden[8]. Hindernis für die weitere Integration sei deshalb nicht das Grundgesetz, sondern eine übersteigerte Interpretation desselben[9]. Die Einsicht, dass sich die Mitgliedstaaten der EU nicht den Vorstellungen einer einzelnen Verfassung unterwerfen werden, ist dabei in der Tat „zu klar und einleuchtend", als dass sich Art. 23 GG so auslegen ließe, er wolle die grundgesetzlichen Vorstellungen auf die EU transportieren, ohne einen Spielraum zu belassen, Vorstellungen der anderen Mitgliedstaaten zu berücksichtigen[10].

---

1 Herzog, in: M/D/H/S, Art. 20 II. Rn. 104

2 Sv. Lerche, Gem.Verfk., Sten.Ber. 1. Öffentl. Anhörung, S. 108

3 Sv. Randelzhofer, Gem.Verfk., Sten.Ber. 1. Öffentl. Anhörung, S. 120, 125

4 Sv. Tomuschat, Gem.Verfk., Sten.Ber. 1. Öffentl. Anhörung, S. 175

5 Ossenbühl, Maastricht und das GG - eine verfassungsrechtliche Wende ?, DVBl. 1993, 629(633); Breuer, Die Sackgasse des neuen Europaartikels (Art. 23 GG), NVwZ 1994, 417(421)

6 Ossenbühl, a.a.O.

7 Friauf, Zur Problematik rechtsstaatlicher und demokratischer Strukturelemente in zwischenstaatlichen Gemeinschaften, DVBl. 1964, 781/787; Ipsen/Nicolaysen, Bericht über die aktuelle Entwicklung des Gemeinschaftsrechts, NJW 1964, 961(965)

8 Pernice, in: Dreier, Art. 23 Rn. 50 m.z.w.N.; darauf, dass Deutschland nur Miturheber einer überstaatlichen Rechtsordnung ist, verweist auch bereits Stern, Staatsrecht, Bd. I, 2.A., S. 536

9 Schwarze, Ist das GG ein Hindernis auf dem Weg nach Europa ?, JZ 1999, 637(640/641f.)

10 Schwarze, a.a.O. S 640

Gegenüber dem Vorwurf des Grundgesetzimperialismus hat man sich schließlich mit dem Argument beruhigt, dass die Struktursicherungsklausel lediglich Wertgrundlagen enthalte, zu denen sich sämtliche Länder der EU in der Europäischen Menschenrechtskonvention sowieso bekannt hätten[1]. Verwiesen wird zudem darauf, dass es grundsätzlich ein legitimer egoistischer Anspruch jeder Verfassung sei, wenn sie ihre Grundwerte auch in einer sich neu herausbildenden Entscheidungsstruktur, an der sie beteiligt ist, verwirklicht sehen will[2].

Stärker noch als eine eventuell aus der Struktursicherungsklausel herauslesbare Projektion grundgesetzlicher demokratischer Entscheidungsstrukturen auf die EU läuft ohnehin die Projektion des grundgesetzlichen Grundrechtsschutzes auf die EU Gefahr, von den anderen Staaten in der EU als Grundgesetzimperialismus empfunden zu werden. Denn mit der Formulierung von einem „diesem Grundgesetz im wesentlichen vergleichbaren Grundrechtsschutz“ knüpft der von der EU eingeforderte Grundrechtsschutz unverhohlen und formell unmittelbar an das Grundgesetz an. Rechtlich und tatsächlich ist gerade dieser Bezug jedoch besonders überflüssig. Denn gerade den Weg zu einem "diesem Grundgesetz im wesentlichen vergleichbaren Grundrechtsschutz" hat der EuGH, beginnend 1969[3], schon sehr weit beschritten[4]. Selbstverständlich bezieht er sich dabei nicht auf das Grundgesetz alleine, sondern auf die allen Ländern gemeinsame Verfassungstradition[5]. Außerdem existiert eine gemeinsame Grundrechtserklärung des EP, des Rates und der Kommission bereits aus dem Jahr 1977[6] und eine des Europäischen Rates vom 7./8.4.1978[7]. Im jüngsten Entwurf der

---

[1] Sv. Tomuschat, Gem.VerfK., Sten.Ber. 1. Öffentl. Anhörung, S. 22; ders. in BKGG Art. 24 En. 55

[2] Streinz, Der Verfassungsstaat als Glied einer europäischen Gemeinschaft, DVBl. 1990, 949(959)

[3] EuGH Slg. 1969, 419(425)

[4] statt vieler Steinberger, VVDStRL 50(1991), 7(24); Röper, Das Volk Europas, einig in seinen Völkern und Stämmen, NJW 1996, 468(469); Hirsch, EuGH und BVerfG - Kooperation oder Konfrontation ?, NJW 1996, 2457(2464); Horn, "Grundrechtsschutz in Deutschland" - Die Hoheitsgewalt der Europäischen Gemeinschaften und die Grundrechte des Grundgesetzes nach dem Maastricht-Urteil des BVerfG, DVBl. 1995, 89; Iglesias, Gedanken zum Entstehen einer Europäischen Rechtsordnung, NJW 1999, 1ff.; nahe dem nationalen Niveau sehen den europäischen Grundrechtsschutz Losch/Radau, Grundrechtskatalog für die EU, ZRP 2000, 84(85); gestärkt wurde er durch den Vertrag von Amsterdam durch die Einführung der Art. 2, 13, 268 EGV und den Sanktionsmechanismus in Art. 7 EGV bei Menschenrechtsverletzungen; zuletzt zweifelnd zum Grundrechtsschutz in der EU Storr, Zur Bonität des Grundrechtsschutzes ..., Der Staat 36(1997), 547ff., 570ff., der den europäischen Grundrechtsschutz allerdings mit ausgesprochen strengem Maßstab misst und vor allem bemängelt, dass keine gemeinschaftsrechtliche Grundrechtsdogmatik vorliegt, die den Grundrechtsschutz letztendlich erst voraussehbar und allgemeinverbindlich werden lässt. In seiner Entscheidung vom 07.06.2000 hat das BVerfG nunmehr ausdrücklich festgestellt, dass der vom EuGH gewährleistete Grundrechtsschutz den Anforderungen aus Art. 23 GG entspricht BVerfG, NJW 2000, 3124ff.

[5] EuGH Slg. 1970,1125(1135); 1974, 491(507); 1976, 1589(1599); EuGH EuGRZ 1979, 659(661ff.); EuGH EuGRZ 1980, 490(492); Iglesias, Gedanken zum Entstehen einer Europäischen Rechtsordnung, NJW 1999, 1(3/5); s. dazu auch den spezifisch europäischen Grundsatz der Verhältnismäßigkeit, den der EuGH aus einer allen Mitgliedstaaten gemeinsamen Verfassungstradition als Grenze für Eingriffe in europäische Grundrechte herausgebildet hat, Pache, Der Grundsatz der Verhältnismäßigkeit in der Rechtsprechung der Gerichte der EG, NVwZ 1999, 1033

[6] Abl. 1977 C 103, S.101

[7] Bull. EG 3-1978, S. 5

Charta der Grundrechte der EU vom 21.09.2000 sollen nun sogar explizit europäische politische Grundrechte garantiert werden[1]. Art. 23 Abs. 1 Satz 1 GG greift hier nur eine bereits eingetretene Entwicklung auf. Im übrigen lassen sich materielle Inhalte wesentlich leichter auf die Union übertragen als organisatorische, da staatsorganisatorische Vorgaben enger als grundrechtliche Garantien mit der Vorstellung von einer Union als Staatsgebilde verbunden sind. Die Sicht der Menschenrechte als Universalrechte im Gegensatz zu den Staatsbürgerrechten scheint hier durch[2]. Hier wird der Maßstab für die grundsätzlich eingeforderte Homogenität aufgegeben.

Wie schwer es ist, dem Vorwurf des Grundgesetzimperialismus erfolgreich entgegenzuwirken, spiegelt sich auch in der Kommentarliteratur wider. Zwar wird auch hier betont, dass die Struktursicherungsklausel allein binnengerichtet ist, da sie sich schon systematisch nicht an die EU richten könne, gleichzeitig wird jedoch eingestanden, dass sie sich nur auf europäischer Ebene entfalten kann. Sie wirke somit auf die EU nur mittelbar ein[3]. In die gleiche Richtung geht der Hinweis, es gehe letztlich bei den Anforderungen an die EU aus Art. 23 Abs. 1 Satz 1 GG nicht primär um die Struktur der EU, sondern um die Eingriffe in das Gefüge der nationalen Rechtsordnung, die Art. 23 GG zulässt, und um die Bedingungen, unter denen er sie zulässt[4]. Wenig weiter hilft auch die Überlegung, die Struktursicherungsklausel wolle Verfassungshomogenität herstellen, dabei aber jede Festlegung vermeiden, die den Spielraum möglicher Lösungen übermäßig einengen könnte[5].

---

[1] Art. 11 Freiheit der Meinungsäußerung und Informations- und Pressefreiheit, Art. 12 Versammlungs- und Vereinigungsfreiheit; Einzelheiten zum Inhalt s. Knöll, Die Charta der Grundrechte der Europäischen Union, NVwZ 2001, 392; Tettinger, Die Charta der Grundrechte der Europäischen Union, NJW 2001, 1010; Baer, Grundrechtscharta ante portas, ZRP 2000, 361; Häfner/Strawe/Zuegg, In der Auseinandersetzung um eine Charta der Grundrechte der Europäischen Union, ZRP 2000, 365

[2] Fehl geht der Hinweis auf die Notwendigkeit eines formulierten Grundrechtskatalogs (Herzog, in: M/D/H/S, Art. 20 II. Rn. 110). Von dieser in der Solange-I-Entscheidung erhobenen Forderung ist auch das BVerfG wieder abgerückt (Randelzhofer, in: M/D/H/S, Art. 24 Abs. I GG Rn. 112). Eine solche fordert auch die Struktursicherungsklausel nicht. Sie stellt allein auf materielle Garantiegehalte ab. Zwar dient eine Kodifizierung von Grundrechten der Rechtssicherheit. Andererseits zeigt Großbritannien, dass Grundrechtsschutz nicht zwingend an ein geschriebenes Verfassungsdokument gebunden ist (Tomuschat, in: BKGG, Art. 24 Rn. 67; Hirsch, EG: Kein Staat, aber eine Verfassung ?, NJW 2000, 46), auch wenn ein solches als vermittelbare Gemeinsamkeit der europäischen Völker die Integration stärken könnte.

[3] Streinz, in: Sachs, Art. 23 Rn. 17; Rojahn, in: v.Münch ,Art. 23 Rn. 17; Die Struktursicherungsklausel hat vor allem Innenwirkung; ihre Appell- und Orientierungsfunktion richtet sich nur indirekt nach außen, Pernice, in: Dreier, Art. 23 Rn. 49

[4] Randelzhofer, in: M/D/H/S, Art. 24 Abs. I Rn. 113

[5] Pernice, in: Dreier, Art. 23 Rn. 47; von einer Homogenität der Wertvorstellungen auch im Rahmen der Struktursicherungsklausel gehen aber auch Kirchner/Haas aus, Rechtliche Grenzen für Kompetenzübertragungen..., JZ 1993, 760(763)

Diese beschwichtigenden Argumente unterstützen jedoch allenfalls diejenigen, die die Klausel rechtlich ohnehin für überflüssig halten[1]. Dass Art. 23 GG formell ausschließlich die deutschen Organe in die Pflicht nimmt[2] und nur für sie eine justiziable Verfassungspflicht entfaltet[3], ist dabei so selbstverständlich, dass es sehr formaljuristisch wirkt, diesen Aspekt als Argument für Art. 23 Abs. 1 GG anzuführen. Faktisch stellt man durch diese Bindung die anderen Vertragsstaaten vor die – wenn auch im Einzelfall vielleicht nicht unwillkommene - Alternative, die nationalen deutschen Vorstellungen zur weiteren Entwicklung der EU zu akzeptieren oder von einer weiteren Entwicklung abzusehen. Die Erkenntnis, das Grundgesetz könne die Struktur der EU nicht verbindlich festlegen, wird zum Lippenbekenntnis, wenn man die Bundesregierung darauf verpflichtet, die Verfassungsgrundsätze des Grundgesetzes in die EU zu transportieren. Auch frühere Homogenitätsüberlegungen zwischen der europäischen Rechtsordnung und dem Grundgesetz waren mit ähnlicher Begründung abgelehnt worden[4]. Sie seien zu sehr der nationalen Perspektive verhaftet[5], zu sehr grundgesetz-introvertiert[6] und würden der Struktur einer zwischenstaatlichen Einrichtung rechtlich und tatsächlich nicht gerecht[7].

Der Verweis auf einen legitimen egoistischen Anspruch jeder Verfassung, ihre Ideale und Inhalte auch in einer überstaatlichen Einrichtung wiederzufinden, ist sicherlich berechtigt. Nimmt die Verfassung jedoch für sich in Anspruch, „integrationsfreundlich“[8] zu sein, so verliert sie eben auch die Legitimation, mit der sie diesen egoistischen Anspruch uneingeschränkt geltend macht.

---

1 nicht als rechtliche, sondern als politische Forderung ordnete bereits vor der Struktursicherungsklausel Randelzhofer alle Vorstellungen von einer wie auch immer im einzelnen ausgestalteten Homogenität der Wertvorstellungen ein, Randelzhofer, in: M/D/H/S, Art. 24 Abs. I Rn. 113ff.

2 Pernice, in: Dreier, Art. 23 Rn. 47; Breuer, Die Sackgasse des neuen Europaartikels (Art. 23 GG), NVwZ 1994, 417(421)

3 Pernice, in: Dreier, Art. 23 Rn. 49

4 s. zu diesen unterschiedlichen Überlegungen Randelzhofer, in: M/D/H/S, Art. 24 Abs. I Rn. 105, Geiger, GG und Völkerrecht, S. 205, 239-242; Ress, Über die Notwendigkeit der parlamentarischen Legitimierung der Rechtsetzung der EGten, 1989, S. 671ff.; Tomuschat, in: BKGG, Art. 24 Rn. 57; Sommermann, Staatsziel „Europäische Union“, DÖV 1994, 597(600); Weber, Zur künftigen Verfassung der EGten, JZ 1993, 325(329); Badura, Bewahrung und Veränderung ..., VVDStRL 23, 34(39 Fn. 16); Kirchhof, in: HdbdStR Bd. I, § 19 Rn. 83; Oppermann, Parlamentarisierung der EG ?, 1977, S. 457

5 Kaiser, Bewahrung und Veränderung ..., VVDStRL 23, 1(17)

6 Ipsen in Disk.-beitr. VVDStRL 23, S. 130; Tomuschat, in: BKGG, Art. 24 Rn. 55; Randelzhofer, in: M/D/H/S, Art. 24 Abs. I Rn. 106; Ipsen, Fusionsverfassung EGten, S. 26; von einer „gewissen Introvertiertheit“ spricht Schwarze, Ist das GG ein Hindernis auf dem Weg nach Europa ?, JZ 1999, 637(640)

7 Badura, Bewahrung und Veränderung ..., VVDStRL 23, 34(38f.,74); Kaiser, Bewahrung und Veränderung ..., VVDStRL 23, 1(16)

8 zum Grundsatz der offenen Staatlichkeit s. auch E.I.

Keinesfalls kann man sich zur Rechtfertigung der Struktursicherungsklausel unmittelbar auf die Rechtsprechung des BVerfG berufen[1], auch wenn dessen Rechtsprechung zum Grundrechtsschutz in diese Richtung zu gehen scheint[2]. Von einer „Struktursicherungsklausel entsprechend der Solange-Rechtsprechung des Bundesverfassungsgerichts“ ging jedoch die Bundesregierung aus[3]. Das BVerfG schützt unter Art. 24 GG die „Grundstruktur der Verfassung, auf der ihre Identität beruht“, in deren „konstituierende Strukturen“ nicht eingegriffen werden dürfe[4]. Es verbietet, „den Kernbereich der deutschen Verfassung“ anzutasten[5] oder den Grundrechtsteil des Grundgesetzes vorbehaltlos zu relativieren[6]. Es stellt sich vor die „fundamentalen Grundsätze des Verfassungsrechts“[7] und schaut auf „einen internationalen Mindeststandard an elementarer Verfahrensgerechtigkeit“ sowie „rechtsstaatliche Mindestanforderungen“[8], die auch in der EU erfüllt sein müssen und bewahrt vor „inhaltlich schlechthin unerträglichen Grundrechtsbeeinträchtigung“[9], indem es einen „vom Grundgesetz als unabdingbar gebotenen Grundrechtsstandard“[10] auch auf europäischer Ebene sicherstellt.

Auf die Diskussion über die Schranken einer europäischen Integration unter Art. 24 Abs. 1 GG soll vorliegend nicht mehr eingegangen werden[11], da es insbesondere auf den Streit, ob für Art. 24 Abs. 1 GG nur Art. 79 Abs. 3 GG als Schranke gilt oder über ihn hinaus auch noch andere Schranken die Übertragung von Hoheitsrechten auf eine zwischenstaatliche Einrichtung bremsen, nicht mehr ankommt[12]. Bis heute gilt die Grenze des Art. 24 Abs. 1 GG zudem

---

[1] so aber Weber, Zur künftigen Verfassung der EGten, JZ 1993, 325(329); Breuer, Die Sackgasse des neuen Europaartikels (Art. 23 GG), NVwZ 1994, 417(423)

[2] Randelzhofer, in: M/D/H/S, Art. 24 Abs. I Rn. 105, 112; Ress, Über die Notwendigkeit der parlamentarischen Legitimierung der Rechtsetzung der EGten, S. 670

[3] StS Neusel, Gem. Verfk., Sten.Ber. 7. Sitzung, S. 12

[4] BVerfGE 37, 271(279)

[5] BVerfG NJW 1983, 1258(1259)

[6] BVerfGE 58, 1(40-43)

[7] BVerfGE 68, 1(91)

[8] BVerfGE 68, 1(91)

[9] BVerfG NJW 1983, 1258(1259)

[10] EuGRZ, 1989, 339(340)

[11] umfassend dargestellt ist der Meinungsstreit z.B. bei Randelzhofer, in: M/D/H/S, Art. 24 Abs. I Rn. 68-116

[12] Obwohl es nicht wenige Stimmen gab, die das in Art. 79 Abs. 3 GG geschützte Grundgefüge des Grundgesetzes bereits für die europäische Integration unter Art. 24 GG als einzige Integrationsschranke sahen (vgl. Tomuschat, BK Art. 24 Rn. 50ff.; Magiera, Jura 1994, 1(4)), hat sich letztlich nicht zuletzt mit Hilfe des Bundesverfassungsgerichts die Meinung durchgesetzt, dass die Integrationsgrenze des Grundgesetzes bereits im Vorfeld des Art. 79 Abs. 3 GG verlief (Huber, AöR 116(1991), 210(225); Schilling, AöR 116(1991), 32(52); Randelzhofer, in: M/D/H/S, Art. 24 Abs. I Rn. 95ff.). Mit den verschiedensten Modifizierungen (Huber, P. M., BVerfG und Europäischer Gerichtshof als Hüter der gemeinschaftsrechtlichen Kompetenzordnung, AöR 1991, 210(225ff.)) wurde letztlich die Grundstruktur der gesamten deutschen Verfassungsordnung als Übertragungsgrenze angesehen (Badura, Bewahrung und Veränderung ..., VVDStRL 23, 34(67); Di Fabio, Der neue Art. 23 des GG, Der Staat 1993, 191(199)), was schließlich in die mathematisch anmutende Formel von der

als eine der großen Fragen des Grundgesetzes[1]. Art. 23 GG definiert in seinem Abs. 1 Satz 3 die aktuellen Schranken der Integration abschließend. Ergab sich diese unterste mögliche Integrationsgrenze bisher aber nur aus systematischen Gründen, sollte der ausdrückliche Verweis auf Art. 79 Abs. 3 GG als Integrationsgrenze im "Zeitalter der Verweisung auf Rechtsvorschriften" eine vermeintlich höhere Verbindlichkeit schaffen[2].

In der zitierten Rechtsprechung des BVerfG wurden jedoch lediglich für den Grundrechtsschutz und die damit verbundenen Rechtsschutzgarantien Anforderungen an die EU gerichtet. Gerade staatsorganisatorische Vorstellungen für die EU hat das Gericht bisher nur zur institutionellen Ausgestaltung des Rechtsschutzes geäußert, nicht jedoch zur Ausgestaltung des institutionellen Entscheidungssystems der EU an sich[3]. Lediglich in der Entscheidung zur Fernsehrichtlinie, die noch zu Art. 24 Abs. 1 GG ergangen ist, hat sich das BVerfG ausdrücklich und differenziert zum innereuropäischen Entscheidungssystem geäußert, jedoch auch nur zum Entscheidungssystem im Rat aus der Sicht der Bundesrepublik, insbesondere der Bundesregierung. Es hat auch hier keine Forderungen für die Rolle des EP im Entscheidungssystem der EU gestellt[4]. Art. 79 GG hat deshalb bisher für EU - auch nach der Rechtsprechung des BVerfG - keine strukturelle Kongruenz gefordert, sondern allenfalls eine Homogenität der Wertvorstellungen verlangt[5]. Die Linie des Finanzgerichts Neustadt[6], Deutschland müsse sofort in Verhandlungen über eine Umwandlung der Versammlung in eine echte parlamentarischen Institution eintreten[7], hatte sich nicht durchsetzen können.

Übertragungsgrenze = Art. 79 Abs. 3 GG + x, wobei für den Grundrechtsschutz x = Art. 19 Abs. 2 GG sein sollte, gebracht wurde (Randelzhofer, a.a.O. Rn. 91,95ff.,102). Die Grenze der Integrationsermächtigung sollte jedenfalls dort überschritten sein, wo die konkrete Identität der Verfassung berührt wird und nicht erst dann, wenn die in Art. 79 Abs. 3 GG zum Ausdruck gebrachte „Philosophie" des Grundgesetzes angetastet wird (Klein, VVDStRL 50, 56(69f.); Kirchhof, HdbStr. Bd. I, S. 802ff.; Huber, AöR 116, 210(227)).

1 Stern, Staatsrecht Bd. I, 2. A., § 15 II 9; Streinz, Der Verfassungsstaat als Glied einer europäischen Gemeinschaft, DVBl. 1990, 949(950)

2 Randelzhofer, in: M/D/H/S, Art. 24 Abs. I Rn. 204

3 Kirchner/Haas, Rechtliche Grenzen für Kompetenzübertragungen..., JZ 1993, 760(766); Randelzhofer, Zum behaupteten Demokratiedefizit der EG, 1994, S. 50; den Gedanke der strukturellen Kongruenz über den Grundrechtsbereich hinaus auch für das Staatsorganisationsrecht fruchtbar machen wollte Herdegen, Die Belastbarkeit des Verfassungsgefüges auf dem Weg zur EU, EuGRZ 1992, 589(593); erstmals aus dem Urteil zum Vertrag von Maastricht ergibt sich, dass das BVerfG das EP als ergänzende demokratische Abstützung (BVerfGE 89, 155(184)) für die weitere Integration für unverzichtbar hält. Auf die Motive des verfassungsändernden Gesetzgebers bei der Abfassung der Struktursicherungsklausel hat diese Rechtsprechung jedoch noch keine Auswirkung gehabt.

4 BVerfGE 92, 203(237)

5 Sommermann, Staatsziel „Europäische Union", DÖV 1994, 597(600); Tomuschat, in: BKGG, Art. 24 Rn. 57; Randelzhofer, Zum behaupteten Demokratiedefizit der EG, 1994, S. 49 allerdings mit dem Verweis darauf, dass es dem BVerfG lediglich in zweiter Linie um die Werte in der EU ging, sondern in erster Linie um die innerstaatlichen Voraussetzungen für europäische Handlungen.

6 Vorlagebeschluss vom 14.11.1963, NJW 1964, 376

7 Hilf, Die rechtliche Bedeutung des Verfassungsprinzips der parlamentarischen Demokratie für den europäischen Integrationsprozeß, EuR 1984, 9(11)

Die Struktursicherungsklausel verlangt deshalb für das innereuropäische Entscheidungssystem weder eine Homogenität noch eine strukturelle Kongruenz mit dem Grundgesetz[1], sondern stellt an die Ausübung von Herrschaftsgewalt Anforderungen, wie sie den Mitgliedstaaten als europäische Verfassungskultur gemeinsam sind[2]. Sie bezieht sich deshalb insbesondere nicht speziell auf das Grundgesetz, sondern allenfalls auch auf dieses. Ausgelegt als Forderung nach struktureller Kongruenz liefe sie dem Grundsatz der offenen Staatlichkeit entgegen[3]. In ihrer unbestimmten Form und ihrem offenen Bezug berücksichtigt sie jedoch die Eigenarten der EU als überstaatliche Organisation[4]. Bei der Konkretisierung kann und muss der gegenüber einem Staat andersartigen Struktur einer Integrationsgemeinschaft Rechnung getragen werden[5]. Eine daraus abgeleitete „strukturangepasste Grundsatzkongruenz"[6] mag möglich, aber überflüssig sein, es sei denn, man reduziert sie wiederum auf den allen Mitgliedstaaten gemeinsamen freiheitlich-demokratischen Grundgedanken nachfranzösisch-revolutionärer Prägung.

I. Das Verhältnis zwischen Art. 23 Abs. 1 Satz 1 GG und Art. 79 Abs. 3 GG

Überflüssig ist Art. 23 Abs. 1 Satz 1 GG deshalb nicht. In Verbindung mit Satz 3 strukturiert er die Grenzen der europäischen Integration vollkommen neu. Art. 23 GG trennt nun für die weitere Integration eindeutig zwischen Integrationsgrenzen, die sich aus Art. 79 Abs. 3 GG ergeben und denen aus der Struktursicherungsklausel. Unabhängig davon, ob und gegebenenfalls welche inhaltlichen Anforderungen Art. 79 Abs. 3 GG an die Ausgestaltung der EU gestellt hat, Art. 23 GG trennt diese Forderungen an die EU nun endgültig von Art. 79 Abs. 3 GG ab[7] und fasst sie in der Struktursicherungsklausel neu zusammen.

Art. 79 Abs. 3 GG steht nunmehr als ausschließlich defensive Garantie passiv abwehrend und bewahrend vor dem Grundgesetz, während die Struktursiche-

---

[1] Randelzhofer, Zum behaupteten Demokratiedefizit der EG, 1994, S. 50f.; als „Verzicht auf die Forderung nach struktureller Kongruenz" sieht sie Rojahn, in: v.Münch, Art. 23 Rn. 20

[2] Streinz, in: Sachs, Art. 23 Rn. 21; Randelzhofer, Zum behaupteten Demokratiedefizit der EG, 1994, S. 52; Everling, Überlegungen zur Struktur der EU und zum neuen Europa-Artikel des GG, DVBl. 1993, 936(944)

[3] Kirchner/Haas, Rechtliche Grenzen für Kompetenzübertragungen..., JZ 1993, 760(763)

[4] Rojahn, in: v.Münch, Art. 23 Rn. 20

[5] Streinz, in: Sachs, Art. 23 Rn. 22; ungeachtet unterschiedlicher Terminologie ebenso Randelzhofer, in: M/D/H/S, 24 Abs. I Rn. 202; Breuer, Die Sackgasse des neuen Europaartikels (Art. 23 GG), NVwZ 1994, 417(422); Everling, Überlegungen zur Struktur der EU und zum neuen Europa-Artikel des GG, DVBl. 1993, 936(944); Ossenbühl, Maastricht und das GG - eine verfassungsrechtliche Wende ?, DVBl. 1993, 629(633)

[6] Streinz, in: Sachs, Art. 23 Rn. 22; ungeachtet unterschiedlicher Terminologie ebenso Randelzhofer, a.a.O.; Breuer, Die Sackgasse des neuen Europaartikels (Art. 23 GG), NVwZ 1994, 417(422), Everling Überlegungen zur Struktur der EU und zum neuen Europa-Artikel des GG, DVBl. 1993, 936(944); Ossenbühl, Maastricht und das GG - eine verfassungsrechtliche Wende ?, DVBl. 1993, 629(633)

[7] Rojahn, in: v.Münch, Art. 23 Rn. 21

rungsklausel als aktiver Auftrag[1] gestaltend die EU formen will[2]. Zudem zeigt Art. 23 Abs. 1 Satz 1 GG künftig die Schranken in Bezug auf das Integrationsobjekt auf, Art. 79 Abs. 3 GG dagegen die in Bezug auf den Integrationsursprung[3].

Die Struktursicherungsklausel mischt sich gleichzeitig aber auch in den Schutzbereich des Art. 79 Abs. 3 GG ein. Sie setzt nämlich voraus, dass die Mitgliedstaten - und damit auch Deutschland - Demokratien sind[4]. Die Verpflichtung auf demokratische Grundsätze in Art. 23 Abs. 1 Satz 1 GG erschöpft sich nämlich nicht darin, dass demokratische Grundsätze im europaeigenen Legitimationssystem wirken, sondern verlangt auch, dass die Legitimation der EU insgesamt nach demokratischen Grundsätzen erfolgt. Bereits nach dem Wortlaut des Art. 23 Abs. 1 Satz 1 GG, aber auch nach dessen Sinn, ist die EU insgesamt demokratischen Grundsätzen verpflichtet und damit aus der Sicht des Grundgesetzes nicht berechtigt, überhaupt undemokratische Legitimationselemente - egal auf welcher Legitimationsschiene - in sich aufzunehmen oder ihre Herrschaft auf sie zu stützen. Die Absicherung Deutschlands als Demokratie ist jedoch eigentlich primäre Aufgabe des Art. 79 Abs. 3 GG. Zudem gehören die Verfassungen der Mitgliedstaaten zur Rechtsordnung der EU. Sie sind gerade auch Quelle für allgemeine Rechtsgrundsätze und grundrechtliche Garantien[5]

Die Struktursicherungsklausel ersetzt Art. 79 Abs. 3 GG für die Zukunft aber nicht und beide sichern auch nicht - auch nicht partiell - identische Inhalte doppelt ab, sondern beide Vorschriften ergänzen sich rechtstechnisch gegenseitig und erreichen gemeinsam eine Struktursicherung im umfassenden Sinn[6]. Denn wie lange gerade Deutschland eine Demokratie i.S.d. Struktursicherungsklausel ist, ergibt sich nicht aus Art. 23 Abs. 1 Satz 1 GG, sondern aus Art. 79 Abs. 3 GG.

II. Inhalt der „demokratischen Grundsätze" in der Struktursicherungsklausel

Viel Aufmerksamkeit[7] haben Ausführungen des BVerfG in seinem Urteil zum Vertrag von Maastricht erfahren, in denen das Gericht „tatsächliche Bedingun-

---

[1] von einer Appell- und Orientierungsfunktion spricht Pernice, in: Dreier, Art. 23 Rn. 49

[2] Rojahn, in: v.Münch, Art. 23 Rn. 17; Breuer, Die Sackgasse des neuen Europaartikels (Art. 23 GG), NVwZ 1994, 417(422); Randelzhofer, in: M/D/H/S, Art. 24 Abs. 1 Rn. 202; Vors. Scholz, Gem.Verfk., Sten.Ber. 3. Sitzung, S. 22

[3] Streinz, in: Sachs, Art. 23 Rn. 83

[4] so auch Pernice, in: Dreier, Art. 23 Rn. 58, da der Aspekt der demokratischen Legitimation im komplexen Mehrebenensystem in seiner Gesamtheit zu betrachten ist; Brosius-Gersdorf, Die doppelte Legitimationsbasis der EU, EuR 1999, 133(142f.); ablehnend Streinz, in: Sachs, Art. 23 Rn. 87

[5] Iglesias, Gedanken zum Entstehen einer europäischen Rechtsordnung, NJW 1999, 1(2f.)

[6] Abg. Verheugen, Gem.Verfk., Sten.Ber. 7. Sitzung, S. 7

[7] statt zahlloser: Grimm, Braucht Europa eine Verfassung ?, JZ 1995, 581(588f.); Kirchhof, Das Maastricht-Urteil des BVerfG, 1994, S. 11ff.; Schröder, Das BVerfG als Hüter des Staates im Prozeß der europäischen Integration, DVBl. 1994, 316(318); Rupp, Muß das Volk über den Vertrag von

gen“ benennt, die seiner Meinung nach für eine Demokratisierung des europäischen Entscheidungssystems erfüllt sein müssen, wenn Demokratie nicht lediglich als formales Zurechnungsprinzip gesehen werden soll[1]. Das Gericht bezeichnet diese Bedingungen als „vorrechtliche Voraussetzungen“ einer Demokratie **(1.)**. Zu ihnen zählt es eine ständige freie Auseinandersetzung zwischen sich begegnenden sozialen Kräften, Interessen und Ideen, in der sich politische Ziele klären und wandeln und aus der heraus eine öffentliche Meinung den politischen Willen vorformt. Parteien, Verbände, Presse und Rundfunk sieht das Gericht dabei als unverzichtbares Medium[2] **(2.)**. Zudem muss der wahlberechtigte Bürger mit der Hoheitsgewalt, der er unterworfen ist, in seiner Sprache kommunizieren können **(3.)**. Ein von den Unionsbürgern ausgehender Einfluss auf Entscheidungen der EU kann danach lediglich in dem Maße in eine europäische demokratische Legitimation münden, in dem bei den Völkern der EU diese Voraussetzungen als Ausdruck existentieller Gemeinsamkeit erfüllt sind **(4.)**. Mindestens solange diese Voraussetzungen nicht erfüllt sind, verlangt das Gericht, dass bei den Staaten hinreichend bedeutsame eigene Aufgabenfelder verbleiben, damit das Staatsvolk so „dem, was es - relativ homogen - geistig, sozial und politisch verbindet, rechtlichen Ausdruck zu geben“ in der Lage ist **(5.)**[3].

Das Fehlen der vom BVerfG für eine weitere Demokratisierung der Union angemahnten gesellschaftlichen Voraussetzungen auf der Ebene der EU hat bereits sogar zu der Überlegung geführt, dass europäische Entscheidungen zwar staatsrechtlich legal zustande gekommen sein können, trotzdem aber unzureichend legitimiert seien[4].

1. Demokratie und vorrechtliche Voraussetzungen

Historisch erschöpft sich die Legitimation einer Herrschaft in der Tat nicht in Formen demokratischer Willensbildung[5] und auch nicht in der Art der Bestellung von Organen[6]. Demokratie kann deshalb auch auf europäischer Ebene

---

Maastricht entscheiden ?, NJW 1993, 38; ders., Europäische „Verfassung“ und demokratische Legitimation, AöR 120(1995), 269; ders., Wahlrechtsgleichheit bei der Verteilung der Sitze im EP auf die Mitgliedstaaten, NJW 1995, 2210; Lamprecht, Untertan in Europa - Über den Mangel an Demokratie und Transparenz, NJW 1997, 505; Weiler, Der Staat „über alles“, JöR 44 (1996), 91(108)

[1] BVerfG NJW 1993, 3047(3051)

[2] BVerfGE 89, 155(185)

[3] BVerfGE 89, 155(186)

[4] Lemke, Europa als politischer Raum, Kritische Justiz 1999, 1(3, 5)

[5] vor einem Rückzug auf einen formalen Demokratiebegriff hat auch bereits Isensee in der Gem. Verfk. gewarnt, Sten. Ber. zur 1. öffentl. Anhörung, S. 49; bereits 1972 hatte ein gaullistischer Abgeordneter davor gewarnt, Institutionen als magisches Allheilmittel zu sehen, Fuss, Positionsstärkung des Europäischen Parlaments, EuR 1972, 358; auch integrierende Wirkung wird nicht schon allein durch Verfassungsparagraphen erreicht, Smend, Verfassung und Verfassungsrecht, 1928, S. 78ff./53ff./164

[6] Sautter, Legitimation der Willensbildung in den europäischen Gemeinschaften und politische Tradition in Frankreich, KSE 22, 47(60)

nicht nur als Formprinzip gesehen werden[1]. Demokratie und Legitimität sind auch nicht per se gleichbedeutend[2]. Dies gilt schon deshalb, weil Vorstellungen von einer legitimen Ordnung wesentlich älter sind als die demokratische Idee. Das Bedürfnis, Macht zu legitimieren, hatte es immer gegeben, es wurde aber erst im Rationalismus zur auch rechtlichen Notwendigkeit[3]. Die ursprünglich religiösen Begriffe in der politischen Sphäre wurden säkularisiert, die Souveränität Gottes wich der Souveränität des Volkes. Das Volk unter Gott wisse jetzt, was richtig sei[4]. Die Gleichheit vor Gott wurde durch die Gleichheit vor dem Gesetz ersetzt[5]. Mit diesem Paradigmenwechsel entstanden die Voraussetzungen für die Entstehung des souveränen Nationalstaates[6]. Der überirdische, universalistische Bezug des Staatsbildes hinderte lange die Entstehung des Nationalstaats im heutigen Sinn, da Souveränität nicht das Volk, sondern allenfalls der Fürst besitzen konnte. Nun wurde Regieren aufgrund eines übereinstimmenden Willens der Nation für möglich gehalten[7], Nationalstaat und Volkssouveränität wurden damit aber zu zentralen Elementen der demokratischen Legitimitätsidee[8].

Parallel dazu hat sich mit dem Rationalismus auch die Vorstellung von einer lückenlosen und perfektionistischen Formulierung des Rechts durchgesetzt, die absolutistische Willkür verringern sollte. Die Korrektur des positiven Rechts durch höherrangige Rechtsprinzipien schien in der Folge nicht mehr geboten[9]. Als Aufgabe der Rechtswissenschaft wurde es gesehen, mit strenger Dogmatik Rechtsinstitute zu konstruieren, die das positive Recht systematisierten[10]. Der formalistische Positivismus versuchte so, das Thema der Legitimität aus der Rechtswissenschaft zu verbannen und ausschließlich als einen Gegenstand metaphysischer Spekulation auszugeben, der im eigentlichen Sinn der rechtswis-

---

1 Bleckmann, Chancen und Gefahren der europäischen Integration, JZ 1990, 301

2 Weiler, Der Staat „über alles“, JöR 44 (1996), 91(105), daran ändert auch die Feststellung nichts, dass sich Legitimität „von Rechts wegen nur über ihre Legalität“ vermittelt, Enders, Offene Staatlichkeit unter Souveränitätsvorbehalt, 1995, S. 33. Denn diese Sicht beschränkt sich gerade auf die rechtliche Perspektive der Legitimität.

3 Klein, Entwicklungsperspektiven für das EP, EuR 1987, 97(99)?

4 Laufer, Die demokratische Ordnung, 1966, S. 29; Isensee, Die alte Frage nach der Rechtfertigung des Staates, JZ 1999, 265(269); Grawert, Der Deutschen supranationaler Nationalstaat, 1995,S. 129; Grimm, Braucht Europa eine Verfassung ?, JZ 1995, 581(583)

5 Leibholz, Die Repräsentation in der Demokratie, 1973, S. 211; Isensee, Das Volk als Grund der Verfassung, 1995, S. 21

6 Golo Mann, Deutsche Geschichte des 19. und 20. Jahrhunderts, 1958, S. 20; Hofmann, Legitimität und Rechtsgeltung, 1977, S. 16

7 Mirabaud (1723-1789), Würtenberger, Die Legitimation staatlicher Herrschaft, 1973, S. 97

8 Kielmansegg, Legitimität als analytische Kategorie, PVS 1971, 367(390); Christiansen, Gemeinsinn und Europäische Integration, 1995, S. 51

9 Würtenberger, Die Legitimation staatlicher Herrschaft, 1973, S. 243

10 Würtenberger a.a.O. S. 244

senschaftlichen Forschung unzugänglich ist[1]. Der Legitimitätsbegriff wurde für wertindifferent erklärt und damit aber auch verharmlost[2].

Die von diesem Positivismus losgelöste Legitimitätstheorie dagegen will Legitimität gerade nicht allein aus Legalität beziehen, sondern unterscheidet zwischen bloßer Legalität und Legitimität. Recht soll Verbindlichkeit erzeugen und nicht nur Zwang rechtfertigen[3], sich nicht nur als inhaltsleere Technik verstehen[4]. Rechtswissenschaften nachpositivistischer Prägung gestehen deswegen gerade auch ein, dass Legitimität kein reines Rechtsproblem ist. Der so entstandene ethisch-rechtliche Begriff der Legitimität sucht deshalb auch mit Hilfe allgemeingültiger sittlicher und rechtlicher Maximen eine bestehende Staatsgewalt zu rechtfertigen[5].

Für die europäische Integration interessant sind die Differenzen zwischen Positivismus und ethisch-rechtlicher Legitimation nicht inhaltlich, da die einer ethisch-rechtlichen Legitimation zugrundeliegenden Werte, insbesondere die Anerkennung elementarer Menschenrechte, mit der Integration nicht in Frage gestellt werden. Insbesondere werden durch die Integration keine Werte verletzt, deren Missachtung die Trennung zwischen Legalität und Legitimität „ohnehin erst nach 1945 zu einem Instrument der Bindung des Rechts an bestimmte Wertprämissen" gemacht haben soll[6]. Wichtig sind jedoch der hinter dieser Entwicklung stehende und bereits angesprochene Rationalismus einerseits sowie die grundsätzliche Erkenntnis, dass als Grundlage auch für ein rationales Entscheidungssytem ein Wertesystem unerlässlich ist. Denn auch einem streng normativ geordneten Legitimationssystem liegt ein ethisches Wertesystem zugrunde. Die staatlichen Rechtsetzungskriterien erfüllen nur in diesem Wertesystem die Funktion von Anerkennungsregeln[7]. Denn in einem System der Legitimation allein durch Verfahren rechtfertigt sich das System nur durch sich selbst[8]. Es zeigt damit zwar, wie Verfahren zur Legitimation der Staatsgewalt wesentlich beitragen können, zeigt durch dieses auf sich selbst bezogene Denken aber nicht, warum diese Verfahren legitimieren[9]. Das Verfahren, in dem

---

[1] Bonavides, Die Entpolitisierung der Legitimität, Der Staat 35(1996), 581

[2] Bonavides, a.a.O.; die Kritiker außerrechtlicher Maßstäbe für ein Legitimationssystem führen zwar an, dass es an einem weltanschaulichen Orientierungsrahmen fehle, aus dem allseits verbindliche Gründe zur Legitimation politischer Herrschaft hergeleitet werden könnten, und deshalb die formalen Bedingungen der Rechtfertigung selbst legitimierende Kraft erhielten, Würtenberger, Legitimationsmuster von Herrschaft im Laufe der Geschichte, JuS 1986, 344(348); Luhmann, Legitimation durch Verfahren, 1975, S. 148ff., Heun, Das Mehrheitsprinzip in der Demokratie, 1983, S. 26

[3] Hofmann, Legitimität und Rechtsgeltung, 1977, S. 29

[4] Klein, Entwicklungsperspektiven für das EP, EuR 1987, 97(100)

[5] Würtenberger, Die Legitimation staatlicher Herrschaft, 1973, S. 16

[6] so Kielmansegg, Legitimität als analytische Kategorie, PVS 1971, 367(369)

[7] MacCormick, Das Maastricht-Urteil: Souveränität heute, JZ 1995, 797(799)

[8] Bonavides, Die Entpolitisierung der Legitimität, Der Staat 35(1996), 581(598)

[9] Heun, Das Mehrheitsprinzip in der Demokratie, 1983, S. 27; Isensee, Die alte Frage nach der Rechtsfertigung des Staates, JZ 1999, 265(273); als paradox und dennoch nicht völlig paradox, als

Recht zustande kommt, bildet nämlich nur den Verhaltensrahmen für die erforderliche Kommunikation zur rationalen Konsensbildung und Entscheidungsfindung[1], es ist aber gleichzeitig Spiegel der hinter ihm stehenden materiellen Legitimitätsidee[2]. Auch die Prinzipien einer konsensfähigen Interessenabwägung können nicht in einer bloßen Verfahrensweise gefunden werden, wohl aber in hinter ihr stehenden rechts- und sozialethischen Vorstellungen[3]. Legitimation allein durch Verfahren kann deshalb auch nur in einer etablierten Ordnung zum Thema werden, deren Legitimität bereits außer Zweifel steht[4]. Erst sie kann die Legitimität einer Rechtsordnung über ihre Legalität vermitteln[5]. Erst in ihr werden Herrschaftsentscheidungen nicht weil sie materiell richtig sind akzeptiert, sondern weil sie formell von einer zuständigen Stelle entsprechend den gültigen Gesetzen erlassen oder (vor allem gerichtlich) bestätigt worden sind. Fehlt es an materieller Legitimation, so nützt auch eine formelle Legitimation nichts, selbst wenn sie formell demokratisch entstanden ist[6].

Die Forderung, dass sich etwa auf europäischer Ebene Legitimität nur entwickeln könne, wenn auf die Herrschaftsausübung der EU dieselben formellen Legitimationsverfahren angewandt würden, wie sie für innerstaatliche Herrschaft gelten[7], ist deshalb irreführend. Formelle Verflechtungsakte wirken nur soweit legitimierend, als deren eigene materielle Legitimation reicht[8]. Entscheidend für die europäische Integration ist deshalb ein Legitimitätsbewusstsein im Volk, das sich aber eben nicht nur auf die Gesetzmäßigkeit des Herrschaftserwerbs bezieht[9]. Denn die fehlende materielle Legitimität von Einzelentscheidungen kann vielleicht, die des Entscheidungssystems insgesamt kann jedoch auf keinen Fall allein durch legale Verfahren überspielt werden[10].

übertrieben obwohl anregend bezeichnet MacCormick die selbst-referentiellen Überlegungen des strengen Positivismus, Das Maastricht-Urteil: Souveränität heute, JZ 1995, 797(798)

1 Zedler, Zur Logik von Legitimationsproblemen, 1976, S. 199; Epping, Die demokratische Legitimation der dritten Gewalt der EGten, Der Staat 36(1997), 349(352)

2 Kielmansegg, Legitimität als analytische Kategorie, PVS 1971, 367(383)

3 Zippelius, Legitimation durch Verfahren ?, 1973, S. 302f.; Wege, Positives Recht und sozialer Wandel im demokratischen und sozialen Rechtsstaat, 1977, S. 242; Kriele, Einführung in die Staatslehre, 4. A. 1990, S. 38

4 Sasse, Eine Gemeinschaft - Neun Legitimationen, ZfP 1978, 254(257); Bonavides, Die Entpolitisierung der Legitimität, Der Staat 35(1996), 581(597)

5 Enders, Offene Staatlichkeit unter Souveränitätsvorbehalt, 1995, S. 33

6 Herzog, Zur Legitimation der Willensbildung in den Gemeinschaften, KSE 22, 35(37)

7 Sasse, Zur Verfassung der EU, 1977, S. 199

8 Herzog, Zur Legitimation der Willensbildung in den Gemeinschaften, KSE 22, 35

9 Würtenberger, Die Legitimation staatlicher Herrschaft, 1973, S. 205

10 Herzog, Zur Legitimation der Willensbildung in den Gemeinschaften, KSE 22, 35(42); Leibholz, Die Repräsentation in der Demokratie, 1973, S.149; Rupp, Wahlrechtsgleichheit bei der Verteilung der Sitze im EP ..., NJW 1995, 2210(2211)

Unter Legitimität einer staatlichen Herrschaft wird deshalb die wertegetragene Akzeptanz[1] der diese Herrschaft tragenden Rechtsordnung[2] und damit ihre allgemeine Geltung als rechtens[3] verstanden, verbunden mit der Bereitschaft, ihr mindestens im Großen und Ganzen freiwillig Folge zu leisten[4]. Denn Herrschaft beruht auf der Chance, aus Akzeptanz Gehorsam zu finden[5] und nicht auf der, Zwang durchsetzen zu können[6]. Untrennbar verbunden mit der Akzeptanz einer Herrschaft als legitim sind deshalb auch die Motive, aus denen heraus sie akzeptiert wird[7].

Aber auch mit dem Feststellen einer aktuell vorhandenen Zustimmung zu einem System entstünde lediglich eine Momentaufnahme, die im ständigen Fluss menschlichen Handelns letztlich als Fremdkörper wirkt[8]. Jedes politische System ist angesichts der vielen möglichen Handlungs- und Entscheidungsoptionen

---

[1] Die etymologische Wurzel des Begriffs Legitimation liegt in dem lateinischen Adjektiv "legitimus" ("gesetzmäßig", "gesetzlich", "rechtmäßig"). Außerdem verband man mit "legitimus" in seinem übertragenen Sinn auch Wertungen wie "gebührend", "gehörig", "schicklich" (Langenscheidts Taschenwörterbuch Bd. I Lateinisch-Deutsch) und knüpfte so an wertende Vorstellungen im Volk an (Würtenberger, Die Legitimation staatlicher Herrschaft, 1973, S. 32f.). Der ambivalente Inhalt des Begriffs "legitimus" verträgt sich auch mit seiner sprachlichen Nähe zu "lex", der Bezeichnung für "Gesetz", "Volksbeschluss", als Pluralwort sogar "Verfassung" oder „Vertrag“, denn hier umfasst er in letzterer Bedeutung auch die individuelle und freiwillige Auferlegung von Bindung zwischen Vertragsparteien, in der das Element der Akzeptanz wieder durchscheint.

[2] Kriele, Das demokratische Prinzip im GG, VVDStRL 29, 46(65); ders., Einführung in die Staatslehre, 1990, 4. A., S. 27; Herzog, Zur Legitimation der Willensbildung in den Gemeinschaften, KSE 22, 35; Würtenberger, Die Legitimation staatlicher Herrschaft, 1973, S. 292; Körtge, in: Legitimation des modernen Staates, S. 114; Zedler, Zur Logik von Legitimationsproblemen, 1976, S. 25; Eckhoff/Sundby, Rechtssystem, 1988, S. 198

[3] Heun, Das Mehrheitsprinzip in der Demokratie, 1983, S.80; Würtenberger, a.a.O. S. 271

[4] Isensee, Die alte Frage nach der Rechtfertigung des Staates, JZ 1999, 265(267); „Nichts ist mächtiger als eine Republik, in der man Gesetze nicht aus Furcht und nicht aus Vernunftgründen, sondern aus Leidenschaft befolgt“, Montesquieu, zit. nach Kahl, Montesquieu, Staat und Europa, JöR n.F. Bd. 45(1997), 11(15); Eckhoff/ Sundby, Rechtssystem, 1988, S. 199; Sasse, Eine Gemeinschaft - Neun Legitimationen, ZfP 1978, 254; Kriele, Einführung in die Staatslehre, 4. A. 1990, S. 37; Leibholz, Strukturprobleme der modernen Demokratie, 1967, S.10; eine Vertrauensbeziehung zwischen Wählern und Gewählten ist unerlässlich, Steffani, Parlamentarismus in den EG-Staaten und demokratisches Defizit der europäischen Institutionen, ZfP 1978, 233(237f.); Herzog, Zur Legitimation der Willensbildung in den Gemeinschaften, KSE 22, 35(37); Würtenberger, a.a.O. S. 15; Kahl, Montesquieu, Staat und Europa, JöR n.F. Bd. 45(1997), 11(23)

[5] Isensee, a.a.O.; Kriele, Einführung in die Staatslehre, 4. A. 1990, S. 19f.; „Jede Demokratie kann nur wahrhaft existieren und sich entwickeln, wenn sie das aufgrund der praktisch wirksamen Einsicht und Anerkennung ihrer Bürger ... tut“, Greven zit. nach Steffani, Der parlamentarische Bundesstaat als Demokratie, ZfP 1999, 980

[6] Isensee, a.a.O.; auf diese Situation in der EU verweist Everling: solange die Gemeinschaft nicht fest im Bewusstsein der Bürger verankert und die Haltung der Mitgliedstaaten ambivalent ist, wird sie in erster Linie durch die Autorität des Rechts zusammengehalten, Richterliche Fortbildung in der EG, JZ 2000, 217

[7] Isensee, Das Volk als Grund der Verfassung, 1995, S. 50/74f./81

[8] selbst der Wahlakt bildet nur eine Momentaufnahme über die aktuelle politische Stimmung. Dass er diese für die Dauer der Wahlperiode konserviert (Gassner, Kreation und Repräsentation, Der Staat 34(1995), 429(437)), ist eine tatsächliche Notwendigkeit, um staatliche Handlungsfähigkeit zu sichern und den Staat nicht durch ständige Wahlkämpfe und Regierungswechsel zu lähmen. Sie rechtlich abzusichern ist eine Konsequenz des Rechtsstaates.

darauf angewiesen, die Grundlagen für seine eigene Legitimität im politischen Prozess ständig neu hervorzubringen[1].

Daraus ergibt sich auch, dass eine bloße Akzeptanz von Einzelakten in ihrer Summe für die Legitimität des Systems vorübergehend genügen mag, das Resultat wäre aber zufällig und würde zur Instabilität des Systems führen, auf der kein funktionierendes Gemeinwesen aufgebaut werden kann[2]. Vor allem zur Lösung gesellschaftlicher Konflikte ist ein System mit solch geringer Loyalität nicht geeignet. Je selbstverständlicher andererseits die Einordnung in ein Entscheidungssystem den Betroffenen erscheint, desto höher ist die Legitimität dieses Systems[3] und desto höher ist die Chance, dass die Entscheidungen, die dieses System hervorbringt, auch im gesellschaftlichen Konfliktfall anerkannt werden. Die Kompliziertheit der Organisation moderner Gesellschaften erleichtert wegen ihrer erzeugten Abhängigkeiten die Bildung eines solchen Automatismus[4]. Ein solcher Automatismus besteht gerade für europäische Entscheidungen durchaus. Die europäische Integration begleitet Westeuropa seit dem 2. Weltkrieg. Sie ist langsam und weitgehend unbeachtet und aus akzeptierten Motiven gewachsen und konnte so langsam einen europäischen Automatismus, der durchaus auch erhebliche Elemente der Gewohnheit in sich trägt, bilden. Gerade aber in der jüngsten Phase der Integration hat sich die Diskussion um dessen Anerkennung insgesamt verschärft. Denn je stärker die Belastung des Einzelnen durch das System oder je schwerer durchschaubar das Entscheidungssystem für ihn ist, desto mehr hängt der Fortbestand dieses Automatismus wiederum von der Stärke der ihm zugrundeliegenden Legitimitätsüberzeugung ab[5].

Die EU ist dabei in einem besonderen Maß auf Akzeptanz angewiesen. Zur Durchsetzung ihres Normensystems stehen ihr nämlich praktisch keine Zwangsmittel zur Verfügung[6]. Das Gewaltmonopol, der „Staat pur", liegt wei-

---

[1] Legitimität als ständig sich erneuernde Qualität politischer Herrschaft, Neunreither, Legitimationsprobleme in der EG, ZfP 1976, 245(247); Steffani, Parlamentarische und präsidielle Demokratie, 1979, S. 109; Isensee, Die alte Frage nach der Rechtfertigung des Staates, JZ 1999, 265(267)

[2] Kelsen, Was ist juristischer Positivismus, JZ 1965, 465(468 Fn. 22a)

[3] Isensee, Die alte Frage nach der Rechtfertigung des Staates, JZ 1999, 265(273); Lemke, Europa als politischer Raum, Kritische Justiz 1999, 1(7); Kielmansegg, Legitimität als analytische Kategorie, PVS 1971, 367(396); Luhmann, Legitimation durch Verfahren, 2. A. 1975, S. 32 verlangt konsequent ein motivfreies Akzeptieren.

[4] Kielmansegg, a.a.O.; Roellecke spricht hier von der Funktionsorientierung moderner Gesellschaften, Das Recht von außen und von innen betrachtet, JZ 1999, 213(218); einen solchen Automatismus lehnt v.Arnim jedoch sogar für die Verfassungsordnung der Bundesrepublik ab, Demokratie vor neuen Herausforderungen, ZRP 1995, 340(342)

[5] Kielmansegg, a.a.O. S. 397; Isensee, Die alte Frage nach der Rechtfertigung des Staates, JZ 1999, 265(273)

[6] Mögele, Neuere Entwicklungen im Recht der EG, BayVBl. 1993, 129(134/137); Friauf, Zur Problematik rechtsstaatlicher und demokratischer Strukturelemente in zwischenstaatlichen Gemeinschaften, DVBl. 1964, 781(786)

terhin bei den Mitgliedstaaten[1]. Zwar wird die EU hier in erster Linie von der Akzeptanz durch die Mitgliedstaaten getragen, denn Geltung und Erfolg des europäischen Rechts hängen von deren gutem Willen ab[2]. Diese vermitteln aber gerade die Akzeptanz in ihrer Bevölkerung. Auch das BVerfG misst dem Fehlen von Zwangsmitteln zur Durchsetzung vertraglicher Verpflichtungen eine wichtige legitimierende Rolle zu. Gerade die Offenheit des Integrationsprogramms in den Verträgen rechtfertigt das Gericht mit dem Fehlen von Zwangsmitteln: Vollzug und Entwicklung der EU müssen vom Willen der Mitgliedstaaten getragen werden, diese müssen die Verträge „ständig mit Leben erfüllen". Das Integrationsprogramm der Verträge könne nicht erzwungen werden, sondern lasse sich nur „bei der stetigen und ernsthaften Vollzugsbereitschaft aller Mitgliedstaaten verwirklichen"[3]. Und erst jüngst hat das Gericht diese Linie ausdrücklich bestätigt und festgestellt, dass die EU von den Verfassungen der Mitgliedstaaten und „deren ernsthafter Vollzugsbereitschaft getragen wird"[4].

Für das Recht problematisch wird dabei immer wieder, dass die Motive, aus denen heraus eine Herrschaft als legitim anerkannt wird, meist nicht aus der Welt des Rechts stammen, sondern individuelle Motivbündel aus gemeinsamer Tradition, Geschichte, Mythen, gemeinsamen Glaubens oder einer politischen Ideologie sind[5]. Die Motive sind damit jedoch in erster Linie in Werten zu suchen, die sich nicht beweisen lassen, sondern lediglich geglaubt werden können. Normative Richtigkeit entfalten sie nicht[6]. Letztlich ist der Legitimitätsbegriff gerade deshalb auch bis heute unscharf geblieben[7].

Eine zentrale Rolle in der Diskussion um eine legitimierende Akzeptanz eines Entscheidungssystems spielt der Nationalstaat. Er ist zum einen der Organisationsrahmen für die Diskussion um rationale Erkenntnisse und Lösungen, zum anderen aber gleichzeitig Motiv für die Akzeptanz dieses Entscheidungsrahmens.

Die etwa zeitgleich mit dem Entstehen der europäischen Nationalstaaten aufkommenden politischen und gesellschaftlichen Bewegungen der Säkularisation und des Rationalismus haben dem Bild vom Staat jedoch gerade den Gesichts-

---

1 Oppermann, Zur Eigenart der EU, 1994, S. 91

2 Rösler, Zur Zukunft des Gerichtssystems der EU, ZRP 2000, 52(56)

3 BVerfGE 89, 155(201)

4 BVerfG NJW 1998, 1934(1937)

5 Würtenberger, Die Legitimation staatlicher Herrschaft, 1973, S. 20; Kahl, Montesquieu, Staat und Europa, JöR n.F. Bd. 45(1997), 11(26); hier liegt auch der Grund dafür, dass die Vorstellung von der Französischen Nation als Willensnation und der Deutschen als Kulturnation nicht voneinander getrennt werden können, sondern beide Vorstellungen einander beeinflussen, Bleckmann, Die Wahrung der „nationalen Identität" im Unions-Vertrag, JZ 1997, 265(266).

6 Die Frage nach der Legitimation führt deshalb "fast in die Urgründe staatstheoretischen und politikwissenschaftlichen Denkens", Herzog, Zur Legitimation der Willensbildung in den Gemeinschaften, KSE 22, 35

7 Neunreither, Legitimationsprobleme in der EG, ZfP 1976, 245(246)

punkt versachlichter Form politischer Herrschaft hinzugefügt[1]. Mit dem Zerfall des mittelalterlichen Wertesystems gewannen die Formen politischer Herrschaft, wie etwa Wahlen, immer mehr an Gewicht[2]. Für die Weimarer Republik schließlich war sogar bezeichnend, dass sie weniger durch sachliche Momente zusammengehalten wurde als durch das formelle Spiel funktioneller Integration[3]. Die Erfindungen der ständig fortschreitenden Wissenschaften und die der Menschheit bekannt gewordenen Gesetze der Natur vermittelten die Kraft, daran zu glauben, dass unter alleiniger Leistung der Vernunft wirtschaftliche und gesellschaftliche Systeme konstruiert werden könnten, "in denen das Streben nach dem höchstmöglichen Glück einer größtmöglichen Anzahl von Bürgern das Leitbild darstellt"[4].

Gerade im heutigen Leistungs-, Wohlfahrts-, Sicherheits- und Rechtsstaat[5] können deshalb durchaus auch Leistungserwartungen als Motive dienen, eine Herrschaft als legitim zu akzeptieren. Eng mit diesen Überlegungen zur Legitimation einer Herrschaftsordnung hängt die Lehre vom Staatszweck[6] zusammen[7]. Auch hier ist Legalität zwar wesentliche, aber eben nicht einzige Bedingung für Legitimität[8].

Legitimationskrisen können deshalb gerade dann entstehen, wenn Leistungserwartungen nicht erfüllt werden[9], ein Problem, das auch für die weitere europäische Integration von erheblichem Belang sein wird[10]. Jede Herrschaft muss sich

1 Krüger, Allgemeine Staatslehre, 2. A. 1966, S. 32ff.; Hofmann, Legitimität und Rechtsgeltung, 1977, S.11; Grimm, Braucht Europa eine Verfassung ?, JZ 1995, 581(583); Isensee, Die alte Frage nach der Rechtfertigung des Staates, JZ 1999, 265(269). Aber auch hinter den großen staatsrechtlichen Kategorien verbirgt sich säkularisiertes theologisches Denken, Herdegen, Die Belastbarkeit des Verfassungsgefüges auf dem Weg zur Europäischen Union, EuGRZ 1992, 589(592)

2 Smend, Verfassung und Verfassungsrecht, 1928, S. 34

3 Smend, a.a.O. S. 59

4 Würtenberger, Die Legitimation staatlicher Herrschaft, 1973, S. 93f.

5 Küchenhoff/Küchenhoff, Allgemeine Staatslehre, 8. A., 1977, S. 108ff.; insbesondere: der Wunsch nach Verwirklichung der Menschenwürde, Entfaltung der eigenen Persönlichkeit, Gleichheit, Gerechtigkeit, nationaler Einheit und Gemeinwohlverwirklichung im Sinne sozialer Sicherheit, Gesundheitsschutz, Umweltschutz, Würtenberger, a.a.O. S. 192/256, Würtenberger, Legitimationsmuster von Herrschaft im Laufe der Geschichte, JuS 1986, 344(349); Zippelius, Allgemeine Staatslehre, 13. A. 1999, § 16 I

6 s. zum Staatszweck v. Simson, Zur Theorie der Legitimität, 1971 S. 467; Zippelius, Legitimation durch Verfahren ?, 1973, S. 299; ders., Rechtsphilosophie, 3. A. 1994, § 17 III; Würtenberger, Legitimationsmuster von Herrschaft im Laufe der Geschichte, JuS 1986, 344(349); Erler/Kaufmann, Handwörterbuch zur deutschen Rechtsgeschichte, Band II, 1978, Spalte 1682; Jellinek, Allgemeine Staatslehre, 3. A. 1966, S. 255ff.; Kahl, Montesquieu, Staat und Europa, JöR Bd. 45(1997), 11(13)

7 Jellinek, a.a.O. S. 230; Isensee, Die alte Frage nach der Rechtfertigung des Staates, JZ 1999, 265(270); Achternberg/Krawietz, Legitimation des modernen Staates, 1981, S. 96

8 v. Simson, Zur Theorie der Legitimität, 1971, S. 462

9 Zedler, Zur Logik von Legitimationsproblemen, 1976, S. 28; Hofmann, Legitimität und Rechtsgeltung, 1977, S. 80

10 Dieses Aspektes ihres Handelns und ihrer Existenz scheint sich jedoch die EU zunehmend bewusst zu werden; so hat die Kommission im September 1996 z.B. eine Publikation mit dem Titel „Leistun-

bestimmten Aufgaben gewachsen zeigen[1]. H. P. Ipsen sah die ursprüngliche Gemeinschaft sogar überhaupt nur als einen Zweckverband funktioneller Integration, der keine systemeigene unmittelbare demokratische Legitimation auf übernationaler Ebene benötigte[2]. Er setzte auf eine angebliche Rationalität der Funktionsweise, auf vermeintliche Sachzwänge einer exekutivisch motivierten Planung[3]. Aus Sachzwang führten sie seiner Meinung europäische Akte weniger zu einer Entscheidung als zu Einsicht und Erkenntnis[4]. Wo aber nicht entschieden, sondern erkannt werde, herrsche die Kompetenz des Sachverstandes und die Frage nach Legitimation brauche nicht mehr gestellt werden. Erkenntnisse fänden ihre Legitimation in Gründen, nicht im Mehrheitskonsens[5].

Auch wenn sich eine Herrschaft nicht allein aus kontinuierlichen Leistungen legitimieren lässt[6], da eine nur an Zielen und Zwecken orientierte Erklärung einer Herrschaft letztlich ihre Herleitung vom Einzelnen verhindern würde[7], ist Funktionalität und Zielerreichungseffizienz, überhaupt die Qualität[8] der Leistungen einer Herrschaft, ein wesentlicher Teil ihrer Legitimität[9]. Dabei muss sie in der Lage sein, aus den irrationalen Motiven, die sie als Herrschaft rechtfertigen, rationale Entscheidungen zu bilden[10]. Gleichzeitig muss sie sich auch wechselnden Herausforderungen erfolgreich stellen können[11]. Die EU legitimiert sich deshalb nicht nur durch eine Stärkung des EP, aber eben auch nicht ohne eine solche[12]. Auch mit der Verwirklichung von Demokratie wird Herrschaft nämlich nicht zum Selbstzweck[13]. Mit der europäischen Integration sol-

gen der Daseinsvorsorge in Europa“ herausgegeben, Tettinger, Maastricht II - Vertragsergänzung zur Sicherung der Daseinsvorsorge in Europa ?, DVBl. 1997, 341(342f.)

1 v. Simson, Zur Theorie der Legitimität, 1971, S. 466; Würtenberger, Legitimationsmuster von Herrschaft im Laufe der Geschichte, JuS 1986, 344(349); Zippelius, Allgemeine Staatslehre, § 17 IV; Jellinek, Allgemeine Staatslehre, 3. A. 1966, S. 258; Isensee, Die alte Frage nach der Rechtfertigung des Staates, JZ 1999, 265(270); Christiansen, Gemeinsinn und Europäische Integration, 1995, S. 56; Gramm, Politische Problemlösungskompetenz als knappes Gut, ZRP 2000, 282f.

2 Ipsen, Europäisches Gemeinschaftsrecht, 1972, S. 24/124/190f.; Hilf, Die rechtliche Bedeutung des Verfassungsprinzips der parlamentarischen Demokratie für den europäischen Integrationsprozeß, EuR 1984, 9(11)

3 Hrbek, Demokratiegebot und EG, 1980, S. 285(292)

4 Ipsen, Fusionsverfassung EGten, 1969, S. 64f.

5 auf den Zusammenhang mit politischen Entscheidungsspielräumen Ipsen, a.a.O. S. 66

6 Kielmansegg, Legitimität als analytische Kategorie, PVS 1971, 367(392); Nicolaysen, Ansichten zur Gemeinschaftsverfassung, EuR 1987, 299(301); Kriele, Einführung in die Staatslehre, 4. A. 1990, S. 29f.

7 Smend, Verfassung und Verfassungsrecht, 1928, S. 10

8 Herzog, Zur Legitimation der Willensbildung in den Gemeinschaften, KSE 22, 35(38); v. Simson, Zur Theorie der Legitimität, 1971, S. 460; Hrbek, Demokratiegebot und EG, 1980, S. 285(295); s. auch Narr/Naschold, Theorie der Demokratie, 1971, S. 18

9 Christiansen, Gemeinsinn und Europäische Integration, 1995, S. 60, der deshalb sogar vor dem „desintegrativen Potential“ warnt, das von einer erhöhten Transparenz europäischer Entscheidungen ausgeht, S. 62f.

10 Isensee, Die alte Frage nach der Rechtfertigung des Staates, JZ 1999, 265(267)

11 Isensee, a.a.O., S. 270

12 Christiansen, Gemeinsinn und Europäische Integration, 1995, S. 61

13 Christiansen, a.a.O. S. 60

len gerade in einer sich rapide wandelnden Welt für die Zukunft ökonomische Vorteile und Vorteile für die innere Sicherheit erreicht werden[1], zunehmend auch Ziele der sozialen Sicherheit[2]. Die EU soll helfen, die Aufgaben in einer modernen technisch-industriellen und sich globalisierenden Welt zu bewältigen[3]. Sie soll ihren Bürgern einen „gemeinsamen Raum des Wohlstands und des Friedens" schaffen[4]. Und darauf, dass diese Ziele erreicht werden können, kann jeder Mitgliedstaat künftig über seinen Einfluss auf die Ratsmitglieder der anderen Mitgliedstaaten auch außerhalb seiner nationalstaatlichen Grenzen wirksam Einfluss nehmen[5]. Da diese Ziele zugleich auch weiterhin Ziele der nationalen Verfassungsordnungen sind, legitimieren sich auch diese aus der erweiterten Kontrolle über die Zielerreichung mit den Handlungsinstrumenten der EU.

Der EU wurden auch von Anfang an bevorzugt die Politikbereiche übertragen, mit deren Bewältigung die Nationalstaaten faktisch überfordert waren oder sich mindestens für überfordert hielten[6]. Gerade in konjunkturellen Krisen und hinsichtlich Arbeitslosigkeit ist die Union bereits jetzt Adressat für Erwartungen und Forderungen[7]. Auch mit dem Vertrag von Amsterdam sind vor allem bürgernahe Kompetenzen ausgebaut worden, die besonders den Erwartungen und Bedürfnissen der Unionsbürger entsprechen sollen: z.B. in der Beschäftigungspolitik, Sozialpolitik, Umwelt, Gesundheitswesen, Verbraucherschutz[8]. Insbesondere die Einschätzung, dass angesichts der gestiegenen Erwartungen an die Union ihr Handlungsrahmen im Laufe der Zeit unzulänglich geworden war, hatte schließlich bereits zur EEA geführt[9].

Ob die EU für diese und zahlreiche andere Aufgaben erforderlich ist und ob sie den damit verbundenen Herausforderungen gerecht wird, wird ein wesentliches

---

[1] Tomuschat, in: BKGG, Art. 24 Rn. 57; Steinberg, GG und europäische Verfassung, ZRP 1999, 365(366); Tettinger, Maastricht II..., DVBl. 1997, 341(342); Schlussfolgerungen des Rates nach dem Gipfel der Staats- und Regierungschefs in Tampere am 15./16.10.1999, Bull.EU 10-1999, S. 9; Rede des Präsidenten der Kommission, Prodi, vor dem EP am 15.02.2000 zum Arbeitsprogramm der Kommission 2000-2005, Bull.EU Beilage 1/2000, S. 7f.

[2] Oppermann, 2. A. 1999, insbes. Rn. 1633 - 1673; Schulte, Neuere Entwicklungen des Europäischen Sozialrechts unter besonderer Berücksichtigung der Rechtsprechung des EuGH, BayVBl. 2000, 336

[3] Everling, Vom Zweckverband zur EU, S. 611; Herzog, Zur Legitimation der Willensbildung in den Gemeinschaften, KSE 22, 35(40); Pernice, Maastricht, Staat und Demokratie, Die Verwaltung 1993, 449(487); Hitzel-Cassagnes, Rechtsstaatliche Domestizierung der Außenpolitik, Kritische Justiz 2000, 63(64); Rede des Präsidenten der Kommission, Prodi, vor dem EP am 15.02.2000 zum Arbeitsprogramm der Kommission 2000-2005, Bull.EU Beilage 1/2000, S. 8

[4] Schlussfolgerungen des Rates nach dem Gipfel der Staats- und Regierungschefs in Tampere am 15./ 16.10.1999, Bull.EU 10-1999, S. 8

[5] v.Simson/Schwarze, Europäische Integration und GG, 1992, S. 77f.; Tomuschat, in: BKGG, Art. 24 Rn. 70

[6] Kahl, Montesquieu, Staat und Europa, JöR Bd. 45(1997), 11(16)

[7] Hrbek, Die "EU" als unerfüllbare integrationspolitische Daueraufgabe ?, 1987, S. 167(172); wib 11/97-XVII/87 zu Forderungen des Bundestages an die EU, die Arbeitslosigkeit zu bekämpfen

[8] Hilf/Pache, Der Vertrag von Amsterdam, NJW 1998, 705(708)

[9] Hrbek, Die "EU" als unerfüllbare integrationspolitische Daueraufgabe ?, 1987, S. 167(173)

Element ihrer weiteren Akzeptanz und damit Legitimation werden[1]. Man kann zwar die Legitimität der EU nicht ausschließlich und auch nicht „zuallererst" aus der Effizienz ihrer Organe beziehen[2]. Sämtliche Präambeln zu den verschiedenen Vertragsänderungen weisen allerdings darauf hin, dass bei aller Demokratisierung der Organe ein effizientes Handeln sichergestellt bleiben muss[3]. Auch dieses Ziel wurde über die nationalen Ratifikationsverfahren legitimiert und ist im Grundsatz auch vom BVerfG als Einschränkung des Demokratieprinzips anerkannt[4]. Als Preis gerade für diese Effizienz gilt vor allem die Mehrheitsentscheidung im Rat[5].

Die Legitimation einer demokratischen Herrschaft erschöpft sich damit nicht in Formen demokratischer Willensbildung, sondern setzt die Akzeptanz eines politischen Systems voraus, in dem problemlösende Entscheidungen nach demokratischen Verfahren gefällt werden können. Kernelement der Legitimität ist die motivierte Akzeptanz einer Legalordnung. Die motivierte Akzeptanz ist die hinter der Legalordnung stehende Legitimitätsidee, der der Rechtsstaat das Legalsystem hinzufügt, um ihr rechtliche Verbindlichkeit zu geben. Legitimität liegt damit aber dem Legalsystem voraus, sie prägt es, aber sie schafft es nicht und erst im Rechtsstaat wird Legalität überhaupt zum Bestandteil der Legitimität.

2. Die öffentliche Meinung - Entstehung und Einfluss

Der EU wird vorgehalten, dass ihr zu einer demokratischen Infrastruktur die Möglichkeit fehle, den Individualwillen jedes einzelnen Bürgers in einen Kollektivwillen umzuwandeln[6]. Die freie Bildung individueller Einzelmeinungen

---

1 Steffani, Parlamentarische und präsidielle Demokratie, 1979, S. 154; Isensee, Die alte Frage nach der Rechtfertigung des Staates, JZ 1999, 265(270); Kimminich, Deutsche Verfassungsgeschichte, 2. A. 1987, S. 531; Kaltefleiter, Die Grenzen der Demokratie, 1986, S.137; nach Jochimsen fehlt der EU eine direkte demokratische Legitimation. Den „wesentliche Grund für die dennoch weithin praktische Hinnahme der Entscheidungen" sieht er schon heute in der „wirtschaftspolitischen und wirtschaftlichen Effizienz" der Union, Perspektiven der europäischen WWU, 2. A. 1998, S. 200

2 so aber Kommissionspräsident Prodi vor dem EP am 15.02.2000 zum Arbeitsprogramm der Kommission 2000-2005, Bull.EU Beilage 1/2000, S. 10; auch eine „erhöhte Effizienz als Kompensation für Mitentscheidungsrechte" wie es Christiansen, Gemeinsinn und Europäische Integration, 1995, S. 50(61), vorsieht, ist deshalb nicht möglich; Effizienz kann allenfalls zur Rechtfertigung einer zu geringen Mitwirkung herangezogen werden; auch lässt man dann gerade dem beklagten „diplomatischen Erbe Europas" (Christiansen, a.a.O. S. 55) freien Lauf.

3 5. Abschnitt der Präambel zum EUV, 6. Abschnitt der Präambel zur EEA; noch besorgtere Stimmen weisen sogar darauf hin, dass das, was an „demokratischer Legitimation gewonnen wird", „nicht an politischer Handlungseffizienz verlorengehen" darf, Blanke/Kuschnick, Bürgernähe und Effizienz als Regulatoren ..., DÖV 1997, 45(54); Handlungsfähigkeit auch als Kriterium für eine Reform der Entscheidungsverfahren im Rat, Kamann, Regierungskonferenz 1996/97 - Überlegungen zu einer Reform des Beschlußverfahrens im Rat der EU, EuR 42(1997), 58(69)

4 BVerfGE 1, 209(248)

5 Classen, Europäische Integration und demokratische Legitimation, AöR 119(1994), 238(256)

6 Ossenbühl, Maastricht und das GG - eine verfassungsrechtliche Wende ?, DVBl. 1993, 629(634); Weiler, Der Staat „über alles", JöR 44 (1996), 91(106ff.); Bandilla/Hix, Demokratie, Transparenz und Bürgerrechte in der EG, NJW 1997, 1217; speziell zum Fehlen europäischer Parteien s. Seidel, Zur

ist in der Tat unverzichtbare, aber nicht hinreichende Voraussetzung für das Funktionieren einer Demokratie. Erst in der Gruppenmeinung kann die Einzelmeinung politische Kraft entfalten.

Die öffentliche Meinung - im heutigen Sinn entstanden seit der zweiten Hälfte des 17. Jh.[1] - gewann als entscheidender Faktor für die Verfassungspraxis vor allem im 19 Jh. stetig an Bedeutung[2]. Sie wurde als öffentliches Gewissen[3], als neuer Souverän[4], als ein Stück Selbstrepräsentation des Volkes bezeichnet[5]. Demokratie sollte sogar zur Herrschaft der öffentlichen Meinung werden[6]. Auch ein Surrogat unmittelbarer Demokratie[7] wurde in der öffentlichen Meinung entdeckt, da sich an ihr die Repräsentativorgane vermehrt, vor allem mit Blick auf bevorstehende Wahlen, orientierten. Von der öffentlichen Meinung gehe eine vor allem für die Zeit zwischen den Wahlen wichtige permanente plebiszitäre Relativierung des demokratischen Repräsentationsprinzips aus[8].

Auch heute gesteht man der öffentlichen Meinung verbreitet ein richtiges Gefühl für die Bedürfnisse und Mängel in Staat und Gesellschaft zu[9]. Da heute keine Wahrheiten mehr etwa durch den Glauben vorgegeben sind, erschöpft sich die Suche nach richtigen Entscheidungen nicht im Auffinden einer vorgegebenen Richtigkeit. Die Demokratie baut die Akzeptanzfrage zur Konsensfra-

---

Verfassung der EG nach Maastricht, EuR 1992, 125(142); so auch schon Everling, Vom Zweckverband zur EU, 1977, S. 614; Hrbek, Demokratiegebot und EG, 1980, S. 316; ders., Parteibünde: Unterbau der EP-Fraktionen und unverzichtbares Element einer funktionsfähigen Infrastruktur der EG, ZfP 1976, 179(189); die Entscheidungsmechanismen stehen „einer Kabinettspolitik aus feudaler Zeit näher als einem demokratischen Verfahren"; „Kamingesprächen von Regierungschefs wächst damit de facto nicht nur Verfassungsrang, sondern Überverfassungsrang zu", Möschel, Politische Union für Europa: Wunschtraum oder Alptraum ?, JZ 1992, 877; mangels öffentlicher Diskussion könne die EU keine qualifizierten Entscheidungsalternativen entwickeln, v. Brünneck, Die öffentliche Meinung in der EG als Verfassungsproblem, EuR 1989, 249(258)

1 Erste spektakuläre Erfolge feierte die öffentliche Meinung in Nordamerika und Frankreich. Dort geriet sie in einen solchen Gegensatz zu den bestehenden Verhältnissen, dass sie maßgeblich zur Unabhängigkeitsbewegung von 1776 und zur Revolution von 1789 beitrug, v. Brünneck, a.a.O. S. 249; zur großen Bedeutung der Presse und der zum Schutz eingeführten Pressefreiheit im 19. Jh., Krüger, Allgemeine Staatslehre, 2. A. 1966, S. 448

2 Heller, Staatslehre, 4. A. 1970, S. 173ff.: Die öffentliche Meinung als Bedingung der staatlichen Einheit; Heun, Das Mehrheitsprinzip in der Demokratie, 1983, S. 194; v. Brünneck, a.a.O. S. 251

3 Bluntschli, Lehre vom modernen Staat, Verlag, 1876, S.10

4 Schmitt, Verfassungslehre, 5. A. 1970 S. 246f.

5 Krüger, Allgemeine Staatslehre, 2. A. 1966, S. 439

6 Krüger, a.a.O. S. 438; Leibholz, Die Repräsentation in der Demokratie, 1973, S. 178; Stern, Staatsrecht Bd. I, 2. A., § 18 II 5 e b

7 Zippelius, Allgemeine Staatslehre, § 23 II 5; Stern, Staatsrecht Bd. I, 2. A., § 18 II 5 e b; Zippelius, Legitimation durch Verfahren ?, 1973, S. 303f.

8 v. Brünneck, Die öffentliche Meinung in der EG als Verfassungsproblem, EuR 1989, 249(251)

9 Krüger, Allgemeine Staatslehre, 2. A. 1966, S. 447; sie formuliere das „Qualitätsurteil" für eine Herrschaft, in dessen Folge Wahlen zur „Vollstreckung dieser öffentlichen Meinung" werden, E.-G. Mahrenholz, Tagung zur Eröffnung des Bayreuther Institutes für Europäisches Recht und Rechtskultur am 11./12.11.1999, BayVBl. 2000, 492(493)

ge aus[1]. Als Wille des Volkes gilt deshalb letztlich die dialektisch erarbeitete Meinung über das Gerechtfertigte[2] im Sinne eines Konsenses, nicht als Konsens aller im Sinne einer einstimmigen Entscheidung[3], sondern als im Prozess der freien Auseinandersetzung gefundener Konsens der Mehrheit, an dessen Bildung aber jeder einzelne und damit auch die spätere Minderheit mitwirken kann[4]. Aus Humanismus und Rationalismus schöpft die Demokratie den Glauben an die Vernunft des einzelnen und damit den an die schöpferische Kraft der Diskussion[5]. Vor allem hochindustrialisierte Gesellschaften treffen ihre Entscheidungen zunehmend rational und unter Zweck-Mittel-Gesichtspunkten[6] und aus Vernunftgründen[7] - mindestens ist das ihr erklärtes Ziel, an dem sich jedenfalls auch ihr Modus zur Entscheidungsfindung festhalten lassen muss.

Das Volk nimmt damit aber am politischen Prozess nicht nur als Organ unmittelbarer Staatswillensbildung teil, sondern auch als Faktor der öffentlichen Meinung[8]. Die politische Willensbildung des Volkes mündet zwar in Wahlen und Abstimmungen[9]. Damit ist aber der Einfluss des Volkes auf die politische Willensbildung nicht abschließend umschrieben. Über die öffentliche Meinung entsteht ein Rückkopplungsverhältnis zwischen Staatsführung und Bevölkerung[10] und damit auch eine Partizipation an der staatlichen Herrschaft[11]. Auch wenn das Parlament dabei natürlich kein Exekutivorgan der öffentlichen Meinung ist[12], ihr somit auch ein unmittelbarer Einfluss auf das Parlament versagt

---

[1] Würtenberger, Legitimationsmuster von Herrschaft im Laufe der Geschichte, JuS 1986, 344; Böckenförde, in: HdbdStR Bd. I, § 22 Rn. 38; von Konkordanzdemokratien sprechen Christiansen, Gemeinsinn und europäische Integration, 1995, S. 57f.; Pernice, in: Dreier, Art. 23 Rn. 58

[2] Kriele, Das demokratische Prinzip im GG, VVDStRL 29, 46(54)

[3] Zippelius, Rechtsphilosophie, 3. A. 1994 § 18 I 5

[4] Kielmansegg, Legitimität als analytische Kategorie, PVS 1971, 367(382); Hofmann, Legitimität und Rechtsgeltung, 1977, S. 61, 74; Zippelius, Rechtsphilosophie, 3. A. 1994, § 18 I 5; Gusy, Das Mehrheitsprinzip im demokratischen Staat, AöR 106, 329(335); Kommunikation und konfliktaustragende Kooperation als Selbstverwirklichung durch politische Selbstbestimmung, Steffani, Parlamentarische und präsidielle Demokratie, 1979, S. 165

[5] Leibholz, Die Repräsentation in der Demokratie, 1973, S.212f.; Schmid, Das Verhältnis von Parlament und Regierung im Zusammenspiel der staatlichen Machtverteilung, 1971, S. 15; Magiera, Parlament und Staatsleitung in der Verfassungsordnung des GG, 1979, S. 151f.

[6] Zedler, Zur Logik von Legitimationsproblemen, 1976, S. 25

[7] Kahl, Montesquieu, Staat und Europa, JöR n.F. Bd. 45(1997), 11(17)

[8] Stern, Staatsrecht Bd. II, § 25 II 4

[9] BVerfGE 20, 56(99f); 44, 125(139f.); 57, 295(320ff.); Oppermann, Parlamentarisierung der EG ?, 1977, S. 449(459f.)

[10] Stern, Staatsrecht Bd. I, 2. A., § 18 II 5 e a; Zippelius, Legitimation durch Verfahren ?, 1973, S. 304; Kriele, Das demokratische Prinzip im GG, VVDStRL 29, 46(65); Hesse, Grundzüge des Verfassungsrechts, 18. A. 1991, § 5 Rn. 149f.; Heun, Das Mehrheitsprinzip in der Demokratie, 1983, S. 194; v. Brünneck, Die öffentliche Meinung in der EG als Verfassungsproblem, EuR 1989, 249(251); Schnapp, in: v.Münch, Art. 20 Rn. 15; Diskbeitr. Küchenhoff, VVDStRL 29, S. 111ff.; Krüger, Allgemeine Staatslehre, 2. A. 1966, S. 448f.

[11] Schüttemeyer, Funktionsverluste des BT durch die europäische Integration ?, ZfP 1978, 261(274)

[12] Krüger, Allgemeine Staatslehre, 2. A. 1966, S. 453

ist, so ist sie deshalb doch weit davon entfernt, bedeutungslos zu sein[1]. Sie besitzt neben der Wahlentscheidung einen politischen Eigenwert mit Gewicht und kann die Legitimationsgrundlage einer Herrschaft erschüttern aber auch stärken[2]. Das "tägliche Plebiszit" findet, wenn auch nicht unmittelbar rechtlich relevant im Sinne einer täglichen Volksabstimmung, so doch tatsächlich und nicht ohne legitimierende Wirkung in der Öffentlichkeit statt[3].

Die Entwicklung eines europäischen politischen Diskurses ist zwar in Ansätzen zu erkennen[4]. Im Vergleich zu nationalen Themen jedoch besteht bisher generell ein relativ geringes Interesse an europäischen Themen[5]. Die Wahlen zum EP werden von nationalen Themen dominiert. Es ist deshalb in der Regel nicht klar, welche politischen Programme man auf europäischer Ebene wählt[6]. Auch in den Massenmedien werden Themen der EU überwiegend aus der jeweiligen nationalen Perspektive behandelt[7]. Es fehlt an einem erweiterten Denken, das es ermöglicht, den Standpunkt des anderen in der Diskussion einzunehmen und die eigene Überzeugung vom Standpunkt gemeinsamer Grundsätze zu reflektieren[8]. Konflikte über das gleiche Thema in anderen Mitgliedstaaten werden als fremde Probleme wahrgenommen[9]. Europäische Themen werden nicht europäisch diskutiert[10]. Der vereinfachende Gesichtspunkt des Vor- und Nachteils für das eigene Land bildet den primären Interessenhorizont[11]. Den Staaten werden dann die Erfolge, der Union wird das, was der Öffentlichkeit nicht gut "verkauft"

---

[1] Krüger, a.a.O. S. 454; v. Brünneck, Die öffentliche Meinung in der EG als Verfassungsproblem, EuR 1989, 249(250)

[2] Stern, Staatsrecht Bd. I, 2. A., § 18 II 5 e b; Würtenberger, Die Legitimation staatlicher Herrschaft, 1973, S. 292

[3] Herzog, Demokratie und Gleichheit heute, DVBl. 1970, 713(714); Isensee, Das Volk als Grund der Verfassung, 1995, S. 81; ders., Die alte Frage nach der Rechtfertigung des Staates, JZ 1999, 265(277); Stern, Staatsrecht Bd. I, 2. A., § 18 II 5 e a

[4] Bandilla/Hix, Demokratie, Transparenz und Bürgerrechte in der EG, NJW 1997, 1217; Pernice, in: HdbdStR Bd. VIII, § 191 Rn. 52

[5] Delors, Entwicklungsperspektiven der EG, Aus Politik und Zeitgeschichte 1993, 3; Möschel, Politische Union für Europa: Wunschtraum oder Alptraum ?, JZ 1992, 877

[6] Pernice, Tagung zur Eröffnung des Bayreuther Institutes für Europäisches Recht und Rechtskultur am 11./ 12.11.1999, BayVBl. 2000, 492(493f.)

[7] Winter, Institutionelle Strukturen der EU, DÖV 1993, 173(177); Weiler, Der Staat „über alles", JöR 44 (1996), 91(107); Volkmann, Solidarität in einem vereinten Europa, StwStp 1999, 17(35); a.A. Zuleeg, seiner Meinung nach führen die Medien Tag für Tag vor, dass eine europäische Öffentlichkeit schon längst hergestellt ist, Demokratie in der Europäischen Gemeinschaft, JZ 1993, 1069(1074). Dies gilt jedoch nur hinsichtlich der Verbreitung von Informationen, nicht jedoch hinsichtlich der Diskussion unionsweiter Probleme.

[8] Lemke, Europa als politischer Raum, Kritische Justiz 1999, 1(12)

[9] v. Brünneck, Die öffentliche Meinung in der EG als Verfassungsproblem, EuR 1989, 249(260)

[10] Pernice, in: HdbdStR Bd. VIII, § 191 Rn. 53

[11] v. Brünneck, Die öffentliche Meinung in der EG als Verfassungsproblem, EuR 1989, 249(255)

werden kann, zugeschrieben[1]. Die politische Auseinandersetzung und Willensbildung in der europäischen Tagespolitik ist deshalb wenig integrativ[2].

Gleichzeitig ist die öffentliche Meinung auf Strukturen angewiesen. Eine öffentliche Debatte kann zwar problemlos unstrukturiert beginnen, sie kann jedoch nicht unstrukturiert zu einer Entscheidung führen. Auch muss entschieden werden, welche Informationen in eine Entscheidungsfindung einzubringen sind. Selbst Überinformation kann nämlich zur Unmündigkeit aus Überforderung führen. Maximierung an Information bedeutet deshalb nicht automatisch Optimierung der Informiertheit. Erforderlich ist eine strukturierte Aufarbeitung der Tatsachen und Meinungen, um aus einer Vielzahl von Möglichkeiten realisierbare Alternativen herauszuarbeiten. Eine solche Vermittlungsfunktion kommt z.B. unter dem Grundgesetz dem Parlament zu, vor allem aber auch den Parteien und Fraktionen[3]. Beide sind allein deshalb unerlässliche Institutionen der parlamentarischen Demokratie[4]. Ihre Funktion beschränkt sich auch gerade nicht auf die Vorbereitung des Wahlakts und die Beteiligung an diesem[5]. Vor allem die Parteien setzen die gesellschaftlichen Gruppen mit dem staatsrechtlichen Herrschaftsgeflecht in Beziehung[6], vor allem sie sind die Transmissionsriemen, die die divergierenden Interessen in politische Handlungsprogramme umformen[7] und so den Willen des Volkes in Staatswillensbildung umzusetzen[8]. Sie sind das Bindeglied zwischen Volk und politischer Führung[9]. Sie organisieren den politisch mündigen Aktivbürger erst und machen ihn aktionsfähig[10]. Ohne sie könnte das für die politischen Entscheidungen „notwendige politische Dynamit gar nicht erst entfacht werden“[11]. Gleichzeitig werden die Parteien so

---

[1] Delors, Entwicklungsperspektiven der EG, Aus Politik und Zeitgeschichte 1993, 3; Oppermann, Zur Eigenart der EU, 1994, S. 89: Brüssel als „Sündenbock“; so bereits Sasse, Eine Gemeinschaft - Neun Legitimationen, ZfP 1978, 254(259)

[2] Scharpf, Europäisches Demokratiedefizit und deutscher Föderalismus, StwStp 1993, 293(296f); v. Brünneck, Die öffentliche Meinung in der EG als Verfassungsproblem, EuR 1989, 249(251); Burgbacher, Der Beitrag Maastrichts zur Europäischen Integration, Demokratie und Recht 1993, 26(31); Winter, Institutionelle Strukturen der EU, DÖV 1993, 173(176); Seidel, Zur Verfassung der EG nach Maastricht, EuR 1992, 125(142); Scharpf, Gem. VerfK., Sten. Ber. der 1. Öffentl. Anhörung, S. 17/Thesen S. 5

[3] Magiera, Parlament und Staatsleitung in der Verfassungsordnung des GG, 1979, S. 154/267

[4] Badura, in: HdbdStR Bd. I, § 23 Rn. 32

[5] Ossenbühl, Die Parteien im System des Grundgesetzes, BayVBl. 2000, 161(164)

[6] Steffani, Parlamentarische und präsidielle Demokratie, 1979, S. 30

[7] Grimm, Die Zukunft der Verfassung, 2. A. 1994, S. 244

[8] Stern, Staatsrecht Bd. II, § 25 II 4; Hesse, Grundzüge des Verfassungsrechts, 18. A. 1991, § 5 Rn. 169; Huber, P. M., Die politischen Parteien als Partizipationsinstrument auf Unionsebene, EuR 34(1999), 579(583); Grimm, Die Zukunft der Verfassung, 2. A. 1994, S. 243; Hrbek, Demokratiegebot und EG, 1980, S. 285(303); Freund, Alexis Tocqueville und die politische Kultur der Demokratie, 1974, S. 14

[9] Hesse, Grundzüge des Verfassungsrechts, 18. A. 1991, § 5 Rn. 169

[10] Leibholz, Die Repräsentation in der Demokratie, 1973, S. 146f.; ders., Strukturprobleme der modernen Demokratie, 1967, S. 225; Steffani, Parlamentarische und präsidielle Demokratie, 1979, S. 30

[11] Ossenbühl, Die Parteien im System des Grundgesetzes, BayVBl. 2000, 161(163)

zum integrierenden Bestandteil des politischen Lebens[1]. Deshalb beruht letztlich die verfassungsrechtliche Stellung des Volkes auf der verfassungsrechtlichen Stellung der Parteien[2]. Gerade hier zeigt sich aber auch, dass Parteien eigentlich - notwendige - Folge und nicht Voraussetzung eines Gemeinwesens sind[3].

Die Parteien sind auf der Ebene der EU jedoch Volksparteien der Mitgliedstaaten und überwiegend national organisiert, können also diese Vermittlungsfunktion auf europäischer Ebene nicht erfüllen[4]. Eine politisch relevante europäische Partei gibt es nicht[5]. Über ihre Spitzenkandidaten wird Parteienwahl gleichzeitig neben der Sachwahl zur Personenwahl[6]. Auch dies ist ein Problem für die EU. In den nationalen Massenkommunikationsmitteln erscheinen Probleme häufig personifiziert, woran sich die öffentliche Meinung gewöhnt hat und dies vermisst sie auf europäischer Ebene[7].

3. Kommunikation in einer gemeinsamen Sprache

Ein europäischer politischer Diskurs ist auch durch die sprachliche Vielfalt in der EU behindert, an der sich aber in absehbarer Zeit nichts ändern wird[8]. Gefordert wird deshalb für die EU auch ein „Mindestmaß an identitätsstiftenden Gemeinsamkeiten (u.a.) in punkto Sprache, ...“[9]. Der künftige Ideal-Bürger Europas soll deshalb außer seiner Muttersprache mindestens zwei Fremdsprachen beherrschen[10].

Aus der öffentlichen Auseinandersetzung heraus würde zudem der politische Wille geformt, weshalb es notwendig sei, dass der wahlberechtigte Bürger mit der Hoheitsgewalt, der er unterworfen ist, in seiner Sprache kommunizieren kann[11]. Sarkastisch wurde dazu festgestellt, dass Europa - ginge es nach dem BVerfG - als demokratischer Bundesstaat überhaupt erst existieren könnte,

---

1 BVerfGE 1, 225(227); 4, 30; 5, 134(388); dazu auch ausführlich Gehring, Parlament - Regierung - Opposition, 1969, S. 108ff.

2 Maunz, in: M/D/H/S, Art. 21 Rn. 14; Hesse, Grundzüge des Verfassungsrechts, 18. A. 1991, Rn. 169

3 Pernice, Maastricht, Staat und Demokratie, Die Verwaltung 1993, 449(480)

4 Kirchner/Haas, Rechtliche Grenzen für Kompetenzübertragungen..., JZ 1993, 760(767); Grimm, Braucht Europa eine Verfassung ?, JZ 1995, 581(588)

5 Schilling, Die Verfassung Europas, StwStp 1996, 387(403)

6 Magiera, Parlament und Staatsleitung in der Verfassungsordnung des GG, 1979, S. 106; Stern, Staatsrecht Bd. I, 2. A., § 18 II 5 a; Heun, Das Mehrheitsprinzip in der Demokratie, 1983, S. 142ff.

7 v. Brünneck, Die öffentliche Meinung in der EG als Verfassungsproblem, EuR 1989, 249(259)

8 Di Fabio, Der neue Art. 23 des GG, Der Staat 1993, 191(204); Kirchner/Haas, Rechtliche Grenzen für Kompetenzübertragungen..., JZ 1993, 760(767); Jochimsen, Perspektiven der europäischen WWU, 2. A. 1998, S. 201

9 Kahl, Montesquieu, Staat und Europa, JöR n.F. Bd. 45(1997), 11(27)

10 Frankreichs Erziehungsminister Jack Lang, Süddeutsche Zeitung vom 25. März 1993 Beil. Nr. 70 Seite VIII

11 BVerfGE 89, 155(185)

wenn alle Eurobediensteten zehn Sprachen sprächen[1]. Es geht aber nicht darum, dass alle Politiker, und erst recht nicht die gesamte Verwaltung, alle Sprachen sämtlicher Bürger beherrschen. Entscheidend sind nicht Kontakte zu individuellen Bediensteten der EU, sondern ob mit der EU als Institution generell Kommunikation in sämtlichen Sprachen möglich ist. Dafür reicht die gegenwärtige Regelung der Amtssprachen[2] jedoch aus[3].

Sicherlich kann das Sprachenproblem nicht in die Privatsphäre abgedrängt werden[4], da die politische Kommunikation nicht ausschließlich private Kommunikation ist, sondern auch eine öffentliche Seite aufweist. Auch der Hinweis, Sprachen würden gelernt und übersetzt[5], macht es sich zu einfach. Zum einen sind nicht annähernd alle Menschen intellektuell und zeitlich in der Lage, alle oder auch nur die wichtigsten Sprachen in der EU zu erlernen. Großflächiges Übersetzen ist ebenfalls für die unmittelbare zwischenmenschliche Kommunikation undurchführbar, außerdem geht bei bloßer Übersetzung viel auch an kulturspezifischem Inhalt der übersetzten Sprache verloren[6]. Der Bezug zum eigenen Lebensumfeld wird durch die Übersetzung verzerrt, gleiches gilt für den Bezug zum eigenen Wertebild. Sprache bestimmt auch wesentlich das notwendige gemeinsame Interpretationsschema, in dem die Diskussionsteilnehmer denken[7]. Misst man die sprachliche Situation in der EU mit dieser Elle, so hat man jedoch ein demokratisch-gesellschaftliches Idealbild vor Augen, zu dem man fragen muss, ob die Möglichkeit, eine Demokratie zu erstellen, wirklich auf ideale gesellschaftliche Rahmenbedingungen beschränkt sein muss[8]. Die Alternative wäre dann entweder eine perfekte Demokratie oder keine. Bereits ein Blick auf die Demokratien dieser Welt zeigt, dass dies nicht die Alternativen sein können. Bereits ein Verweis auf die USA[9] ist grundsätzlich geeignet,

---

1 Roellecke, "Mehr Demokratie wagen" in Europa !?, NJW 1995, 26(27); die Bundesregierung will jedoch als weitere Einstellungsvoraussetzung bei den EU-Organen erreichen, dass Bewerber neben ihrer Muttersprache nicht nur eine Gemeinschaftssprache ausreichend, sondern zusätzlich eine weitere Sprache zufriedenstellend beherrschen müssen, BT-Drs. 13/4176, wib 7/96 XVII/53

2 dazu näher, insbesondere auch zu den damit verbundenen praktischen Problemen, Huber, P.M., Recht der Europäischen Integration, 1996, § 1 Rn. 18ff.

3 Schilling, Die Verfassung Europas, StwStp 1993, 387(401)

4 Classen, Europäische Integration und demokratische Legitimation, AöR 1994, 238(255ff.)

5 Pernice, Maastricht, Staat und Demokratie, Die Verwaltung 1993, 449(475ff.)

6 Großfeld, Sprache und Schrift als Grundlage unseres Rechts, JZ 1997, 633(635f.)

7 Kriele, Das demokratische Prinzip im GG, VVDStRL 29, 46(57); Lachmayer, Mythos und Staatsbewußtsein, 1980, S. 115(121); Zippelius, Geschichte der Staatsideen, 5. A. 1985, S. 181; wir sehen die Welt durch „das innere Auge unserer Sprache“, Großfeld, Sprache und Schrift als Grundlage unseres Rechts, JZ 1997, 633; Blanke/Kuschnick, Bürgernähe und Effizienz als Regulatoren ..., DÖV 1997, 45(50); Grimm, Braucht Europa eine Verfassung ?, JZ 1995, 581(588)

8 Schilling, Die Verfassung Europas, StwStp 1993, 387(400/402); Steffani, Das Demokratie-Dilemma der EU..., 1995, S. 33

9 Kahl, Montesquieu, Staat und Europa, JöR Bd. 45(1997), 11(26); Bryde, Die bundesrepublikanische Volksdemokratie als Irrweg der Demokratietheorie, StwStp 5(1994), 305(312); Pernice, Maastricht, Staat und Demokratie, Die Verwaltung 1993, 449(478); Cremer, Das Demokratieprinzip auf nationaler und europäischer Ebene, EuR 1991, 21(23); Steinberger, Der Verfassungsstaat als Gliedstaat einer europäischen Gemeinschaft, VVDStRL 50(1991), 8(23)

Kommunikation zwischen mehrsprachigen Bevölkerungsteilen zu belegen[1]. Dass hier lediglich im wesentlichen drei Sprachen miteinander verkehren, ist nicht das Haupthindernis, das diesen Vergleich verfälscht[2]. Das Problem der unterschiedlichen sprachlich vermittelten Welterfahrung bleibt grundsätzlich das gleiche. Der Hauptunterschied zwischen der USA und Europa liegt darin, dass die unterschiedlichen Sprachgruppen der USA in einem einheitlichen Lebensraum leben, relativ gleichmäßig über das Land verteilt sind und zudem trotz traditionell bedingter Kulturunterschiede eine gemeinsame amerikanische Kultur, verkörpert vor allem in gemeinsamen amerikanischen Idealen, als Klammer haben[3] und diese Kultur trotz unterschiedlicher Sprachen auch ein für die politische Diskussion im wesentlichen ausreichendes sprachübergreifendes Interpretationsschema entwickelt hat und das bedeutet konkret in erster Linie ein Interpretationsschema, in dem die nationalen Grenzen keine allgemein anerkannte Rolle spielen. Das Problem einer fehlenden öffentlichen Meinung sah man zudem auch in den USA. Wegen der ungeheueren Entfernungen, die in den Anfängen schon mangels technischer Möglichkeiten kaum zu überwinden waren, befürchtete man, die Regierung in Washington könnte sich einer demokratischen Kontrolle entziehen. Die Antwort auf dieses Problem war die Entwicklung vor allem von rechtsstaatlichen Garantien[4].

Für einen Vergleich mit der EU geeigneter ist die Schweiz. Diese hat zwar eine nationale Identität gebildet[5], die Bevölkerung lebt jedoch im Gegensatz zu den USA in geographisch weitgehend geschlossenen Sprachgebieten. Immerhin wird der Schweiz attestiert, dass auch ein mehrsprachlicher politischer Diskurs eine nationale Diskussion grundsätzlich herstellen kann[6]. Wenig ermutigend an dem Beispiel der Schweiz sind allerdings die trotz gemeinsamer nationaler Identität tiefgreifenden innerstaatlichen Spannungen, die trotz gemeinsamer Identität primär entlang der Sprachengrenzen verlaufen[7]. Dies macht das Sprachenproblem jedoch ebenfalls noch nicht zu einem Rechtsproblem. Darüber,

---

[1] so auch Schütz, Europaweite Freizügigkeit ohne demokratische Kontrolle, AöR 120(1995), 509(544f.)

[2] so aber Grimm, Braucht Europa eine Verfassung ?, JZ 1995, S. 581(589)

[3] Oppermann, Der Europäische Traum zur Jahrhundertwende, JZ 1999, 317(320); und für diese wurde der europäische nationalstaatliche Zusammenhang gerade aufgegeben, Grimm, a.a.O., S. 589

[4] Bleckmann, Chancen und Gefahren der europäischen Integration, JZ 1990, 301(301f); der Grundsatz der Rechtsstaatlichkeit ist ein spezifisch deutscher Beitrag zur EU. Seine Garantien hat das deutsche Bürgertum der staatlichen Gewalt als Kompensation für die zögerliche Demokratisierung in Deutschland abgerungen, Herzog, in: M/D/H/S, Art. 20 VII. Rn. 2ff.

[5] Grimm, Braucht Europa eine Verfassung ?, JZ 1995, S. 581(589); mehrsprachliche Staaten wären zudem etwa auch Belgien, Finnland, Kanada, Schilling, Die Verfassung Europas, StwStp 1993, 387(400 Fn. 157); Classen, Europäische Integration und demokratische Legitimation, AöR 119(1994), 238(256)

[6] Grimm, a.a.O.; Röper, Das Volk Europas, einig in seinen Völkern und Stämmen, NJW 1996, 468(469); Schütz, Europaweite Freizügigkeit ohne demokratische Kontrolle, AöR 120(1995), 509(544f.)

[7] s. dazu etwa Neue Züricher Zeitung v. 18.11.96, S. 23

mit welcher faktischen Kommunikationsform das diskutierende Volk leben kann, entscheidet es in einer Tatsachen- und nicht in einer Rechtsentscheidung.

Trotz oder eigentlich sogar wegen aller Probleme, die mehrsprachliche Staaten und ihre demokratischen Systeme haben und trotz der Problematik, deren gesellschaftliche Gegebenheiten auf die EU zu übertragen, wird an den angeführten Beispielen gerade deutlich, dass mit dem Sprachenproblem nicht die Existenz einer vorrechtlichen Gegebenheiten entscheidend dafür wird, eine Gemeinschaft und deren Herrschaftssystem nach demokratischen Entscheidungskriterien zu organisieren, sondern allein der Wille, sich als demokratische Entscheidungseinheit zu definieren. Gerade in Europa stützen sich auch derzeit nicht alle Demokratien ausschließlich auf eine einheitliche homogene nationale Sprachidentität[1]. Selbst in den Dialekten bestehen bis heute sogar übersetzungsbedürftige territoriale Sprachunterschiede.

Mehrsprachlichkeit der Bürger Europas würde die Bildung einer länderübergreifenden öffentlichen Meinung und damit auch die Integration sicherlich fördern. Weder sprachliche Homogenität noch Mehrsprachlichkeit sind jedoch eine zwingende Voraussetzung für eine öffentliche politische Diskussion. So hat gerade die Diskussion über den Vertrag von Maastricht gezeigt, dass auch in einem verschiedensprachlichen Europa öffentliche Diskussionen über Ländergrenzen hinweg und aus einer starken gesamteuropäischen Perspektive geführt werden können und Beachtung finden[2]. Mit aller gebotenen Vorsicht kann als Beispiel vor allem der Fernsehauftritt vom damaligen Bundeskanzler Kohl zur Volksabstimmung über den EUV in Frankreich angeführt werden[3]. Zudem gibt es auch innerhalb der europäischen Nationen keinen direkten politischen Diskurs zwischen allen Bürgern, auch hier ist man auf Vermittler angewiesen. Diese können bei aller Problematik jedoch auch Vermittler in der Sprache sein[4]. Ein bisher durch kulturelle Homogenität gesicherter Grundkonsens wird als Bestandsvoraussetzung der Demokratie deshalb in dem Maße überflüssig werden, wie auf diese Art eine vernünftige politische Verständigung auch unter Fremden möglich wird[5].

---

[1] Christiansen, Gemeinsinn und Europäische Integration, 1995, S. 59 mit zahlreichen Beispielen europäischer Zerfallserscheinungen; Schilling, Die Verfassung Europas, StwStp 1993, 387(394)

[2] Pernice, HdbdStR Bd. VIII, § 191 Rn. 52; von der Existenz einer mindestens rechtlich ausreichenden europäischen öffentlichen Diskussion geht Classen, Europäische Integration und demokratische Legitimation, AöR 119(1994), 238(256f.) aus

[3] Lenz, Vertrag von Maastricht - Ende der demokratischen Staatlichkeit ?, NJW 1993, 1962(1963)

[4] Schilling, Die Verfassung Europas, StwStp 1993, 387(402)

[5] Habermas, Die postnationale Konstellation, 1998, S. 113

4. Existentielle Gemeinsamkeiten als Voraussetzung einer Demokratie

Der Begriff des Volkes ist nicht nur sprachlich ein Grundbegriff der Demokratie[1]. Bereits mathematisch ist, um eine Mehrheit ermitteln zu können, eine Zahlenganzheit erforderlich, da sich nur eine solche in Mehrheit und Minderheit aufteilen lässt[2]. In der Demokratie verbindet ein gemeinsamer Grundkonsens das demokratisch verfasste Volk zu einer Einheit im Sinne einer Zahlenganzheit[3]. Hierfür genügt ein rein rechtliches Band - so unerlässlich es ist, um die Mehrheitsentscheidung letztlich durchsetzen zu können - nicht. Hinzukommen muss ein Zusammengehörigkeitswille[4]. Erst der gemeinsame Wille, einen einheitlichen politischen Körper zu bilden, eröffnet die Möglichkeit, dass das Gemeinwesen in Mehrheit und Minderheit auseinander bricht[5]. Entscheidungen lassen sich leichter in Gruppenloyalität fällen[6], Mehrheitsentscheidungen lassen sich überhaupt nur in Gruppenloyalität von der Minderheit akzeptieren[7]. Mit grundsätzlichen und unüberbrückbaren Gegensätzen ginge die ratio des Mehrheitsprinzips verloren[8]. Mehrheit und Minderheit werden gerade durch Gruppenloyalität als Kern des demokratischen Ethos zusammengehalten[9].

Demokratische Legitimation ist deshalb nicht schon dann hergestellt, wenn mit 50 % + 1 Stimme Mehrheit abgestimmt wird. Sie setzt ein Mindestmaß an Solidarität und Identifikation mit dem entscheidenden Gemeinwesen voraus, die es der unterlegenen Minderheit erst zumutbar erscheinen lassen, sich auch den Mehrheitsentscheidungen zu fügen, denen sie nicht selbst zugestimmt hat[10]. Je schwächer diese Solidarität ausgeprägt ist, desto intensiver muss der Minderheitenschutz ausgestaltet sein. Strukturell segmentierte politische Systeme müssen deshalb das Mehrheitsprinzip als Entscheidungsverfahren weitgehend durch Formen der Entscheidungsfindung in einem allgemeinen Konsens und Kom-

---

[1] Böckenförde, in: HdbdStR Bd. I, § 22 Rn. 26; Badura, in: HdbdStR Bd. I, § 23 Rn. 28; Isensee, Die alte Frage nach der Rechtfertigung des Staates, JZ 1999, 265(274); Weiler, Der Staat „über alles", JöR n.F. Bd. 44 (1996), 91(94)

[2] Gusy, Das Mehrheitsprinzip im demokratischen Staat, AöR 106, 329(344); Heun, Das Mehrheitsprinzip in der Demokratie, 1983, S. 30/106; Stern, Staatsrecht Bd. I, 2. A., § 18 II 5 f; Hesse, Grundzüge des Verfassungsrechts, 18. A. 1991, § 5 II 3 Rn. 155

[3] BVerfGE 1, 299(314); Heun, a.a.O. S. 152

[4] Lemke, Europa als politischer Raum, Kritische Justiz 1999, 1(7)

[5] Heun, Das Mehrheitsprinzip in der Demokratie, 1983, S. 109; Weiler, Der Staat „über alles", JöR 44 (1996), 91(94); Isensee, Die alte Frage nach der Rechtfertigung des Staates, JZ 1999, 265(266f./277); Böckenförde, in: HdbdStR Bd. I, § 22 Rn. 47; Smend, Verfassung und Verfassungsrecht, 1928, S. 114/119; Christiansen, Gemeinsinn und Europäische Integration, 1995, S. 54; Classen, Europäische Integration und demokratische Legitimation, AöR 119(1994), 238(256)

[6] Böckenförde, a.a.O. Rn. 63; Kriele, Das demokratische Prinzip im GG, VVDStRL 29, 46(70)

[7] Isensee, Die alte Frage nach der Rechtfertigung des Staates, JZ 1999, 265(274); Volkmann, Solidarität in einem vereinten Europa, StwStp 1999, 17(40)

[8] Hesse, Grundzüge des Verfassungsrechts, 18. A. 1991, § 5 Rn. 143; Böckenförde, in: HdbdStR Bd. I, § 22 Rn. 76; Kaltefleiter, Die Grenzen der Demokratie, 1986, S. 137(139); BVerfGE 39, 1(93)

[9] Smend: Verfassung und Verfassungsrecht, 1928, S. 35; Steffani, Parlamentarische und präsidielle Demokratie, 1979, S. 112f.

[10] Sv. Scharpf, Gem.VerfK., Sten.Ber. 1. Öffentl. Anhörung, S. 16

promiss ersetzen[1]. In Bundesstaaten wird dieses Problem in einem Zwei-Kammern-System aufgefangen[2].

Auch eine demokratische Rechtsordnung ist dementsprechend nur möglich, wenn sie von einem Kern des Unbezweifelten ausgehen kann[3]. Auch in ihr kann ein konsensfähiger Kompromiss zwischen pluralistischen Kräften nur erreicht werden, wenn die politische Auseinandersetzung begrenzt bleibt[4]. Gleichzeitig erhöht sich mit der Stärke des Grundkonsenses der Spielraum für rationale Lösungen[5].

5. Der Inhalt der existentiellen Gemeinsamkeit

Das BVerfG stellt in seinem Urteil zum Vertrag von Maastricht fest, dass es die Demokratie des Grundgesetzes erfordere, dass das deutsche Volk auch in einer europäischen Integration in der Lage sein muss, „dem, was es - relativ homogen - geistig, sozial und politisch verbindet, rechtlichen Ausdruck zu geben".

Es stellt sich die Frage, welche rechtlichen Konsequenzen das Erfordernis „relativ homogener geistiger, sozialer und politischer" Gemeinsamkeiten für die Ausgestaltung einer Herrschaft als demokratisch wirklich haben kann. Jede Volksgemeinschaft ist zugleich Wertegemeinschaft[6]. Jedes das Volk repräsentierende Parlament repräsentiert diese Werte[7]. Gleichzeitig stellt es dieses Volk dar und aktualisiert es[8]. Wahlen allein können deshalb die Repräsentation nicht erklären[9]. Eine auf die Sachfrage reduzierte, weil "entideologisierte" Wahl der Repräsentanten soll somit sogar die Sachfragen dem demokratischen Legitimations- und Kontrollprozess entziehen[10]. Nicht möglich sein soll deshalb auch eine Repräsentation ökonomischer Werte, Technik, Zivilisation und Naturwissenschaften, da es diesen an einem spezifisch ideellen Wertakzent mangle[11].

---

1 Heun, Das Mehrheitsprinzip in der Demokratie, 1983, S. 187

2 Christiansen, Gemeinsinn und europäische Integration, 1995, S. 59

3 v. Simson, Zur Theorie der Legitimität, 1971, S. 459; Kielmansegg, Legitimität als analytische Kategorie, PSV 1971, 367(381); Böckenförde, in: HdbdStR Bd. I, § 22 Rn. 65; Badura, ebenda, § 23 Rn. 31

4 Freund, Alexis Tocqueville und die politische Kultur der Demokratie, 1974, S. 14; Gusy, Das Mehrheitsprinzip im demokratischen Staat, AöR 106, 329(333f.)

5 Kielmansegg, Legitimität als analytische Kategorie, PVS 1971, 367(388)

6 Leibholz sieht ein Volk, dem der ideelle Wertakzent fehlt, lediglich als Sammelbegriff für die Summe der einzelnen Staatsangehörigen, Die Repräsentation in der Demokratie, 1973, S.46; der „geschichtlich-irdische Staat hat nur Bestand, wenn er sich rückversichert im Himmel der politischen Ideale", Isensee, Die alte Frage nach der Rechtfertigung des Staates, JZ 1999, 265(266f.)

7 Böckenförde, in: HdbdStR Bd. II, § 30 Rn. 21; Leibholz, Die Repräsentation in der Demokratie, 1973, S.32/34f.; Krüger, Allgemeine Staatslehre, 2. A. 1966, S. 236

8 Böckenförde, in: HdbdStR Bd. I, § 30 Rn. 21; Maunz, in: M/D/H/S, Art. 38 Rn. 1

9 Leibholz, Die Repräsentation in der Demokratie, 1973, S. 162

10 Badura, Über Wahlen, AöR 1972, 1(2)

11 Huber, E. R., Nationalstaat und Verfassungsstaat, 1965, S. 278; Leibholz, Die Repräsentation in der Demokratie, 1973, S. 32

Entsprechend z.B. wird auch eine europäische Identität als zentrale Legitimitätsbedingung für die EU verlangt[1].

Ebenso wie zur Entwicklung des Demokratiegedankens gehört auch zur geschichtlichen Entwicklung der Repräsentation das Entstehen der Nationalstaaten[2] und damit das Konzept der Nationalrepräsentationen[3]. Dabei ist aber auch der Ausgangpunkt europäischer Staatswerdung zu sehen, die bereits vor dem Aufkommen der nationalen Bewegung begonnen hat. Eine der großen Aufgaben der nach dem Mittelalter entstehenden Staatlichkeit war die Beseitigung der Zerrissenheit des Landes in einzelne, sich sinnlos und häufig aus lediglich privaten Gründen befehdende Klein- und Kleinstherrschaften. Von einer einheitlichen und rationalen Verwaltung eines größeren Gebietes erhoffte man sich Ruhe und Wohlstand[4]. Die Solidarität des staatlich geeinten Volkes tritt in diesem Frühstadium der Entwicklung noch in den Hintergrund. Der Staat erscheint in erster Linie als Einrichtung zur Ordnung von Herrschaft[5]. Erst ab der Mitte des 19. Jahrhunderts wird er zur Verwirklichung einer von der Gesinnung des Volkes getragenen sittlichen Idee[6]. Das Volk wurde somit erst im Laufe der Entstehung der europäischen Nationen aus europäischen Staaten zum ideellen Komplex von Gemeinwohlvorstellungen, die ein starkes Einheitswollen zu einem kompakten Nationalwillen zusammenschweißt[7]. Die Nation wurde zeitlich parallel allerdings zum Rahmen für ein demokratisches Entscheidungssystem. Die ihr zugrunde liegenden nicht-rechtlichen Motive bilden den Grund für ihre Akzeptanz als Entscheidungsverband. Dass das Volk, wenn es als Staatsvolk in eine Beziehung zur staatlichen Existenz tritt, zur Nation[8] wird, soll deshalb eine staatsrechtliche Konsequenz sein[9]. Es identifiziere sich dann als Nation mit einem völkerrechtlichen Staat als Nationalstaat[10]. Völker wüchsen so langsam zu

---

[1] Lemke, Europa als politischer Raum, Kritische Justiz 1999, 1(7); Grimm, Braucht Europa eine Verfassung ?, JZ 1995, 581(589); ein „europäischer Symbolismus" versucht, hier zu unterstützen, Christiansen, Gemeinsinn und Europäische Integration, 1995, S. 55

[2] Badura, in: HdbdStR Bd. I, § 23 Rn. 37; Christiansen, a.a.O. S. 54

[3] Diskbeitr. Badura VVDStRL 33, S. 141; Mantl, Repräsentation und Identität, 1975, S. 102

[4] Schilling, K., Der Staat, 1935, S. 249; Lerche, Stiller Verfassungswandel..., 1971, S. 292

[5] Menzel, Beiträge zur Geschichte der Staatslehre, 1929, S. 547f.

[6] Würtenberger, Die Legitimation staatlicher Herrschaft, 1973, S. 225

[7] Mantl, Repräsentation und Identität, 1975, S. 92; Schmitt, Verfassungslehre, 5. A. 1970, S. 205ff.; Leibholz, Die Repräsentation in der Demokratie, 1973, S. 44-48; Disk.-beitr. Badura VVDStRL 33, S. 141; Böckenförde, in: HdbdStR Bd. I, § 22 Rn. 63; Herzog, Allgemeine Staatslehre, 1972, S. 42

[8] Stern, Staatsrecht Bd. II, § 25 I 2 b; Leibholz, Die Repräsentation in der Demokratie, 1973, S. 250; Herzog, Allgemeine Staatslehre, 1972, S. 44; v. Simson, Was heißt in einer europäischen Verfassung "Das Volk" ?, EuR 1991, 1(6)

[9] Abbé Sieyès zit. nach Badura, in: HdbdStR Bd. I, § 23 Rn. 22; Geiger, Demokratie ohne Dogma, 4. A. 1991, S. 161

[10] Stern, Staatsrecht Bd. II, § 25 I 2 b; Grawert, Der Deutschen supranationaler Nationalstaat, 1995, S. 125(128ff.)

Nationen heran, das Volksbewusstsein wandle sich langsam und unbewusst zu einem Nationalbewusstsein[1].

Die z.T. extensiven Nationenbegriffe[2] begrenzen sicherlich die Demokratie rein tatsächlich in der Regeln auf den Nationalstaat[3]. Demokratietheoretisch relevant ist jedoch der Begriff der Nation nicht. Demokratietheoretisch relevant ist ausschließlich der Begriff des Volkes. Mit ihm ist der der Nation jedoch nur geschichtlich, aber nicht systemnotwendig verknüpft[4], weshalb es keinesfalls erforderlich ist, dass sich in der EU vor einer eventuellen Staatswerdung bereits eine „europäische Nation" gebildet hat[5]. Bereits auch sprachlich stellt Demokratie auf die Existenz eines Volkes und nicht auf die einer Nation ab. Unter dem Begriff der Nation sammeln sich in erster Linie die politischen und historischen Motive, die ein Volk sich zusammenschließen lassen. Demokratietheoretisch relevant ist auch nicht der Begriff des Staates[6], sondern allein der Begriff des Volkes. Zum Inhalt des Volksbewusstseins sagt die Demokratietheorie nichts aus. Das jeweils als Volk definierte und von den Beteiligten akzeptierte Gemeinwesen ist das demokratietheoretisch relevante Volk. Nationalstaatliche

---

[1] Leibholz, Die Repräsentation in der Demokratie, 1973, S. 251; gegen die "psychische Wirklichkeit des Nationalgefühls", eines "ideologischen Nebels feierlichen Nichts" als Klammer für eine "affektbeladene Vorstellung von einer Einheit" schreibt engagiert Geiger, Demokratie ohne Dogma, 4. A. 1991, z.B. S. 170/173; die „heimelige Wärme" des Nationalen hebt ironisch Grawert hervor, Der Deutschen supranationaler Nationalstaat, 1995, S. 134

[2] auf den unterschiedlichen Nationenbegriff der Franzosen und der angelsächsischen Länder, der auf dem gemeinsamen politischen Bekenntnis beruht, in einer bestimmten staatlichen Ordnung leben zu wollen und dem ethisch-kulturelle Nationenbegriff der Deutschen und mittel- und osteuropäischen Völker verweisen Böckenförde, in: HdbdStR Bd. I, § 22 Rn. 48; Stern, Staatsrecht Bd. II, § 25 I 2 a; v. Simson, Was heißt in einer europäischen Verfassung "Das Volk" ?, EuR 1991, 1(4); Herzog, Allgemeine Staatslehre, 1972, S. 42; Weiler, Der Staat „über alles", JöR 44 (1996), 91(117f.); Meesen, Politische Identität in Europa, EuR 1999, 701(702); Bleckmann, Die Wahrung der „nationalen Identität" im Unions-Vertrag, JZ 1997, 265(266); Grawert, Der Deutschen supranationaler Nationalstaat, FS Böckenförde, 1995,125(128f.); Rilinger, Die Europäisierung des Einbürgerungsrechts, ZRP 1995, 372(373); darauf, dass selbst als das Abstammungsprinzip eingeführt worden ist, nicht die nationale Homogenität im Mittelpunkt stand, sondern der Verband der einheimischen Bevölkerung, verweist Seidel, Zur Verfassung der EG nach Maastricht, EuR 1992, 125(138); für die europäische Integration verändern diese beiden eigentlich grundsätzlich unterschiedlichen Nationenbegriffe wenig, da die extensiven Homogenitätsvorstellungen der letzteren durch die extensiven Souveränitätsbegriffe der ersteren ausgeglichen werden.

[3] Schmitt, Verfassungslehre, 5. A. 1970, S. 231ff.

[4] Christiansen, Gemeinsinn und europäische Integration, 1995, S. 54; Zuleeg, Der Verfassungsgrundsatz der Demokratie und die EGten, Der Staat 1978, 17(33); die Nationenbezogenheit der Begriffe Staat und Demokratie als „ die nicht eben glücklichste Hinterlassenschaft der Epoche der Franz. Revolution" bezeichnet Steinberger, Anmerkungen zum Maastricht-Urteil des BVerfG, 1994, S. 29f.; so im Ergebnis auch Meesen, wenn er darauf hinweist, dass die Frage, ob politische Identität in nationaler aufgeht, nicht durch begriffliche Gleichsetzung vorentschieden werden darf, Politische Identität in Europa, EuR 1999, 701(702)

[5] so aber Bleckmann, Die Wahrung der „nationalen Identität" im Unions-Vertrag, JZ 1997, 265(267); die Analogie von nationalem Volk zum Europavolk als Verlängerung des 19. Jahrhunderts sieht dagegen Denninger, JZ 1996, 585(586)

[6] Pernice, Maastricht, Staat und Demokratie, Die Verwaltung 1993, 449(477ff.)

Homogenitätsvorstellungen verengen nur den Volksbegriff[1], auch wenn es vorteilhaft für die Stabilität der Herrschaft sein mag, wenn die Nation Staatlichkeit besitzt[2] oder der Staatlichkeit ein nationales Bewusstsein zugrunde liegt. Eine von nationalen Vorstellungen losgelöste Volksdefinition, aufbauend auf der eigentlichen Wurzel im Gedanken des selbstbestimmten Gemeinwesens, ist deshalb demokratietheoretisch möglich[3]. Die EU muss sogar umgekehrt daraus eine besondere materielle Legitimation erhalten, dass sie als Konsequenz aus dem Scheitern nationalstaatlicher Politik in Europa vor allem in den letzten 150 Jahren wenigstens versucht, gerade eine über-nationalstaatliche demokratische Gemeinschaft aufzubauen[4]. Wenn dieses Ziel entfällt und die EU nur eine neue Form nationalstaatlicher Demokratie werden soll, verliert sie die Wurzeln ihrer Motivation und damit auch die Wurzeln für ihre Akzeptanz. Damit erschöpft sich die Motivation für die EU jedoch nicht darin, die europäischen Folgen der beiden Weltkriege aufzuarbeiten. Die Auswirkungen nationalstaatlicher Politik sind auch in der Welt-Tagespolitik jederzeit gegenwärtig.

Der verengte traditionelle Demokratiebegriff der Nationalstaaten kann deshalb nicht als alleiniger Maßstab für die Beurteilung der Legitimation der Unionsgewalt herangezogen werden[5]. Demokratietheoretisch ist der Nationalstaat auch nicht die einzige Möglichkeit, eine Einheit, die das Mehrheitsprinzip akzeptiert, zu schaffen[6].

In der Tat würde die Rechtfertigung einer Herrschaft einseitig aus zweckrationalen Gründen den von ihr angesprochenen Bürger überfordern[7], und zwar allein deshalb, weil sie ihn, unabhängig von seiner individuellen Fähigkeit, Sachargumente aufzuarbeiten, nur in seiner Eigenschaft als zweckrationales Wesen anspricht und damit nicht in seiner Gesamtheit, gleichzeitig von ihm jedoch verlangt, dass er sich in seiner Gesamtheit in die staatliche Herrschaft einfügt. Die integrierende Wirkung gemeinsamer Wirtschaftsinteressen soll deshalb

---

[1] Grawert, Der Deutschen supranationaler Nationalstaat, 1995, S. 137; Weiler, Der Staat „über alles“, JöR 44 (1996), 91(119); zu den Problemen, wenn man die Begriffe Staat, Nation und Volk als identisch verwenden will, s. auch Grawert, a.a.O. S. 128ff.

[2] Weiler, Der Staat „über alles“, JöR 44 (1996), 91(123)

[3] Pernice, Maastricht, Staat und Demokratie, Die Verwaltung 1993, 449(477f.); Weiler, a.a.O. S. 94f. und insbes. 112ff.); dass es praktisch schwer zu verwirklichen ist, Christiansen, Gemeinsinn und Europäische Integration, 1995, S. 54, beweist die europäische Realität.

[4] darauf wurde erst jüngst wieder auf dem Schwarzkopf-Kolloquium hingewiesen, Hofmann, Welche Verfassung für Europa ? -..., NVwZ 2000, 289; ähnlich Christiansen, a.a.O. S. 55

[5] Bandilla/Hix, Demokratie, Transparenz und Bürgerrechte in der EG, NJW 1997, 1217; wenn dieser Demokratiebegriff den nationalen Verfassungen zugrunde liegt und aus diesen heraus auf die EU übertragen werden soll, so führt dies zwar dazu, dass die EU aus der Sicht dieser Verfassungen nicht legitimiert ist. Im vorliegenden Zusammenhang geht es jedoch darum, ob der nationalstaatliche Demokratiebegriff systemnotwendig mit demokratischer Legitimation verbunden ist oder nur typischerweise.

[6] Denninger, Anmerkungen zur Diskussion um Europäische Grundrechte, Kritische Vierteljahresschrift 2000, 145(150)

[7] Isensee, Die alte Frage nach der Rechtfertigung des Staates, JZ 1999, 265(272)

nicht überschätzt werden dürfen, da - demokratietheoretisch - für eine Integration ein umfassenderer politisch gestalterischer Wille erforderlich sei[1]. Auch Versuche, die Integration auf Leistungen zu stützen, sollen im vordergründigen Bereich vergänglicher Prestigeformeln scheitern[2].

Die Funktionsorientierung als einzige Voraussetzung für den Verfassungsstaat der modernen Gesellschaft zu sehen[3], wäre deshalb moderner Positivismus. Der ökonomische Gedanke wird dadurch aber nicht von vornherein ungeeignet als ideeller Wert. Zum einen kann dem Wirtschaftsverband nicht jede integrierende Wirkung abgesprochen werden[4]. Vor allem verkennt diese Einschätzung aber, dass in Wirklichkeit auch bei einer ökonomischen Integrationsbasis der hinter dieser stehende Wert die ideelle Grundlage des Gemeinwesens ist. Zwar werden gerade Staatszwecke oft zweckrational bestimmt, dienen aber auch dann meist einer Werteverwirklichung, die nur von dem vordergründigen rationalen Staatszweck überlagert wird[5]. Gerade im modernen Leistungs- und Wohlfahrtsstaat, zu dem sich alle Mitglieder der EU entwickelt haben, sind ökonomische Überlegungen von ideellen Werten, wie einem menschenwürdigen Leben in autonomer Selbstbestimmung, kaum noch zu trennen. Es kann dabei vor allem geglaubt werden, dass eine gesatzte Ordnung mit gemeinsamen absolut verpflichtenden Werten in Einklang steht (Menschenwürde, Rechtsstaatsgebot) und dass diese Ordnung hilft, diese Werte zu verwirklichen, zu verbreiten und zu sichern[6]. Die bisherige nationale Repräsentation kann daneben bestehen bleiben, muss jedoch einen Weg finden zu einem Kooperationsverhältnis mit der "neuen" Wertepräsentation[7]. Vielleicht gelingt den sogenannten vordergründigen Werten auch die Erzeugung gemeinsamer Denkgewohnheiten, von denen wiederum eine identitätsbildende Wirkung ausgehen könnte[8]. Vielleicht kann der Gedanke, die Nation durch „vorausschauende Erinnerung zu erkennen“[9], im Gemeinwesen der EU Wirklichkeit werden. Immerhin prägen auch zukünftige Erwartungen selbst die Auslegung heutiger Gesetze[10]. Ob derzeit die aus-

---

1 Lemke, Europa als politischer Raum, Kritische Justiz 1999, 1(5)

2 Huber, E. R., Nationalstaat und Verfassungsstaat, 1965, S. 279

3 Roellecke, Das Recht von außen und von innen betrachtet, JZ 1999, 213(218)

4 Kirchhof, in: HdbdStR. Bd. I, § 19 Rn. 59

5 Smend, Verfassung und Verfassungsrecht, 1928, S. 78ff./53ff./164; v. Simson, Zur Theorie der Legitimität, 1971, S. 462

6 Würtenberger, Die Legitimität staatlicher Herrschaft, 1973, S. 281f.; v. Simson, a.a.O. S. 462 spricht in diesem Zusammenhang von der notwendigen (Wert-)Rationalität einer Herrschaftsmacht; Aarnio, Jurisdiktion und Demokratie, Rechtstheorie 30(1999), S. 137(140), der darauf verweist, dass eine nur auf Eigeninteressen basierende Legitimität nicht als allgemeines Legitimitätsprinzip taugt, sondern nur als individuelles.

7 vor allem den Ethos des Wohlfahrtsstaates als grundsätzliches Motiv für eine einende soziale Verantwortung sieht Weiler durchaus geeignet, ein europäisches Zusammengehörigkeitsbewusstsein zu schaffen, Der Staat „über alles“, JöR 44 (1996), 91(131)

8 Geiger, Demokratie ohne Dogma, 4. A. 1991, S. 168, Kahl, Montesquieu, Staat und Europa, JöR n.F. Bd. 45(1997), 11(13)

9 Grawert, Der Deutschen supranationaler Nationalstaat, 1995,125(132)

10 Häberle, Zeit und Verfassungsstaat..., JURA 2000, 1(4f.)

schließliche Bindung der Staatsbürgerschaft an ihre Nationalität und damit auch des Wahlrechts an die Nationalität rechtlich oder faktisch bereits brüchig geworden ist[1], mag dahingestellt bleiben, jedoch wird die Konjunktur der Nationalstaaten dort, wo die zunehmenden weltweiten Verflechtungen wirken, gedämpft. Auch knüpft Geschichtsbewusstsein immer stärker an einer Universalgeschichte an, wodurch die Verabsolutierung der nationalen Besonderheiten zunehmend relativiert wird[2]. Die eigene einende Nationalgeschichte wird zunehmend auch bewusst in Beziehung zur Geschichte anderer Nationen gestellt[3]. Das Pochen auf nationale Elemente in einem zu demokratisierenden Europa blockiert im Gegensatz dazu gerade das Entstehen neuer Wertmotive[4].

Es spielt dabei keine Rolle, ob ein auf nationaler Einheit i.S.e. ethnisch-kulturellen Identität gegründeter rechtlicher Staatsverband und/oder ein emotional aufgeladener Nationalismus die „optimale Voraussetzung“ für eine Demokratie sind[5]. Dass der dahinter stehende ideelle Wert in der Vergangenheit identisch war mit dem Gefühl nationaler Zusammengehörigkeit, ist eine Tatsache, die deshalb jedoch noch nicht untrennbar mit dem demokratischen Gedanken verbunden ist. Kern des demokratischen Problems ist nämlich gerade nicht das nationale Zusammengehörigkeitsgefühl, sondern ein Zusammengehörigkeitsgefühl an sich, das sich rein tatsächlich aus einem ideellen Wert speisen muss[6]. Dass neue Formen kosmopolitischer Bürgerschaften mit multiplen oder vielschichtigen Identitäten entstehen können, ist nicht von vornherein auszuschließen[7]. Auch die Entwicklung eines europäischen Bewusstseins kann sich aber nur langsam und graduell vollziehen[8]. Gerade auch die Staaten in Europa als heute demokratisch verfasste Einheiten entstanden in einer langen Bewusstseinsprägung[9] und aus einer Überwindung von Trennendem[1]. Auch aus schwa-

---

[1] so aber Lemke, Europa als politischer Raum, Kritische Justiz 1999, 1(10); dagegen Grawert, Der Deutschen supranationaler Nationalstaat, 1995,125

[2] Huber, E. R., Nationalstaat und Verfassungsstaat, 1965, S. 279

[3] Huber, E. R., a.a.O. S. 284

[4] Europa „als Museum der alten Nationalstaaten“, Rüdiger Altmann, zit. nach Steinberg, GG und Europäische Verfassung, ZRP 1999, 365(369); die Reduzierung demokratischer Entscheidungsverfahren auf den ethnischen oder nationalen Volksbegriff wertet Weiler sogar als „kümmerliche Vision von Individuum und Menschenwürde“, Der Staat „über alles“, JöR 44(1996), 91(128)

[5] Isensee, zit. nach Weiler, Der Staat „über alles“, JöR 44 (1996), 91(100, Fn. 24 i.V.m. Fn. 19)

[6] ein solches herzustellen versuchen Blanke/Kuschnick über ein wechselseitiges Band der Rechte und Pflichten zwischen den Staaten, den Bürgern und der EU einerseits und den Bürgern andererseits, Bürgernähe und Effizienz als Regulatoren ..., DÖV 1997, 45(48f.)

[7] Lemke, Europa als politischer Raum, Kritische Justiz 1999, 1(8/11); die Lösung in konzentrisch angeordneten multiplen Demoi sieht auch Weiler, Der Staat „über alles“, JöR 44 (1996), 91(130); ähnlich Blanke/Kuschnick, die die Entwicklung eines europäischen Bewusstseins anmahnen, in dem „die Angehörigen ihr regionales und nationales Bewusstsein mit einer europäischen Identität in Einklang bringen“, Bürgernähe und Effizienz als Regulatoren ..., DÖV 1997, 45(49)

[8] Kahl, Montesquieu, Staat und Europa, JöR Bd. 45(1997), 11(26f.)

[9] Beutler, Offene Staatlichkeit und europäische Integration, 1995,109(114); wie im übrigen auch die Staatswerdung der USA, Oppermann, Der Europäische Traum zur Jahrhundertwende, JZ 1999, 317(320)

chen kulturellen Banden kann somit eine demokratische Einheit entstehen[2]. Eine wichtige Rolle für das Entstehen einer europäischen Identität kann dabei durchaus auch die gemeinsame europäische Verfassungs- und Rechtskultur spielen[3], die grundsätzlich dazu bereit ist, legal entstandene Rechtssätze auch als legitim anzuerkennen[4]. Sie kann das Fundament der EU werden[5]. Gerade deshalb wird auch überlegt, dass - wie in den Anfängen der USA - die europäische Rechtsstaatlichkeit ein Stückweit die demokratische Schwäche der EU kompensieren könnte[6].

Eine besondere Funktion bei der Schaffung einer europäischen demokratischen Einheit kann der "demokratische Mythos" vom Volk als pouvoir constituant spielen, den Isensee mit der Funktion der Gründungssagen Athens und Roms vergleicht, die Herkunft einer Ordnung zu rechtfertigen[7]. „Der abstrakte Verfassungsstaat kann vom Mythos des verfassungsschöpferischen Volkes ... Bildhaftigkeit und Charisma, Mitte und Orientierung“ erwarten[8]. „Das Volk, im Alltag der ... Demokratie unsichtbar, wird anschaulich im Bilde und rege in der politischen Phantasie. Der Verfassungsursprung erscheint als verlorenes Paradies, in das heimzukehren bei richtiger Einsicht vielleicht möglich ist“[9]. Die europäische Herrschaft kann, akzeptiert aus ihren Zielen und Leistungen in Verbindung mit dem mitgliedstaatlich-rechtsstaatlichen Automatismus, legale Vorschriften als legitim anzuerkennen, und mit dem mitgliedstaatlich-demokratischen Automatismus, eine Herrschaft durch die mit ihr unentrinnbar Verbundenen rechtfertigen zu lassen, zu einem europäischen Gemeinwesen führen, das die formalen Regeln einer demokratischen Legitimation innerhalb seines Gemeinwesens akzeptiert.

---

1 Lemke, Europa als politischer Raum, Kritische Justiz 1999, 1(9, Fn. 18); so im Erg. auch Weiler, Der Staat „über alles“, JöR 44 (1996), 91(121); Christiansen, Gemeinsinn und Europäische Integration, 1995, S. 50(54)

2 Leibholz, Die Repräsentation in der Demokratie, 1973, S. 253; von einem heterogenen Nationalstaat als Übergangslösung geht Rilinger aus, Die Europäisierung des Einbürgerungsrechts, ZRP 1995, 372(373)

3 Pernice, Maastricht, Staat und Demokratie, Die Verwaltung 1993, 449(480)

4 das Recht als wesentlicher Faktor der Integration und Garant des Zusammenhalts, Volkmann, Solidarität in einem vereinten Europa, StwStp 1999, 17(32/38)

5 Oppermann, Der Europäische Traum zur Jahrhundertwende, JZ 1999, 317(324); zu Überlegungen zu einer europäischen Staatsbürgerschaft auf der Grundlage einer universalistischen Rechtskultur als Komplementierung zu den nationalen Staatsbürgerschaften s. Lemke, Europa als politischer Raum, Kritische Justiz 1999, 1(11)

6 Steinberg, GG und Europäische Verfassung, ZRP 1999, 365(366); Hirsch, Kompetenzverteilung zwischen EuGH und nationaler Gerichtsbarkeit, NVwZ 1998, 907(909)

7 Isensee, Das Volk als Grund der Verfassung, 1995, S. 68ff.

8 Isensee, a.a.O. S. 69

9 Isensee, a.a.O. S. 69f.

Dem vielfach beschworenen sonstigen gemeinsamen europäischen kulturellen Vermächtnis[1] kommt weder für die Identitätsbildung noch für die Bildung eines gemeinsamen tragfähigen Entscheidungsfundaments wesentliche Bedeutung zu. Die Rhetorik um diese gemeinsame Tradition unterschlägt die Unterschiede der nationalen Entwicklungen[2]. Ein wirklich homogenes kulturelles Erbe Europas gibt es nicht[3]. Die relative Homogenität gegenüber außereuropäischen[4] Kulturregionen genügt als Tragdecke für eine demokratische Entscheidungseinheit nicht[5]. Die von Römischem Reich und christlichem Glauben geprägte gemeinsame abendländische Kultur des Mittelalters trat gegenüber den die Neuzeit prägenden Nationalstaaten weitgehend in den Hintergrund[6]. Bei aller Egalisierung der gemeinsamen industriellen Lebensweisen bleibt bisher die Eigenart der sprachlichen und politischen Nationalkulturen übermächtig[7]. Daraus jedoch zu schließen, dass die nationale Bindungskraft erst erlischt, wenn und soweit aus dem europäischen Erlebnis ein neues verändertes Identitätsgefühl hervortritt[8], ist überzogen. Der ausschließlich auf sich selbst besonnene „Nationalismus ist eine Krankheit, eine Abdankung des Geistes, der sich der Pflicht entzieht, Phantasie zu entwickeln“[9].

6. Die Relevanz vorrechtlicher Voraussetzungen in der Gesellschaft für die Demokratisierung der Europäischen Union

So wichtig vorrechtliche Voraussetzungen für das Funktionieren einer Demokratie sind, so wenig ergibt sich allein daraus, dass eine Demokratie auch rechtlich vom Vorliegen dieser Voraussetzungen abhängt. Das entscheidende Argument gegen die rechtliche Relevanz der vom BVerfG als Voraussetzung für eine demokratische Herrschaftsordnung angeführten tatsächlichen Gegebenheiten ist dabei, dass hinter der Idee der Volkssouveränität die Idee der freien Selbstbestimmung des Einzelnen steht[10]. Und diesen Aspekt kann selbst die faktischge-

---

[1] ein Kern einer europäischen Rechts-, Wirtschafts- und Kulturgemeinschaft existiert jedoch in der Tat, Kahl, Montesquieu, Staat und Europa, JöR n.F. Bd. 45(1997), 11(18); Classen, Europäische Integration und demokratische Legitimation, AöR 119(1994), 238(256)

[2] v. Bogdandy, Konturen des integrierten Europas, EA 1993, 49(54)

[3] Hochbaum, Der Begriff der Kultur im Maastrichter...Vertrag, BayVBl. 1997, 641(643)

[4] v. Brünneck, Die öffentliche Meinung in der EG als Verfassungsproblem, EuR 1989, 249(260)

[5] Lenz, Vertrag von Maastricht - Ende der demokratischen Staatlichkeit ?, NJW 1993, 1962(1954); Steffani, Parlamentarische und präsidielle Demokratie, 1979, S. 238

[6] Everling, Vom Zweckverband zur EU, 1977, S. 611

[7] Oppermann, Parlamentarisierung der EG ?, 1977, S. 458; Steinberger, Der Verfassungsstaat als Gliedstaat einer europäischen Gemeinschaft, VVDStRL 50, 8(54); v. Bogdandy, Konturen des integrierten Europas, EA 1993, 49(53)

[8] v.Simson, Was heißt in einer europäischen Verfassung "Das Volk" ?, EuR 1991, 1(11/13)

[9] Delmas, Über den nächsten Krieg mit Deutschland, 2000, S. 203; das „Verharren in nationalstaatlichen Denkstrukturen“, die „phantasielose Übertragung staatlicher Strukturen“ auf die EU, prangert auch Classen an, Europäische Integration und demokratische Legitimation, AöR 119(1994), 238(259); wenig Phantasie, insbesondere für die künftige Rolle des EP, wurde den Mitgliedstaaten bereits 1978 vorgeworfen, Bangemann, Direktwahl des EP : Kein Ablenkungsmanöver !, ZfP 1978, 279(281)

[10] Steinberger, Anmerkungen zum Maastricht-Urteil des BVerfG, 1994, S. 30; Demokratie ist deshalb sogar Verwirklichung der Menschenwürde, Huber, P. M., Die politischen Parteien als Partizipations-

schichtlich gewachsene Nationenbezogenheit von Staat und Demokratie nicht auslöschen[1]. Mit demokratischen Entscheidungsmethoden soll sich sogar gerade die Herrschaft vom Willen des einzelnen Gewaltunterworfenen herleiten[2]. Maßstab des Demokratieverständnisses ist damit aber der selbstverantwortliche und selbstbestimmte Mensch, der in gebietsgesellschaftlichem Zusammenwirken handelt[3]: Die Idee der Demokratie wurzelt „zutiefst in der Idee der individuellen Freiheit, dem Selbstbestimmungsrecht des Einzelnen über seinen Lebensentwurf"[4]. Hier sind das Prinzip der demokratischen Herrschaftsausübung und das der Menschenwürde untrennbar miteinander verbunden[5]. Gerade diese Entwicklung aus dem Freiheitsgedanken erlaubt es, das demokratische Prinzip, das geschichtlich in der Tat eng mit dem Nationalstaat und seinem jeweiligen Staatsvolk verbunden ist, auf mehrere verbundene Staatsvölker auszudehnen[6]. Einer Gemeinschaft unter Berufung auf vorrechtliche und damit aber auch gleichzeitig vordefinierte und vorgegebene Bedingungen zu versagen, ihr Entscheidungssystem demokratisch zu organisieren, „würde nur zeigen, dass die vorhandene Verfassung nicht aus einem Akt der Selbstbestimmung entstanden ist"[7].

Demokratie lebt von der subjektiven Freiheit im Sinne der Autonomie des Einzelnen[8]. Aus der Notwendigkeit einer verbindlichen Ordnung des Zusammenlebens ergibt sich zwar, dass die individuelle Freiheit in der Herrschaftsentscheidung grundsätzlich nicht unmittelbar und unverändert zur Geltung kommen kann. Auch in der Demokratie kann nicht der Einzelne allein entscheiden, sondern nur im Zusammenwirken mit den anderen Mitgliedern der Gemeinschaft[9]. An die Stelle der individuell-autonomen Freiheit tritt deshalb die demokratische Mitwirkungsfreiheit. Diese beinhaltet das Recht und die Freiheit, an der Festsetzung der gemeinsamen Ordnung mitwirken zu dürfen[10]. Demokratie er-

---

instrument auf Unionsebene, EuR 34(1999), 579(580); Schmitt Glaeser, Das Ansehen des Politikers als Problem..., ZRP 2000, 95(97); Pernice, in: Dreier, Art. 23 Rn. 51

[1] Steinberger, a.a.O. S. 29f.

[2] Isensee, Die alte Frage nach der Rechtfertigung des Staates, JZ 1999, 265(277), der Wille des Einzelnen ist sogar der letzte und eigentliche Rechtfertigungsgrund.

[3] Epping, Die demokratische Legitimation der dritten Gewalt der EGten, Der Staat 36(1997), 349(358)

[4] Steinberger, Anmerkungen zum Maastricht-Urteil des BVerfG, 1994, S. 29f.

[5] Hain, Die Grundsätze des GG - eine Untersuchung zu Art. 79 Abs. 3 GG, 1999, S. 325

[6] Zuleeg, Demokratie in der EG, JZ 1993, 1069(1072); der Freiheitsgedanken als wesentlichem Inhalt des Demokratieprinzips, BVerfGE 91, 162(163); Döring/Döring, Philosophie der Demokratie..., insbes. S. 58ff.

[7] Enders, Offene Staatlichkeit unter Souveränitätsvorbehalt, 1995, S. 48; in diese Richtung geht aber die Argumentation von Schmitt Glaeser, wenn er Repräsentation idealtypisch nur verwirklicht sieht, „wenn kraft vorgegebener gesellschaftlicher Harmonie ein allgemeiner Geist existiert...", Das Ansehen des Politikers als Problem..., ZRP 2000, 95(96)

[8] Böckenförde, in: HdbdStR Bd. I § 22 Rn. 35; Kaltefleiter, Die Grenzen der Demokratie, 1986, S. 138

[9] Kaltefleiter, a.a.O. S. 139

[10] Böckenförde, in: HdbdStR Bd. I, § 22 Rn. 37

scheint so als Ausfluss des Prinzips der Selbstbestimmung und Selbstregierung für den Einzelnen genauso wie für das Volk. Daraus erhält sie ihre prinzipielle Rechtfertigung und ideelle Kraft[1]. Der ethische Autonomiegedanke korrespondiert für den politischen Bereich unmittelbar mit der Idee der Demokratie[2]. Die allen Bürgern zukommende demokratische Mitwirkungsfreiheit trägt so schließlich die kollektiv-autonome Freiheit des Volkes insgesamt[3] und damit aber auch die kollektiv individuelle Freiheit, sich zu einer demokratisch organisierten Entscheidungseinheit in der Form eines demokratietheoretisch relevanten Volkes zu verbinden.

So sieht auch Smend den Staat zwar als Verband der ihm rechtlich angehörenden Personen[4]. Gleichzeitig sieht er den Staat aber nicht als ein ruhendes Ganzes[5], sondern als Errungenschaft, die steter Erneuerung und Weiterführung[6], des fortwährenden Zusammenfassens und Neuerfassens seiner Angehörigen bedarf[7]. Der Staat existiert überhaupt nur in diesem Prozess[8], der deshalb Kernvorgang des staatlichen Lebens ist. Diesen Prozess bezeichnet Smend als Integration[9]. Zum Ausschlaggebenden im Leben des Staates wird bei Smend die Gesellschaft, da der Staat überhaupt nur ist, weil und sofern er sich durch die Gesellschaft dauernd integriert und sich so in und aus den Einzelnen aufbaut[10]. Die ganze Lebenswirklichkeit des Staates besteht darin, dass er immerfort von den Einzelnen bejaht und getragen wird[11]. Smend versteht die Gesellschaft aber nicht als statisch vorgegeben durch Kultur o.ä., sondern als Willensgemeinschaft, die sich ständig neu bestätigen muss. Vor allem Wahlen und Abstimmungen stellen in letzter Konsequenz die Staatsgemeinschaft als Willensverband immer wieder neu her[12].

Auch Heller sieht den Staat nicht als juristisches Phänomen, sondern als menschlich gesellschaftliche Lebensform, die als Teil der Wirklichkeit den Einzelnen in seiner Existenz umfasst und sich in ihren einzelnen Momenten durch

---

1 Böckenförde, a.a.O. Rn. 35

2 Zippelius, Rechtsphilosophie, 3. A. 1994, § 11 II 4

3 Böckenförde, in: HdbdStR Bd. I, § 22 Rn. 38

4 Smend, Verfassung und Verfassungsrecht, 1928, S. 16

5 Smend, a.a.O. S. 18

6 Smend, a.a.O. S. 16f.; Badura, Über Wahlen, AöR 1972, 1(6)

7 Badura, a.a.O. S. 7

8 Smend, Verfassung und Verfassungsrecht, 1928, S. 17

9 Smend, a.a.O. S. 18; Badura, Über Wahlen, AöR 1972, 1

10 Badura, a.a.O. S. 7

11 Smend, a.a.O. S. 90; Badura, Badura, Über Wahlen, AöR 1972, 1(8); Freund, Alexis Tocqueville und die politische Kultur der Demokratie, 1974, S. 43

12 Smend, a.a.O. S. 34; Badura, a.a.O. S. 4; Wahlen sind bedeutsame Rituale zur kommunalen und nationalen Identifikation, Narr/Naschold, Theorie der Demokratie, 1971, S. 96; auch das BVerfG schreibt der Wahl integrierenden Charakter zu, BVerfGE 6, 32(93)

menschliche Willensakte immer neu aktualisiert[1]. In Rousseaus contrat sozial steht im Mittelpunkt der Wille aller, in dem jeder Einzelne, obgleich er sich mit allen vereint, gleichwohl nur sich selbst gehorcht und deshalb so frei bleibt wie vorher[2].

Die Bildung eines Volkes als demokratisch organisiertem Entscheidungsverband fließt somit aus dem Willen aller Beteiligten, diesen Verband gründen zu wollen[3]. Die Verfassung dieses Verbandes ist seine rechtliche Grundordnung und sie definiert gerade als solche den Zustand dieses Gemeinwesens[4]. Sie ist die politische Entscheidung über Art und Form der politischen demokratischen Einheit[5]. Die Verfassung befriedigt als Normgruppe ein Verrechtlichungsbedürfnis dieser Einheit[6]. In der Entscheidung über die Grundordnung wird darüber befunden, ob die vorrechtlichen Voraussetzungen in einem Umfang gegeben sind, der eine gleichberechtigte Beteiligung aller an der legitimierenden Willensbildung zulässt[7], und welche Stellung die Einzelnen den potentiellen Mitgliedern dieser Gemeinschaft einzuräumen bereit sind. Aus den Motiven, aus denen sich dieser Wille bildet, legitimiert sich dann letztlich materiell das Volk als demokratische Entscheidungseinheit. Es ist dabei jeder entstehenden Gemeinschaft selbst überlassen, ihren Grundkonsens zu definieren und zu schaffen. Die Motive, auf denen dieser Grundkonsens aufbaut und damit auch die Eigenart ihrer Homogenität, wählt diese Gemeinschaft selbst aus[8]. In einer Grundordnung definiert diese Gemeinschaft das Band, das sie als politische Einheit zusammenhält[9]. Sieht man andererseits die soziologischen Voraussetzungen einer demokratisch verfassten Gemeinschaft nicht nur als Motive für ihren Willen, eine solche Gemeinschaft bilden zu wollen, sondern als rechtliche Bedingungen einer solchen Integration, wäre nicht mehr das Grundgesetz mit seinen Art. 23 und 79 Abs. 3 künftig der eigentlich limitierende Integrations-

---

1 Heller, Staatslehre, 4. A. 1970, S. 69ff./230/228; Würtenberger, Die Legitimation staatlicher Herrschaft, 1973, S. 290; Zippelius, Allgemeine Staatslehre, § 11 II 4; ders., Grundbegriffe der Rechts- und Staatssoziologie, 1991, § 8 I; Winter, Institutionelle Strukturen der EU, DÖV 1993, 173(172)

2 Badura, in: HdbdStR Bd. I, § 23 Rn. 50f.

3 Isensee, Die alte Frage nach der Rechtfertigung des Staates, JZ 1999, 265(274/277); Schilling, Die Verfassung Europas, StwStp 1996, 387(394)

4 so zum Ursprung des Begriffs „Verfassung" Schilling, a.a.O. S. 387; allgemeiner von der Notwendigkeit einer „Abwandlung der demokratischen Grundnorm" spricht Pernice, HdbdStR Bd. VIII, § 191 Rn. 39

5 Schmitt, Verfassungslehre, 1993, S. 20ff.; zum Streit um den Verfassungsbegriff für eine Grundordnung der EU s. Di Fabio, Eine europäische Charta, JZ 1999, 737, der hier jedoch nicht relevant ist, da für die Demokratisierung der EU eine Verfassung im nationalstaatlichen Sinne keinesfalls zwingend erforderlich ist.

6 Grimm, Braucht Europa eine Verfassung ? JZ 1995, 581(584)

7 Volkmann, Solidarität in einem vereinten Europa, StwStp 1999, 17(21); davon, dass ohne die vorrechtlichen Voraussetzungen per se und damit vorgegeben eine Willensbildung vom Volk zu den Organen nicht möglich ist, gehen Kirchner/Haas aus, Rechtliche Grenzen für Kompetenzübertragungen..., JZ 1993, 760(762)

8 Grimm, Braucht Europa eine Verfassung ?, JZ 1995, 581(583); Seidel, Zur Verfassung der EG nach Maastricht, EuR 1992, 125(137)

9 Volkmann, Solidarität in einem vereinten Europa, StwStp 1999, 17(38f.)

faktor, sondern die soziologische Verfasstheit der europäischen Gesellschaft[1]. In den Anforderungen des BVerfG an die tatsächlichen Voraussetzungen für die weitere Demokratisierung liegt deshalb eine vorweggenommene Delegitimation, die es dem Gericht erlaubt, künftig ohne Rücksicht auf rechtliche Bindungen aus den europäischen Verträgen oder dem Grundgesetz die Zulässigkeit weiterer Integrationsschritte zu beurteilen[2].

Allein aus dem Umfang der europäischen Verträge im Unterschied zu den allgemeingehaltenen nationalen Verfassungen ergibt sich, dass ein europäischer Grundkonsens noch weit ist. Jedenfalls derzeit bildet die Solidarität zwischen den Mitgliedstaaten die Grundlage der Union[3], nicht die Solidarität zwischen ihren Bürgern[4]. Differenzen in der EU gehen bisher noch weit über das hinaus, was ein Vielvölkerstaat intern bewältigen kann[5]. Man muss gar nicht so weit gehen und nach der Akzeptanz etwa einer europäischen Bundesregierung fragen, die kein Mitglied aus einem großen Nationalstaat aufweist[6]. Es fragt sich auch, ob die Verträge mit ihrem überfrachteten Inhalt und ihrer technischen Sprache bei einer weiteren Integration helfen[7]. Die europäischen Verträge können hier aber Anstöße geben[8]. Ein Grundrechtskatalog könnte die Motive einer

---

1 der Eindruck, dass Maastricht-Urteil des BVerfG eine Art soziologischer Schwelle für die weitere Integration aufgerichtet hat, hat auch bereits „spürbares Unbehagen" hinterlassen, Kahl, EU: Bundesstaat - Staatenbund - Staatenverbund ?, Der Staat 33(1994), 241(252); ablehnend auch Schwarze, Das Staatsrecht in Europa, JZ 1993, 585(589)

2 Roellecke, Das Recht von außen und von innen betrachtet, JZ 1999, 213(218)

3 Schlussfolgerung des Rates im Vorfeld der Tagung der Staats- und Regierungschefs in Rom am 14. und 15. Dezember 1190, Bull. EG 12/1990 S. 7(9)

4 Volkmann, Solidarität in einem vereinten Europa, StwStp 1999, 17(22ff.)

5 Sv. Scharpf, Gem.VerfK., Sten.Ber.1. Öffentl. Anhörung, S. 17; Sasse, Eine Gemeinschaft - Neun Legitimationen, ZfP 1978, 254; Volkmann, a.a.O. S. 17ff.

6 Möschel, Politische Union für Europa: Wunschtraum oder Alptraum ?, JZ 1992, 877(881); in der Diskussion ist aber immerhin ein Vorschlag der Kommission, die Zahl der Kommissionsmitglieder zu beschränken und ein entsprechendes Rotationssystem einzurichten, um die strikte Gleichheit der Mitgliedstaaten bei der Zusammensetzung der Kommission zu sichern, Bull.EU 1/22000, S. 7

7 Lemke, Europa als politischer Raum, Kritische Justiz 1999, 1(12); Schwarze, Ist das GG ein Hindernis auf dem Weg nach Europa ?, JZ 1999, 637(642); Oppermann, Der Europäische Traum zur Jahrhundertwende, JZ 1999, 317(321); mit dem EUV haben die europäischen Verträge die Grenze ertragbarer Komplexität und Undurchsichtigkeit überschritten, Hilf, Die EU und die Eigenstaatlichkeit ihrer Mitgliedstaaten, 1994, S. 84; dass die Verträge wegen ihrer Unübersichtlichkeit Europa den Bürgern eher entfremden als sie in ihm zu integrieren, vermutet Oppermann, Zur Eigenart der EU, 1994, S. 88; die Ursache dafür, dass die „meisten Europäer die Arbeitsweise unserer Institutionen nicht verstehen" sieht auch die Kommission Weizsäcker/Dehaene/Simon darin begründet, dass die „europäischen Institutionen ein Defizit an Einfachheit und Klarheit sowie Transparenz ... haben", Die institutionellen Auswirkungen der Erweiterung, Bericht an die Europäische Kommission, S. 3; auf das Problem der Unübersichtlichkeit allerdings der möglichen Integrationswerte hat bereits Smend hingewiesen. Die Fülle möglicher integrierender Sachgehalte beeinträchtige ihre Integrationswirkung, da sie vom Einzelnen nicht mehr übersehen werden könne. Erforderlich seien deshalb politisch symbolisierende Momente z. B. in Fahnen und Wappen, deren elastischen Inhalt gleichzeitig jeder eher so erleben kann, wie er ihn versteht Smend, Verfassung und Verfassungsrecht, 1928, S. 49

8 v.Simson/Schwarze, Europäische Integration und GG, 1992, S. 10; Hochbaum, Der Begriff der Kultur im Maastrichter...Vertrag, BayVBl. 1997, 641(644ff./680ff.) zu den Bemühungen der Verträge, eine gemeinsame europäische Kultur herauszuarbeiten und zu vermitteln.

europäischen Gesellschaft, sich zu einem demokratisch verfassten Volk zusammenzuschließen, sicher unterstützen[1]. Immerhin ist die Integration auch von Anfang an mit dem Ziel aufgetreten, die europäischen Staaten und Völker sollten sich in einer Gemeinschaft zusammenschließen, damit jedes Land besser als auf sich alleine gestellt die gemeinsamen Werte konkretisieren und verteidigen kann[2]. Gleichzeitig sind die Verträge gerade aber in dieser Komplexität Ausdruck des derzeitigen Gemeinschaftsbewusstseins. Sie drücken die Komplexität und Sensibilität des derzeitigen europäischen Bewusstseins aus.

Der europäische politische Wille bleibt somit derzeit eine Summe aus den politischen Willen der Mitgliedstaaten[3]. Nicht die EU, sondern die Zentralregierungen der Mitgliedstaaten sind in den Augen der europäischen Völker noch letztlich für Ordnung und Wohlstand verantwortlich[4]. Betrachtet man sich den EUV jedoch genauer, so spricht er aber bereits von einer „Solidarität zwischen ihren Völkern" (Präambel, 4. Erwägung). Der EUV selbst war als neue Stufe bei der Verwirklichung einer „immer engeren Union der Völker Europas" gedacht (Art. 1 Abs. 2 EUV) und Art. 1 Abs. 3 Satz 2 EUV sieht es als Aufgabe der EU, die Beziehung „zwischen den Mitgliedstaaten sowie zwischen ihren Völkern kohärent und solidarisch zu gestalten". Soweit aber etwa eine europäische Identität wenigstens nach außen entsteht, ist diese instabil, da sich auch hier vorerst noch mit jeder geringfügigen Veränderung der Einzelpositionen weiterhin z.B. die außenpolitische Gesamtidentität der EU verändert[5]. Allerdings muss man gleichzeitig berücksichtigen, dass ein Vielvölkerstaat demokratietheoretisch

---

[1] Hirsch, Der EuGH im Spannungsfeld..., NJW 2000, 1817(1820); Blanke/Kuschnick, Bürgernähe und Effizienz als Regulatoren ..., DÖV 1997, 45(51); Chwolik-Lanfermann, Braucht die EU einen Grundrechtskatalog ?, ZRP 1995, 126(128); Losch/Radau, Grundrechtskatalog für die EU, ZRP 2000, 84(86); Meyer, Die EU ist auch eine Wertegemeinschaft, ZRP 2000, 114ff.; Tettinger, Die Charta der Grundrechte der Europäischen Union, NJW 2001, 1010; zum aktuellen und erstmals wohl ernsthaften Versuch, eine Europäische Grundrechtcharta zu erarbeiten s. Weber, Die Europäische Grundrechtscharta..., NJW 2000, 537 und Lindner, EG-Grundrechtcharta..., DÖV 2000, 543; Kenntner, Die Schrankenbestimmungen der EU-Grundrechtscharta - Grundrechte ohne Schutzwirkung, ZRP 2000, 423; Ritgen, Grundrechtsschutz in der Europäischen Union, ZRP 2000, 371; Reich, Zur Notwendigkeit einer europäischen Grundrechtsbeschwerde, ZRP 2000, 375; Meyer/Engels, Aufnahme von sozialen Grundrechten in die Europäische Grundrechtscharta, ZRP 2000, 368; zur integrierenden Funktion von Grundrechten bereits Smend, Verfassung und Verfassungsrecht, 1928, S. 87/163ff.; Entschließung des EP zur Erarbeitung einer Charta der Grundrechte v. 16.03.2000, Bull.EU 3-2000, S. 23; darauf, dass gerade die Unfähigkeit in der Vergangenheit, sich, trotz zahlreicher Anläufe, auf einen solchen zu verständigen, das Fehlen eines europäischen Grundkonsenses belegt, weist Bogdandy hin, Zweierlei Verfassungsrecht, Der Staat 39(2000), 163(174f.); s. dazu allerdings gerade den jüngsten und bisher wohl erfolgversprechensten Anlauf für einen Grundrechtskatalog im Entwurf der Charta der Grundrechte der EU vom 21.09.2000; gerade dessen Präambel hebt die gemeinsamen Motive der europäischen Völker für ihren Zusammenschluss in der EU hervor.

[2] Jacques Delors in einer Ansprache vor dem International Institute for Strategic Studies in London am 7. März 1991 über Europäische Integration und Sicherheit, EA 1991 D 366

[3] Zeller, Die Strukturkrise der EU, EA 1978, 205

[4] Bleckmann, Die Wahrung der „nationalen Identität" im Unions-Vertrag, JZ 1997, 265(267)

[5] Ossenbühl, Maastricht und das GG - eine verfassungsrechtliche Wende ?, DVBl. 1993, 629(634); Zeller, Die Strukturkrise der EU, EA 1978, 205(206); s. auch Sv. Scharpf, Gem.VerfK., Sten.Ber. 1. Öffentl. Anhörung, Thesen S. 5

nicht unbedingt ein homogenes Volk im Sinne des BVerfG braucht[1]. Anknüpfend an Montesquieu ist bereits jetzt „Europa als nichts anderes als eine große, aus mehreren kleineren Nationen zusammengesetzte Nation"[2].

Auch das Grundgesetz erkannt an, dass Rechtssätze und die gesellschaftliche Realität eine Einheit bilden und sich gegenseitig beeinflussen und verändern können[3]. Der Inhalt von Rechtssätzen kann sich deshalb auch bei gleichbleibendem Normtext im Laufe der Zeit wandeln[4], wenn sich sozialen Verhältnisse und/oder die Vorstellungen in der Bevölkerung, von denen der Normgeber ursprünglich ausgegangen ist, gewandelt haben[5] und somit aufgrund geänderter Verhaltenserwartungen und -anforderungen aus dem Normtext ein neuer Sinn abgeleitet wird[6]. Der Wandel kann so sogar bis zur Rechtswidrigkeit eines bisher als rechtmäßig akzeptierten Verhaltens führen[7]. Das BVerfG lehnt deshalb eine "unrealistische Betrachtungsweise"[8] ab und fordert "einen Blick auf die tatsächlichen Verhältnisse"[9], die "einheitlichen Volksanschauungen"[10], eine "Gesamtschau der tatsächlichen und rechtlichen Verhältnisse"[11]. Rechtsverändernde gesellschaftliche Entwicklungen fließen vor allem über die teleologisch-problemorientierte Auslegung der Rechtsnormen in den rechtlichen Bereich ein[12] und hier gerade auch in die Normen der Verfassung mit ihrem weiten Gestaltungsspielraum[13].

Über formaljuristische Positionen geht das BVerfG mitunter durch eine historisch-politische Würdigung des Sachverhalts hinweg[14] und weist auf einen durch die Dynamik der Verhältnisse geschaffenen faktischen Zustand hin, dem auch rechtliche Relevanz zukommen könne[15]. Eine besonders plastische Einbe-

---

[1] Röper, Das Volk Europas, einig in seinen Völkern und Stämmen, NJW 1996, 468(469)

[2] Kahl, Montesquieu, Staat und Europa, JöR Bd. 45(1997), 11(17f.)

[3] Hesse, Grenzen der Verfassungswandlung, 1973, S. 123(m.w.N.); Heller, Staatslehre, 4. A. 1970, S. 254

[4] Hesse, a.a.O. S. 128; v.Münch, Die Zeit im Recht, NJW 2000, 1(4); Häberle, Zeit und Verfassungsstaat..., JURA 2000, 1ff.; Lerche, Stiller Verfassungswandel..., 1971

[5] BVerfGE 34, 269(288); 82, 6(12); BVerfGE 1, 264(277f.); 1, 204(218); 11, 64(77); BVerfGE 29, 211(236), BVerfGE 10, 59(69); BVerfGE 10, 354(368); BFH NJW 1995, 982(983); Kelsen, Allgemeine Staatslehre, 1925, S. 254; Fiedler, Sozialer Wandel, Verfassungswandel, Rechtsprechung, 1972, S. 105

[6] Hilf, Die rechtliche Bedeutung des Verfassungsprinzips der parlamentarischen Demokratie für den europäischen Integrationsprozeß, EuR 1984, 9(15); Kirchhof, in: HdbdStR Bd. I, § 19 Rn. 46; BVerfGE 2, 380(401); 3, 407(422); 7, 342(351)

[7] so OLG Frankfurt, NJW 1995, 1102(1103) bezogen auf das im Volkszählungsurteil des BVerfG geschaffene informationelle Selbstbestimmungsrecht

[8] BVerfGE 3, 58(118); 6, 132(202)

[9] BVerfGE 8, 1(17)

[10] BVerfGE 18, 112(118)

[11] BVerfGE 3, 288(313); 9, 303(317); 20, 312(322); 1, 208(259)

[12] Böckenförde, Die Methoden der Verfassungsinterpretation..., NJW 1976, 2089(2093)

[13] zu dieser Gradwanderung auch Isensee, Das Volk als Grund der Verfassung, 1995, S. 99f.

[14] BVerfGE 2, 120; 9, 174(180); 20, 312(389)

[15] BVerfGE 6, 309(358f.)

ziehung der politischen Wirklichkeit, vor allem in die Außenpolitik, erfolgt in BVerfGE 4, 157(168): "Die politischen Realitäten, die zu gestalten oder zu ändern ein völkerrechtlicher Vertrag unternimmt, darf das Gericht bei dessen verfassungsrechtlicher Prüfung nicht aus dem Auge verlieren".

Mögen hier Veränderungen von Fakten in der Zeit auch mehr punktuell und nicht in einer geschlossenen Theorie vom Recht zur Kenntnis genommen werden[1], so lässt sich doch feststellen, dass der Staat des Grundgesetzes - mit den Worten Hesses gesprochen - Wirklichkeit und Leben in der Offenheit für das Fließende und Werdende des geschichtlichen Lebens und seiner institutionellen Bewältigung gewinnt[2].

Gleichzeitig wird - und dies ist für die rechtliche Beurteilung der europäischen Integration wesentlich - deutlich, dass es hier immer um außerrechtliche Einflüsse auf innerstaatliche Normen geht. In seinem Urteil zum Vertrag von Maastricht mahnt das BVerfG jedoch das Vorliegen bestimmter „vorrechtlicher“ Gegebenheiten an. Die Berufung auf außerrechtliche oder vorrechtliche gesellschaftliche Erscheinungen verfolgt jedoch ein jeweils unterschiedliches Ziel. Außerrechtliche Erscheinungen stellen das zu beeinflussende Rechtssystem nicht in Frage. Sie wollen an seine Existenz anknüpfen. Deshalb ist es dem Rechtssystem auch umgekehrt möglich, diese Erscheinungen systemgerecht über seine Begrifflichkeit in sich einzubauen. Eine vollständig andere Funktion haben sogenannte vorrechtliche Voraussetzungen. Sie knüpfen nicht an ein existierendes Rechtssystem an, sondern stellen dieses in Frage, indem sie sich als Voraussetzung des Rechtssystems und nicht lediglich als ein Element desselben darstellen. Das Rechtssystem hat deshalb keine Chance, diese Gegebenheiten in sich einzubauen, es kann nur auf ihnen aufbauen.

Das BVerfG zeigt in seiner Entscheidung zum Vertrag von Maastricht auch nicht auf, wie die von ihm angemahnten vorrechtlichen Gegebenheiten einer Demokratie in das Recht einfließen können, sondern definiert diese Voraussetzungen als unabdingbare tatsächliche Voraussetzungen. Aus der Natur der Materie soll sich dann offensichtlich automatisch ergeben, dass die tatsächlichen Bedingungen Rechtsbindung entfalten. Vorrechtliche Voraussetzungen und gesellschaftspsychologische Gegebenheiten können zudem nur bei der Frage nach einer legitimen Ordnung eine Rolle spielen, während eine legale Ordnung nur auf ihre technische Übereinstimmung mit den jeweils gültigen Rechtsnormen überprüft wird. Diese Unterscheidung wird in der Entscheidung des BVerfG zum Vertrag von Maastricht nicht herausgearbeitet. Das Gericht stellt zwar fest, dass in der Union vorrechtliche Voraussetzungen für eine umfassende Demokratisierung ihrer Herrschaft fehlen. Damit erstreckt es seine Prüfung aber über den Maßstab der Legalität auf den der Legitimität. Auf welchem Weg und mit welcher Rolle die Voraussetzungen für eine legitime Ordnung in seine rechtli-

---

[1] Fiedler, Sozialer Wandel, Verfassungswandel, Rechtsprechung, 1972, S. 96

[2] Hesse, Grundzüge des Verfassungsrechts, 18. A. 1991, § 8 Rn. 272

che Überprüfung einfließen, hat das Gericht nicht dargestellt und damit auch nicht den Weg aufgezeigt, auf dem es seine Überprüfung von der Legalität auf die Legitimität ausweitet. Nur so aber wären seine Vorgaben für die weitere Integration rechtlich überhaupt operabel[1].

Bei dieser Diskussion um die Demokratisierungsvoraussetzungen für die Union geht es zudem nicht mehr lediglich um den Inhalt des Demokratiebegriffs im Grundgesetz, sondern um die Existenzfrage der Union. Nicht die inhaltliche Ausgestaltung der EU als Demokratie nach den Vorstellungen des Grundgesetzes steht zur Disposition, sondern die Existenz der Union als demokratische Ordnung überhaupt.

Vorrechtlichen Gesichtspunkte der Demokratie sind damit aber rechtlich Motive, Argumente und Gründe für das Wollen des Volkes, sich als demokratisch organisierte Einheit zusammenzuschließen. Sie sind nicht rechtliche Voraussetzungen für die Demokratisierung der EU, sondern politische Bedingungen[2]. Und hier wird auch die eigentliche Funktion deutlich, die der Verweis auf das Fehlen vorrechtlicher Voraussetzungen erfüllen soll. Die für die Integration verantwortlichen Repräsentanten des deutschen Volkes sind sich unsicher darüber, wie weit das deutsche Volk eine europäische Integration will. Das Volk unmittelbar über die weitere Integration entscheiden lassen will man andererseits jedoch auch nicht. Die bloße Diskussion über einen entsprechenden Vorschlag wird im Keim als unerwünscht erstickt[3]. Einer politischen Diskussion über die Motive will man zudem deshalb aus dem Wege gehen, da dann eine wesentlich weiterreichende Integration als wenigstens theoretisches Entwicklungsende angesprochen werden müsste[4]. Ob, wenn die erforderlichen vorrechtlichen Voraussetzungen für eine europäische demokratische Ordnung fehlen, eine weitere Integration noch vom Willen des Volkes gedeckt ist, ist sicherlich fraglich. Eine weitere Demokratisierung der Union wird dann durch das Fehlen dieses Willens, nicht aber durch ein starres rechtliches Hindernis gebremst. Die Diskussion um die weitere Integration würde aber an Klarheit gewinnen, wenn man dazu stehen würde, die tatsächlichen Probleme einer weiteren Integration als Motive zu sehen. Indem man sie als Rechtsprobleme sieht, behindert man ihre Lösung. Verstärkt wird diese Starrheit dadurch, dass die zu

---

[1] die angestrengten Homogenitätsüberlegungen für nicht justiziabel hält auch Weber, Zur künftigen Verfassung der Europäischen Gemeinschaften, JZ 1993, 325(329).

[2] Schilling, TH., Die Verfassung Europas, StwStp 1996, 387(398); nicht als Voraussetzung, sondern sogar als Ergebnis einer Staatswerdung sieht Beutler die sog. vorrechtlichen Voraussetzungen, Offene Staatlichkeit und europäische Integration, 1995,109(114); darauf, dass der Staat rechtlich nur dazu verpflichtet ist, die rechtlichen Voraussetzungen für das Funktionieren einer demokratischen Ordnung zu schaffen, weist auch Classen hin, Europäische Integration und demokratische Legitimation, AöR 119(1994), 238(257)

[3] Vorschlag des EU-Kommissars Verheugen zu einer Volksabstimmung über die anstehende EU-Osterweiterung, z.B. SZ vom 4.9.2000, S.1 „Vorbote einer „großen Krise““

[4] „ein goldenes Schweigen über das Ziel der europäischen Einigung“ als „common sense“ zwischen den Mitgliedstaaten, Di Fabio, Eine europäische Charta, JZ 1999, 737

Rechtsbegriffen erhobenen Bezeichnungen rechtlich vollkommen inhaltsleer geblieben sind. Wie soll etwa jemals definiert werden, wann eine rechtlich-demokratisch ausreichende europäische öffentliche Meinung existiert ?

Daran, dass das Fehlen vorrechtlicher Gegebenheiten kein rechtliches Hindernis für eine weitere Demokratisierung des innereuropäischen Entscheidungssystems ist, ändert auch der Umstand nichts, dass etwa der Grundsatz der Gleichheit des Stimmengewichts eine rechtliche Voraussetzung eines demokratischen Entscheidungssystem ist[1]. An diesem Beispiel wird vielmehr gerade die rechtliche Irrelevanz vorrechtlicher Gegebenheiten deutlich. Eine Mehrheit kann bereits mathematisch nur innerhalb einer Zahlengesamtheit entstehen[2]. In der Demokratie ist diese Zahlengesamtheit das demokratisch verfasste Volk. Ein Volk kann nur dann demokratisch verfasst sein, wenn der Grundkonsens besteht, dass der Zerfall der Entscheidungseinheit in eine Mehrheit und eine Minderheit in der konkreten Entscheidung den Bestand der Entscheidungseinheit als solche nicht in Frage stellt. Die Entscheidung darüber, dass die Voraussetzungen dafür bestehen, dass sich eine bestimmte Anzahl von Personen zu einer demokratischen Entscheidungseinheit in diesem Sinn verbindet und innerhalb dieser Einheit Mehrheitsentscheidungen akzeptiert, ist eine Entscheidung der sich zu einer Einheit verbindenden Personen, jedoch keine abstrakte Rechtsvoraussetzung für die Bildung dieser Einheit. Die Verwirklichung der Stimmengleichheit ist die von den Betroffenen gezogene Konsequenz aus dem Vorliegen vorrechtlicher Voraussetzungen. Ob die tatsächlichen Voraussetzungen erfüllt sind, die eine Mehrheitsentscheidung möglich machen, ist damit rechtlich gesehen eine reine Willensentscheidung der Betroffenen. Daran ändert sich auch nichts, wenn man diesen Willen als vorrechtliches Verrechtlichungsbedürfnis[3] einordnet; es bleibt ein „vorrechtliches" Bedürfnis. In diesem Sinne lebt der moderne Rechtsstaat auch davon, dass er in der Lage ist, die Voraussetzungen, derer er zur Existenz bedarf, selbst zu schaffen[4]. Entscheidend ist dabei im demokratischen Prozess allein, ob die Bürger bereit sind, die Stimmen anderer Bürger neben den ihren als gleichgewichtig anzuerkennen, ob sie die Prognose treffen können und wollen, dass ein gemeinsames Leben möglich erscheint[5]. Gleichheit ist ein Wort, das nur Sinn gibt, wenn man definiert, worin die Ungleichheit besteht, die durch die Gleichheit beseitigt werden soll[6]. Gleichheit ist in diesem Sinn oft auch ein Prozess fortschreitender Beseitigung bestehender, aber nicht länger geduldeter Ungleichheit[7]. Jede Gleichheit kostet dabei ein Opfer. Dieses Opfer

---

[1] s. dazu näher unten Ziff. C.II.2.c. und d.

[2] s. dazu auch Ziff. C.II.4.

[3] Grimm, Braucht Europa eine Verfassung ?, JZ 1995, 581(585)

[4] Roellecke, Das Recht von außen und von innen betrachtet, JZ 1999, 213(218)

[5] Schilling, Die Verfassung Europas, StwStp 1993, 387(398); Steffani, Das Demokrtie-Dilema der EU, 1995, S. 34

[6] Simson, Über den Preis der Gleichheit, ZRP 1995, 44

[7] Simson, a.a.O.

ist die bisherige, nunmehr als solche nicht mehr geduldete Ungleichheit[1]. Ob das Opfer gebracht werden soll, ist eine Entscheidung derjenigen, die auf eine sie privilegierende Ungleichheit verzichten wollen.

Wenn über die Beseitigung der Ungleichheit jedoch gesellschaftlicher Konsens besteht, der sich rechtlich in den entsprechenden Demokratisierungsentscheidungen der politischen Entscheidungsprozesse niederschlägt, existiert die rechtlich ausreichende Realität, den Demokratisierungsprozess fortzuführen. Wenn der Konsens nicht stabil bleibt, kann der Demokratisierungsprozess auch wieder rückgängig gemacht werden, was in der Realität dann als Zerfall der demokratischen Einheit erscheint. Wirken die Motive, auf denen die Akzeptanz der demokratischen Entscheidungseinheit beruht, nicht mehr, kann sich die demokratisch verfasste Gemeinschaft auch wieder auflösen. Ausreichend für eine Demokratie ist demnach eine Homogenität i.S.e. gemeinsamen Willens, eine weitergehende Homogenität mag Motiv sein, entscheidend ist sie nur für die Stabilität der Gemeinschaft[2].

Wenn eine Gemeinschaft der Ansicht ist, sie sei reif für Entscheidungen nach dem Mehrheitsprinzip, sie sei in der Lage, kontroverse Entscheidungen durch eine Mehrheit fällen zu lassen, ohne dass die Gemeinschaft auseinander bricht, wenn die Gemeinschaft der Ansicht ist, die Kommunikationsströme in der Gesellschaft sind ausreichend, um eine Meinungsbildung zu ermöglichen, aus der sich ein politischer Wille der Gemeinschaft herausbilden kann, dann hat sie das Recht, sich als Gemeinschaft demokratisch zu verfassen. In dem Willen zur Selbstdefinition als Gemeinschaft liegt die einzige rechtliche Voraussetzung für eine demokratische Ordnung. Allein mit dieser Selbstdefinition bestimmt sich das demokratietheoretisch relevante Volk. Aus dem nie Bewiesenen, aber treu Geglaubten, mag sich das Selbstbewusstsein eines Volkes speisen[3]. Allein das Volk bestimmt jedoch den Inhalt des Glaubens. Voraussetzung dafür ist nicht eine, wie auch immer geartete, vorgegebene Homogenität[4], sondern allein der Wille zur Integration[5], der Wille zu einer dauernden Zusammenfassung. Dabei dürfen in dieser Gemeinschaft durchaus unterschiedliche Motivschwerpunkte

---

[1] Simson, a.a.O., S. 45

[2] Schilling, Die Verfassung Europas, StwStp 1996, 387(402)

[3] v. Simson, Was heißt in einer europäischen Verfassung "Das Volk" ?, EuR 1991, 1(4)

[4] Schilling, Die Verfassung Europas, StwStp 1993, 387(394); die extreme Gegenposition dazu vertritt Rupp, Wahlrechtsgleichheit bei der Verteilung der Sitze im EP, NJW 1995, 2210(2211): Auch ein nach den Grundsätzen der Wahlgleichheit gewähltes EP schafft noch keine Demokratie, wenn der Legitimationsträger in Gestalt eines sich als kulturelle, geschichtliche und politische Einheit verstehendes Volkes fehlt.

[5] Pernice, in: Dreier, Art. 23 Rn. 54; vorliegend spielt es dabei keine Rolle, ob die europäischen Verträge selbst etwa in Art. 6 Abs. 3 EUV die Souveränität der Mitgliedstaaten und ihre kulturellen Verschiedenheiten besonders sichert und sie vor politischen Abhängigkeiten von der EU schützen soll, Bleckmann, Die Wahrung der „nationalen Identität“ im Unions-Vertrag, JZ 1997, 265(268f.). Denn solche europavertraglichen Integrationsschranken binden nur die europäischen Organe, sie könnten die Mitgliedstaaten jedoch nicht daran hindern, die Verträge weiter in Richtung Integration zu entwickeln.

für verschiedene Gruppen gelegt werden. Es darf sich nur keine Gruppe deshalb dem gemeinsamen Willen zur Zusammenfassung entziehen[1]. Dass dies ausreichend ist, ergibt sich auch praktisch daraus, dass eine diesen Willen rechtlich festhaltende Verfassung ihre wahre Legitimation ohnehin erst erhält, indem sie von aufeinander folgenden Generationen gleichmäßig als bindend empfunden und akzeptiert wird[2]. Auch das Grundgesetz hat einen wesentlichen Teil seiner Legitimation durch allgemeine Akzeptanz[3] und gesellschaftlichen Konsens erst mit der Zeit gewonnen[4].

Damit ergibt sich jedoch für die Union die Konsequenz, dass vorrechtliche oder gesellschaftliche Gegebenheiten zwar in der politischen Auseinandersetzung um die weitere Demokratisierung der EU legitimerweise eine große Rolle spielen dürfen und sogar müssen. Maßstab für ihr Vorliegen sind jedoch weder das Grundgesetz, auch nicht seine Struktursicherungsklausel, noch eine abstrakte Demokratietheorie, sondern die tatsächliche Entscheidung der Völker der Union, als europäische Gemeinschaft demokratisch verfasst entscheiden zu wollen. Das Grundgesetz verliert dadurch jedoch nicht seine Steuerungsfunktion für den Integrationsprozess. Es gibt vor, bis zu welchem Punkt und mit welchem Inhalt der einfache Gesetzgeber die Integration vorantreiben darf, ab welchem Stadium der Integration eine verfassungsändernde und ab wann für die weiter Integration eine verfassungsgebende Entscheidung erforderlich ist[5]. Auch diese Abgrenzung macht die tatsächlichen Probleme der Integration aber nicht zu rechtlichen Voraussetzungen für eine weitere Demokratisierung der EU. Diese Abgrenzung bestimmt nur, wer in welchem Umfang und mit welcher Konsequenz darüber entscheiden darf, dass die Motive, die der Entscheidung zugrunde liegen, eine weiter demokratisierende Integration tragen. Dass in der Vergangenheit die Gründung demokratischer Entscheidungseinheiten meist Ergebnis eines revolutionären Umbaudrucks war, ist eine geschichtliche Beobachtung, nicht aber rechtliche Voraussetzung für das Entstehen dieser Einheiten. Dieser Druck löst nur das Entstehen der erforderlichen Motive aus und/oder beschleunigt deren Bildung. Vorrechtliche Voraussetzungen haben deshalb auch keinen Einfluss darauf, wie viel Demokratie auf der Ebene der EU möglich ist und wie viel

---

[1] Smend, Verfassung und Verfassungsrecht, 1928, S. 40f.

[2] v. Simson, Was heißt in einer europäischen Verfassung "Das Volk" ?, EuR 1991, 1(2); Steinberger, Der Verfassungsstaat als Gliedstaat einer europäischen Gemeinschaft, VVDStRL 50, 8(48)

[3] Kriele, Brücke zu einer neuen Verfassung, ZRP 1991, 1(2)

[4] Isensee, Staatseinheit und Verfassungskontinuität, VVDStRL 49, 39(52); Ipsen, 40 Jahre GG der Bundesrepublik Deutschland, JöR 38, 3

[5] zu den Einzelheiten einer weiteren Integration über einen Rückgriff auf die verfassungsgebende Gewalt des Volkes s. Huber, P.M., Die Anforderungen der EU an die Reform des GG, ThürVBl. 1994, 1(insbes. 6ff.); Roellecke, Das Recht von außen und von innen betrachtet, JZ 1999, 213(218); Kirn, in: v.Münch, Art. 146 Rn. 9; die Entscheidungsfreiheit des sich demokratisch ordnenden Volkes wird jedoch zusätzlich beeinträchtigt, wenn man selbst für die Neugründung eines Staatsvolkes verlangt, dass sich vor Bildung eines europäischen Bundesstaates bereits faktisch eine europäische Nation gebildet haben muss, Bleckmann, Die Wahrung der „nationalen Identität" im Unions-Vertrag, JZ 1997, 265(267)

nationalen Demokratieverlust man auf der Ebene der EU ausgleichen kann. Allein entscheidend ist, in welchem Umfang das Volk im Grundgesetz als seiner Verfassung seinen Willen gebunden und beschränkt hat, auf der Ebene der EU eine demokratisch organisierte Entscheidungseinheit bilden zu können. Dabei geht es jedoch gerade um die rechtlichen und nicht um die vorrechtlichen Voraussetzungen, die die Bildung einer solchen Einheit regeln und begrenzen.

7. Es gibt keine geschlossenen Demokratietheorie

Will man beurteilen, was Art. 23 Abs. 1 Satz 1 GG darunter versteht, wenn er von der EU eine Verpflichtung auf demokratische Grundsätze verlangt, ist bereits eine sprachliche Analyse der Vorschrift aufschlussreich. Während Art. 23 GG die demokratischen Grundsätze nämlich nicht näher definiert, trifft er zum Grundrechtsschutz, den er von der EU einfordert, eine inhaltliche Aussage. Die EU muss einen Grundrechtsschutz „gewährleisten“, der „im Wesentlichen mit dem des Grundgesetzes vergleichbar ist“. Art. 23 GG verknüpft damit den Grundrechtsschutz unmittelbar mit grundgesetzlichen Vorstellungen. Im Gegensatz dazu fehlt dieser sprachliche Bezug für die „demokratischen Grundsätze“, denen die EU verpflichtet sein muss. Der von der EU zu gewährleistende Grundrechtsschutz ist allein deshalb inhaltlich enger an die Grundrechtsinhalte des Grundgesetzes gebunden als die demokratische Ausgestaltung, die von Europa verlangt wird, an die demokratische Ausgestaltung staatlicher Herrschaft unter dem Grundgesetzes gebunden ist[1].

Zudem wird selbst vom europäischen Grundrechtsschutz, der seinen Inhalt direkt aus dem Grundgesetz bezieht, nur ein mit dem des Grundgesetzes "im Wesentlichen vergleichbarer" Grundrechtsschutz verlangt und nicht ein mit ihm identischer. Wird für materielle Anforderungen, die sich direkt auf das Grundgesetz beziehen, lediglich eine Vergleichbarkeit im Wesentlichen verlangt, vergrößert sich im Umkehrschluss der Gestaltungsspielraum für Garantien, für deren Inhalt sich Art. 23 GG nicht einmal ausdrücklich auf das Grundgesetz bezieht, über eine Vergleichbarkeit im Wesentlichen hinaus[2].

An der unterschiedlichen sprachlichen Ausgestaltung der demokratischen Anforderungen an die EU im Vergleich zu den grundrechtlichen muss sich der ver-

---

[1] Epping, Die demokratische Legitimation der dritten Gewalt der EGten, Der Staat 36(1997), 349(379)

[2] Rojahn, in: v.Münch, Art. 23 Rn. 20; s. auch Ossenbühl, Maastricht und das GG - eine verfassungsrechtliche Wende ?, DVBl. 1993, 629(633), zweifelnd Everling, Überlegungen zur Struktur der EU und zum neuen Europa-Artikel des GG, DVBl. 1993, 936(944); zur Vergleichbarkeit im Wesentlichen s. auch Kischel, Der unabdingbare grundrechtliche Mindeststandard in der EU, Der Staat 39(2000), 523(527ff.); nach a.A. soll aus dem Wort „Grundsätze“ wegen Art. 28 Abs. 1 Satz 1 GG folgen, dass Art. 20 GG zum Maßstab für das europäische Legitimationsniveau wird, Brosius-Gersdorf, Die doppelte Legitimationsbasis der EU, EuR 1999, 133(163f.); die an die Länder im Bundesstaat gerichtete Forderung aus Art. 28 GG kann jedoch gerade nicht auf die Forderungen des GG an eine völkerrechtliche Organisation übertragen werden. Zudem könnte Art. 28 GG nur nachrangig zur Interpretation herangezogen werden soweit sich aus der Interpretation des Art. 23 GG selbst nichts ableiten lässt.

fassungsändernde Gesetzgeber bei der Auslegung der „demokratischen Grundsätze" auch festhalten lassen. Allein deshalb können die Vorstellungen des Grundgesetzes von der demokratischen Herrschaft unter dem Grundgesetz nicht zum alleinigen Maßstab für die demokratische Gestalt der EU werden. Die konkrete grundgesetzliche Staatsstruktur ist in Art. 23 Abs. 1 GG rechtlich nicht zum Leitmodell für die Union erhoben worden[1], erst recht muss sie in der EU nicht identisch abgebildet sein[2]. Die Prinzipien in der Struktursicherungsklausel haben auch nicht „durch die deutsche Verfassungstradition ... jedenfalls in einem Kernbereich feste Konturen gewonnen"[3]. Maßstab für die Demokratisierung der EU ist somit allein die gemeinsame demokratische Verfassungstradition der Mitgliedstaaten[4].

Vielleicht nicht zu Verlegenheit und Ratlosigkeit[5], aber doch zu erheblichen Schwierigkeiten führt der Versuch, die „demokratischen Grundsätze" in Art. 23 GG zu konkretisieren. Der Wortlaut des Art. 23 GG ist wenig ergiebig dafür, was Art. 23 GG unter „demokratischen Grundsätzen" versteht[6]. Sie stehen als Forderung ohne weiteren Bezug im Raume, so als würden sie sich von selbst erklären. Und in einem gewissen Sinn tun sie das auch. Als demokratischer Mindeststandard wird vorgeschlagen, dass nach Art. 23 GG die Mitglieder der EU Demokratien und die Bürger an der Ausübung der europäischen Hoheitsgewalt beteiligt sein müssen[7]. Die europäische Herrschaftsgewalt soll danach dann demokratisch legitimiert sein im Sinne des Art. 23 GG, wenn die von ihr ausgeübte Hoheitsgewalt ihren Grund im Willen derer findet, die ihr unterworfen sind[8], oder konkreter, wenn sich - im Sinne einer Volkssouveränität - auch die europäische Herrschaft auf die Bürger der Mitgliedstaaten zurückführen lasse[9].

Eine geschlossene Demokratietheorie gibt es nicht[10], und damit auch keine, auf die man für die Definition der „demokratischen Grundsätze" in Art. 23 GG zurückgreifen kann. Selbst eine allgemein gültige abstrakte Definition von Demo-

---

1 Rojahn, in: v.Münch, Art. 23 Rn. 20

2 Breuer, Die Sackgasse des neuen Europaartikels (Art. 23 GG), NVwZ 1994, 417(422)

3 so Sommermann, Staatsziel „Europäische Union", DÖV 1994, 597(602)

4 Disk.-beitr. Everling, in: H./K., 1994, S. 61; Brosius-Gersdorf, Die doppelte Legitimationsbasis der EU, EuR 1999, 133(163)

5 so Breuer, Die Sackgasse des neuen Europaartikels (Art. 23 GG), NVwZ 1994, 417(422); Sommermann, Staatsziel „Europäische Union", DÖV 1994, 597(600)

6 Brosius-Gersdorf, Die doppelte Legitimationsbasis der EU, EuR 1999, 133(139)

7 Baldus, Europol und Demokratieprinzip, ZRP 1997, 286(287); Penski, Bestand nationaler Staatlichkeit als Bestandteil der Änderungsgrenze in Art. 79 III GG, ZRP 1994, 192(194)

8 Baldus, a.a.O.

9 Pernice, in: HdbdStR Bd. VIII, § 191 Rn. 38; Rojahn, in: v.Münch, Art. 23 Rn. 23

10 Kohler, Der Abgeordnete als Vertreter des europäischen Volkes ?, EuR 1978, 333(349); Magiera, Parlament und Staatsleitung in der Verfassungsordnung des GG, 1979, S. 98; Stern, Staatsrecht Bd. I, 2. A., § 18 I 2; Diskbeitr. Häberle, VVDStRL 29, S. 98

kratie lässt sich kaum geben[1]. Demokratie lässt sich letztlich nur anhand von Einzelmerkmalen umschreiben[2]. Stern führt dafür 58 Adjektive und substantivische Zusammenfügungen an[3]. Demokratie wird als Staatsform[4] der Gleichheit[5], der Mehrheitsherrschaft, der Toleranz[6], des Pluralismus, der Konkurrenz der Machteliten[7], der Komplexität[8] oder als Prinzip der Kritik und Entwicklung[9] gesehen. Es wurde deshalb sogar schon die Frage gestellt, ob man den Begriff der Demokratie überhaupt noch brauchen könne, da er einer Epoche unmittelbaren Erlebens der Einherrschaft angehöre und gerade die Inhaltslosigkeit des Begriffs diesen Zusammenhang verschleiern würde[10]. Hinzu kommt, dass Demokratie ein Prinzip ist, das niemals vollständig in den Regelungen einer bestehenden Verfassung aufgeht. Demokratie ist kein fertiges Endprodukt[11], sondern muss ständig neu realisiert und konkretisiert werden[12]. Im freiheitlich demokratischen Rechtsstaat kann man Demokratie vielleicht am ehesten als Ordnungsprinzip[13] und Methode zur Schaffung und Verwirklichung des Rechts[14] verstehen.

Vom griechischen Wortursprung her versteht man unter Demokratie die Herrschaft des Volkes (δῆμος = Volk, κρατεῖν = herrschen[15]). Mit der Kennzeichnung „demokratisch" soll zum Ausdruck gebracht werden, dass die Staatsgewalt als Quelle der Legitimation politischer Herrschaft nicht in der Hand eines Ein-

---

1 Oellers-Frahm, Demokratieverständnis und Verfassungsgerichtsbarkeit in der Bundesrepublik Deutschland und in Frankreich, 1989, S. 691(692)

2 Schnapp, in: v.Münch, Bd. I, 4. A. 1992, Art. 20 Rn. 11

3 z.B. materiale, formale, liberale, soziale, rechtsstaatliche, freiheitliche, unmittelbare, pluralistische, wehrhafte, wertgebundene, streitbare, parteienstaatliche, konkrete, relative, dynamische, sozialistische, kollektive, radikale, partizipative, kooperative, autoritäre Demokratie, Proporzdemokratie, Versammlungsdemokratie, Kanzlerdemokratie, Konkordanzdemokratie, Stern, Staatsrecht Bd. I, 2. A., § 18 I 3 mit den jeweiligen Fundnachweisen

4 Kriele, Legitimationsprobleme der Bundesrepublik, 1977, S. 18

5 Leibholz, Strukturprobleme der modernen Demokratie, 1967, S. 135/137/147/152f.; Kriele, a.a.O. S. 17

6 Eisenhardt, Der Begriff der Toleranz im öffentlichen Recht, JZ 1968, 214ff.

7 Dahrendorf, Gesellschaft und Demokratie, 1965, S. 41

8 Naschold, Demokratie und Komplexität, PSV 1968, 494; Luhmann, Komplexität und Demokratie, PVS 1969, 314

9 Diskbeitr. Badura VVDStRL 29, S. 96

10 Diskbeitr. Herrfahrdt, VVDStRL 23, S. 105

11 Narr/Naschold, Theorie der Demokratie, 1971, S. 250

12 Badura, Bewahrung und Veränderung..., VVDStRL 23, 34(40); Herzog, in: M/D/H/S, Art. 20 I. Rn. 1ff.

13 Hesse, Grundzüge des Verfassungsrechts, 18. A. 1991, § 5 Rn. 130; Badura, in: HdbdStR Bd. I, § 23 Rn. 33; Böckenförde, in: HdbdStR Bd. I, § 22 Rn. 9; Steffani, Parlamentarische und präsidielle Demokratie, 1979, S. 12f.

14 Badura, in: HdbdStR Bd. I, § 23 Rn. 33; Diskbeitr. Badura VVDStRL 29, S. 95; Schmitt, Verfassungslehre, 5. A. 1970, S. 223

15 Die griechischen Staatstheoretiker waren ihr jedoch nicht gut gesinnt. Sie hatten meist ihre Verfallsformen kennengelernt. Ihre Demokratie war jedoch auch keine in unserem heutigen Sinn. Sie trat zwar vorwiegend in der Form der unmittelbaren Demokratie auf, war aber auf männliche Inhaber des Bürgerrechts beschränkt, Laufer, Die demokratische Ordnung, 1966, S. 19

zelnen oder einer Gruppe liegt, sondern beim Volk[1]. Der Volkswille muss Ausgangspunkt jeder staatlichen Handlung sein[2]. Das Volk wird dabei zum Herrscher über sich selbst, da es souverän, d.h. alleiniger Schöpfer der politischen Wirklichkeit ist, an keine Schranken gebunden außer an solche, deren Bindung es für sich selbst anerkennt[3].

a. Repräsentation als demokratisches Prinzip

Eine Ursache für den Mangel an einer geschlossenen, allgemein anerkannten Demokratietheorie liegt aber auch in der Spannung zwischen Wirklichkeit und Idee[4], wenn Demokratie etwa als Prozess verstanden wird, in dessen Folge Herrschaft überhaupt abgeschafft wird[5]. Dass nur im herrschaftsfreien Raum der Konsens aller zustandekommen könne, ist nicht nur utopisch, sondern undemokratisch[6]. Demokratie bedeutet nicht die Aufhebung oder Überwindung staatlich organisierter Herrschaft. Demokratie bedeutet nicht Herrschaftslosigkeit, sondern sie ist eine spezifische Form, wie Herrschaft zustandekommen, begründet, organisiert, legitimiert und ausgeübt werden kann[7]. Demokratie ist kein politisches System zur unmittelbaren Beteiligung der Massen an politischen Entscheidungen, sondern ein System zum Treffen legitimierter, politisch verantwortlicher Entscheidungen[8]. Herrschaft von Menschen über Menschen bleibt auch in der Demokratie bestehen und löst sich auch hier nicht in einer falsch verstandenen Identität von Regierenden und Regierten auf[9]. Entsprechende Konsequenzen zieht auch das Grundgesetz. Es spricht in Art. 20 Abs. 2 Satz 2 GG von "besonderen Organen", durch die das Volk die Staatsgewalt ausübt und schafft so gerade Regierende und Regierte[10]. Rousseau kam deshalb letztlich zu dem Schluss, dass eine echte Demokratie nie bestehen werde[11]. Selbst die ausschließliche Einrichtung einer unmittelbaren Demokratie würde aber die Herrschaft von Menschen über Menschen nicht abschaffen[12]. Auch in der direkten Demokratie herrschen die Abstimmenden über die Nichtabstimmenden, vor allem aber auch die zur Abstimmung Berechtigten über die, denen das Stimmrecht nicht zuerkannt wird; und natürlich die Mehrheit über die Minderheit.

---

1 Seifert/Hömig, GG für die Bundesrepublik Deutschland, 4. A. 1991, Art. 20 Rn. 3

2 Hrbek, Demokratiegebot und EG, 1980, S.286

3 Diskbeitr. Leibholz VVDStRL 29, 46 (103); Leibholz, Strukturprobleme der modernen Demokratie, 1967, S. 142f.; Böckenförde, in: HdbdStR Bd. I, § 22 Rn. 3

4 Freund, Alexis Tocqueville und die politische Kultur der Demokratie, 1974, S. 12

5 Hennis, Demokratisierung - Zur Problematik eines Begriffs, 2. A. 1972, S. 19

6 Badura, in: HdbdStR Bd. I, § 23 Rn. 36; Gehring, Parlament - Regierung - Opposition, 1969, S. 68; die ideal(isiert)e Demokratie ist „unkontrollierter Totalitarismus", ders., a.a.O., S. 70

7 Gusy, Das Mehrheitsprinzip im demokratischen Staat, AöR 106, 329(330); Badura, a.a.O.

8 Steffani, Parlamentarische und präsidielle Demokratie, 1979, S. 146

9 Böckenförde, in: HdbdStR Bd. I, § 22 Rn. 9; s. dazu auch Würtenberger, Legitimationsmuster von Herrschaft im Laufe der Geschichte, JuS 1986, 344; Naucke, Mehrheitsprinzip, Konsens und Verfassung, S. 52ff.; Narr/Naschold, Theorie der Demokratie, 1971, S. 71

10 Hesse, Grundzüge des Verfassungsrechts, 18. A. 1991, § 5 Rn. 153

11 Zippelius, Allgemeine Staatslehre, 12. A. 1994, § 17 III 2

12 Hesse, Grundzüge des Verfassungsrechts, 18. A. 1991, § 5 Rn. 130

Identitäre Deutungsprobleme der Demokratie entstehen meist aus der Auflösung des Zusammenhangs von Volksherrschaft und Repräsentation[1]. Dem Identitätsbegriff in der Demokratietheorie gibt Carl Schmitt deshalb einen neuen Sinn. Demokratie ist Identität von Herrscher und Beherrschten, Regierenden und Regierten, Befehlenden und Gehorchenden. Diese Form der Identität ergibt sich bei Schmitt aber nicht aus einer unwirklichen Identitätsfiktion, sondern aus der substantiellen Gleichheit als der wesentlichen Voraussetzung der Demokratie. Sie schließt es aus, dass innerhalb des demokratischen Staates die Unterscheidung von Herrschen und Beherrschtsein eine qualitative Verschiedenheit ausdrückt. Dadurch, dass einer herrscht oder regiert, darf er nicht aus der allgemeinen Identität des Volkes heraustreten[2]. Die notwendige Verschiedenheit von Regierenden und Regierten bleibt bestehen[3], die Identität zwischen Regierenden und Regierten kann als Vorstellung erhalten bleiben. Diejenigen, die regieren, sind durch das Volk, nicht vom Volk unterschieden[4].

Der Gedanke der Identität ist somit auch im Zusammenhang mit der repräsentativen Demokratie zulässig, wenn auch eben in der Form, dass Subjekt und Objekt der Herrschaft identisch sind[5], nicht jedoch Subjekt und Objekt der Entscheidung. Gerade auf diesem Weg wird demokratische Repräsentation zur Volksherrschaft durch Legitimation statt durch Identität[6]. Die Wahl überbrückt verfahrensmäßig den Unterschied zwischen Regierenden und Regierten, indem sie zwischen der personellen Zusammensetzung der Wähler und der Gewählten einen Konnex herstellt[7]. Repräsentation ist so auch nicht lediglich ein technischer Kunstgriff der Demokratie, weil in einem Flächenstaat und wegen der großen Anzahl der Bürger eine unmittelbare Verhandlung zwischen den Bürgern nicht möglich ist[8]. Repräsentative Demokratie ist nicht eine Minderform oder ein defizitärer Modus unmittelbarer Demokratie[9], sondern die notwendige Grundform der Demokratie als Volksherrschaft, die allerdings Elemente der unmittelbaren Demokratie in sich aufnehmen kann[10].

Zudem ist vorliegend zu erwähnen, dass es zwar eine mittelbare oder unmittelbare demokratische Legitimationsvermittlung gibt, aber nur eine unmittelbare Repräsentation. Deshalb kann sich auch ein parlamentarischer Ausschuss oder

---

[1] Kriele, Das demokratische Prinzip im GG, VVDStRL 29, 46(53)

[2] Schmitt, Verfassungslehre, 5. A. 1970, S. 234f.; Stern, Staatsrecht Bd. I, 2. A., § 18 4 a; Kriele, Das demokratische Prinzip im GG, VVDStRL 29, 46(94).

[3] Schmitt, a.a.O. S. 236

[4] Schmitt, a.a.O. S. 237

[5] Maunz, in: M/D/H/S, Art. 38 Rn. 2; Leibholz, Die Repräsentation in der Demokratie, 1973, S. 29 Fn. 1

[6] Freund, Alexis Tocqueville und die politische Kultur der Demokratie, 1974,(13)

[7] Gusy, Das Mehrheitsprinzip im demokratischen Staat, AöR 106, 329(344)

[8] Krüger, Allgemeine Staatslehre, 2. A. 1966, S. 235; Hrbek, Demokratiegebot und EG, 1980, S. 287

[9] Kriele, Legitimationsprobleme der Bundesrepublik, 1977, S. 23f.; Leibholz, Strukturprobleme der modernen Demokratie, 1967, S. 142ff.

[10] Böckenförde, in: HdbdStR Bd. I, § 30 Rn. 1/16

eine vom Parlament gewählte Person nicht als mittelbarer Repräsentant des Volkes bezeichnen. Es gibt keine Repräsentationskette. Der Repräsentant repräsentiert immer nur eine unmittelbar vorhergehenden Einheit[1]. Missverständlich ist somit die Formulierung, dass im parlamentarischen Regierungssystem der Repräsentativcharakter der Regierungsorgane über das Parlament vermittelt werde[2]. Auf diesem Weg wird nur die Legitimation vermittelt. Die Vertreter im Rat können deshalb nie die Völker der Union im demokratietheoretischen Sinn repräsentieren. Sie können nur deren Legitimation weitergeben. Repräsentieren kann eine Regierung nur die ihr zugewiesenen Kompetenzen[3]. Auf diesem Weg repräsentiert sie aber nur die ihr vom Volk über die Verfassung aufgegebene Aufgaben. Die nationalen Repräsentanten im Rat können damit aber auch ihre nationalen Demokratien repräsentieren, wenn sie allein dadurch auch noch keine Demokratie auf europäischer Ebene schaffen können[4]. Zudem repräsentiert jeder Vertreter im Rat natürlich die einzelstaatlichen Nationalinteressen[5].

Zwar ist in den parlamentarischen Regierungssystemen eine Akzentverschiebung zu erkennen. Die Regierungen werden zunehmend auch als Repräsentation des Volkes angesehen[6]. Dies beruht jedoch nicht auf einer Repräsentationskette, sondern auf den zunehmenden tatsächlichen Veränderungen von Wahlabläufen. Die Kanzlerkandidaten stehen zunehmend als Person im Mittelpunkt von Wahlkämpfen, politische Programme werden in die zweite Reihe geschoben; soweit Sachaussagen im Wahlkampf eine Rolle spielen, werden sie unmittelbar an die Person des Kanzlerkandidaten geknüpft[7]. Gesteigert wird die Personifizierung der Wahlkämpfe in neuerer Zeit zudem durch sogenannte Schattenkabinette. Somit vermittelt die Wahl diesen Kandidaten zunehmend eine faktisch direktdemokratische Grundlage, die jedoch zu einer lediglich faktischen Repräsentationsstellung führt.

b. Demokratie und Freiheit

Demokratie lebt von der subjektiven Freiheit im Sinne der Autonomie des Einzelnen[8]. Aus der Notwendigkeit, das Zusammenleben in einer verbindlichen Ordnung zu regeln, ergibt sich aber, dass die individuelle Freiheit nicht unbe-

---

[1] Leibholz, Die Repräsentation in der Demokratie, 1973, S.38

[2] Böckenförde, in: HdbdStR Bd. I, § 30 Rn. 17

[3] BVerfGE 44, 308(315)

[4] eine Stärkung der „demokratischen Repräsentativität der Ratsbeschlüsse" fordert deshalb die Kommission in ihrem Beitrag zur Vorbereitung der Regierungskonferenz über institutionelle Fragen vom 5.11.1999, S. 11

[5] Steffani, Parlamentarische und präsidielle Demokratie, 1979, S. 131

[6] Badura, Bewahrung und Veränderung..., VVDStRL 23, 34(89)

[7] Die Wahl zum Bundestag gleicht manchmal einer Kanzlerwahl, Rath, Die „unionswärtige Gewalt" des BT..., 1995, S. 129

[8] Böckenförde, in: HdbdStR Bd. I, § 22 Rn. 35; Zippelius, Rechtsphilosophie, 3. A. 1994 § 11 II 4; Kaltefleiter, Die Grenzen der Demokratie, 1986, S. 138; Zuleeg, Demokratie in der EG, JZ 1993, 1069(1072)

schränkt zur Geltung kommen kann. Auch in der Demokratie kann nicht der Einzelne allein entscheiden, sondern nur im Zusammenwirken mit den anderen Mitgliedern der Gemeinschaft[1]. An die Stelle der individuell-autonomen Freiheit tritt deshalb die demokratische Mitwirkungsfreiheit. Diese beinhaltet das Recht, an der Festsetzung der gemeinsamen Ordnung und bei der Bestellung der Herrschenden mitwirken zu dürfen[2]. Demokratie ist somit Ausfluss des Prinzips der Selbstbestimmung des einzelnen genauso wie Ausfluss der Selbstbestimmung des Volkes[3]. Nur deshalb trägt die allen Bürgern zukommende demokratische Mitwirkungsfreiheit die kollektiv-autonome Freiheit des demokratisch verfassten Volkes insgesamt[4]. Letztere erhält aus dieser Verknüpfung eine prinzipielle, über Zweckerwägungen hinausgehende und durch solche nicht zu erschütternde Rechtfertigung und ideelle Kraft[5]. Gerade die Freiheit ist auch eine Legitimationsquelle der EU[6]. Ausdrücklich normativ verankert ist dies in Art. 6 Abs. 1 EUV. Auch der Entwurf der Charta der Grundrechte der EU vom 21.09.2000 bekräftigt in seiner Präambel und in seinem Art. 6, dass der Grundsatz der Freiheit des Einzelnen Fundament und Ziel der Union ist.

c. Demokratie und Gleichheit

Das demokratische Prinzip ist ohne die Vorstellung von einer prinzipiellen Gleichheit aller Menschen nicht denkbar[7]. Diese wird deshalb sogar als seine einzige Voraussetzung bezeichnet[8]. Das demokratische Ethos geht davon aus, dass jedes Mitglied in die kollektiv-autonome Einheit, der es angehört, ein gleiches Maß an individuell-autonomer Freiheit einbringt. Aus der prinzipiellen Gleichheit der eingebrachten autonom-individuellen Position ergibt sich, dass vor allem die Gleichheit der politischen Rechte für die Demokratie unerlässlich ist[9]. Im Vordergrund steht bei den politischen Rechten, dass jedes Individuum die gleiche Chance hat, den Vertreter der kollektiv-autonomen Einheit, auf die

---

[1] Kaltefleiter, a.a.O. S. 139

[2] Böckenförde, in: HdbdStR Bd. I, § 22 Rn. 37

[3] Böckenförde, a.a.O. Rn. 9

[4] Böckenförde, a.a.O. Rn. 38

[5] Böckenförde, a.a.O. Rn. 35

[6] Kirchhof, Die Gewaltenbalance zwischen staatlichen und europäischen Organen, JZ 1998, 965

[7] Herzog, in: M/D/H/S, Art. 20 I. Rn. 17; Böckenförde, in: HdbdStR Bd. I, § 22 Rn. 76; Heun, Das Mehrheitsprinzip in der Demokratie, 1983, S. 109; Schmitt, Verfassungslehre, 5. A. 1970, S. 224f./226f.; Starck, in: HdbdStR Bd. I, § 29 Rn. 25/31; Schmitt, Verfassungslehre, 5. A. 1970, S. 225 bezeichnet Freiheit und Gleichheit als Fundamentalbegriffe der Demokratie

[8] Heun, a.a.O. S. 20f.

[9] Böckenförde, in: HdbdStR Bd. I, § 22 Rd.Nr. 41; sie fordert keine soziale Gleichheit, ermöglicht sie aber, da diese wegen der politischen Gleichheit Inhalt des Politischen werden kann, ders., a.a.O.; Badura, in: HdbdStR Bd. I, § 23 Rn. 31; Huber, P. M., Die politischen Parteien als Partizipationsinstrument auf Unionsebene, EuR 34(1999), 579(582); ein Mindestmaß an sozialer Homogenität als Voraussetzung für eine Demokratie für erforderlich hält Wege, Positives Recht und sozialer Wandel im demokratischen und sozialen Rechtsstaat, 1977, S. 241f., da soziale Gleichheit heute eine wesentliche Voraussetzung für die Integration des Staatsvolkes ist, die sich in den Gesellschaften unserer Zeit weniger im Vorhandensein integrierender als im Fehlen desintegrierender Faktoren vollzieht, Herzog, Demokratie und Gleichheit heute, DVBl. 1970, 713(715)

er seine individuelle Freiheit übertragen hat, zu bestimmen. In der Gleichheit insbesondere des Wahlrechts liegt deshalb die eigentliche Substanz der Demokratie[1]. Ohne gleiches Wahlrecht soll das EP deshalb auch nur legitimierende Hilfsfunktion haben können[2].

Für die legitimierende Wirkung einer Wahl war die Gleichheit der politischen Rechte nicht immer zwingende Voraussetzung. Auch der Begriff der Gleichheit ist in seiner konkreten Gestalt von den Ansichten seiner Zeit abhängig[3]. Wahlsysteme, die in einer bestimmten historischen Situation legitimierende Wirkung hatten, können diese Kraft somit auch wieder einbüßen[4]. Gleichheit wurde im 18. Jahrhundert noch als nach Ständen gegliederte Gleichheit verstanden[5]. Gruppen mit höherem Einkommen/Vermögen/Bildungsgrad hatten entweder ein ausschließliches Stimmrecht, zumindest aber ein größeres Stimmengewicht. Da die Menschen nach Anlagen und Intellekt verschieden seien, wurde es als Aufgabe dieser proportionalen Gleichheit gesehen, die Menschen nach ihren Verschiedenheiten verschieden zu behandeln[6]. Noch der Staatsgerichtshof hatte zur Gültigkeit des preußischen Landeswahlgesetzes festgestellt, dass der Wahlrechtsgleichheitsbegriff nicht ein logisch mathematischer Begriff sei, der "für irgendwelche Bewertungen keinen Raum lässt", sondern ein Rechtsbegriff, in dem wertbezogene "Übergänge und Abstufungen denkbar und möglich" sind[7].

Speziell in der französischen Revolution war jedoch Gleichheit zum Gegenprinzip zu Privilegien geworden[8]. Nicht nur einige wenige sollten Inhaber der politischen Herrschaftsgewalt und Ausgangspunkt für deren Legitimation sein[9]. Die differenzierende Gleichheit wurde von einer schematischen, egalitären, arithmetisch-mathematischen Gleichheit verdrängt[10]. Diese Entwicklung beruht auf der Annahme, dass Urteilsvermögen und Gerechtigkeitssinn unabhängig

---

[1] Leibholz, Die Repräsentation in der Demokratie, 1973, S. 219; Badura, a.a.O. Rn. 30f.; Stern, Staatsrecht Bd. I, 2. A., § 18 II 5 d; Hesse, Grundzüge des Verfassungsrechts, 18. A. 1991, § 5 Rn. 145; Böckenförde, a.a.O. Rn. 54

[2] Pernice, HdbdStR Bd. VIII, § 191 Rn. 39; Steffani, Das Demokratie-Dilema der EU, 1995, S. 41

[3] Leibholz, Strukturprobleme der modernen Demokratie, 1967, S.13; ders., Die Repräsentation in der Demokratie, 1973, S.156

[4] Ihren Ausdruck findet diese Entwicklung im letzten Jahrhundert in dem ständig sich weiter radikalisierenden, allgemeinen und gleichen Wahlrecht, Leibholz, Strukturprobleme der modernen Demokratie, 1967, S. 11f.; Steffani, Parlamentarismus in den EG-Staaten und demokratisches Defizit der europäischen Institutionen, ZfP 1978, 233(237)

[5] Würtenberger, Die Legitimation staatlicher Herrschaft, 1973, S. 99

[6] Leibholz, Strukturprobleme der modernen Demokratie, 1967, S. 148; Laufer, Die demokratische Ordnung, 1966, S. 21

[7] zit. nach Leibholz, Strukturprobleme der modernen Demokratie, 1967, S. 15

[8] Kriele, Das demokratische Prinzip im GG, VVDStRL 29, 46(61/82)

[9] Böckenförde, in: HdbdStR Bd. I, § 22 Rn. 41

[10] Leibholz, Die Repräsentation in der Demokratie, 1973, S. 220

von Besitz, Bildung und beruflichem Erfolg sind[1]. Außerdem stehen sich in der politischen Diskussion letztlich nicht richtige und falsche Meinungen gegenüber, sondern Meinungs- und Willensstandpunkte[2]. Im politischen Prozess gibt es zudem keine neutrale Instanz. Auch gibt es keine absolut vernünftige Ansicht, sondern nur verschiedene Grade der Vertretbarkeit und Plausibilität[3]. Die Teilhabe des Einzelnen an der politischen Entscheidung zieht ihre Berechtigung darüber hinaus nicht aus dem für das Gemeinwohl vernünftigen Ergebnis, sondern aus der Betroffenheit der Herrschaftsunterworfenen. Die Ausdehnung des Wahlrechts ist historisch denn auch weniger aus dem Bemühen um eine vernünftige Rechtsfindung zu erklären, sondern in dem Erstarken des individuellen, aus den Menschenrechten erwachsenden Selbstbestimmungsrechts des einzelnen und des Volkes, dem er angehört, zu suchen[4]. Demokratische Wahl ist Selbstbestimmung im Verband. Jeder Mensch ist, da er für den Herrschaftsverband das gleiche Maß an Freiheit aufgibt und in den Herrschaftsverband das gleiche Maß an Freiheit einbringt, für diese Suche der Richtigkeit von Sein und Handeln des Staates[5] gleichermaßen zuständig[6].

Anknüpfungspunkt und Maßstab für politische Gleichheit ist deshalb heute allein die Zugehörigkeit zur demokratisch verfassten Gemeinschaft[7]. Innerhalb derselben dürfen einzelne Stimmen kein unterschiedliches Gewicht haben[8]. Die demokratische Gleichheit ist damit aber auch wieder eine spezifische Gleichheit. Sie baut zwar auf der vorrechtlichen Gleichheit jedes zum Staatvolk gehörenden Menschen auf[9]. Gleichzeitig knüpft sie aber nicht wie der Humanismus an eine allgemeine Menschengleichheit an[10], sondern verlangt zusätzlich die Zugehörigkeit zu einer politischen Gemeinschaft.

Selbst innerstaatlich wird aber auch heute noch vor allem um die konkrete Verwirklichung der Wahlgleichheit gestritten[11]. Auf Einzelheiten dieses Streites

---

[1] Kriele, Legitimationsprobleme der Bundesrepublik, 1977, S. 30; ders., Das demokratische Prinzip im GG, VVDStRL 29, 46(62); Gusy, Das Mehrheitsprinzip im demokratischen Staat, AöR 106, 329(338f.)

[2] Heun, Das Mehrheitsprinzip in der Demokratie, 1983, S. 23ff.

[3] Im Gegensatz dazu verlangte C. Schmitt von der öffentlichen Diskussion, dass sie "nicht weniger als Wahrheit und Gerechtigkeit selbst" hervorbringen sollte und wurde so (zwangsläufig) vom Parlamentarismus enttäuscht, nach Kriele, Legitimationsprobleme der Bundesrepublik, 1977, S.71

[4] Heun, Das Mehrheitsprinzip in der Demokratie, 1983, S. 90; Gaa, Familienwahlrecht bei den nächsten Bundestagswahlen, ZRP 1997, 345

[5] Krüger, Allgemeine Staatslehre, 2. A. 1966, S. 238

[6] Krüger, a.a.O. S. 237

[7] Böckenförde, in: HdbdStR Bd. I, § 22 Rn. 42; Badura, ebenda, § 23 Rn. 31

[8] Böckenförde, a.a.O. Rn. 43

[9] Kirchhof, in: HdbdStR Bd. I, § 19 Rn. 83; Herzog, Allgemeine Staatslehre, 1972, S. 202/20

[10] Die allgemeine Menschengleichheit bleibt damit lediglich Ausgangspunkt für materielle Rechte im eigentlichen Sinn, nicht aber für politische Rechte, Böckenförde, in: HdbdStR Bd. I, § 22 Rn. 46

[11] s. zum jüngst wieder aufgeflammten Streit um die Wahlgleichheit im Zusammenhang mit Überhangmandaten und ungleich zugeschnittenen Wahlkreisen BVerfG NJW 1997, 1553ff. und daraus nachfolgend Kautz, Überhangmandate und Gleichheit der Wahl, NJW 1995, 1871ff.; zur Verfas-

muss hier nicht eingegangen werden. Die in der EU existierende Wahlrechtsungleichheit geht weit über das hinaus, was innerstaatlich an möglichen Spielräumen für Ungleichheit diskutiert wird. Systematisch soll nur kurz festgehalten werden, dass etwa das Grundgesetz zwischen dem Zählwert und dem Erfolgswert einer Stimme unterscheidet[1]. An den strengen Maßstab mathematisch exakter Gleichheit sind der Zählwert oder die Erfolgschance einer Stimme gebunden. Alle Wähler sollen mit der Stimme, die sie abgeben, mindestens den potentiell gleichen Einfluss auf das Wahlergebnis haben[2]. In dieser Gleichheit ist die Chance jedes Wählers gesichert, seine Vorstellung mit der gleichen Wahrscheinlichkeit durchsetzen zu können wie die anderen Mitglieder der Gemeinschaft. Hier ist deshalb jede Einschränkung untersagt[3]. Und gerade der Erfolgswert jeder Stimme ist innerhalb der EU unterschiedlich. Je nachdem in welchem Staat sie abgegeben wird, hat sie eine unterschiedliche Chance, sich durchsetzen zu können.

Daneben muss im Verhältniswahlrecht zwar jede Stimme neben dem gleichen Zählwert und der gleichen Erfolgschance grundsätzlich auch den gleichen Erfolgswert haben[4]. Begrenzungen beim Erfolgswert sind jedoch möglich und können z.B. aus der Notwendigkeit erwachsen, dass Wahlen auch die Aufgabe haben, Mehrheitsverhältnisse zu schaffen. Neben der Teilhabe an Herrschaft muss ein legitimes demokratisches System nämlich auch gewährleisten, dass Entscheidungen getroffen werden[5].

Systemimmanent ist eine Erfolgswertungleichheit beim Mehrheitswahlrecht, da hier die für die unterlegenen Kandidaten abgegebenen Stimmen keinerlei Erfolg

---

sungswidrigkeit von Überhangmandaten wegen ungerechtfertigtem Verstoß gegen die Erfolgswertgleichheit, Unterpaul, Zunehmende Zahl der Überhangmandate unbedenklich ?, NJW 1994, 3267ff.; erst recht verfassungswidrig sollen die zum Ausgleich von Überhangmandaten geschaffenen Ausgleichsmandate sein Nicolaus, Wahlunrecht und Ausgleichsmandate, ZRP 1995, 251(255); ders., Offenheit des Grundgesetzes bezüglich des Wahlsystems - ein Mythos ?, ZRP 1997, 185; Poschmann, Wahlrechtsgleichheit und Zweitstimmensystem, BayVBl. 1995, 299(302); Berechnungen zur Auswirkung von Überhangmandaten auf den Erfolgswert einer Wählerstimme, Pukelsheim, Mandatszuteilung bei Verhältniswahlen: Vertretungsgewichte der Mandate, Kritische Vierteljahresschrift 2000, 76(86ff.)

[1] s. BVerfGE 24, 300(341ff.); 47, 253(277ff.); 51, 222(236ff.); 79, 169(170ff.); 82, 322(337ff.); 95, 335(353ff.); 95, 408(417ff.)

[2] BVerfGE 16, 130(139); 7, 63(70)

[3] Heun, Das Mehrheitsprinzip in der Demokratie, 1983, S. 113f.

[4] BVerfGE 1, 208(247); 79, 169(170); 16, 130(139); 6, 84(90); im übrigen ist der Erfolgswert einer Stimme in erster Linie ein Freiheitsproblem und ein Problem der Effektivität, weniger ein Problem der Gleichheit zu anderen. Mit der Ungleichheit im Erfolgswert wird der Gesamtgehalt des Wahlrechts beschnitten. Die Ungleichheit im Verhältnis zu anderen ist nicht Ziel sondern automatische Konsequenz der Erfolgswertungleichheit. Neben der Ungleichheit in der Erfolgschance besteht – als automatische Konsequenz - innerhalb der EU zwischen den verschiedenen Staatsangehörigen auch eine Ungleichheit im Erfolgswert.

[5] Heun, Das Mehrheitsprinzip in der Demokratie, 1983, S. 262

haben[1]. Vor allem im Mehrheitswahlrecht müssen deshalb zum Ausgleich die Wahlkreise bezogen auf die Stimmberechtigten annähernd gleich groß sein[2].

d. Die Mehrheitsentscheidung als elementares demokratisches Prinzip

Das Mehrheitsprinzip gilt als die unmittelbare Konsequenz der Gleichheit und gehört damit wie diese zu den fundamentalen Prinzipien der Demokratie[3]. Das Prinzip der Gleichheit ließe auf den ersten Blick vielleicht das Einstimmigkeitsprinzip erwarten. Dass dies nicht so ist, liegt jedoch nicht in praktischen Erwägungen begründet, da etwa Einstimmigkeit regelmäßig nicht zu erreichen sei[4] und deshalb einzig das Prinzip der Mehrheitsregel als angemessene Entscheidungsfindung verbleibe[5]. Das Mehrheitsprinzip ist für die Demokratie nicht ein technischer Notbehelf, nicht nur eine formelle Regel der Entscheidung ohne materielle Grundlage[6]. Es ist nicht lediglich ein Mechanismus zur effizienten Befriedigung des Entscheidungsbedarfs im Gemeinwesen[7], sondern strukturell unverzichtbar[8]. Mehrheitsentscheidungen erfahren ihre innere Rechtfertigung vor allem aus ihrer Funktion der größtmöglichen Annäherung von Freiheit und Gleichheit[9]. Erst im Mehrheitsprinzip wird rechtlich für jeden die gleiche Möglichkeit gesichert, sich und seine Vorstellung durchzusetzen[10] und gleichen Anteil am Prozess der politischen Willensbildung haben zu können[11]. Damit wird aber automatisch die Mehrheitsregel zum einzig wirklichen demokratischen Entscheidungsverfahren[12]. Beim Prinzip der Einstimmigkeit hat die Meinung des letzten Dissentierenden übermäßiges Gewicht, Einstimmigkeit ist

---

1 im Mehrheitswahlrecht deshalb sogar ein Verstoß gegen die Wahlgleichheit sieht Bakker, Verfassungswidrigkeit des Mehrheitswahlrechts, ZRP 1994, 457(458)

2 BVerfGE 79, 169ff.; BVerfG NJW 1997, 1553(1557) insbesondere unter Bezug auf die Gewichtsverteilung der Länder bei der Mandatszuteilung für den Bundestag; Poschmann, Wahlrechtsgleichheit und Zweitstimmensystem, BayVBl. 1995, 299(301); Schmidt, Überhangmandate - Ist ein Ausgleich verfassungsrechtlich geboten ?, ZRP 1995, 91(93)

3 BVerfGE 1, 299(315); 29, 154(165); Heun, Das Mehrheitsprinzip in der Demokratie, 1983, S. 30/112; Herzog, in: M/D/H/S, Art. 20 II. Rn. 14; Kriele, Das demokratische Prinzip im GG, VVDStRL 29, 46(94); Herzog, Demokratie und Gleichheit heute, DVBl. 1970, 713; Böckenförde, in: HdbdStR Bd. I, § 22 Rn. 43

4 Herzog, in: M/D/H/S, Art. 20 II. Rn. 14; Gusy, Das Mehrheitsprinzip im demokratischen Staat, AöR 106, 329(330f.)

5 Heun, Das Mehrheitsprinzip in der Demokratie, 1983, S. 23; Kelsen, Allgemeine Staatslehre, 1925, 370

6 Gusy, Das Mehrheitsprinzip im demokratischen Staat, AöR 106, 329(337)

7 Stern, Staatsrecht Bd. I, 2. A., § 18 I 4 c, II 5 c; Zuleeg, Der Verfassungsgrundsatz der Demokratie und die EGten, Der Staat 1978, 17(31)

8 Böckenförde, in: HdbdStR Bd. I, § 22 Rn. 52

9 Böckenförde, a.a.O. Rn. 52; Heun, Das Mehrheitsprinzip in der Demokratie, 1983, S. 93/96f./100; Leibholz, Strukturprobleme der modernen Demokratie, 1967, S. 151

10 Hofmann, Legitimität und Rechtsgeltung, 1977, S. 88

11 Badura, in: HdbdStR Bd. I, § 23 Rn. 31; Böckenförde, ebenda, § 22 Rn. 52; Maunz, in: M/D/H/S, Art. 38 Rn. 48; Heun, Das Mehrheitsprinzip in der Demokratie, 1983, S. 38/261; Hesse, Grundzüge des Verfassungsrechts, 18. A. 1991, § 5 Rn. 142

12 Heun, a.a.O. S. 30; Herzog, in: M/D/H/S, Art. 20 II. Rn. 14; Kriele, Das demokratische Prinzip im GG, VVDStRL 29, 46(94)

in letzter Konsequenz sogar die Diktatur des letzten Dissentierenden. Allein deshalb kann auch grundsätzlich nur einer Wahl, die nach dem Mehrheitsrecht abgewickelt wird, demokratietheoretisch legitimierende Wirkung zukommen[1].

Das Recht der Mehrheit, allgemeinverbindliche Entscheidungen treffen zu dürfen, beruht zudem darauf, dass sie mit der Minderheit in ständigem Konkurrenzkampf steht und diese die Chance hat, zur Mehrheit zu werden[2]. Spiegelbildlich folgt die Verbindlichkeit der Mehrheitsentscheidung aus der Einsicht der Unterlegenen, dass die Anerkennung des Mehrheitsprinzips Bedingung für die Möglichkeit zur eigenen Durchsetzung und damit Bedingung für die Möglichkeit der Entscheidungskorrektur ist[3].

Qualifizierte Mehrheiten bedeuten deshalb auch kein Mehr an Demokratie. Sie dienen dem Minderheitenschutz, erhöhen die Bestandsgarantie der ihr unterworfenen Materie und schützen damit regelmäßig auch einen einmal erzielten gesellschaftlichen Grundkonsens[4]. Da außerdem die integrierende Kraft z.B. der Einigung darauf beruht, dass alle Beteiligten einer Entscheidung zugestimmt haben und damit selbst für die Entscheidung verantwortlich sind[5], kann einer qualifizierten Mehrheit höhere integrierende Kraft beigemessen werden[6] als der Mehrheitsentscheidung. Diese allgemein-legitimierende Kraft, ändert jedoch nichts daran, dass sie demokratietheoretisch geringer legitimierende Kraft hat als eine Entscheidung, die nach dem Mehrheitsprinzip getroffen wird. In welchen Fällen man einen Grundkonsens abstützt, indem man die Änderung einer Rechtnorm an größere Mehrheiten bindet, ist eine politische Entscheidung, die im Sinne der Stabilität einer existierenden oder entstehenden Rechtsordnung auch politisch sinnvoll oder sogar notwendig sein mag. Darin liegt dann eben gerade die Rechtfertigung für eine Abweichung vom Mehrheitsprinzip. Die Demokratie fordert diesen Weg des Konsensschutztes oder der Konsensermittlung jedoch nicht rechtlich.

Dass die Mehrheitsentscheidung als regelmäßiger Entscheidungsmodus in den europäischen Demokratien anerkannt ist bedeutet jedoch nicht, dass er nicht rechtfertigungsbedürftig ist[7]. Entstanden ist der freiheitlich demokratische Gedanke aus der Anerkennung des Selbstbestimmungsrechts des einzelnen[8]. Und dieser Grundsatz legt es eigentlich nahe, dass der einzelne Entscheidungen, die ihn betreffen, auch zustimmen soll, sich also selbst bestimmen können soll. Dass in einem solchen Entscheidungssystem Entscheidungen, die vor allem das

---

1 Meyer, in: HdbdStR Bd. II, § 37 Rn. 4
2 Böckenförde, in: HdbdStR Bd. I, § 22 Rn. 49/54
3 Hofmann, Legitimität und Rechtsgeltung, 1977, S. 88
4 Böckenförde, in: HdbdStR Bd. I, § 22 Rn. 53; Heun, Das Mehrheitsprinzip in der Demokratie, 1983, S. 126; zur Notwendigkeit eines solchen Grundkonsenses s. C.II.4f.
5 Hesse, Grundzüge des Verfassungsrechts, 18. A. 1991, Rn. 142
6 Hesse, a.a.O. Rn. 144
7 Heun, Das Mehrheitsprinzip in der Demokratie, 1983, S. 78ff.
8 Heun, a.a.O. S. 93/94

Gemeinschaftsleben ordnen sollen, nicht gefällt werden können, liegt auf der Hand. Entscheidungen über das Zusammenleben fällen zu können, ist jedoch eine der zentralen Aufgaben eines Staates und damit auch einer demokratischen Ordnung[1]. Zwar könnte man vertreten, auch eine blockierte Entscheidung sei letztlich eine Entscheidung. Doch hier muss sich die Mehrheit der Minderheit beugen. Deshalb korrigiert der Gleichheitsgrundsatz das Einstimmigkeitsprinzip. Er geht vom gleichen individuellen Selbstbestimmungsrecht eines jeden aus. Und dieses kann letztendlich nur im Mehrheitsprinzip zur Geltung kommen[2]. Nicht die individuelle Selbstbestimmung eines jeden in der Gemeinschaft, sondern die *gleiche* individuelle Selbstbestimmung eines jeden in der Gemeinschaft ist deshalb der Kern freiheitlicher Demokratie[3].

e. Demokratie und Rechtsstaatlichkeit

Untrennbar sind auch Demokratie und Rechtsstaatlichkeit[4]. Beide überschneiden sich zudem inhaltlich in der Freiheit des Einzelbürgers als Ziel[5]. Ohne identisch miteinander zu sein, dienen beide der Legitimierung von Herrschaft[6]. Ohne die rechtlich gesicherte politische Freiheit des Einzelnen und der Gruppe ist der von der Demokratie intendierte Prozess freier politischer Willensbildung nicht gewährleistet. Dies gilt sowohl für Wahlen und Abstimmungen als auch für die diffuse, ohne Entscheidungszwang ablaufende öffentliche Meinungsbildung[7]. Demokratie und Rechtsstaat fügen sich so zu einer Synthese, was sich konkret insbesondere in der rechtsstaatlichen Garantie der demokratischen Grundrechte niederschlägt[8], vor allem in der Garantie der politischen Grundrechte Meinungs-, Presse-, Informations- und Versammlungsfreiheit[9]. Erst in der Form des pluralistischen Rechtsstaates findet die Demokratie deshalb "ihre höchste Ausprägung und wahre Entfaltung als freiheitssicherndes Herrschaftssystem"[10]. Im Rechtsstaatsprinzip wird deshalb sogar die wesentlichste Ausfüllung des demokratischen Prinzips gesehen[11]. Außerdem ist die Macht der Mehrheit nur erträglich als gebundene Macht[12]. Nur so kann auch die Verselb-

---

1 Heun, a.a.O. S. 101

2 Heun, a.a.O. S. 102

3 zu dem Problem, wie das Einstimmigkeitsprinzip als Ideal der Selbstbestimmung in der EU durch den Gleichheitsgedanken modifiziert und gerechtfertigt werden kann, s.u.

4 Stern, Staatsrecht Bd. I, 2. A., § 18 II 6 a/b; Hesse, Grundzüge des Verfassungsrechts, 18. A. 1991, Rn. 271; Kirchhof, in: HdbdStR Bd. I, § 19 Rn. 83

5 Böckenförde, in: HdbdStR Bd. I, § 22 Rn. 35; Kaltefleiter, Die Grenzen der Demokratie, 1986, S. 138; Achternberg/Krawietz, Legitimation des modernen Staates, 1981, S. 107

6 Hesse, Grundzüge des Verfassungsrechts, 18. A. 1991, Rn. 272

7 Badura, in: HdbdStR Bd. I, § 23 Rn. 32; Stern, Staatsrecht Bd. I, 2. A., § 18 II 4 c; Herzog, in: M/D/H/S, Art. 20 II. Rn. 25

8 Wege, Positives Recht und sozialer Wandel im demokratischen und sozialen Rechtsstaat, 1977, S.240

9 Böckenförde, in: HdbdStR Bd. I, § 22 Rn. 86

10 Steffani, Parlamentarische und präsidielle Demokratie, 1979, S. 9

11 Stern, Staatsrecht Bd. I, 2. A., § 18 II 6 a/b

12 Badura, in: HdbdStR Bd. I, § 23 Rn. 31

ständigung staatlicher Macht verhindert werden[1]. Demokratie nach heutigem Verständnis ist zudem auch Schutz der Minderheit und damit des Individuums gegenüber der absoluten Mehrheit[2]. Demokratie ist kein Mehrheitsabsolutismus.

Dahinstehen kann vorliegend, ob der Rechtsstaat zu seiner Verwirklichung unbedingt an die Demokratie gebunden ist[3], oder ob es rechtsstaatliche Elemente auch z.B. im aufgeklärten Absolutismus geben kann[4]. Umgekehrt kann jedenfalls die Demokratie niemals ohne Rechtsstaatlichkeit existieren[5]. Für die EU gilt jedenfalls, dass sie einen wesentlichen Teil ihrer Legitimation, vor allem den derzeit entscheidenden Teil ihres Grundkonsenses, aus ihrer Eigenschaft als Rechtsgemeinschaft bezieht[6].

III. Die „Verpflichtung" auf demokratische Grundsätze nach Art. 23 Abs. 1 Satz 1 GG

Will man die Funktion der Struktursicherungsklausel dafür erfassen, wie das Entscheidungssystem der EU nach demokratischen Grundsätzen ausgestaltet sein muss, dann muss man sehen, dass Art. 23 Abs. 1 Satz 1 GG lediglich verlangt, dass die EU den Zielen der Struktursicherungsklausel „verpflichtet" ist. Auch hier wird wieder der Unterschied zu den Grundrechten deutlich. Diese müssen mit dem spezifischen Inhalt aus der Struktursicherungsklausel „gewährleistet" sein. Mit dem Begriff „gewährleisten" ist klargestellt, dass

---

1 Leibholz, Strukturprobleme der modernen Demokratie, 1967, S. 152; Hesse, Grundzüge des Verfassungsrechts, 18. A. 1991, Rn. 139

2 Hesse, a.a.O. Rn. 153f.; Oellers-Frahm, Demokratieverständnis und Verfassungsgerichtsbarkeit in der Bundesrepublik Deutschland und in Frankreich, 1989, S. 691(692); Heun, Das Mehrheitsprinzip in der Demokratie, 1983, S. 231

3 Böckenförde, in: HdbdStR Bd. I, § 22 Rn. 84

4 Diskbeitr. v. Münch, VVDStRL 29, S. 109

5 Diskbeitr. v. Münch, VVDStRL 29, S. 109

6 Hirsch, Der EuGH im Spannungsfeld zwischen Gemeinschaftsrecht und nationalem Recht, NJW 2000, 1817(1819); dass die EU eine Rechtsgemeinschaft ist, Delors, Entwicklungsperspektiven der EG, Aus Politik und Zeitgeschichte 1993, 3(6), und ihre Herrschaft nach Prinzipien des Rechts verfolgt, Ipsen, Europäische Verfassung - Nationale Verfassung, EuR 1987, 195(197), ist so offensichtlich wie unbestritten, Steinberger, Der Verfassungsstaat als Gliedstaat einer europäischen Gemeinschaft, VVDStRL 50, 8(29); Grabitz/Hilf, Kommentar zur EU, Stand Mai 1995, Art. 164 Rn. 88; ausführlich dazu Fuss, Rechtsstaatliche Bilanz der EGten, 1972, S. 781f., Oellers-Frahm, Demokratieverständnis und Verfassungsgerichtsbarkeit in der Bundesrepublik Deutschland und in Frankreich, 1989, S. 693, dass darauf im weiteren nicht mehr detailliert eingegangen werden wird. Vom EuGH (EuGH Slg. 1979, 623(637); 1982, 1575(1610)) wurde darüber hinaus ein weitgehender materieller und verfahrensrechtlicher Grundrechtsschutz entwickelt und die Gesetzmäßigkeit der vollziehenden Gewalt, der Vorrang des primären Rechts, die Grundsätze der Rechtssicherheit, des Vertrauensschutzes, der Bestimmtheit sowie der Verhältnismäßigkeit gesichert, Steinberger, a.a.O. S. 55; Thürer, Der Verfassungsstaat als Glied einer europäischen Gemeinschaft, VVDStRL 50, 97(118). An einer fehlenden Rechtsstaatlichkeit wird die Demokratisierung der EU jedenfalls nicht scheitern. Das Gewaltenteilungsmodell der EU entspricht zwar nicht den Gewaltenteilungsmodellen in den Mitgliedstaaten, es besteht jedoch im Sinne der Demokratietheorie zwischen beiden durchaus eine funktionelle Adäquanz, Badura, Bewahrung und Veränderung ..., VVDStRL 23, 34(34ff./38ff.).

Deutschland nur an einer EU mitwirken darf, die den in Art. 23 GG definierten Grundrechtsschutz auch tatsächlich und rechtlich sicherstellt[1]. Hier werden die deutschen Staatsorgane somit auf einen bestimmten Gestaltungs- und Durchsetzungserfolg festgelegt. Eine bloße „Verpflichtung" der EU auf demokratische Grundsätze lässt die Anforderungen an ihre Umsetzung weitgehend offen. Vorgegeben ist hier nicht ein bestimmter Erfolg, sondern hier werden allgemeine Inhalte definiert, die das Handeln der EU mitprägen müssen, die sich aber nicht in einem ausdrücklich definierten Umfang durchsetzen müssen. Es ist erforderlich, aber auch ausreichend, dass sich die Inhalte, auf die sich die Verpflichtung bezieht, objektiv feststellbar im Handeln der Organisation niederschlagen und nicht lediglich behauptet werden. Anders ist dagegen die Gewährleistungsgarantie zu sehen. Hier muss sich der gewährleistete Inhalt im Sinne einer Erfolgsgarantie auch durchsetzen.

1. Das Demokratieprinzip im Recht der Europäischen Union

Der Demokratiegrundsatz ist seit den Gründungsverträgen Bestandteil des Unionsrechts[2] und Grundlage der konkreten europäischen institutionellen Verfahren[3], auch wenn in den Gründungsverträgen nur Andeutungen des demokratischen Gedankens zu finden sind[4]. Das EP hat als Ausdruck des europäischen demokratischen Gedankens dabei immer eine zentrale Rolle gespielt[5]. Bereits aus UA 3, 4 und 5 der Präambel zur EEA folgt, dass das Demokratieprinzip für die Mitgliedstaaten beim Aufbau Europas eine zentrale Rolle spielt. Nach UA 4 der Präambel zur EEA sehen die demokratischen Völker Europas das in allgemeiner Wahl gewählte EP als unerlässliches Ausdrucksmittel. Hier wird deutlich, dass konkret auch das Prinzip der demokratischen Repräsentation Element der europäischen Rechtsordnung ist[6]. Auch in der Präambel des EUV haben die

---

[1] zur sprachlichen Wurzel „Gewähr" im althochdeutschen „gaweri" = Sicherstellung s. Duden, Das große Wörterbuch der deutschen Sprache, Bd. 3, Stichwort „Gewähr"

[2] Präambel EUV; Huber, P.M., Recht der Europäischen Integration, 1996, § 5 Rn. 25, § 14 Rn. 65; Pernice, in: Dreier, Art. 23 Rn. 51; Classen, Europäische Integration und demokratische Legitimation, AöR 119(1994), 238(238); Zuleeg, Der Verfassungsgrundsatz der Demokratie und die EGten, Der Staat 1978, 17(44); Ziff. 1 der Erklärung der Staats- bzw. Regierungschefs der Mitgliedstaaten der erweiterten Europäischen Gemeinschaften in Paris am 19./20.10.1972, EA 1972 D 503; Everling, Die EG auf dem Weg zur EU, EA 1972, 791(793f.); Hilf, Die rechtliche Bedeutung des Verfassungsprinzips der parlamentarischen Demokratie für den europäischen Integrationsprozeß, EuR 1984, 9ff.; Klein, Entwicklungsperspektiven für das EP, EuR 1987, 97(101)

[3] Entschließung vom 14.09.83, Abl. C 277/95 v. 17.10.83; Bleckmann, Europarecht, 6. A. 1997, Rn. 325ff.

[4] diese weist Zuleeg nach, Demokratie in der Europäischen Gemeinschaft, JZ 1993, 1069f.; gerade daraus schloss Randelzhofer, dass in der Union kein allgemeines Demokratieprinzip gilt, sondern die Verträge lediglich bestimmte Ausprägungen desselben enthielten, Zum behaupteten Demokratiedefizit der EG, 1994, S. 39-46; selbst aus Art. 6 EUV soll nichts anderes folgen, da die EU in ihm gleichzeitig auch die nationale Identität der Mitgliedstaaten schützt, ders., a.a.O. S. 45

[5] Zuleeg, Demokratie in der EG, JZ 1993, 1069(1070); Ress, Über die Notwendigkeit der parlamentarischen Legitimierung der Rechtsetzung der EGten, 1989, S. 636 f.

[6] Zuleeg, a.a.O.; Ress, a.a.O. S. 641; s. zu dieser gemeinsamen Verfassungstradition in den Mitgliedstaaten auch die Präambel der Satzung des Europarates und die europäischen Menschenrechtskon-

Mitgliedstaaten ausdrücklich ein Bekenntnis zum Grundsatz der Demokratie abgelegt und gleichzeitig den „Wunsch" geäußert, „Demokratie und Effizienz in der Arbeit der Organe weiter zu stärken". Art. 6 Abs. 1 EUV legt ein ausdrückliches und umfassendes Bekenntnis der EU zur Demokratie und Freiheit ab. Art. 7 EUV regelt zudem ein Verfahren, mit dem schwere Verstöße einzelner Mitglieder gegen diese Grundsätze sanktioniert werden können[1]. Das BVerfG erkennt sogar ausdrücklich das EP als Quelle demokratischer Legitimation an i.S.e. „Vermittlung demokratischer Legitimation durch das von den Bürgern der Mitgliedstaaten gewählte Europäische Parlament"[2]. Durch ein einheitliches Wahlrecht ließe sich diese Funktion des EP ausbauen[3].

Aus dem geschriebenen und ungeschriebenen Unionsrecht soll sich deshalb sogar die Verpflichtung zu einer weitergehenden Demokratisierung der EU ergeben[4]. Gefolgert wird dies nicht nur allgemein aus dem Geist der Verträge[5] und dem gemeinsamen Bekenntnis im Zusatzprotokoll zur EMRK[6]. Insbesondere aus Art. 1 UA 1 EEA soll sich, den Ansatz der Präambel erweiternd, eine konkrete Demokratieentfaltungspflicht ergeben[7], sogar konkret die Fortbildung der parlamentarischen Einrichtungen[8], deren grundsätzlichen Vorrang vor den übrigen Vertragsorganen ohnehin schon die Direktwahl geschaffen habe[9]. Mit der Direktwahl sollte sogar automatisch eine Kompetenzausweitung für das EP verbunden werden[10]. Es sei widersprüchlich, Direktwahlen ohne Parlamentskompetenz durchzuführen[11]. Ohne ein höheres Maß an Mitentscheidung könne die Direktwahl deshalb ihre legitimierende Wirkung nicht entfalten[12]. Die Direktwahl verkäme sonst zu einem Ritual ohne politische Bedeutung[13], auch entstehe

---

vention (1. Zusatzprotokoll), in denen ausdrücklich festgehalten ist, dass es gemeinsames Erbe der Bürger Westeuropas und Prinzip und Postulat wahrer Demokratie ist, dass die rechtsetzenden Institutionen einer freiheitlichen Gemeinschaft demokratischer Legitimation bedürfen.

1 Hilf/Pache, Der Vertrag von Amsterdam, NJW 1998, 705(706);, auch die Präambel zum aktuellen Entwurf der Charta der Grundrechte der EU vom 21.09.2000 bekräftigt dieses Bekenntnis

2 BVerfGE 89, 155(185f.); Steinberger, Anmerkungen zum Maastricht-Urteil des BVerfG, 1994, S. 28

3 BVerfGE 89, 155(186)

4 Ress, Über die Notwendigkeit der parlamentarischen Legitimierung der Rechtsetzung der EGten, 1989, S. 640

5 EuGH Slg. 1974, 507; 1975, 1232; 1986, 1651

6 Ress, Über die Notwendigkeit der parlamentarischen Legitimierung der Rechtsetzung der EGten, 1989, S. 640 m.w.N.; EuGH EuGRZ 1982, 485f. fordert einen Beitritt der EG zur EMRK, geht also davon aus, dass sie nicht unmittelbar bindend ist.

7 Ress, a.a.O. s. 646

8 Oppermann, Parlamentarisierung der EG ?, FS v.d. Heydte, S. 449(459)

9 Bleckmann, Nationales und europäisches Souveränitätsverständnis, 1980, S. 68

10 Bleckmann, Europarecht, 6. A. 1997, Rn. 292

11 Ipsen, Zur Tragfähigkeit der Verfassungsprinzipien der EG, 1982, S. 11

12 Scheuner, Perspektiven einer EU, EuR 1976, 193(211); Steffani, Parlamentarische und präsidielle Demokratie, 1979, S. 139f.

13 Zuleeg, Der Verfassungsgrundsatz der Demokratie und die EGten, Der Staat 1978, 17(37); Frowein, Zur institutionellen Fortentwicklung der Gemeinschaft, KSE 22, 83(89)

ein gefährlicher desintegrierender Zwiespalt zwischen umfassender Legitimation und beschränkten Befugnissen[1].

Dem steht jedoch bereits das Prinzip der Vertragsfreiheit der Mitgliedstaaten entgegen. Das Vertragsänderungsverfahren ist in den Verträgen abschließend geregelt[2], auch wenn sich die Mitglieder für die europäischen Verträge auf eine bestimmte Auslegungspraxis verständigen können[3], die zur Stärkung der Rechtsetzungsbefugnisse des EP führt. Das Demokratieprinzip kann sich aber immer nur innerhalb der bestehenden Verträge entfalten, niemals jedoch eine Wirkung über diese hinaus erreichen und die Verträge inhaltlich verändern[4]. Selbst wenn man die allgemeinen Demokratiebekenntnisse in den Verträgen bereits als Vorgabe für weitere Vertragsverhandlungen sehen würde, scheitert ihre Verbindlichkeit im Konkreten an der Souveränität der Mitgliedstaaten, die ebenfalls weiterhin ein wesentlicher Bestandteil der Verträge als völkerrechtliche Verträge ist[5]. Eine unmittelbare Verpflichtung zur Demokratisierung der EU kann sich, da die Mitgliedstaaten weiterhin die Herren der Verträge sind[6], somit nur aus den jeweiligen nationalen Verfassungen der Mitgliedstaaten ergeben[7].

Keinesfalls wirkt allein ein Mehr an demokratischer Legitimation kompetenzbegründend[8]. Demokratisch legitimiert werden Organe, Personen und die von ihnen zu fällenden Sachentscheidungen. In einem Rechtsstaat ergibt sich dabei die Zuständigkeit für eine Sachentscheidung aus dem Gesetz. Zwar knüpft der Gedanke, dass eine höherwertige Legitimation kompetenzausweitende Wirkung

---

[1] Bieber, Perspektiven des EP nach der 2. Direktwahl, 1985, S. 93; Frowein, a.a.O.

[2] Ress, Über die Notwendigkeit der parlamentarischen Legitimierung der Rechtsetzung der EGten, 1989, S. 631

[3] Das EP hatte begleitend zur Vertragsentwicklung immer versucht, seine Rolle über Interorganabsprachen zu stärken, s. zu diesen Bemühungen Rabe, Europäische Gesetzgebung - das unbekannte Wesen, NJW 1993, 1(4); Klein, Entwicklungsperspektiven für das EP, EuR 1987, 97(106); Steinberger, Der Verfassungsstaat als Gliedstaat einer europäischen Gemeinschaft, VVDStRL 50, 8(34); Sasse, zit. nach Kundloch, Bericht über das VIII. Kolloquium des Instituts d'Etudes Juridiques Européennes in Lüttich, EuR 1976, 360(361); Ress, Über die Notwendigkeit der parlamentarischen Legitimierung der Rechtsetzung der EGten, 1989, S. 648f., Hilf, Die rechtliche Bedeutung des Verfassungsprinzips der parlamentarischen Demokratie für den europäischen Integrationsprozeß, EuR 1984, 9(24). Zum jüngsten Stand dieser Bemühungen s. die Rahmenvereinbarung über die Beziehungen zwischen EP und Kommission vom 5.7.2000, Bull.EU 7/8 2000, S. 159ff.

[4] Schütz, Europaweite Freizügigkeit ohne demokratische Kontrolle, AöR 120(1995), 509(542); Ress, Über die Notwendigkeit der parlamentarischen Legitimierung der Rechtsetzung der EGten, 1989, S. 632; Hilf, Die rechtliche Bedeutung des Verfassungsprinzips der parlamentarischen Demokratie für den europäischen Integrationsprozeß, EuR 1984, 9(19)

[5] Bleckmann, Europarecht, 6. A. 1997, Rn. 139ff.

[6] BVerfGE 89, 155; Bleckmann, Die Wahrung der „nationalen Identität" im Unions-Vertrag, JZ 1997, 265(266); als Verfassungsgeber der Union bezeichnen sie Hilf/Pache, Der Vertrag von Amsterdam, NJW 1998, 705; nicht mehr als solche sehen sie lediglich Schachtschneider u.a., Der Vertrag über die EU und das GG, JZ 1993, 751(759)

[7] Ress, Über die Notwendigkeit der parlamentarischen Legitimierung der Rechtsetzung der EGten,1989, S. 630

[8] Klein, Entwicklungsperspektiven für das EP, EuR 1987, 97(107)

hat, an die Grundlage der Legitimationstheorie an, wonach Legitimation in engem Zusammenhang mit Akzeptanz zu sehen ist. Die unterschiedliche Akzeptanz von Entscheidungsinstanzen kann dazu führen, dass ein Druck entsteht, Entscheidungskompetenz auf die mehr akzeptierte Instanz zu verlagern. Dies ist jedoch nicht automatisch das direkt gewählte Organ. Auch dieses muss sich Akzeptanz erst erringen.

2. Das Prinzip der Repräsentation (C.II.7.a.)

Die EU ist auch dem Prinzip dem Prinzip der Repräsentation verpflichtet. Und dieses verwirklicht es nicht etwa im Rat[1]. Die Probleme einer europäischen Repräsentation und die Entwicklung der europäischen Repräsentation vor allem seit Einführung der Unionsbürgerschaft wurden bereits unter B.III. dargestellt. Dies bedeutet jedoch nicht, dass die EU dem Prinzip der Repräsentation als demokratischem Prinzip (C.II.7.a.) nicht verpflichtet wäre. Die Abgeordneten des Bundestages sind Vertreter des deutschen Volkes (Art. 38 Abs. 1 Satz 2 GG), die Abgeordneten im EP sind Vertreter der Völker in der Gemeinschaft (Art. 189 UA 1 EGV).

3. Freiheit und Rechtsstaatlichkeit in der Europäischen Union (C.II.7.b. und e.)

Dass die EU dem Gedanken der Freiheit verpflichtet ist, wurde unter C.II.7.b. bereits erwähnt. Die Grundrechtscharta bekräftigt diesen Anspruch in ihrer Präambel erneut. Ebenso stellt sie ausdrücklich fest, dass die EU dem Grundsatz der Rechtsstaatlichkeit verpflichtet ist. Auch wenn die Charta noch nicht rechtlich verbindlich ist[2], ist sie doch Ausdruck dessen, was die EU bereits unter den derzeitigen Verträgen an Werten vertritt[3]. Kapitel II der Charta ist sogar ausdrücklich mit „Freiheiten“ überschrieben. Aber auch die Grundrechtsrechtsprechung des EuGH ist Ausdruck dieses Freiheitsgedankens[4].

4. Das Mehrheitsprinzip in der Europäischen Union (C.II.7.d.)

Auch dem Mehrheitsprinzip als demokratischem Entscheidungsmodus (C.II.7.d.) ist die EU verpflichtet. Obwohl auch weiterhin viele Entscheidungen

---

1 dazu, dass dieser repräsentationstheoretisch auch nicht in der Lage wäre, diese Funktion zu erfüllen, s. C.II.7.a.

2 Gnan, Der Vertrag von Nizza, BayVBl. 2001, 449(458)

3 zur Rechtsstaatlichkeit als gemeineuropäisches Verfassungsprinzip s. Classen, in: v.Mangoldt/Klein/Starck, zu Art. 23 Rn. 37f. m.z.w.N. auch aus den Verfassungen anderer Mitgliedstaaten; Rechtsstaatliche Element wurden in der EU bereits 1964 von Friauf, Zur Problematik rechtsstaatlicher und demokratischer Strukturen in zwischenstaatlichen Gemeinschaften, DVBl 1964, 781 gesehen, ebenso von Fuss, Rechtrsstaatliche Bilanz der Europäischen Gemeinschaften, 1972, S. 781, Kaiser und Badura, jeweils: Bewahrung und Veränderung demokratischer und rechtsstaatlicher Verfassungsstrukturen..., VVDStRL 23(1966)

4 s. zum Grundrechtsschutz in der EU oben C.

in der EU einstimmig fallen[1], entscheiden sowohl Kommission (Art. 219 UA 2 EGV) als auch Rat (Art. 205 Abs. 1 EGV) als auch EP (Art. 198 EGV) im Grundsatz mit einfacher Mehrheit. Ausnahmen müssen die europäischen Verträge ausdrücklich anordnen.

5. Der Gleichheitssatz in der Europäischen Union (C.II.7.c.)

Das demokratietheoretische Hauptproblem des EP ist, dass gerade der für die Parlamente in den Mitgliedstaaten selbstverständliche Grundsatz der Wahlgleichheit für das EP nicht vollständig umgesetzt wurde. Das ist Spiegelbild dafür, dass der Wille, die nach demokratischen Regeln entscheidende, demokratietheoretisch ausschlaggebende Einheit gründen zu wollen, auf europäischer Ebene fehlt[2]. Die Bevölkerung in Europa ist nicht bereit, die in ihren Augen durch die Staatlichkeit der Mitgliedstaaten gerechtfertigte Ungleichbehandlung der einzelnen europäischen Staatsbürger aufzugeben.

Das Verhältnis der nationalen Mandatskontingente entspricht bis heute nur sehr grob der Bevölkerungsverteilung[3]. Der Vertrag von Nizza wird, wenn er mit allen bei der Neuaufteilung der Mandatskontingente berücksichtigten Mitgliedstaaten in Kraft tritt, das derzeitige Ungleichgewicht zwischen Bevölkerungsanteil und Kontingentgröße jedoch deutlich abmildern, ohne das Problem bereits endgültig zu lösen. Vergleiche mit dem Bundesrat[4] helfen dabei nicht weiter, da hier parallel ein nach gleichem Wahlrecht kreiertes Organ besteht[5], gegen das keine bundesweite Regelung getroffen werden kann.

Immerhin erfolgte im Laufe der Zeit eine - wenn auch geringfügige - Annäherung an den Proportionalitätsgedanken[6], die sich aber nicht immer für jedes Land vorteilhaft auswirkte. Im Gefolge eines Ratsbeschlusses vom 11./12.12.1992[7] wurde aber immerhin sogar ein erster Schritt zum Proportionalitätsprinzip auch zwischen den vier großen Mitgliedstaaten gegangen[8].

---

[1] auch in der Zeit nach Nizza vor allem in den politisch sensiblen Themen, Wiedemann, Der Vertrag von Nizza..., EuR 36(2001), 185(207); Schäfer , Der Vertrag von Nizza..., BayVBl. 2001, 460(463)

[2] die fehlende Wahlrechtsgleichheit als Form des „inneren Demokratiedefizits" der EU sieht Epping, Die demokratische Legitimation der dritten Gewalt der EGten, Der Staat 36(1997), 349

[3] Steinberger, Der Verfassungsstaat als Gliedstaat einer europäischen Gemeinschaft, VVDStRL 50, 8(52)

[4] Oppermann, Parlamentarisierung der EG ?, 1997, S. 453

[5] Kaiser, Bewahrung und Veränderung..., VVDStRL 23, 1(23 Fn. 82); Möschel, Politische Union für Europa: Wunschtraum oder Alptraum ?, JZ 1992, 877(883); Bieber, Die politischen Parteien im Demokratisierungsprozeß der Gemeinschaft, EuR 1978, 381 (382)

[6] Oppermann, Parlamentarisierung der EG ?, 1977, S. 453

[7] Abl. L 33/15 v. 9.2.93

[8] Im Verlauf der Debatte um die Frage der Zahl der deutschen Mandate im EP nach der Wiedervereinigung "ist natürlich von einer ganzen Reihe unserer Partner deutlich gemacht worden, dass es aus den Gründerjahren der Gemeinschaft, ..., klare Absprachen gibt, wonach die Gewichtung der großen Mitgliedstaaten in den Institutionen ... in etwa gleich groß sein müsste. Ich kann nur sagen: Dies ist eine Absprache von damals. Ich stehe hier in der Kontinuität aller Bundesregierungen", Bundeskanzler Helmut Kohl in einer Regierungserklärung vor dem Deutschen Bundestag am 13. Dezember 1991

Deutschland hatte ursprünglich einen Bevölkerungsanteil von 24 % und einen Abgeordnetenanteil von 18 %. Durch die erste Erweiterung der EG verringerte sich das Bevölkerungsgewicht Deutschlands auf 19 %. Sein Abgeordnetenanteil sank wegen der Erhöhung der Abgeordnetenzahlen im Zuge der ersten Direktwahl auf 16 %. Relativ hatte sich aber die Repräsentation Deutschlands verbessert. Die Differenz zwischen Abgeordnetenanteil zu Bevölkerungsanteil hatte sich von 6 % auf 3 % halbiert. Nach der Wiedervereinigung erhöhte sich der deutsche Bevölkerungsanteil auf 23 %. Trotz Sitzkontingenterhöhung für Deutschland im EP kam es jedoch nur auf einen Abgeordnetenanteil von 17 %. Mit dem Beitritt Schwedens, Finnlands und Österreichs und der gleichzeitigen Sitzerhöhung im EP auf 626 Abgeordnete seit dem 01.01.1995 verringerte sich der deutsche Bevölkerungsanteil an der gesamten EU-Bevölkerung um 1,5 %-Punkt auf 21,5 %, der Abgeordnetenanteil sank gleichzeitig jedoch um 2 %-Punkte auf 15 %. Frnkreich dagegen ist im EP bei einem Bevölkerungsanteil von (abnehmend) 19 % bis 15,5 % mit einen Sitzanteil von 18 % bis 14 % wirklichkeitsnaher im EP repräsentiert als Deutschland.

Noch krasser werden die Unterschiede in der Repräsentation im Verhältnis zu den kleineren Staaten wie etwa Belgien, Niederlande oder Luxemburg. Diese lagen mit ihrem Abgeordnetenanteil regelmäßig sogar über ihrem Bevölkerungsanteil. Belgien verfügte z.B. bei einem Bevölkerungsanteil von 4 % bereits vor der ersten Direktwahl über einen Abgeordnetenanteil von 7 % (später dann 3 % zu 4,7 %, 2,9 % zu 4,4 %) und hat seit dem 01.01.1995 bei einem Bevölkerungsanteil von 2,7 % einen Anteil an Sitzen im EP von 4 %. Ähnlich sieht es für die Niederlande aus, wo sich die Relation zwischen Bevölkerungsanteil und Sitzanteil im EP von 4,7 % zu 7 % über 4,6 % zu 4,8 % und 4,4 % zu 5,4 % auf ein momentanes Verhältnis von 4,1 % zu 4,9 % entwickelt hat. Das relativ größte Gewicht im EP hat Luxemburg. Luxemburg hatte bei Abschluss der Gründungsverträge bei einem Bevölkerungsanteil von 0,13 % einen Abgeordnetenanteil von 3 %. Später stabilisierte sich das Verhältnis bei 0,12 % zu 1,1 % bzw. 0,11 % zu 1,1 % und liegt heute mit 0.1 % zu 0.9 % wenigstens unter dem Faktor zehn.

Entsprechend wird in Deutschland je 823.000 Einwohner ein EP-Abgeordneter gewählt, in Frankreich je 660.000 Einwohner, in Belgien je 404.000 Einwohner, in den Niederlanden je 500.000 und in Luxemburg je 67.000.

Seit der Direktwahl 1994 werden in Deutschland als bevölkerungsreichstem Land immerhin 99 Abgeordnete zum EP gewählt, in den nächstgrößeren Ländern Frankreich, Italien und Großbritannien seitdem 87. Wären die Sitze im EP zwischen den Mitgliedstaaten streng proportional verteilt, würden in Deutschland aufgrund seiner Bevölkerungszahl jedoch derzeit 137 Abgeordnete statt 99 gewählt.

über die Ergebnisse des Europäischen Rates in Maastricht, EA 1992 D 115; angedacht worden war dies bereits 1975, Oppermann, Parlamentarisierung der EG ?, 1977, S. 453

Im Vertrag von Nizza wurde für die Zeit ab dem 01.01.2004 eine Neuverteilung der Sitze bei gleichzeitiger Verkleinerung des EP von 626 auf 538 Abgeordnete vereinbart[1].. Danach steht Deutschland zwar künftig weiterhin ein Kontingent von 99 Abgeordneten zu. Frankreich wird ab diesem Zeitpunkt jedoch statt 87 Abgeordnete nur noch 72 entsenden, die Zahl der Belgien zustehenden Abgeordneten verringert sich von 25 auf 22, die Niederlande entsenden statt 31 nur noch 25. Luxemburg wird weiterhin 6 Abgeordnete stellen.

Diese Neuverteilung stärkt automatisch das relative Gewicht der deutschen Abgeordneten. Deutschland stellt künftig bei einem Bevölkerungsanteil von 21,5 % statt 15 % der Abgeordneten künftig 18,4 %. Frankreich hat bei einem Bevölkerungsanteil von 15,5 % sogar eine Verschlechterung seiner relativen Repräsentation von 13,9 % auf 13,4 % der Mandate hingenommen. Belgien ist künftig bei einem Bevölkerungsanteil von 2,7 % mit statt mit 4 % sogar mit einem relativ erhöhten Mandatsanteil von 4,1 % im EP repräsentiert. Die Niederlande verschlechtern sich bei einem Bevölkerungsanteil von 4,15 % von 4, 9 % auf 4,6 %. Mandatskontingent und Bevölkerungsgewicht stimmen hier bereits weitgehend überein. Luxemburg kann seine Repräsentation Dank der verringerten Gesamtzahl der Abgeordneten bei einem Bevölkerungsanteil von 0,1 % von 0,9 % auf 1,1 % der Mandate.

In Deutschland repräsentiert ab 2004 damit jeder Abgeordnete weiterhin 823.000 Bürger, in Frankreich statt 660.000 künftig 806.000, in Belgien künftig 460.000 Bürger, in den Niederlanden 620.000 und in Luxemburg weiterhin 67.000.

Damit hat sich das Ungleichgewicht in der Europäischen Repräsentation zwar erneut etwas verschoben, aus deutscher Sicht zum Besseren. Aus demokratietheoretischer Gesamtsicht hat sich jedoch nichts Fundamentales verändert. Insgesamt kann man nicht erkennen, dass mit dem Schritt im Vertrag von Nizza das Ziel der gleichmäßigen Repräsentation radikal verfolgt wird. Vor allem zwischen den großen Nationen tastet man sich jedoch vorsichtig weiter in diese Richtung.

Für die weitere Entwicklung der EU im Rahmen der nächsten Erweiterungsschritte wurde in den Vertrag von Nizza eine Absichtserklärung aufgenommen, wie die Sitze in EP in einer größeren EU aufgeteilt werden sollen. Bei einer Gesamtgröße des EP von 732 und 27 Mitgliedstaaten[2] würden nach dieser Absichtserklärung in Deutschland bei einem Bevölkerungsanteil von 17 % 13,5 % der Abgeordneten gewählt. Aus der derzeitigen Differenz von 7 %-Punkten zwischen Bevölkerungsanteil und Abgeordnetenkontingent würde eine Diffe-

---

[1] zur Neuverteilung der Mandate im EP s. Anlage I Art. 2 zum Vertrag von Nizza (Abl. C 80 v. 10.03.2001, S. 1ff.), Erklärung zur Erweiterung der Europäischen Union

[2] zur beabsichtigten Neuverteilung der Mandate im EP s. Anlage II Ziff. 1 zum Vertrag von Nizza (Abl. C 80 v. 10.03.2001, S. 1ff.), Erklärung zur Erweiterung der Europäischen Union

renz von 3,5 %- Punkten. In Frankreich würden bei einem Bevölkerungsanteil von 12 % 8 % der Abgeordneten gewählt, in den Niederlanden läge das Verhältnis bei 3,2 % zu 3,4 %, in Belgien bei 2,1 % zu 3,0 % und in Luxemburg bei 0,08 % zu 0,8 %. Während Deutschland die Differenz zwischen Bevölkerungsanteil und Mandatsanteil mit der Umsetzung des Vertrages von Nizza halbieren könnte, bliebe das relative Verhältnis von Bevölkerungsanteil und Mandatskontingent in den anderen Staaten praktisch unverändert. In Deutschland ist bis heute das Missverhältnis andererseits besonders krass. Insbesondere bleibt es jedoch bei der zehnfachen Überrepräsentation Luxemburgs. Das Einwohner/Abgeordneten-Verhältnis wäre deshalb auch weiterhin, EU-weit betrachtet, von krassen Unterschieden geprägt. Würden die Zahlen in Deutschland und Frankreich mit 823.000 bzw. 806.000 Einwohnern je Abgeordnetem zwar nahe beieinander liegen, würden in den Niederlanden jeweils 620.000 Einwohner von einem Abgeordneten repräsentiert, in Belgien 460.000 und in Luxemburg 67.000.

Zwar entspricht auch in der Bundesrepublik die Wahlkreisgeometrie zwischen den Bundesländern nicht exakt dem Gleichheitsgrundsatz, und dies, obwohl das BVerfG ausdrücklich festgestellt hatte, dass grundsätzlich kein Bundesland infolge der unterschiedlichen Größe seiner Wahlkreise mehr Wahlkreise umfassen darf als es seinem Anteil an der deutschen Bevölkerung des Bundesgebietes entspricht[1]. So stünden, nähme man den Grundsatz der Wahlgleichheit ernst, fünf Bundesländern aufgrund der Bevölkerungsentwicklung bis zu 3 Wahlkreise mehr zu, acht Bundesländer müssten Wahlkreise abgeben[2]. Auch zwischen den einzelnen Wahlkreisen ließ das BWahlG bisher Abweichungen in der Bevölkerungszahl i.H.v. 33 1/3 v.H. von der durchschnittlichen Wahlkreisgröße zu (§ 3 Abs. 2 BWahlG)[3], Unterschiede, die es in dieser Größenordnung für die Zukunft allerdings ablehnt[4]. Entschärft wird diese Situation zwar durch das Zweitstimmensystem. Allerdings entstehen so Überhangmandate in einem Ausmaß, das nicht mehr mit den für Überhangmandate eingebrachten Gründen zu rechtfertigen ist, und diese Überhangmandate beeinträchtigen wiederum die Erfolgswertgleichheit des deutschen Verhältniswahlrechts[5]. Auch der Grundsatz der gleichen Repräsentation wird verletzt, wenn die direkt gewählten Abgeordneten eine erheblich unterschiedliche Anzahl von Bürgern repräsentieren[6]. Nur

---

[1] BVerfGE 16, 130(140f.); 16, 145(146); 79, 169(171)

[2] Schreiber, Die Neueinteilung der Wahlkreise..., ZRP 1997, 105(107)

[3] Schreiber, a.a.O. S. 106

[4] BVerfGE 95, 335(365); in dieser Entscheidung setzt sich das BVerfG mit den Abweichungen auseinander, die in anderen Demokratien akzeptiert werden. In Irland ist danach eine Abweichung von 17 v.H. bereits verfassungswidrig, in Frankreich eine bis 20 v.H. zulässig. Gerade darin spiegelt sich auch das gemeinsame europäische Verständnis des demokratischen Gleichheitssatzes wider. Zudem verweist das Gericht auf Kanada, das, orientiert an lokalen, historischen und geographischen Bedingungen, Abweichungen bis 25 v.H. akzeptiert und die USA, die für die Wahl zum Repräsentantenhaus eine strikte Gleichheit der Wahlkreise verlangen, BVerfG a.a.O. S. 364.

[5] Schreiber, Die Neueinteilung der Wahlkreise..., ZRP 1997, 105(108f.)

[6] Schreiber, a.a.O. S. 109

mit einer proportionalen Aufteilung der Wahlkreise auf die Länder wird zudem eine gleichmäßige Repräsentation durch Wahlkreisabgeordnete garantiert[1]. Letztlich muss dieses Problem hier nicht abschließend diskutiert werden. Denn innerhalb der EU besteht für die Wahl zum EP Differenzen sowohl im Zählwert als auch im Erfolgswert einer Stimme[2], die, je nachdem welche Mitgliedstaaten man miteinander vergleicht, in vielen Fällen weit selbst über der bisher zulässigen Abweichung von 33 1/3 v.H. liegen[3].

Bezieht man den demokratischen Grundsatz der Wahlgleichheit dagegen statt auf Bundestag und EP auf den Bundesrat und misst die Vertretung der deutschen Länder am Gleichheitssatz, so ergibt sich, dass im Bundesrat immerhin ein Ungleichgewicht der Stimmen bis zu einem Missverhältnis von 1 zu 6 hingenommen wird[4]. Dieses Verhältnis liegt zwar immer noch deutlich unter dem innerhalb der EU etwa zwischen Deutschland und Luxemburg. Nimmt man den Bundesrat als maßgebliches Vergleichsorgan für die Verwirklichung des Gleichheitsgrundsatzes, so erklärt man das EP zur Staatenkammer. Als 2. Kammer in diesem Sinn wird jedoch an und für sich der Rat betrachtet. Auch lebt das EP gerade von der Gegenüberstellung „Vertretung der Völker" - nicht der Staaten - und „Vertretung der Regierungen"[5]. Auch rechtfertigt sich die Stimmengewichtung im Bundesrat vor allem daraus, dass mit dem Bundestag eine Volksvertretung existiert, die nach dem Gleichheitssatz gewählt ist und ohne die keine bundesweite gesetzliche Regelung in Kraft treten kann. Die Differenzierung rechtfertigt sich zudem daraus, dass Deutschland ein Bundesstaat ist. Es spricht nach der hier vertretenen Auffassung nichts dagegen, die derzeitige Stimmengewichtung mit der Gliederung der EU in Staaten rechtlich und politisch zu rechtfertigen. Allein vom Konzept der Staatengemeinschaft aus betrachtet kann man es hinsichtlich der Wahlgleichheit auch ohne weiteres beim status quo belassen[6]. Grenzüberschreitende Wahlkreise gleicher Größe sind ein demokratietheoretischer Idealzustand, doch auf absehbare Zeit unrea-

---

[1] Schreiber, a.a.O. S. 109; eine ähnliche Diskussion ist um die Vereinbarkeit von Grundmandatsklauseln mit dem Grundsatz der Wahlgleichheit entstanden, Roth, Mit drei Direktmandaten in den Bundestag ?, NJW 1994, 3269; Stern, Staatsrecht Bd. I, S. 312; BVerfGE 6, 84(92/96); 11, 351(362); 7, 63(74); 41, 399(423); 79, 169(171ff.); BVerfGE 82, 322(337f.); 1, 208(247ff.); 4, 31(40); BVerfG NJW 1997, 1553(1554); NWVerfGH, NJW 1995, 579ff.; von einer „Erfolgswertverzerrung" spricht Poschmann, Wahlrechtsgleichheit und Zweitstimmensystem, BayVBl. 1995, 299.

[2] Pernice, Maastricht, Staat und Demokratie, Die Verwaltung 1993, 449(481)

[3] umfassend und grundlegend zum Erfolgswert einer Wählerstimme bei den Wahlen zum Bundestag, Pukelsheim, Mandatszuteilung bei Verhältniswahlen: Vertretungsgewichte der Mandate, Kritische Vierteljahresschrift 2000, 76

[4] Denninger, Anmerkungen zur Diskussion um Europäische Grundrechte, Kritische Vierteljahresschrift 2000, 145(151)

[5] Pöhle, in: G/B/Th/E, Kommentar zum EWGVertrag, Art. 137 - 248, 3. A. 1983, Art. 137 Rn. 8

[6] Möschel, Politische Union für Europa: Wunschtraum oder Alptraum ?, JZ 1992, 877(883); Steinberger, Der Verfassungsstaat als Gliedstaat einer europäischen Gemeinschaft, VVDStRL 50, 8(52); Oppermann, Parlamentarisierung der EG ?, 1977, S. 453; als „funktionsadäquates Ergebnis praktischer Konkordanz" sieht die derzeitige Sitzverteilung Classen, Europäische Integration und demokratische Legitimation, AöR 119(1994), S. 238(248)

listisch[1]. Immerhin hat jedoch die Kommission in einer Stellungnahme zur Einberufung der Regierungskonferenz im Jahr 2000 vorgeschlagen, „die Möglichkeit zu prüfen, dass eine bestimmte Anzahl von Abgeordneten auf europäischen Listen gewählt wird“[2].

Wenig weiter hilft, dass das BVerfG Abweichungen von der Einteilung in gleich große Wahlkreise unter dem Aspekt historisch verwurzelter Verwaltungsgrenzen zulässt[3]. Im Rahmen der EU würden sich die Staaten als solche Grenzen geradezu aufdrängen. Dieser Gesichtspunkt kann jedoch nur punktuell in grenznahen Gebieten eine Rolle spielen, er kann jedoch nicht generell ein beliebiges Abweichen vom Grundsatz der Wahlgleichheit legitimieren.

Trotz eines nur begrenzten Grundkonsenses in der EU[4] ist der Gleichheitsgrundsatz als solcher der Union jedoch nicht fremd, er ist im Gegenteil ein allgemeiner Grundsatz des Unionsrechts[5]. Art. 17 EGV schützt i.V.m. Art. 12 EGV in der Auslegung durch den EuGH[6] den einzelnen Unionsbürger vor einer Diskriminierung in anderen Mitgliedstaaten. Die Unionsbürgerschaft vermittelt im Anwendungsbereich der Verträge somit einen umfassenden Anspruch auf Nichtdiskriminierung[7]. Art. 12 EGV verbietet jede Diskriminierung aus Gründen der Staatsangehörigkeit[8]. Art. 141 EGV sichert gleiches Entgelt für Männer und Frauen bei gleicher Arbeit. Das Diskriminierungsverbot wird außerdem insbesondere in den Marktfreiheiten der Art. 31 Abs. 1, 39 Abs. 2, 43, 49 und 50 UA 3 EGV weiter konkretisiert[9]. In Anlehnung an die gemeinsamen nationalen Verfassungsgrundsätze[10] hat der EuGH über die in den Verträgen enthaltenen Diskriminierungsverbote hinaus zudem einen allgemeinen Gleichheitssatz entwickelt, der den Organen der EU eine willkürliche Differenzierung gleicher Sachverhalte verbietet[11]. Der Gleichheitssatz gilt dabei nicht nur zwischen

---

1 Bieber, Die politischen Parteien im Demokratisierungsprozeß der Gemeinschaft, EuR 1978, 381 (382)

2 Bull.EU 1/2-2000, S. 7

3 BVerfGE 16, 130(141); 95, 335(363f.)

4 Bogdandy , Zweierlei Verfassungsrecht, Der Staat 39(2000), 163(164)

5 Huber, P. M., Die politischen Parteien als Partizipationsinstrument auf Unionsebene, EuR 34(1999), 579(587)

6 EuGH Slg. 1998, 2691; 1998, 7637

7 Borchardt, Der sozialrechtliche Gehalt der Unionsbürgerschaft, NJW 2000, 2057(2058)

8 Rossi, Das Diskriminierungsverbot nach Art. 12 EGV, EuR 2000, 197

9 Einzelheiten zu den spezielleren Diskriminierungsverboten s. Rossi, a.a.O. S. 205ff.

10 auf die auch aus der EMRK entnommenen allgemeinen Grundsätze des Gemeinschaftsrechts bezieht sich der EuGH erneut in der Entscheidung Slg. 1998, 8417; 1997, 2629

11 Huber, P.M., Recht der europäischen Integration, 1996, § 6 Rn. 31ff.; Oppermann, Europarecht, 2. A. 1999, Rn. 490ff.; Steinberger, Der Verfassungsstaat als Gliedstaat einer europäischen Gemeinschaft, VVDStRL 50, 8(26 Fn. 54); s. dazu: EuGH Slg. 1962, 717(755); 1974, 1299(1309); 1975, 1547(1554); 1976, 1589(1599); 1977, 1753(1770); 1978, 1365(1379); 1981, 127(138); Grabitz/Hilf, Kommentar zur EU, Stand 1995, Art. 164 Rn. 52/63f.; Rittner, Die wirtschaftsrechtliche Ordnung der EG und das Privatrecht, JZ 1990, 838(840)

den Mitgliedstaaten und der EU[1], sondern bei jeder Anwendung des Unionsrechts durch Organe der Union oder der Mitgliedstaaten[2].

Der Grundsatz der Demokratie ist seit den Gründungsverträgen Bestandteil des Unionsrechts und damit sind es auch die den mitgliedstaatlichen Demokratien gemeinsamen Konkretisierungen des demokratischen Gedankens[3], zu denen die Wahlgleichheit ohne Zweifel gehört. Ohne sie kann es deshalb auch keine volldemokratisch-parlamentarische Repräsentation geben[4]. Die ausdrücklichen Gleichheitsvorschriften der EU gewähren aber kein allgemeines Gleichheitsrecht, sondern ein rollen- oder funktionsspezifisches Diskriminierungsverbot des Einzelnen in seiner Marktfunktion. Nur der Marktbürger, nicht aber der Staatsbürger wird auf einen Stand gehoben, der dem gleichheitsrechtlichen Standard verfassungsstaatlicher Rechtsordnungen gleichkommt[5]. Bereits ein Diskriminierungsverbot aus den in Art. 13 EGV genannten Gründen ist davon abhängig, dass der Rat „Vorkehrungen“ trifft, um eine Diskriminierung aus diesen Gründen zu „bekämpfen“. Gleichzeitig ist aber gerade Art. 13 EGV ein Beleg dafür, dass die EU zunehmend nicht nur den Marktbürger, sondern den Marktbürger in seiner Dimension als gesamten Menschen anspricht. Die Einigkeit darüber, die Gleichberechtigung anderer Staatsbürger als Marktteilnehmer zu akzeptieren, ist jedoch nicht gleichzusetzen mit einer Entscheidung, sie als Inhaber politischer Rechte als gleichberechtigt zu respektieren. Gerade auch deshalb ergibt die Summe der Marktbeteiligten noch kein europäisches Volk[6].

Selbst wenn man den EU-Bürger in seiner Funktion als Wähler zum EP als Marktbürger ansehen würde, so gilt selbst Art. 6 EGV nur "unbeschadet besonderer Bestimmungen dieses Vertrages". Und "dieser Vertrag" regelt in Art. 190 EGV eine Sitzkontingentierung, die von dem allgemeinen Prinzip des Art. 12 EGV abweicht. Entsprechendes gilt auch für Schlussfolgerungen aus dem europäischen allgemeinen Gleichheitssatz und dem Demokratiegedanken auf die Wahlgleichheit. Beide Grundsätze sind nicht stark genug, um ausdrückliche vertragliche Regelungen überspielen zu können.

Es wird zwar der Wunsch geäußert, eine Entschuldigung für den Verstoß gegen die Wahlrechtsgleichheit nicht in der Gliederung der Union in verschiedene Nationen zu suchen. Ein Parlament als Zentralorgan müsse in seiner Binnen-

---

1 Bleckmann, Europarecht, 5. A. 1990, Rn. 413

2 EuGH Slg. 1978, 1991; 1980, 617; 1980, 3005(3019)

3 Huber, P. M., Die politischen Parteien als Partizipationsinstrument auf Unionsebene, EuR 34(1999), 579(584)

4 Weber, Zur künftigen Verfassung der EGten, JZ 1993, 325(329); Badura, in: HdbdStR, Bd. I, 1987, § 23 Rn. 2; Kaiser, Bewahrung und Veränderung ..., VVDStRL 23, 1(23)

5 Steinberger, Der Verfassungsstaat als Gliedstaat einer europäischen Gemeinschaft, VVDStRL 50, 8(24); Rossi, Das Diskriminierungsverbot nach Art. 12 EGV, EuR 2000, 197; der sachliche Anwendungsbereich etwa des Art. 12 EGV erstreckt sich nämlich vor allem auf die Aufgaben und Ziele der EU aus Art. 3 und 4 EGV, ders.„ a.a.O. S. 202ff.

6 v. Simson, Was heißt in einer europäischen Verfassung "Das Volk" ?, EuR 1991, 1(11)

struktur über diese Gliederung hinwegsehen können, um nicht gerade der Herausbildung eines einheitlichen Volkes entgegenzustehen. Außerdem gehe es bei einem Parlament nicht um die Einflussnahme kleinerer oder größerer Länder, sondern um die Einflussnahme gesellschaftspolitischer Strömungen. Sollte ein Mitgliedstaat z.B. keinen Wahlkreis bilden können, könne ihm ein Grundmandat zugewiesen werden[1]. Damit kann jedoch nur der Wunsch nach einer zukünftigen europäischen politischen Entwicklung zum Ausdruck gebracht, nicht jedoch die insoweit eindeutige gegenwärtige Vertragslage korrigiert werden.

Noch radikaler will man dem Problem der fehlenden Wahlrechtsgleichheit begegnen, wenn man den Grundsatz der Staatengleichheit für die EU generell abgelehnt, da diese eine eigene Rechtsordnung bilde[2]. Der Grundsatz der Staatengleichheit könne zudem im speziellen nicht auf das EP angewendet werden, weil dieses im Gegensatz zum Rat keine Staaten vertritt, sondern Unionsbürger[3]. In der Tat wurde sogar bereits für den Rat in Frage gestellt, ob der Grundsatz der Staatengleichheit überhaupt für ihn noch gelten könne. Davon könne nur die Rede sein, wenn die Mitgliedstaaten eine Vetoposition in Rat und Kommission inne hätten[4]. Da somit der Grundsatz der Staatengleichheit nicht einmal mehr im Rat als dem zentralen Entscheidungsorgan gelte, soll die Staatengleichheit als Differenzierungen rechtfertigendes Prinzip für die gesamte EU unzulässig geworden sein[5]. Zudem dürfe in einem präföderalen Gebilde wie der EU das Prinzip der Staatengleichheit nicht mehr ausschlaggebend sein[6]. Selbst im Rat soll sich deshalb eine Stimmengewichtung allein nach der Bevölkerung oder nach dem Bruttosozialprodukt richten[7].

Die Mehrheitsentscheidung im Rat ist jedoch lediglich eine einvernehmliche Einschränkung der jeweiligen nationalen Souveränitäten. Ihre Existenz bedeutet jedoch keinen grundsätzlichen Verzicht auf die nationale Souveränität. Auch im Rat bleiben die Mitgliedstaaten als souveräne Völkerrechtssubjekte bestehen, treten als solche auf und werden auch innerhalb der EU als solche weiterhin anerkannt.

Dass der Grundsatz der Staatengleichheit weiterhin in der EU gilt, ergibt sich auch bereits aus der Natur der europäischen Verträge als völkerrechtliche Verträge zwischen souveränen Staaten. Auch für Entscheidungen innerhalb dieses Vertragssystems haben diese Staaten ihre völkerrechtliche Souveränität nicht

---

[1] Seidel, Zur Verfassung der EG nach Maastricht, EuR 1992, 125(141)

[2] Lenz, Das GG und die Verteilung der Sitze im EP, NJW 1996, 1328(1329), zu dieser Diskussion, Schwarze, Das allgemeine Völkerrecht in den innergemeinschaftlichen Rechtsbeziehungen EuR 1983, 1(5ff.)

[3] Lenz, a.a.O.

[4] Kirchner/Haas, Rechtliche Grenzen für Kompetenzübertragungen..., JZ 1993, 760(765)

[5] Kirchner/Haas, a.a.O.

[6] Konow, Die Beschlußfassung des Rates und die Erweiterung der EGten, ZRP 1997, 321(324)

[7] Konow, a.a.O.

aufgegeben, sondern zugunsten einer gemeinsamen Aufgabenbewältigung lediglich eingeschränkt.

Eine Verpflichtung, in der EU für die Wahl zum EP den Grundsatz der Wahlgleichheit einzuführen, ergibt sich auch nicht aus Art. 14 EMRK. Dieser verbietet nur allgemein eine Diskriminierung wegen Geschlecht, Rasse, Hautfarbe, nationaler Herkunft und aus anderen hier nicht relevanten Gründen. Einschlägig könnte allenfalls ein Diskriminierungsverbot wegen der „nationalen Herkunft" sein. Nationale Herkunft ist jedoch nicht mit Staatsangehörigkeit gleichzusetzen. Außerdem bezieht sich das Diskriminierungsverbot aus Art. 14 EMRK nur auf die in der Menschenrechtskonvention garantierten Rechte. Dazu gehört jedoch nicht die Gleichheit des Wahlrechts über die Grenzen von Staatsvölkern hinweg. In Art. 3 EMRK-Z haben sich die Vertragsparteien zwar verpflichtet, freie und geheime Wahlen abzuhalten, die die freie Meinungsäußerung des Volkes bei der Wahl gewährleisten. Volk ist aber auch hier das nach der jeweiligen nationalen Verfassung definierte Volk. Unabhängig davon, ob und in welchem Umfang Art. 14 EMRK i.V.m. Art. 3 EMRK-Z wenigstens implizit den Grundsatz der Wahlgleichheit garantiert[1], ist damit für das Wahlrecht eine Differenzierung nach Staatsangehörigkeit, solange die für die Differenzierung maßgeblichen Staaten völkerrechtlich existieren, zulässig. Auch überprüft das Gericht nach einer Wahl zum EP nur die Wahl der nationalen Vertreter und damit die Ausgestaltung des Wahlrechts im nationalen Rahmen auf Verstöße gegen Art. 3 EMRK-Z[2].

Eine Wahlrechtsgleichheit ergibt sich auch nicht aus dem „Beschluss und Akt zur Einführung allgemeiner unmittelbarer Wahlen der Abgeordneten der Versammlung" vom 20 September 1976. Wie es bereits die Bezeichnung dieses Rechtsaktes andeutet, regelt Art. 1 des Beschlusses nur, dass „die Abgeordneten der Völker der in der Gemeinschaft vereinigten Staaten in der Versammlung in allgemeiner, unmittelbarer Wahl" gewählt werden. Eine Gleichheit der Wahl wird nicht verlangt.

Der EGV und der Direktwahlbeschluss schließen andererseits die Wahlgleichheit auf europäischer Ebene nicht ausdrücklich aus. Auch aus der Sitzverteilung im EP soll ein solcher Ausschluss nicht indirekt gefolgert werden können. Die Sitzverteilung lasse im Gegenteil erkennen, dass die Mitglieder sich des allge-

---

1 dafür dass er es garantiert Huber, P. M., Die politischen Parteien als Partizipationsinstrument auf Unionsebene, EuR 34(1999), 579(587); problematisch ist jedoch, dass EMRK und EMRK-Z einzelne von ihnen garantierte Wahlrechtsgrundsätze ausdrücklich benennen. Angesichts dieser Systematik weitere Wahlrechtsgrundsätze durch Auslegung ergänzend in die Verträge hineinzuinterpretieren, erscheint problematisch.

2 EGMR, NJW 1999, 3107(3111), dass es das Vereinigte Königreich unterlassen hat, die - entsprechend im Anhang II zum Akt zur Einführung unmittelbarer Wahlen umgesetzte - Beschränkung zu beseitigen, nach der Gibraltar nicht als Wahlbezirk für Wahlen zum EP berücksichtigt wird, wertet der EGMR als Verstoß gegen Art. 3; Bedenken gegen diese extensive Auslegung des Art. 3 EMRK-Z formulieren bereits zwei Sondervoten in der zitierten Entscheidung (näher dazu C.III.6.i.(2) a.E.)

meindemokratischen Grundsatzes der Wahlgleichheit durchaus bewusst sind und deshalb die Sitze im EP nicht streng nach dem Prinzip der Staatengleichheit verteilen, sondern dem Proportionalitätsgedanken, orientiert am Gedanken der demokratischen Gleichheit der Individuen, Rechnung tragen. Art. 190 i.V.m. dem Direktwahlbeschluss stellt somit bereits einen Kompromiss zwischen dem Prinzip der Staatengleichheit und dem der Wahlrechtsgleichheit dar[1]. Damit sei grundsätzlich auch die Gleichheit der Wahl bereits Bestandteil des Vertrages[2]. Sie sei lediglich aus diplomatischen Gründen[3], aber auch weil die EU eben immer noch aus unabhängigen Staaten besteht und damit unter dem Einfluss völkerrechtlicher Prinzipien steht, noch nicht endgültig, sondern nur in Ansätzen verwirklicht[4].

Mangels gegenteiliger Anhaltspunkte im Vertrag ist jedoch davon auszugehen, dass Art. 190 Abs. 1 EGV die Wahlrechtsgrundsätze abschließend aufzählt. Der allgemeindemokratische Grundsatz der Wahlrechtsgleichheit war den Mitgliedstaaten bei der Schaffung des EP in der Tat bewusst, aber sie haben ihn nicht zum allgemeinen Grundsatz erklärt, sondern sie haben ihn gezielt und dosiert in die Sitzkontingentierung einfließen lassen. Es sind keine Anhaltspunkte dafür ersichtlich, dass die Vertragsparteien aus ihren insofern identischen innerstaatlichen Wahlrechtsgrundsätzen versehentlich ausgerechnet die Wahlgleichheit ausgenommen hätten, den - im Vergleich dazu jedoch nachrangigen - Grundsatz der Unmittelbarkeit der Wahl[5] aber ausdrücklich aufgezählt hätten. Der Grundsatz der Gleichheit der Wahl ist damit zwar nicht ein positivrechtlicher Grundsatz des europäischen Rechts. Aus ihm lassen sich deshalb keine weitergehenden Forderungen ableiten. Trotzdem ist der Gedanke der Gleichheit der Wahl in die Europäische Rechtsordnung eingeflossen und damit ihr Bestandteil. Im Gegensatz zu einem Grundsatz, der mit Aufnahme in die Rechtsordnung maßgeblich für die Auslegung von Vorschriften ist, der zudem Orientierung und Auftrag für die künftige Politik ist, steckt im Gedanken der Wahlgleichheit, wie er sich in der Sitzverteilung widerspiegelt, der Respekt vor einem gemeinsamen europäischen, freiheitlich-demokratischen Erbe, dem man, ohne weitergehende

[1] Huber, P. M., Die Rolle des Demokratieprinzips im europäischen Integrationsprozeß, StwStp 1992, 349(366); Oppermann, Parlamentarisierung der EG ?, 1977, S. 453; Kamann, Regierungskonferenz 1996/97 - Überlegungen zu einer Reform des Beschlußverfahrens im Rat der EU, EuR 42(1997), 58(65); BVerfG NJW 1995, 2216

[2] Huber, P. M., a.a.O. S. 369; ders., Die politischen Parteien als Partizipationsinstrument auf Unionsebene, EuR 34(1999), 579(588); Schütz, Europaweite Freizügigkeit ohne demokratische Kontrolle, AöR 120(1995), 509(546)

[3] Huber, P. M., Die Rolle des Demokratieprinzips im europäischen Integrationsprozeß, StwStp 1992, 349(370)

[4] Huber, P. M., Die politischen Parteien als Partizipationsinstrument auf Unionsebene, EuR 34(1999), 579(588)

[5] mit der Unmittelbarkeit der Wahl ist das Verbot des Wahlmännersystems verbunden, Maunz, in: M/D/H/S, Art. 38 Rn. 43, immerhin wird jedoch auch der amerikanische Präsident über Wahlmänner gewählt, Brugger, Einführung in das öffentliche Recht der USA, 1993, § 7 I

Verpflichtung und ohne es zu einem gemeinsamen Ziel auf europäischer Ebene zu erklären, Raum gegeben hat.

An dieser Rechtslage könnte sich mit dem Vertrag von Amsterdam etwas geändert haben. Immerhin wurde Art. 190 Abs. 4 EGV nicht unwesentlich verändert. Lautete er früher: „Das Europäische Parlament arbeitet Entwürfe für allgemeine unmittelbare Wahlen nach einem einheitlichen Verfahren in allen Mitgliedstaaten aus“, so wurde er im Vertrag von Amsterdam nach dem Wort „Mitgliedstaaten“ um den Einschub ergänzt „oder im Einklang mit den allen Mitgliedstaaten gemeinsamen Grundsätzen“. Der Grundsatz der Wahlrechtsgleichheit ist jedoch – trotz aller nationaler Besonderheiten in der konkreten Umsetzung - ein allen Mitgliedstaaten als Demokratien[1] gemeinsamer Wahlrechtsgrundsatz[2]. Die Änderung wurde deshalb auch bereits als ein Einfallstor für die in allen Mitgliedstaaten anerkannte Wahlrechtsgleichheit gesehen[3]. Allerdings legen sowohl Art. 190 Abs. 2 als auch Abs. 4 das EP bei der Ausarbeitung eines gemeinsamen Wahlrechts weiterhin nur auf die Kriterien der Allgemeinheit und Unmittelbarkeit ausdrücklich fest. Dagegen, den Einschub als Einfallstor für eine europäische Wahlgleichheit zu sehen, spricht auch das „oder“ im Einschub. Sollte mit „den allen Mitgliedstaaten gemeinsamen Grundsätzen“ die Wahlgleichheit angesprochen sein, dann würde diese durch das „oder“ zu einem disponiblen Grundsatz der Verträge. Der Einschub soll lediglich eine Einigung im EP erleichtern, indem er das EP nicht mehr zwingend auf ein einheitliches Wahlrecht festlegt, sondern letztendlich auch ein vergleichbares ausreichen lässt. Ein einheitliches Wahlsystem mag zwar dem Idealtypus der Demokratie am ehesten entsprechen, kann aber jedenfalls nicht gefordert werden, solange die EU eine Union der Völker und nicht ein Staat ist[4].

Eine Stärkung gegenüber der Staatengleichheit hat der demokratische Gleichheitsgedanke im Vertrag von Amsterdam trotzdem erfahren. Art. 190 Abs. 2 EGV wurde nämlich dahin ergänzt, dass, wenn die Sitzverteilung im EP verän-

---

[1] zur Wahlgleichheit als Grundelement jeder demokratischen Herrschaftsordnung s. C.II.7.c. und d.; die Mitgliedstaaten müssen nach den Verträgen sämtlich Demokratien sein (Präambel des EGV, Art. 6 und 7 EGV) und sind es auch, auch wenn das Wort in vielen Verfassungen der Mitgliedstaaten nicht vorkommt (Einführung S. XXII, Verfassungen der EU-Mitgliedstaaten, C.H.Beck-Verlag, 5. A. 2000).

[2] so ausdrücklich Art. 3 UA 2 Satz 2 der Verfassung der Republik Frankreich, Art. 48 UA 2 der Verfassung der Republik Italien, Art. 26 Abs. 1 Satz 1 des Bundesverfassungs-Gesetzes der Republik Östrreich, Art. 10 Abs. 1 der Verfassung der Republik Portugal, Kap. 1 § 1 UA 2 der Verfassung des Königreiches Schweden, Art. 68 Abs. 1 der Verfassung des Königreiches Spanien, inhaltlich führen die Regelungen in den anderen Verfassungen jedoch zum gleichen Ergebnis (Art. 62 UA 2, Art. 63 § 2 und 3 der koordinierten Verfassung Belgiens, Art. 54 Abs. 2 und 3 der Verfassung der Republik Griechenland, Art. 12 Abs. 2, Art. 16 Abs. 1 Ziff. 4, Abs. 2 Ziff. 2 und 4 der Verfassung der Republik Irland, Art. 25 UA 2 des finnischen Grundgesetzes, weniger deutlich wird dieser Grundsatz in den Verfassungen Dänemarks (s. dort etwa Art. 31), Luxemburgs (s. dort Art. 51) und der Niederlande (s. dort Art. 53 und 59).

[3] Huber, P. M., Die politischen Parteien als Partizipationsinstrument auf Unionsebene, EuR 34(1999), 579(588)

[4] Pernice, in: Dreier, Art. 23 Rn. 53

dert wird, „eine angemessene Vertretung der Völker der Mitgliedstaaten" gewährleistet sein muss[1]. Ein gemeinsamer Grundsatz auf europäischer Ebene ist der demokratische Gleichheitssatz damit zwar auch noch nicht geworden. Art. 190 Abs. 2 EGV in der Fassung nach dem Vertrag von Amsterdam öffnet jedoch in besonderer Weise die Möglichkeit, die demokratische Gleichheit weiter zu stärken. Dafür, welche Verteilung „angemessen" ist, kann auf sämtliche Wertentscheidungen der Verträge zurückgegriffen werden; selbstverständlich auch auf den der Staatengleichheit und, mit aller Problematik der Bestimmung[2], auf den der Achtung der nationalen Identität aus Art. 6 Abs. 3 EUV. Über Art. 6 Abs. 1 EUV kann in die Diskussion um die Angemessenheit jedoch auch einfließen, dass „die Union auf den Grundsätzen der ... Demokratie" „beruht", die „allen Mitgliedstaaten gemeinsam" sind. Und zu diesen allen gemeinsamen Grundsätzen der Demokratie gehört auch die Wahlrechtsgleichheit. Der demokratische Gleichheitsgedanke kann deshalb, vertraglich abgesichert, auf die Neuverteilung der Sitze Einfluss nehmen. Das Einbringen dieses Gesichtspunktes ist wegen Art. 6 Abs. 1 EUV sogar nicht nur möglich, das Einbringen dieses Gesichtspunktes ist auch nicht nur das Vorbringen eines nationalen politischen Wunsches, das Einbringen dieses Gesichtspunktes gehört zur umfassenden europäischen Abwägung über die „Angemessenheit" der Sitzverteilung, ohne dass die Gleichheit der Wahl jedoch bereits Anspruch auf verstärkte Verwirklichung erheben könnte. Auch beruht die Union nur auf den Grundsätzen der Demokratie, zu denen gleichzeitig wiederum auch die nationalen Demokratien gehören. Zur Repräsentation ist nicht nur eine repräsentationsfähige Einheit erforderlich. Eine demokratische Repräsentation dieser Einheit ist auch ohne Gleichheit des Wahlrechts nicht möglich[3]. Da auch die Wahlrechtsgleichheit Bestandteil der europäischen Rechtsordnung ist, kann das EP Repräsentationsfunktion erfüllen. Dass es diese noch nicht mit dem vollen, nationalstaatlich üblichen materiellen Repräsentationsgehalt erfüllen kann, liegt nicht daran, dass es diese Funktion grundsätzlich nicht ausüben kann, sondern gerade an der Verfasstheit der repräsentierten Einheit. Diese ist eben derzeit noch nicht in vollem Umfang demokratisch verfasst.

Das BVerfG hat in einem Beschluss vom 31.5.1995[4] die Frage offengelassen, ob und inwieweit der allgemeine Gleichheitssatz und die Wahlrechtsgleichheit des Grundgesetzes die deutsche Staatsgewalt bei der Zustimmung zu Rechtsakten der EU bindet[5]. Versucht wurde auch, die Wahlrechtsgleichheit innerhalb der EU aus der Rechtsprechung des BVerfG abzuleiten, wonach der Grundsatz

---

[1] Riedel, Der Vertrag von Amsterdam und die institutionelle Reform der EU, BayVBl. 1998, 545(547f.); Huber, P. M., Die politischen Parteien als Partizipationsinstrument auf Unionsebene, EuR 34(1999), 579(587f.)

[2] s. dazu etwa Bleckmann, Europarecht, 1997, § 2 Rn. 80ff.; Beutler, in: G/Th/E, Kommentar zum EU-/EG-Vertrag, Bd. 1, 5. A. 1997, Art. F Rn. 14ff./18ff.

[3] Weber, Zur künftigen Verfassung der EGten, JZ 1993, 325(329)

[4] NJW 1995, 2216

[5] BVerfG NJW 1995, 2216

der Wahlrechtsgleichheit auch bei Europawahlen gilt[1]. Über die Brücke des Zustimmungsgesetzes sollte dieser Grundsatz auch Geltung im Rahmen der EU erlangen. Zudem verlange Art. 23 Abs. 1 Satz 1 GG eine solche Interpretation, da die Wahlrechtsgleichheit zum Kern demokratischen Wahlrechts gehöre[2]. Außerdem hat der EuGH bereits 1976 von „dem Wahlrecht aller Mitgliedstaaten gemeinsamen freiheitlichen und demokratischen Grundsätzen" gesprochen[3].

In der Tat gilt die europäische Wahlgleichheit auch für die Wahl zum EP. Uneingeschränkt gilt sie nach der gegenwärtigen Rechtslage jedoch ausschließlich im Rahmen der mitgliedstaatlichen Rechtsordnungen[4]. Und darauf beziehen und beschränken sich auch die Äußerungen des BVerfG. Das Gericht betont zudem ausdrücklich, dass der Grundsatz der Wahlrechtsgleichheit bei der Wahl zum EP schon darum nicht verletzt wird, weil diese Abweichungen vom Gleichheitssatz dem Charakter der EU als einem Verband souveräner Mitgliedstaaten entspreche[5]. Die Legitimation der Unionsgewalt erfolge weiterhin über die nationalen Parlamente. Die erforderliche Gleichheit des die Legitimation sichernden Wahlrechts werde damit durch das Wahlrecht zu den nationalen Parlamenten gewährleistet[6].

Dagegen wird zwar vorgebracht, es gebe keinen Grundsatz, dass ohne Demos keine Wahlrechtsgleichheit bestehen könne[7]. Die Wahlgleichheit sei Kern des demokratischen Wahlrechts und gehöre deshalb zu den Forderungen des Art. 23 Abs. 1 Satz 1 GG[8]. Staats- und Wahlvolk seien in der EU ohnehin nicht mehr deckungsgleich[9]. Die Unionsbürgerschaft verbinde die Bürger der EU zwar nicht zu einem Staatsvolk, aber als auf Dauer angelegtes Band zu einem Wahlvolk. Die Abgeordneten im EP würden deshalb nicht mehr ihr Staatsvolk, vertreten sondern alle Unionsbürger[10].

Wie bereits dargelegt (B.III.2.), ist mindestens seit Inkrafttreten des Art. 19 Abs. 2 EGV die Annahme, dass die Abgeordneten des EP alle Unionsbürger vertreten, richtig. Nationales Staats- und europäisches Wahlvolk zu den Abgeordnetenkontingenten sind in der Tat nicht mehr identisch. Auch verbindet Art. 19 Abs. 2 EGV die Unionsbürger zu einem Wahlvolk, aber nicht vorbehaltlos zu einem demokratischen Wahlvolk im Sinn einer ursprünglichen Legitimati-

---

[1] Lenz, Das GG und die Verteilung der Sitze im EP, NJW 1996, 1328 unter Berufung auf BVerfGE 51, 222(234f.)

[2] Lenz, Das GG und die Verteilung der Sitze im EP, NJW 1996, 1328

[3] EuGH Slg. 1976, 1381(1389)

[4] Zuleeg, Demokratie in der EG, JZ 1993, 1069(1072)

[5] BVerfG NJW 1995, 2216

[6] BVerfG NJW 1995, 2216

[7] Lenz, Das GG und die Verteilung der Sitze im EP, NJW 1996, 1328(1329)

[8] Lenz, a.a.O. S. 1328

[9] Lenz, a.a.O. S. 1329

[10] Lenz, a.a.O.

onsquelle[1]. Und diese Vorbehalte ergeben sich ebenfalls aus den europäischen Verträgen.

Ebenso wenig wie es gerechtfertigt ist, ein demokratisches Herrschaftssystem von vornherein auf ein kulturell homogenes Volk zu beschränken, ist es umgekehrt zulässig, am Willen des sich notwendig zu einer demokratisch verfassten Entscheidungseinheit zusammenfassenden Volkes vorbei vollwertige demokratische Entscheidungsverfahren zu fordern. Auf der Ebene der EU würde eine solche Entscheidung bedeuten, dass die Völker in den Mitgliedstaaten bereit sind, die Anzahl der Sitze im EP streng proportional nach der Bevölkerungsgröße zwischen den Nationen zu verteilen. Dass die Abgeordneten dabei weiterhin auch nach Staatenlisten gewählt werden, wäre unschädlich; auch unter dem Grundgesetz werden die Abgeordneten zum Bundestag nach Landeslisten gewählt, ihre Vertreterfunktion für das ganze Volk basiert ausschließlich auf einer ausdrücklichen gesetzlichen Bestimmung, nämlich auf Art. 38 Abs. 1 Satz 2 GG. Allerdings ist Voraussetzung für die Teilnahme die einheitliche deutsche Staatsbürgerschaft für alle Wahlteilnehmer. Dieser einheitliche Rechtsstatus läge für die Wahl zum EP dann in der Unionsbürgerschaft. Erst wenn die Völker in der EU bereit sind, eine solche Entwicklung mitzutragen, läge ein demokratisch verfasstes Volk vor. Und erst dann könnte man verlangen, dass für die Wahl zum EP der Grundsatz der Wahlgleichheit umfassend gilt. Bis dahin ist es auch unter Art. 23 GG weiterhin gerechtfertigt, die europäische Legitimation durch Elemente zu modifizieren, die ihre Wurzeln nicht ausschließlich im demokratischen Gedanken haben. Soweit dadurch Abweichungen vom Gleichheitsgrundsatz ausgelöst werden, sind diese gerechtfertigt, da derzeit alle Mitgliedstaaten immer noch souveräne Staaten sind und die europäische Rechtordnung gerade nicht aus einer einheitlichen unabgeleiteten demokratischen Legitimationsquelle legitimiert ist, sondern ihren Ursprung in einer „sternförmigen"[2] demokratischen Legitimation aus allen Mitgliedstaaten hat.

Die derzeitige Verwirklichung des Gleichheitssatzes für politische Grundrechte in der EU wird jedoch in jedem Fall auf neue Schwierigkeiten stoßen, wenn es tatsächlich gelingen sollte, auf der Ebene der EU einen ausdrücklichen Grundrechtskatalog zu verabschieden. Denn dann muss sich erneut rechtfertigen, weshalb die demokratische Gleichheit als allen Mitgliedstaaten gemeinsames elementares politisches Grundrecht weiterhin unverwirklicht bleibt[3].

---

[1] s. zu Begriff und Bedeutung der ursprünglichen Legitimationsquelle Ziff. B.II.

[2] Brosius-Gersdorf, Die doppelte Legitimationsbasis der EU, EuR 1999, 133(158f.)

[3] Denninger, Anmerkungen zur Diskussion um Europäische Grundrechte, Kritische Vierteljahresschrift 2000, 145(151); auch der Entwurf der Charta der Grundrechte der EU vom 21.09.2000 revolutioniert das politische System der EU nicht unter dem Gesichtspunkt der politischen Gleichheit; sie übernimmt in Art. 38 die Regelungen aus Art. 19 Abs. 2 und Art. 190 Abs. 1 EGV; die Präambel bekräftigt aber erneut das Fundament der EU in Demokratie und Gleichheit und den Gleichheitsgrundrechten widmet der Entwurf breiten Raum (Art. 20, 21, 23)

Ein besonderer Aspekt der Gleichheit im europäischen Entscheidungssystem wird deutlich, wenn man sich die Pläne zur Neugewichtung der Stimmen im Rat bei Entscheidungen mit qualifizierter Mehrheit näher ansieht. Insgesamt hat sich der für eine qualifizierte Mehrheit erforderliche Bevölkerungsanteil seit Abschluss der Gründungsverträge von 67,70 % im Jahr 1958, 72,41 % im Jahr 1973, 71,43 % im Jahr 1981 zu 71,05 % im Jahr 1986 verändert.

Derzeit sind 71,26 % der im Rat verteilten Stimmen für eine qualifizierte Mehrheit erforderlich, ein Wert, der sich damit seit den Gründungsverträgen letztlich kaum verändert hat. Dies entspricht einem Bevölkerungsanteil von 58,16 %[1]. Würden der EU 28 Staaten angehören, könnte nach den Vorstellungen der Kommission eine qualifizierte Mehrheit im Rat sogar mit einer auf die Bevölkerung umgerechneten Zustimmung von 51,45 % entscheiden[2]. Natürlich sind die Mehrheiten im Rat anders als im EP gerade nationalstaatlich segmentiert. Betrachtet man die beabsichtigten Abstimmungsmodalitäten im Rat unter dem Aspekt der Stimmengleichheit, so erkennt man, dass hier gerade mit der qualifizierten Mehrheit ein hohes Maß an Gleichheit erreicht werden kann. Die Kommission will zur Aufrechterhaltung der Legitimität der Ratsbeschlüsse für die Berechnung der qualifizierten Zustimmung das Element der einfachen Mehrheit der Bevölkerung sogar offiziell einführen, da dieses Element „Verständnisschwierigkeiten für die Bürger" entgegentreten würde[3]. Mit dem im Vertrag von Nizza ausgearbeiteten Schlüssel geht die EU weniger nach den Prozentsätzen für qualifizierte Mehrheiten aber gedanklich weiter in Richtung demokratischer Elemente auch in der Ratsentscheidung. Künftig soll es zwar weiter bei einem Prozentsatz über 70 für qualifizierte Mehrheiten bleiben. Die Gewichte zwischen den Staaten werden jedoch neu verteilt und vor allem wird das Element der Mehrheit der Bevölkerung und der Mehrheit der Staaten – und in diesem Zusammenhang geht es dann um ungewichtete Mehrheiten - zusätzlich eingeführt. Neben der qualifizierten Mehrheit an sich werden diese Elemente vorerst zwar kaum eine praktische Rolle spielen[4]. Diese Gedanken überhaupt in das Abstimmungsverfahren im Rat einzubringen, zeugt jedoch von einer echten Integrationsbereitschaft der beteiligten Staaten. Der Inhalt, mit dem sie im Vertrag von Nizza vereinbart worden sind, ist zudem sicherlich erst ein erster vorsichtiger Schritt. Die neuen Kriterien werden im Laufe der weiteren Integration sicherlich noch an Bedeutung gewinnen[5].

---

[1] Stellungnahme „Institutionelle Reform für eine erfolgreiche Erweiterung" der Kommission vom 26.01.2000, S. 32

[2] www.europa.eu.int/comm/index_de.htm, Die Europäische Kommission - Regierungskonferenz 2000 - Allgemeine Informationen -Themenbezogene Arbeitsunterlagen

[3] Stellungnahme „Institutionelle Reform für eine erfolgreiche Erweiterung" der Kommission vom 26.01.2000, S. 34f.

[4] Schäfer, Der Vertrag von Nizza..., BayVBl. 2001, 460(462)

[5] Tritt der Vertrag von Nizza in Kraft, würde sich der für eine qualifizierte Mehrheit erforderliche Stimmenanteil im Rat jedoch auf 74,7 % erhöhen, zur beabsichtigten Neugewichtung der Stimmen im Rat s. Art. 3 der Anlage I zum Vertrag von Nizza (Abl. C 80 v. 10.03.2001, S. 1ff.); letztendlich würde mit dem Vertrag von Nizza die Abstimmung im Rat mit qualifizierter Mehrheit endgültig zu einem

6. Das Entscheidungssystem der Europäischen Union als Beleg für das Streben, seine Verpflichtung auf demokratische Grundsätze sichtbar werden zu lassen

Dass die EU demokratischen Grundsätzen verpflichtet ist und dass sie nach Kräften versucht, diese Verpflichtung auch sichtbar und tatsächlich wirksam werden zu lassen, wird vor allem auch deutlich wenn man sich das Entscheidungs- und Legitimationssystem der EU etwa im Vergleich zum Grundgesetz betrachtet. Das Verpflichtung der EU auf demokratische Grundsätze schlägt sich in den Verfahren zur Legitimation europäischer Entscheidungen auch tatsächlich nieder, auch wenn in der EU - wie eben dargestellt - nicht alle Gedanken, die in der demokratischen Idee verborgen sind, materiell uneingeschränkt verwirklicht sind.

a. Institutionelle Legitimation unter dem Grundgesetz

Im Wege der institutionellen Legitimation konstituiert das deutsche Volk im Grundgesetz die Einrichtungen, durch die die staatliche Gewalt ausgeübt wird, weist ihnen generell Aufgabenbereiche zu und legitimiert sie so als Staatsgewalt mit einer bestimmten Funktion, jedoch noch nicht die jeweils in diese Funktionen konkret eingesetzten Organwalter[1].

Als wichtigste institutionelle Einrichtungen schafft das Grundgesetz in Art. 38 Abs. 1 Satz 1 GG die Position des Abgeordneten, sowie den Bundestag als gemeinsames Gremium aller Abgeordneten, in Art. 62 GG die Bundesregierung, sowie als deren Bestandteil das Amt des Bundeskanzlers und das des Ministers.

b. Personelle Legitimation unter dem Grundgesetz

Für die konkret mit der Wahrnehmung staatlicher Angelegenheiten betrauten Amts- oder Organwalter muss zur institutionellen eine personelle Legitimation hinzukommen[2]. Jeder Amtsträger muss sich somit - will er ein institutionell geschaffenes Amt besetzen und die diesem zugewiesenen Aufgaben legitimiert wahrnehmen - auf eine konkrete, individuell auf ihn bezogene Berufung durch das Volk stützen können[3].

Die Berufung kann dabei unmittelbar vom Volk vorgenommen werden. Auf eine direkte Berufung durch das Volk können sich unter dem Grundgesetz jedoch

---

Eldorado für Mathematiker (Einzelheiten zu diesem wenig konsequenten, in erster Linie machtpolitischem „Kunstwerk" s. Pache/Schorkopf, Der Vertrag von Nizza, NJW 2001, 1377(1381f.), Schäfer, Der Vertrag von Nizza..., BayVBl. 2001, 460(462), Gnan, Der Vertrag von Nizza, BayVBl. 2001, 449(450ff.), Epiney/Abt/Mosters, Der Vertrag von Nizza, DVBl. 2001, 941(943f.)

[1] Böckenförde, in: HdbdStR Bd. I, § 22 Rn. 15; Magiera, Parlament und Staatsleitung in der Verfassungsordnung des GG, 1979, S. 103

[2] Badura, in: HdbdStR Bd. I, § 23 Rn. 7

[3] BVerfGE 33, 125(158f.); 40, 237(248ff.); 41, 251(259f.); 45, 400(417f.); 47, 46(78f.); 49, 89(124ff.); 58, 257(268f.); BVerfG NVwZ 1996, 574(575)

nur die Abgeordneten des Deutschen Bundestages stützen (Art. 38 Abs. 1 Satz 1 GG). Die Wahl der Abgeordneten zum Deutschen Bundestag ist deshalb der wichtigste grundgesetzliche personelle Legitimationsakt, da durch ihn das in Art. 20 Abs. 2 Satz 1 GG zum Ursprung aller staatlichen Gewalt erklärte Volk seinen Willen über die Zusammensetzung seines unmittelbaren Vertretungsorgans verbindlich kundgibt[1]. Diese Wahl vermittelt zudem dem gesamten staatlichen Handeln die erforderliche demokratische Legitimation[2]. Das BVerfG hat in seiner Entscheidung zum Vertrag von Maastricht die zentrale legitimierende Wirkung der Wahl der Abgeordneten ausdrücklich hervorgehoben: "Im Wahlakt geht die Staatsgewalt vom Volke aus."[3]. Regelmäßige Wahlen sind aus diesem Grund das demokratische Minimum zur Beteiligung des Volkes am Prozess der staatlichen Willensbildung[4] und gleichzeitig das zentrale Instrument, auf die Grundlinien der Politik Einfluss zu nehmen[5].

Die Berufung eines Amtswalters muss aber eben nicht unmittelbar durch das Volk erfolgen, sie kann auch über mehrere Zwischenstufen vorgenommen werden[6]. Hier genügt es, wenn Ausgangspunkt der Berufungskette das Volk ist und die Kette der individuellen Berufungsakte vom Volk bis hin zum einzelnen Amtswalter lückenlos ist[7]. Im Grundgesetz verlaufen diese Legitimationsketten über den Bundestag zu den nicht direkt gewählten staatlichen Organwaltern[8]. Außer der unmittelbaren Volkswahl eines Amtsträgers, ist somit unter dem Grundgesetz keine personelle Legitimation denkbar, die am Deutschen Bundestag vorbeiläuft[9].

Nach der Wahl der Abgeordneten die wichtigste Personalentscheidung zur Besetzung eines Staatsorgans unter dem Grundgesetz ist die Wahl des Bundeskanzlers durch den Deutschen Bundestag (Art. 63 GG). Der Bundestag verleiht ihm die unmittelbare personelle Legitimation[10]. Mit seiner Richtlinienkompe-

---

[1] Meyer, in: HdbdStR Bd. II, § 37 Rn. 1; Hesse, Grundzüge des Verfassungsrechts, 18. A. 1991, Rn. 145

[2] BVerfG NJW 91, 159; Badura, in: HdbdStR Bd. I, § 23 Rn. 27; Stern, Staatsrecht Bd. I, 2. A., § 18 II 5 a; Kriele, Das demokratische Prinzip im GG, VVDStRL 29, 46(63); Meyer, a.a.O. Rn. 4; Dederer, Organisatorischpersonelle Legitimation..., NVwZ 2000, 403(404)

[3] BVerfGE 89, 155(171)

[4] Oellers-Frahm, Demokratieverständnis und Verfassungsgerichtsbarkeit in der Bundesrepublik Deutschland und in Frankreich, 1989, S. 692

[5] Huber, P. M., Die politischen Parteien als Partizipationsinstrument auf Unionsebene, EuR 34(1999), 579(581); Das Wahlrecht wird so zum demokratischen Grundrecht, Höfling, Demokratische Grundrechte - zu Bedeutungsgehalt..., Der Staat 33(1994), 493(499); BVerfGE 47, 253 (269); Maunz, in: M/D/H/S, Art. 38 Rn. 29; Gassner, Kreation und Repräsentation, Der Staat 34(1995), 429(431)

[6] BVerfG NJW 1991,159(160); BVerfG NJW 1988, 890(891)

[7] BVerfGE 47, 253(275); Böckenförde, in: HdbdStR Bd. I, § 22 Rn.11/16; Stern, Staatsrecht Bd. I, 2. A., § 18 II 5 a

[8] Stern, a.a.O.; Kriele, Das demokratische Prinzip im GG, VVDStRL 29, 46(63)

[9] Böckenförde, in: HdbdStR Bd. I, § 22 Rn. 16; Magiera, Parlament und Staatsleitung in der Verfassungsordnung des GG, 1979, S. 103

[10] Heun, Das Mehrheitsprinzip in der Demokratie, 1983, S. 152

tenz (Art. 65 GG) ist der Bundeskanzler eine der zentralen Entscheidungsinstanzen des Grundgesetzes. Über seine Wahl wird zudem die Exekutive insgesamt legitimiert[1], da der jeweilige Ressortminister, der auf Vorschlag des Bundeskanzlers vom Bundespräsidenten ernannt wird, Legitimationsvermittler für die seinem Ressort zugeordneten nachstehenden Behörden ist[2].

c. Die sachlich-inhaltliche Legitimation unter dem Grundgesetz

Institutionelle und personelle Legitimation sind jedoch unter dem Grundgesetz nicht ausreichend. Erst die sachlich-inhaltliche Legitimation legitimiert die konkrete Entscheidung[3]. Die Vorstellung von der Regierung des Volkes „durch" sein Repräsentationsorgan Bundestag kommt nur zum Tragen, wenn diesem Bundestag auch die rechtlichen Mittel zur Verfügung stehen, inhaltlich Einfluss auf die Ausübung der Staatgewalt nehmen zu können. Um dem Prinzip der Legitimation der Herrschaft durch das Volk zu genügen, ist es deshalb unerlässlich, dass die Volksvertretung substantielle Aufgaben der Staatsführung wahrnehmen kann[4].

Die grundgesetzliche Demokratie als Staats- und Regierungsform geht damit aber über die Inhaberschaft der verfassungsgebenden Gewalt[5] hinaus. Art. 20 Abs. 2 GG verlangt, dass das Volk nicht nur Ursprung der politischen Herrschaftsgewalt ist, sondern die politische Herrschaftsgewalt auch selbst ausübt[6]. Das Grundgesetz garantiert den effektiven Einfluss des Bundestages auf die Ausübung der Staatsgewalt dabei nicht nur objektiv-rechtlich. Über Art. 38 GG wird der effektive Einfluss des Bundestages auf die Ausübung der Staatsgewalt zum subjektiven Rechtsanspruch eines jeden wahlberechtigten Deutschen[7]. Das

---

[1] Böckenförde, in: HdbdStR Bd. I, § 22 Rn. 24

[2] Dass die Minister eine zusätzliche personelle Legitimation über ihre Ernennung durch den Bundespräsidenten erhalten (Art. 64 Abs. 1 GG) spielt vorliegend keine Rolle, da dadurch das grundgesetzliche Grundsystem der Legitimation über Legitimationsketten nicht verlassen wird. Auch verändert sich dadurch die Legitimationsqualität der Minister nicht grundsätzlich, da auch der Bundespräsident Teil der Exekutive ist (Herzog, in: M/D/H/S, Art. 54 Rn. 17), zudem gegen einen Vorschlag des Kanzlers keinen Minister ernennen kann (Seifert/ Hömig, Art 64 Rn. 1) und auch an einen positiven Kanzlervorschlag insoweit rechtlich gebunden ist, dass er einen benannten Kandidaten nur aus rechtlichen Gründen, nicht jedoch aus politischen ablehnen kann (Herzog, in: M/D/H/S, Art. 54 Rn. 13f.)

[3] Brosius-Gersdorf, Die doppelte Legitimationsbasis der EU, EuR 1999, 133(366); Böckenförde, in: HdbdStR Bd. I, § 22 Rn. 15/24; Epping, Die demokratische Legitimation der dritten Gewalt der EG-ten, Der Staat 36(1997), 349(353ff.)

[4] Stern, Staatsrecht Bd. I, 2. A., § 18 II 5 b b; Badura, in: HdbdStR Bd. I, § 23 Rn. 5; BVerfGE 89, 155(171f.)

[5] darin liegt ihr demokratietheoretischer Mindestinhalt, Böckenförde, in: HdbdStR Bd. I, § 22 Rn. 7

[6] Böckenförde, a.a.O. Rn. 8

[7] Huber, P.M., Die parlamentarische Demokratie unter den Bedingungen der europäischen Integration, 1996, S. 15; von einer materiell-rechtlichen Anreicherung des Art. 38 GG, die über ihn eine Popularverfassungsbeschwerde schafft, spricht Steinberger, Anmerkungen zum Maastricht-Urteil des BVerfG, 1994, S. 26

Steuerungsrecht des Parlaments wird so zum Steuerungsrecht des einzelnen Wahlbürgers[1].

d. Das Gesetzgebungsrecht des Parlaments als zentrales Instrument sachlich-inhaltlicher Legitimation im Grundgesetz

Wesentliche Elemente sachlich-inhaltlicher Legitimation unter dem Grundgesetz sind das Gesetzgebungsrecht des Parlaments (Art. 77 Abs. 1 GG) und die Bindung der anderen Organe nach Art. 20 Abs. 3 GG an diese Gesetze[2]. Nach dem Konzept des Grundgesetzes ergibt sich das eigentliche Gewicht des Bundestages weder aus seinem Kanzlerwahlrecht noch aus seinen anderen Rechten, sondern aus seinem vom Grundgesetz stillschweigend vorausgesetzten Recht, jede beliebige Frage gesetzlich regeln zu dürfen und aus dem in Art. 20 Abs. 3 (Art. 79 Abs. 3 GG) niedergelegten Vorrang dieser Gesetze[3]. Der Vorrang des Gesetzes enthält für die staatlichen Gewalten ein Anwendungsgebot des Gesetz gewordenen Willen des Volkes und ein Abweichungsverbot von diesem[4].

e. Beschlüsse des Bundestages als Mittel zur Legitimation des Regierungshandelns

Der Erlass eines Gesetzes ist nicht die einzige Handlungsform, die dem Bundestag zur Legitimation staatlichen Handelns zur Verfügung steht. Für die sachlich-inhaltliche Legitimation staatlichen Handelns ist die rechtliche Form, in der das Parlament handelt, zweitrangig[5]. Während die Verbindlichkeit von Gesetzen für die Exekutive über Art. 20 Abs. 3 GG aber allgemein angeordnet ist, sind Bundestagsbeschlüsse regelmäßig nur bloße Willensbekundungen des Parlaments[6]. Eine Entschließung des Bundestages ist für die Regierung nicht verbindlich, da sie gem. Art. 65 GG ihre Politik eigenverantwortlich führt[7]. Sind Beschlüsse jedoch ausdrücklich für verbindlich erklärt, stehen sie unter demokratietheoretischen Gesichtspunkten dem Gesetzesbeschluss grundsätzlich

---

[1] Kokott, Deutschland im Rahmen der EU..., AöR 119(1994), 207(211)

[2] Böckenförde, in: HdbdStR Bd. I, § 22 Rn. 21; Badura, ebenda, § 23 Rn. 28; Herzog, in: M/D/H/S, Art. 20 II. Rn. 48/84; Kriele, Das demokratische Prinzip im GG, VVDStRL 29, 46(64); Magiera, Parlament und Staatsleitung in der Verfassungsordnung des GG, 1979, S. 99; Groß, Verfassungsrechtliche Möglichkeiten und Begrenzungen für eine Selbstverwaltung der Justiz, ZRP 1999, 361(362)

[3] Herzog in: M/D/H/S, Art. 20 II. Rn. 82/84; Rath, Die „unionswärtige Gewalt" des BT..., 1995, S. 129f.; Ress, Über die Notwendigkeit der parlamentarischen Legitimierung der Rechtsetzung der EG-ten, S. 672

[4] Ossenbühl, in: HdbdStR Bd. III, § 62 Rn. 4

[5] zwischen dem Gesetzesvorbehalt als Formvorbehalt und dem Parlamentsvorbehalt als Sachvorbehalt unterscheidet deshalb Kohnen, Die Zukunft des Gesetzesvorbehalts in der EU, zugel. Diss. Jena 1996, S. 39ff.

[6] zur Bindungs- und Legitimationswirkung von Beschlüssen s. auch unten Ziff. D.II.2.

[7] Fastenrath, Kompetenzverteilung im Bereich der auswärtigen Gewalt, 1986, S. 244

nicht nach[1]. In beiden Fällen bringt der Bundestag als Repräsentationsorgan des Volkes dessen Willen zum Ausdruck.

f. Legitimation durch parlamentarische Kontrolle im Grundgesetz

"Der Bundestag übt Staatgewalt als Organ der Gesetzgebung aus, das zugleich den Bundeskanzler wählt und die Regierung kontrolliert"[2]. Herleitung staatlicher Gewalt vom Volk bedeutet somit auch sanktionierte Kontrollierbarkeit. Eine Herrschaft, die sich nach der Herleitung verselbständigt und der Kontrolle des Volkes entgleitet, verliert ihre Qualität als demokratische Herrschaft. Das Volk regiert ab dem Bestellungsakt nicht mehr sich selbst durch seine Organe, sondern die Staatsgewalt verselbständigt sich[3].

Das primäre, aber nicht ausschließliche demokratische Kontroll- und Sanktionsmittel sind die Wahlen zum gesetzgebenden Parlament[4]. Über diese rechtfertigt sich der Bundestag vor dem Volk [5].

Zu einem echten Kontroll- und Einflussmittel des Bundestages auf die Regierung hat sich das Untersuchungsrecht entwickelt (Art. 44 GG)[6]. Über die zur Kontrolle erforderliche Informationsbeziehung zwischen Bundesregierung und Bundestag enthält das Grundgesetz zwar nur spärliche Regelungen[7]. Nach Art. 43 Abs. 1 GG können jedoch der Bundestag und seine Ausschüsse die Anwesenheit jedes Mitglieds der Bundesregierung verlangen. Von diesem Zitierrecht umfasst werden aber auch das Fragerecht des Parlaments und die Antwortpflicht der Regierung[8]. Die Regierungsmitglieder müssen also nicht nur vor dem Plenum erscheinen, sondern diesem auch Rede und Antwort stehen[9].

Seine Kontrolle über die Regierungstätigkeit kann der Bundestag außerdem über Große Anfragen, Kleine Anfragen, Fragestunden, Aktuelle Stunden vervollständigen[10].

---

[1] BVerfGE 90, 286ff.

[2] BVerfGE 89, 155(171)

[3] Böckenförde, in: HdbdStR Bd. I, § 22 Rn. 11

[4] Kaltefleiter, Die Grenzen der Demokratie, 1986, S. 137; Gehring, Norbert, Parlament - Regierung - Opposition, 1969, S. 131

[5] Indirekt rechtfertigt sich bei der Wahl zum Bundestag auch die Regierung vor dem Volk, da mit der Wahl der Abgeordneten auch über die Politik der Bundestagsmehrheit entschieden wird, die die Politik der Bundesregierung getragen oder sogar entscheidend mitgeprägt hat, Gehring, Norbert, Parlament - Regierung - Opposition, 1969, S. 132: „Jede Wahl ist zugleich ein Plebiszit über die Regierung“.

[6] Magiera, Parlament und Staatsleitung in der Verfassungsordnung des GG, 1979, S. 313; BVerfG NJW 1984, 2271 ff.; BVerfG NJW 1988, 890(892f.)

[7] Magiera, Parlament und Staatsleitung in der Verfassungsordnung des GG, 1979, S. 307

[8] Magiera, a.a.O. S. 309

[9] Magiera, a.a.O. S. 310/316; jüngst dazu SachsAnhVerfG, NVwZ 2000, 671 zum Umfang von parlamentarischer Auskunftsverpflichtung und Fragerechts unter Bezug auf die Rechtsprechung des BVerfG.

[10] Gusy, Das Mehrheitsprinzip im demokratischen Staat, AöR 106, 329(346)

Zentral für die Kontrollfunktion des Bundestages ist das konstruktive Misstrauensvotum nach Art. 67 GG oder die Verweigerung des Vertrauens auf Antrag der Bundesregierung (Art. 68 Abs. 1 GG). Die Rückrufbarkeit der Regierungsgewalt ist neben dem Gesetzgebungsrecht des Bundestages das wichtigste rechtliche Mittel zur Vermittlung sachlich-inhaltlicher Legitimation und zur Sicherung der Verantwortlichkeit der handelnden Regierung gegenüber dem Volk[1], auch wenn von diesem Mittel nur selten tatsächlich Gebrauch gemacht wird. Allein das Bewusstsein in der Regierung, dass dem Parlament dieses Machtmittel zur Verfügung steht, verhindert eine Verselbständigung der Regierungsmacht.

g. Die institutionelle Legitimation in der Europäischen Union

Institutionell legitimiert sich die EU statt über eine Verfassung über die europäischen Verträge[2]. In diesen werden die Organe benannt, in denen die europäischen Entscheidungen fallen und den Organen werden ihre Aufgaben zugewiesen.

h. Die personelle Legitimation in der Europäischen Union

Personell legitimieren sich die Amtsträger in der EU ebenfalls nach Verfahren, die sich mit der innerstaatlichen Besetzung der deutschen Verfassungsorgane vergleichen lassen. Vor allem die Besetzung der Kommission ist - insbesondere was die Beteiligung des EP im Vergleich zur Beteilung etwa des Bundestages an der Bestellung der Bundesregierung betrifft - zwischenzeitlich mit dem grundgesetzlichen Verfahren nationaler Regierungsbildung vergleichbar, ohne dass es sein System direkt aus dem Grundgesetz bezieht. Wegen der Rolle von Rat und EP bei der Investitur der Kommission soll deren derzeitige Rolle sogar die Vorstellung vom Gewaltenteilungsmodell mit dem EP als Entscheidungs- und Legitimationsorgan, dem Rat als 2. Kammer und der Kommission als parlamentarisch verantwortlicher Regierung aufgegriffen worden sein[3].

Die Mitglieder der Kommission werden von den Staats- und Regierungschefs benannt. Wenn diese von ihrem Vorschlags- und Ernennungsrecht Gebrauch

---

[1] Böckenförde, in: HdbdStR Bd. I, § 22 Rn. 5

[2] Rojahn, in: v.Münch, Art. 23 Rn. 23; Classen, Europäische Integration und demokratische Legitimation, AöR 119(1994), 238(244), der einen umfassenden Vergleich der grundgesetzlichen Legitimationsmittel mit denen auf europäischer Ebene durchführt.

[3] Steffani, Das Demokratie-Dilemma der EU..., 1995, S. 35; Burgbacher, Der Beitrag Maastrichts zur Europäischen Integration, Demokratie und Recht 1993, 26(29); Oppermann/Classen, Die EG vor der EU, NJW 1993, 5(7); Classen, Europäische Integration und demokratische Legitimation, AöR 119(1994), 238(246); Lenz, Vertrag von Maastricht - Ende der demokratischen Staatlichkeit ?, NJW 1993, 1962(1963); föderalistische Elemente im Rat verkörpert sieht auch Randelzhofer, Zum behaupteten Demokratiedefizit der EG, S. 51; bereits in einer „echten Vorreiterrolle auf politischer Ebene“ sieht sich die Kommission auch selbst (vgl. Art. 65 GG), Kommissionspräsident Prodi in einer Rede vor dem EP am 15.2.2000, 2000-2005: Grundrisse des neuen Europas, Bull. EU Beilage 1/2-000, S. 11

machen, handeln sie als im Rat vereinigte Vertreter der Mitgliedstaaten[1] und damit als Nationalorgane[2].

In einer Direktwahl der Kommission durch das EP wurde schon seit Jahren das wichtigste Element gesehen, dem Beschlussprozess in der EU mehr Legitimation zu verleihen und ihn demokratischer zu gestalten[3]. Seit dem EUV ernennen die Regierungen der Mitgliedstaaten eine Kommission nunmehr erst, nachdem das EP ihr das Vertrauen ausgesprochen hat (Art. 214 EGV). Gerade die Legitimationsvermittlung durch das EP hob der ehemalige Präsident der Kommission, Jacques Santer, in seiner Rede vor dem EP anlässlich der Debatte zur Investitur der damaligen Kommission am 17.01.1995 hervor. Die Investitur der Kommission durch das EP verschaffe der EU ein Mehr an Demokratie und der Kommission ein Mehr an Legitimität[4].

Im einzelnen benennen die Regierungen der Mitgliedstaaten im gegenseitigen Einvernehmen und nach Zustimmung des EP den Kandidaten für das Amt des Kommissionspräsidenten (Art. 214 Abs. 2 UA 1 EGV). Ohne Beteiligung des EP, aber im Einvernehmen mit dem designierten Präsidenten, benennen die Mitgliedsregierungen anschließend, wen sie als weitere Kommissionsmitglieder ernennen möchten (Art. 214 Abs. 2 UA 2 EGV). Die gesamte Kandidatenriege stellt sich dann dem EP zur Abstimmung. Nach Zustimmung durch das EP werden die Kommissionsmitglieder von den Mitgliedsregierungen ernannt (Art. 214 Abs. 2 UA 3 EGV). In diesem Verfahren kommt dem EP erstmals eine personelle Auslesefunktion zu[5]. Gestärkt wird dieses Personalrecht des EP durch eine Kopplung von Wahlperiode und Amtsperiode[6], womit jede Kommission vom Vertrauen des aktuell gewählten Parlaments getragen werden muss.

---

1 Winter, Institutionelle Strukturen der EU, DÖV 1993, 173(175)

2 Scharpf, Europäisches Demokratiedefizit und deutscher Föderalismus, StwStp 1993, 293(297); im Vertrag von Nizza wurde vereinbart, dass künftig der Rat im Einvernehmen mit dem designierten Präsidenten die gemäß den Vorschlägen der einzelnen Mitgliedstaaten erstellte Liste der anderen Persönlichkeiten an(nimmt), die er zu Mitgliedern der Kommission ernennen will", Art. 214 EGV i.d.F.d. Vertrag von Nizza, Abl. C 80 v. 10.03.2001, S. 1ff.. Die Ernennung der Kommission würde somit ein weiteres Stück europäisiert. Einen erheblichen Beitrag zur Europäisierung der Ernennung leistet auch die Neuerung, dass über den designierten Kommissionspräsident und über die Kandidatenliste für die übrigen Kommissionsmitglieder nicht mehr im gegenseitigen Einvernehmen, sonder mit qualifizierter Mehrheit entschieden würde.

3 Sasse, Die institutionelle Fortentwicklung der Gemeinschaften, KSE 22, 61(80f.); Steinberger, Der Verfassungsstaat als Gliedstaat einer europäischen Gemeinschaft, VVDStRL 50, 8(46); Scharpf, a.a.O. S. 299; auf die nunmehr mit dem Vertrag von Amsterdam erfolgte Stärkung der Legitimation der Kommission verweisen deshalb nun Hilf/Pache, Der Vertrag von Amsterdam, NJW 1998, 705(710)

4 Bull. EU, Beilage 1/95, S. 7

5 Sasse, Zur Verfassung der EU, 1977, S. 189(191)

6 Langguth, Memorandum zur Demokratieentwicklung in der EG 1992, 22(24)

Mit diesem Verfahren soll der Kommissionspräsident nicht mehr primus inter pares sein, sondern über politische Leitkompetenz verfügen[1]. Gerade um ihrer Rolle des objektiven Sachentscheiders gerecht werden zu können, war die Kommission in den Gründungsverträgen zudem bewusst nicht als politisches Führungsorgan konzipiert worden[2]. Vor allem der Kommission sollte nach der Konzeption der Verträge Legitimation über ihre Kompetenz und geistige Unabhängigkeit zuwachsen[3]. Ihr Sachverstand sollte zu vernünftigen Ergebnissen führen, die gerade deshalb von der Bevölkerung akzeptiert würden[4]. Das demokratische Prinzip soll hier sogar durch das technokratische angefochten worden sein[5]. An Stelle des Volkswillens sollte zunehmend eine Sachgesetzlichkeit der wissenschaftlich-technischen Zivilisation treten[6]. Auch die nationalen Parlamente stünden, wollten sie nicht aus der Staatsleitung hinauskomplimentiert werden, vor der Wahl, angesichts begrenzter Arbeitskapazitäten entweder nicht genügend Entscheidungen zu treffen oder eine engere Zusammenarbeit mit der Exekutive einzugehen[7].

Die nunmehrige Anbindung der Kommission an das EP bedeutet deshalb in der Tat einen ersten Schritt zur Politisierung der Kommission. Dieser Schritt war jedoch auch notwendig geworden, weil die Legitimation der Kommission durch ihren Sachverstand allein auch mit dem Erstarken nationaler Interessen im Rat zunehmend an Grenzen gestoßen war[8]. Aus der stärkeren Anbindung an das EP kann deshalb auf die Absicht geschlossen werden, ihr künftig mehr europäische Legitimation zu vermitteln[9], nicht jedoch bereits auf den Beginn einer Entwicklung, an deren Ende die Kommission als europäische Regierung stehen wird[10]. Der Präsident selbst bleibt auch weiterhin primus inter pares[11]. Ihm ist

---

1 Riedel, Der Vertrag von Amsterdam und die institutionelle Reform der EU, BayVBl. 1998, 545(548); nach Inkrafttreten des Vertrag von Nizza wird die Rolle des Kommissionspräsidenten noch weiter gestärkt sein, Epiny/Abt/Moster, Der Vertrag von Nizza, DVBl. 2001, 941(943), Schäfer, Der Vertrag von Nizza..., BayVBl. 2001, 460(463f.)

2 Zuleeg, Der Verfassungsgrundsatz der Demokratie und die EGten, Der Staat 1978, 17(38); Sasse, Die Zukunft der Verfassung der EG, EA 1972, 87(88); ders., Die institutionelle Fortentwicklung der Gemeinschaften, KSE 22, 61(68f.); Hrbek, Demokratiegebot und EG, 1980, S. 285(301)

3 Delors, Entwicklungsperspektiven der EG, Aus Politik und Zeitgeschichte 1993, 3

4 Hesse, Grundzüge des Verfassungsrechts, 18. A. 1991, § 5 Rn. 163; Zedler, Zur Logik von Legitimationsproblemen, 1976, S. 38

5 Diskbeitr. v. Münch, VVDStRL 29, S. 109

6 Hesse, Grundzüge des Verfassungsrechts, 18. A. 1991, Rn. 163 Fn. 34

7 Magiera, Parlament und Staatsleitung in der Verfassungsordnung des GG, 1979, S. 258

8 Delors, Entwicklungsperspektiven der EG, Aus Politik und Zeitgeschichte 1993, 3

9 darauf, dass die Kommission mit ihrer ausschließlichen Fixierung auf die Gemeinschaftsinteressen mit weniger nationaler Legitimation auskommt, im Gegensatz dazu aber mehr europäische benötigt, weist richtig Pernice hin, Maastricht, Staat und Demokratie, Die Verwaltung 1993, 449(484)

10 Iglesias, Der EuGH und die Gerichte der Mitgliedstaaten..., NJW 2000, 1889

11 Art. 217 EGV i.d.F.d. Vertrages von Amsterdam stärkt gerade die interne Stellung des Kommissionspräsidenten erheblich, Pache/Schorkopf, Der Vertrag von Nizza, NJW 2001, 1377(1379)

rechtlich keine Leitkompetenz zugestanden[1]. Dass sich ein Präsident diese Funktion durch seine Persönlichkeit oder seine Leistungen verdienen kann, steht auf einem anderen Blatt. Eine solche Entwicklung wäre auch nach bisherigem Recht möglich gewesen. Allenfalls erleichtert der nunmehrige Wahlmodus das Entstehen einer persönlichen politischen Leitkompetenz beim Präsidenten. Die Mitgliedstaaten werden immer darauf beschränkt bleiben, einen vertraglichen Entscheidungsrahmen festzulegen. Die tatsächliche politische Entwicklung bleibt immer Unwägbarkeiten ausgesetzt.

Immer noch nicht möglich ist eine Einzelentscheidung über jeden Kommissar. Demokratietheoretisch ist dies unerheblich, auch die deutschen Bundesminister werden nicht vom Parlament gewählt. Das EP hat, bezogen auf die Kommission, sogar eine stärkere Stellung als der Bundestag, da dieser nur den Kanzler wählt, an der Ernennung der Minister jedoch überhaupt nicht mehr mitwirkt.

Unabhängig davon, wie man die personelle Besetzung europäischer Organe insbesondere der Kommission im einzelnen bewertet, sind die Parallelen zur grundgesetzlichen personellen Legitimation nicht zu übersehen. Entscheidend für den legitimierenden Inhalt, den man diesem Verfahren beimisst, ist die Bewertung der beiden Legitimationsquellen, aus der sich diese personelle Legitimation speist[2].

Die personelle Legitimation des Rates speist sich allein aus dem nationalen Verfassungsrecht[3]. Jeder Mitgliedstaat entscheidet autonom über die Person, die ihn in der jeweiligen Ratssitzung vertritt. Gemeinschaftliche Legitimation erhalten die Ratsentscheidungen aber über ihre institutionelle Legitimation, da auch der Rat ein durch die Verträge geschaffenes Organ ist. Sie regeln zudem abstrakt generell seine Besetzung. Damit handelt letztlich auch der Rat mit einer gemischten Legitimation. Allerdings unterscheidet sich seine gemischte Legitimation von der gemischten Legitimation der Kommission. Beide Organe beziehen ihre institutionelle Legitimation aus den Verträgen. Personell legitimiert sich die Kommission gemischt, europäisch und national, da die Vertreter im Rat bei der Benennung der designierten Kommissionsmitglieder zwar als Nationalorgane aber verbunden handeln. Sie bezieht damit aber gleichzeitig personell eine direkte Legitimation aus jedem Mitgliedstaat. Über das EP erhält sie zudem

---

[1] Art. 217 EGV i.d.F.d. Vertrages von Amsterdam stärkt zwar die interne Macht des Präsidenten und damit seine Stellung innerhalb der Kommission. Seine inhaltliche Leitkompetenz wird nicht ausdrücklich gestärkt, durch die interne Stärkung des Präsidenten jedoch indirekt.

[2] auf die personelle Legitimation weiterer europäischer Amtswalter soll hier nicht eingegangen werden. Diesen wird ihre Legitimation entweder von der Kommission oder vom Rat unter Beteiligung des EP oder ohne dessen Beteiligung vermittelt (z.B. Ernennung der Richter zum EuGH durch die Regierungen, Art. 221, 223 EGV, Ernennung der Mitglieder des WSA durch den Rat, Art. 258f. EGV, Ernennung der Mitglieder des Rechnungshofes nach Anhörung EP, Art. 243 Abs. 3 EGV, Ernennung der Direktoriumsmitglieder der EZB von den Staats- und Regierungschefs nach Anhörung von Rat und EP und des EZB-Rates, 112 EGV i.V.m. Satzung), s. dazu a. Baldus, Europol und Demokratieprinzip, ZRP 1997, 286ff.

[3] Classen, Europäische Integration und demokratische Legitimation, AöR 119(1994), 238(246)

eine europäische Legitimation. Der Rat dagegen legitimiert sich personell ausschließlich aus den vollständig autonomen Entscheidungen der Regierungen der Mitgliedstaaten.

Vergleichbar mit den nationalen Legitimationssystemen ist auch die Wahl der Abgeordneten. Sie werden von den wahlberechtigten Unionsbürgern gewählt. Zwar werden die Abgeordneten zum EP in nationalen Wahlverfahren bestimmt. Dass sich damit mindestens seit Art. 19 Abs. 2 EGV die Abgeordneten personell nicht mehr rein national legitimieren, da der Zusammenhang zwischen personeller Legitimation der Abgeordneten und jeweiliger Kontingentzugehörigkeit rechtlich aufgebrochen ist, wurde bereits unter B.III.2 dargestellt.

i. Die sachlich-inhaltliche Legitimation europäischer Entscheidungen

Mit dem EUV wurde die Beschränkung des EP auf Beratungs- und Kontrollbefugnisse aufgehoben und durch die allgemeine Formulierung ersetzt, dass das EP "die Befugnisse ausübt, die ihm nach dem EGV zustehen" (Art. 137 EGV). Bei den Mitteln zur sachlich-inhaltlichen Legitimation wird jedoch die Diskrepanz zwischen der Stellung des Bundestages im Grundgesetz und der des EP in den europäischen Verträgen besonders deutlich. Betroffen von dieser Diskrepanz vor allem das Legislativrecht des EP. Die europäisch repräsentierte Einheit kann deshalb nur eingeschränkt „durch“ das EP regieren. Hauptgesetzgeber in der EU ist weiterhin der Rat. Er ist weiterhin das zentrale Entscheidungsorgan in der EU. Es ist in erster Linie sein Wille, der in der EU Verbindlichkeit erlangt[1]. Allerdings verändert sich die Rolle des Rates in den Verfahren nach Art. 251 EGV, parallel zu Rolle des EP, zunehmend ebenfalls zum Mitgesetzgeber[2]. Trotz allem schlägt sich selbst im System der sachlich-inhaltlichen Legitimation die „Verpflichtung“ auf die Grundsätze der Demokratie aus Art. 23 GG nieder.

(1) Die Legislativfunktion des Europäischen Parlaments

Es wird zwar seit Beginn der europäischen Integration gefordert, gezielt parlamentarische Kontrollverluste auf nationaler Ebene durch eine entsprechende Stärkung des EP auf europäischer Ebene auszugleichen[3]. Abnehmende nationale Strukturen müssten danach mit zunehmender Integration durch gleichwertige europäische ersetzt werden[4]. Nationale Legitimationsverluste müssten

---

[1] Huber, P.M., Recht der Europäischen Integration, 1996, § 13 Rn. 1/23; Oppermann, Europarecht, 2.A. 1999, Rn. 318; Grimm, Braucht Europa eine Verfassung ?, JZ 1995, 581(582); Cremer, Das Demokratieprinzip auf nationaler und europäischer Ebene im Lichte des Maastricht-Urteil des BVerfG, EuR 30 (1995), 21(31); Classen, a.a.O. S. 239

[2] Stellungnahme „Institutionelle Reform für eine erfolgreiche Erweiterung“ der Kommission vom 26.01.2000, S. 10

[3] Schütz, Raimund, Europaweite Freizügigkeit ohne demokratische Kontrolle, AöR 120(1995), 509(534)

[4] Friauf, Zur Problematik rechtsstaatlicher und demokratischer Strukturelemente in zwischenstaatlichen Gemeinschaften, DVBl. 1964, 781(788)

demnach auf europäischer Ebene formidentisch ausgeglichen werden[1]. Diese identische Kompensation auf einer anderen Ebene sei eine Ausprägung der praktischen Konkordanz im Konflikt zwischen Demokratie und Integration[2]. Das Problem der praktischen Konkordanz im Rahmen des Art. 23 GG wird an anderer Stelle näher erörtert werden[3]. Die hier erhobene Maximalforderung muss jedoch nicht erfüllt sein, damit eine Verpflichtung der EU auf demokratische Grundsätze festgestellt werden kann.

Während jedoch normative Regelungen mit Außenwirkung unter dem Grundgesetz ohne eine Zustimmung oder Ermächtigung (Art. 80 Abs. 1 GG) des Bundestages nicht denkbar sind, ist die Zustimmung des EP weiterhin lediglich in neun Bereichen erforderlich[4].

Bereits seit dem Vertrag von Luxemburg vom 22. 04. 1970 hat das EP darüber hinaus auf die nicht zwingend sich aus dem Vertrag ergebenden Ausgaben einen mitbestimmenden Einfluss[5] sogar im Sinne einer positiven Entscheidungskompetenz[6]. Während es zu den obligatorischen Ausgaben nur Änderungsvorschläge abgeben kann, kann es den vom Rat auf Vorschlag der Kommission verabschiedeten Haushalt hinsichtlich der nicht-obligatorischen Ausgaben selbst ändern. Allein schon wegen der Entwicklung des Anteils der freien Ausgaben am Gesamthaushalt hat sich hier der Einfluss des EP auf die Politik der EU im Laufe der Jahre vergrößert[7]. Angesichte von lediglich etwa 10% freier Budgetmittel in den nationalen Haushalten der Mitglieder[8] und etwa 30 - 40 % freier Mittel im Haushalt der EU[9] ist der Einfluss des EP im Rahmen der Haushaltsberatungen durchaus beachtlich. Ohne dass hier die facettenreiche Entwicklung der Beteiligung des EP am zudem sehr komplizierten Haushaltsverfahren nachgezeichnet werden soll, kann man feststellen, dass Ansätze zu einem eigenen Haushaltsrecht des EP gegeben sind, von einer voll ausgebildeten par-

---

[1] Schilling, T., Die deutsche Verfassung und die europäische Einigung, AöR 116, 32(58)

[2] Busch, Bundesländer und GG im Spannungsfeld der europäischen Integration, 1990, S. 161f.

[3] s. dazu E.I.

[4] Art. 228 Abs. 3 UA 2 EGV (Abkommen mit dritten Staaten und Organisationen), Art. 138 Abs. 3 EGV (Schaffung eines einheitlichen Wahlverfahrens zum EP), Art. 8 a Abs. 2 EGV (Freizügigkeit), Art. 105 Abs. 6 EWGV (Übertragung von Aufgaben in der Kreditaufsicht auf die EZB), Art. 106 Abs. 5 EGV (Änderung bestimmter Artikel des ESZBStatuts), Art. 130 d EGV (Koordinierung des Strukturfonds, Errichtung eines Kohäsionsfonds). Die Vorstellungen des EP und der BReg. sahen einen noch weiteren Ausbau der Mitentscheidung vor, Abl. 1990 C 231, 97; Abl. 1990 C 324, 219; Zustimmung überhaupt eingeführt mit der EEA (Art. 237 und 238 EWGV),, Ress, Über die Notwendigkeit der parlamentarischen Legitimierung der Rechtsetzung der EGten, GS Geck, 1989, S. 625(657f); Hrbek/Läufer, Die EEA, EA 1986, 173(179); die Stellungnahme der Kommission zur Einberufung der Regierungskonferenz, Bull.EU 1/2-2000, S. 7(8), fordert eine Zustimmung des EP zu internationalen Handelsabkommen.

[5] Scheuner, Perspektiven einer EU, EuR 1976, 193(199)

[6] Classen, Europäische Integration und demokratische Legitimation, AöR 119(1994), 238(251)

[7] 14 % im Jahr 1974, heute 30-40 %, Oppermann, Europarecht, 2. A. 1999, Rn. 847

[8] Kriele, Das demokratische Prinzip im GG, VVDStRL 29, 46(64)

[9] Oppermann, Europarecht, 2. A. 1999, Rn. 847

lamentarischen Budgetgewalt jedoch nicht gesprochen werden kann. Auch zu der vom EP geforderten Aufhebung der Unterscheidung zwischen obligatorischen und nicht-obligatorischen Ausgaben im Haushaltsverfahren[1] ist es bisher nicht gekommen. Immerhin entscheidet das EP aber über den gesamten Haushalt abschließend (Art. 203 Abs. 8 EVG). Eingeengt ist das EP in dieser Budgethoheit lediglich dadurch, dass es dem Gesamthaushalt in der zweiten Lesung nur aus wichtigem Grund die Feststellung versagen darf (Art. 203 Abs. 8 EGV). Dieser wichtige Grund ist jedoch in den Verträgen nicht konkretisiert. Es ist demnach davon auszugehen, dass dem EP hier ein erheblicher politischer Beurteilungsspielraum zusteht. In jedem Fall hat das EP mit seiner Stellung im Haushaltsverfahren einen gewichtigen Einstieg in eine Kernkompetenz klassischer Parlamentsfunktionen geschafft[2]. Gerade in der Kontrolle des Staatshaushaltes liegt die Geburtszuständigkeit des Parlamentarismus[3]. Die Parlamente haben in aller Regel ihre Finanzgewalt vor den übrigen Gesetzgebungskompetenzen erringen können, da die Betroffenheit der Bürger in diesen Angelegenheiten als besonders schwerwiegend empfunden wurde[4]. Leibholz schreibt dazu: "Im 19. Jahrhundert war das Etatrecht einmal das Herzstück der parlamentarischen Kontrolle[5]." Von diesem Herzstück aus dehnten die Parlamente ihre Aufsicht über die Exekutive allmählich aus. Im nächsten Schritt erst kontrollierte das Parlament auch die Verwendung der Staatsgelder[6], einen Schritt, den das EP mit dem ihm zustehenden Entlastungsrecht für die Kommission bereits gegangen ist. Eine fundamental herausragende Form der Legitimation sieht auch das BVerfG im parlamentarischen Recht zur Feststellung des Haushaltes: „Die parlamentarische Zustimmung zum Haushaltsgesetz wird seit Bestehen der parlamentarischen Staatsform als der sicherste Hinweis für die Zustimmung des Parlaments zur Regierung gesehen“[7].

In der Vergangenheit immer stärker ausgedehnt worden war das Verfahren nach Art. 252 EGV, ursprünglich durch die EEA eingeführt[8] als Art. 149 EWGV[9]. In diesem Verfahren gibt das EP zum Vorschlag der Kommission eine Stellungnahme ab. Anschließend legt der Rat mit qualifizierter Mehrheit einen gemeinsamen Standpunkt fest, leitet ihn dem EP mit Begründung zu (Art. 252 Ziff. a

---

[1] Bieber, Perspektiven des EP nach der 2. Direktwahl, 1985, S. 85(97)

[2] Ipsen, Fusionsverfassung EGten, 1969, S. 15

[3] Leibholz, Die Repräsentation in der Demokratie, 1973, S. 154; no taxation without representation, ders., a.a.O. S. 157; „Das Budgetrecht des Parlaments gehört zu den demokratischen Grundgedanken“ stellt für die Bay. Verfassung der BayVerfGH fest, BayVBl. 2000, 397 Ls. 3

[4] Schmid, Das Verhältnis von Parlament und Regierung im Zusammenspiel der staatlichen Machtverteilung, 1971, S. 22

[5] zit. nach Schmid, a.a.O. S. 23

[6] Schmid, a.a.O.

[7] BVerfGE 62, 1(114)

[8] Klein, Entwicklungsperspektiven für das EP, EuR 1987, 97(106); Hrbek/Läufer, Die EEA, EA 1986, 173(179)

[9] Langguth, Memorandum zur Demokratieentwicklung in der EG, 1992, 22(24); Ress, Über die Notwendigkeit der parlamentarischen Legitimierung der Rechtsetzung der EGten, 1989, S. 629

und b UA 1 EGV). Das EP kann den gemeinsamen Standpunkt des Rates billigen, Abänderungen vorschlagen, oder ihn ablehnen.

Der Rat kann eine Ablehnung seines gemeinsamen Standpunktes durch das EP nur einstimmig überstimmen. Er ist dabei zudem an seinen einmal eingenommenen gemeinsamen Standpunkt gebunden, da das EP zu einem eventuell geänderten gemeinsamen Standpunkt nicht gehört worden wäre[1]. Ebenso wenig kann der Rat deshalb an einem vom EP gebilligten gemeinsamen Standpunkt ohne neues Verfahren Änderungen vornehmen[2].

Das Verfahren nach Art. 252 EGV wurde seit seiner Einführung mit viel Kritik bedacht. Für den zentralen Bereich der parlamentarischen Arbeit erwachse dem EP kein brauchbares Recht[3]. Es habe es lediglich in der Hand, einer Entscheidung des Rates, dem gemeinsamen Standpunkt, zur Rechtsgültigkeit zu verhelfen. Es habe aber keine inhaltlich bestimmende freie Letztentscheidungsbefugnis[4]. Dieses Verfahren biete deshalb kein echtes Mitentscheidungsrecht. Der Sache nach handle es sich mehr um eine neue Verfahrensmodalität als um eine neue parlamentarische Befugnis[5]. Das Verfahren kompensiere nicht die fehlende Mindestausstattung einer parlamentarischen Demokratie[6]. Entscheidend dafür, ob Art. 252 EGV zur Anwendung kommt, sei zudem häufig die Rechtsgrundlage, auf der der entsprechende Kommissionsvorschlag beruht[7]. Das EP habe zwar versucht, in seiner Geschäftsordnung ein Verfahren zu regeln, das es erlaubt, speziell die Frage der Rechtsgrundlage vor Ausarbeitung des Ausschussberichts aufzuwerfen[8]. Weigere sich die Kommission, dem Vorschlag des EP diesbezüglich Rechnung zu tragen, so habe dies jedoch keine Rechtsfolgen[9]. Dazu ist aber festzustellen, dass der EuGH[10] dem parlamentarischen Prinzip in der EU gerade dadurch Rechnung trägt, dass er bei mehreren in Betracht kommenden Rechtsgrundlagen für einen Gemeinschaftsakt im Zweifel derjenigen den Vorzug gibt, bei der die demokratischen Mitwirkungsrechte des EP am weitesten reichen[11].

---

1 Ress, a.a.O. S. 663; dieser Vertrauenstatbestand ist durch das Gemeinschaftsrecht geschützt, EuGH Slg. 1973, 583ff., Anm. Ipsen, EuR 1973, 339

2 Ress, a.a.O. S. 662

3 Hänsch, Europäische Integration und parlamentarische Demokratie, EA 1986, 191(193)

4 Ress, Über die Notwendigkeit der parlamentarischen Legitimierung der Rechtsetzung der EGten, 1989, S. 664; Rabe, Europäische Gesetzgebung - das unbekannte Wesen, NJW 1993, 1(4)

5 Hrbek/Läufer, Die EEA, EA 1986, 173(178)

6 Ress, Über die Notwendigkeit der parlamentarischen Legitimierung der Rechtsetzung der EGten, 1989, S. 680; Rabe, Europäische Gesetzgebung - das unbekannte Wesen, NJW 1993, 1(4)

7 Ress, a.a.O. S. 658

8 vgl. Abl. C 7 v. 12.1.1987, S. 85ff.

9 Ress, Über die Notwendigkeit der parlamentarischen Legitimierung der Rechtsetzung der EGten, 1989, S. 659

10 EuGH Slg. 1990, 2041ff.

11 v.Simson/Schwarze, Europäische Integration und GG, 1992, S. 76; in die gleiche Richtung argumentiert der EuGH inzwischen auch, wenn es um eine Konkurrenz zwischen Rechtsgrundlagen aus dem EUV einerseits und solchen aus dem EGV andererseits geht. Hier soll die Rechtsgrundlage aus

Selbstverständlich kommt dem EP im Rahmen des Art. 252 EGV kein Letztentscheidungsrecht zu. Mit diesem Anspruch ist das Verfahren auch nicht eingeführt worden. Es wurde eingeführt als weiterer Schritt zur Entwicklung einer europaeigenen parlamentarischen Legitimation. Diese Funktion erfüllt das Verfahren auch. In der Geschichte der Entwicklung der EU bedeutete seine Einführung im Gegensatz zum früher allein möglichen Anhörungsverfahren durchaus eine wesentliche Stärkung des EP. Entscheidend für seine Bewertung ist dabei, dass eine qualifizierte Mehrheit des Rates, will sie ihren Standpunkt durchbringen, die Vorstellungen des EP frühzeitig berücksichtigen muss. Andererseits ist das EP gezwungen, die Position der qualifizierten Mehrheit zu unterstützen, wenn es nicht möchte, dass die Ratsmehrheit der Ratsminderheit entgegenkommen muss, um Einstimmigkeit zu erreichen[1], wenn es also eine Diktatur des letzten Dissentierenden vermeiden will. Das EP vermittelt somit eine Art Ersatzlegitimation bei Uneinigkeit der Ratsmitglieder. Es legitimiert die Lücke der fehlenden nationalen Einigung bei Entscheidungen mit qualifizierter Mehrheit im Rat oder führt durch seine Ablehnung des gemeinsamen Standpunktes die Einstimmigkeit im Rat herbei und erzwingt damit eine geschlossene nationale Rückbindung[2].

Außerdem findet hier über die zwei Lesungen in Rat und EP (Art. 252 Ziff. c UA 2 EGV) ein echter Dialog zwischen Rat und Parlament statt, in dem der Standpunkt des EP eine höhere Chance als bei einer bloßen Anhörung hat, berücksichtigt zu werden[3]. Art. 252 EGV ist deshalb durchaus Ausdruck des Demokratieprinzips[4] mit erhöhter legitimierender Wirkung im Vergleich zur Anhörung[5]. Er erhöht zudem die Transparenz europäischer Entscheidungen, ist grundsätzlich geeignet, eine öffentliche Diskussion zu fördern und erreicht so auch eine gewisse Kontrolle der Rechtsetzung[6].

Die wichtigste parlamentarisch-demokratische Entwicklung ist, eingeführt durch den Vertrag von Maastricht und erweitert durch den Vertrag von Amsterdam, das Verfahren nach Art. 251 EGV. Sein Anwendungsbereich - im Vertrag

---

dem EGV Vorrang haben, da ein Rückgriff auf die Rechtsgrundlage aus den EUV eine Umgehung der verfassungsmäßigen Garantien aus dem EGV bedeuten würde, Epiney, Neuere Rechtsprechung des EuGH, NVwZ 1999, 1072(1073)

[1] Steinberger, Der Verfassungsstaat als Gliedstaat einer europäischen Gemeinschaft, VVDStRL 50, 8(35)

[2] Ress, Über die Notwendigkeit der parlamentarischen Legitimierung der Rechtsetzung der EGten, 1989, S. 659

[3] Ress, a.a.O. S. 660; Boest, Ein langer Weg zur Demokratie in Europa - Beteiligungsrechte des EP..., EuR 1992, 182(193); Steinberger, Der Verfassungsstaat als Gliedstaat einer europäischen Gemeinschaft, VVDStRL 50, 8(35); Rabe, Europäische Gesetzgebung - das unbekannte Wesen, NJW 1993, 1(4)

[4] Ress, Über die Notwendigkeit der parlamentarischen Legitimierung der Rechtsetzung der EGten, 1989, S. 649; EuGH Slg. 1970, 661f.; Nicolaysen, Ansichten zur Gemeinschaftsverfassung, EuR 1987, 299(309)

[5] Winter, Institutionelle Strukturen der EU, DÖV 1993, 173(179)

[6] Rabe, Europäische Gesetzgebung - das unbekannte Wesen, NJW 1993, 1(4)

von Amsterdam nochmals erweitert - ist inzwischen sehr groß[1]. Parallel dazu hat das Verfahren nach Art. 252 EGV stark an Bedeutung verloren[2]. Die Kommission befürwortet deshalb inzwischen sogar seine vollständige Abschaffung zu Gunsten Art. 251 EGV[3].

Anders als in den Verfahren der Anhörung und nach Art. 252 EGV, in denen die Kommission ihren Vorschlag nur dem Rat unterbreitet, unterbreitet die Kommission im Rahmen des Art. 252 EGV ihren Vorschlag nicht nur dem Rat, sondern auch dem EP direkt[4]. Das weitere mehrstufige Verfahren zwischen Rat und EP lässt durchaus Parallelen zum Vermittlungsverfahren zwischen Bundestag und Bundesrat bei zustimmungspflichtigen Gesetzen erkennen[5]. Zum Entscheidungsvorschlag der Kommission nimmt das EP nach einer ersten Lesung Stellung. Will der Rat Änderungswünsche des EP nicht übernehmen, legt er mit qualifizierter Mehrheit einen gemeinsamen Standpunkt fest. Den gemeinsamen Standpunkt leitet er inklusive Begründung dem EP zu (Art. 251 Abs. 2 UA 2, 3. Spiegelstrich EGV). Darüber berät und beschließt das EP in einer zweiten Lesung.

Die Billigung des gemeinsamen Standpunktes kann das EP mit einfacher Mehrheit der abgegebenen Stimmen aussprechen (Art. 141 EGV). Eine Ablehnung oder Änderung des gemeinsamen Standpunktes ist dagegen nur mit der absoluten Mehrheit der Mitglieder des EP möglich (Art. 251 Abs. 2 UA 2, 3. Spiegelstrich EGV). Wird der gemeinsame Standpunkt des Rates vom EP in der zweiten Lesung abgelehnt, kann der Rat entweder mit qualifizierter Mehrheit den Änderungswünschen des EP entsprechen (Art. 251 Abs. 3 EGV) oder einen Vermittlungsausschuss einberufen (Art. 251 Abs. 4 EGV).

Der Vermittlungsausschuss besteht zu gleichen Teilen aus Rats- und Parlamentsvertretern. Die Kommission hat in ihm lediglich die Aufgabe, auf eine Annäherung der beiden Standpunkte hinzuwirken. Sie bringt in diesem Verfahrensstadium keine eigene Stellungnahmen mehr ein und ist im Ausschuss auch nicht stimmberechtigt.

---

[1] Jacques Delors in einer Rede vor dem EP am 12. Dezember 1992, EA 1992 D 108; Bundeskanzler Helmut Kohl in einer Regierungserklärung vor dem BT am 13. Dezember 1991 über die Ergebnisse des Europäischen Rates in Maastricht, EA 1992 D 115; zu den im Vertrag von Maastricht betroffenen 15 Fällen kamen im Vertrag von Amsterdam 23 weitere hinzu, Oppermann, Europarecht, 2. A. 1999, Rn. 269; Hilf/Pache, Der Vertrag von Amsterdam, NJW 1998, 705(710); seitdem erfolgen 70 % der Rechtsetzungsverfahren der EU im Rahmen des Art. 251 EGV , Riedel, Inkrafttreten des Vertrages von Amsterdam, BayVBl. 1999, 717(718)

[2] Es gilt seitdem nur noch in wenigen Bereichen, so z.B. bei der Wirtschafts- und Währungspolitik (Art. 99 EGV), Oppermann, Europarecht, 2. A. 1999, Rn. 268; Riedel, Der Vertrag von Amsterdam und die institutionelle Reform der EU, BayVBl. 1998, 545(547)

[3] Stellungnahme „Institutionelle Reform für eine erfolgreiche Erweiterung“ der Kommission vom 26.01.2000, S. 30

[4] Boest, Ein langer Weg zur Demokratie in Europa - Beteiligungsrechte des EP..., EuR 1992, 182(184)

[5] Langguth, Memorandum zur Demokratieentwicklung in der EG, 1992, 22(24)

Billigt der Vermittlungsausschuss ein gemeinsames Beratungsergebnis, muss dieses durch Rat und EP nochmals abgesegnet werden. Der Rat stimmt dabei qualifiziert ab, das Parlament mit einfacher Mehrheit der abgegebenen Stimmen. Nimmt eines der beiden Organe das Vermittlungsergebnis nicht an, so gilt der Rechtsakt als nicht angenommen (Art. 251 Abs. 4 und 5 EGV). Die gleiche Rechtswirkung tritt ein, wenn man sich im Vermittlungsausschuss bereits nicht auf einen gemeinsamen Entwurf einigen kann (Art. 251 Abs. 6 EGV). Hier erfolgte eine Stärkung des EP durch den Vertrag von Amsterdam. Bis dahin hatte der Rat nach einem Scheitern des Vermittlungsausschusses seinen ursprünglichen gemeinsamen Standpunkt wieder aufnehmen können, diesem hatte das EP, wollte es den Akt verhindern, dann erneut widersprechen müssen[1]. Erst dieses Veto hatte der Rat nicht mehr aus dem Weg räumen können.

Eine weitere Stärkung des EP durch den Vertrag von Amsterdam erfolgte im Vermittlungsausschuss. Bisher hatte dieser lediglich die Aufgabe, Einigung über einen gemeinsamen Entwurf zu erzielen. Seit dem Vertrag von Amsterdam ist Ausgangspunkt für die Beratungen im Vermittlungsausschuss „der gemeinsame Standpunkt (des Rates aus Abs. 2, 3. Spiegelstrich) auf der Grundlage der vom EP vorgeschlagenen Änderungen“ (Art. 251 Abs. 4 Satz 3 EGV).

Wesentliches Element des Verfahrens nach Art. 252 EGV ist die Schaffung direkter Beziehungen zwischen Rat und EP im Vermittlungsausschuss. Die Stellungnahmen des EP gelangen nicht mehr ausschließlich durch den Filter der Kommission an den Rat. Das Vermittlungsmonopol der Kommission ist somit durchbrochen[2]. Im Vermittlungsverfahren sind Rat und EP gleichberechtigt[3], die Kommission auf eine beratende Funktion beschränkt. Ihr steht somit in diesen Verfahren lediglich die Erstinitiative zu. Bereits die erste Ratsentscheidung findet dann neben dem Kommissionsvorschlag direkt über die Stellungnahme des EP statt. Im Gegensatz dazu geht die erste Stellungnahme des EP im Verfahren nach Art. 252 EGV immer noch an die Kommission, die diese in ihren Vorschlag einbaut und damit filtert (immerhin muss sie aber auch im Verfahren nach Art. 252 EGV die von ihr nicht aufgenommenen Änderungsvorschläge des EP dem Rat mitteilen). Die Annahme eines Vermittlungsergebnisses bedarf zudem lediglich der Zustimmung von Rat und EP, die Haltung der Kommission bleibt unberücksichtigt. Sie gibt zum Vermittlungsergebnis nicht einmal mehr eine Stellungnahme ab.

---

[1] Das EP hatte aber eine Entschließung erlassen, in der es die nationalen Parlamente aufgefordert hatte, darauf hinzuwirken, dass die (nationalen) Ratsmitglieder von dem Bestätigungsrecht nach Abs. 6 Satz 1 a.F. in der Praxis keinen Gebrauch machten, um das EP gar nicht erst in die Situation der Letztverweigerung zu bringen, Entschließung vom 7.4.1992 Ziff. 16 a in: Boest, Ein langer Weg zur Demokratie in Europa - Beteiligungsrechte des EP..., EuR 1992, 182(190)

[2] Boest, a.a.O. S. 182

[3] wie überhaupt in dem gesamten Verfahren nach Art. 251 EGV, Riedel, Inkrafttreten des Vertrages von Amsterdam, BayVBl. 1999, 717(718)

Außerdem müssen Rechtsakte, die im Verfahren nach Art. 251 EGV ergehen, zukünftig vom Präsidenten des Ministerrates und dem des Parlaments unterzeichnet werden (Art. 254 EGV).

Bei einem erfolgreichen Vermittlungsverfahren hat das EP damit eine positive Mitentscheidungsbefugnis[1]. Insofern ist es gleichgestellt mit dem Rat als Mitgesetzgeber tätig[2]. Allerdings hat es auch mit Art. 251 EGV den Rat als Hauptrechtssetzungsorgan nicht verdrängt. Scheitert nämlich das Vermittlungsverfahren, hat das EP kein positives Letztentscheidungsrecht, sondern lediglich eine endgültige Verwerfungskompetenz[3].

Anhörungsverfahren und Unterrichtungsverfahren sind die beiden übrigen Formen der parlamentarischen Beteiligung auf europäischer Ebene[4]. Auch der Anhörung kommt - wenn auch in beschränktem Umfang - demokratisch legitimierende Funktion zu[5]. Eine Untersuchung aus den Jahren 1981 und 1982 zeigte zudem, dass die Kommission bereits damals in über 50% der Fälle, in denen das EP an ihren Vorschlägen Änderungen vornahm, diese auch übernahm. Auch rein beratende Kompetenz kann so durchaus zu Macht werden[6].

Rat, Kommission und EP haben sich darüber hinaus bereits in den 70er Jahren darauf verständigt, dass der Rat, wenn er in Angelegenheiten von allgemeiner Tragweite eine eigene abweichende Haltung zu den Entschließungen des Parlaments vertritt, seine Gründe vor dem Plenum zu erläutern, in einem Ausschuss aus den Vertretern des Rates, der Kommission und des EP eine Annäherung zu sucht und außerdem regelmäßig zu Beginn einer Plenarsitzung über die Weiterbehandlung der Entschließungen des Parlaments durch die Kommission berichtet[7].

Bereits zum Anhörungsrecht hatte der EuGH zudem festgestellt, es spiegle auf Gemeinschaftsebene ein grundlegendes demokratisches Prinzip wider[8]. U.a. deshalb hatte der EuGH[9] auch entschieden, dass das EP seine Ansicht einbrin-

---

[1] Boest, Ein langer Weg zur Demokratie in Europa - Beteiligungsrechte des EP..., EuR 1992, 182(189)

[2] Riedel, Der Vertrag von Amsterdam und die institutionelle Reform der EU, BayVBl. 1998, 545(547); als Mitgesetzgeber sieht es auch die Kommission in ihrer Stellungnahme „Institutionelle Reform für eine erfolgreiche Erweiterung" vom 26.01.2000, S. 7

[3] Ress, Die EU und die neue juristische Qualität der Beziehung zu den EGten, JuS 1992, 985(988); Winter, Institutionelle Strukturen der EU, DÖV 1993, 173(179)

[4] Oppermann, Europarecht, 2. A. 1999, Rn. 267

[5] Baldus, Europol und Demokratieprinzip, ZRP 1997, 286(288)

[6] v. Schendelen, Das Geheimnis des EP: Einfluß auch ohne Kompetenzen, ZfP 1984, 415(423)

[7] Beutler/Bieber, Die EG, 3. A. 1987, 4.2.2.2 S. 109; Oppermann, Europarecht, 2. A. 1999, Rn. 267, 277

[8] EuGH Slg. 1980, 3333(3360); EuGH EuR 1981, 49 mit Anm. Beutler, EuR 1981, 55ff.

[9] EuGH Slg. 1980, 3333 (3393); EuGH EuR 1990, 269 mit Bespr. Hilf; EuGH EuR 1991, 175(178) mit Bespr. Everling EuR 1991, 179ff. und Schröer, EuR 1991, 356ff.

gen können muss, bevor der Rat sich festgelegt hat[1]. Ändern Rat und Kommission den Beschlusstext nach Anhörung des EP wesentlich, ist vor der Verabschiedung eine erneute Anhörung des EP erforderlich[2]. Soweit eine Anhörungspflicht besteht, muss deshalb der Ministerrat zudem die Entscheidung des EP in seinem Beschluss gebührend berücksichtigen[3]. Unterbleibt eine vorgeschriebene Anhörung des Parlaments, liegt außerdem ein Verstoß gegen eine wesentliche Formvorschrift i.S.v. Art. 230 EGV[4] vor, was zur Nichtigkeit des entsprechenden Beschlusses führt.

Ein eigenes oder zumindest subsidiäres Initiativrecht des EP als wesentliches Element einer demokratischen Gesetzgebung war aber auch im Rahmen des EUV nicht konsensfähig. Auf die Sicherung der Gemeinschafsinteressen durch die Kommission wollte man hier nicht verzichten[5]. Dem EP wurde im Gegenzug allerdings das Recht zugestanden, mit der Mehrheit seiner Mitglieder die Kommission zur Vorlage geeigneter Vorschläge auffordern zu können (Art. 192 UA 2 EGV), womit ihm immerhin ein mittelbares Initiativrecht zur Verfügung steht[6]. Mehr hat der Rat auch nicht zur Verfügung (Art. 208 EGV). Zur Vorlage eines bestimmten, vom Parlament gewünschten Vorschlages, kann das EP die Kommission über Art. 192 EGV allerdings nicht verpflichten[7].

Neben seinem Recht, an Rechtsetzungsakten der EU teilnehmen zu dürfen, stehen dem EP zudem zahlreiche Beschlussrechte zu[8].

---

[1] Boest, Ein langer Weg zur Demokratie in Europa - Beteiligungsrechte des EP..., EuR 1992, 182(185)

[2] EuGH Slg. 1970, 661ff.

[3] Bleckmann, Europarecht, 6. A. 1997, Rn. 313

[4] Ress, Über die Notwendigkeit der parlamentarischen Legitimierung der Rechtsetzung der EGten, 1989, S. 648; EuGH Slg. 1980, 3333ff. und 3393ff.

[5] Frowein, Zur institutionellen Fortentwicklung der Gemeinschaft, KSE 22, 83(93)

[6] Langguth, Memorandum zur Demokratieentwicklung in der EG, 1992, 22(24)

[7] Baetge, Grundzüge des Vertrags von Maastricht, BayVBl. 1992, 711(716); Das Aufforderungsrecht, das bisher nur dem Rat zustand, hat das EP aber schon vor Maastricht für sich in Anspruch genommen und praktiziert, Boest, Ein langer Weg zur Demokratie in Europa - Beteiligungsrechte des EP..., EuR 1992, 182(184). Das EP konnte dieses Initiativrecht mit Mehrheit der anwesenden Abgeordneten ausüben. Das Erfordernis der Mehrheit der Mitglieder in Art. 192 EGV ist insofern ein faktischer Rückschritt für das EP; allerdings hat es nun ein vertraglich verbürgtes Recht, das es gegenüber dem EuGH einklagen kann. Dass seine Initiativen damit in Zukunft politisch von größerem Gewicht sein werden, erwartet Boest, a.a.O..

[8] so muss das EP – ohne rechtsetzend tätig zu werden – dem Betritt weiterer Staaten zur EU (nach Art. 49 EUV), dem Abschluss von Assoziierungsabkommen oder – unter definierten Voraussetzungen – von Kooperationsabkommen (Art. 300 Abs. 3 EGV) durch Beschluss zustimmen, bevor sie wirksam werden können. Aber auch in den Art. 105 Abs. 6 (Übertragung besonderer Aufsichtsbefugnisse über Kreditinstitute und sonstige Finanzinstitute auf die EZB), 161 (Festlegung der Ziele und Organisation des Strukturfonds) und 190 EGV (einheitliches europäisches Wahlrecht) wird z.B. eine Zustimmung des EP ohne Rechtsetzungsqualität verlangt.

(2) Kontrollbefugnisse des Europäischen Parlaments

Das EP hat keine allgemeinen Kontrollbefugnisse über andere Organe. Seine einzelnen Kontrollbefugnisse konzentrieren sich im wesentlichen auf die Kommission. Gegenüber dem Rat hat es kaum Kontrollkompetenzen[1]. Dieser kann damit als Organ kaum zur Verantwortung gezogen werden[2]. Der Rat hat hier bisher auch jede Veränderung mit dem Hinweis abgelehnt, dass die Ratsmitglieder ausschließlich der Kontrolle ihrer eigenen Parlamente unterliegen. Aus diesem Grund hat er es bisher auch abgelehnt, die einzelnen nationalen Stellungnahmen im Rat offenzulegen[3]. Die Entscheidungsvorgänge im Rat sind in der Tat nicht transparent[4]. Auch dass der Rat als eigentliches Gesetzgebungsorgan nicht öffentlich tagt, wird für Demokratien westlicher Prägung am Ausgang des 20. Jahrhunderts als beschämende Situation gesehen[5]. Auch das EP ist hier auf informelle Kontrollkanäle und politische Einflussnahmen beschränkt. Die Kommission versucht aber seit geraumer Zeit, dem Parlament verstärkt Zugang zu Informationen aus dem Rat und Vorgängen im Rat zu ermöglichen[6].

Der Rat hat sich jedoch bereit erklärt, in Einzelfällen an Sitzungen des EP teilzunehmen und Fragen des Parlaments zu beantworten. Ebenso berichtet der Ratspräsident dem EP über bestimmte Fragenbereiche. Allerdings ist der Rat nur bereit, über abgeschlossene Materien zu berichten, da nur hier eine Ratsmeinung vorliegt. Außerdem darf das EP nach Anhörung der Ratsvertreter in dieser Angelegenheit keinen Beschluss mehr fassen, um jeden Anschein einer Sanktion zu vermeiden. Jährlich findet zudem ein Kolloquium zwischen Rat und EP statt, das jedoch nur dem allgemeinen Gedankenaustausch dient. Einzelfragen dürfen hier nicht erörtert werden[7]. Der Kontakt zwischen Rat und EP ist somit ausgesprochen mühsam und erheblich vom guten Willen insbesondere des Rates abhängig. Eine kritische Auseinandersetzung ist hier kaum möglich. Nahezu ungeklärt ist auch das Verhältnis des EP zum Europäischen Rat[8]. Immerhin erstattet er dem EP inzwischen nach jeder Tagung Bericht und legt ihm alljährlich einen schriftlichen Bericht über die Fortschritte der Union vor (Art. 4 UA 3 EUV).

---

[1] Oppermann, Europarecht, 2. A. 1999, Rn. 277; Bleckmann, Europarecht, 6. A. 1997, Rn. 321

[2] Kokott, Deutschland im Rahmen der EU..., AöR 119(1994), 207(215)

[3] Bleckmann, Europarecht, 6. A. 1997, Rn. 321

[4] Zuleeg, Demokratie in der EG, JZ 1993, 1069(1071); Möller/Limpert, Informations- und Mitwirkungsrechte des BT..., ZfP 1993, 21(24)

[5] Pöhle, K., Europäische Union à la Maastricht - Eine ernste Herausforderung für die Parlamente der EG, ZfP 1993, 49(54); Zuleeg, Der Verfassungsgrundsatz der Demokratie und die EGten, Der Staat 1978, 17(38)

[6] Hilf, Die rechtliche Bedeutung des Verfassungsprinzips der parlamentarischen Demokratie für den europäischen Integrationsprozeß, EuR 1984, 9(31)

[7] Bleckmann, Europarecht, 6. A. 1997, Rn. 321

[8] Läufer, Die politische Rolle des EP, EA 1982, 397(399)

Das EP kann jedoch Anfragen an den Rat richten. Die Publizität schriftlicher Anfragen des EP an den Rat und dessen Antwort darauf wird durch die Veröffentlichung von Frage und Antwort im Amtsblatt, Teil C, gewährleistet. Anfragen, auf die der Rat innerhalb von zwei Monaten nicht antwortet, werden ebenfalls im Amtsblatt veröffentlicht. Die Antworten auf mündliche Anfragen sind aus den im Anhang zum Amtsblatt veröffentlichten Verhandlungen des EP ersichtlich[1].

Nicht nur gegen die Kommission, sondern auch gegen den Rat kann das EP allerdings Untätigkeitsklage in Form einer Feststellungsklage erheben, wenn eines dieser Organe es vertragswidrig unterlässt, einen Beschluss zu fassen (Art. 232 EGV)[2].

Außerdem schien bereits bisher der EuGH[3] auch die Zuerkennung der Aktivlegitimation des EP für Nichtigkeitsklagen gemäß Art. 230 EWGV gegen Rat und Kommission für möglich zu halten[4]. Der Vertrag von Maastricht hat diese Rechtsprechung aufgegriffen und vertragsrechtlich umgesetzt. Er erklärte das EP ausdrücklich für klagebefugt, wenn es zur Wahrung seiner Rechte die Handlung eines anderen Gemeinschaftsorgans für nichtig erklären lassen möchte (Art. 230 UA 3 EGV).

Ein zentrales Kontrollmittel hat das EP gegen die Kommission. Mit der Mehrheit von 2/3 der abgegebenen Stimmen und zugleich der Mehrheit seiner Mitglieder kann das EP die Kommission zudem zwingen, geschlossen ihr Amt niederzulegen[5]. Ein Misstrauensvotum allein gegen den Kommissionspräsidenten oder gar gegen ein anderes einzelnes Kommissionsmitglied ist jedoch nicht möglich. Zwar kann das EP im Rahmen seines umfassenden Selbstbefassungsrechts den Wunsch äußern, ein Kommissar solle sein Amt niederlegen. Eine solche Entschließung hätte jedoch keine Bindungswirkung für die Kommission.

Wesentlich entwertet wurde das Instrument des Misstrauensvotums bisher dadurch, dass der Rat nach einem erfolgreichen Misstrauensvotum ohne Begründung die gleiche Kommission wieder hätte ernennen können[6]. Ein erneuter Sturz wäre dann nur nach der Erhebung neuer Vorwürfe möglich gewesen[7]. Diese Möglichkeit zur Umgehung eines Misstrauensvotums des EP besteht

---

[1] Beutler/Bieber, Die EG, 3. A. 1987, 4.2.2.2

[2] Untätigkeitsfeststellungsklage des EP gegen den Rat wegen dessen Untätigkeit in der gemeinsamen Verkehrspolitik, EuGH 1985, 1513ff.

[3] EuGH BayVBl. 1991, 108

[4] ABl. C 283/1986, S. 85

[5] als „Fundament der Kontrollrechte" des EP bezeichnet Oppermann das Misstrauensvotum, Europarecht, 2. A. 1999, Rn. 276,

[6] Bleckmann, Chancen und Gefahren der europäischen Integration, JZ 1990, 301(304)

[7] Bleckmann, Europarecht, 5. A. 1990, Rn. 88; Zuleeg, Der Verfassungsgrundsatz der Demokratie und die EGten, Der Staat 1978, 17(36)

formell zwar weiterhin, hat jetzt aber an Bedeutung verloren, da das EP einer neuen Kommission zustimmen muss (Art. 214 EGV).

Gerade gegenüber der Kommission stehen dem EP aber auch mit seinem formellen Recht zu Anfragen wirksame Kontrollmöglichkeiten zur Verfügung[1]. Art. 197 UA 3 EGV verpflichtet die Kommission, schriftlich oder mündlich auf vom Parlament oder von einzelnen Abgeordneten gestellte Fragen zu antworten. Ausdrücklich zulässig sind Anfragen an die Kommission außerdem im Rahmen der EPZ (Art. 21 bzw. 39 EUV). Darüber hinaus hat sie die Verpflichtung übernommen, dem Parlament eine Vielzahl von Berichten zu einzelnen Aspekten ihrer Tätigkeit in regelmäßigen Abständen zu unterbreiten[2]. Die Fraktionen oder fünf Abgeordnete können dazu eine anschließende Diskussion beantragen[3]. Insbesondere im jährlichen Gesamtbericht der Kommission an das Parlament berichtet sie über die Tätigkeit aller Organe und zeigt, über den Wortlaut des Vertrages hinaus, auch Entscheidungsperspektiven auf, um so eine möglichst frühzeitige Mitwirkung des EP an zukünftigen Entscheidungen zu ermöglichen[4]. Gemäß Art. 200 EGV erörtert das EP diesen Gesamtbericht.

Die Kommissionsmitglieder können vom Rat nicht abgesetzt werden, weshalb ihm eine inhaltlich Kontrolle ihrer Entscheidungen über die Schiene der personellen Legitimation nicht möglich ist. Weder kann eine Regierung z.B. den von ihr entsandten Kommissar, noch der Rat insgesamt, noch die Kommission selbst ein Kommissionsmitglied seines Amtes entheben[5]. Personell gewinnen die Regierungen der Mitgliedstaaten erst wieder die Kontrolle über die Kommission, wenn nach Ablauf der Amtsperioden der Kommissionsmitglieder eine Neubestellung vorgenommen werden soll und ihr Vorschlags- und Ernennungsrecht wieder zum Tragen kommt. Die laufende legitimierende Kontrolle der Kommission zwischen den Wahlperioden ist somit - abgesehen von den faktischen Einflüssen auf die Kommissare aus ihren nationalen Parteien - rein europäisch.

Ferner können nach Art. 197 UA 2 EGV die Mitglieder der Kommission an jeder Parlamentssitzung teilnehmen und müssen auf ihren Antrag hin gehört werden. Dem Parlament ist es gelungen, dies in eine Pflicht der Kommission umzuwandeln[6]. Damit sind durchaus Ansätze für eine laufende Kontrolle ihrer Gemeinschaftstätigkeit durch das EP zu erkennen[7], die systematisch erhebliche Parallelen zur Rollenverteilung zwischen Bundestag und Bundesregierung aufweist.

---

[1] Zuleeg, Demokratie in der EG, JZ 1993, 1069(1072)

[2] Beutler/Bieber, Die EG, 3. A. 1987, 4.2.2.2 S. 108; Bleckmann, Europarecht, 5. A. 1990, Rn. 88f., 6. A. 1997, Rn. 320ff.

[3] Bleckmann, Bleckmann, Europarecht, 5. A. 1990, Rn. 88f.

[4] Bleckmann, a.a.O.

[5] Bleckmann, a.a.O. Rn. 54

[6] Bleckmann, Europarecht, 6. A. 1997, Rn. 320; insgesamt zum Kontrollrecht des EP über die Kommission s. auch Oppermann, Europarecht, 2. A. 1999, Rn. 276

[7] Beutler/Bieber, Die EG, 3. A. 1987, 4.2.2.2 S. 109

Dazu gehört auch die parlamentarische Untersuchung, die sogar gegen Vertragsverstöße des Rates durchgeführt werden kann. Art. 193 EGV enthält hier keine Begrenzung auf Untersuchungen zu Handlungen bestimmter Organe. Außerdem ist die parlamentarische Untersuchung wesentlicher Bestandteil der allgemeinen politischen Kultur westlicher Demokratien. In allen Mitgliedstaaten haben die Parlamente das Recht, Untersuchungsausschüsse als parlamentarische Hilfsorgane einzusetzen[1].

Ursprünglich gab es in den Verträgen keine ausdrückliche Regelung, die dem EP das Recht zugestanden hätte, parlamentarische Untersuchungen durchzuführen. Art. 137 EWGV formulierte nur allgemein, dass die Versammlung die ihr nach diesem Vertrag zustehenden Kontrollbefugnisse ausübt. Eine generelle Untersuchungskompetenz wurde jedoch auf die Autonomie des Parlaments gegründet und bedurfte daher nach allgemeiner Meinung keiner ausdrücklichen Rechtsgrundlage, solange nicht im Rahmen der Beweiserhebung Rechte Dritter betroffen würden[2]. Die Untersuchungskompetenz sollte außerdem allgemeine Ausprägung des Kontrollanspruchs des EP sein[3]. Das Verfahren für Untersuchungsausschüsse war in der Geschäftsordnung des EP geregelt[4].

Der EGV erlaubte jetzt in seinem Art. 193 EGV Untersuchungsausschüsse ausdrücklich. Damit wurde die demokratisch legitimierende Rolle des EP für die Handlungen der EU weiter gestärkt[5]. Das EP kann danach - wie bereits bisher nach seiner Geschäftsordnung - auf Antrag eines Viertels seiner Mitglieder Untersuchungsausschüsse zur Prüfung von Verstößen gegen europäisches Recht oder von Missständen bei der Anwendung desselben durch die Organe einsetzen. Das Untersuchungsrecht steht dem EP auch im Rahmen der Verträge des EGKSV (Art. 20 b und c) und des EAGV (Art. 170 b und c) zu, nicht jedoch bei der Außen- und Sicherheitspolitik und bei der Zusammenarbeit in den Bereichen Justiz und Inneres.

Im Rechtssystem der EU lassen sich somit für sämtliche Bestandteile, die für das Vorliegen einer Demokratie entscheidend sind, eindeutige Nachweise finden. Nach rechtsstaatlichen Vorstellungen sind die europäischen Verträge ein System zur Schaffung und Verwirklichung von Recht, das gleichzeitig der Bewahrung und Verwirklichung der Freiheit der Gewaltunterworfenen dient. Auf der Ebene der EU existiert eine grundsätzlich repräsentationsfähige Einheit, die Mehrheitsentscheidung ist in den Entscheidungen des EP als einzige Form der Abstimmung vorgesehen, für Abstimmungen im Rat ist sie auf dem Vor-

---

1 Kipke, Die Untersuchungsausschüsse des EP - Rechtsgrundlage und Verfahrenspraxis, ZfP 1989, 488; Ress, Die EU und die neue juristische Qualität der Beziehung zu den EGten, JuS 1992, 985(988)

2 Kipke, ebenda

3 Kipke, a.a.O. S. 490

4 Kipke, a.a.O. S. 493

5 Oppermann/Classen, Die EG vor der EU, NJW 1993, 5(8); Beckedorf, Das Untersuchungsrecht des EP, EuR 1997, 237(256)

marsch[1]. Selbst der Gleichheitsgrundsatz ist ein stark ausgeprägtes Element der Verträge. Lediglich die politische Gleichheit weist, verglichen mit dem demokratietheoretischen Idealzustand, noch erheblich Defizite auf.

Problematisch ist auch der demokratische Ausgangspunkt von Herrschaftsentscheidungen. Für ein demokratisches Vollparlament ist es sicherlich nicht ausreichend, ihm lediglich die Möglichkeit zuzugestehen, Gesetzgebungsvorschlägen der Regierung die Zustimmung zu verweigern[2]. Auch nach Art. 6 der Erklärung der Menschenrechte ist "das Gesetz ... der Ausdruck des allgemeinen Willens". Entsprechend liegt nach heutigem Verständnis eine parlamentarische Demokratie nicht bereits vor, wenn eine Regierung zum Erlass von Gesetzen die Zustimmung einer Repräsentationsversammlung benötigt, sondern erst dann, wenn dieses Parlament von Rechts wegen die Richtlinien der Politik maßgebend positiv bestimmen kann[3].

Angesichts der Kompetenzen des EP bietet die Wahl zum EP die Möglichkeit, auf die Grundentscheidungen der europäischen Politik Einfluss zu nehmen. Da das EP jedoch allenfalls über eine negative Entscheidungskompetenz verfügt, kann es diese Politik eben nur beeinflussen, nicht jedoch bestimmen. Insoweit ist die Legitimationsgrundlage des Rates entscheidend[4].

Trotzdem muss man sehen, dass dem EP formell identische Instrumente zur materiellen Legitimation europäischer Handlungen zur Verfügung stehen wie dem Bundestag zur Legitimation nationalen staatlichen Handelns. Selbst im Normsetzungsverfahren finden sich auf europäischer Eben starke Parallelen zum innerstaatlichen, sogar speziell zum deutschen Rechtsetzungsverfahren. Was dem EP allerdings in der Tat fehlt, ist ein positives Letztentscheidungsrecht gegenüber dem Rat. Gerade dieses Defizit hat seine Ursache jedoch in der bereits verschiedentlich erwähnten Konkurrenz zweier Legitimationsquellen auf europäischer Ebene[5].

Vor allem kann man aber auch nicht davon sprechen, dass das EP keine sanktionsbewehrte Kontrolle hat[6]. Das Misstrauensvotum ist auch die Kernkontrollkompetenz des Bundestages über die Regierung. Diese Sicht stellt zudem einseitig auf die spiegelbildliche Verwirklichung des parlamentarischen Regie-

---

[1] Beitrag der Europäischen Kommission zur Vorbereitung der Regierungskonferenz über institutionelle Fragen vom 5.11.1999, S. 8, der eine Überprüfung aller Beschlüsse daraufhin anregt, ob sie künftig nicht mit Mehrheit gefasst werden können.

[2] Steffani, Parlamentarismus in den EG-Staaten und demokratisches Defizit der europäischen Institutionen, ZfP 1978, 233(238)

[3] Schmid, Das Verhältnis von Parlament und Regierung im Zusammenspiel der staatlichen Machtverteilung, 1971, S. 12 Fn. 6

[4] Huber, P. M., Die politischen Parteien als Partizipationsinstrument auf Unionsebene, EuR 34(1999), 579(589)

[5] s. oben B.

[6] so aber Steffani, Das Demokratie-Dilemma der EU, 1995, S. 33(37)

rungssystems ab, wenn sie feststellt, dass ein Parlament nur dort existieren könne, wo es eine Regierung gibt[1].

Der EGMR sieht das EP zwar auch nicht als Vollparlament, jedoch immerhin als Parlament i.S.d. EMRK. Der EGMR sieht als „gesetzgebende Körperschaften" nach Art. 3 EMRK-Z nicht zwangsläufig nur die nationalen Parlamente. Entscheidend sei, ob ausreichende Zuständigkeiten und Entscheidungsbefugnisse übertragen seien, um ein Gremium als Teil der gesetzgebenden Körperschaften anzusehen[2]. Würde man die Tätigkeit des EP außerhalb des Art. 3 ansiedeln, würde man eines der grundlegenden Mittel schwächen, eine wahrhafte politische Demokratie zu bewahren[3]. Die Verantwortlichkeit der Unterzeichnerstaaten für die Einhaltung von Art. 3 entfalle auch nicht dadurch, dass Hoheitsbefugnisse auf eine zwischenstaatliche Einrichtung übertragen würden, auch wenn Rechtsakte dieser Einrichtung vom EGMR nicht unmittelbar überprüft werden können, da die EG nicht Vertragspartei ist[4]. Für seine Einschätzung des EP als gesetzgebende Körperschaft genügen dem EGMR die tatsächlichen Beteiligungsrechte des EP im Rechtsetzungsverfahren sowie seine Kontrollrechte gegenüber der Kommission. Damit sei es zu einem Organ geworden, das eine entscheidende Rolle im Rechtsetzungsverfahren der EU spielt[5]. Das Gericht sieht das EP „als das Hauptorgan der demokratischen Kontrolle und der politischen Verantwortlichkeit im System der Europäischen Gemeinschaft", das „am besten das Anliegen widerspiegelt, in der Gemeinschaft eine „wahrhafte politische Demokratie" zu gewährleisten"[6].

Die Entscheidung ist jedoch nur mit 15:2 Stimmen im EGMR ergangen[7]. Die abweichenden Voten stützen sich darauf, dass nach ihrer Ansicht Art. 3 lediglich sicherstellen soll, dass Wahlen zu nationalen und lokalen gesetzgebenden Körperschaften regelmäßig abgehalten werden. Supranationale Vertretungsorgane würden von der Vorschrift somit nicht erfasst[8]. Außerdem würden dem EP zentrale Attribute einer gesetzgebenden Körperschaft fehlen, nämlich das Initiativrecht sowie das Recht, Gesetze zu erlassen. Erforderlich wäre ein positives Gesetzgebungsrecht. Die Möglichkeit, Gesetze zu verhindern, entsprächen nicht der Rolle einer gesetzgebenden Körperschaft. Die übrigen Befugnisse des EP würden nicht ausreichen, dieses Defizit auszugleichen[9]. Diese Befugnisse könnten zwar ausreichen, das EP als Parlament zu bezeichnen. Sie würden auch „seine Rolle bei der Förderung einer „wahrhaft politischen Demokratie stär-

---

[1] Steffani, a.a.O.
[2] EGMR, NJW 1999, 3107(3109)
[3] EGMR, NJW 1999, 3107(3109)
[4] EGMR, NJW 1999, 3107, Leitsatz 1 und 2
[5] EGMR, NJW 1999, 3107(3109f.)
[6] EGMR, NJW 1999, 3107(3110)
[7] EGMR, NJW 1999, 3107
[8] EGMR, NJW 1999, 3107(3111)
[9] EGMR, NJW 1999, 3107(3111)

ken", würden es jedoch nicht zu einer gesetzgebenden Körperschaft machen[1]. Die EG habe keinen Gesetzgeber, sondern ein gesetzgebendes Verfahren, in dem die verschiedenen politischen Organe verschiedene Rollen zu spielen haben. Dabei sei unter den Organen der Ministerrat dasjenige Organ, das „sich am weitesten (der Rolle) eines Gesetzgebers auf staatlicher Ebene annähert"[2].

Die Konkurrenz der beiden möglichen Legitimationsquellen (siehe oben B.) verfolgt jede Überlegung zur Entscheidungsstruktur der Union. Gerade wenn man jedoch das Gewicht, das die freie Selbstbestimmung für die Demokratie hat, berücksichtigt, dann ist es konsequent, dass der EGMR auch das EP als gesetzgebende Körperschaft anerkennt. Auch auf das EP haben die Völker in den Mitgliedstaaten einen Teil ihrer individuellen Selbstbestimmung als einzelne Bürger und als jeweiliges Volk insgesamt übertragen. Und die Direktwahl der Abgeordneten belegt, dass diese Übertragung nicht nur mittelbar über die Verträge, sondern auch in unmittelbarer Beziehung zwischen Wahlbürgern und Abgeordneten ausgeübt wird. Auch wenn das EP nicht allein Gesetze erlassen kann, übt es im Sinne einer Vertretung aufgrund der übertragenen Selbstbestimmung rechtlich relevanten Einfluss auf den Erlass europäischer Normen aus. In jedem Fall spiegelt sich jedoch in den europäischen Verträgen die Verpflichtung der EU auf demokratische Grundsätze und den Grundsatz der Repräsentation konkret wider.

Damit erfüllt die EU aber die Vorgabe der Struktursicherungsklausel, dass sie demokratischen Grundsätzen verpflichtet sein muss. Die Struktursicherungsklausel verlangt nicht, dass sich auf europäischer Ebene ein geschlossenes Demokratiegebilde nach den Vorbildern einer der zahlreichen (C.II.7.) in der EU existierenden nationalen Demokratievorstellungen bildet. Sie verlangt nur, dass die EU demokratischen Grundsätzen verpflichtet ist. Diesen Vorstellungen wird die EU gerecht. Im wesentlichen hinkt sie in der Frage der Wahlgleichheit demokratischen Vorstellungen noch nach. Damit hängt unmittelbar zusammen, dass die Vorstellungen einer demokratischen Repräsentation in der EU derzeit nicht umfassend verwirklicht sind. Aber auch diesen beiden Grundsätzen ist die EU verpflichtet. Dass sich diese Grundsätze noch nicht vollständig haben entfalten können, hat seinen Grund in den Fundamenten der EU: im Fehlen einer unabgeleiteten Legitimationsquelle als Repräsentationsbasis und in der Struktur der EU als Verbindung völkerrechtlich souveräner Staaten (B.).

---

[1] EGMR, NJW 1999, 3107(3111)
[2] EGMR, NJW 1999, 3107(3111)

D. Der Einfluss des Bundestages auf die Legitimation der Unionsgewalt

Das Grundgesetz stellt nicht nur Anforderungen an die demokratische Ausgestaltung des europäischen Legitimationssystems, sondern fordert vor allem auch die demokratische Legitimation der Unionsgewalt aus dem Grundgesetz. Das BVerfG hat in seinem Urteil zum Vertrag von Maastricht erneut ausdrücklich bestätigt, dass angesichts des derzeitigen tatsächlichen Zustands der EU die demokratische Legitimation europäischen Handelns „notwendig" über die Parlamente der Mitgliedstaaten erfolgen muss[1]. Nachfolgend wird es deshalb darum gehen, welche Rolle der Bundestag im grundgesetzlichen Legitimationssystem für die Unionsgewalt spielen muss, damit er seiner Rolle als zentralem demokratischen Legitimationsorgan gerecht wird. Das Recht zur Gesetzgebung (II.1.), das Recht zur Beschlussfassung (II.2.) und das Recht zur Kontrolle (II.3.) sind die zentralen Mittel, mit denen der Bundestag Legitimation vermitteln kann. Der Grundsatz der Gewaltenteilung (III.), der die staatliche Gewalt auf drei verschiedene Gewalten aufteilt und damit aber gleichzeitig die Rolle jeder der drei Gewalten beschränkt, führt jedoch dazu, dass auch der Bundestag in seinen Handlungen beschränkt ist, wenn er – vorliegend insbesondere interessant - in Entscheidungen der Exekutive (III.2.) vor allem auch in der Außenpolitik (IV.) eingreifen will. Doch diese Spannung im grundgesetzlichen Legitimationssystem lässt sich lösen (IV.5.-XI.).

I. Art. 20 GG als Kern des grundgesetzlichen Legitimationssystems

Das Grundgesetz regelt umfassend die Herleitung staatlicher Entscheidungen vom deutschen Volk. Art. 20 GG ist dabei sein demokratisches Fundament[2]. In ihm fasst es die zentralen Grundsätze von Organisation und Selbstverständnis des von ihm verfassten Staates zusammen[3]. Art. 20 Abs. 1 GG legt dabei grundsätzlich den Staatsaufbau Deutschlands auf das demokratische Prinzip fest[4]. Er versteht den Begriff der Demokratie dabei historisch-allgemein und in einer gewissen Distanz zur konkreten Demokratie, die gerade das Grundgesetz vor allem in seinen weiteren staatsorganisatorischen Bestimmungen verwirklicht[5]. Art. 20 Abs. 2 Satz 1 GG konkretisiert diesen Grundsatz[6]. Er definiert das Adjektiv „demokratisch" aus Abs. 1 jedoch in erster Linie allgemein-demokratisch[7] und gestaltet weniger bereits seinen Inhalt. Dass "alle Staatsgewalt vom Volke ausgeht", ist mindestens seit den Demokratievorstellungen

---

[1] BVerfGE 89, 155(186)

[2] daher auch seine Bezeichnung als „Staatsfundamentalnorm", Herzog, M/D/H/S, Art. 20 I. Rn. 1/7f./11ff.

[3] Herzog, in: M/D/H/S, Art. 20 I. Rn. 1

[4] Herzog, a.a.O. Rn. 10

[5] Herzog, a.a.O. Rn. 24f.

[6] Herzog, in: M/D/H/S, Art. 20 II. Rn. 2

[7] Herzog, a.a.O. Rn. 2; Böckenförde, in: HdbdStR Bd. I, § 22 Rn. 8

nach der französischen Revolution bereits Inhalt des Begriffs „Demokratie". Trotzdem steckt in diesem Satz der eigentlich tragende Gedanke der grundgesetzlichen Legitimation von Staatsgewalt[1]. Gleichzeitig steckt in ihm damit auch das ausdrückliche Bekenntnis zum Prinzip der demokratischen Volkssouveränität[2] als dem Letztbestimmungsrecht des Volkes über den Staatswillen[3].

Während Art. 20 Abs. 1 GG den Staatsaufbau festlegt, stellt Art. 20 Abs. 2 Satz 1 GG unmittelbar die Form der Staatswillensbildung in den Mittelpunkt und benennt ihren Ursprung. Jede staatliche Entscheidung muss danach ihre Grundlage im Willen des Volkes haben[4]. „Ausgehen" kann eine Entscheidung vom Volk sowohl dann, wenn es sie unmittelbar selbst trifft, aber auch dann, wenn es sie von gewählten Repräsentanten treffen lässt. Dass alle staatliche Gewalt von ihm „ausgehen" muss, bedeutet primär, dass das Volk in jedem Fall Ursprung und Quelle auch jeder nicht von ihm selbst getroffenen Entscheidung sein muss.

Art. 20 Abs. 2 Satz 2 GG benennt die Mittel, mit denen das Volk die von ihm ausgehende Staatsgewalt ausübt: alle Staatsgewalt wird "vom Volke in Wahlen und Abstimmungen und durch besondere Organe der Gesetzgebung, der vollziehenden Gewalt und der Rechtsprechung ausgeübt". Damit erkennt das Grundgesetz ausdrücklich an, dass das Volk die ihm zustehende Staatsgewalt nicht selbst ausüben muss, sondern durch gewählte Organe ausüben lassen kann[5]. Diese Wahlfreiheit bezieht sich jedoch nur darauf, wem im konkreten Fall welche Entscheidungen zugeordnet werden sollen. Grundsätzlich legt Art. 20 Abs. 2 Satz 2 GG die Bundesrepublik nämlich durchaus auf eine mittelbare Demokratie fest[6]. Die dort genannten Organe müssen eingerichtet und mit Kompetenzen ausgestatten werden. Gleichzeitig wird für diese Organe der Grundsatz der Gewaltenteilung festgelegt, d.h. keinem dieser Staatsorgane darf die gesamte staatliche Gewalt übertragen werden[7].

Aus Art. 20 GG lassen sich jedoch keine direkten Folgerungen für die Legitimation der Unionsgewalt ziehen, denn diese ist gerade keine deutsche Staatsgewalt[8]. Die Art. 23 und 24 Abs. 1 GG schwächen nicht die Anforderungen aus

---

1 Böckenförde, ebenda; Schnapp in: v.Münch, Bd. I, 4. A. 1992, Art. 20 Rn. 30f.

2 BVerfG NJW 91, 162(163); Stern, Staatsrecht Bd. I, 2. A., § 18 II 4 a; Badura, in: HdbdStR Bd. I, § 23 Rn. 27; zum Begriff der vordemokratischen Volkssouveränität Herzog, in: M/D/H/S, Art. 20 II. Rn.. 34f.

3 Seifert/Hömig, Art. 20 Rn. 7

4 BVerfG, NJW 1991, 159(160); BVerfG NVwZ 1996, 574(575)

5 Herzog, in: M/D/H/S, Art. 20 II. Rn. 17

6 Herzog, in: M/D/H/S, Art. 20 V. Rn. 1

7 Herzog, a.a.O. Rn. 4; Sachs, in: Sachs, Art. 20 Rn. 54ff.

8 Cremer, Das Demokratieprinzip auf nationaler und europäischer Ebene im Lichte des Maastricht-Urteil des BVerfG, EuR 1995, 21(34); a.A. offensichtlich Brosius-Gersdorf, Die doppelte Legitimationsbasis der EU, EuR 1999, 133(166), die letztendlich aber auch die Verfassungsordnungen der Mitgliedstaaten als Maßstab für das von Art. 23 GG geforderte die innervertragliche Legitimationssystem genügen lässt.

Art. 20 GG ab, sondern stellen der deutschen Staatsgewalt ein rechtliches Handlungsinstrument zur Verfügung, mit dem diese die ihr aufgetragenen Aufgaben erfüllen kann. Die Art. 23 und 24 GG sind deshalb nicht Gegensatz oder Ausnahme zu Art. 20 GG. Sie sind Mittel zur Ausübung der in Art. 20 GG legitimierten deutschen staatlichen Gewalt. Dass die aus Art. 23/24 GG entstandenen Gewalt nicht das gleiche Legitimationsniveau erreicht wie es Art. 20 GG für die deutsche Staatsgewalt fordert, ist selbstverständlich und ergibt sich bereits aus dem Wesen des Übertragungsadressaten. Die Art. 23/24 GG sind die verfassungsrechtlich geregelte Ausnahme von dem Grundsatz, dass im Geltungsbereich des Grundgesetzes ausschließlich deutsche öffentliche Gewalt ausgeübt werden darf[1]. Und Deutschland verfügt als einer mehrerer Mitgliedstaaten - unabhängig vom Entscheidungsverfahren - selbstverständlich nicht über die alleinige positive Entscheidungsgewalt über das übertragene Hoheitsrecht, sondern lediglich über eine Mitentscheidungsgewalt[2]. Mit der Übertragung ruht die Legitimation der übertragenen Gewalt automatisch auf allen Völkern, die die Übertragung gemeinsam tragen und nur gemeinsam tragen können und dürfen[3].

II. Die Legitimationsmittel des Grundgesetzes

Das Legitimationssystem des Grundgesetzes stellt mit den Mitteln der institutionellen, personellen und sachlich-inhaltlichen Legitimation sicher, dass sich in den Handlungen der Organe nicht der eigene Wille dieser Organe niederschlägt, sondern der Wille des Volkes[4]. Normativ verankert ist dies in dem Wort „durch“ in Art. 20 Abs. 2 GG. "Durch" besondere Organe kann das Volk seine Staatsgewalt nämlich nur ausüben, wenn es auf diese Organe auch Einfluss hat. Jeder mit der Wahrnehmung staatlicher Angelegenheiten betraute Amtsträger muss sich deshalb auf eine konkrete, individuell auf ihn bezogene Berufung durch das Volk stützen können[5]. Auf eine direkte Berufung durch das Volk können sich unter dem Grundgesetz jedoch nur die Abgeordneten des Deutschen Bundestages stützen (Art. 38 Abs. 1 Satz 1 GG). Die Wahl der Abgeordneten zum Deutschen Bundestag ist deshalb der wichtigste grundgesetzliche Legitimationsakt, da hier das in Art. 20 Abs. 2 Satz 1 GG zum Ursprung aller staatlichen Gewalt erklärte Volk seinen Willen über die Zusammensetzung sei-

---

[1] BVerfGE 37, 271(280); 58, 1(28); 68, 1(98); Klein, Der Verfassungsstaat als Glied einer europäischen Gemeinschaft, VVDStRL 50, 56(59); Stern, Staatsrecht Bd. II, § 25 I 4; Streinz, Der Verfassungsstaat als Glied einer europäischen Gemeinschaft, DVBl. 1990, 949(953); Badura, Bewahrung und Veränderung ..., VVDStRL 23(1966), 34(64f.); Herzog, in: M/D/H/S, Art. 24 II. Rn. 9

[2] Brosius-Gersdorf, Die doppelte Legitimationsbasis der EU, EuR 1999, 133(157f.)

[3] Cremer, Das Demokratieprinzip auf nationaler und europäischer Ebene im Lichte des Maastricht-Urteil des BVerfG, EuR 1995, 21(26)

[4] Hesse, Die verfassungsrechtliche Stellung der politischen Parteien im modernen Staat, VVDStRL 17(1959), 11(19f.); Kriele, Das demokratische Prinzip im GG, VVDStRL 29(1971), 46(60)

[5] BVerfGE 33, 125(158f.); 40, 237(248ff.); 41, 251(259f.); 45, 400(417f.); 47, 46(78f.); 49, 89(124ff.); 58, 257(268f.); BVerfG NVwZ 1996, 574(575)

nes unmittelbaren Vertretungsorgans verbindlich kundgibt[1]. Im Wahlakt geht die Staatsgewalt vom Volk aus[2].

Die Berufung eines Amtswalters muss aber eben nicht unmittelbar durch das Volk erfolgen, sie kann auch über mehrere Zwischenstufen vorgenommen werden[3]. Hier genügt es, wenn Ausgangspunkt der Berufungskette das Volk ist und die Kette der individuellen Berufungsakte vom Volk bis hin zum einzelnen Amtswalter lückenlos ist[4]. Wenn dabei der Kanzler oder ein Minister, was häufig der Fall ist, sowohl in dieser Funktion über eine Legitimationskette legitimiert ist und gleichzeitig als Abgeordneter unmittelbar vom Volk in den Bundestag gewählt worden ist, bedeutet dies für ihn in seiner Stellung als Mitglied der Exekutive keine Legitimation unmittelbar durch die Volkswahl. Unmittelbar gewählt ist er nämlich nicht als Funktionsträger der Exekutive, sondern als solcher der Legislative. Der Funktionswechsel unterbricht für die Tätigkeit als Minister oder Kanzler die spezielle Legitimation aus seiner Wahl zum Abgeordneten. Auf seine unmittelbare Volkswahl als Abgeordneter kann sich ein Minister deshalb auch nicht berufen, wenn er im Rat die Bundesrepublik vertritt.

Bei der Entscheidung durch Kollegialorgane muss die Legitimationskette zwar nicht alle an einer Entscheidung beteiligten Organmitglieder umfassen. Für die Zusammensetzung entscheidungsbefugter Kollegialorgane kann zu einem gewissen Teil auch auf Mitglieder zurückgegriffen werden, die sich nicht auf einen individuellen Berufungsakt vom Volk her stützen können[5]. Hier genügt es, wenn so viele Mitglieder auf eine individuelle demokratische Legitimation verweisen können, dass die Entscheidung des Organs als solches demokratische Legitimation erhält. Dies ist auch ausreichend, da Legitimation ja letztlich darauf angelegt ist, eine Entscheidung an sich zu legitimieren. Es genügt jedoch nicht, wenn den demokratisch Berufenen lediglich eine Vetoposition zusteht. Sie müssen in der Lage sein, eine positive Entscheidung herbeizuführen und ihre Auffassung im Konfliktfall gegen die anderen Mitglieder des Kollegialorgans durchzusetzen[6]. Nur so übt das Volk seine Staatsgewallt auch tatsächlich durch diese Organe aus.

---

[1] Meyer, in: HdbdStR Bd. II, § 37 Rn. 1; Hesse, Grundzüge des Verfassungsrechts, 18. A. 1991, § 5 Rn. 145

[2] BVerfGE 89, 155(171)

[3] BVerfG NJW 1991,159(160); BVerfG NJW 1988, 890(891)

[4] BVerfGE 47, 253(275); Böckenförde, in: HdbdStR Bd. I, § 22 Rn.11/16; Stern, Staatsrecht Bd. I, 2. A., § 18 II 5 a

[5] Böckenförde, a.a.O. Rn. 17; a.A. offensichtlich Brosius-Gersdorf, Die doppelte Legitimationsbasis der EU, EuR 1999, 133(136f.), wonach die Zusammensetzung eines Kollegialorgans nur dann dem Demokratieprinzip entspricht, wenn sämtliche entscheidungsbefugten Mitglieder über eine vom deutschen Volk ausgehende Legitimation verfügen, wobei aber nicht differenziert wird, ob sämtliche Mitglieder auf dem gleichen Legitimationsweg legitimiert sein müssen oder ob es ausreicht, wenn sich alle auf die gleiche Legitimationsquelle berufen können.

[6] Böckenförde, a.a.O. Rn. 19; Mayen, Der Umweltgutachterausschuß - ein strukturelles Novum ohne hinreichende demokratische Legitimation ?, NVwZ 1997, 215(219)

Mit dem Problem der Legitimation gemischter Gremienentscheidungen war das BVerfG in einer Entscheidung zum Schleswig-Holsteinischen Mitbestimmungsgesetz befasst[1]. In dieser Entscheidung kommt das Gericht zu dem Ergebnis, dass die grundgesetzliche Verpflichtung zur demokratischen Legitimation von Gremienentscheidungen so weit geht, dass einer Entscheidung eines Kollegialorgans nur dann volle demokratische Legitimation zukommt, wenn sichergestellt ist, dass die eine Gremiumsentscheidung tatsächlich tragende Mehrheit ihrerseits aus einer Mehrheit unbeschränkt demokratisch legitimierter Mitglieder des Organs besteht[2]. Eine geringe Abweichung lässt das Gericht nur für Angelegenheiten zu, die die Beschäftigten im Schwerpunkt in ihrem Beschäftigungsverhältnis betreffen. In diesen Fällen kann die demokratische Legitimation der Entscheidung auch dadurch sichergestellt werden, dass einer in diesem Sinne demokratisch korrekt legitimierten Instanz ein Letztentscheidungs- oder Weisungsrecht zur Gremienentscheidung zusteht[3].

Unter Berufung darauf lehnt es auch das BVerwG ab, eine fehlende personelle Legitimation durch eine gesteigerte inhaltliche zu substituieren. Die Steuerung staatlicher Gewalt könne nur durch das Zusammenwirken personeller und sachlich-inhaltlicher Legitimation erreicht werden. Daraus folge jedoch, dass keiner der beiden Legitimationsstränge durch den anderen vollständig ersetzt werden könne; Defizite aus den einzelnen Legitimationssträngen könnten in einem anderen Legitimationsstrang somit nur in einem gewissen Umfang ausgeglichen werden[4]. Das BVerwG hält es zudem für Entscheidungen mit Außenwirkung auch nicht für ausreichend, wenn einem demokratisch legitimierten übergeordneten Organ aufsichtliche Mittel gegeben sind, eine Gremienentscheidung aufzuheben oder zu ersetzen. Das Gericht verweist darauf, dass es solange und soweit derartige Rechte nicht ausgeübt werden, bei der Entscheidungsgewalt des Gremiums verbleibt[5].

Die Ansicht, dass auch die konkrete Entscheidung eines Gremiums von einer Mehrheit aus personell demokratisch legitimierten Vertretern gefasst werden muss, ist jedoch nicht zwingend. Bei der vom BVerfG aufgegriffenen Problematik geht es letztlich darum, ob innerhalb der Gruppe der personell demokratisch legitimierten Gremiumsmitglieder mit Mehrheit entschieden werden können muss. Dies ist jedoch kein Problem der grundsätzlichen demokratischen Legitimation der Entscheidung, sondern es stellt sich die Frage, ob eine Rechtfertigung dafür vorliegt, vom Entscheidungsmodus der Mehrheitsentscheidung

---

[1] BVerfGE 93, 37

[2] BVerfGE 93, 37(68)

[3] BVerfGE 93, 37(71); auf die vorgenommene weitere Differenzierung nach Gewicht der Entscheidung und ihrem Bezug zum vom Beschäftigten zu erfüllenden Amtsauftrag muss hier nicht eingegangen werden, zumal die vom Gericht angesprochenen hinnehmbaren Legitimationsbeschränkungen angesichts der speziellen Funktion der Personalvertretung, auf die sich das Gericht bei der Differenzierung auch rechtfertigend stützt, nicht verallgemeinerungsfähig sind.

[4] BVerwG NVwZ 1999, 870(873, 875)

[5] BVerwG NVwZ 1999, 870(873)

abzuweichen[1]. Letztendlich kommt es für das vorliegende Problem darauf jedoch nicht an, denn Deutschland hat im Rat in jedem Fall keine demokratisch legitimierte Gestaltungsmehrheit. Wenn deutsche Hoheitsrechte aber auf eine überstaatliche Einheit übertragen werden und damit aus dem unmittelbaren Legitimationszusammenhang mit Art. 20 GG herausgelöst werden, bedarf dies sowie der Entscheidungsmodus, in dem diese Hoheitsrecht künftig ausgeübt werden, der besonderen Legitimation, und damit auch die Mitentscheidung durch Personen, die nicht der Legitimationspflicht aus dem Grundgesetz unterliegen[2]. Die Übertragung an sich ist dabei bereits durch Art. 23 GG als Element des grundgesetzlichen demokratischen Legitimationssystems legitimiert. Gegenstand der nachfolgenden Überlegungen soll deshalb nicht die grundsätzliche Berechtigung Deutschlands zu einer Übertragung von Hoheitsrechten sein.

Zusätzlich legitimationsbedürftig ist jedoch der Entscheidungsmodus, in dem über den Gebrauch dieser Hoheitsrechte entschieden wird. Unter C.II.2.d. wurde bereits angeführt, dass das Mehrheitsprinzip bereits eine Einschränkung der Selbstbestimmung eines jeden einzelnen im Sinne der freien Selbstbestimmung ist. Dies gilt genauso für Staaten wie für Staatsbürger als kleinste Einheit von Staaten. Auch hier wird nachfolgend nicht die grundsätzliche Berechtigung in Frage gestellt, dass die Organe der EU unter definierten Voraussetzungen Mehrheitsentscheidungen fällen können. Es ist in Deutschland seit langem allgemein anerkannt, dass Entscheidungen in einer überstaatlichen Gemeinschaft nach anderen Regeln fallen können müssen als im innerstaatlichen Bereich[3]. Die Legitimation von Handlungen in überstaatlichen Gemeinschaften darf insbesondere die Funktionsbedingungen dieser Institutionen berücksichtigen[4]. Will Deutschland nicht integrationsunfähig sein müssen deshalb auch Mehrheitsentscheidungen im Rat möglich sein[5].

Die Vorstellung von der Regierung des Volkes „durch" sein Repräsentationsorgan Bundestag kommt jedoch nur zum Tragen, wenn diesem Bundestag auch die rechtlichen Mittel zur Verfügung stehen, inhaltlich Einfluss auf die Ausübung der Staatsgewalt nehmen zu können. Aber auch um der in der Wahl der Abgeordneten zum Deutschen Bundestag eingeforderten Verantwortung der

---

[1] dass das BVerfG in seiner Entscheidung E 93, 37(67) an diese strengen Voraussetzungen nur eine „uneingeschränkte personelle Legitimation" knüpft und damit implizit eine eingeschränkte nicht von vornherein ausschließt, verweist Dederer, Organisatorischpersonelle Legitimation..., NVwZ 2000, 401(404)

[2] Classen, Europäische Integration und demokratische Legitimation, AöR 119(1994), 238(242)

[3] BVerfGE 37, 271(279); 73, 339(376); insbes. a. 58, 1(40f.); bestätigt in BVerfGE 89, 155(182ff.); statt zahlloser in der Lit. Streinz, Der Verfassungsstaat als Glied einer europäischen Gemeinschaft, DVBl. 1990, 949(954); Tomuschat, in: BKGG, Art. 24 Rn. 71; Steinberger, Anmerkungen zum Maastricht-Urteil des BVerfG, 1994, S. 27

[4] v.Simson/Schwarze, Europäische Integration und GG, 1992, S. 74; s. a. BVerfG NJW 1992, 964

[5] BVerfGE 89, 155(183); im Sinne des BVerfG z.B. auch Steinberger, Anmerkungen zum Maastricht-Urteil des BVerfG, 1994, S. 27; Randelzhofer, Zum behaupteten Demokratiedefizit der EG, 1994, S. 53; Rath, die „unionswärtige Gewalt" des BT..., 1995, S. 115

Abgeordneten vor dem Volk gerecht werden zu können, muss der Bundestag korrespondierend zu dieser Verantwortlichkeit effektiven Einfluss auf die Ausübung der Staatsgewalt haben[1]. Die grundgesetzliche Demokratie als Staats- und Regierungsform geht damit aber über die Inhaberschaft der verfassungsgebenden Gewalt[2] hinaus. Art. 20 Abs. 2 GG verlangt, dass das Volk nicht nur Ursprung der politischen Herrschaftsgewalt ist, sondern die politische Herrschaftsgewalt auch selbst ausübt[3]. Das Grundgesetz garantiert den effektiven Einfluss des Bundestages auf die Ausübung der Staatsgewalt dabei nicht nur objektiv-rechtlich. Über Art. 38 GG wird der effektive Einfluss des Bundestages auf die Ausübung der Staatsgewalt zum subjektiven Rechtsanspruch jedes wahlberechtigten Deutschen[4]. Das Steuerungsrecht des Parlaments wird so zum Steuerungsrecht des einzelnen Wahlbürgers. Damit ist es nicht nur eine Angelegenheit des Bundestages, auf wen er Rechte, die ihm nach der Verfassung zustehen, überträgt. Zwar gibt das Grundgesetz grundsätzlich dem Bundestag die Entscheidungsgewalt, welche Hoheitsrechte er übertragen will (Art. 23 Abs. 1 Satz 2 GG i.V.m. Art 77 Abs. 1 Satz 1 GG). Dem dadurch in seiner Entscheidungsmacht und Selbstbestimmung ebenfalls beschnittenen Bürger gibt es jedoch im Gegenzug die Möglichkeit, überprüfen zu lassen, ob der Bundestag die ihm von der mittelbaren Demokratie des Grundgesetzes eingeräumten Entscheidungsspielräume einhält[5].

Diese Rechtsprechung trägt einen nicht unwesentlichen Kern unmittelbarer Demokratie in sich und relativiert die mittelbare Demokratie des Grundgesetzes in einem wichtigen Bereich. Das souveräne Volk bewahrt hier seine Souveränität unmittelbar selbst. Es trägt damit jedoch auch über die Wahl zum Deutschen Bundestag hinaus eine besondere Verantwortung für seine Souveränität, deren aktiver Wahrnehmung es sich zwar - im Gegensatz zur Volksabstimmung - entziehen kann, indem es eine Entscheidung des Parlaments akzeptiert, der es sich jedoch nicht insgesamt entziehen kann[6].

1. Das Gesetzgebungsrecht des Parlaments als zentrales Instrument zur Legitimation

Nach dem Konzept des Grundgesetzes ergibt sich das eigentliche Gewicht des Bundestages aus seinem Recht, jede beliebige politische Frage im Rahmen der grundgesetzlichen Ordnung gesetzlich zu regeln, sowie aus dem in Art. 20 Abs. 3 niedergelegten Vorrang des Gesetzes[7], der sicherstellt, dass der vom Bundes-

---

1 BVerfG NJW 91, 159f.

2 darin liegt ihr demokratietheoretischer Mindestinhalt, Böckenförde, in: HdbdStR Bd. I, § 22 Rn. 7

3 Böckenförde, a.a.O. Rn. 8

4 Huber, P.M., Die parlamentarische Demokratie unter den Bedingungen der europäischen Integration, 1996, S. 15

5 Kokott, Deutschland im Rahmen der EU..., AöR 119(1994), 207(211)

6 Gassner, Kreation und Repräsentation, Der Staat 34(1995), 429(442)

7 Herzog, in: M/D/H/S, Art. 20 II. Rn. 84; Rath, Die „unionswärtige Gewalt" des BT..., 1995, S. 129f.

tag in Gesetzesform geäußerte Volkswille jeder anderen staatlichen Willensäußerung vorgeht[1]. In seiner Fähigkeit, mittels des Gesetzgebungsrechts grundsätzlich das gesamte staatliche Handeln steuern zu können, wird die zentrale Rolle des Bundestages als Entscheidungs- und Legitimationsorgan deutlich[2].

In dem Umfang, in dem das Gesetz Lebensumstände rechtlich regelt, ist in erster Linie das Parlament dafür verantwortlich, welche Konsequenzen sich aus dem Gesetz für die betroffenen Bürger ergeben. Unabhängig von einer Vorbereitung der Gesetze durch die Exekutive sind es die Abgeordneten, die sie verbindlich werden lassen[3]. Häufig muss die Exekutive den Gesetzesinhalt zwar erst in einer Einzelfallentscheidung umsetzen. Soweit das Gesetz der Exekutive aber Handlungsspielraum belässt, trägt das Parlament auch in diesen Fällen die Mitverantwortung für die exekutive Entscheidung, da es mit dem Gesetz darüber entschieden hat, welcher Handlungsspielraum der Exekutive bei der Umsetzung verbleibt.

Beim Vorrang des Gesetzes zu unterscheiden ist zwischen dem des Verfassungsgesetzes und dem des einfachen Gesetzes. Der Bundestag selbst ist bei seiner einfachen Gesetzgebung nicht an bereits bestehende einfache Gesetze gebunden, sondern lediglich an die „verfassungsmäßige Ordnung" (Art. 20 Abs. 3 GG)[4]. Er hat aus Gründen der Rechtsklarheit[5], verankert im Rechtsstaatsprinzip, lediglich die Verpflichtung, bereits bestehende und neu zu erlassende Gesetze aufeinander abzustimmen. Soweit der Bundestag als verfassungsändernder Gesetzgeber auftritt (Art. 79 Abs. 1 und 2 GG), ist er sogar nur an die weiten Schranken des Art. 79 Abs. 3 GG gebunden[6]. An unterverfassungsrechtliche Gesetze im formellen wie im materiellen Sinn sind aus dem Spektrum der staatlichen Gewalt grundsätzlich nur Exekutive und Judikative gebunden, wenn letztere auch z.B. für Satzungen von Selbstverwaltungskörperschaften bereits wieder eine Verwerfungskompetenz hat.

Von der Bindung an einfache Gesetze freigestellt ist jedoch nicht die gesetzgebende Gewalt als solche, sondern die förmliche Gesetzgebung als Handlungsform[7]. Deshalb ist auch der Bundestag an die einfachen Gesetze gebunden, wenn er Beschlüsse fasst, die nicht gleichzeitig Gesetze verabschieden[8].

---

[1] BVerfGE 8, (169); 40, (297)

[2] Kirchhof, Das Maastricht-Urteil des BVerfG, 1994, S. 11(18); Herzog, in: M/D/H/S, Art. 20 II. Rn. 82; Ress, Über die Notwendigkeit der parlamentarischen Legitimierung der Rechtsetzung der EGten, 1989, S. 672

[3] Gusy, Das Mehrheitsprinzip im demokratischen Staat, AöR 106, 329(346)

[4] Herzog, in: M/D/H/S, Art. 20 VI. Rn. 9, einschließlich Gewohnheitsrecht, Seifert, Art. 20 Rn. 9

[5] Herzog, in: M/D/H/S, Art. 20 VII. Rn. 57ff.,63

[6] und einen Grundbestand überpositiven Rechts (BVerfGE 1, 61; 3, 230f.; 10, 81). Wie weit sich daraus aber wirklich Bindungen ergeben, die über die aus Art. 79 Abs. 3 GG hinaus gehen, soll hier nicht untersucht werden.

[7] Herzog, in: M/D/H/S, Art. 20 VI. Rn. 15f.

[8] so auch für die Beurteilung von Petitionen, Herzog, in: M/D/H/S, Art. 20 VI. Rn. 23

Der weite Spielraum, der dem einfachen Gesetzgeber und erst Recht dem verfassungsändernden Gesetzgeber für die politische Gestaltung des Zusammenlebens belassen wird, führt jedoch dazu, dass er zwar mit wenigen inhaltlichen Vorgaben arbeitet, ihm gleichzeitig aber auch nur eine geringe sachlich-inhaltlich Legitimation zur Seite steht, die seine Handlungen rechtfertigt. Gerade hier wird deutlich, welche ihm grundsätzlich verfassungsrechtlich zugewiesene Gestaltungsmacht der Bundestag aus der Hand gibt, wenn er Hoheitsrechte auf die EU überträgt, in deren Gremien Deutschland nur durch Exekutivorgane vertreten ist. Gerade hier wird aber eben auch deutlich, welch zentrale Rolle die Gesetze nach Art. 59 Abs. 2 Satz 1 und Art. 23 Abs. 1 Satz 2 GG für die Legitimation der Unionsgewalt spielen. In dem Umfang, in dem der Bundestag die Macht zur gesetzgebenden Gestaltung abgibt, gibt er ein wesentliches Instrument zur Gestaltung der Lebensumstände und zur Sicherung sachlich-inhaltlicher Legitimation auf. In der Definition des Umfangs der Übertragung kann er zum (vorerst) letzten mal unmittelbaren Einfluss auf die Gestaltung des künftigen staatlichen Zusammenlebens nehmen.

2. Beschlüsse des Bundestages als Mittel zur Legitimation

Der Erlass eines Gesetzes ist aber nicht die einzige Handlungsform, die dem Bundestag zur Legitimation staatlichen Handelns zur Verfügung steht. Für die sachlich-inhaltliche Legitimation staatlichen Handelns ist die rechtliche Form, in der das Parlament handelt, zweitrangig[1]. Der Bundestag kann durch schlichte Parlamentsbeschlüsse („Entschließungen") versuchen, die Regierung zu beeinflussen[2], indem er ohne Gesetzesform sachliche Billigung oder Missbilligung zum Ausdruck bringt[3]. Während die Verbindlichkeit von Gesetzen für die Exekutive über Art. 20 Abs. 3 GG aber allgemein angeordnet ist, muss die Verbindlichkeit von Beschlüssen konkret und für die einzelne Beschlussart ausdrücklich angeordnet werden. Regelmäßig handelt es sich dabei um als Wahlvorgang ausgestaltete Personalentscheidungen[4] oder um Entscheidungen im Bereich der Ausschüsse[5]. Sachentscheidungen werden nur ausnahmsweise und auf ausdrückliche gesetzliche Festlegung durch einen Beschluss herbeigeführt, wie etwa die Erklärung des Verteidigungsfalles (Art. 115a Abs. 1 Satz 1 GG). Auch außenpolitische Entschließungen des Bundestages sind deshalb für die Bundesregierung nicht verbindlich[6].

---

1 Ossenbühl, in: HdbdStR Bd. III, § 62 Rn. 39; zwischen dem Gesetzesvorbehalt als Formvorbehalt und dem Parlamentsvorbehalt als Sachvorbehalt unterscheidet deshalb Kohnen, Die Zukunft des Gesetzesvorbehalts in der EU, zugel. Diss. Jena 1996, S. 39ff.

2 Fastenrath, Kompetenzverteilung im Bereich der auswärtigen Gewalt, 1986, S. 244

3 Badura, in: HdbdStR Bd. I, § 23 Rn. 12

4 Art. 40 Abs. 1 Satz 1, Art. 41 Abs. 1 Satz 2, 52 Abs. 1, 67 Abs. 1 Satz 1

5 Art. 45 Satz 1, 45 a Abs. 1, Art. 43 Abs. 1

6 Rath, Die „unionswärtige Gewalt" des BT..., 1995, S. 138

Auch eine „Verbindlichkeit, die unterhalb der eines Gesetzes liegt“[1] kommt angesichts dieser eindeutigen Rechtslage Parlamentsbeschlüssen nicht zu[2]. Allein aus Art. 20 Abs. 3 GG i.V.m. diesen Sonderregelungen ergibt sich, dass das Grundgesetz sich bewusst für die beiden nebeneinander bestehenden Entscheidungsformen des verbindlichen Gesetzesbeschlusses und des grundsätzlich unverbindlichen sonstigen Parlamentsbeschlusses entschieden hat.

Sind Beschlüsse jedoch für verbindlich erklärt, stehen sie unter demokratietheoretischen Gesichtspunkten dem Gesetzesbeschluss grundsätzlich nicht nach[3]. Demokratietheoretisch sind Beschlüsse und förmliche Gesetze grundsätzlich gleichwertig[4]. In beiden Fällen bringt der Bundestag als Repräsentationsorgan des Volkes dessen Willen zum Ausdruck.

Demokratietheoretisch gleichgestellt mit Gesetzesbeschlüssen sind jedoch nur von der Verfassung für verbindlich erklärte Beschlüsse. Die legitimierende Wirkung unverbindlicher Beschlüsse ist im Gegensatz dazu etwas differenzierter zu betrachten. Soll ein nicht verbindlicher Parlamentsbeschluss das Handeln der Regierung beeinflussen, trifft die rechtliche Entscheidung weiterhin die Bundesregierung. Soweit der materielle Gehalt des Beschlusses außenwirksam wird, ist Rechtsgrundlage für dessen Geltung nicht der Parlamentsbeschluss, sondern die Regierungsentscheidung, ihn sich zu eigen zu machen. Da die Letztentscheidung über das Handeln der Regierung nicht in der Hand des Parlaments liegt, ist auch dessen Verantwortung für die Entscheidung schwächer. Zudem ist, will man die legitimierende Wirkung eines unverbindlichen Beschlusses bewerten, zu berücksichtigen, dass etwa in einem unverbindlichen Parlamentsbeschluss scharfe Forderungen an die Regierung formuliert werden, damit diese einem Wunsch des Parlaments wenigstens teilweise nachkommt, das Parlament diesen Beschluss jedoch anders formulieren würde, wenn es selbst unmittelbar entscheiden würde und somit sicherstellen könnte, dass seine - eigentlich gemäßigteren - Vorstellungen verwirklicht werden.

3. Legitimation durch Kontrolle

"Der Bundestag übt Staatsgewalt als Organ der Gesetzgebung aus, das zugleich den Bundeskanzler wählt und die Regierung kontrolliert"[5]. Es ist somit nicht ausreichend, wenn der Bundestag über sein Gesetzgebungsrecht und die Wahl des Bundeskanzlers das weitere staatliche Handeln legitimiert. Der demokratische Staat muss seine Entscheidungen auch rechtfertigen[6]. Eine Herrschaft, die

---

[1] eine solche nehmen Hölscheidt/Schotten, Zur Rolle des BT beim Eintritt in die dritte Stufe der Währungsunion, NJW 1997, 479(483) an.

[2] Hesse, Grundzüge des Verfassungsrechts, Rn. 590; Stern, Staatsrecht Bd. II, § 26 II 2c; Lang, Mitwirkungsrechte...BT..., 1997, S. 312 m.w.N.

[3] BVerfGE 90, 286ff.

[4] Kokott, Kontrolle der auswärtigen Gewalt, DVBl. 1996, 937(949)

[5] BVerfGE 89, 155(171)

[6] Zippelius, Rechtsphilosophie, 2. A. 1989, § 11 I 2; Böckenförde, in: HdbdStR Bd. I, § 22 Rn. 21f.

sich nach der Herleitung verselbständigt und der Kontrolle des Volkes entgleitet, verliert ihre Qualität als demokratische Herrschaft. Kontrolle und Rückrufbarkeit sind deshalb Kernelement einer demokratischen Ordnung. Eine einmalige Herleitung ohne nachfolgende Kontrolle unterbricht den ursprünglich bestehenden Herleitungszusammenhang, da die Verantwortung für das nachfolgende staatliche Handeln entfällt. Das Volk regiert ab dem Bestellungsakt nicht mehr sich selbst durch seine Organe, sondern die Staatsgewalt verselbständigt sich[1]. Gerade das parlamentarische Regierungssystem wird grundlegend auch durch die Kontrollfunktion des Parlaments geprägt[2].

Das Volk kontrolliert dabei den Bundestag in den periodisch stattfindenden Wahlen der Abgeordneten[3]. Zentrale Kontrollmittel des Bundestages gegenüber der Exekutive wiederum sind das Untersuchungsrecht (Art. 44 GG)[4] und vor allem das konstruktive Misstrauensvotum gegen die Bundesregierung nach Art. 67 GG sowie die Verweigerung des Vertrauens auf Antrag der Bundesregierung (Art. 68 Abs. 1 GG). Die Rückrufbarkeit der Regierungsgewalt ist neben dem Gesetzgebungsrecht des Bundestages das wichtigste rechtliche Mittel zur Vermittlung sachlich-inhaltlicher Legitimation[5].

III. Der Grundsatz der Gewaltenteilung

Art. 20 Abs. 2 Satz 2 GG legt die Bundesrepublik nicht nur auf eine mittelbare Demokratie fest, sondern, indem er von der Ausübung der Staatsgewalt durch besondere Organe der Gesetzgebung, der vollziehenden Gewalt und der Rechtsprechung spricht, auch auf eine gewaltengeteilte Demokratie[6]. Gleichzeitig ist die Demokratie des Grundgesetzes eine rechtsstaatliche Demokratie und das bedeutet im Verhältnis der Staatsorgane zueinander vor allem, dass sich die Verteilung staatlicher Macht aus Rechtsnormen ergibt, die die staatlichen Aufgaben verteilen[7].

Gewaltenteilung bedeutet, dass die Fülle der staatlichen Gewalt nicht bei einer Person oder einem Organ konzentriert ist. Grundgedanke der Gewaltenteilung ist es somit, staatliche Macht zu mäßigen, um vor ihrem Missbrauch zu schützen[8]. Kern der Gewaltenteilung ist deshalb die Kontrolle der Macht[9]. Hier wird

---

[1] Böckenförde, a.a.O. Rn. 11
[2] BVerfGE 67, 100(129f.)
[3] Kaltefleiter, Die Grenzen der Demokratie, 1986, S. 137; Gehring, Norbert, Parlament - Regierung - Opposition, 1969, S. 131
[4] Magiera, Parlament und Staatsleitung in der Verfassungsordnung des GG, 1979, S. 313; BVerfG NJW 1984, 2271 ff.; BVerfG NJW 1988, 890(892f.)
[5] Böckenförde, in: HdbdStR Bd. I, § 22 Rn. 5
[6] Herzog, in: M/D/H/S, Art. 20 V. Rn. 1
[7] Isensee, Das Volk als Grund der Verfassung, 1995, S. 79; Herzog, in: M/D/H/S, Art. 20 V. Rn. 2
[8] Herzog, in: M/D/H/S, Art. 20 V. Rn. 2ff.; Kirchhof, Die Gewaltenbalance zwischen staatlichen und europäischen Organen, JZ 1998, 965(968)
[9] Gehring, Parlament - Regierung - Opposition, 1969, S. 209

der enge Zusammenhang der Gewaltenteilung auch mit dem Demokratieprinzip deutlich[1], zu deren unverzichtbarem Bestandteil die Kontrolle der staatlichen Macht gehört. Bereits wenn man das Ziel der Machtkontrolle erreichen will, wird aber auch eine gewisse Gewaltenverschränkung automatisch Bestandteil der Gewaltenteilung. Ansonsten könnte jede Gewalt in ihrem Bereich ihre Macht verselbständigen[2].

Die historischen Wurzeln des Gewaltenteilungsgedankens liegen im Gegensatz zwischen absolutistischem Staatsoberhaupt und Parlament[3], zwischen Königsrecht und Volksrecht[4], zwischen monarchischem und demokratischem Prinzip[5]. Das absolutistische Staatsoberhaupt war nicht demokratisch legitimiert, aber unbeschränkter Inhaber der Exekutivgewalt[6]. Seine Exekutivakte konnten nicht oder nur beschränkt gerichtlich überprüft werden. Lediglich über sein Gesetzgebungsrecht und die Bindung des Monarchen an dieses Gesetz konnte das Parlament dem Monarchen gegenüber seinen Willen durchsetzen[7]. Im demokratischen Verfassungsstaat, in dem jede staatliche Gewalt und jedes staatliche Organ ohnehin für sich demokratisch legitimiert sein muss, hat sich die Gewaltenteilung aber von diesem Ursprung gelöst und zu einer Gewaltenverschränkung weiterentwickelt i.S.e. Systems der checks and balances[8]. Diese Entwicklung ist wegen der nunmehr einheitlichen Legitimationsquelle für jede Staatsgewalt auch konsequent[9]. Die Grundgedanken einer idealisierten und vollständigen Gewaltenteilung dienen dem demokratischen Verfassungsstaat noch als Richtschnur i.S.e. Auslegungs- und Orientierungshilfe[10]. Das Gewaltenteilungsbild des Grundgesetzes ist deshalb nicht von einem misstrauischen Gegeneinander vor allem von Exekutive und Legislative geprägt[11], sondern von einem sich zwar gegenseitig kontrollierenden, in erster Linie aber auch ausgleichenden Miteinander der Gewalten. Dieses auf einer einheitlichen Legitimationsquelle basierende Miteinander ist es auch, das dem BVerfG den Weg öffnet, sich auf die Überwachung eines Legitimationsniveaus[12] zurückzuziehen.

---

[1] Kirchhof, Die Gewaltenbalance zwischen staatlichen und europäischen Organen, JZ 1998, 965(968)

[2] Gehring, Parlament - Regierung - Opposition, 1969, S. 214f.

[3] Herzog, in: M/D/H/S, Art. 20 V. Rn. 20; Schuppert, Verfassungsgerichtliche Kontrolle der Ausw. Gewalt, 1973, S. 49 m.w.N.; Kahl, Montesquieu, Staat und Europa, JöR 45(1997), 11(12)

[4] Gehring, Parlament - Regierung - Opposition, 1969, S. 31

[5] Gehring, a.a.O. S. 39; Ossenbühl, in: HdbdStR Bd. III, § 62 Rn. 13f.

[6] Gehring, a.a.O. S. 47

[7] Gehring, a.a.O. S. 217

[8] Herzog, in: M/D/H/S, Art. 20 V. Rn. 12

[9] in diesem Sinn kann man sogar wirklich davon sprechen, dass die idealisierte Gewaltenteilung mit ihrer Basis in den unterschiedlichen Legitimationsquellen die Einheit des demokratischen Staates zerstören würde, Gehring, Parlament - Regierung - Opposition, 1969, S. 21

[10] Hahn, Über die Gewaltenteilung in der Wertewelt des GG, JöR 14(1965), 15(29)

[11] Gehring, Parlament - Regierung - Opposition, 1969, S. 90

[12] BVerfGE 89, 155(188)

Die Kritik an parlamentarischem Regierungssystem und Parteiendemokratie, sie verzerrten den Grundsatz der Gewaltenteilung „bis zur Unkenntlichkeit“[1], die klassische Gewaltenteilungslehre existiere allenfalls noch als Prinzip innerstaatlicher Zuständigkeitsverteilung, nicht aber als Prinzip politischer Machtverteilung[2], ist deshalb unberechtigt. Organisatorische und funktionelle Ausdifferenzierungen und Verflechtungen „stören“ in der Tat „das Ideal des Gewaltenteilungsprinzips“[3]. In diesem Zusammenhang stellt sich aber umgekehrt auch die Frage, ob nicht sogar das klassische System der Gewaltenteilung ungeeignet ist, auf das parlamentarische Regierungssystem angewendet zu werden und dieses an ihm zu messen[4]. Es mag zwar sein, dass im parlamentarischen Regierungssystem die zuständigkeitsverteilende Rolle des Gewaltenteilungsprinzips ins Zentrum der Aufmerksamkeit gerückt ist. Aber auch bereits rechtslogisch folgt aus der Bezeichnung „Gewaltenteilung“, dass mit dieser unverzichtbar eine Ordnung verbunden ist[5], die die Staatsgewalt zwischen den drei Gewalten verteilt[6]. Die Gewaltenteilung in Reinform teilt nicht eine einheitliche Staatsgewalt auf verschiedene Organe, sondern leugnet bereits die Existenz einer einheitlichen Staatsgewalt. Nicht die Ausübung der Staatsgewalt, sondern die Staatsgewalt als solche wird hier geteilt, eine Vorstellung, die der demokratischen Staatsordnung mit ihrer einheitlichen, vom Volk ausgehenden Staatsgewalt gerade fremd ist. In Anbetracht des gemeinsamen demokratischen Ursprungs aller staatlichen Gewalt überrascht deshalb die zentrale Rolle, die die Zuständigkeitsverteilung heute für die Gewaltenteilung spielt, keineswegs. Dass dieser Aspekt der Gewaltenteilung in den Mittelpunkt rückt, ist sogar die notwendige demokratische Fortentwicklung des Gewaltenteilungsgedankens.

Mit der einheitlichen Legitimationsbasis für alle Gewalten ist die rechtsstaatliche Gewaltenteilung sogar in erster Linie zu einer Funktionenteilung geworden[7]. Im parlamentarischen Regierungssystem werden eben Staatsfunktionen zur demokratisch legitimierten, eigenständigen, kontrollierten und somit balancierten Wahrnehmung zugewiesen[8]. Eine vollständige Unabhängigkeit der einzelnen Gewalten voneinander ist im parlamentarischen Regierungssystems nicht

---

1 diese zugespitzte Position vertritt Herzog, in: M/D/H/S, Art. 20 V. Rn. 28 a.E.; so in der Sache auch v.Arnim, Die Verfassung hinter der Verfassung, ZRP 1999, 326ff.; ausführlich zu gemäßigteren Ansichten, nach denen sich das parlamentarische Regierungssystem auf die Gewaltenteilung im Stile Montesquieus nur ungünstig auswirkt, s. Gehring, Parlament - Regierung - Opposition, 1969, S. 227

2 Herzog, in: M/D/H/S, Art. 20 V. Rn. 32

3 Hitzel-Cassagnes, Rechtsstaatliche Domestizierung der Außenpolitik, Kritische Justiz 2000, 63(70)

4 für mit dem parlamentarischen Regierungssystem nicht vereinbar hält Gehring das klassische System der Gewaltenteilung, Parlament - Regierung - Opposition, 1969, S. 228

5 Herzog, in: M/D/H/S, Art. 20 V. Rn. 5

6 nach Herzog, a.a.O. Rn. 30 ist die Gewaltenteilung des Grundgesetzes letztendlich sogar „zu einem Prinzip der Zuständigkeitsverteilung herabgesunken“.

7 Schuppert, Verfassungsgerichtliche Kontrolle der Ausw. Gewalt, 1973, S. 50

8 Hahn, Über die Gewaltenteilung in der Wertewelt des GG, JöR 14(1965), 15(25); Hitzel-Cassagnes, Rechtsstaatliche Domestizierung der Außenpolitik, Kritische Justiz 2000, 63(70)

mehr erforderlich[1]. Strikter Organdualismus zwischen Regierung und Parlament entspricht der dualistischen Verfassungsstruktur der konstitutionellen Monarchie, nicht aber der eines parlamentarisch-demokratischen Regierungssystems[2]. Diese geht deshalb auch nicht von einer potentiell gefährlichen Regierung als Fremdbestimmung über das Volk und einem potentiell diese eindämmenden Parlament als Selbstbestimmung des Volkes aus, sondern begrenzt einen möglichen Machtmissbrauch durch die Konstituierung einer einheitlichen, von vornherein begrenzten Staatsgewalt, welche Macht und Kontrolle in sich vereint, ohne dass Kontrolle und Machtausübung deshalb untrennbar bleiben[3].

Auch unter einer demokratischen Gewaltenteilung darf trotzdem das Zusammenwirken der Gewalten nicht die konkrete Funktion einer der Gewalten aushöhlen. Ob ein gewaltengeteiltes System diese Voraussetzung erfüllt, beurteilt sich danach, ob die Gewalten effektiv in der Lage sind, sich gegenseitig zu kontrollieren. Gleichzeitig dürfen die Kontrollfunktionen der Gewalten nicht einzelne Gewalten als eigenständige staatliche Gewalt abschaffen[4]. Denn Gewaltenteilung ist auch die Zuordnung von Entscheidungsverantwortung[5].

1. Die konkrete Gewaltenteilung im Grundgesetz

Zwar beschränkt Art. 20 GG das Grundgesetz auf die historische Einteilung in die drei klassischen Gewalten. Konkret definiert sich das grundgesetzliche Gewaltenteilungsprinzip jedoch nicht nur aus Art. 20 GG, sondern aus einer Gesamtschau der Bestimmungen zu jeder Gewalt. Aus dieser ergibt sich dann die konkrete Rolle jeder Gewalt im Verfassungsgefüge[6]. Keine Gewalt darf deshalb durch einfachgesetzliche Regelungen, in der Verfassungspraxis oder über die

---

[1] allein wegen der Abhängigkeit der Regierung vom Parlament aber auch nicht möglich ist, Herzog, in: M/D/H/ S, Art. 20 V. Rn. 28; geht man andererseits davon aus, dass eine Durchbrechung der Gewaltenteilung erst vorliegt, wenn ein Organ die personelle Besetzung eines anderen bestimmt, dann entsteht auch hier kein klares Bild von der Gewaltenteilung, da sich diese durchaus auch auf die Aufgabenwahrnehmung bezieht. Das Argument der personellen Besetzung zu Ende gedacht würde jedoch auch bedeuten, dass es unter dem Grundgesetz keine Gewaltenteilung gibt, da letztendlich jede Legitimationskette über den Bundestag läuft, insbesondere aber auch die personelle Legitimation der Verfassungsrichter als Angehörige der Judikative und des Kanzlers als Spitze der Exekutive, ders., a.a.O., Art. 20 V. Rn. 9ff.; in sämtlichen tatsächlich existierenden Gewaltenteilungssystemen waren zudem bereits immer vom idealisierten Gewaltenteilungsmodell abweichende Modifikationen Bestandteil des Systems. Die Begriffe Modifikation oder Durchbrechungen suggerieren immer eine Abweichung von einem „Normalzustand". Tatsächlich handelt es sich jedoch meist lediglich um unterschiedliche Ausgestaltungen, ders., a.a.O., Art. 20 V. Rn. 23.

[2] Magiera, Parlament und Staatsleitung in der Verfassungsordnung des GG, 1979, S. 228/264; sogar von einer Aufhebung des Dualismus zwischen Regierung und Parlament im parlamentarischen Regierungssystem spricht Gehring, Parlament - Regierung - Opposition, 1969, S. 87; so ist letztendlich auch Herzog, in: M/D/H/S, Art. 20 V. Rn. 26 zu verstehen, wenn dort ausgeführt wird, dass eine umfassende Gewaltenteilung in einem demokratischen Staat nur möglich wäre, wenn wenigstens die Spitzen der jeweiligen Gewalten direkt vom Volk gewählt würden.

[3] Magiera, a.a.O. S. 265f.

[4] Hahn, Über die Gewaltenteilung in der Wertewelt des GG, JöR 14(1965), 15(65f.)

[5] s. dazu Hahn, a.a.O. S. 31

[6] Herzog, in: M/D/H/S, Art. 20 V. Rn. 37

Verfassungsinterpretation der für die Erfüllung ihrer verfassungsmäßigen Aufgaben erforderlichen Zuständigkeiten beraubt werden[1]. In den Grenzen des Art. 79 Abs. 3 GG ist selbst eine Änderung der Gewaltenteilung durch Verfassungsänderung ausgeschlossen[2]. Damit ist auch ausgeschlossen, dass eine der Gewalten die ihr von der Verfassung zugeschriebenen typischen Aufgaben selbst preisgibt[3]. Denn das Grundgesetz garantiert nicht nur die Existenz jeder der drei Gewalten, sondern auch einen unentziehbaren Kern an Zuständigkeiten, der auch von Art. 79 Abs. 3 GG geschützt ist.

Das zentrale Element der grundgesetzlichen Gewaltenteilung in Art. 20 Abs. 2 GG ist, dass das Grundgesetz alle in Art. 20 Abs. 2 Satz 2 GG aufgezählten staatlichen Gewalten legitimiert, ohne eine Rangfolge zwischen diesen festzulegen. Auch die Gewaltenteilung des Grundgesetzes hat dabei die politische Machtverteilung, das Ineinandergreifen der drei Gewalten und die daraus sich ergebende Mäßigung der Staatsherrschaft zum Ziel[4]. Eine unverbundene Trennung der Gewalten ist jedenfalls nicht das Ziel der grundgesetzlichen Gewaltenteilung[5].

Im demokratischen System des Grundgesetzes fällt dem Bundestag als Legislative die Aufgabe der Normsetzung zu (Art 77 Abs. 1 Satz 1 GG)[6]. Über den Vorrang und den Vorbehalt des Gesetzes ergibt sich daraus durchaus eine gewisse Zentralstellung des Parlaments im gewaltengeteilten System des Grundgesetzes. Zwar billigt das Grundgesetz auch eine abgeleitete Normsetzung in Art. 80 GG[7], die Rechtsetzung der Exekutive kann sich aber nur im vom Gesetzgeber vorgezeichneten Rahmen vollziehen[8]. Das Parlament darf sich seiner Rolle als Gesetzgeber nicht dadurch entziehen, dass es einen Teil seiner Gesetzgebungsmacht der Exekutive überträgt, ohne dabei die Grenzen dieser übertragenen Kompetenz zu bestimmen[9].

Das Grundgesetz enthält weder in seinem Art. 20 GG noch in einer anderen seiner Bestimmungen eine Legaldefinition für die drei von ihm genannten staatlichen Gewalten[10]. Erkennt man in der Bezeichnung „Organ der Gesetzgebung"

---

[1] BVerfGE 9, 268(279f.); 22, 106(111); 34, 52(59)
[2] Seifert/Hömig, Art. 79 Rn. 4
[3] BVerfGE 34, 52(59)
[4] BVerfGE 3, 225(247); 7, 183(188); 9, 268(279f.); 34, 52(59)
[5] BVerfGE 7, 183(188); 9, 268(279f.); 12, 180(186); 22, 106(111); 34, 52(59)
[6] BVerfGE 34, 52(59)
[7] daneben steht der Exekutive jedoch für nicht wesentliche Regelungen auch ein originäres Recht zur Rechtsetzung zu, ein verfassungsunmittelbares originäres administratives Verordnungsrecht, für das sie keine formelle Ermächtigung benötigt. Dieses Recht ist jedoch nur als Restkompetenz verfassungsfest, Ossenbühl, in: HdbdStR Bd. III, § 62 Rn. 60
[8] BVerfGE 34, 52(59f.)
[9] BVerfGE 34, 52(60); Hahn, Über die Gewaltenteilung in der Wertewelt des GG, JöR 14(1965), 15(34); die Verordnungsermächtigung ist systematisch sogar eine Einbruchstelle der Exekutive in den Bereich der Legislative, ders., a.a.O.
[10] Herzog, in: M/D/H/S, Art. 20 V. Rn. 38

sowie dem „Organ der Rechtsprechung" noch einen operablen Inhalt, so stößt man bei der „vollziehenden Gewalt" bereits auf einen sprachlich unzureichenden Begriff, es sei denn, die Rolle der Regierung soll sich in ihrer Funktion als Spitze der jedem Fachminister unterstellten Verwaltungen erschöpfen.

Diese Sicht der vollziehenden Gewalt stimmt mit der in Art. 76 Abs. 1 und Art. 65 GG verankerten Rolle der Bundesregierung jedoch nicht überein[1].

Nur wenig für ihren Inhalt kann die Exekutive aus der Geschichte der Gewaltenteilung gewinnen. Denn ursprünglich war die Verwaltung nur der dem absolutistischen Staatsoberhaupt zur Verfügung stehende Apparat, der dessen Anordnungen - in welcher Rechtsform auch immer abgegeben - umzusetzen hatte. Eine eigenständige Rolle konnte die Exekutive deshalb auch erst lange nachdem Judikative und Legislative ihre Funktionen bereits grundsätzlich definiert hatten entwickeln; ihre Funktion als Regierung konnte überhaupt erst entstehen, seit die absolutistischen Staatsoberhäupter nach und nach aus dem staatlichen Entscheidungssystem hinausgedrängt worden sind. Letztendlich wird die Exekutive deshalb häufig immer noch als der Teil der Staatsgewalt gesehen, der nach dem Abzug von Legislative und Judikative übrig bleibt[2]. Dies ist auch konsequent, denn ursprünglich hatte der absolutistische Herrscher alle drei Gewalten in sich vereint. Von dieser einheitlichen Staatsgewalt wurden ihm die Judikative und die Legislative abgerungen. Was ihm ursprünglich geblieben war, ist eine aus seiner Sicht zunehmend fremdkontrollierte Exekutive, die in der Konsequenz aber eben nie eigenständig hatte definiert werden müssen.

Das Grundgesetz hält zwar relativ konsequent eine theoretisch-organisatorische Gewaltenteilung durch[3]. Jedoch schon die Verfassungsgerichtsbarkeit soll dogmatisch überhaupt nicht in das Schema der klassischen Gewaltenteilung passen[4]. Die personelle Gewaltenteilung[5] ist jedoch bereits stark von gegenseitigen Einflüssen und Abhängigkeiten geprägt. Insbesondere die Kompatibilität von Regierungsamt und Parlamentsmandat fällt hier ins Gewicht[6]. Als Angehörige des Parlaments kontrollieren die Regierungsmitglieder so die Handlungen, die

---

[1] von den zwei Formen der Exekutive, nämlich Regierung und Verwaltung, geht auch Herzog, in: M/D/H/S, Art. 20 V. Rn. 96, wenn auch ohne nähere Erläuterung, aus; s. auch Rn. 100, in der der Kommentator darüber hinaus auch darauf hinweist, dass die Exekutive bereits angesichts der Freiheiten, die die Verwaltung beim Gesetzesvollzug besitzt, mehr ist als nur Gesetzesvollzug.

[2] Herzog, in: M/D/H/S, Art. 20 V. Rn. 97f.; Stern, Staatsrecht Bd. II, § 39 III 3, sieht die Exekutive ausdrücklich als die nicht definierte Gewalt; speziell auf die Undefiniertheit des Begriffs „Regieren" als Teilfunktion der Exekutive weist auch Ossenbühl, in: HdbdStR Bd. III, § 62 Rn. 54 hin.

[3] Herzog, a.a.O. Rn. 43

[4] Böckenförde, Verfassungsgerichtsbarkeit: Strukturfragen, Organisation, Legitimation, NJW 1999, 9(13)

[5] Herzog, in: M/D/H/S, Art. 20 V. Rn. 13,16

[6] Herzog, a.a.O. Rn. 45f.; v.Arnim, Die Verfassung hinter der Verfassung, ZRP 1999, 326(327), der außerdem darauf hinweist, dass dieser Legitimationskonflikt noch dadurch verstärkt wird, dass das Regierungsmitglied sowohl aus seinem Regierungsamt als auch aus seinem Abgeordnetenmandat alimentiert wird.

sie als Angehörige der Exekutive vorgenommen haben. Die Regierungsmitglieder aus den Reihen der Abgeordneten haben häufig auch eine führende Rolle in ihrer Partei inne. Im Gegensatz dazu untersagt es Art. 66 GG einem Regierungsmitglied, gleichzeitig ein Richteramt inne zu haben[1].

Eng miteinander verwoben sind auch die inhaltlichen Abhängigkeiten von Exekutive und Legislative[2]. Grundlegender Unterschied der gesetzgebenden Gewalt zu den anderen Gewalten ist das Recht der Legislative, jede beliebige Frage gesetzlich und damit allgemeinverbindlich regeln zu dürfen. Diese potentielle sachliche Allzuständigkeit des Gesetzgebers ist der Zentralpunkt des grundgesetzlichen Legitimationssystems[3]. Speziell für das Verhältnis zwischen Legislative und Exekutive ist dabei entscheidend, dass die Exekutive nur im Rahmen der vom Parlament beschlossenen Gesetze handeln darf[4]. Die Allzuständigkeit der Legislative wird nur dadurch eingeschränkt, dass auch sie zum einen an das - allerdings auch von ihm, nur mit anderen Mehrheiten - beschlossene Verfassungsrecht gebunden ist. Die Vollzugskompetenz und die Entscheidung im Einzelfall steht andererseits jedoch der Exekutive zu[5]. Verbindliche Einzelentscheidungen in der Form von Beschlüssen oder Einzelfall- bzw. Maßnahmegesetzen[6] sind allenfalls aufgrund einer besonderen Ermächtigung zulässig[7], da sie einen Einbruch in die grundsätzliche Kompetenz der Exekutive darstellen[8]. Die Vermischung von Verantwortungsbereichen ist als politisches System des Grundgesetzes zu akzeptieren[9]. Diese nicht konsequent durchgehaltene Gewaltenteilung zwischen Exekutive und Legislative wird nicht unwesentlich die nachfolgend erforderliche Zuordnung der auswärtigen Gewalt zu einer der beiden Gewalten erschweren, da sie die Interpretation des Grundgesetzes bei der Zuordnung der verfassungsrechtlichen Funktionen an jede Gewalt erschwert.

Für eine Standortbestimmung der „vollziehenden Gewalt" im Grundgesetz ist vor allem Art. 65 GG wichtig, der dem Bundeskanzler die politische Richtlinienkompetenz zuweist. Eine Funktionsbestimmung im Sinne einer Definition sachlicher Aufgabenbereiche ist damit jedoch nicht verbunden[10]. Vor allem schließt Art. 65 GG nicht aus, dass auch der Bundestag ein Gesetz erlässt, in

---

1 ein gleichgerichtetes Verbot für Abgeordnete existiert schon wieder nicht ausdrücklich. Eine solche Kompatibilität verbietet sich aber wohl direkt aus dem Gedanken der Gewaltenteilung (Herzog, a.a.O. Rn. 45ff./49)

2 von einer großen Anzahl von Gewaltenvermengungen unter dem Grundgesetz spricht Hahn, Über die Gewaltenteilung in der Wertewelt des GG, JöR 14(1965), 15(31)

3 Herzog, in: M/D/H/S, Art. 20 II. Rn. 84, Abschn. V. Rn. 79

4 dies gilt vor allem für in Freiheitsrechte eingreifendes Handeln der Exekutive M/D/H/S Art. 20 Abschn. V. Rn. 89f., Abschn. VI. Rn. 58

5 Ossenbühl, in: HdbdStR Bd. III, § 62 Rn. 58; Herzog, in: M/D/H/S, Art. 20 V. Rn. 83

6 auf diese grundsätzliche Möglichkeit der Legislative verweist auch Fastenrath, Kompetenzverteilung im Bereich der auswärtigen Gewalt, 1986, S. 75

7 Herzog, in: M/D/H/S, Art. 20 V. Rn. 62

8 Hahn, Über die Gewaltenteilung in der Wertewelt des GG, JöR 14(1965), 15(38)

9 Rath, Die „unionswärtige Gewalt" des BT..., 1995, S. 130f.

10 Herzog, in: M/D/H/S, Art. 20 V. Rn. 102

dem er grundlegende und/oder richtungsweisende politische Entscheidungen trifft[1]. Sollen Entscheidungen der Regierung Rechtswirkung nach außen entfalten, müssen auch Richtlinienentscheidungen des Bundeskanzlers in Gesetzesform gegossen werden. Soweit der Bundeskanzler Richtlinienentscheidungen im Rahmen der geltenden Gesetze trifft, fällt seine Tätigkeit ohnehin in den allgemeinen Handlungsbereich der Exekutive, nämlich den des Gesetzesvollzugs. Wie groß der ihm hier verbleibende Spielraum ist, kann vom Parlament definiert werden[2].

2. Der Kern der Regierungstätigkeit

Die Stellung des Parlaments gegenüber der Exekutive hat J. S. Mill (1806 - 1873) plastisch beschrieben: "Die wahre Aufgabe einer Repräsentativversammlung liegt nicht darin, das Geschäft der Regierung selbst zu verrichten, sondern darin, die Regierung zu überwachen und zu kontrollieren, ihre Tätigkeit mit dem vollen Licht der Öffentlichkeit zu beleuchten, sie zu nötigen, ihre Handlungen, soweit sie bedenklich erscheinen könnten, zu erklären und zu rechtfertigen, zu rügen, was sich als verwerflich herausstellt, und wenn die Männer, die die Regierung bilden, ihr Amt missbrauchen, oder in einer Weise ausüben, die der unzweifelhaften, überlegten Meinung der Nation widerstrebt, sie aus diesem Amt zu entfernen und entweder ausdrücklich oder doch tatsächlich ihre Nachfolger zu ernennen"[3]. Parlament und Regierung leben somit in ständiger gegenseitiger Abhängigkeit. Die Mitwirkung und Kontrolle des Parlaments an der Staatsführung ist unerlässlich, darf aber die Regierung nicht lähmen[4].

Um ihre Funktion der gegenseitigen Machtkontrolle erfüllen zu können, ist es für eine Gewaltenteilung unverzichtbar, dass die drei staatlichen Gewalten grundsätzlich voneinander unabhängig sind[5]. Nur dann können sie sich gegenseitig kontrollieren. Nur so ist auch ein Gleichgewicht zwischen den Gewalten herzustellen. Verantwortung setzt deshalb mindestens einen Kernbereich eigenverantwortlicher Entscheidungsmacht voraus[6]. Auch die parlamentarischen Kontrollmittel würden ihren Sinn verlieren, wenn die Regierung nur ein parlamentarischer Exekutivausschuss wäre[7]. Ohne die Zuordnung eigenständiger

---

[1] Herzog, a.a.O. Rn. 103f.

[2] Herzog, a.a.O. Rn. 104f.

[3] J.S.Mill: nach Badura, in: HdbdStR Bd. I, § 23 Rn. 11

[4] Schmid, Das Verhältnis von Parlament und Regierung im Zusammenspiel der staatlichen Machtverteilung, 1971, S. 33; darauf, dass die Regierung trotz aller Abhängigkeit vom Parlament führend auf dieses einwirkt, verweist Friesenhahn, Parlament und Regierung, VVDStRL 16(1957), 9(33)

[5] Herzog, in: M/D/H/S, Art. 20 V. Rn. 6

[6] AöR 105, 598; BVerfG NJW 1984, 2275; BVerfGE 67, 100(139); 68, 1(87); Böckenförde, in: HdbdStR Bd. I, § 22 Rn. 10; Badura, in: HdbdStR Bd. I, § 23 Rn. 6; Kassimatis, Der Bereich der Regierung, 1967, S. 35

[7] Leibholz, Die Repräsentation in der Demokratie, 1973, S. 81; Sv. Tomuschat, Gem.VerfK., Sten.Ber. 1. Öffentl. Anhörung, S. 31; Smend, Verfassung und Verfassungsrecht, 1928, S. 145; Bren-

Verantwortungsbereiche wäre die staatliche Gewalt deshalb nicht geteilt, sondern nur organisiert oder koordiniert[1].

Soll die Exekutive als eigenständige Gewalt bestehen können, muss ihr deshalb auch eine Funktion zukommen, in die das Parlament nicht eindringen kann. Gewaltenteilung setzt notwendig trotz aller arbeitsteiliger Verschränkungen in den Entscheidungsverfahren[2] eine hinreichende Distanz zwischen den Gewalten voraus[3].

Die Regierung ist deshalb auch unter dem Grundgesetz nicht bloßes Ausführungsorgan des Parlaments. Dies schlägt sich schon in ihrem neben dem Parlament eigenständigen Gesetzesinitiativrecht nieder (Art. 76 Abs. 1 GG). Ihre eigenständige Führungsaufgabe folgt zudem aus der Verantwortlichkeit der Regierung dem Parlament gegenüber[4]. Auch in der Richtlinienkompetenz und dem Vorschlagsrecht des Kanzlers für die Ernennung der Minister (Art. 65 bzw. 64 GG) sowie darin, dass ein Minister jederzeit und ohne Begründung nur auf Vorschlag des Bundeskanzlers wieder entlassen werden kann, wird der eigene Verantwortungsbereich der Regierung deutlich. Denn auch mit seiner Personalpolitik gestaltet der Kanzler die Regierungspolitik inhaltlich[5].

Die Existenz eines eigenverantwortlichen exekutiven Kernbereichs scheitert auch nicht an einer ungenügenden Legitimation der Bundesregierung[6]. Die Organe der Exekutive beziehen unter dem Grundgesetz ihre institutionelle und funktionelle demokratische Legitimation aus der in Art. 20 Abs. 2 GG getroffenen Grundentscheidung der Verfassung sowie konkret-personell durch eine über das Parlament vermittelte Legitimationskette. Ein demokratischer Gewaltenmonismus mit einem durchgehenden oder subsidiären Entscheidungsrecht des Bundestages im Sinne eines Parlamentsabsolutismus oder eines allgemeinen Parlamentsvorbehalts besteht nach dem Grundgesetz somit nicht[7]. Den nach Art. 38 Abs. 1 Satz 2 GG direkt vom Volk gewählten Abgeordneten im Deutschen Bundestag als dem einzigen unmittelbar vom Volk legitimiertem Verfassungsorgan kommt auch unter dem Grundgesetz lediglich ein gewisser Vorrang gegenüber den anderen Verfassungsorganen im Sinne einer Zuständigkeitsvermutung im Zweifel zu seinen Gunsten zu[8].

---

ner, Das Gesetz über die Zusammenarbeit von BReg. und BT in Angelegenheiten der EU, ThürVBl. 1993, 196(198)

1 Brenner, a.a.O. S. 199

2 Brenner, a.a.O. S. 198

3 Brenner, a.a.O. S. 198f.

4 s. explizit Art. 65 Satz 1 GG; Brenner, a.a.O. S. 198; Schuppert, Verfassungsgerichtliche Kontrolle der Ausw. Gewalt, 1973, S. 53

5 Seifert/Hömig, GG für die Bundesrepublik Deutschland, 4. A. 1991, Art. 64 Rn. 2

6 BVerfG NJW 1984, 2275

7 BVerfGE 49, 89(125); Brenner, Das Gesetz über die Zusammenarbeit von BReg. und BT in Angelegenheiten der EU, ThürVBl. 1993, 196(198)

8 Herzog, in: M/D/H/S, Art. 20 II. Rn. 77

Zum Kernbereich des Regierungshandelns, der dem Bundestag zur unmittelbaren inhaltlichen Entscheidung entzogen ist und auch von parlamentarischen Untersuchungsausschüssen nicht ausgeforscht werden darf[1], rechnet das BVerfG[2] letztendlich aber lediglich die Willensbildung in der Regierung, sowohl hinsichtlich der Erörterungen im Kabinett als auch hinsichtlich der Vorbereitung von Kabinetts- und Ressortentscheidungen in ressortübergreifenden und -internen Abstimmungsprozessen. Zwar unterteilt das BVerfG den Kernbereich der Exekutive in einen Initiativ-, Beratungs- und Handlungsbereich[3]. Mit dieser aneinanderreihenden Umschreibung wird der Kernbereich der Regierung jedoch nur plastischer, aber nicht umfangreicher. Geschützt wird damit vor allem nicht eine bestimmte materielle Zuständigkeit, sondern das Gebrauchmachen von sämtlichen möglichen Zuständigkeiten. Diesen unentziehbaren Kern darf sich die Exekutive jedoch auch nicht selbst entziehen. Er ist objektiv unentziehbar, nicht nur subjektiv durch bestimmte Organe. Deshalb ist es sehr bedenklich, wenn die Bundesregierung die Fraktionschefs der Koalition an jeder Kabinettsberatung beteiligen und ihnen sogar ein Rederecht einräumen will[4]. Den Fraktionsvorsitzenden soll damit nicht nur ein Anhörungsrecht eingeräumt werden, sondern sie sollen umfassend an der Kabinettsitzung teilnehmen. Hier wird der Beratungsbereich der Regierung eingeschränkt, sogar aufgehoben. Dadurch entsteht ein verfassungsrechtlich grundsätzlich unzulässiges Mischorgan. Der für Entscheidungen der Exekutive als Organ unverzichtbare Beratungsbereich unterliegt einer nicht mehr hinnehmbaren Einflussnahme und Kontrolle[5].

Ein ausschließlicher sachlicher Vorbehaltsbereich der Exekutive besteht auch nicht im Bereich der Organisationsgewalt[6]. Die Exekutive konnte ihre innere Struktur zwar immer selbst und ohne ausdrückliche gesetzliche Ermächtigung bestimmen. Andererseits ist der Gesetzgeber nicht grundsätzlich gehindert, den Behördenaufbau oder das Verwaltungsverfahren selbst zu regeln[7]. Nach Art. 86

[1] BVerfGE 67, 100(139)

[2] BVerfGE 67, 100ff.

[3] BVerfGE 67, 100(139)

[4] Steuck, Die ständige Teilnahem von Fraktionsvorsitzenden an Kabinettssitzungen..., ZRP 1999, 403f.

[5] Steuck, a.a.O. S. 404

[6] Herzog, in: M/D/H/S, Art. 20 V. Rn. 106; Ossenbühl, in: HdbdStR Bd. III, § 62 Rn. 59; wie weit die verfassungsgerichtliche Kontrolle hier gehen kann, hat das Urteil des VerfGH NW v. 9.2.1999, NJW 1999, 1243ff. gezeigt, das die Zusammenlegung von Justiz und Innenministerium in NRW ohne Parlamentsgesetz verbietet. Dabei mag hier dahinstehen, ob dieses Urteil auf die Rechtslage unter dem Grundgesetz ohne weiteres übertragen werden könnte, da jedoch auch die Landesverfassungen rechtsstaatliche und gewaltengeteilte Demokratien sein müssen (Art. 28 Abs. 1 Satz 1 GG) zeigt dieses Urteil grundsätzlich, wie inhaltlich begrenzt letztlich auch die Organisationsgewalt der Regierung ist; zu diesem Urteil im einzelnen Brinktrine, Organisationsgewalt der Regierung und Vorbehalt des Gesetzes - zur Reichweite der „Wesentlichkeitstheorie" am Beispiel der Zusammenlegung von Justiz- und Innenministerium in NRW, JURA 2000, 123

[7] Herzog, a.a.O.

Satz 2 GG regelt die Bundesregierung die Einrichtung von Behörden der bundeseigenen Verwaltung soweit das Gesetz nichts anderes bestimmt.

Unter dem Grundgesetz gibt es somit keinen Sachbereich, der der Exekutive zur alleinigen Entscheidung zugewiesen ist[1]. Einzig die Personalhoheit, d.h. die Auswahl, Einstellung und Zuweisung von Beamten wird vom BVerfG als wesentlicher Bestandteil der Exekutive ausdrücklich ausschließlich dieser überantwortet[2]. Die rechtliche Stellung der Exekutive bestimmt sich deshalb vornehmlich aus der Rolle, die ihr im Zusammenwirken mit der Legislative zugewiesen ist. Ohne diese Zuordnung zur Legislative ist die Rolle der Exekutive im Grundgesetz nicht zu verstehen. Darüber hinaus bestimmt sich die Rolle der Exekutive aus ihren faktischen Einflussmöglichkeiten, die vom Grundgesetz jedenfalls nicht verhindert werden: aus ihrem Vorsprung an handlungsfähiger Organisation und Information sowie aus dem indirektplebiszitären Votum, das der Kanzlerkandidat der Regierungspartei und regelmäßig spätere Bundeskanzler legitimierend für sich in Anspruch nehmen kann und das seine Rolle gegenüber dem Parlament nachhaltig prägt[3]. Faktische Freiräume sollen der Exekutive auch dadurch entstehen, dass der Gesetzgeber bei der Normierung an natürliche Grenzen stößt. Normen können nur für voraussehbare Situationen erlassen werden. Kernaufgabe der Regierung ist deshalb die Führung im Sinne eines Reagierens in Ausnahmesituationen und auf Unvorhersehbares[4]. Aus diesem Grund soll auch die Außenpolitik der Exekutive übertragen sein, da eine außenpolitische Strategie zu wenig konkret vorausnormierbar sei[5].

Unabhängig von diesen Überlegungen obliegt es jedoch prinzipiell dem Ermessen des Gesetzgebers, wieweit er den Regierungsbereich verrechtlicht[6]. Verfassungsrechtlich geschützt ist nur, dass die Gesamttätigkeit der Bundesregierung nicht so weit reduziert werden darf, dass sie in der Gesamtbetrachtung nur noch von anderen Gewalten vorgegebene Inhalte vollzieht[7]. Ihr darf damit ihre Funktion der politischen Führung, und dabei insbesondere das Recht zur auf Rechtsveränderung und Rechtsgestaltung hinzielenden Initiative[8] als politisches Einwirken auf das Parlament, nicht entzogen werden[9]: Die Initiative als Wahrnehmung der politischen Leitungsaufgabe, die eigenständig Ziele definiert[10] und so der Staatstätigkeit eine bestimmende Richtung gibt[11]. „Regieren" ist po-

---

[1] Herzog, a.a.O. Rn. 108

[2] BVerfGE 9, 268(283); Herzog, a.a.O. Rn. 197; Ossenbühl, in: HdbdStR Bd. III, § 62 Rn. 54

[3] Herzog, in: M/D/H/S, Art. 20 V. Rn. 108

[4] Schuppert, Verfassungsgerichtliche Kontrolle der Ausw. Gewalt, 1973, S. 61f.

[5] Herzog, in: M/D/H/S, Art. 20 V. Rn. 113

[6] Ossenbühl, in: HdbdStR Bd. III, § 62 Rn. 58

[7] Kassimatis, Der Bereich der Regierung, 1967, S. 34

[8] Schuppert, Verfassungsgerichtliche Kontrolle der Ausw. Gewalt, 1973, S. 60

[9] Schuppert, a.a.O. S. 75; BVerfGE 67, 100(130) spricht von dem der Exekutive zukommenden Bereich der unmittelbaren Handlungsinitiative und Gesetzesanwendung

[10] Stern , Staatsrecht Bd. II, § 39 III 3

[11] Fastenrath, Kompetenzverteilung im Bereich der auswärtigen Gewalt, 1986, S. 74

litische Führung[1] in dem Sinne, die Zukunft gestaltend zu bewältigen[2]. Der Regierung obliegt es gerade wegen ihrer Homogenität und Informiertheit, die Bedürfnisse und Möglichkeiten für die Gestaltung des menschlichen Zusammenlebens innerhalb der Verfassungsordnung zu einem in sich schlüssigen Programm zusammenzufassen und in den Einzelheiten realisierbar zu machen[3]. Wegen Art. 65 GG darf der Bundestag der Regierung deshalb auch in keinem Einzelsachbereich die politische Leitungsbefugnis und damit vor allem auch die Möglichkeit, Gesetzesentwürfe einzubringen, vollständig entziehen[4].

IV. Die Zuordnung der auswärtigen Gewalt

Art. 59 GG ordnet in alter, auf die Monarchie zurückgehender Tradition die Außenvertretung des Staates dem Staatsoberhaupt zu, da dieses die Einheit des Staates verkörpert[5]. Auch der Konstitutialismus hat die Prärogative der Krone in der Außenpolitik nicht in Frage gestellt, da es ihm vor allem darauf ankam, innerstaatlich die Freiheitssphäre zu sichern und deshalb jeden Eingriff, vor allem in Freiheit und Eigentum der Bürger, der Mitwirkung des Parlaments zu unterwerfen. Deshalb war das Parlament auch nur an außenpolitischen Akten zu beteiligen, die dem Bereich der Gesetzgebung zuzuordnen waren[6]. Die Beteiligung an völkerrechtlichen Verträgen, die sich auf Gegenstände der Gesetzgebung beziehen, ist deshalb die historische Einbruchstelle parlamentarischer Mitwirkung an der Gestaltung der staatlichen Außenbeziehungen[7].

Damit ist die auswärtige Gewalt jedoch erst dem Staatsoberhaupt, noch nicht der Regierung zugeordnet. Vor allem für die vorkonstitutionelle Zeit spielte diese Differenzierung jedoch auch keine Rolle, da staatlicher Repräsentant und Regent im Monarchen identisch waren. Der Konstitutionalismus hatte vorrangig innenpolitische Ziele. Gerade die entstandenen oder entstehenden Nationalstaaten legten zudem einen hohen Wert auf geschlossenes außenpolitisches Auftreten[8]. Die auch in konstitutionellen Verfassungen im königlichen oder fürstlichen Staatsoberhaupt konzentrierte Symbolik der staatlichen Einheit war zugleich Motiv und Programm der entstehenden Nationen. Die Einheit der Nation erlaubte keine zersplitterte Außenvertretung. Gerade darin liegt jedoch auch ein Grund, weshalb mit zunehmender Integration der Gesichtspunkt der

---

[1] Schuppert, Verfassungsgerichtliche Kontrolle der Ausw. Gewalt, 1973, S. 57ff.

[2] Schuppert, a.a.O. S. 62

[3] Jellinek, Allgemeine Staatslehre, 3. A., 1966, S. 617; Kelsen, Allgemeine Staatslehre, 1925, 244; BVerfGE 9, 268(281f.); 11, 77(85); Kassimatis, Der Bereich der Regierung, 1967, S. 30; Magiera, Parlament und Staatsleitung in der Verfassungsordnung des GG, 1979, S. 267; Brenner, Das Gesetz über die Zusammenarbeit von BReg. und BT in Angelegenheiten der EU, ThürVBl. 1993, 196(198)

[4] BVerfGE 9, 269(281); 34, 52ff.; Bleckmann, Nationales und europäisches Souveränitätsverständnis, 1980, S. 64

[5] Pernice, in: Dreier, Art. 59 Rn. 1, 14; Grewe, Die auswärtige Gewalt ... VVDStRL 12, 129(132)

[6] Schuppert, Verfassungsgerichtliche Kontrolle der Ausw. Gewalt, 1973, S. 36

[7] Schuppert, a.a.O. S. 22

[8] Hitzel-Cassagnes, Rechtsstaatliche Domestizierung der Außenpolitik, Kritische Justiz 2000, 63(65)

außenpolitischen Geschlossenheit zunehmend in den Hintergrund tritt[1]. Es geht in der EU um eine zwischen den Nationen koordinierten Entscheidungsfindung, aber nicht die Darstellung dieser Nationen als politisches Eigengewicht.

Auch unter dem Grundgesetz wird der Staat einheitlich in einer Person repräsentiert, nämlich durch den Bundespräsidenten, der Deutschland völkerrechtlich vertritt (Art. 59 Abs. 1 Satz 1 GG). Die völkerrechtliche Repräsentation der deutschen staatlichen Einheit ist damit unter dem Grundgesetz ohnehin nicht Aufgabe der Bundesregierung. Ihre außenpolitische Funktion definiert sie denn auch nicht aus Überlegungen staatlicher Repräsentation, sondern aus ihrer innenpolitischen Rolle als „Regierung", namentlich aus der in Art. 65 GG verankerten politischen Richtlinienkompetenz des Kanzlers, die im Gegensatz zur weitgehenden politischen Machtlosigkeit des Bundespräsidenten steht, dessen internationales Auftreten bei Vertragsverhandlungen deshalb inhaltlich sinnlos wäre. Vor allem kann deshalb die Bundesregierung für ihre Stellung als auswärtige Gewalt nichts daraus herleiten, dass auch der Bundespräsident Teil der Exekutive ist, denn diese Zuordnung hat eine Funktion, auf die sich die Regierung gerade nicht berufen kann, da ihre außenpolitische Zuständigkeit im Verhältnis zum Bundespräsidenten auf rein innenpolitischen Motiven beruht.

1. Akte der auswärtigen Gewalt als „wesenhafte" Regierungsakte

Die Akte der auswärtigen Gewalt werden auch „wesenhaft" als Regierungsakte gesehen, d.h. als Akte, die typischerweise der Regierung im Rahmen ihrer Staatsleitung zukommen[2]. Zur Begründung für diese Zuordnung wurde die auswärtige Gewalt als eine nicht nur gegenüber Judikative und Legislative, sondern auch gegenüber der Exekutive gänzlich andere Handlungsqualität des Staates eingeordnet. Der Tradition der europäischen Verfassungsentwicklung entspreche es, die auswärtige Gewalt als eine Staatsgewalt zu betrachten, die ihrem Inhalt nach von anderen Funktionen der Exekutive zu unterscheiden sei, die aber ihrem Wesen nach dem Träger der vollziehenden Gewalt gebühre und in enger Verbindung mit den übrigen Funktionen der Exekutive bleiben müsse[3]. Die auswärtige Gewalt wurde aus dem klassischen Gewaltentrio ausgegliedert, da ihr Bezug zum einzelnen Bürger wegen ihres Außenbezug wesenhaft anders sei als die Beziehung der klassischen drei Gewalten zum Bürger[4].

2. Der besondere Inhalt außenpolitischer Entscheidungen

Eng mit der „wesenhaften" Zuordnung der Außenpolitik zur Regierung hängt das Argument zusammen, in der Außenpolitik würden Inhalte entschieden, zu

---

[1] Rath, Die „unionswärtige Gewalt" des BT..., 1995, S. 137

[2] s. dazu auch Grewe, Die auswärtige Gewalt ... VVDStRL 12, 129(174 Ls I.1.), ders., HdbdStR Bd. III, 1988, § 77 Rn. 45insbes. jedoch Schuppert, Verfassungsgerichtliche Kontrolle der Ausw. Gewalt, 1973, S. 34f./38f. m.j.z.w.N.

[3] Grewe, Die auswärtige Gewalt ... VVDStRL 12, 129(174 Ls I.1.)

[4] Schuppert, Verfassungsgerichtliche Kontrolle der Ausw. Gewalt, 1973, S. 41

deren Beurteilung häufig nur die Regierung in der Lage ist. Bereits Locke verweist auf die besonderen Bedingungen in den internationalen Beziehungen, die die auswärtige Gewalt nicht in das Schema Gesetzgebung/ Gesetzesvollzug einordnen ließen[1]. Vor allem die Unvorhersehbarkeit außenpolitischer Notwendigkeiten wird so zum zentralen Argument für die Zuordnung der Außenpolitik zur Regierung[2].

Über ihre diplomatischen Kontakte sowie die Informationen ihrer Geheimdienste, mit Hilfe der professionellen Analysen ihrer Mitarbeiter im Auswärtigen Amt hat die Regierung in der Tat einen erheblichen Informationsvorsprung gegenüber dem Parlament im Bereich der Außenpolitik[3]. Auch ist nicht alles geeignet, ausdrücklich oder sogar öffentlich ausgesprochen zu werden, was auf diplomatischer Ebene gesprochen wird. Hierbei handelt es sich auch nicht um eine Art Geheimpolitik, sondern um ein wesentliches tatsächliches Element diplomatischen Verhaltens zwischen gleichberechtigten souveränen Staaten, das man nicht ohne weiteres mit Hinweisen auf die Öffentlichkeit von Entscheidungen im demokratischen Verfassungsstaat hinwegreden kann. In einem gewissen Umfang gehorchen deshalb Entscheidungen in der Außenpolitik durchaus eigenen Funktionsgesetzen[4]. Die diplomatischen Spielregeln, wesentlich älter als die demokratischen, liegen auch nicht allein in der Hand eines Staates, sondern haben sich im Laufe der Zeit international herausgebildet. Ihre Akzeptanz ist Voraussetzung dafür, dass ein Staat international überhaupt handlungsfähig ist. Die Zuweisung der auswärtigen Gewalt an die Exekutive geschieht deshalb in der Tat auch aus Gründen der Funktionsfähigkeit und Organadäquanz[5].

3. Die auswärtige Gewalt als kombinierte Gewalt

Zum Teil wird die auswärtige Gewalt als eine kombinierte[6] oder gemischte[7] Gewalt verstanden, die Regierung und Parlament gleichsam gesamthänderisch[8] übertragen ist. „Die Eigenart der Auswärtigen Gewalt im modernen Staat ... besteht (darin), dass sie zwei Funktionsträger hat - die Exekutive und die Legislative - und sich mithin als „kombinierte Gewalt" darstellt"[9], da die Zustimmung zu einem außenpolitischen Vertrag nicht auf seine innerstaatliche Wirkung re-

---

[1] Schuppert, a.a.O.

[2] Kassimatis, Der Bereich der Regierung, 1967, S. 32ff.; Kokott, Kontrolle der auswärtigen Gewalt, DVBl. 1996, 937

[3] Schuppert, Verfassungsgerichtliche Kontrolle der Ausw. Gewalt, 1973, S. 62ff., 68f.

[4] Schuppert, a.a.O. S. 19

[5] Pernice, in: Dreier, Art. 59 Rn. 15

[6] Menzel, Die auswärtige Gewalt der Bundesrepublik, VVDStRL 12(1954), 179(192, 194)

[7] Baade, Das Verhältnis von Parlament und Regierung im Bereich der auswärtigen Gewalt..., 1962, S. 118

[8] Friesenhahn, Parlament und Regierung im modernen Staat, VVDStRL 16(1958), 9(37f., 70)

[9] Menzel, Die auswärtige Gewalt der Bundesrepublik, VVDStRL 12(1954), 179(197); ders., Die Auswärtige Gewalt in der Deutung ..., 327(348); Rojahn, in: v.Münch, Art. 59 Rn. 20;

duziert werden darf, sondern sogar vor allem außenpolitische Wirkung hat[1]. Belegt wird diese Ansicht auch mit der „Eigenart der Auswärtigen Gewalt im modernen Staat“[2], der es der Legislative erlaubt, in verschiedenen Formen an der Außenpolitik mitzuwirken: sie könne in Gesetzesform entscheiden, Entscheidungen über „hochpolitische Akte“ treffen und durch Entschließungen des Bundestages Einfluss nehmen[3]. Mit der Zustimmung werde auch nicht nur außenpolitisches Handeln der Regierung genehmigt, sondern mit dieser Genehmigung falle die eigentliche Entscheidung, die Exekutive leiste zu dieser nur vorbereitende Arbeit[4]. Friesenhahn transportiert den Gedanken der gemeinschaftlichen Zuständigkeit von Exekutive und Legislative allgemein auf die Ebene der Regierung und weist so die Staatsleitung insgesamt Regierung und Parlament gemeinsam zu, „gewissermaßen zur gesamten Hand“[5].

Stern sieht die Außenpolitik als „kombinierte Gewalt mit herausragender Stellung der Exekutive“, da an deren Ausübung mehrere Staatsorgane beteiligt sind[6].

Nach Hesse liegt die auswärtige Gewalt bei der Regierung. Wegen der Gesetzgebungsfunktion des Parlaments ist jedoch zwischen Regierung und Parlament ein Zusammenwirken erforderlich[7]. Von einer Parlamentarisierung der auswärtigen Gewalt, bei der das Parlament aber trotzdem auf einige, wenn auch wesentliche Entscheidungsvollmachten beschränkt ist, spricht Badura[8].

Dem Parlament im außenpolitischen Bereich die Vorrangstellung einräumen will Baade[9]. Auch Menzel lässt im Einzelfall die gesamthänderische Leitung des Staates in der Außenpolitik auf das Parlament übergehen. Außenpolitische Entschließungen des Bundestages müssen seiner Meinung nach als rechtlich bindende Weisungen an die Exekutive behandelt werden[10].

Als kombinierte Gewalt in Form einer gestaffelten Zuständigkeit sieht Schuppert die auswärtige Gewalt. Das Zustimmungsgesetz in Art. 59 GG sieht er als die sachgerechte Balance zwischen dem Mitspracheanspruch des Parlaments und dem selbstverantwortlichen sachlich erforderlichen Eigenbereich der Re-

---

[1] zit. Menzel, Die auswärtige Gewalt der Bundesrepublik, VVDStRL 12(1954), 179(197f.) Hervorh. im Orig.; dass beiden Gewalten die auswärtige Gewalt gemeinsam zusteht auch Jarass, in: Jarass/Pieroth, Art. 59 Rn. 4

[2] Menzel, Die auswärtige Gewalt ... VVDStRL 12(1954), 179(197)

[3] Menzel, a.a.O. S. 196

[4] Menzel, a.a.O. S. 195

[5] Friesenhahn, Parlament und Regierung, VVDStRL 16(1957), 9(38ff., 67Ls. 13)

[6] Stern, Staatsrecht Bd. I, 2. A. 1984, § 14 IV 2

[7] Hesse, Grundzüge des Verfassungsrechts, 1985, S. 204

[8] Badura, Staatsrecht, 1986, S. 250

[9] Baade, Das Verhältnis von Parlament und Regierung im Bereich der auswärtigen Gewalt..., 1962, S. 7

[10] Menzel, Die auswärtige Gewalt in der Bundesrepublik, VVDStRL 12, 179(219, 2. Leitsatz)

gierung[1]. Diese Aufgabenverteilung spiegelt seiner Meinung nach auch das Verhältnis zwischen Regierung und Parlament wider als Aufteilung des Entscheidungsprozesses in Initiative und (Kontroll)Entscheidung[2]. Nicht die Möglichkeit des Parlaments, den Vertragsentwurf zu verwerfen, stehe deshalb im Mittelpunkt der Beteiligung des Parlaments an auswärtigen Angelegenheiten[3], sondern die Funktion des Art. 59 Abs. 2 GG, ein Teilstück der Richtlinienkompetenz des Bundeskanzlers der Pflicht zur öffentlichen Plenardebatte zu unterwerfen[4]. Die auswärtige Gewalt insgesamt sei weder eine Prärogative der Exekutive noch Teilkompetenz eines allzuständigen Parlaments[5]. Die gemeinschaftliche Zuständigkeit sei eine gestaffelte Zuständigkeit insofern, als sich die Beteiligung beider Organe an der Gestaltung der auswärtigen Angelegenheit auf verschiedene Phasen des Entscheidungsprozesses bezieht[6]. Der Regierung stehe die Initiativgewalt zu, dem Parlament die Zielentscheidung[7].

4. Die auswärtige Gewalt in den Augen des Bundesverfassungsgerichts

Das BVerfG stellt darauf ab, dass in der parlamentarischen Demokratie grundsätzlich dem Parlament die Rechtsetzung vorbehalten und der Exekutive die Regierung und Verwaltung übertragen sei. Zu letzterem rechnet das Gericht auch die Führung der Außen- und Handelspolitik. Nach Art. 65 GG bestimme der Bundeskanzler die Richtlinien der Politik und trage dafür die Verantwortung. Die Rechtsvermutung spreche deshalb für die Ausschließlichkeit dieser ausdrücklich statuierten Zuständigkeit der Regierung. Der Bundestag könne diese Funktion der Regierung nicht übernehmen, soweit ihm nicht ausdrücklich Regierungsaufgaben zugewiesen sind[8]. Eine solche Ausnahmebefugnis der Legislative im Bereich der Exekutive habe Art. 59 Abs. 2 GG begründet. Nur weil in Art. 59 Abs. 2 GG für die dort genannten Sonderfälle die Form des Gesetzes vorbehalten sei, könne die Legislative durch Mitwirkung in dieser Form in die Tätigkeit der Exekutive eingreifen. Darüber hinaus habe Art. 59 Abs. 2 GG dem Bundestag kein Recht gegeben, in den Zuständigkeitsbereich der Regierung einzugreifen[9]. Ihm steht insoweit weder ein Initiativ- noch ein Gestaltungs- oder Kontrollrecht zu[10]. Im Parlamentsvorbehalt aus Art. 59 Abs. 2 Satz 1 GG sieht das Gericht zwar der Form nach den Erlass eines Bundesgesetzes, dem Wesen nach jedoch eine Beteiligung des Bundestages an einem außenpolitischen Regierungsakt[11]: Art. 59 Abs. 2 Satz 1 GG verleihe dem Parlament eine eigene

---

1 Schuppert, Verfassungsgerichtliche Kontrolle der Ausw. Gewalt, 1973, S. 72
2 Schuppert, a.a.O. S. 73
3 Schuppert, a.a.O.
4 Schuppert, a.a.O. S. 74
5 Schuppert, a.a.O.
6 Schuppert, a.a.O. S. 75
7 Schuppert, a.a.O. S. 74
8 BVerfGE 1, 372(394)
9 BVerfGE 1, 372(394)
10 BVerfGE 68, 1(86)
11 BVerfGE 1, 372(395) 1, 281(282); 1, 396(414); 2, 347(369f.); BVerfG NJW 1984, 605

politische Mitwirkungsbefugnis, deren Ausübung sich - funktionell betrachtet - als ein Regierungsakt in Form eines Bundesgesetzes darstelle[1]. Auch Art. 59 Abs. 2 müsse zwar im Lichte des Art. 20 Abs. 2 GG ausgelegt werden. Die dort als Grundsätze normierte organisatorische und funktionelle Unterscheidung der Gewalten dient jedoch einmal zur Verteilung von politischer Macht und Verantwortung, zum anderen aber auch dazu, dass staatliche Entscheidungen möglichst richtig, d.h. von den Organen getroffen werden, die hierfür über die besten Voraussetzungen verfügen. Typischerweise verfüge aber allein die Regierung institutionell und auf Dauer über die personellen, sachlichen und organisatorischen Möglichkeiten, um auf wechselnde äußere Lagen zügig und sachgerecht reagieren und so die auswärtigen Angelegenheiten verantwortlich und bestmöglich wahrnehmen zu können[2]. Art. 20 Abs. 2 GG beschränke die Exekutive dabei auch nicht von vornherein auf politisch weniger bedeutsame Entscheidungen[3]. Akte der auswärtigen Gewalt, die von Art. 59 Abs. 2 GG nicht erfasst seien, lägen deshalb im Kompetenzbereich der Regierung, auch wenn sie bedeutsame Auswirkungen auf die inneren Verhältnisse der Bundesrepublik hätten[4]. Eine dadurch eventuell eingeschränkte Kontrolleffektivität sei ein "mit dieser Kompetenzverteilung allfällig verbundene(s) Risiko", das von Verfassung wegen hinzunehmen sei[5]. Dem Bundestag verblieben immer seine allgemeinen parlamentarischen Kontrollbefugnisse[6]. Er bleibe auf diese aber auch beschränkt[7] und könne nicht selbst die Politik führen[8]. Daran ändere es nichts, dass die Mitglieder des Bundestages unmittelbar vom Volk gewählt sind. Die konkrete Ordnung und Verteilung staatlicher Macht im Grundgesetz dürfe nicht durch einen fälschlich aus dem Demokratieprinzip abgeleiteten Gewaltenmonismus in Form eines allumfassenden Parlamentsvorbehalts unterlaufen werden[9]. Bei einer Einflussnahme des Bundestages auf den Inhalt des Vertrages im völkervertraglichen Bereich sieht das BVerfG sogar die Gefahr außenpolitischer Handlungsunfähigkeit[10].

Implizit hat sich das BVerfG auch bereits dazu geäußert, wie es grundsätzlich Äußerungen des Bundestages gegenüber der Bundesregierung im Rahmen außenpolitischer Vertragsverhandlungen einschätzt. Für zulässig hält es die Bildung eines parlamentarischen Beirats, der die Bundesregierung *berät.* Dies widerspreche nicht dem Grundsatz der Gewaltenteilung. Es fördere vielmehr die

---

[1] zuletzt so BVerfGE 90, 286(357)
[2] BVerfGE 55, 349(365); 68, 1(86f.)
[3] BVerfG NJW 1984, 605
[4] BVerfGE 90, 286(358)
[5] BVerfGE 68, 1(89); BVerfG NJW 1995, 605
[6] BVerfG NJW 1984, 605
[7] BVerfGE 1, 372(394); Fastenrath, Kompetenzverteilung im Bereich der auswärtigen Gewalt, 1986, S. 243
[8] BVerfGE 1, 372(394)
[9] BVerfGE 68, 1(68f.)
[10] BVerfGE 77, 170(231f.)

Zusammenarbeit zwischen Legislative und Exekutive und sichere Kontrolle und Ausgleich der beiden Gewalten[1]. Im damals zur Entscheidung stehenden Fall hatte die Bundesregierung eine entsprechende Vereinbarung über das Zusammenwirken von Regierung und Bundestag abgeschlossen. Mit der angesprochenen Einschränkung hielt das Gericht dies für zulässig,. Die Bundesregierung sei durch die Verteilung der Funktionen durch das Grundgesetz nicht generell gehindert, dem Bundestag Einfluss auf die Führung der auswärtigen Angelegenheiten einzuräumen[2].

Deutlich wird der Ausnahmecharakter parlamentarischer Entscheidungen in der Außenpolitik selbst dann, wenn das BVerfG die Entsendung von Soldaten in Krisenregionen von einem zustimmenden Votum des Bundestages abhängig macht. Das BVerfG leitet auch diesen Zustimmungsvorbehalt zugunsten des Bundestages nämlich nicht aus einem allgemeinen demokratischen Parlamentsvorbehalt ab, sondern bedient sich der Zuständigkeitsordnung des Grundgesetzes, um eine über Art. 59 Abs. 2 Satz 1 GG hinausgehende außenpolitische Zuständigkeit des Bundestages und damit - funktionell betrachtet - einen weiteren Exekutivakt in die Zuständigkeit des Bundestages zu verlagern. Das BVerfG gewinnt diese Erkenntnis aus einer Gesamtbetrachtung der Art. 45 a, 45 b, 87 a Abs. 1 Satz 2 GG, insbesondere aber der Art. 115 a Abs. 1 Satz 1 und Abs. 2 i.V.m. 115 b GG, die seiner Ansicht nach unmittelbarer Ausdruck einer ausgeprägten parlamentarischen Kontrolle der Bundeswehr und ihrer Einsätze sind[3].

Nach der Rechtsprechung des BVerfG kann der sachliche Anwendungsbereich des Art. 59 Abs. 2 Satz 1 GG, im Lichte des Art. 20 Abs. 2 GG ausgelegt, auch grundsätzlich nicht auf nicht-vertragliche Akte der Bundesregierung gegenüber fremden Völkerrechtssubjekten erweitert werden, da dies einen Einbruch in zentrale Gestaltungsbereiche der Exekutive darstellen würde[4]. Das BVerfG lehnt eine analoge Ausdehnung des Art. 59 Abs. 2 Satz 1 GG über seinen ausdrücklichen Anwendungsbereich hinaus deshalb ab[5], obwohl es selbst eingesteht, dass einseitige völkerrechtliche Akte oft in ihrer politischen Bedeutung nicht weniger einschneidend sind als Verträge[6]. Über eine erweiternde Auslegung des Art. 59 Abs. 2 Satz 1 auf nicht-vertragliche Akte würde in weitem Umfang politische Macht zu Lasten der Exekutive auf den Bundestag in einem Bereich verlagert, der funktionell nicht Gesetzgebung i.S.d. Art. 20 Abs. 2 Satz

---

[1] BVerfGE 1, 372(395), Hervorhebung im Original

[2] BVerfGE 1, 372(394f.)

[3] BVerfGE 90, 286(381/385)

[4] NJW 1985, 605

[5] BVerfGE 90, 286(358); gegen eine extensive Auslegung des Art. 59 GG, die zur Auflösung von dessen Grundsatzentscheidung führen könnte, schon Grewe, Die auswärtige Gewalt ... VVDStRL 12, 129(175 Ls IV 2 b)

[6] Pernice, in: Dreier, Art. 59 Rn. 38

2 GG sei. Denn die Vornahme solcher Akte auf der Ebene des Völkerrechts vermag als solche nicht schon innerstaatlich geltende Rechtssätze zu erzeugen[1].

Um das Parlament davor zu bewahren, dass die Bundesregierung über einseitige völkerrechtliche Erklärungen formelle Vertragsabschlüsse umgeht, betont das BVerfG, dass es zwar grundsätzlich der Bundesregierung obliegt, in Abstimmung mit den Vertragspartnern zu entscheiden, welches Handlungsinstrumentarium ihr im völkerrechtlichen Verkehr als angemessen erscheint. Damit stehe ihr grundsätzlich auch die Entscheidung zu, auf einen Vertrag zu verzichten. Deshalb fällt auch ein abgestimmtes außenpolitisches Verhalten nicht unter die Mitwirkungspflicht des Art. 59 Abs. 2 GG, da es die völkerrechtliche Bindung bewusst vermeidet. Hierdurch sollen Rechte und Pflichten gerade nicht begründet werden[2]. Allerdings hebt das Gericht gleichzeitig hervor, dass auch eine feierlich und formalisiert geschlossene Absprache, ebenso wie ein Notenwechsel oder eine mündliche Absprache, eine vertragliche Vereinbarung darstellen kann[3]. Auf die Bezeichnung der Übereinkunft als Vertrag kommt es nicht an. Auch Organ- oder sonstige Kollektivakte internationaler Vertragsgemeinschaften können zugleich inhaltsgleiche Verträge der Mitgliedstaaten darstellen, wenn sie mit entsprechendem Bindungswillen vorgenommen werden[4].

Auch die Interpretation eines bestehenden völkerrechtlichen Vertrages, die lediglich der Entfaltung des bereits vorhandenen Vertragsinhaltes dienen soll, könne sich im Einzelfall auf einen bestehenden Vertrag wie eine Vertragsänderung auswirken[5]. Die Parteien würden hier aber durch die Erklärung, im Rahmen des bestehenden Vertrags bleiben zu wollen, deutlich zum Ausdruck bringen, dass sie keine neuen vertraglichen Rechtsbindungen entstehen lassen wollen. Ein Zustimmungsobjekt nach Art. 59 Abs. 2 Satz 1 GG stehe somit nicht zur Verfügung. Würde ein solches Geschehen Art. 59 Abs. 2 GG unterworfen, würde die klare Kompetenzzuweisung in der Außenpolitik verwischt[6]; ein solches Verständnis der außenpolitischen Rolle der Bundesregierung würde der grundgesetzlichen Gewaltenteilung nicht gerecht[7]. Ließe die Bundesregierung aber neue völkerrechtliche Verpflichtungen entstehen und dabei pflichtwidrig Art. 59 Abs. 2 GG nicht beachten, so beschränkten sich ihre Handlungsmöglichkeiten zum Vollzug auf die Tätigkeiten, die nicht dem außenpolitischen Gesetzesvorbehalt aus Art. 59 GG unterliegen[8].

---

[1] BVerfGE 68, 1(87); a.A. Streinz, in: Sachs, Art. 59 Rn. 42, der, um dem Zweck des Art. 59 GG zu genügen, die Vorschrift auf alle einseitigen Akte erstrecken will, die völkerrechtliche Bindungen erzeugen.

[2] BVerfGE 90, 286(360)

[3] BVerfGE 90, 286(359)

[4] BVerfGE 90, 286(359); BVerfG NJW 1985, 603

[5] BVerfGE 90, 286(362)

[6] BVerfGE 90, 286(363)

[7] BVerfGE 90, 286(364)

[8] BVerfGE 90, 286(364)

Unter dem Grundgesetz ist es damit aber der Bundesregierung vorbehalten, darüber zu entscheiden, ob und mit welchem Inhalt sie völkerrechtliche Verträge aushandeln und ratifizieren will[1]. Der Bundestag kann ihnen im innerstaatlichen Ratifizierungsverfahren lediglich im Paket zustimmen oder sie im Paket ablehnen[2]. Der Versuch des Bundestages, die Bundesregierung auf einen bestimmten Vertrag oder Vertragsinhalt von vornherein zu verpflichten, verstieße grundsätzlich gegen die Gewaltenteilung des Grundgesetzes[3]. Unzulässig ist auch ein Antrag des Bundestages auf Abänderung eines bereits geschlossenen völkerrechtlichen Vertrages[4]. Der Bundestag kann die Bundesregierung hier nur zu im jeweiligen Vertrag zugelassenen Neu- oder Änderungsverhandlungen politisch anhalten. Umstritten ist, ob der Bundestag ein Initiativrecht zu einem völkerrechtlichen Vertrag hat[5]. In jedem Fall die Bundesregierung hat jedoch keine Ideenprärogative, sondern allenfalls eine Prärogative beim Aushandeln völkerrechtlicher Verträge. Von der Prärogative der Bundesregierung wird insbesondere das Initiativrecht des Bundestages aus Art. 76 GG nicht überspielt, wie umgekehrt das Initiativrecht des Bundestages die Prärogative der Bundesregierung beim Aushandeln des Inhaltes nicht beeinträchtigt, da die Initiative des Bundestages die Regierung ohnehin nicht bereits endgültig auf einen Vertragsinhalt festlegen darf, der ein Aushandeln gewissermaßen unmöglich machen würde[6].

Gewisser Druck auf die Bundesregierung kann auch über die Verweigerung von Haushaltsmitteln ausgeübt werden[7]. Die Haushaltsgesetzgebung wird durch einen Akt der auswärtigen Gewalt nach allgemeiner Meinung aber erst dann tangiert, wenn Positionen im Haushalt verändert werden sollen, die im Haushaltsansätze zur Vertragserfüllung nicht ausreichen und die Regierung mit den ihr möglichen Umschichtungen und Haushaltsüberschreitungen (Art. 112 GG) nicht auskommt oder wenn der Vertrag Belastungen in noch nicht absehbarer Höhe oder zeitlicher Dauer mit sich bringt[8].

Auch die Kündigung oder Aufhebung einer internationalen Verpflichtung ist nicht von einer Entscheidung des Bundestages oder Bundesrates abhängig, so-

---

[1] Hitzel-Cassagnes, Rechtsstaatliche Domestizierung der Außenpolitik, Kritische Justiz 2000, 63(74f.)

[2] Grewe, Zum Verfassungsrecht der Auswärtigen Gewalt, AöR 112, 521(528); neuerdings ein Initiativrecht will dem Bundestag zugestehen Wolfrum, Kontrolle der auswärtigen Gewalt, VVDStRL 56(1997)

[3] BVerfGE 68, 1(86f.); Fastenrath, Kompetenzverteilung im Bereich der auswärtigen Gewalt, 1986, S. 235; a.A. bereits Menzel, Die auswärtige Gewalt der Bundesrepublik Deutschland, VVDStRL 12(1954), 179(219, Ls A.I.2), der außenpolitische Entschließungen des Bundestages zu „hochpolitischen“ Fragen als „Weisungen an die Exekutive“ sieht.

[4] Fastenrath, a.a.O. S. 240

[5] dagegen Baade, Das Verhältnis von Parlament und Regierung im Bereich der auswärtigen Gewalt..., 1962, S. 108f.; teilw. ablehnend Pratsch, Parlament und Regierung, VVDStRL 16(1958), 74(101); a.A. Maunz, in: M/D/H/S, Art. 59 Rn. 12; Stern, Staatsrecht Bd. II, S. 240

[6] Fastenrath, Kompetenzverteilung im Bereich der auswärtigen Gewalt, 1986, S. 240

[7] Fastenrath, a.a.O. S. 243

[8] Fastenrath, a.a.O. S. 225

fern damit die vertraglichen Pflichten, ohne nachvertraglich zu schaffen, beseitigt werden. Ein Gesetz ist hier nicht erforderlich, da keine politische Beziehung geregelt, sondern aufgelöst wird[1]. Zudem ermächtige das Zustimmungsgesetz nur zum Abschluss eines völkerrechtlichen Vertrages[2]. Dies mag für die Kündigung noch nachvollziehbar sein, da auch das Vertragsgesetz die Regierung nur zum Abschluss eines Vertrages ermächtigt, sie jedoch nicht zum Abschluss verpflichtet. Es ist jedoch nicht ersichtlich, weshalb die Aufhebung eines Vertrages die politischen Beziehungen nicht regelt, nur weil er keine Bindungen schafft, sondern diese auflöst[3]. Auch die Aufhebung eines völkerrechtlichen Vertrages beeinflusst die Stellung der Bundesrepublik in der Völkergemeinschaft[4]. Ein Vertrag als Zustimmungsobjekt liegt anders als bei einer Kündigung im Auflösungsvertrag ebenfalls vor. Auf Einzelheiten dieser Problematik soll hier nicht eingegangen werden. Denn vor allem die vorliegend interessierenden Grundsätze der Wesentlichkeitslehre und des Bestimmtheitsgrundsatzes hängen nicht mit der Lösung aus den europäischen Verträgen zusammen, sondern mit deren inhaltlichen Ausgestaltung. Dieser Einfluss des Bundestages auf die inhaltliche Ausgestaltung der europäischen Verträge wird deshalb im Nachfolgenden näher untersucht.

5. Art. 59 Abs. 2 Satz 1 GG als Vorbehalt des Gesetzes

Kern der Legitimationspflicht für die weitere Integration ist der für die auswärtige Gewalt in Art. 59, 23 und 24 GG verankerte Vorbehalt des Gesetzes[5]. Das Erfordernis vorheriger Zustimmung soll den Bundestag davor schützen, dass seine Kontrollrechte dadurch unterlaufen werden, dass ein Vertrag eine völkerrechtliche Bindungswirkung erzeugt, die durch eine spätere parlamentarische Missbilligung nicht mehr beseitigt werden kann[6]. Entsprechend ermächtigt auch erst das Zustimmungsgesetz den Bundespräsidenten, den Vertrag zu ratifizieren und ihm damit völkerrechtliche Gültigkeit zu verleihen[7]. Auch nach Zustimmung des Bundestages verbleibt der Regierung aber die letzte Entscheidung

---

[1] Streinz, in: Sachs, Art. 59 Rn. 46; Fastenrath, Kompetenzverteilung im Bereich der auswärtigen Gewalt, 1986, S. 238f.; Seifert/Hömig, Art. 59 Rn. 5

[2] BVerfGE 90, 286(358); BVerfG NJW 1985, 604

[3] so aber Fastenrath, Kompetenzverteilung im Bereich der auswärtigen Gewalt, 1986, S. 218

[4] Maunz, in: M/D/H/S, Art. 59 Rn. 11; so auch Pernice, in: Dreier, Art. 59 Rn. 40, der jedoch mit dieser Argumentation auch die Kündigung eines völkerrechtlichen Vertrages der Zustimmung unterwerfen will (so auch Wolfrum, Kontrolle der auswärtigen Gewalt, VVDStRL 59 (1997), S. 38ff.). Dass das Argument der Handlungsfähigkeit im Zusammenhang mit der Kündigung - eines völkerrechtlichen Vertrages nicht greift, gesteht auch Fastenrath zu, da Kündigungen regelmäßig erst nach reiflicher Überlegung ausgesprochen werden, Kompetenzverteilung im Bereich der auswärtigen Gewalt, 1986, S. 238.

[5] Rojahn, in: v.Münch, Art. 24 Rn. 30; Randelzhofer, in: M/D/H/S, Art. 24 Abs. I Rn. 15; Rauser, Übertragung von Hoheitsrechten, 1991, S. 95f.; Ossenbühl, in: HdbdStR Bd. III, § 62 Rn. 30

[6] Grewe, Zum Verfassungsrecht der auswärtigen Gewalt, AöR 112, 521(532)

[7] Streinz, in: Sachs, Art. 59 Rn. 59; Maunz, in: M/D/H/S, Art. 59 Rn. 33; die Zustimmung als lediglich interne staatsrechtliche Ermächtigung und damit überhaupt als keinen Akt der auswärtigen Gewalt sieht Grewe, Die auswärtige Gewalt ... VVDStRL 12, 129(175 Ls I.3.)

darüber, ob sie den vom Bundestag gebilligten Vertrag auch tatsächlich dem Bundespräsidenten zur Ratifikation übergibt[1].

Gleichzeitig transformiert das Zustimmungsgesetz die völkervertragliche Vereinbarung in innerstaatliches Recht[2] und verhindert so, dass Völkerrecht und innerstaatliches Recht auseinanderfallen[3]. Auch das Vertragsgesetz ist damit aber ein Akt innerstaatlicher Rechtsetzung[4] und der Bundestag bleibt mit seiner Abstimmung über das Vertragsgesetz konsequent an der Gestaltung der innerstaatlichen Rechtsordnung beteiligt[5]. Über Art. 59 GG will die Verfassung dem Staatsbürger so garantieren, dass seine Rechte und Pflichten auch bei einem Akt der auswärtigen Gewalt letztlich nur in einem Akt der Volksvertretung ausdrücklich festgelegt werden[6].

Darüber hinaus bestätigt Art. 59 Abs. 2 Satz 1 GG gerade deshalb, weil er eine Beteiligung des Parlaments an einem Akt der Exekutive vorsieht, dass die wesentlichen Grundentscheidungen des staatlichen Zusammenlebens eben vom Parlament als dem zentralen Repräsentationsorgan geregelt werden müssen. Würde Art. 59 GG nicht existieren, würde die Gewaltenteilung des Grundgesetzes noch mehr durchlöchert, da dann ein wichtiger Teil der gesetzgebenden Gewalt allein aufgrund ihrer Qualität als auswärtige Gewalt der Regierung zukäme[7].

Wegen der gleichzeitigen Funktion des Art. 59 GG als Parlamentsvorbehalt[8] ist gerade die Zustimmungsbedürftigkeit von politischen Verträgen zudem die positive Ausprägung der Wesentlichkeitstheorie[9]. Diese Funktion des Art. 59 Abs. 2 Satz 1 GG wird auch dadurch belegt, dass er nicht nur Gegenstände der Gesetzgebung der Zustimmungspflicht unterwirft, sondern die parlamentarische Mitwirkung darüber hinaus allgemein auf politisch bedeutsame Verträge ausdehnt[10]. Gleichzeitig beschränkt Art. 59 GG mit der Benennung dieser beiden Bereiche jedoch die Vertragsgewalt des Parlaments auch wieder[11].

---

1 BVerfGE 90, 286(358); Fastenrath, Kompetenzverteilung im Bereich der auswärtigen Gewalt, 1986, S. 240

2 Maunz, in: M/D/H/S, Art. 59 Rn. 22

3 Grewe, Zum Verfassungsrecht der auswärtigen Gewalt, AöR 112, 521(532)

4 Rojahn, in: v.Münch, Art. 59 Rn. 32; BVerfGE 1, 396(410)

5 Friauf, Zur Problematik rechtsstaatlicher und demokratischer Strukturelemente in zwischenstaatlichen Gemeinschaften, DVBl. 1964, 781(782)

6 Maunz, in: M/D/H/S, Art. 59 Rn. 25

7 Maunz, a.a.O. Rn. 16

8 Mosler, in: HdbdStR Bd. VII, § 175 Rn. 57

9 Fastenrath, Kompetenzverteilung im Bereich der auswärtigen Gewalt, 1986, S. 219

10 Schuppert, Verfassungsgerichtliche Kontrolle der Ausw. Gewalt, 1973, S. 22

11 Fastenrath, Kompetenzverteilung im Bereich der auswärtigen Gewalt, 1986, S. 215

Kern der Legitimation der Unionsgewalt sind deshalb die europäischen Gründungs- und Änderungsverträge[1]. Sie sind nach Art. 59 Abs. 2 Satz 1 GG vom Bundestag in einem Beschluss „in der Form eines Bundesgesetzes" legitimiert. Ihre legitimierende Rolle hat das BVerfG auch in seiner Entscheidung zum Vertrag von Maastricht wieder ausdrücklich betont[2]. Die Gründungs- und Änderungsverträge als völkerrechtliche Verträge[3] sind das primär vom Grundgesetz vorgesehene Mittel, völkerrechtliche Verpflichtungen vom nationalen Repräsentationsorgan Bundestag legitimieren zu lassen.

Als „problematisch", „ein wenig billig" und als „sehr formale Betrachtung demokratischer Legitimation" wird der Verweis auf die Gründungsverträge inzwischen gesehen[4]. Die legitimierende Funktion der Gründungsverträge für europäisches Handeln wird mit den Argumenten zu schwächen versucht, seit der Gründung der EWG 1958 habe sich die Quantität der europäischen Normen erheblich vergrößert. Wegen des zunehmenden zeitlichen Abstands zu ihrer Verabschiedung habe sich die Programmierungskraft der Gründungsverträge verringert[5]. Bereits am 30.01.1986 seien in den Mitgliedstaaten 1.790 Verordnungen und 743 Richtlinien[6] des Rates geltendes Recht[7] gewesen, seitdem hätte sich die Zahl noch erheblich vermehrt. Dazu erstreckten sich diese zunehmend auf politisch und gesellschaftlich bedeutsame und umstrittene Fragen[8]. Auf dem Gebiet des Wirtschafts-, Sozial- und Steuerrechts sollen 80 % aller Regelungen europäischen Ursprungs sein[9], auf die gesamte Gesetzgebung bezogen 50 %[10]. Die bisherige Legitimation der EU-Politik über die Ratifikation der Vertragstexte und die Sicht des Sekundärrechts als Verwirklichung der Vertragszwecke würde so zur Fiktion[11]. Mit einer Legitimation durch die Gründungsverträge

---

[1] Epping, Die demokratische Legitimation der dritten Gewalt der EGten, Der Staat 36(1997), 349(353); Bandilla/Hix, Demokratie, Transparenz und Bürgerrechte in der EG, NJW 1997, 1217; so bereits Herzog, Zur Legitimation der Willensbildung in den Gemeinschaften, KSE 22, 35(36

[2] BVerfG NJW 1993, 3047(3051)

[3] Huber, P.M., Recht der Europäischen Integration, § 6 Rn. 1; Streinz, Der Verfassungsstaat als Glied einer europäischen Gemeinschaft, DVBl. 1990, 949(954)

[4] Weiler, Der Staat „über alles", JöR 44 (1996), 91(109)

[5] Magiera, Organisationsformen der politischen Parteien auf Gemeinschaftsebene und ihre Funktion bei der politischen Willensbildung, EuR 1978, 311(321); Hänsch, Europäische Integration und parlamentarische Demokratie, EA 1986, 191(195); Hrbek, Demokratiegebot und EG, 1980, S. 285(295f.)

[6] Ossenbühl, Maastricht und das GG - eine verfassungsrechtliche Wende ?, DVBl. 1993, 629(631)

[7] Hänsch, Europäische Integration und parlamentarische Demokratie, EA 1986, 191(196)

[8] Hänsch, a.a.O.

[9] Delors, Rede vor dem EP am 04.07.88, Bull.EG 7/8 1988, S. 124

[10] Breuer, Die Sackgasse des neuen Europaartikels (Art. 23 GG), NVwZ 1994, 417(418); Bangemann in: Bruckner, Europa transparent, Vorwort S. 5; im Februar 1997 etwa waren bereits allein 1421 Richtlinien in Kraft, Hölscheidt, Zwangsgelder gegen die Bundesrepublik Deutschland wegen Nichtbeachtung von Urteilen des EuGH, BayVBl. 1997, 459(463); zum weitreichenden Einfluss europäischen Rechts auf Verwaltungsverfahren s. die umfassende Darstellung von Barth/Demmke/Ludwig, Die Europäisierung des nationalen Verwaltungsverfahrens- und Verwaltungsorganisationsrechts im Bereich des Umweltrechts, Natur und Recht 2001, 133ff.

[11] Scharpf, Europäisches Demokratiedefizit und deutscher Föderalismus, StwStp 1993, 293(297)

mache man es sich deshalb zu einfach[1]. Das Ende der Ratifikationswirkung sei außerdem auf das Ende der Übergangszeit nach Art. 8 EWGV festgelegt[2]. Zudem hätten sich die Schöpfer des Art. 24 Abs. 1 GG eine Entwicklung wie die der EU nicht vorstellen können. Man sei damals von sektoralen Kompetenzübertragungen ausgegangen, nie jedoch von der Übertragung der Kompetenzfülle[3].

Carlo Schmid hatte aber bereits 1948 als Mitglied des Parlamentarischen Rates zu Art. 24 GG festgestellt, man wolle nun eine Bestimmung aufnehmen, die es erlaube, Hoheitsbefugnisse auf internationale Organisationen zu übertragen. Eine solche Bestimmung würde „lebendig zum Ausdruck bringen", dass das deutsche Volk entschlossen sei, „aus der nationalstaatlichen Phase seiner Geschichte in die überstaatliche Phase" einzutreten[4]. Es ist deshalb davon auszugehen, dass man die Entwicklung, wie sie sich aus Art. 24 Abs. 1 GG schließlich tatsächlich ergeben hat, mindestens bewusst im Detail ungeregelt gelassen hat. Darauf deutet auch die Präambel hin, nach der die Vereinigung Europas von Anfang an eines der konstituierenden Elemente des Grundgesetzes war. Es wird darauf verwiesen, dass gerade der Satzteil in der Präambel[5], wonach das deutsche Volk „vom Willen beseelt (sei), als gleichberechtigtes Glied in einem vereinten Europa dem Frieden der Welt zu dienen", dieselbe Kraft wie das frühere Wiedervereinigungsgebot haben soll und Grundlage für die europafreundliche Rechtsprechung des BVerfG war[6]. Darauf, dass die Bedeutung des Art. 24 GG auch im Parlamentarischen Rat nicht unterschätzt worden ist, deutet auch der Umstand hin, dass bereits am 18.4.1951 der EGKSV unterzeichnet worden ist. Am 30.8.1954 hat die französische Nationalversammlung den am 27.5.1952 unterzeichneten, weitreichenden EVG abgelehnt. Unmittelbar nach dieser Ablehnung haben am 1./ 2.6.1955 die Arbeit am EWGV und EAGV begonnen[7]. Nur fünf Jahre vorher war Art. 24 Abs. 1 GG in Kraft getreten.

Dass die Verfasser des Grundgesetzes aber nicht nur eine ungewisse Zukunft bewusst hingenommen haben oder sich über deren Möglichkeiten bewusst keine Gedanken gemacht haben, ergibt sich letztendlich auch aus Art. 24 Abs. 2 GG. Nach Art. 24 Abs. 2 Satz 1 GG kann sich der Bund einem System kollektiver Sicherheit anschließen und dabei in eine Beschränkung seiner Hoheitsrechte

---

1 Hrbek, Demokratiegebot und EG, 1980, S. 285(295f.); Diskbeitr. Wengler, VVDStRL 23, S. 114f.

2 Oppermann, Parlamentarisierung der EG ?, 1977, S. 450

3 sogar für alle Ratifikationen von Vertragsänderungen im Laufe der weiteren Entwicklung zur heutigen EU nimmt Tomuschat dies an, Aller guten Dinge sind III ?, EuR 1990, 340(350f.).

4 Schwarze, Ist das GG ein Hindernis auf dem Weg nach Europa ?, JZ 1999, 637(638); in den Beratungen der Gemeinsamen Verfassungskommission wurde ebenfalls darauf hingewiesen, dass Adenauer im dritten Band seiner Erinnerungen feststellt: Das Ziel musste unverrückbar im Auge behalten werden, nämlich die politische Einheit in Europa, Abg. Möller, Gem.Verfk., Sten.Ber. 2. Sitzung, S. 28

5 Seeler, Die Legitimation des hoheitlichen Handelns der EG/EU, EuR 33(1998), 721(733)

6 Fromant, Europa und nationales Verfassungsrecht nach dem Maastricht-Urteil, JZ 1995, 800(801)

7 Beutler/Bieber, Die EG, 3. A. 1987, 1.3

einwilligen[1]. Hier wird deutlich, wie fein das Grundgesetzes differenziert. Wie stark sich die Bundesrepublik aufgrund dieser Regelung in einem ureigensten nationalen Tätigkeitsfeld, nämlich der Verteidigungspolitik, binden wird, war den Schöpfern dieser Regelung nach dem verlorenen 2. Weltkrieg bewusst. Weshalb das Bewusstsein für die Bedeutung der Formulierung „beschränken" in Abs. 2 vorhanden gewesen sein, für die sprachlich extremere Formulierung „übertragen" in Abs. 1 jedoch gefehlt haben soll, ist in der bisherigen Diskussion zu diesem Punkt nicht deutlich geworden[2].

Aber auch wegen EEA und EUV können die vorgetragenen Argumente die legitimierende Wirkung der nationalen Zustimmungsgesetze nicht schwächen. Nicht mehr nur die Gründungsverträge vermitteln der Union Legitimität. Sie müssen im Zusammenhang mit den ihnen nachfolgenden Vertragsänderungen gesehen werden. Auf jede Phase, in der sich die Integration im Rahmen der jeweils gültigen Verträge abgespielt hat, folgte eine Vertragsänderung, die eine weitere Integration ermöglichte. Jede dieser Vertragsänderungen hat gleichzeitig aber auch die bis zu diesem Zeitpunkt erreichte Integration gebilligt und sie mit den Änderungsverträgen gerade als Fundament für eine weitere Integration anerkannt. Gerade die intensive Überarbeitung der Verträge in EEA und EUV und die Zustimmung zu diesen Vertragsänderungen ist als erneute Zustimmung nicht nur zu den Änderungen sondern zum gesamten Vertragswerk zu sehen[3].

An diese Systematik der stufenweisen Legitimation knüpft gerade Art. 23 GG an. Allgemein[4] bestand Unsicherheit darüber, ob Art. 24 Abs. 1 GG zur Ratifikation des EUV genügt hätte[5] oder ob der EUV den Begriff der zwischenstaatlichen Einrichtung[6] bzw. die Beschränkungen, denen Art. 24 Abs. 1 GG unterliegt, nicht überdehnt hätte[7]. Selbst die Sachverständigen, die in der Anhörung vor der Verfassungskommission in Art. 24 Abs. 1 GG eine ausreichende Legitimationsgrundlage für die EU sahen, räumten ein, dass diese Grundlage dem

---

[1] zur rechtlichen Differenzierung im Einzelnen s. Randelzhofer, in: M/D/H/S, Art. 24 Abs. II Rn. 30

[2] so spricht auch Grewe, Die auswärtige Gewalt der Bundesrepublik, VVDStRL 12(1954), 129(147) bereits davon, dass „Art. 24 Abs. 1 die Übertragung wesentlicher Hoheitsrechte im Auge hat, die man früher als mit der Souveränität eines völkerrechtlich vollberechtigten Staates unvereinbar angesehen hätte".

[3] Klein, Entwicklungsperspektiven für das EP, EuR 1987, 97(101)

[4] Min. Schnoor, Gem.Verfk., Sten.Ber. 2. Sitzung, S. 38; Abg. Verheugen, Gem.Verfk., ebenda S. 31

[5] so Sv. Randelzhofer, Gem.VerfK., Sten.Ber. 1. Öffentl. Anhörung, These 1; Hölzer, ebenda These I. 3. Spiegelst.; Sv. Isensee, ebenda S. 9; Sv. Lerche, ebenda These A. I.: "Wohl noch ..."; Sv. Bieber, ebenda Thesen B I.; Oppermann/Classen, Die EG vor der EU, NJW 1993, 5(11); Schwarze, Das Staatsrecht in Europa, JZ 1993, 585(587); Pernice, Maastricht, Staat und Demokratie, Die Verwaltung 1993, 449(454)

[6] Sv. Isensee, Gem.VerfK., Sten.Ber. 1. Öffentl. Anhörung, S. 9; Sv. Tomuschat, ebenda S. 21: mit Maastricht ist Art. 24 GG überschritten; so auch Abg. Verheugen, Gem. Verfk., Sten. Ber. 7. Sitzung, S. 7; Randelzhofer, in: M/D/H/S, Art. 24 Abs. I Rn. 200; nach Wolf, Die Revision des Grundgesetzes durch Maastricht, wäre der EUV sogar unter Art. 146 GG gefallen, JZ 1993, 594

[7] Sv. Stern, Gem.VerfK., Sten.Ber. 1. Öffentl. Anhörung, These II. 3.; Fischer, W., Die EU im GG: der neue Artikel 23, ZfP 1993, 32(36); Verheugen, Die Arbeit des Sonderausschusses "EU (Vertrag von Maastricht)" des BT, ZfG 1993, 162

dynamischen Charakter der europäischen Einigung auf Dauer nicht gerecht würde[1]. Der Bundestag hielt es deshalb mindestens aus politischen Gründen für geboten, die europäische Einigung aus Art. 24 GG herauszunehmen und im Grundgesetz gesondert zu regeln[2]. Der Streit über die Reichweite des Art. 24 Abs. 1 GG sollte damit bewusst unentschieden gelassen werden[3], Art. 23 Abs. 1 Satz 1 sollte in jedem Fall die materielle Voraussetzung für die Schaffung der EU sein[4] und damit ihre neue Rechtsgrundlage bilden[5]. Durch eine direkte Erwähnung der EU in Art. 23 GG sollten die Bedenken gegen eine weitere Verwendung des Begriffs der "zwischenstaatlichen Einrichtung" ausgeräumt werden[6]. Art. 23 GG sollte klarstellen, dass es für weitere Hoheitsrechtsübertragungen keine Rolle spielen sollte, ob die Europäische Union jeweils noch eine zwischenstaatliche Einrichtung ist[7]. Gleichzeitig sollten damit eventuelle Beschränkungen aus Art. 24 GG für die Übertragung von Hoheitsrechten überwunden werden, die sich aus dem Begriff der zwischenstaatlichen Einrichtung vielleicht ergeben hätten[8]. Art 23 GG sollte somit eine tragfähigere Basis für die europäische Integration schaffen[9] und sie auf eigene Füße stellen[10].

Mit Art. 23 GG wurde die Europäische Union zudem sogar ausdrücklich zum Verfassungsziel auf dem Weg zu einem vereinten Europa. Auf die EU als Mittel ist Deutschland bei der Staatszielverwirklichung eines vereinten Europas nun festgelegt. Art. 23 GG ist deshalb nicht nur eine Ermächtigung zur Schaffung und Entfaltung einer europäischen Einheit in Gestalt der Europäischen Union[11], sondern Verpflichtung, an Entwicklung und Entfaltung einer europäischen Einheit in Gestalt der Europäischen Union mitzuwirken[12]. Zur Verwirklichung des

---

[1] Fischer, W., a.a.O.

[2] Abg. Jahn, Gem.Verfk., Sten.Ber. 3. Sitzung, S. 17; Sv. Lerche, Gem.Verfk., Sten.Ber. 1. Öffentl. Anhörung, S. 103; Scholz, GG und europäische Einigung, NJW 1992, 2593(2594)

[3] Abg. Möller, Gem.Verfk., Sten.Ber. 8. Sitzung, S. 4

[4] Abg. Verheugen, Gem.Verfk., Sten.Ber. 7. Sitzung, S. 7

[5] Di Fabio, Der neue Art. 23 des GG, Der Staat 1993, 191; Scharpf, Europäisches Demokratiedefizit und deutscher Föderalismus, StwStp 1993, 293

[6] BT/Drs. 3338, 4(6); Verheugen, Die Arbeit des Sonderausschusses "EU (Vertrag von Maastricht)" des BT, ZfG 1993, 162; Pöhle, K., EU à la Maastricht - Eine ernste Herausforderung für die Parlamente der EG, ZfP 1993, 49(50); BR/Drs. 501/92 Nr. 1; Sv. Lerche, Gem.Verfk., Sten.Ber. 1. Öffentl. Anhörung, S. 12

[7] BR/Drs. 501/92, zu Art. 23 Abs. 1

[8] Murswiek, Maastricht und der pouvoir constituant, Der Staat 1993, 161(166); BT/Drs. 12/3338, S. 4(6)

[9] Scholz, GG und europäische Einigung, NJW 1992, 2593(2601)

[10] Mögele, Neuere Entwicklungen im Recht der EG, BayVBl. 1993, 129; Da der bisherige für die europäische Integration entscheidende Art. 24 Abs. 1 GG von Art. 23 GG im Kern unberührt geblieben ist, Art. 23 Abs. 1 Satz 2 GG im Gegenteil wörtlich an ihn anknüpft, sind die zu Art. 24 GG herausgearbeiteten Übertragungsgrundsätze, insbesondere zur Rechtsnatur der Übertragung und zum Verhältnis der nationalen Rechtsordnung zur europäischen, auch weiterhin relevant, Randelzhofer, in: M/D/H/S, Art. 24 Abs. I Rn. 194; Scholz, in: M/D/H/ S, Art. 23 Rn. 3

[11] Scholz, GG und europäische Einigung, NJW 1992, 2593(2594)

[12] Kirchhof, Die Gewaltenbalance zwischen staatlichen und europäischen Organen, JZ 1998, 965(968); Scholz, GG und europäische Einigung, NJW 1992, 2593(2594)

Staatszieles eines vereinten Europas „kann" Deutschland nicht nur an der Verwirklichung der EU mitwirken, sondern es „wirkt mit"[1]. Art. 23 GG geht damit aber ausdrücklich über die Präambel hinaus, nach der Deutschland nur nach einem vereinten Europa „strebt".

Gerade auch durch die Benennung seines Objektes unterscheidet sich Art. 23 GG damit von Art. 24 Abs. 1 GG, der sich allgemein auf zwischenstaatliche Einrichtungen bezog und bis heute bezieht. Mit Art. 23 hat Art. 24 GG zwar seinen wichtigsten Anwendungsbereich verloren, ist aber ansonsten selbst unverändert geblieben[2]. Unter seiner Anwendung auf die europäische Einigung hatte noch die Präambel die europäische Einigung gegenüber anderen zwischenstaatlichen Einrichtungen privilegiert. Unter Art. 23 GG liegt die staatszielverpflichtende Wirkung des Art. 23 GG über der der Präambel. Mit Benennung der Europäischen Union als Integrationsziel und Integrationsobjekt[3] ist das in der Präambel allgemein gehaltene Staatsziel eines vereinten Europas zwar nicht ausgeschöpft. Art. 23 GG verdeutlicht jedoch das Ziel der europäischen Integration[4] und hebt es seinerseits nunmehr über die Allgemeinheit der Präambel heraus. Mit der Nennung der Union in Art. 23 GG hat die Verwirklichung der Europäischen Union eine zusätzliche Legitimation erhalten[5]. Art. 23 GG spiegelt den eindeutigen Willen des verfassungsändernden Gesetzgebers wider, dass Deutschland am Aufbau eines vereinten Europas teilnimmt[6].

In jedem Fall hat der Bundestag mit der Verabschiedung des Art. 23 GG jedoch die bisherige Integration bekräftigt und zudem gleichzeitig die Voraussetzungen für eine weitere geschaffen[7], die über die EU in der Gestalt des EUV hinausgeht[8], da er in Abs. 1 Satz 2 die Übertragung weiterer Hoheitsrechte ausdrücklich regelt und damit indirekt zulässt. Art. 23 GG erneuert die Offenheit des Grundgesetzes für die europäische Integration[9] und beauftragt gleichzeitig die staatlichen Organe umfassend, die offene Staatlichkeit des Grundgesetzes in Richtung einer europäischen Integration nachhaltig weiterzuentwickeln[10], wobei er gleichzeitig aber, wie schon Art. 24 Abs. 1 GG, keine Verpflichtung zur Übertragung weiter Hoheitsrechte als Mittel dieser Integration („kann" übertra-

---

1 weihevoll von einem Staatsziel, das man auch als Staatsauftrag oder Politikauftrag bezeichnen könne, spricht der Bundesrat, BR/Drs. 501/92 zu Nr. 1

2 Oschatz/Risse, Die BReg. an der Kette der Länder ?, DÖV 1995, 437

3 Scholz, GG und europäische Einigung, NJW 1992, 2593(2598); Abg. Verheugen, Gem.Verfk., Sten.Ber. 7. Sitzung, S. 7; Fischer, W., Die EU im GG: der neue Artikel 23, ZfP 1993, 32(37); Rojahn, v.Münch/Kunig, Art. 23 Rn. 4 spricht deshalb von einem konkretisierten Verfassungsauftrag

4 Huber, P.M., Die Anforderungen der EU an die Reform des GG, ThürVBl. 1994, 1(5)

5 Schwarze, Das Staatsrecht in Europa, JZ 1993, 585(590)

6 Fromont, Europa und nationales Verfassungsrecht nach dem Maastricht-Urteil, JZ 1995, 800(801) wirft dem BVerfG deshalb sogar eine unhistorische Sicht von Präambel und Art. 23 GG vor.

7 Herdegen, Die Belastbarkeit des Verfassungsgefüges auf dem Weg zur EU, EuGRZ 1993, 589(590)

8 Herdegen, a.a.O.

9 Kirchhof, Das Maastricht-Urteil des BVerfG, 1994, S. 14

10 Kirchhof, Die Gewaltenbalance zwischen staatlichen und europäischen Organen, JZ 1998, 965(968)

gen) festlegt. Auch soll unter einer Mitwirkung nicht nur der Vollzug der vertraglichen Verpflichtungen verstanden werden, sondern es soll auch eine Weiterentwicklung des Europarechts im Rahmen der grundgesetzlichen Vorgaben davon umfasst sein[1].

Die europäische Integration allgemein und die in Form der EU sind Staats- und Verfassungsziele. Die Staatsziele des Grundgesetzes sind meist vage und deshalb fast ohne Gestaltungskraft. Die Staatsziele der Wiedervereinigung und der Mitwirkung bei der Entwicklung der EU sind jedoch prägnant formuliert[2]. Ihre Verabschiedung hat deshalb - gerade auch im Lichte der Wesentlichkeitslehre - eine weitreichende legitimierende Wirkung. Angesichts des Wortlautes und des historischen Zusammenhangs, in dem Art. 23 GG verabschiedet worden ist, kann man nicht allgemein davon sprechen, das Ziel der europäischen Integration habe einen zu hohen Abstraktionsgrad und damit nur wenig Normativkraft[3], auch wenn der Inhalt des Begriffs der Europäischen Union in der Tat nicht eindeutig geklärt ist. Mindestens seit Art. 23 GG kann deshalb nicht mehr davon gesprochen werden, die Gründungsväter hätten mit Art. 24 GG nicht das gemeint, was schließlich tatsächlich an europäischer Integration entstanden ist. Auf die Vorstellungen der Väter des Grundgesetzes kommt es spätestens seit Art. 23 GG nicht mehr an.

Eine eigene Aussage über den abschließenden und vor allem möglichen künftigen Charakter der Union trifft Art. 23 GG nicht[4]. Art. 23 GG knüpft an den EUV an und will gerade die in ihm begründete Europäische Union verfassungsrechtlich rechtfertigen. Der Begriff Europäische Union aus dem EUV (Art. 1 UA 1 EUV) stand für Art. 23 GG nicht nur Pate[5], sondern Art. 23 GG wurde diesbezüglich gezielt auf den Vertrag von Maastricht und „seine" EU abgestimmt[6]. Die Verwendung des Begriffs in Art. 23 GG sollte ja gerade klarstellen, dass das Grundgesetz die mit dem Vertrag von Maastricht begründete EU zulassen will[7]. Auch fällt auf, dass Art. 23 Abs. 1 zwar von der Verwirklichung „eines" vereinten Europas spricht, aber von der Entwicklung „der" Europäischen Union und streicht „diese" EU als besonderes Mittel zur Verwirklichung eines „vereinten Europas" heraus. Der Unionsbegriff in Art. 23 Abs. 1 Satz 1 GG ist auch deshalb durchaus historisch-konkret auszulegen[8]. Deshalb wäre auch eine Vertragsänderung, die sich vollkommen von der Entwicklung der EU

---

[1] Kirchhof, a.a.O.

[2] Kirchhof, a.a.O. S. 970

[3] Sommermann, Staatsziel „Europäische Union", DÖV 1994, 597(601)

[4] Scholz, GG und europäische Einigung, NJW 1992, 2593(2598); Di Fabio, Der neue Art. 23 des GG, Der Staat 1993, 191(195); Murswiek, Maastricht und der pouvoir constituant, Der Staat 1993, 161(166); Hilf, Die EU und die Eigenstaatlichkeit ihrer Mitgliedstaaten, 1994, S. 76

[5] Scholz, in: M/D/H/S, Art. 23 Rn. 12

[6] Pernice, in: Dreier, Art. 23 Rn. 40

[7] Scholz, GG und europäische Einigung, NJW 1992, 2593(2598)

[8] Rojahn, in: v.Münch, Art. 23 Rn. 18; Pernice, in: Dreier, Art. 23 Rn. 40

aus dem EUV loslösen würde, nicht von Art. 23 GG gedeckt[1]. Art. 23 GG mag rechtstechnisch unabhängig vom Vertrag von Maastricht verabschiedet worden sein und wäre auch dann in Kraft getreten, wenn der Vertrag nicht hätte in Kraft gesetzt werden können. Die weitere Integration hätte sich dann jedoch vorerst im Rahmen des Art. 24 GG bewegt.

Daran ändert auch der Umstand nichts, dass vertragliche Änderungen der EU nur an Art. 79 Abs. 3 GG gebunden sind. Denn diese inhaltlich geringe materielle Bindung bezieht sich eben nur auf Änderungen der vertraglichen Grundlagen der EU. Eine Identität der Vertragsobjekte vor und nach Vertragsschluss muss aber trotz des von Art. 79 Abs. 3 GG eröffneten Spielraums noch bestehen bleiben, damit man von einer Änderung der vertraglichen Grundlagen der EU sprechen kann und nicht von einer Liquidierung mit nachfolgender Neuschöpfung eines anderen Vertragssubjektes reden muss.

6. Die Wesentlichkeitslehre als Weiterentwicklung des Vorbehalts des Gesetzes

Eine Weiterentwicklung des Vorbehalts des Gesetzes ist die Wesentlichkeitslehre[2]. In ihr verwirklicht sich aber nicht nur das rechtsstaatliche Element des Vorbehalts und des Vorrangs der Gesetze, sondern auch der Grundsatz der Demokratie[3].

Kern der Wesentlichkeitslehre ist die Überlegung, dass nur das Parlament die demokratische Legitimation zur politischen Leitentscheidung besitzt[4]. Das Gesetz ist dabei das Parademittel zur Leitentscheidung. Der Vorrang des Gesetzes sichert die Herrschaft des Gesetzes[5]. Gesichert durch den Vorrang des Gesetzes lenkt dieses die gesamte Staatstätigkeit. Unbestimmtheit des Gesetzes bedeutet der Sache nach Verlagerung der Entscheidung auf die Exekutive[6]. Die Rolle des Bundestages als zentrales Entscheidungsorgan kommt deshalb auch in den zahlreichen grundgesetzlichen Bestimmungen zum Ausdruck, die bestimmte Bereiche ausschließlich dem Gesetzgeber zur Regelung öffnen, sie ihm also zur Re-

---

[1] Huber, P.M., Die Anforderungen der EU an die Reform des GG, ThürVBl. 1994, 1(5); Zuleeg, Bananen und Grundrechte -..., NJW 1997, 1201(1202); Pernice, in: Dreier, Art. 23 Rn. 40: weder die Auflösung, noch die Ablösung durch eine andere EU wäre mit dem Gebot der Entwicklung der EU vereinbar; als Kern der notwendigen Identität eine „Form der Politischen Union Europa" sieht Scholz, EU und deutscher Bundesstaat, NVwZ 1993, 817(819)

[2] Papier/Möller, Das Bestimmtheitsgebot und seine Durchsetzung, AöR 122 (1997), 177(179f.)

[3] BVerfGE 33, 125(163); 34, 165(192f.); 49, 89(126ff.); Papier/Möller, a.a.O. S. 180; die rechtsstaatliche und die demokratietheoretische Grundlage der Wesentlichkeitstheorie herausgearbeitet und voneinander unterschieden hat Kohnen, Die Zukunft des Gesetzesvorbehalts in der EU, zugel. Diss. Jena 1996, S. 28ff./31; Ossenbühl, in: HdbdStR Bd. III, § 62 Rn. 32ff.

[4] BVerfGE 34, 52

[5] Ossenbühl, in: HdbdStR Bd. III, § 62 Rn. 1

[6] Ossenbühl, a.a.O. Rn. 23

gelung vorbehalten[1]. In erster Linie geht es dabei um die Einschränkung grundrechtlich verbürgter Freiheiten[2]. Aber auch organisatorische[3] und haushaltsrechtliche Gesetzesvorbehalte[4] belegen die starke Stellung des Bundestages im Grundgesetz[5]. Der Bundestag ist eben nicht darauf beschränkt, den Gebrauch der Grundrechte zu regeln, sondern er hat generell die wesentlichen Fragen des Zusammenlebens in der Gesellschaft zu regeln[6]: Der Gesetzgeber hat „losgelöst vom Merkmal des Eingriffs in grundlegenden normativen Bereichen ... alle wesentlichen Entscheidungen selbst zu treffen“[7]. Es ist ihm nicht erlaubt, diese Entscheidungen zu delegieren[8]. Im Bundestag, und nicht in der oppositionsfreien Regierung, treffen die verschiedenen im Volk vorhandenen und vertretenen politischen Vorstellungen aufeinander. Er ist im Gesetzgebungsverfahren dazu berufen, "im öffentlichen Willensbildungsprozess unter Abwägung der verschiedenen, unter Umständen widerstreitenden Interessen über die in der Verfassung offengelassenen Fragen des Zusammenlebens zu entscheiden"[9]. "In einem Staatswesen, in dem das Volk die Staatsgewalt am unmittelbarsten durch das von ihm gewählte Parlament ausübt, (ist) vor allem dieses Parlament dazu berufen, ... über die von der Verfassung offengelassenen Fragen des Zusammenlebens zu entscheiden"[10]. Nur das Parlament besitzt die demokratische Legitimation zur Leitentscheidung[1].

---

1 zur Verwurzelung des Vorbehalts des Gesetzes nicht nur im Demokratieprinzip, sondern auch im Rechtsstaatsprinzip s. BVerfGE 40, 237(248ff.)

2 z.B. Art. 2 Abs. 2 Satz 2, 4 Abs. 3 Satz 2, 5 Abs. 2, 6 Abs. 3, 8 Abs. 2, 10 Abs. 2 Satz 1, 11 Abs. 2 Satz 1, 12 Abs. 1 Satz 2, 12 a Abs. 2 Satz 3, Abs. 4 - 6, 13 Abs. 2 u.3, 14 Abs. 1 Satz 2 u. Abs. 3 Satz 1, 15 Satz 1, 16, 16a, 17a GG

3 Art. 21 Abs. 3, 84 Abs. 1, 85 Abs. 1

4 Art. 107 Abs. 1 Satz 2, 109 Abs. 3, 110 Abs. 2 Satz 1 GG; wie wichtig das Budgetrecht eingeschätzt wird, wird in einer Rede des späteren Reichskanzlers Bismarck am 21.04.1849 vor der Zweiten Kammer deutlich: Durch das Budgetrecht könne "die Staatsmaschine in jedem Augenblick zum Stillstehen (gebracht werden), indem ... das Budget nicht wieder bewilligt (werde) und ... die ganze königliche und jede andere Macht im Staat (werde) neutralisiert". Fürst Bismarck als Redner, Vollständige Sammlung der parlamentarischen Reden Bismarcks seit dem Jahre 1847, Erster Band, Verlag Spemann, Berlin Stuttgart, S. 60

5 s. allgemein zur zunehmenden Ausweitung des Vorbehalts des Gesetzes Herzog, in: M/D/H/S, Art. 20 VI. Rn. 67f., V. Rn. 95

6 BVerfGE 33, 1(11); 41, 251(260); Herzog, in: M/D/H/S, Art. 20 VI. Rn. 85; dazu, dass die Regelung der Grundrechte in der Wesentlichkeitslehre allerdings eine besonders zentrale Rolle spielt, s. Papier/Möller, Das Bestimmtheitsgebot und seine Durchsetzung, AöR 122 (1997), 177(187ff.)

7 Zitat aus BVerfGE 49, 89(126); inhaltlich identisch BVerfGE 40, 237(249); 58, 257(268); 80, 124(132); Schmid, Das Verhältnis von Parlament und Regierung im Zusammenspiel der staatlichen Machtverteilung, 1971, S. 34

8 Ossenbühl, in: HdbdStR Bd. III, § 62 Rn. 42

9 BVerfGE 33, 125(158f.); 40, 237(248ff.); 41, 251(259f.); 45, 400(417f.); 47, 46(78f.); 49, 89(124ff.); 58, 257(268f.)

10 BVerfGE 76, 171(184); diese zentrale Stellung des Bundestages wird auch darin deutlich, dass das Grundgesetz bei Abstimmungen im Bundestag über zentrale Fragen der Gemeinschaft eine Entscheidung mit der Mehrheit der abgegebenen Stimmen (Art. 42 Abs. 1 Satz 1 GG) nicht genügen lässt, sondern eine Abstimmung mit Stimmenmehrheit der Mitglieder des Bundestages verlangt (Art. 63 Abs. 2 Satz 1, 67 Abs. 1 Satz 1, 77 Abs. 4, 79 Abs. 2, 115 a Abs. 1 Satz 2 GG). Hier legt das Grund-

a. Der Inhalt der wesentlichen Entscheidung

Schwer zu definieren ist jedoch, was darunter zu verstehen ist, wenn dem Bundestag wesentliche Entscheidungen zur ausschließlichen Entscheidung zuwiesen werde. Denn allgemeine Kriterien, welche Entscheidungen wesentlich sind, gibt es nicht[2]. In verschiedenen Entscheidungen greift das BVerfG deshalb immer wieder auf die Formel zurück, dass wesentlich im Sinne der Wesentlichkeitstheorie sei, was für die Verwirklichung der Grundrechte wesentlich ist[3].

Inhaltlich hat das BVerfG unter Verweis auf die Wesentlichkeitslehre aber auch schon für die Entscheidung über die Einführung der Sexualerziehung in Schulen[4] oder für die Auflösung einer Grundschule[5] eine Regelung durch den Gesetzgeber verlangt. Bloße Exekutiventscheidungen genügten bereits in diesen thematischen Randbereichen nicht mehr. Hier wird deutlich, dass wesentliche Frage der staatlichen Gemeinschaft nicht nur Existenzfragen des Gesamtstaates sind, sondern auch Detailfragen der staatlichen Gemeinschaft, wenn sie auch nur von geringem Gewicht sind, gleichzeitig aber Bürger nicht nur unwesentlich betrifft. Als dem formellen Gesetzgeber vorbehaltenen Bereich hat das BVerfG deshalb eben auch die Entscheidung über die rechtliche Zulässigkeit der friedlichen Nutzung der Kernenergie eingestuft, da diese Entscheidung weitreichende Auswirkungen auf den Bürger, und zwar "auf die allgemeinen Lebensverhältnisse" sowie auf seinen Freiheits- und Gleichheitsbereich hat[6].

Gleichzeitig beschränkt sich die Wesentlichkeitslehre jedoch nicht auf den Schutz der Grundrechte, sondern verlangt losgelöst von einer Grundrechtsbezogenheit staatlichen Handelns, dass dieser die wesentlichen Entscheidungen trifft. An der Grundrechtsbetroffenheit wurde nur die Rechtsprechung des BVerfGE entwickelt[7]. Die Geltendmachung von Grundrechtsverletzungen ist gerade der Regelfall bei Verfassungsbeschwerden.

Die Wesentlichkeitslehre beschränkt sich auch nicht darauf, die Art einer Entscheidung wegen ihrer Wesentlichkeit dem Parlament zuzuordnen. Auch an die inhaltliche Ausgestaltung von Parlamentsgesetzen stellt das Gericht unter dem Gesichtspunkt der Wesentlichkeit Anforderungen. So liegt es etwa in der Natur der Sache, dass an die Bestimmtheit einer Regelung höhere Anforderungen zu

---

gesetz somit Wert darauf, dass der Bundestag möglichst als vollständiges Repräsentationsorgan des Volkes über eine zentrale Frage entscheidet.

[1] BVerfGE 34, 52(59)

[2] Ossenbühl, in: HdbdStR Bd. III, § 62 Rn. 41/44 mit dem Verweis auf Kloepfer, Der Vorbehalt des Gesetzes im Wandel, JZ 1984, 685(689), der diese Formel als „ebenso rhetorisch einprägsame wie rechtlich unklare Kernaussage der Wesentlichkeitstheorie" bezeichnet.

[3] BVerfGE 33, 1(10ff.); 33, 125(158f./168); 33, 303(307/346); 34, 165(192ff.); 41, 125(259f.); 45, 46(78f.); 58, 257(268)

[4] BVerfGE 47, 46(80)

[5] BVerfGE 51, 268(287f.)

[6] BVerfGE 76, 171(185)

[7] Ossenbühl, in: HdbdStR Bd. III, § 62 Rn. 45

stellen sind, je intensiver und damit grundlegender die Auswirkungen für die betroffenen Bürger sind[1]. Die verfassungsrechtlichen Wertungskriterien spielen für diese Beurteilung eine zentrale Rolle[2]. Besondere Bestimmtheitsanforderungen werden deshalb an Strafrechtsnormen gestellt[3]. Die Gestaltungsdichte von Gesetzen beanstandet das BVerfG jedoch nur in „extremen Fällen“[4] und „Ausnahmefällen“[5], oder in Fällen, in denen ein Gesetz „sehr“ oder „extrem“ unvollkommen ist[6]. Ansonsten überlässt es dem Bundestag die Entscheidung, welchen Handlungsspielraum er der Exekutive überlassen will. Inhaltlich hat sich das BVerfG zudem sehr stark an die Kriterien aus Art. 80 Abs. 1 Satz 2 GG angelehnt[7].

Bei der Beurteilung, ob eine Frage vom Parlament entschieden werden muss, ist zudem zu berücksichtigen, dass staatliche Entscheidungen in den Organen getroffen werden können müssen, die dafür nach ihrer Organisation, Zusammensetzung, Funktion und Verfahrensweise über die besten Voraussetzungen verfügen[8]. Bei Vertragsmaterien, die schnellen oder unvorhersehbaren Änderungen unterliegenden, hält das BVerfG deshalb unbestimmte Rechtsbegriffe von einer inhaltlichen Weite für zulässig, die der Dynamik der Materie gerecht wird[9].

Ganz unabhängig davon, welche Entscheidungen man als wesentlich im Sinne der Wesentlichkeitstheorie einstuft und welche Anforderungen man im einzelnen an die Bestimmtheit gesetzlicher Regelungen stellt, je enger etwa die Hoheitsrechte definiert werden, die der Bundestag überträgt, desto stärker wirkt die demokratische Legitimation, die in der Übertragungsentscheidung liegt, auch in den Handlungen fort, die aufgrund des übertragenen Hoheitsrechts vorgenommen werden[10]. Gleichzeitig verringert sich mit zunehmender Regelungsdichte im Übertragungsakt der autonome Entscheidungsspielraum der überstaatlichen Entscheidungsträger und damit verringern sich auch die Anforderungen an die demokratische Ausgestaltung der Unionsebene. Denn die nationalen demokratischen Willen können dann in den Handlungen der EU relativ unverfälscht durch eigenständige europäische Handlungsentscheidungen verwirklicht werden.

---

1 BVerfGE 76, 171(185); BVerfGE 83, 130(145)

2 BVerfGE 49, 89(127); 68, 1(99)

3 BVerfGE 71, 106(114); 75, 329(341); 92, 1(11f.)

4 BVerfGE 1, 14,(45)

5 BVerfGE 17, 67(82)

6 Papier/Möller, Das Bestimmtheitsgebot und seine Durchsetzung, AöR 122 (1997), 177(196f. m.w.N.)

7 Herzog, in: M/D/H/S, Art. 20 VI. Rn. 82f.

8 BVerfGE 68, 1(86); Ossenbühl, in: HdbdStR Bd. III, § 62 Rn. 48f.

9 Papier/Möller, Das Bestimmtheitsgebot und seine Durchsetzung, AöR 122 (1997), 177(185f.); so das BVerfG für den Begriff „Stand der Wissenschaft und Technik“ in § 7 AtG, BVerfGE 49, 89(136f.)

10 Tomuschat, in: BKGG, Art. 24 Rn. 54; Friauf, Zur Problematik rechtsstaatlicher und demokratischer Strukturelemente in zwischenstaatlichen Gemeinschaften, DVBl. 1964, 781(787)

b. Die Wesentlichkeitslehre insbesondere in der Außenpolitik

Die Wesentlichkeitslehre spielt auch für völkerrechtliche Verträge eine wichtige Rolle. Das BVerfG hat in seinem Urteil zum Vertrag von Maastricht festgestellt, Art. 38 GG würde verletzt, wenn ein Gesetz, das die deutsche Rechtsordnung für die unmittelbare Geltung und Anwendung von Recht aus einer anderen Quelle öffnet, „die zur Wahrnehmung übertragenen Rechte und das beabsichtigte Integrationsprogramm nicht hinreichend festlegt"[1]. Gerade für die Legitimation internationaler Entscheidungen spielt jedoch nach der Rechtsprechung des BVerfG auch die Art und Weise eine Rolle, in der zwischenstaatliche Einrichtungen errichtet werden und funktionieren[2]. In Entscheidungssystemen, an denen souveräne Staaten beteiligt sind, muss regelmäßig jeder Entscheidungsbeteiligte zugunsten einer Einigung Abstriche von seinen Vorstellungen hinnehmen[3]. Das BVerfG hat hervorgehoben, dass, wenn einer zu hoheitlichem Handeln befähigten Staatengemeinschaft die Wahrnehmung eigenständiger Hoheitsbefugnisse eingeräumt wird, Legitimation nicht in gleicher Weise hergestellt werden kann wie innerhalb einer durch eine Staatsverfassung einheitlich und abschließend geregelten Staatsordnung. Würde man dies trotzdem verlangen, widerspräche es der Integrationsoffenheit des Grundgesetzes und würde eine Demokratievorstellung zugrunde legen, die jeden demokratischen Staat jenseits des Einstimmigkeitsprinzips integrationsunfähig machen würde und somit eine solche Gemeinschaft strukturell in Frage stellen würde[4]. Die inhaltlichen Anforderungen, die man an die Konkretheit der Regelung auch zur Hoheitsrechtsübertragung stellen kann, dürfen nicht den Blick auf den völkerrechtlichen Charakter der Verträge verlieren. Mit Rücksicht darauf, dass der Text eines völkerrechtlichen Vertrages mit den Vertragsparteien ausgehandelt werden muss, können deshalb an die Bestimmtheit und Dichte der Vertragsreglungen nicht Anforderungen erhoben werden, wie sie sonst an Gesetze gestellt werden[5]. Das BVerfG untersucht deshalb auch nicht jede einzelne Hoheitsrechtsübertragung auf ihre Bestimmtheit, sondern lässt es genügen, dass in den europäischen Verträgen das europäische Integrationsprogramm hinreichend bestimmt definiert wird[6]. Zudem spielt auch bei völkerrechtlichen Verträgen das Argument einer angemessenen Organisation eine wichtige Rolle. Eine gemeinsame Verteidigung etwa kann wegen der laufenden Veränderung des politischen und strategischen Umfeldes (allein schon in der Waffentechnik) nicht im Voraus abschließend angemessen definiert werden. Soll der Bündniszweck erreicht werden, müssen rasche und anpassungsfähige Maßnahmen möglich

---

[1] BVerfGE 89, 155(186)

[2] BVerfGE 58, 1(36); 68, 1(98)

[3] BVerfGE 68, 1(96)

[4] BVerfGE 89, 155(183)

[5] BVerfGE 77, 170(231f.)

[6] BVerfGE 89, 155(187); so auch schon 58, 1(37); Weber, Die WWU nach dem Maastricht-Urteil des BVerfG, JZ 1994, 53(58); Enders, Offene Staatlichkeit..., 1995, 29(40)

sein. Nur vergleichsweise offene Bestimmungen sind hierfür angemessen[1]. Auch das im Nordatlantikvertrag als möglich angelegte Integrationsprogramm sieht das BVerfG gemessen an diesen Vorgaben als hinreichend bestimmt beschrieben[2]. Der NATO-Vertrag regle Vertragskonzept, -zweck und -ziele in der Präambel und erläutere diese im Vertrag näher. Dass Handlungen der NATO nicht noch genauer vorgezeichnet seien, liege in der Eigenart des Sachbereiches begründet, den der Vertrag regelt[3].

c. Kein politischer Wesentlichkeitsvorbehalt

Immer abgelehnt hat das BVerfG einen politischen Wesentlichkeitsvorbehalt und darauf verwiesen, dass die Tatsache, dass eine Frage politisch umstritten ist, die von der Verfassung zugeordneten Entscheidungskompetenzen nicht verschieben kann[4]. Dazu hat es vor allem auf die demokratische Legitimation auch der Exekutive verwiesen[5]. Gerade die Exekutive, und innerhalb dieser besonders die Regierung, ist zudem als "politische" Gewalt ausgestaltet[6]. Ob eine Maßnahme als wesentliche dem Parlament selbst zur Entscheidung vorbehalten ist, ist deshalb aus der Spannung zwischen der rechtsstaatlich gebotenen "Vergesetzlichung" und der demokratietheoretisch gebotenen "Parlamentarisierung" exekutiven Handelns einerseits und der verfassungsrechtlich garantierten Eigenständigkeit der Exekutive andererseits zu beurteilen. Der letztere Gesichtspunkt hat dabei insbesondere auch den Zweck, dem individuellen Einzelfall mit der notwendigen Flexibilität gerecht werden zu können[7].

Nur scheinbar von dieser Linie abgerückt ist das Gericht in seiner Entscheidungen in Band 90, S. 286ff.. Ausschlaggebend für diese Entscheidungen war die politische Tragweite und Brisanz, nicht jedoch die politische Umstrittenheit der zu treffenden Entscheidungen. Die Tragweite und Brisanz als Argument fügt sich jedoch nahtlos in die bisherige Rechtsprechung, wonach "in einem Staatswesen, in dem das Volk die Staatsgewalt am unmittelbarsten durch das von ihm gewählte Parlament ausübt, vor allem dieses Parlament dazu berufen (ist), ... über die von der Verfassung offengelassenen Fragen des Zusammenlebens zu entscheiden"[8]. Tragweite und Brisanz erforderten es im konkreten Fall eben,

---

[1] BVerfGE 68, 1(99)

[2] BVerfGE 68, 1(100)

[3] BVerfGE 68, 1(99)

[4] BVerfGE 49, 89(126); ganz im Gegensatz zum VerfGH NW, der sein Verlangen nach einer parlamentsgesetzlichen Entscheidung über die Zusammenlegung von Justiz- und Innenministerium in NRW gerade auch mit der politischen Umstrittenheit der Entscheidung rechtfertigt, NJW 1999, 1243(1245,1246). Dagegen zu recht Brinktrine, Ralf, Organisationsgewalt der Regierung und Vorbehalt des Gesetzes - zur Reichweite der „Wesentlichkeitstheorie" am Beispiel der Zusammenlegung von Justiz- und Innenministerium in NRW, JURA 2000, 123(129)

[5] BVerfGE 68, 1(85ff.)

[6] BVerfG NJW 1985, 605/610

[7] BVerfGE 58, 257(269f.)

[8] BVerfGE 76, 171(184)

dass die Entscheidung von dem Staatsorgan mit der höchsten demokratischen Legitimation getroffen wird[1].

d. Der Grundsatz der begrenzten Einzelermächtigung - die Wesentlichkeitslehre für europäisches Sekundärrecht

Zwar hat sich das BVerfG in verschiedenen Urteilen zu den inhaltlichen Anforderungen an völkerrechtliche Verträge geäußert. Eine spezielle Variante der Wesentlichkeitslehre lebt - besonders relevant für die EU - in dem immer wieder angesprochenen Grundsatz der begrenzten Einzelermächtigung. Seine Wurzel hat dieser Grundsatz jedoch nicht in Art. 59 Abs. 2 Satz 1 GG, sondern in den Art. 24 Abs. 1 und 23 Abs. 1 Satz 2 GG. Beide Vorschriften erlauben[2] es dem Bund, Hoheitsrechte auf andere Hoheitsträger zu übertragen. Während Art. 24 Abs. 1 GG die Übertragung allgemein auf zwischenstaatliche Einrichtungen ermöglicht, eröffnet Art. 23 GG ausdrücklich die Übertragungsmöglichkeit auf die EU[3]. Gegenstand der Übertragung sind wie unter dem insoweit wortidentischen Art. 24 Abs. 1 GG weiterhin sachlich eingegrenzte Hoheitsbefugnisse, nicht aber die Fülle der Staatsgewalt als Summe aller Hoheitsrechte[4].

Hinter dem Verweis auf den Grundsatz der begrenzten Einzelermächtigung steht die Forderung, im Übertragungsakt die mit der Übertragung verbundene wesentliche Leitentscheidung zu fällen und dazu im Sinne des Bestimmtheitsgrundsatzes das zu übertragene Hoheitsrecht hinreichend genau zu definieren. Bestimmtheitsgrundsatz und begrenzte Einzelermächtigung werden deshalb auch als tragende Bestandteile der europäischen Integration gesehen[5].

Zur Erfüllung ihrer Aufgaben handeln die Organe der Verträge "nach Maßgabe dieses Vertrages" (Art. 249 EGV). Rat und Kommission können die in Art. 249 EGV bezeichneten Akte also nur erlassen, wenn weitere Vertragsbestimmungen solche Akte konkret vorsehen und nur mit dem Inhalt, den diese zulassen. In seiner Entscheidung zum Vertrag von Maastricht hat das BVerfG dazu festgestellt, dass Art. 38 GG verletzt wird, wenn ein Gesetz, das die deutsche Rechtsordnung für die unmittelbare Geltung und Anwendung von Recht der EU öffnet, die zur Wahrnehmung übertragenen Rechte und das beabsichtigte Integrationsprogramm nicht hinreichend bestimmbar festlegt. Entscheidend sei, dass die Mitgliedschaft und die sich aus ihr ergebenden Rechte und Pflichten für den

---

1 BVerfGE 90, 286ff.

2 Einigkeit besteht darüber, dass auch Art. 23 GG nicht zur Übertragung von Hoheitsrechten verpflichtet, Streinz, Der Verfassungsstaat als Glied einer europäischen Gemeinschaft, DVBl. 1990, 949(953)

3 BR/Drs. 501/92 Nr. 1 b

4 Tomuschat, in: BKGG, Art. 24 Rn. 20; Rojahn, in: v.Münch, Art. 24 Rn. 22; so schon Menzel, Die auswärtige Gewalt der Bundesrepublik Deutschland, VVDStRL 12(1954), 179(216) zu Art. 24 Abs. 1 GG

5 Schröder, Das BVerfG als Hüter des Staates..., DVBl. 1994, 316(321)

Gesetzgeber voraussehbar im Vertrag umschrieben und durch ihn im Zustimmungsgesetz hinreichend bestimmbar normiert worden sind[1].

Den europäischen Verträgen wird jedoch gerade vorgeworfen, Kompetenzen der Unionsorgane nicht klar und eng genug zu umschreiben. Einigermaßen umschrieben seien lediglich normativfunktional definierte[2] Vertragsziele. Inhalt, Art und Ausmaß der Kompetenzwahrnehmung seien deshalb aber in der Regel kaum vorhersehbar[3]. Die erreichte Integration lasse eine an Zielen orientierte Kompetenzeinräumung somit nicht mehr zu, sondern verlange, dass Aufgaben und Befugnisse gegenständlich umgrenzt würden[4]. Die Ermächtigungen seien zudem dynamisch angelegt[5] und würden vom EuGH in der Folge auch dynamisch[6] und weit ausgelegt[7]. Der EuGH weise die EU gegenüber ihren Mitgliedstaaten auch nur selten in die Schranken[8]. Seine effet-utile-Rechtsprechung, die der Gemeinschaft Annexkompetenzen über den eigentlichen Zuständigkeitsbereich hinaus zubilligt, um eine umfassende Wirksamkeit einer Gemeinschaftsmaßnahme zu sichern, und seine implied-powers-Rechtsprechung[9] sowie die Tendenz der Kommission, beliebige Politikbereiche als auch wirtschaftlich relevant und damit im Binnenmarkt harmoniebedürftig zu erklären, habe vom Grundsatz der begrenzten Einzelermächtigung wenig übrig gelassen[10]. Mit dem EuGH besitze die EU sogar ein anderweitig nicht kontrolliertes Organ zur eigenen Kompetenzinterpretation, dem damit letztlich mindestens eine faktische Kompetenz-Kompetenz zukomme[11].

---

[1] vgl. BVerfGE 58, 1(37); 1(37); 68, 1(98f.)); BVerfGE 89, 155(188)

[2] Möschel, Politische Union für Europa: Wunschtraum oder Alptraum ?, JZ 1992, 877(882)

[3] Everling, Vom Zweckverband zur EU, 1977, S. 600f.

[4] Kirchhof, Das Maastricht-Urteil des BVerfG, 1994, S. 14

[5] Everling, Vom Zweckverband zur EU, 1977, S. 601; Di Fabio, Der neue Art. 23 des GG, Der Staat 1993, 191(197)

[6] Klein, Der Verfassungsstaat als Glied einer europäischen Gemeinschaft, VVDStRL 50, 56(62)

[7] Streinz, Der Verfassungsstaat als Glied einer europäischen Gemeinschaft, DVBl. 1990, 949(955); Steinberger, Der Verfassungsstaat als Gliedstaat einer europäischen Gemeinschaft, VVDStRL 50, 8(38); von einer Annäherung des EuGH an den US-Supreme Court spricht Rösler, Zur Zukunft des Gerichtssystems der EU, ZRP 2000, 52(56)

[8] Klein, Der Verfassungsstaat als Glied einer europäischen Gemeinschaft, VVDStRL 50, 56(72, Fn.70); s. aber EuGH Slg. 1987, 3203 oder die Entscheidung des Gerichts, der Versuchung zu entgehen, im Wege der Rechtsfortbildung eine horizontale Direktwirkung von Richtlinien festzustellen, Ukrow, Unmittelbare Wirkung von Richtlinien..., NJW 1994, 2469 zur Entscheidung EuGH, Urt. v. 14.7.1994, NJW 1994, 2473; gegen diese Sicht wendet sich auch Oppermann, Zur Eigenart der EU, 1994, S. 97

[9] Zur "implied powers"-Theorie: diese stammt vom Internationalen Gerichtshof in einem Gutachten über die Zuständigkeiten der UN: Nach Völkerrecht müssen demnach einer Organisation die Zuständigkeiten zuerkannt werden, die, mögen sie auch nicht ausdrücklich in der Charta begründet sein, ihr zufallen "by necessary implication as being essential to the performance of its duties", Kaiser, Bewahrung und Veränderung ..., VVDStRL 23, 1(15)

[10] Burgbacher, Der Beitrag Maastrichts zur Europäischen Integration, Demokratie und Recht 1993, 26(33)

[11] MacCormick, Das Maastricht-Urteil: Souveränität heute, JZ 1995, 797(800); Di Fabio, Der neue Art. 23 des GG, Der Staat 1993, 191(197); Disk.-beitr. Ossenbühl, in: Hommelhoff/Kirchhof, 1994, S. 108, der deshalb auch die Kooperation von EuGH und BVerfG als notwendiges Korrektiv zum Kon-

Das BVerfG hat diese Bedenken aufgegriffen und in seiner Entscheidung zum Vertrag von Maastricht nochmals hervorgehoben, dass bei der Auslegung von Befugnisnormen durch Einrichtungen und Organe der EU in Zukunft besser auf den Unterschied zwischen der Wahrnehmung einer begrenzt eingeräumten Hoheitsbefugnis und einer Vertragsänderung geachtet werden müsse. Eine Vertragsauslegung dürfe vor allem in ihrem Ergebnis nicht einer Vertragserweiterung gleichkommen. Andernfalls hätte der darauf beruhende europäische Rechtssatz für Deutschland keine Bindungswirkung[1]. Gleichzeitig hat das Gericht jedoch festgestellt, dass die Aufgaben und Befugnisse der EU in hinreichend voraussehbarer Weise normiert seien, so dass das Prinzip der begrenzten Einzelermächtigung eingehalten, eine Kompetenz-Kompetenz für die EU nicht begründet und die Inanspruchnahme weiterer Aufgaben und Befugnisse von Vertragsergänzungen und Vertragsänderungen abhängig gemacht sei[2]. Wie weiten Spielraum das Gericht hier jedoch lässt, wird in einer nur wenig später ergangenen Entscheidung deutlich. Der Gesetzgeber, der einem völkerrechtlichen Vertrag zustimmt, tue dies in Kenntnis der Bedeutung von Präambeln und Zielvorgaben. Eine interpretative Fortbildung des Vertrages an Hand dieser Ziele durch sog. authentische Interpretation und eine sich auf dieser Grundlage entfaltende Vertragspraxis stütze sich mithin auf den bestehenden Vertrag[3]. Darüber hinaus würden Verträge im modernen Völkerrecht vielfach eine den wechselnden Lagen entsprechende dynamische Auslegung erfahren. Gerade Verträge, durch die eine eigene Organisation ins Leben gerufen werden, deren Glieder im Rahmen des Vertrages selbständig handeln, seien sogar regelmäßig auf eine solche Dynamik angelegt[4].

Beurteilt man die Normativkraft der europäischen Verträge unter den Gesichtspunkten der Wesentlichkeits- und der Bestimmtheitstheorie, so müssen zwei Gesichtspunkte besonders betrachtet werden.

Der Konflikt um die Normativkraft der Verträge darf zum einen nicht an der Bezeichnung "Einzelermächtigung" festgemacht werden. Sie ist lediglich die deutsche verkürzte Benennung des Zuständigkeitssystems der Union. Der Interpretationsschwerpunkt dieses Begriffs darf aber nicht fälschlich auf dem Wortteil "Einzel" liegen, verstanden als eng definierte Ermächtigung. Entscheidend ist, dass zu jedem europäischen Handeln einzeln ermächtigt wird, nicht jedoch, dass die Ermächtigung so konkret-eng ausgestaltet ist, dass die Handlung, zu

---

trolldefizit im europäischen Raum hält; in diese Richtung auch Beyer, Die Ermächtigung der EU..., Der Staat 35(1996), 189(192): EU ist in der Sache weitgehend unabhängig von den Mitgliedstaaten.

1 BVerfG NJW 1993, 3047(3057), als eine unzulässige Vertragsänderung mittels Auslegung sieht Hölscheidt die vom EuGH (Slg. 1991 I 5357) kreierte Staatshaftung für Mitgliedstaaten, die Richtlinien nur mangelhaft umgesetzt haben, BayVBl. 1997, 459(462); grundsätzlich erkennt das BVerfG das Recht des EuGH zur Rechtsfortbildung aber durchaus an, Hirsch, Kompetenzverteilung zwischen EuGH und nationaler Gerichtsbarkeit, NVwZ 1998, 907(908)

2 BVerfGE 89, 155(181)

3 BVerfGE 90, 286(362)

4 BVerfGE 90, 286(361f.)

der sie ermächtigt, praktisch in der Ermächtigung vorweggenommen wird. Der Grundsatz der begrenzten Einzelermächtigung ist demnach nicht nur erfüllt, wenn jede Kompetenz in der Form des Kompetenzkatalogs des Grundgesetzes (Art. 73 und 74 GG) aufgezählt wird. Beide grundgesetzlichen Bestimmungen gehen oft ausgesprochen in Einzelheiten[1]. Andererseits enthält aber auch der Verteilungskatalog des Grundgesetzes Bestimmungen, die eine Eingrenzung kaum ermöglichen. Art. 73 Nr. 5 GG gibt dem Bund die ausschließliche Gesetzgebungsbefugnis für Angelegenheiten über die Einheit des Handelsgebietes und die Freizügigkeit des Warenverkehrs mit dem Ausland. Art. 74 Nr. 1 GG teilt dem Bund die konkurrierende Gesetzgebung für das bürgerliche Recht, das Strafrecht und die Gerichtsverfahren zu, Nr. 7 die für die öffentliche Fürsorge im umfassenden Sinne[2], Nr. 11 die für das ebenfalls umfassend auszulegende[3] Recht der Wirtschaft. Nr. 24 eröffnet ihm die Kompetenz für die Abfallbeseitigung, die Luftreinhaltung und die Lärmbekämpfung. Zusammen mit der Erforderlichkeitsklausel aus Art. 72 Abs. 2 GG ist hier einer dynamischen Auslegung ebenfalls Tür und Tor geöffnet.

Zusätzlich wirkt im deutschen Sprachgebrauch verwirrend, dass nicht nur vom Prinzip der Einzelermächtigung gesprochen wird, sondern von dem der "begrenzten Einzelermächtigung"[4]. Damit soll offensichtlich die Notwendigkeit einer noch restriktiveren Auslegung europäischer Befugnisnormen suggeriert werden als sich dies aus dem Wortteil "Einzel" bereits ergeben soll. Frankreich spricht in diesem Zusammenhang wesentlich zutreffender von einem System der "compétence d´attribution", also einem System der zugewiesenen oder verliehenen Kompetenz. Die "begrenzte Einzelermächtigung" wird hier auf ihren eigentlichen Kern zurückgeführt, nämlich dass das Wesen des Kompetenzsystems des EGV nicht in der Begrenztheit einer Ermächtigung liegt, sondern in seiner Funktion, Zuständigkeiten zu definieren und zuzuordnen.

Darüber hinaus ist als zweiter Gesichtspunkt die unterschiedliche Rolle des Bundestages bei Exekutiventscheidungen im Rat im Vergleich zu innerstaatlichen Exekutiventscheidungen zu sehen. Der Bundestag ist nach Art. 23 Abs. 2ff. GG an Entscheidungen der deutschen Exekutive im Rat beteiligt und war dies auch schon vor Inkrafttreten des Art. 23 GG, wobei vorliegend nicht mehr zu klären ist, ob die bis dahin geltende einfachgesetzlich verankerte Beteiligung verfassungsrechtlich geboten war oder nicht. An innerstaatlichen Entscheidungen der Exekutive ist der Bundestag dagegen nicht mehr beteiligt. Wesentlich-

---

[1] So nennt Art. 73 Nr. 2 GG als ausschließliche Bundesangelegenheit explizit das Staatsangehörigkeitsrecht, Nr. 4 die Maße und Gewichte, Nr. 5 den Zoll- und Grenzschutz, Nr. 11 die Statistik für Bundeszwecke. Art. 74 GG nennt in Nr. 2 als Gegenstand der konkurrierenden Gesetzgebung das Personenstandswesen, in Nr. 4 a das Waffen- und Sprengstoffrecht, in Nr. 10 a die Kriegsgräber, in Nr. 14 das Recht der Enteignung, in Nr. 19 a die wirtschaftliche Sicherung der Krankenhäuser, in Nr. 21 den Wetterdienst. Dies sind sicherlich Einzelermächtigungen im strengen Sinn.

[2] Seifert/Hömig, GG für die Bundesrepublik Deutschland, 4. A. 1991, Art. 74 Rn. 7

[3] Seifert/Hömig, a.a.O. Rn. 11

[4] Bleckmann, Europarecht, 5. A. 1990, Rn. 108ff.

keitslehre und Bestimmtheitsgrundsatz wurden jedoch aus dem Gedanken entwickelt, dass, da der Bundestag an nachfolgenden Entscheidungen nicht mehr beteiligt ist, er im Vorhinein die zentralen Lenkungsentscheidungen treffen muss. Auf die Problematik einer Bindungskraft an Bundestagsbeschlüsse im Rahmen des Art. 23 GG kommt es dabei nicht vorrangig an. Denn Durchsetzungskraft kann der Bundestag seinen Beschlüssen auch über seine allgemeinen parlamentarischen Kontrollmöglichkeiten verleihen. Hier geht es dann allenfalls darum, in welchem Umfang eine z.B. unverbindliche Beteiligung des Bundestages eine Lockerung der Wesentlichkeits- und Bestimmtheitsgrundsätze zulässt.

Zu einem zentralen Problem wird die Konkretheit der Verträge auf der Ebene der EU deshalb nur für Entscheidungsspielräume der Kommission und für die Fälle der möglichen Mehrheitsentscheidungen im Rat. Gerade die Kompetenzen, die der Kommission ein Alleinentscheidungsrecht zugestehen, sind jedoch eng umschrieben. Im Regelfall hat die Kommission nur ihr Vorschlagsrecht, die Entscheidung fällt der Rat. Soweit der Kommission Entscheidungen nach Art. 211 4. Spiegelstrich EGV vom Rat übertragen werden, hat dieser die Ausfüllung der Übertragungsnorm in der Hand[1].

e. Wesentlichkeitslehre und Eintritt in die dritte Stufe der Wirtschafts- und Währungsunion

Im Vorfeld der Verabschiedung des Vertrages von Maastricht und der ihn begleitenden Änderungen des Grundgesetzes hat der Bundestag eine Entschließung verabschiedet, in der die Bundesregierung aufgefordert wird zu erklären, dass sie ein Votum des Bundestages zum Übergang in die dritte Stufe der WWU „respektieren" werde[2]. Der Finanzausschuss hat in seiner Stellungnahme zu diesem Thema ausgeführt, dass „sich die legitimierende Beteiligung des Bundestages ... nicht auf die Zustimmung zu diesem Fahrplan beschränke, sondern sich auch auf die demokratische Begleitung ... beziehen" müsse. „Die Frage, ob die Konvergenzkriterien erfüllt (seien), (dürfe) nicht nur durch ... die Regierungschefs beantwortet werden, sondern (bedürfe) auch einer eigenständigen kritischen Beurteilung durch den Bundestag ... . Die Bundesregierung (müsse) bei ihrer eigenen Beschlussfassung und bei ihrem Stimmverhalten im Rat" den Beschluss des Bundestages „als bindend betrachten". Zudem stellte der Ausschuss dar, dass sich der Bundestag nicht nur zum Teilnehmerkreis an der WWU bindend äußern wolle, sondern auch zum Zeitpunkt des Inkrafttretens der WWU[3]. Die Bundesregierung hat dem Parlament jedoch nur zugestanden, sein Votum „im Rahmen des verfassungsrechtlich erforderlichen Zusammenwirkens

---

[1] Einzelheiten in diesem Sinne zur Übertragung von Sydow, in: G/Th/E, Kommentar zum EWG-Vertrag Bd. 3 Art. 110-188, 4. A. 1991, Art. 155 Rn. 51ff.

[2] BT-Drs. 12/3906

[3] BT-Drs. 12/3895, S. 23f.; von der Bindung der Bundesregierung an ein Votum des Bundestages geht Weber aus, Die WWU nach dem Maastricht-Urteil des BVerfG, JZ 1994, 53(57)

von Bundesregierung und parlamentarischen Körperschaften sowie des Vertrages ... zu beachten“[1]. Davon, dass der Beschluss des Bundestages nicht wirklich rechtlich verbindlich sein kann, sondern der Bundesregierung nur eine politische Selbstbindung abverlangt werden sollte, ging letztendlich auch der Bundestag aus. Im Sonderausschuss war nämlich diskutiert worden, ob man in das Ratifikationsgesetz eine entsprechende Bindung der Bundesregierung an das Votum des Bundestages aufnehmen sollte. Man hat dann aber aus europapolitischen Gründen und hier vor allem, weil man die Zuverlässigkeit der Bundesrepublik nicht in Frage stellen wollte, davon abgesehen[2].

Den Eindruck, dass es der Bundestag in der Hand gehabt hätte, den Eintritt der WWU zu bestimmen, hat auch das Urteil des BVerfG zum Vertrag von Maastricht verstärkt[3], wenn es feststellt, dass sich die Bundesrepublik mit dem Vertrag von Maastricht keinem Automatismus zu einer WWU unterwerfe, sondern die weitere Entwicklung von einer „parlamentarisch zu beeinflussenden Zustimmung der Bundesregierung“ abhänge[4]. Vereinzelt wird sogar ausdrücklich angenommen, dass das BVerfG die Bundesregierung in diesem Urteil an ein Votum des Bundestages zum Eintritt in die 3. Stufe der WWU gebunden hätte[5]. Gleichzeitig versteht das Gericht das festgeschriebene Datum für den Eintritt der WWU „eher als Zielvorgabe denn als rechtlich durchsetzbares Datum“[6]. Das BVerfG formuliert hier aber sehr zurückhaltend und spricht von einer Beeinflussung der Bundesregierung durch den Bundestag. Der entsprechende Beschluss sei „im Rahmen des Art. 23 Abs. 3 GG“ und „im Sinne der Organtreue zu handhaben“[7]. Zudem verweist es darauf, dass der Vertrag von Maastricht sicherstelle, dass die Konvergenzkriterien für den Übergang zur 3. Stufe der WWU nicht ohne deutsche Zustimmung - und damit ohne maßgebliche Mitwirkung des Deutschen Bundestages - aufgeweicht werden könnten[8]. Von einer Zustimmungspflicht etwa im Rahmen der Wesentlichkeitslehre ist hier keine Rede.

Das Gericht hat damit sowohl den von Art. 23 Abs. 2f. GG vorgegebenen Handlungsrahmen für die Beteiligung des Bundestages an europäischen Ent-

---

[1] zit. nach Höllscheidt/Schotten, Zur Rolle des Deutschen BT beim Eintritt in die dritte Stufe der Währungsunion, NJW 1997, 479

[2] BT-Drs. 12/3895, S. 17; von keiner Bindung der Bundesregierung an ein Votum des Bundestages gehen auch Götz, Das Maastricht-Urteil des BVerfG, JZ 1993, 1081(1084) und Streinz, Das Maastricht-Urteil des BVerfG, EuWZ 1994, 329(333) aus.

[3] Hölscheidt/Schotten, Zur Rolle des Deutschen BT beim Eintritt in die dritte Stufe der Währungsunion, NJW 1997, 479(481)

[4] BVerfGE 89, 155(202ff.)

[5] Weber, Die WWU nach dem Maastricht-Urteil des BVerfG, JZ 1994, 53(57); Rath, Die „unionswärtige Gewalt“ des BT..., 1995, S. 116

[6] BVerfGE 89, 155(201), allerdings muss man sehen, dass das BVerfG mit dem letzten Zitat nur die Durchsetzbarkeit, nicht jedoch die rechtliche Bindung des Datums anzweifelt und im ersteren Zitat nur von einer Möglichkeit zur Beeinflussung spricht.

[7] BVerfGE 89, 155(203)

[8] BVerfGE 89, 155(203)

scheidungen als grundsätzlich ausreichend akzeptiert. Gleichzeitig hat es jedoch auch die Funktion der Verträge als ausreichende Handlungsermächtigung sowohl bei politisch umstrittenen Entscheidungen als auch bei Handlungen aufgrund weit gefasster Ermächtigungsnormen erneut bekräftigt.

Damit lässt sich jedoch aus Wesentlichkeitslehre und Bestimmtheitsgrundsatz kein weitergehender Einfluss des Bundestages auf die europäische Politik ableiten. Insbesondere ergibt sich aus ihnen nicht, dass etwa der Bundestag sämtlichen Entscheidungen des Europäischen Rates im Rahmen der Art. 11 ff. oder 29 ff. EUV zustimmen muss[1].

7. Art. 59 Abs. 2 Satz 1 GG kein Einbruch der Legislative in einen Bereich der Exekutive, sondern ein verfassungsrechtlich angeordneter Einbruch der Exekutive in den Bereich der Legislative

Betrachtet man die vorstehenden Ausführungen, so ergibt sich daraus letztlich, dass an der auswärtigen Gewalt des Grundgesetzes grundsätzlich alle drei Gewalten beteiligt sein können[2]. Denn letztendlich ist unter dem Grundgesetz das „Regieren" auf mehrer Verfassungsorgane aufgeteilt[3]. Das Parlament ist an der politischen Staatsleitung beteiligt[4] und die Exekutive nicht grundsätzlich auf politisch unumstrittene oder unwesentliche Entscheidungen reduziert. Es gibt unter dem Grundgesetz eben kein „Monopol demokratischer Legitimation"[5].

Art. 59 Abs. 2 GG regelt zudem zwar eine Beteiligung des Bundestages an einem Akt der Exekutive. Diese Beteiligung ist jedoch kein Einbruch des Parlaments in einen fremden Ausschließlichkeitsbereich, sondern schlicht Ausdruck dafür, wie sich das Grundgesetz die Wahrnehmung der auswärtigen Gewalt vorstellt[6].

Nicht die Beteiligung des Bundestages nach 59 GG ist aber demokratietheoretisch ein Einbruch in den Handlungsbereich Exekutive, sondern die Reduzierung der Beteiligung des Parlaments auf einen Akt „in der Form eines Gesetzes" ist rechtssystematisch ein Einbruch in den Bereich der Legislative[7]. Diese reduzierte Beteiligung ist verfassungsrechtlich abgesichert und demokratietheoretisch und politisch aus den vom BVerfG angeführten Gründen auch zulässig bzw. gerechtfertigt. Der Informationsvorsprung der Regierung rechtfertigt aber z.B. in erster Linie ein Initiativübergewicht der Regierung, nicht jedoch auto-

---

1 Kokott, Kontrolle der auswärtigen Gewalt, DVBl. 1996, 937(944)

2 Blumenwitz, Kontrolle der auswärtigen Gewalt, BayVBl. 1996, 577

3 Stern, Staatsrecht Bd. II, § 39 III 3

4 Fastenrath, Kompetenzverteilung im Bereich der auswärtigen Gewalt, 1986, S. 75; Stern, a.a.O.

5 Böckenförde, Organisationsgewalt der Regierung, S. 79; Schuppert, Verfassungsgerichtliche Kontrolle der Ausw. Gewalt, 1973, S. 52

6 Schuppert, a.a.O. S. 51

7 Baade, Das Verhältnis von Parlament und Regierung im Bereich der auswärtigen Gewalt..., 1962, S. 119f./206f.

matisch bereits ein Entscheidungsmonopol in Fragen über auswärtige Angelegenheiten[1]. Es gibt demokratietheoretisch keinen grundsätzlichen Vorrang der Exekutive in der Außenvertretung, sondern nur einen rechtshistorischen[2] und einen praktischen. Andererseits gibt es demokratietheoretisch auch keinen allgemeinen außenpolitischen Parlamentsvorbehalt. Es stellt sich jedoch die Frage, ob mit Art. 59 GG das Parlament in die Vertragsgewalt der Exekutive eindringt oder die Exekutive der Legislative ihr umfassendes Gesetzgebungsrecht streitig macht; und dessen normierende und legitimierende Wirkung ist der eigentliche Kern des demokratischen Prinzips. Dass die Exekutive nicht prinzipiell schwächer legitimiert ist als die Legislative rechtfertigt ihre starke Rolle in der auswärtigen Gewalt überhaupt, nicht jedoch bereits einen systematischen Vorrang in diesem Bereich der Gesetzgebung. Gleiches gilt für die Funktion des Art. 65 GG. In erster Linie grenzt er innerhalb der Regierung Kompetenzen ab, zum anderen regelt er deren internes Organisationsprinzip[3]. Dass sich aus Art. 65 GG gleichzeitig ein Kernbereich grundgesetzlicher Regierungstätigkeit ergibt, hat ebenfalls keine speziellen Auswirkungen auf die Rolle der Regierung in der Außenpolitik. Art. 65 GG hat nur Auswirkungen auf ihre Stellung im Rahmen des Art. 59 Abs. 2 Satz 1 GG, begründet diese jedoch nicht selbständig.

Unterschieden werden müssen jedoch zwei Handlungsbereiche der Außenpolitik. Unter dem Grundgesetz steht dem Bundestag als rechtlich verbindliches Handlungsinstrument in erster Linie das Gesetz zur Verfügung. Andere Beschlüsse sind nur verbindlich, wenn sie das Grundgesetz ausdrücklich für verbindlich erklärt.

Art. 59 GG ist deshalb ein Einbruch in den Bereich der Legislative, wenn ein völkerrechtlicher Vertrag transformationsfähigen Inhalt hat[4]. Die Transformationswirkung des Vertragsgesetzes erklärt den Vertragsinhalt zum Teil der innerstaatlichen Rechtsordnung. Für deren Ausgestaltung ist unter dem Grundgesetz jedoch demokratietheoretisch das Parlament als Gesetzgeber verantwortlich.

Soweit außenpolitisches Handeln zu keiner unmittelbaren Gestaltung der innerstaatlichen Rechtsordnung führt, greift die Bundesregierung nicht in das legislative Gestaltungsrecht des Parlaments ein. Akte, die keine gesetzgebende Qualität haben, stehen unter dem Grundgesetz nur dann einer bindenden Entscheidung durch den Bundestag offen, wenn eine solche Entscheidung ausdrücklich zugelassen ist. Die Beteiligung des Parlaments an politischen Verträgen ohne Transformationswirkung ist eine solche Anordnung. Dass diese mit dem Ge-

[1] Schuppert, Verfassungsgerichtliche Kontrolle der Ausw. Gewalt, 1973, S. 69

[2] *entwicklungsgeschichtlich* mag deshalb Art. 59 GG eine Beschränkung der ursprünglich starken Stellung des Monarchen in der Außenpolitik sein, Maunz, in: M/D/H/S, Art. 59 Rn. 18

[3] Hitzel-Cassagnes, Rechtsstaatliche Domestizierung der Außenpolitik, Kritische Justiz 2000, 63(74)

[4] nicht alle zustimmungspflichtigen Verträge haben Transformationswirkung. Die interne Wirkung erschöpft sich dann in der Anerkennung der völkerrechtlichen Bindung, Maunz, in: M/D/H/S, Art. 59 Rn. 24

danken der Wesentlichkeitslehre in engem Zusammenhang steht, heißt noch nicht, dass diese eine Beteiligung des Bundestages fordern würde.

Damit ändert sich zwar nicht grundsätzlich das Verständnis des tatsächlich existierenden Art. 59 Abs. 2 Satz 1 GG. Die Beteiligung des Bundestages an völkerrechtlichen Verträgen bleibt unter der derzeitigen Rechtslage im Grundgesetz eine Beteilung des Bundestages an einem Akt der Exekutive. Art. 59 Abs. 2 Satz 1 GG genügt dem Vorbehalt des Gesetzes und der Wesentlichkeitslehre und sichert somit allgemeindemokratisch ebenso wie konkret im Rahmen des Grundgesetzes die demokratische Legitimation der unter ihm getroffenen außenpolitischen Entscheidungen. Es verändern sich jedoch die Rechtfertigungspflichten. Nicht der Bundestag muss sich dafür rechtfertigen, wenn er auf einen beabsichtigten außenpolitischen Akt der Bundesregierung mit Transformationswirkung Einfluss nehmen will, sondern die Bundesregierung muss rechtfertigen, warum sie einen außenpolitischen Akt ohne weitergehende Einflussmöglichkeit des Bundestages vornehmen will und diesen lediglich auf sein abschließendes Zustimmungs- und Ablehnungsrecht verweisen will.

Trotzdem verstieße der Versuch des Bundestages, die Bundesregierung auf einen bestimmten Vertragsinhalt von vornherein zu verpflichten, derzeit gegen die konkrete Gewaltenteilung des Art. 59 Abs. 2 GG[1]. Die Bundesregierung hat unter dem Grundgesetz verfassungsrechtlich eine dominierende Stellung[2]. Das Initiativrecht des Bundestages aus Art. 76 Abs. 1 GG ist insofern eingeschränkt. Art. 59 Abs. 2 Satz 1 GG verlangt einen Vertrag als Gegenstand der Abstimmung. Ein solcher liegt, wollte der Bundestag z.B. ein Änderungsgesetz zu einem Zustimmungsgesetz einbringen, jedoch nicht vor[3]. Der Bundestag kann somit weder verhindern noch erzwingen, dass die Bundesregierung Vertragsverhandlungen aufnimmt, unterlässt, abbricht oder Vertragsentwürfe mit einem bestimmten Inhalt gestaltet[4]. Seine übrigen Kontrollmittel geben dem Bundestag in der Tat ausreichend Möglichkeit, auf die Regierung Einfluss zu nehmen[5].

V. Artikel 23 Abs. 2 Satz 1 GG - Die Mitwirkung des Bundestages in Angelegenheiten der Europäischen Union

Dem geschilderten Verhältnis zwischen Exekutive und Legislative trägt Art. 23 Abs. 2 GG Rechnung. Er ist in diesem Sinn Ausdruck des grundgesetzlichen Demokratieprinzips[6]. Er beteiligt den Bundestag abweichend zu Art. 59 Abs. 2 Satz 1 GG verstärkt an der Ausarbeitung europäischer völkerrechtlicher Verträ-

---

1 BVerfGE 68, 1(86f.); Fastenrath, Kompetenzverteilung im Bereich der auswärtigen Gewalt, 1986, S. 235

2 Hitzel-Cassagnes, Rechtsstaatliche Domestizierung der Außenpolitik, Kritische Justiz 2000, 63(64)

3 Fastenrath, Kompetenzverteilung im Bereich der auswärtigen Gewalt, 1986, S. 240

4 BVerfGE 90, 286(358)

5 Fastenrath, Kompetenzverteilung im Bereich der auswärtigen Gewalt, 1986, S. 243

6 Streinz, in: Sachs 1996, Art. 23 Rn. 99

ge[1]. Er stellt klar, dass der Bundestag nicht mehr lediglich am Schluss der politischen Willensbildung der Regierung steht. Er wirkt künftig bereits an den Vorbereitungen zur Änderung des Primärrechts mit[2]. Während nach Art. 59 GG der Bundestag über einen ausgehandelten völkerrechtlichen Vertrag lediglich abstimmt, legt Art. 23 Abs. 2 Satz 1 GG jetzt allgemein fest: „In Angelegenheiten der Europäischen Union wirk(t) der Bundestag ... mit." Art. 23 Abs. 2 Satz 1 ist zwar in der Tat eine systematisierende Einleitungsformel für die nachfolgend konkretisierenden Regelungen dieser Mitwirkung[3]. Satz 1 erschöpft sich jedoch nicht in dieser rechtstechnischen Funktion, sondern er eröffnet dem Bundestag ein prinzipiell umfassendes Recht zur aktiven und gestaltungspolitischen Teilnahme an der Europapolitik der Bundesregierung[4]. Art. 23 GG verteilt deshalb durchaus die außenpolitischen Kräfte zwischen Regierung und Bundestag neu[5].

Es stellt sich jedoch die Frage, was Abs. 2 Satz 1 unter einer „Mitwirkung" des Bundestages versteht. Rein sprachlich kann der Begriff der Mitwirkung sehr unterschiedlich ausgelegt werden. Unter der Mitwirkung an einer Angelegenheit versteht man, mit einem anderen zusammen an der Durchführung von etwas tätig zu sein[6]. Der Begriff allein sagt jedoch noch nichts darüber aus, welchen Inhalt und damit welcher rechtlichen Qualität die Beteiligung an einer Angelegenheit ist. Dagegen, dass Art. 23 GG eine für die Bundesregierung inhaltlich bindende Mitwirkung des Bundestages anordnen will, spricht jedoch, dass das Grundgesetz, wenn es zum Handeln eines Staatsorgans das bindende Votum eines anderen Staatsorgans benötigt, den Begriff der „Zustimmung" verwendet[7], allenfalls muss ein Handeln „bestätigt" werden (Art. 29 Abs. 2 Satz 1 GG). Es ist somit nicht davon auszugehen, dass der Begriff der „Mitwirkung" eine bindende Einflussnahme des Bundestages auf Angelegenheiten der EU bereits ausdrücklich zulässt.

Bestätigt wird dies auch durch Abs. 3, wonach der Bundestag zu Rechtsakten der EU eine Stellungnahme abgibt, auch wenn er im Gegensatz zu Abs. 2 ausschließlich die Beteiligung des Bundestages an Akten es Sekundärrechts regelt. Abs. 3 wäre überflüssig, wenn Abs. 2 Satz 1 unter „Mitwirkung" bereits die Abgabe eines bindenden Votums verstehen würde. Andererseits bedeutet dies aber auch noch nicht, dass der Bundestag im Rahmen des Abs. 2 Satz 1 nicht trotzdem eine Stellungnahme abgeben kann. Abs. 3 setzt nur ausdrücklich eine

---

1 Streinz, a.a.O. Rn. 90

2 Scholz, in: M/D/H/S, Art. 23 Rn. 111

3 Breuer, Die Sackgasse des neuen Europaartikels (Art. 23 GG), NVwZ 1994, 417(426)

4 Scholz, in: M/D/H/S, Art. 23 Rn. 93

5 Brenner, Das Gesetz über die Zusammenarbeit von BReg. und BT in Angelegenheiten der EU, ThürVBl. 1993, 196(197)

6 Duden, Das große Wörterbuch der deutschen Sprache, Bd. 4, Stichwort „mitwirken"

7 s. allgemein die Vorschriften zur Zustimmungsgesetzgebung in Art 76 ff. GG, aber auch z.B. die Art. 37 Abs. 1, 84 Abs. 2, 3, 5, 85 Abs. 1 und 2, 87 Abs. 3 Satz 2, 104a ff., 113 Abs. 1 Satz 1, 115a ff. GG

Verpflichtung für die Bundesregierung fest, dem Bundestag die Möglichkeit zur Stellungnahme einzuräumen. Damit ist eine weitgehende Verpflichtung verbunden, aktiv darauf hinzuwirken, dass der Bundestag von diesem Recht auch Gebrauch machen kann[1].

Aus den Protokollen der Gemeinsamen Verfassungskommission zur Entstehung des Art 23 GG ergeben sich aber Anhaltspunkte dafür, dass der Bundestag aufgrund Abs. 2 Satz 1 die Bundesregierung binden können soll. An der grundsätzlichen außenpolitischen Kompetenzverteilung zwischen Bundestag und Bundesregierung sollte durch Abs. 2 Satz 1 nichts verändert werden[2]. Einer zu starken Rolle des Bundestages im Verhältnis zur Bundesregierung in Angelegenheiten der EU hat man im Gegenteil in der Gemeinsamen Verfassungskommission schon sehr früh vorzubeugen gewusst und darauf verwiesen, dass „die in Art. 79 Abs. 3 GG festgeschriebene Grundentscheidung des Art. 20 Abs. 1 GG ... dem Bund - und hier der Bundesregierung - die Zuständigkeit und Verantwortung für die auswärtigen Beziehungen ..." zugeordnet habe, weshalb die Bundesregierung in Angelegenheiten der EU handlungsfähig bleiben müsse[3]. Indem man die außenpolitische Zuständigkeit der Bundesregierung in die Reihe der unabänderlichen Grundentscheidungen erhob, wollte man das Thema, wie in auswärtigen Angelegenheiten, die die EU betreffen, konkret die außenpolitischen Gewichte zu verteilen sind, nicht zu mächtig werden lassen[4]. Letztendlich ergibt sich aus Abs. 2 Satz 1 nur, dass der Bundestag - anders als eben im Rahmen des Art. 59 GG - irgendwann im Vorfeld der Ausarbeitung des Vertragsgesetzes beteiligt werden muss. Gäbe es nicht wenigstens Abs. 2 Satz 2, würden seine Beteiligungsrechte verfassungsrechtlich in der inhaltlichen Leere der verwendeten Begrifflichkeit verloren gehen.

VI. Art. 23 Abs. 2 Satz 2 GG - Die Unterrichtungspflicht der Bundesregierung gegenüber dem Bundestag in Angelegenheiten der Europäischen Union

Art. 23 Abs. 2 Satz 2 GG gestaltet die Beteiligung des Bundestages in Angelegenheiten der EU näher aus. Nach Art 23 Abs. 2 Satz 2 GG „hat" die Bundesregierung „den Bundestag ... umfassend und zum frühestmöglichen Zeitpunkt zu unterrichten". Der Erhalt von Informationen ist unverzichtbar, will der Bundestag auf die Bundesregierung sachlich Einfluss nehmen können[5].

Die Unterrichtungspflicht aus Art. 23 Abs. 2 Satz 2 GG bezieht sich auf die Angelegenheiten der EU aus Satz 1 und unterscheidet nicht, in welchem

[1] näher dazu unten D.VI.2.

[2] Scholz, in: M/D/H/S, Art 23 Rn. 98ff.

[3] StS Neussel, Gem.Verfk., Sten.Prot. 3. Sitzung, S. 4

[4] beschwichtigend zu einer Veränderung der Gewichte in der Außenpolitik zwischen BT und Bundesregierung auch Abg. Möller, Gem.Verfk., Sten.Prot. 3. Sitzung, S. 7

[5] Brenner, Das Gesetz über die Zusammenarbeit von BReg. und BT in Angelegenheiten der EU, ThürVBl. 1993, 196(200); Lang, Mitwirkungsrechte...BT..., 1997, S. 283

Rechtsbereich sich die Angelegenheit abspielt oder in welcher rechtlichen Form sich eine „Angelegenheit der Europäischen Union“ entwickelt. Es ist unerheblich, ob es sich um Angelegenheiten des Primärrechts oder des Sekundärrechts handelt. Unerheblich ist auch, ob es sich um eine Angelegenheit handelt, die dem EUV, dem EGV, EAGV oder EGKSV zuzuordnen ist. Die Unterrichtungspflicht der Bundesregierung ist eben „umfassend“[1]. Davon geht auch § 3 des aufgrund Art. 23 Abs. 3 Satz 3 GG zur näheren Regelung der Zusammenarbeit erlassenen Gesetzes über die Zusammenarbeit von Bundesregierung und Bundestag in Angelegenheiten der EU (EUZBBG)[2] aus. § 3 erstreckt die frühestmögliche Unterrichtungspflicht auf „alle Vorhaben im Rahmen der Europäischen Union, die für die Bundesrepublik Deutschland von Interesse sein könnten“ (§ 3 EUZBBG). Dazu zählen Rechtsakte der EU oder Abkommen mit Drittstaaten bzw. zwischen den Mitgliedstaaten, aber eben auch beabsichtigte Änderungen des Primärrechts[3]. Die Bundesregierung muss den Bundestag deshalb vor allem über die Verhandlungen zu Änderungen des Primärrechts auf dem Laufenden halten und zum frühestmöglichen Zeitpunkt über den jeweils neuesten Stand der Verhandlungen informieren[4].

Da die Bundesregierung zur umfassenden Information verpflichtet ist, hat sie auch keine Möglichkeit mehr, aus diplomatischen oder verhandlungstaktischen Gründen Informationen zurückzuhalten. Insofern ist der Begriff „umfassend“ eindeutig. Gerade in ihm kommt eine gewisse Gleichstellung des Bundestages mit der Bundesregierung in Angelegenheiten der EU zum Ausdruck. Satz 2 erweitert damit aber auch die Antwortverpflichtung im Rahmen des Art. 43 GG. Hier kann die Bundesregierung Antworten mit dem Hinweis auf das Erfordernis der Geheimhaltung verweigern[5]. Geheimhaltung muss in Sachen der EU anders gesichert werden als dadurch, dass die Bundesregierung gegenüber dem Bundestag Informationen zurückhält[6].

1. Möglichkeiten zur beschränkenden Themenauswahl

Nach Art. 23 Abs. 2 Satz 2 GG informiert die Bundesregierung den Bundestag zum frühestmöglichen Zeitpunkt umfassend über die Angelegenheiten der EU. Sie hat dabei keine Selektionsmöglichkeit, auch nicht im Sinne einer sachgerechten Auswahl der Informationsthemen[7] , worüber sie den Bundestag infor-

[1] Pernice, in: Dreier, Art. 23 Rn. 102

[2] BGBl. I 1993 S. 311

[3] Rojahn, in: v.Münch, Art. 23 Rn. 56

[4] Brenner, Das Gesetz über die Zusammenarbeit von BReg. und BT in Angelegenheiten der EU, ThürVBl. 1993, 196(197)

[5] Maunz, in: M/D/H/S, Art. 43 Rn. 8

[6] Streinz, in: Sachs, Art. 23 Rn. 95

[7] der Bundesregierung die Obliegenheit auferlegen, eine Selektion nach pflichtgemäßem Ermessen durchzuführen, welches Material für den Bundestag relevant ist, wollen Möller/Limpert, Informations- und Mitwirkungsrechte des BT..., ZfP 1993, 21(25) und Lang, Mitwirkungsrechte...BT..., 1997, S. 290

miert. Nicht nur die Anzahl der Themen auch deren Tiefe kann die Bundesregierung nicht beschränken. Damit ist letztendlich während Vertragsverhandlungen eine laufende Raportpflicht der Bundesregierung gegenüber dem Bundestag eingeführt, denn Informationen zu Angelegenheiten der EU laufen während den Verhandlungen bei der Bundesregierung ständig ein. Die Unterrichtungspflicht der Bundesregierung kann auch nicht deshalb eng ausgelegt werden, weil Art. 23 GG die Mitwirkungsrechte des Bundestages als weiteren Ausnahmetatbestand zur außenpolitischen Prärogative des Art. 59 GG sieht. Auf die ihr im Rahmen des Art. 59 GG zur Seite stehende Prärogative in der Außenpolitik kann sich die Bundesregierung dem Bundestag gegenüber bei ihrer Informationspolitik über Angelegenheiten der EU nicht berufen[1]. Die Beteiligungsrechte könnten dann als Ausnahmetatbestände eng ausgelegt werden. Art. 23 Abs. 2 GG erweitert zwar die Mitwirkungsrechte des Bundestages, knüpft inhaltlich jedoch nicht an Art. 59 GG an, sondern unmittelbar an den Demokratiegedanken. Nach der hier vertretenen Ansicht ergibt sich diese Anknüpfung am Demokratieprinzip bereits aus der systematischen Stellung des Art. 59 Abs. 2 Satz 1 GG selbst im Verfassungsgefüge, da dieser bereits als Ausnahme zum Demokratieprinzip zu sehen ist.

Der Bundestag hat zudem nicht nur ein Recht, sondern auch eine Pflicht, an Angelegenheiten der EU mitzuwirken[2]. Dafür spricht auch der Wortlaut des Art. 23 Abs. 2 Satz 1 GG: In Angelegenheiten der EU „wirkt der Bundestag mit". Er erhält nicht lediglich „Gelegenheit zur Mitwirkung", wie es etwa Abs. 3 Satz 1 für die Abgabe von Stellungnahmen durch den Bundestag vorsieht.

2. Art. 23 Abs. 2 Satz 2 GG schafft eine aktive Informationspflicht

In jedem Fall muss die Bundesregierung den Bundestag von sich aus über ihre Kenntnisse unterrichten und darf nicht abwarten, ob der Bundestag entsprechende An- oder Nachfragen stellt. Hierin liegt der erhebliche Vorteil gegenüber dem Informationsfluss über nationale Themen. In jedem Gesetzgebungsverfahren und speziell natürlich im Rahmen des Art. 59 Abs. 2 Satz 1 GG ist der Bundestag primär auf die Begründung der Bundesregierung zum Vertragsgesetz angewiesen. Weitere - vor allem diplomatische Hintergrundinformationen - muss die Bundesregierung wenn überhaupt, dann erst auf ausdrückliches Nachfragen dem Bundestag mitteilen. Bereits gezielte Nachfragen sind jedoch häufig ohne ein Mindestmaß an vorausgegangener Information nicht möglich, da ohne diese bereits das Problembewusstsein fehlt.

3. Die Pflicht der Bundesregierung, Informationen zu beschaffen

Abs. 2 Satz 2 statuiert zudem eine aktive Informationsverpflichtung der Bundesregierung. Diese geht sogar so weit, dass sich die Bundesregierung, erfährt

---

[1] Jarass, in: Jarass/Pieroth, Art. 23 Rn. 23
[2] BVerfGE 89, 155(212)

sie von „Angelegenheiten der EU“, die ihr zur Verfügung stehenden rechtlichen und politischen Mittel in Anspruch nehmen muss, um sich zu diesem Vorgang aktiv Informationen von den Organen der EU zu besorgen[1]. Die ergibt sich vor allem aus ihrer gleichzeitigen Verpflichtung auf eine frühestmögliche und eine umfassende Unterrichtung. Die Unterrichtungspflicht bezieht sich zudem auf die Unterrichtung über eine „Angelegenheit“. Diese Formulierung erzwingt jedoch nicht nur eine subjektive, sondern auch eine objektive Unterrichtung, eine Unterrichtung nicht nur über das, was die Regierung weiß, sondern auch über das, was sie wissen könnte. Der Bundestag soll sich ein eigenes und objektives, kein zufälliges Bild, orientiert am zufälligen Wissen der Regierung, über europäische Angelegenheit machen können. Vor allem aber wäre der Bundestag dann auch den politischen Interessen der Bundesregierung ausgeliefert und ihrem Engagement in einzelnen Angelegenheiten der EU.

4. Die Information zum frühest möglichen Zeitpunkt

Der Begriff „frühestmöglich“ wird weder vom Grundgesetz noch vom EUZBBG konkretisiert. Sprachlich verbirgt sich dahinter jedoch die Absicht, den Bundestag unverzüglich zu unterrichten, sobald die Bundesregierung über ihre verschiedenen Kanäle Informationen von europäischer Ebene erhält. Dies wird auch aus der Entstehungsgeschichte der Norm deutlich. Im Sonderausschuss „Europäische Union“ war man sich einig, dass eine „regelmäßige“ Unterrichtung dem Mitwirkungsinteresse des Bundestages nicht gerecht würde. Auch der Begriff „rechtzeitig“ schien zu vage, da er der Bundesregierung einen Beurteilungsspielraum eröffnet hätte, der eigentlich dem Bundestag zusteht[2].

Aus der Kombination „umfassend“ und „frühestmöglich“ ergibt sich zudem, dass die Bundesregierung über eine Angelegenheit der EU - und damit, vorliegend relevant, über Vertragsverhandlungen zwischen den Mitgliedstaaten - nicht nur einmalig berichten muss, sondern den Bundestag über ein einmal von der EU aufgegriffenes Thema laufend weiter zu unterrichten hat. Anderenfalls hätte die Vorschrift kaum Sinn, da zum „frühestmöglichen“ Zeitpunkt häufig nur wenige Informationen vorhanden sind. Eventuell müssen Fakten und Meinungen überhaupt erst gesammelt werden. Eine einmalige „frühestmögliche“ Unterrichtung wäre hier für den Bundestag weitgehend wertlos, vor allem aber nicht umfassend. Die Unterrichtungspflicht geht damit aber sogar über die Beteiligung des Bundestages an innerstaatlichen Aktivitäten der Bundesregierung hinaus. Im nationalen Gesetzgebungsverfahren auch etwa nach Art. 59 Abs. 2 GG muss die Bundesregierung den Bundestag erst mit der Zuleitung des Gesetzentwurfes, und auch dort nur im Rahmen der Gesetzesbegründung, über ihre Absichten unterrichten. Den Umfang der Gesetzesbegründung bestimmt sie da-

---

[1] Jarass, in: Jarass/Pieroth, Art. 23 Rn. 21; Streinz, in: Sachs 1996, Art. 23 Rn. 93; eine Beschaffungspflicht für Informationen verneint - allerdings ohne Begründung - Pernice, in: Dreier, Art. 23 Rn. 103

[2] Möller/Limpert, Informations- und Mitwirkungsrechte des BT..., ZfP 1993, 21(26)

bei selbst, der Bundestag muss dann eben weitergehende Nachfragen an die Bundesregierung richten, wenn er Hintergründe und Einzelheiten zu dem Entwurf erfahren möchte. Eine umfassende Unterrichtungspflicht zum frühestmöglichen Zeitpunkt besteht angesichts des klaren Wortlautes in Art. 76ff. GG jedenfalls nicht.

5. Die umfassende Unterrichtungspflicht und der Kernbereich der Exekutive

Es stellt sich deshalb nicht nur die Frage, ob der Begriff „umfassend" in Richtung auf den Bundestag eingeschränkt werden darf, sondern ob er nicht aus der Sicht der Bundesregierung sogar inhaltlich eingeschränkt werden muss. Denn immerhin kennt das Grundgesetz im Rahmen seiner Gewaltenteilung einen sogenannten unentziehbaren Zuständigkeitsbereich der Exekutive. In diesen darf das Parlament nicht eindringen, soll nicht die Gewaltenteilung letztendlich aufgehoben werden.

Am unentziehbaren Kern der Exekutive will aber auch Art. 23 GG nichts ändern. Dies ergibt sich bereits aus dem Wortlaut. Informieren muss die „Bundesregierung" über „Angelegenheiten der EU". Daraus ergibt sich bereits sprachlich, dass die Bundesregierung über einen Drittsachverhalt berichtet. Die internen Beratungen der Bundesregierung sind keine „Angelegenheiten der EU", sondern eine Angelegenheit der Bundesregierung. Dass diese auch über Angelegenheiten der EU berät, macht die Beratung selbst nicht bereits zu einer Angelegenheit der EU. Der Bundestag nimmt im Rahmen der Abs. 2 zudem an der Willensbildung des Bundes, nicht der der Bundesregierung teil[1]. Allerdings muss die Bundesregierung „umfassend" unterrichten. Die Informationspflicht der Bundesregierung soll den Bundestag jedoch in die Lage versetzen, sich eine eigene Meinung über eine europäische Angelegenheit zu bilden. Dafür mag es für ihn politisch interessant sein, über die Beratungen im Kabinett unterrichtet zu sein, zur Erfüllung seiner Mitwirkungspflicht erforderlich ist diese Information keinesfalls.

Selbst wenn man eine entsprechende Beschränkung der Informationspflicht nicht bereits Art. 23 GG selbst entnehmen will, ist dieser entsprechend verfassungskonform auszulegen[2]. Hätte zudem mit Art. 23 GG ein solch massiver Eingriff in die Gewaltenteilung tatsächlich erfolgen sollen, hätte dies in der Bestimmung eindeutiger zum Ausdruck kommen müssen. Die Unterrichtungspflicht der Bundesregierung bezieht sich damit nicht auf den nicht ausforschbaren Kernbereich der exekutiven Eigenverantwortung[3]. Anderenfalls wäre die

---

[1] Kohnen, Die Zukunft des Gesetzesvorbehalts in der EU, zugel. Diss. Jena 1996, S. 84

[2] Kohnen, a.a.O. S. 105f.; auf die verfassungsrechtliche Notwendigkeit, die internen Beratungen der Regierung aus der Unterrichtungspflicht herauszunehmen, verweist auch Pernice, in: Dreier, Art. 23 Rn. 103

[3] Möller/Limpert, Informations- und Mitwirkungsrechte des BT..., ZfP 1993, 21(26)

Bestimmung verfassungswidrig[1]. Eine geltungserhaltende verfassungskonforme Auslegung im Sinne einer verfassungskonformen Begrenzung der Unterrichtungspflicht der Bundesregierung an den Bundestag ist jedoch möglich[2].

VII. Die Übertragung von Hoheitsrechten „durch Gesetz"

Art. 59 GG ist jedoch nicht der einzige für die Integration zu beachtende Gesetzesvorbehalt im Grundgesetz. Nicht nur europäische Verträge werden als Gesetz erlassen, sondern auch die Übertragung von Hoheitsrechten ist nach Art. 23 Abs. 1 Satz 2 GG einem Gesetz vorbehalten[3]. Entsprechend ihrer unterschiedlichen Funktion werden diese beiden Gesetze unterschiedlich benannt. Das Gesetz nach Art. 59 GG wird als Vertrags- oder Zustimmungsgesetz[4] bezeichnet, das nach Art. 23 GG als Übertragungsgesetz[5].

Beide Gesetzesvorbehalte sind jedoch sprachlich unterschiedlich abgefasst. So werden Vertrags- oder Zustimmungsgesetze „in der Form eines Bundesgesetzes" verabschiedet, die Übertragung von Hoheitsrechten erfolgt „durch Gesetz". Die Formulierung „durch Gesetz" verwendet das Grundgesetz, wenn es für eine Regelung ein Gesetz im materiellen Sinn fordert[6]. Im Gegensatz dazu ist ein Gesetz nach Art. 59 Abs. 2 GG nur der Form nach ein Bundesgesetz, inhaltlich ist es eine Beteiligung des Bundestages an einem Exekutivakt[7]. Es fragt sich deshalb, ob eine Beteiligung des Bundestages an einer Hoheitsrechtsübertragung nicht weiter gehen muss als seine Beteiligung am Abschluss eines völkerrechtlichen Vertrages i.S.v. Art. 59 Abs. 2 Satz 1 GG. Für völkerrechtliche Verträge, die Angelegenheiten der EU betreffen, würde dann auch die Mitwirkungsregelung in Art. 23 Abs. 2 GG nicht ausreichen.

1. Das Verhältnis der Gesetze aus Art. 59 Abs. 2 Satz 1 GG und Art. 23 Abs. 1 Satz 2 GG zueinander

Da eine Beteiligung der Gesetzgebungsorgane nach Art. 59 Abs. 2 Satz 1 GG inhaltlich eine Beteiligung an einem Akt der Exekutive ist, Hoheitsrechte dagegen „durch Gesetz" übertragen werden, stellt sich die Frage, ob sich die Qualität der Bundestagesbeteiligung verändert, wenn in einem völkerrechtlichen Vertrag Hoheitsrechte übertragen werden.

---

[1] Brenner, Das Gesetz über die Zusammenarbeit von BReg. und BT..., ThürVBl. 1993, 196(201)

[2] Brenner, a.a.O. S. 201

[3] Ossenbühl, in: HdbdStR Bd. III, § 62 Rn. 30

[4] Rojahn, in: v.Münch, Art. 59 Rn. 27

[5] Rojahn, a.a.O. Rn. 26

[6] auch in den anderen Bereichen des grundgesetzlichen Gesetzesvorbehalts wird diese Formulierung verwendet: Art. 107 Abs. 1 Satz 2, 109 Abs. 3 GG

[7] BVerfGE 1, 372(395) 1, 281(282); 1, 396(414); 2, 347(369f.); BVerfGE 68, 1(87); BVerfGE 90, 286(357);

Entscheidend für die Antwort auf diese Frage ist das systematische Verhältnis von Vertragsgesetz und Übertragungsgesetz zueinander. Dieses Verhältnis entscheidet darüber, ob der Bundestag auch bei der Übertragung von Hoheitsrechten lediglich an einem Exekutivakt beteiligt ist oder ob er bei der Übertragung von Hoheitsrechten ein Gesetz erlässt, das die Bundesregierung außenpolitisch völkervertraglich vorbereitet hat. Grundlage für die Überlegungen zum Verhältnis beider Gesetze zueinander ist dabei die Annahme, dass allein die Praxis, bei Hoheitsrechtsübertragungen Vertragsgesetz und Übertragungsgesetz in einem einheitlichen rechtsetzenden Akt zu erlassen[1], noch keine rechtliche Identität zwischen beiden Gesetzen schafft, sondern dass es sich materiell um zwei Gesetze handelt, die formell in einem Akt ergehen[2].

Randelzhofer geht zwar explizit auf die Qualität des Übertragungsgesetzes ein, verlangt aber schlicht ein förmliches Gesetz des Bundes[3] und verweist darauf, dass eine Übertragung per Rechtsverordnung nicht ausreichen würde. Im übrigen kommen bei ihm Art. 59 Abs. 2 Satz 1 GG und Art. 23 Abs. 1 Satz 2 GG nebeneinander zur Anwendung, da beide unterschiedliche Funktionen haben. Formell müsse jedoch ein einheitliches Gesetz erlassen werden, das diese beiden Funktionen gleichzeitig erfüllt. Die Funktion des Übertragungsgesetzes liegt seiner Meinung nach darin, den innerstaatlichen Anwendungsbefehl für fremde Rechtsakte zu geben. Daraus ergebe sich, dass die Art. 23/24 GG nicht als lex specialis den Art. 59 Abs. 2 GG verdrängen würden, sondern beide Vorschriften eben nebeneinander bestünden und zur Anwendung kämen[4]. Trotzdem sieht er die Art. 23/24 GG auch als „einen speziellen Gesetzesvorbehalt, der insbesondere im Rahmen des Art. 59 Abs. 2 Satz 1 GG zum Tragen kommt“[5].

Auch Tomuschat verlangt für die Übertragung ein förmliches Bundesgesetz[6]. Wie Rojahn, der das Gesetz nach Art. 23 als ein einfaches Bundesgesetz bezeichnet[7], grenzt er dieses von einem verfassungsändernden Gesetz ab[8] und vom Verwaltungsabkommen[9]. Tomuschat sieht das Übertragungsgesetz nach Art. 23 Abs. 1 Satz 2 GG zudem als „qualifiziertes Zustimmungsgesetz nach Art. 59 Abs. 2 GG“[10]. Seiner Vorstellung nach „begleitet“ der völkerrechtliche Vertrag nach Art. 59 GG das Übertragungsgesetz. Art. 23 Abs. 1 Satz 2 GG ist

---

1 Tomuschat, BK Art. 24 Rn. 28; Streinz, in Sachs, Art. 24 Rn. 24; Rojahn, in: v. Münch, Art. 24 Rn. 32

2 Flint, Die Übertragung von Hoheitsrechten..., 1998, S. 149; die h.M. geht von einer Zweiaktigkeit der Übertragung aus, Rojahn, a.a.O. Rn. 26

3 Randelzhofer, in: M/D/H/S, Art. 24 Abs. I Rn. 65; so auch Streinz, in: Sachs, Art. 23 Rn. 62, Art. 24 Rn. 22, wenn er ein „Bundesgesetz im formellen Sinne“ verlangt.

4 Randelzhofer, in: M/D/H/S, Art. 24 Abs. I Rn. 21, 63

5 Randelzhofer, a.a.O. Rn. 21

6 Tomuschat, in: BKGG, Art. 24 Rn. 32

7 Rojahn, in: v.Münch, Art. 23 Rn. 42, Art. 24 Rn. 29

8 Rojahn, a.a.O. und Art. 24 Rn. 29; Tomuschat, BK Art. 24 Rn. 33

9 Rojahn, in: v.Münch, Art. 24 Rn. 26

10 Tomuschat, in: BKGG, Art. 24 Rn. 28

dabei lex specialis zu Art. 59 Abs. 2 Satz 1 GG[1]. Die Spezialität bezieht Tomuschat aber nur auf die Zuständigkeitsfrage, wenn er feststellt, dass das Übertragungsgesetz „insofern“ lex specialis ist, als „in jedem Fall der Bundesgesetzgeber zur Entscheidung aufgerufen ist, unabhängig vom Vorliegen der in Art. 59 Abs. 2 GG genannten Voraussetzungen“[2]. Dieses Verständnis begrenzter Spezialität tritt auch zu Tage, wenn Tomuschat in dem Übertragungsgesetz in jedem Fall eine Regelung der politischen Beziehungen des Bundes sieht[3].

Nach Stern spricht für eine Deutung des Art. 24 GG als lex specialis, dass die Funktion, dem Parlament einen Anteil an der Ausübung der auswärtigen Gewalt zu sichern, auch mit dem Übertragungsgesetz erfüllt ist. Aus der Verortung des Art. 24 GG im Abschnitt Bund-Länder-Verhältnis sowie der im parlamentarischen Rat abschlägig entschiedenen Frage, ob die Länder einem Übertragungsgesetz zustimmen müssen, schließt er auf die lex-specialis-Funktion des Übertragungsgesetzes. Gestützt sieht er diese Überlegung dadurch, dass die europäischen Verträge deshalb gemäß Art. 59 GG der Zustimmung in der Form eines Bundesgesetzes bedürfen, weil sie sich auf einen Gegenstand beziehen, der innerstaatlich nach Art. 24 GG den Erlass eines Gesetzes verlangen. Kann das von Art. 24 GG geforderte Gesetz nach seinem Inhalt nur als Einspruchsgesetz ergehen, bedarf auch das Vertragsgesetz nicht der Zustimmung des Bundesrates[4]. Er sieht das Übertragungsgesetz nach Art. 24 Abs. 1 GG damit, ähnlich wie auch Tomuschat und Randelzhofer, als Gesetz, das sich auf einen Gegenstand der Bundesgesetzgebung i.S.v. Art. 59 Abs. 2 Satz 1 GG bezieht. Letztendlich handelt es sich hierbei jedoch nicht um einen Fall des lex specialis. Hier greifen Übertragungs- und Vertragsgesetz nahtlos ineinander.

Streinz stellt lediglich darauf ab, dass das Übertragungsgesetz die Übertragung tatsächlich nur in Verbindung mit einem Vertragsgesetz erfüllen kann und geht deshalb, ohne das Verhältnis der beiden zueinander im einzelnen zu problematisieren, von einer Doppelwirkung des einheitlich erlassenen Gesetzes aus[5].

Ob Gegenstände der Gesetzgebung i.S.v. Art. 59 GG betroffen sind, richtet sich für Rojahn gerade nach den allgemeinen Grundsätzen zum Gesetzesvorbehalt und damit auch danach, ob eine Regelung dem Parlamentsvorbehalt unterliegt[6]. Die Übertragung selbst erfolgt in einem zweistufigen Akt. Der erste Schritt liegt dabei auf der Völkerrechtsebene in dem Abschluss eines völkerrechtlichen

---

[1] Tomuschat, a.a.O. Rn. 29

[2] Tomuschat, a.a.O., wobei diese Formulierung missverständlich ist, denn Art. 59 Abs. 2 GG verlangt immer ein Bundesgesetz und knüpft dies nicht an besondere Voraussetzungen. Die „Gegenstände der Bundesgesetzgebung“ in Art. 59 Abs. 2 GG, auf die sich der Vertrag beziehen muss, stehen nicht im Gegensatz zu Landesgesetzen, sondern zur Bundesverwaltung (Rojahn, in: v.Münch, Art. 59 Rn. 23).

[3] Tomuschat, a.a.O.

[4] Stern, Staatsrecht Bd. I, 1. A., § 15 II 7 b

[5] Streinz, in: Sachs, Art. 23 Rn. 60 ff, Art. 24 Rn. 24

[6] Rojahn, in: v.Münch, Art. 59 Rn. 25

Vertrages, in dem man sich darauf einigt, Hoheitsrechte zu übertragen[1]. Da die völkerrechtliche Einigung jedoch nicht ausreicht, um einer Einrichtung Hoheitsbefugnisse im Bundesgebiet einzuräumen, müsse als 2. Akt zum Vertragsgesetz ein Übertragungsgesetz hinzutreten, das seiner Meinung nach ein Akt parlamentarischer Zustimmung ist und die politische Verantwortung für die Einräumung von Hoheitsrechten den gesetzgebenden Körperschaften zuweist[2].

Scholz sieht im Übertragungsgesetz nur knapp „in der Regel" ein Zustimmungsgesetz zu den jeweiligen völkerrechtlichen Verträgen i.S.v. Art. 59 Abs. 2 Satz 1 GG[3].

Ipsen hebt hervor, dass der Verfassungsgesetzgeber mit Art. 24 Abs. 1 GG den Bund „auf das Rechtsinstrument des Gesetzes und eben nicht des Vertragsschlusses verwiesen" hat[4]. Da die Übertragung jedoch nur auf eine zwischenstaatliche Einrichtung erfolgen durfte, war ein Übertragungsgesetz seiner Meinung nach jedoch nicht ausreichend. Dieses notwendige „Zusammenwirken mit anderen ... konnte Art. 24 I *seinerseits* außer Betracht lassen. Denn das hierfür erforderliche Rechtsinstrumentarium stellte Art. 59 GG bereit"[5]. Gleichzeitig stellt Ipsen jedoch fest, dass das notwendige Zusammenwirken von Vertrags- und Übertragungsgesetz letzteres nicht in ein Vertragsgesetz umwandeln kann, auch nicht, wenn beide Gesetze in einem Akt verabschiedet werden[6]. Aus seiner Unterscheidung, wonach das Vertragsgesetz Rechtsanwendung, das Übertragungsgesetz dagegen Rechtserzeugung als Ziel habe, schmiedet Ipsen den Erlass beider Gesetze zu einem „Gesamtakt"[7]. Das Übergewicht sieht er jedoch im Übertragungsgesetz: „Nach deutschem Verfassungsrecht hat sich die staatliche Teilnahme an diesem Gesamtakt vollzogen durch den Erlass des in Art. 24 I GG vorgesehenen Gesamtakt"[8]. Das Vertragsgesetz ist für ihn nur Beiwerk, wenn er feststellt: „Dass dasselbe Gesetz zugleich eine Funktion als Zustimmungsgesetz i.S. des Art. 59 II GG erfüllt, entspricht der durch das Völkerrecht bedingten Rechtstechnik internationalen Vertragsschlusses und der verfassungsrechtlich hierfür aus Gründen der Gewaltenteilung vorbehaltenen Mitwirkung der ersten Gewalt"[9]. Abschließend bewertet Ipsen, dass es „der gesetzliche Vollzug der in Art. 24 I liegenden Verfassungsentscheidung ist, der den Vorgang rechtlich prägt. Er wird nicht geprägt durch den Mechanismus des Art. 59 II GG."

---

[1] Rojahn, in: v.Münch, Art. 24 Rn. 24
[2] Rojahn, a.a.O. Rn. 26
[3] Scholz, in: M/D/H/S, Art. 23 Rn. 52
[4] Ipsen, Europäisches Gemeinschaftsrecht, S. 60
[5] Ipsen, a.a.O., Hervorh. im Orig.
[6] Ipsen, a.a.O. S. 60
[7] Ipsen, a.a.O. S. 60ff.
[8] Ipsen, a.a.O. S. 62
[9] Ipsen, a.a.O.

Das BVerfG hat sich soweit ersichtlich nie explizit zum Verhältnis von Art. 23/24 GG zu Art. 59 Abs. 2 Satz 1 GG geäußert. Es knüpft mit seiner Rechtsprechung aber am ehesten an Stern, Tomuschat und Randelzhofer an. Wenn das Übertragungsgesetz in erster Linie die Aufgabe hat, den innerstaatlichen Rechtsraum zu öffnen, geht es formell in Art. 59 GG auf und fügt diesem nur die öffnende Funktion hinzu. Allerdings geht, wie erwähnt, auch das BVerfG davon aus, dass mit der Übertragung Kompetenzen verlagert werden. Lässt man etwa mit Stern das Übertragungsgesetz im Vertragsgesetz aufgehen, erfolgt die Kompetenzübertragung letztendlich aber nicht „durch Gesetz", sondern durch den völkerrechtlichen Vertrag. Indirekt kann man jedoch auch aus der Rechtsprechung des BVerfG schließen, dass es Gesetze nach Art. 24 Abs. 1 und 2 GG anders bewertet als sonstige völkerrechtliche Verträge. Das BVerfG untersucht zwar nicht jede einzelne Hoheitsrechtsübertragung auf ihre Bestimmtheit, sondern lässt es genügen, dass in den europäischen Verträgen das europäische Integrationsprogramm hinreichend bestimmt definiert wird[1]. Vergleichbare Forderungen stellt es jedoch für bloße völkerrechtliche Verträge nicht auf[2].

Dem Verhältnis zwischen Vertragsgesetz und Übertragungsgesetz kommt man einen Schritt näher, wenn man beide getrennt voneinander betrachtet und erst anschließend beide Gesetze wieder zusammenführt.

In der materiellen Wirkung überschneiden sich die beiden Gesetze nicht. Jedes erfüllt seinen eigenen Zweck. Probleme gäbe es, wenn das Vertragsgesetz verabschiedet würde, das Übertragungsgesetz jedoch nicht. Das Vertragsgesetz würde den Bundespräsidenten zur Ratifikation ermächtigen. Misst man dem Übertragungsgesetz lediglich die innerstaatliche Wirkung bei, die Rechtsordnung für Rechtsakte aus einer außerstaatlichen Quelle zu öffnen, könnte die Übertragung von Hoheitsrechten wie vereinbart erfolgen. Von ihr könnte nur kein innerstaatlich verbindlicher Gebrauch gemacht werden, da der innerstaatliche Anwendungsbefehl aus dem Übertragungsgesetz fehlt. Sieht man im Übertragungsgesetz die Übertragung von Kompetenzen, dann könnten diese schon nicht übergehen. In beiden Fällen greift das Übertragungsgesetz aber bereits direkt in das Vertragsgesetz ein. Da sowohl Übergang als auch innerstaatlich wirksames Handeln mit zur Vertragsvereinbarung gehören, wäre der Vertrag bei einem Auseinanderklaffen der Mehrheiten eben nicht zur Ratifikation freigegeben. Zwar können die rechtlichen Wirkungen von Vertrags- und Übertragungsgesetz theoretisch getrennt werden. Da Wirkungen aus beiden Gesetzen jedoch Bestandteil des Vertrages sind, entspräche die Verweigerung der Zustimmung zum Übertragungsgesetz einem Vorbehalt zur Ratifikationsermächtigung an den Bundespräsidenten.

---

[1] BVerfGE 89, 155(187); so auch schon 58, 1(37); Weber, Die WWU nach dem Maastricht-Urteil des BVerfG, JZ 1994, 53(58); Enders, Offene Staatlichkeit..., 1995, 29(40)

[2] BVerfGE 77, 170(231)

Die zweite möglich Konstellation wäre, dass das Übertragungsgesetz gebilligt würde, nicht jedoch das Vertragsgesetz.

Dass eine Übertragung nur im Zusammenwirken mit den Vertragspartnern in der Organisation, die das Hoheitsrecht empfangen soll, geschehen kann, ist unbestritten[1]. Dies ist auch logisch, da der Empfänger eines Hoheitsrechts dem Übergang auf ihn zustimmen muss. Dies gilt in erster Linie, wenn man im Übertragungsgesetz die Aufgaben- und Kompetenzübertragung ansiedelt. Es gilt jedoch auch, wenn man seine Wirkung auf innerstaatliche Rechtswirkungen reduziert, da eine Organisation nicht nur dem Inhalt ihres Handelns zustimmen, sondern auch mit der Rechtswirkung einverstanden sein muss, die mit diesem Handeln verbunden ist[2]. Erst recht ist eine vertragliche Regelung mit den anderen Vertragspartnern erforderlich, wenn man - wie das Grundgesetz - als Voraussetzung für eine Übertragung deutscher Hoheitsgewalt auf eine überstaatliche Einrichtung verlangt, dass auch die anderen Vertragspartner in gleichem Umfang und mit gleicher Wirkung Hoheitsrechte übertragen[3]. Ein isoliertes Übertragungsgesetz könnte somit die Wirkung der Übertragung nicht erfüllen. Es würde rechtstheoretisch nur in der Funktion Sinn machen, dass es als Ermächtigung an die Bundesregierung interpretiert wird, einen begleitenden völkerrechtlichen Vertrag abzuschließen, der dann zu einem späteren Zeitpunkt nach Art. 59 GG zu verabschieden wäre. Die Übertragungswirkung wäre damit unter dem Vorbehalt des Inkrafttretens eines völkerrechtlichen Vertrages ausgesprochen.

Die Voraussetzungen für die Ratifikation eines völkerrechtlichen Vertrages durch den Bundespräsidenten sind damit jedoch in jedem Fall erst erfüllt, wenn beide Gesetze erlassen sind.

Den richtigen Weg für das Verhältnis von Vertragsgesetz und Übertragungsgesetz in der Rechtswirkung zueinander haben Ipsen und Tomuschat aufgezeigt. Während jedoch Ipsen seine Ansicht, das Vertragsgesetz sei nur „Beiwerk“ konsequent durchhält, sieht Tomuschat zwar, dass das Vertragsgesetz das Übertragungsgesetz nur „begleitet“, hält diese Ansicht jedoch nicht konsequent durch und ordnet das Übertragungsgesetz schließlich wieder als Gesetz i.S.v. Art. 59 Abs. 2 GG ein und diesem damit unter. Ähnlich verfährt Randelzhofer. Er wendet beide Gesetze nebeneinander an, bezieht dieses Nebeneinander aber nur auf die rechtlichen Wirkungen. Formell ordnet er das Übertragungsgesetz dann ebenfalls wieder in Art. 59 Abs. 2 GG ein.

Der hier nachfolgend vertretenen Ansicht am nächsten kommt Rojahn mit seiner Zwei-Stufen-Konstruktion, in der bereits viel von dem gerade angestellten Gedankenspiel angelegt ist.

---

[1] Randelzhofer, in: M/D/H/S, Art. 24 Abs. I Rn. 61
[2] Rojahn, in: v.Münch, Art. 24 Rn. 25
[3] Randelzhofer, in: M/D/H/S, Art. 24 Abs. I Rn. 51

Die Spezialität des Übertragungsgesetzes gegenüber dem Vertragsgesetz erstreckt sich in jedem Fall nicht nur darauf, dass die vom Übertragungsgesetz geforderten Formalien das Vertragsgesetz prägen. Man kann zwar die Formulierung „durch Gesetz“ in der Wirkung reduzieren, indem man ihr lediglich die Funktion zuweist, zu kennzeichnen, dass der Gesetzgeber - ebenso wie bei den Grundrechten - überhaupt in der Lage ist, abweichend vom verfassungsgesetzlichen Regelfall, Hoheitsrechte auf eine außerhalb des Grundgesetzes stehende Organisation zu übertragen. Da eine Hoheitsrechtsübertragung aber nur in Verbindung mit einem völkerrechtlichen Vertrag erfolgen kann, grenzt die Formulierung „durch Gesetz“ nicht nur von der Rechtsverordnung ab, sondern auch vom Handlungsinstrumentarium „in der Form eines Bundesgesetzes“. Ansonsten hätte das Grundgesetz für Art. 23 Abs. 1 Satz 2 /24 Abs. 1 GG auch die Formulierung aus Art. 59 Abs. 2 Satz 1 GG übernehmen können. Allein für die mit der Übertragung verbundenen innerstaatlichen Rechtswirkungen ist es nicht entscheidend, ob die Übertragung „in der Form eines Gesetzes“ oder „durch Gesetz“ erfolgt.

An der eigenständigen Funktion des Übertragungsgesetzes ändert auch der Umstand nichts, dass das Übertragungsgesetz im Gegensatz zum Vertragsgesetz nicht die Ermächtigung zur Ratifikation erteilt[1] und Integrationsverträge keine weitere Vertragskategorie neben Verträgen nach Art. 59 abs. 2 Satz 1 GG bilden[2]. Darin liegt nur die Ursache dafür, dass zur Hoheitsrechtsübertragung neben dem Übertragungsgesetz auch ein Vertragsgesetz erforderlich ist. Zu entscheiden ist vorliegend nur darüber, welches der beiden Gesetze im Vordergrund steht und welches begleitende Funktion hat.

Das Übertragungsgesetz ist aber nicht nur ein Zustimmungsgesetz zu einem von der Bundesregierung ausgehandelten völkerrechtlichen Vertrag und damit auch nicht lediglich die Zustimmung zu einem Exekutivakt. Denn zugestimmt wird einem völkerrechtlichen Vertrag mit dem (potentiellen) Inhalt eines Übertragungsgesetzes. Die Zweiaktigkeit des Übertragungsvorgangs besteht darin, dass die Bundesregierung, damit das Übertragungsgesetz nach außen wirksam werden kann, einen völkerrechtlichen Vertrag abschließen muss. Das Übertragungsgesetz bezeichnet die Hoheitsrechte, die übertragen werden. Es löst sie anschließend „in Erfüllung des völkerrechtlichen Vertrages“[3] aus dem staatlichen Kompetenzbereich, bestimmt die empfangende überstaatlichen Einheit und verleiht deren Handlungen Durchgriffsqualität[4]. Das Vertragsgesetz regelt die Aufnahme der Hoheitsrechte durch die aufnehmende überstaatliche Einheit. Es regelt den organisatorischen Aufbau der überstaatliche Einheit, das Verfahren der Willensbildung und die konkrete Aufgabenzuweisung an die Organe[5].

[1] Randelzhofer, a.a.O. Rn. 7
[2] Randelzhofer, a.a.O.
[3] Flint, Die Übertragung von Hoheitsrechten..., 1998, S. 153
[4] Flint, a.a.O. S. 150
[5] Flint, a.a.O. S. 149

Seine enge Verknüpfung mit dem Vertragsgesetz nimmt dem Übertragungsgesetz nicht seine Qualität als ausschließlich legislativer Akt. Sie formt es vor allem nicht zu einer bloßen Beteiligung an einem Exekutivakt um.

Auswirkungen hat dies vor allem auf den Einfluss des Bundestages auf den Inhalt der Hoheitsrechtsübertragung. Dieser Einfluss richtet sich nach der Rolle des Bundestages im innerstaatlichen Gesetzgebungsverfahren und nicht nach seinem Einfluss auf den Inhalt eines völkerrechtlichen Vertrages als Beteiligung an einem Exekutivakt. Art. 23 GG ist gerade eine Sonderregelung zu Art. 59 GG. Während dieser die auswärtige Gewalt grundsätzlich als Exekutivakt sieht, erklärt Art. 23 GG sie anweichend davon gerade zu einem Legislativakt[1]. Die außenpolitische Prärogative der Bundesregierung im Verhältnis zum Gesetzgebungsrecht des Parlaments ist damit bei Hoheitsrechtsübertragungen anders zu gewichten als bei sonstigen völkerrechtlichen Verträgen. Zwar kann das Parlament auch hier die Regierung nicht zu einer Übertragung von Hoheitsrechten zwingen, da es sie nicht zum Abschluss des begleitenden völkerrechtlichen Vertrages zwingen kann. Die Prärogative der Exekutive bei Abschluss des begleitenden völkerrechtlichen Vertrags wird durch die Rechtsnatur des Übertragungsgesetzes nicht beeinträchtigt. Wenn die Bundesregierung jedoch eine Vertragsverhandlung führt, hat der Bundestag volle inhaltliche Weisungsbefugnis, soweit in dem Vertrag Hoheitsrechte übertragen werden. Eingeschränkt ist er beim Gebrauch dieses Weisungsrechts nur durch seine Pflicht zur Organtreue. Er muss die außenpolitische Rolle und Aufgabe der Regierung - und hier vor allem auch ihre Prärogative beim Aushandeln des begleitenden Vertrages - bei seiner Weisung berücksichtigen. Der Bundestag ist mit seiner Einflussnahme auf die Übertragung von Hoheitsrechten jedoch nicht darauf beschränkt, ein Vertragsergebnis im Paket abzulehnen oder anzunehmen.

Dem steht vor allem Art. 23 Abs. 2 Satz 2 GG nicht entgegen. Er definiert nicht die Rechtsform, in der der Bundestag nach Satz 1 an Angelegenheiten der EU mitwirkt. Satz 2 definiert nur eine Mindestbeteiligung des Bundestages durch die Bundesregierung. Auch wenn Satz 1 eine für die Bundesregierung rechtlich unmittelbar bindende Beteiligung des Bundestages bereits an der inhaltlichen Vorbereitung europäischer Änderungsverträge nicht im Auge hatte, lässt andererseits der inhaltlich offene Begriff des Mitwirkens den Spielraum, eine solche Beteiligung aus anderen Rechtsnormen abzuleiten.

2. Die Übertragung von Hoheitsrechten nach Art. 23 Abs. 1 Satz 2 GG

Mit der Feststellung, dass der Einfluss des Bundestages auf Hoheitsrechtsübertragungen über seinen Einfluss im Rahmen des Art. 59 Abs. 2 Satz 1 GG hinausgeht, sind seine Einflussmöglichkeiten jedoch noch nicht abschließend abgesteckt. Es stellt sich darüber hinaus die Frage, welche europäischen Handlun-

[1] Baade, Das Verhältnis von Parlament und Regierung im Bereich der auswärtigen Gewalt..., 1962, S. 115f

gen unter den Begriff der Hoheitsrechtsübertragung i.S.v. Art. 23 Abs. 1 Satz 2 GG fallen.

a. Der Übertragungsakt

In dem Begriff der „Übertragung" steckt weder ein körperlicher Akt des Übergangs noch lediglich ein symbolischer[1]. In der Übertragung liegt vor allem auch eine Kompetenzneuschöpfung[2]. Kompetenzübertragungen können nur innerhalb einer Rechtsordnung stattfinden, die die staatlichen Hoheitsrechte aktualisiert. Sollen Kompetenzen auf Träger außerhalb der staatlichen Rechtsordnung übertragen werden, so muss dies in Form von Hoheitsrechten erfolgen[3], wenn der Kompetenzempfänger auch von diesen mit Durchgriffsmacht Gebrauch machen können soll. Mit der hoheitsrechtlich ausgestatteten Kompetenzübertragung werden die einzelnen mitgliedstaatlichen Zuweisungen zur überstaatlichen Entscheidungseinheit dann zu einer qualitativ neuen Hoheitsgewalt[4]. Die mit Durchgriffswirkung ausgestatteten Kompetenzen sind aus deutscher Sicht in ihrer Entstehung zwar aus der Übertragung abgeleitet, da sie mit der deutschen Staatsgewalt jedoch weder identisch noch teilidentisch sind, entsteht in Verbindung mit den Übertragungen der anderen Mitgliedstaaten eine von diesen verschiedene neue Hoheitsgewalt[5]. Denn nach der Übertragung kann die empfangende Handlungseinheit nicht nur das, was früher die abgebende Handlungseinheit hatte erledigen können. Die mit einer Befugnis verbundenen Handlungsmöglichkeiten erweitern sich auch nicht nur territorial, indem die übernehmende Handlungseinheit nun in Staaten handeln darf, in denen eine einzelne staatliche Handlungseinheit nicht hätte tätig werden dürfen. Mit der Möglichkeit zu überstaatlicher Wahrnehmung von Kompetenzen werden grundsätzlich neue - inhaltliche und formelle - Möglichkeiten zur Regelung von Sachverhalten eröffnet.

Das BVerfG sieht den Schwerpunkt des Übertragungsaktes darin, dass mit der Übertragung die nationale Rechtsordnung geöffnet wird und definiert die Übertragung aus dieser Funktion heraus. Ursprünglich ist zwar auch das BVerfG davon ausgegangen, dass sich die Mitgliedstaaten mit der Übertragung von Hoheitsrechten dieser „entäußern"[6]. Es hat diese Rechtsprechung später jedoch modifiziert. Der Begriff der Übertragung dürfe „nicht wörtlich genommen werden", sondern die Übertragung müsse „im Kontext der Gesamtverfassung verstanden und ausgelegt werden"[7]. Art. 24 GG ermächtige deshalb „nicht eigentlich zur Übertragung von Hoheitsrechten, sondern öffnet die nationale Rechts-

---

[1] Stern, Staatsrecht Bd. I, 2.A., § 15 II 3
[2] v.Simson, VVDStRL 31(1973), 129
[3] Flint, Die Übertragung von Hoheitsrechten..., 1998, S. 163f.
[4] Flint, a.a.O. S. 164
[5] Flint, a.a.O. S. 165f.
[6] BVerfGE 22, 293(296)
[7] BVerfGE 37, 271(279)

ordnung derart, dass der ausschließliche Geltungsbereich des Grundgesetzes zurückgenommen und der unmittelbaren Geltung und Anwendbarkeit eines Rechts aus anderer Quelle innerhalb des staatlichen Hoheitsbereichs Raum gelassen wird“[1]. Ähnlich sieht Cremer die Übertragung auch nicht als Abtretung von Kompetenzen, sondern als Rücknahme und Verzicht auf deutsche Hoheitsgewalt und Einräumung von Befugnissen i.S.v. Kompetenzen für die EU[2]. Stern sieht in der Übertragung die Aufgabe des staatlichen Ausschließlichkeitsanspruches und die Öffnung der eigenen Rechtsordnung[3]. Nach Grewe ist die Übertragung von Hoheitsrechten der Verzicht auf die ausschließliche Souveränität in Bezug auf die übertragenen Hoheitsrechte[4]. Dass eine ausschließlich funktionsorientierte Auslegung des Begriffs der Übertragung aber nur einen Teilaspekt dieses Vorgangs erfasst, sieht auch das BVerfG, wenn es im Pershing-Urteil feststellt, dass die Erlaubnis, diese Waffensysteme auf dem Gebiet der Bundesrepublik aufzustellen, noch keine Hoheitsrechtsübertragung war, da dadurch nicht auf ein tatsächlich gegebenes oder rechtlich mögliches Herrschaftsrecht zugunsten einer fremden Hoheitsgewalt verzichtet wird[5]. Damit sieht aber auch das BVerfG Hoheitsrechte i.S.v. Art. 23/24 GG nicht nur als Funktion, sondern auch gegenständlich. Außerdem sind nach der Rechtsprechung des BVerfG die Art. 23/24 GG im Gegensatz zu Art. 59 Abs. 2 GG auf „eine Veränderung der verfassungsrechtlich festgelegten Zuständigkeitsordnung“[6] hin ausgelegt. Diese Auffassung ist jedoch nur verständlich, wenn auch das BVerfG Hoheitsrechte letztlich als gegenstandsbezogene Zuständigkeiten versteht[7].

Der Übertragungsakt ist jedoch ein ausgesprochen komplexer Vorgang[8] mit zahlreichen rechtlichen Wirkungen: Grundsätzlich geht das Grundgesetz davon aus, dass in seinem Geltungsbereich ausschließlich deutsche öffentliche Gewalt ausgeübt werden darf[9]. Als Ausnahme davon sieht es Art. 23 und 24 GG. Sie sind das erforderliche rechtliche Mittel[10], Hoheitsrechte im Sinne mit besonderer Wirkung ausgestatteter Kompetenzen auf Träger öffentlicher Gewalt außerhalb des alleinigen Geltungsbereichs des Grundgesetzes zu übertragen. Da

---

1 BVerfGE 37, 271(280); 58, 1(36); 73, 339(374); 75, 233(240ff.)

2 Cremer, Das Demokratieprinzip auf nationaler und europäischer Ebene im Lichte des Maastricht-Urteil des BVerfG, EuR 1995, 21(25f.)

3 Stern, Staatsrecht Bd. I, 2.A. § 15 II 3

4 Grewe, HdbdStR Bd. III, § 77 Rn. 76

5 BVerfGE 68, 1(90)

6 BVerfGE 58 1(37); die zuständigkeitsverteilende Funktion der Übertragung betont auch Randelzhofer, in: M/D/H/S, Art. 24 Abs. I Rn. 14

7 Randelzhofer, a.a.O. Rn. 32; als Zuständigkeitsverteilung sieht die Hoheitsrechtsübertragung auch Beyer, Die Ermächtigung der EU..., Der Staat 35(1996), 189(191)

8 Pernice, in: Dreier, Art. 23 Rn. 82; auf die Komplexität des Übertragungsvorgangs verweist auch Mosler, in: HdbdStR Bd. VII, § 175 Rn. 41

9 BVerfGE 37, 271(280); 58, 1(28); 68, 1(98)

10 Klein, Der Verfassungsstaat als Glied einer europäischen Gemeinschaft, VVDStRL 50, 56(59); Stern, Staatsrecht Bd. II, § 25 I 4

deutsche Staatsgewalt verfassungsrechtlich (Art. 30 GG) wie einfachrechtlich über Aufgaben und Befugnisse ausgeübt wird, wird mit der Übertragung nicht nur die nationale Rechtsordnung geöffnet, sondern es werden gerade auch zugleich Zuständigkeiten auf europäischer Eben neu begründet und Handlungsbefugnisse i.S.v. Kompetenzen zugeordnet[1]. Mit der Übertragung wird gleichzeitig dem Übertragungsempfänger gegenüber auf ein selbständiges Tätigwerden in den übertragenen Materien verzichtet[2]; mit ihr wird der ausschließliche Herrschaftsanspruch des nationalen Gesetzgebers zurückgenommen[3].

Damit kann für die Kennzeichnung einer Hoheitsrechtsübertragung aber nicht bereits jede Funktionsorientierung aufgegeben und auf das Erfordernis des Durchgriffs verzichtet werden[4]. Die unmittelbare Geltung und Anwendung eines Rechts aus anderer Quelle[5] wäre sonst nicht zu erklären.

Mit der Übertragung können deshalb Funktionen, die sonst ausschließlich durch deutsche öffentliche Gewalt ausgeübt werden dürfen, von einer außerhalb des Grundgesetzes stehenden Gewalt wahrgenommen werden[6]; das Übertragungsgesetzes erteilt dazu einen generellen innerstaatlichen Anwendungsbefehl für Handlungen der EU, die diese aufgrund der Hoheitsrechtsübertragung vornimmt[7]; nur deshalb können Akte der EU die sonst störende[8] Sperre der nationalen Staatsgewalt überwinden; nur deshalb können Adressat europäischer Handlungen unmittelbar die Rechtssubjekte und Rechtsanwendungsorgane der staatlichen Rechtsordnung sein, eine Rechtfolge, die dem klassischen Völkerrecht nicht nur unbekannt ist, sondern wegen ihres Widerspruchs zum Völkerrechtsgrundsatz der staatlichen Souveränität sogar wesensfremd[9]; das Souveränitätsprinzip, wonach alle staatliche Gewalt vom deutschen Volk ausgeht, wird modifiziert[10], der Souveränitätspanzer aufgebrochen[11]. Gleichzeitig legitimiert es den Austausch deutscher Herrschaftsgewalt gegen die der EU dem Bürger gegenüber[12], da der einzelne Bürger mit der Übertragung des Hoheitsrechts ei-

---

[1] Pernice, in: Dreier, Art. 23 Rn. 83; Stern, Staatsrecht Bd. I, 2.A., § 15 II 2, der dabei zutreffend an die in Art. 30 GG angesprochenen Aufgaben und Befugnisse anknüpft; Jarass, in: Jarass/Pieroth, Art. 23 Rn. 4; Rauser, Übertragung von Hoheitsrechten, 1991, S. 20; Rojahn, in: v.Münch, Art. 24 Rn. 22

[2] Tomuschat, in: BKGG, Art. 24 Rn. 19; Stern, a.a.O. § 15 II 3

[3] Streinz, Der Verfassungsstaat als Glied einer europäischen Gemeinschaft, DVBl. 1990, 949(953); Badura, Bewahrung und Veränderung ..., VVDStRL 23(1966), 34(64f.)

[4] so interpretiert Rauser, Übertragung von Hoheitsrechten, 1991, S. 72 jedoch diesen Ansatz

[5] BVerfGE 37, 271(28); 73, 339(374); 75, 233(240ff.)

[6] Randelzhofer, in: M/D/H/S, Art. 24 Abs. I Rn. 9

[7] Rojahn, v.Münch, Art. 24 Rn. 28 m.z.w.N.; Randelzhofer, in: M/D/H/S, Art. 24 Abs. I Rn. 12, 59

[8] Doehring, Staatsrecht, 1980, S. 81; Stern, Staatsrecht Bd. I, § 15 I 3

[9] Randelzhofer, Art. 24 Abschn. II Rn. 30; Rojahn, v.Münch Art. 24 Rn. 20

[10] Grewe, Zum Verfassungsrecht der Ausw. Gewalt, AöR 112(1987), 521(542)

[11] Murswiek, Maastricht und der pouvoir constituant, Der Staat 1993, 161(176); Stern, Staatsrecht Bd. I, 2. A., § 15 I 3; Mosler, in: HdbdStR Bd. VII, § 175 Rn. 41

[12] Tomuschat, in: BKGG, Art. 24 Rn. 21; Stern, Staatsrecht Bd. I, 2. A., § 15 II 3, II 4 c; Ipsen, Europäisches Gemeinschaftsrecht, 1972, S. 56; Streinz, Der Verfassungsstaat als Glied einer europäischen Gemeinschaft, DVBl. 1990, 949(953)

ner außerstaatlichen Gewalt „ausgeliefert“ ist[1]. Gäbe es die Art. 23 und 24 GG nicht, so hätte sich die europäische Einigung ausschließlich in den Bahnen intergouvernementaler Zusammenarbeit, also dem Abschluss völkerrechtlich verpflichtender Verträge abspielen und gleichzeitig darin erschöpfen müssen[2]. Art. 23/24 GG eröffnen aber die Möglichkeiten, über die Vertragsschlusskompetenz gemäß Art. 32 Abs. 1, Art. 59 Abs. 2 GG hinauszugehen[3], und erlauben es, eine übernationale Hoheitsgewalt zu schaffen, die Rechtsakte ohne vorherige Umsetzung in nationales Recht und damit ohne innerstaatlichen Filter setzen kann[4]. Diese neue Gewalt führt auch nicht nur zu einer völkerrechtlichen Umsetzungsverpflichtung für ihre Akte[5], sie tritt nicht lediglich an die Seite der mitgliedstaatlichen Hoheitsmacht, sondern an deren Stelle[6]. Auch rechtssystematisch ist Art. 23 GG nur sinnvoll, wenn er etwas ermöglicht, das über Art. 59 Abs. 2 Satz 1 GG hinausgeht[7].

b. Der Begriff der Hoheitsrechte

Das BVerfG hat den Begriff der Hoheitsrechte weder für Art. 24 Abs. 1 GG noch für Art. 23 Abs. 1 Satz 2 GG geklärt[8]. Das Grundgesetz selbst enthält den Begriff „Hoheitsrechte“ sonst nur noch in adjektivistischer Form[9]. Nach Art. 33 Abs. 4 GG ist die Ausübung „hoheitlicher Befugnisse“ Beamten vorbehalten. Art. 33 und Art. 23 GG sind in ihrem Regelungszweck jedoch so unterschiedlich, dass aus dem Adjektiv in Art. 33 GG der Inhalt des Begriffs in Art. 23 GG nicht geklärt werden kann[10]. Auch ist selbst der Begriff „hoheitliche Befugnisse“ in Art. 33 Abs. 4 GG inhaltlich unklar[11]. Um seine zeitgemäße Anwendung sicherzustellen, soll der Begriff zudem nicht starr, sondern funktional definiert werden[12]. Einigkeit besteht lediglich darüber, dass von ihm die klassische Eingriffsverwaltung umfasst ist, aber eben nicht nur diese. Art. 33 Abs. 4 GG soll

---

[1] Tomuschat, in: BKGG, Art. 24 Rn. 8 (Hervorh. im Orig.)

[2] Murswiek, Maastricht und der pouvoir constituant, Der Staat 1993, 161(176); Krüger, Über die Herkunft der Gewalt der Staaten und der sogenannten supranationalen Organisationen, DÖV 1959, 721(724)

[3] Tomuschat, in: BKGG, Art. 24 Rn. 4; Streinz, Der Verfassungsstaat als Glied einer europäischen Gemeinschaft, DVBl. 1990, 949(953)

[4] Doehring, Staatsrecht, 2. A. 1980, S. 81; Stern, Staatsrecht Bd. I, 2. A., § 15 I 3; Murswiek, Maastricht und der pouvoir constituant, Der Staat 1993, 161(176); Tomuschat, a.a.O. Rn. 74

[5] Badura, Bewahrung und Veränderung ..., VVDStRL 23, 34(56)

[6] Badura, a.a.O. S. 57; Magiera, Organisationsformen der politischen Parteien auf Gemeinschaftsebene und ihre Funktion bei der politischen Willensbildung, EuR 1978, 311(318); Friauf, Zur Problematik rechtsstaatlicher und demokratischer Strukturelemente in zwischenstaatlichen Gemeinschaften, DVBl. 1964, 781(787)

[7] Randelzhofer, in: M/D/H/S, Art. 24 Abs. I. Rn. 30; Rojahn, in: v.Münch, Art. 24 Rn. 20; Tomuschat, in: BKGG, Art. 24 Rn. 8, 21

[8] Rojahn, a.a.O. Rn. 21; Randelzhofer, in: M/D/H/S, Art. 24 Abs. I Rn. 31

[9] Randelzhofer, a.a.O. Rn. 29

[10] Randelzhofer, a.a.O.

[11] Matthey, v.Münch Art. 33 Rn. 30; Seifert/Hömig, Art. 33 Rn. 6 (4.Aufl.)

[12] Matthey, a.a.O.; Battis, in: Sachs, Art. 33 Rn. 55ff.

auch weit in die Leistungsverwaltung hineinreichen[1], mindestens aber deren essentielle Aufgaben umfassen[2]. Vor allem soll er sich auch auf Tätigkeiten im Regierungs- und parlamentarischen Bereich sowie in der Diplomatie beziehen[3]. Wiederum Einigkeit besteht lediglich darin, dass reine Fiskalaufgaben nicht von Art. 33 Abs. 4 GG erfasst werden[4].

Zwei interessante Aspekte lassen sich aus dem Begriff der hoheitlichen Befugnisse in Art. 33 Abs. 4 GG herausdestillieren: Seine funktionale Auslegung und dass auch Regierungstätigkeit als hoheitliche Tätigkeit verstanden wird.

Innerstaatlich ist die Ausübung von Hoheitsrechten gleichbedeutend mit der Ausübung öffentlicher Gewalt[5] durch Legislative, Exekutive und Judikative[6]. Zum Teil wird daraus geschlossen, dass Hoheitsrecht i.S.v. Art. 23 GG die Befugnis ist, Rechtsverhältnisse im Über und Unterordnungsverhältnis zwischen öffentlicher Gewalt und Privaten einseitig zu gestalten[7]. Dies knüpft an eine frühere Meinung an, die Hoheitsrechte ausschließlich als Befugnisse des Staates sah, Verhalten zu befehlen und mit Zwang durchzusetzen[8]. Der Funktion der Hoheitsrechtsübertragung nach Art. 23 GG würde diese Sicht jedoch ohnehin nicht gerecht. Denn Kernfunktion der Hoheitsrechtsübertragung nach Art. 23 GG ist nicht die Herstellung eines Über-/Unterordnungsverhältnisses, sondern die Rechtfertigung dafür, dass Recht aus einer außerstaatlichen Quelle den nationalen Souveränitätspanzer durchdringen kann[9].

Ipsen sieht Hoheitsrechte nicht im Sinne einer mittelalterlichen Bündelung von Regalien in der Hand des Staates, sondern der Begriff ziele in „vereinzelter Pluralität" auf Teile der einheitlichen und umfassenden Staatsgewalt[10]. Ein einzelnes Hoheitsrecht sei deshalb ein sachlich abgrenzbarer Hoheitsbereich der Staatsgewalt[11]. Als „alle formellen Staatsfunktionen" bezeichnet Scheuner die Hoheitsrechte[12].

---

1 Randelzhofer, in: M/D/H/S, Art 24 Abs. I Rn. 29

1 Seifert/Hömig, Art. 33 Rn. 9

2 Matthey, v.Münch Art. 33 Rn. 30

3 Seifert/Hömig, Art. 33 Rn. 9

4 Seifert/Hömig, a.a.O.; Matthey, v.Münch Art. 33 Rn. 30

5 Streinz, in: Sachs Art. 23 Rn. 53

6 Rojahn, v.Münch, Art. 24 Rn. 19; Streinz, in: Sachs, GG, Art. 24 Rn. 12, Art. 23 Rn. 52

7 Rojahn, a.a.O. Rn. 19f.; Tomuschat, Art. 24 Rn. 21; Pernice, in: Dreier, Art. 23 Rn. 83; Randelzhofer, in: M/D/H/S, Art. 24 Abs. I Rn. 30

8 Klein, K.H., Die Übertragung von Hoheitsrechten, 1952, S. 11; v.Mangold, zu Art. 24 Ziff. III 3, S. 660

9 BVerfGE 37, 271(280); 58, 1(36); 73, 339(374); 75, 233(240ff.)

10 Ipsen, Europäisches Gemeinschaftsrecht, S. 54

11 Ipsen, a.a.O.

12 Scheuner, Beitritt der Bundesrepublik zur Europäischen Verteidigungsgemeinschaft und Grundgesetz, in: Der Kampf um den Wehrbeitrag, 1953, S. 139

Einigkeit besteht darüber, dass es sich bei der Ausübung von Hoheitsrechten um Akte öffentlicher Gewalt handelt[1]. Einigkeit besteht auch darüber, dass in jedem Fall die Befugnis zu einseitigem verbindlichen Handeln vom Begriff der Hoheitsrechte mit umfasst wird[2].

Eine ausführliche grammatikalische, historische, genetische und systematische Untersuchung des Begriffs führt Flint durch[3]. Im Ergebnis sieht er Hoheitsrechte als Bestandteile der Staatsgewalt, als Recht, diese auszuüben. Sie stehen in engem Zusammenhang mit Kompetenzen, sind nach ihrer historischen Entwicklung jedoch nicht mit ihnen identisch[4]. Flint gesteht dabei zu, dass sprachlich beide Begriffe aber meist synonym verwendet werden, weist jedoch darauf hin, dass das Grundgesetz insgesamt gerade nicht von Kompetenzen spricht, sondern von Befugnissen[5]. Er gesteht jedoch zu, dass Hoheitsrechte nicht etwas ganz anderes sind als Kompetenzen[6]: Hoheitsrechte sind Kompetenzen mit besonderer Qualität[7], da Hoheitsrecht etwas ist, was die Staatsgewalt nicht konstituiert hat[8]. Jeder Kompetenznorm liegt dabei eine Staatsaufgabe zugrunde, diese ist jedoch nicht Inhalt, sondern Voraussetzung der Kompetenz[9]. Art. 23 GG spricht deshalb von Hoheitsrechten als Umschreibung von Gegenständen, Materien oder Objekten der potentiell allumfassenden Staatsgewalt, nicht von Kompetenzen als aus der Staatsgewalt verfassungsrechtlich Aktualisiertem[10]. Hoheitsrechte sind damit die potentiell möglichen Aufgaben und Befugnisse der Staatsgewalt, Kompetenzen sind die staatlichen Aufgaben und Befugnisse, die zur Ausübung Organen zugewiesen sind. Kompetenzen sind damit zur Ausübung zugewiesene Hoheitsrechte[11]. Hoheitsrechte werden so zu Kompetenzen[12].

Mystifiziert wird das Hoheitsrecht, wenn es, indem man es zum Bestandteil der staatlichen Hoheitsgewalt erhebt, seiner Eigenschaft als Befugnis beraubt wird[13]. Die Eigenschaft einer Gewalt als Staatsgewalt ändert nichts daran, dass auch sie letztlich eine Ansammlung von Befugnissen ist. Nur in ihren Befugnissen kann sich die Staatsgewalt überhaupt rechtlich (und vor allem rechtsstaatlich) realisieren. Als Staatsgewalt ist sie lediglich mit der Besonderheit ausge-

---

[1] Stern, Staatsrecht Bd. I, 2.A., § 15 II 2; Jarass, in: Jarass/Pieroth, Art. 23 Rn. 4; Rojahn, in: v.Münch Art. 24 Rn. 19; Streinz, in: Sachs Art. 23 Rn. 53

[2] Stern, Staatsrecht Bd. I, 2.A., § 15 II 2; Rojahn, a.a.O.

[3] Flint, Die Übertragung von Hoheitsrechten, 1998, S. 89ff.

[4] Flint, a.a.O. S. 99

[5] Flint, a.a.O. S. 98

[6] Flint, a.a.O. S. 105

[7] Flint, a.a.O. S. 105

[8] Flint, a.a.O. S. 104

[9] Flint, a.a.O. S. 108 m.w.N.

[10] Flint, a.a.O. S. 109f.

[11] Flint, a.a.O. S. 111

[12] Flint, a.a.O. S. 112

[13] Mosler, Die Übertragung von Hoheitsgewalt, in: HdbdStr. VII, § 175 Rn. 33

stattet, als solche grundsätzlich ihre Befugnisse selbst definieren zu können. Davon geht letztlich auch aus, wer eingegrenzte Hoheitsbefugnisse oder „Machtzuständigkeiten", die sich zur öffentlichen Gewalt aktualisieren, wenn sie von einem staatlichen Organ betätigt werden[1], übertragen lässt, nicht aber die Fülle der Staatsgewalt als Summe aller Hoheitsrechte[2]. Auch hier werden Hoheitsrechte lediglich als besonders ausgestattete Befugnisse gesehen. Andererseits kann von Befugnissen, zu denen keine Aufgabe definiert ist, die mit dem Gebrauch der Befugnis erfüllt werden sollen, kein Gebrauch gemacht werden, da eine Befugnis nur dann eingesetzten darf, wenn damit eine Aufgabe erfüllt wird, deren Erfüllung überhaupt erlaubt ist[3]. Eine Hoheitsrechtsübertragung ohne inhaltliche Aufgabendefinition ist deshalb nicht denkbar[4]. Der deutsche hoheitsrechtliche Beitrag kann deshalb letztlich nur in der Form hoheitsrechtlich ausgestatteter, inhaltlich definierter Kompetenzen übergehen[5]. Nur so kann zudem wirksam dem Grundsatz Rechnung getragen werden, dass die Übertragung von Hoheitsrechten eben nicht die Verlagerung der gesamten Staatsgewalt zulässt.

c. Die Abgrenzung der Hoheitsrechte

Ist somit die Übertragung von Hoheitsrechten durchaus auch ein gegenständlicher Vorgang, so ist trotzdem vor allem der funktionale Aspekt der Hoheitsrechtsübertragung geeignet, die Übertragung von Hoheitsrechten von der Übertragung anderer Funktionen auf die EU abzugrenzen[6].

(1) Die unmittelbare rechtliche Bindung als Kennzeichen für Hoheitsrechte

Nicht ausreichend ist es, wenn man als Kennzeichen für Hoheitsrechte i.S.v. Art. 23 GG an die Bindungswirkung von Handlungen anknüpft, die die EU aufgrund der Hoheitsrechtsübertragung vornimmt[7] oder an ihre Sanktionsbewehrtheit[8]. Ausgegangen wird hier wieder vom traditionellen Verständnis von Hoheitsgewalt als Befugnis, durch einseitige Anordnung Rechtsverpflichtungen zu begründen und diese gegebenenfalls auch einseitig durchzusetzen[9]. Auch Bindungswirkung und Sanktionsbewehrtheit sind aber nur Aspekte der Hoheitsrechte i.S.v. Art. 23 GG. In die gleiche Richtung geht der Gesichtspunkt der unmittelbaren Geltung, wenn diese als unmittelbar verpflichtend oder berechti-

---

[1] Erler, Das GG und die öffentliche Gewalt internationaler Staatengemeinschaften, VVDStRL 18(1960), 7(9f.)
[2] Tomuschat, in: BKGG, Art. 24 Rn. 20; Rojahn, in v.Münch, Art. 24 Rn. 22
[3] Rojahn, a.a.O. Rn. 19, wonach übertragene Befugnisse dann zu einem sachlich umgrenzten Aufgabenbereich gehören.
[4] Rauser, Übertragung von Hoheitsrechten, 1991, S. 21 m.z.w.N.
[5] Flint, Die Übertragung von Hoheitsrechten..., 1998, S. 153/165f.
[6] Stern, Staatsrecht Bd. I, 2.A., § 15 II 2
[7] so aber Randelzhofer, in: M/D/H/S, Art. 24 Abs. I Rn. 31 a.E.
[8] Pernice, in: Dreier, Art. 23 Rn. 83
[9] Tomuschat, in: BKGG, Art. 24 Rn. 21

gend definiert wird[1] oder die Ansicht, dass Hoheitsrechte in Art. 23 GG alle Aspekte rechtlich gestaltender öffentlicher Gewalt umfassen, nämlich die Normsetzung, die Rechtsprechung und die Verwaltung[2].

Letztendlich ist die Rolle, die die Bindungswirkung für die Definition der Hoheitsrechte spielen soll, immer unscharf geblieben. Soweit entscheidend darauf abgestellt wird, dass die Handlungen ohne staatlichen Umsetzungsakt unmittelbar Rechtswirkungen im staatlichen Bereich entfalten müssen[3], bleibt offen, was unter dem allgemeinen Begriff der Rechtswirkung verstanden werden soll. Denn Rechtswirkung und Bindungswirkung können nicht gleichgesetzt werden. Auch soweit von „Befugnissen der vollziehenden Gewalt (Verwaltung)“[4] gesprochen wird, scheint man das Element der Bindungswirkung im Auge zu haben.

(2) Das Kriterium des Durchgriffs in den staatlichen Herrschaftsbereich

Das BVerfG hebt immer wieder die Durchgriffswirkung hervor, die der Übertragungsakt ermöglicht[5]. Aus der Formulierung „Geltung und Anwendung eines Rechts aus anderer Quelle“[6] kann geschlossen werden, dass das Gericht dabei eine Bindungswirkung nicht wesentlich für eine Hoheitsrechtsübertragung hält. Bereits von „Gelten“ eines fremden Rechts kann man sprechen, wenn das Recht in einen konkreten Rechtsraum eindringt und ein Bestandteil dessen Rechtssystems wird. Aus dem Begriff der Rechtsgeltung lässt sich deshalb nicht zwingend auf eine Bindungswirkung schließen, es sei denn, man verwendet die Begriffe der Rechtsbindung und Rechtsgeltung identisch. Recht kann jedoch auch Wirken, ohne dass es bindend ist. Noch weiter ist die Formulierung „Anwendung“, da sie allein auf das Verhalten der handelnden Organe abstellt und gerade nicht auf die Wirkung beim Adressaten.

In der Tat steht für die Definition des Hoheitsrechts im Rahmen des Art. 23 GG der „Durchgriffseffekt“[7] im Mittelpunkt, den der Übertragungsakt der aufgrund seiner Ermächtigung vorgenommenen Handlung verleiht. Die Übertragung verleiht Kompetenzen zur Regelung von Sachverhalten durch alle Staatsfunktionen im Durchgriff gegenüber den Bürgern[8]. Der Durchgriff ist deshalb das „maßgebliche Kriterium“[9], das „Wesensmerkmal“[10], das entscheidende Merk-

---

[1] Rauser, Die Übertragung von Hoheitsrechten auf ausländische Staaten, 1991, S. 34
[2] Randelzhofer, in: M/D/H/S, Art. 24 Abs. I Rn. 33
[3] Rojahn, v.Münch Art. 24 Rn. 20; so auch Streinz, in: Sachs Art. 23 Rn. 54
[4] Rojahn, a.a.O. Rn. 19
[5] BVerfGE 37, 271(28); 73, 339(374); 75, 233(240ff.)
[6] Zitat aus BVerfGE 37, 271(280)
[7] Tomuschat, in: BKGG, Art. 24 Rn. 8
[8] Pernice, in: Dreier, Art. 23 Rn. 83
[9] Streinz, in: Sachs, Art. 24 Rn. 13
[10] Tomuschat, in: BKGG, Art. 24 Rn. 8

mal[1], „das Besondere an einer Übertragung von Hoheitsrechten"[2]. Z.T. wird dieses Merkmal aber sofort wieder und ohne nähere Erklärung mit einer Bindungswirkung gleichgesetzt[3].

Gerade der Durchgriff ist jedoch auch ohne eine Bindungswirkung der durchgreifenden Handlung denkbar. Entscheidend ist bei ihm ausschließlich, dass durch eine Handlung der EU der nationale Souveränitätspanzer durchbrochen werden kann. Welche Auswirkungen die Handlung im nationalen Bereich hat, hängt zwar eng mit der Vorstellung von einseitig bindendem Handeln zusammen. Diese konkrete rechtliche Auswirkung einer europäischen Handlung gehört jedoch nicht zum Wesensmerkmal von Handlungen der EU aufgrund einer Hoheitsrechtsübertragung[4]. In diesem Sinne ist der Begriff „Hoheitsrechte" in Art. 23 GG unter der speziellen Funktion der Übertragungsvorschrift und damit funktional auszulegen. Zwar nicht allein ausreichend, aber letztlich entscheidend für den Hoheitsrechtsbegriff ist somit, ob der Adressat einer Handlung, die ihren Grund in der Hoheitsrechtsübertragung hat, dieser ohne staatsrechtlichen Filter und damit ohne nationalstaatlichen Schutz gegenübersteht, den ihm der völker- und staatsrechtlich geschützte Souveränitätspanzer grundsätzlich gewähren will.

(3) Aufgabe des Durchgriffskriteriums durch das Bundesverfassungsgericht ?

Das BVerfG soll sich zwischenzeitlich vom Erfordernis des Durchgriffs als Kriterium für eine Hoheitsrechtsübertragung gelöst haben[5]. Angegriffene Maßnahme im Pershing-Urteil war die Zustimmungserklärung der Bundesregierung zur Aufstellung der gleichnamigen Waffensysteme[6]. Die Erlaubnis, die Waffensysteme auf dem Gebiet der Bundesrepublik aufzustellen, hat das BVerfG dabei noch nicht als Hoheitsrechtsübertragung eingestuft, da dadurch nicht auf ein tatsächlich gegebenes oder rechtlich mögliches Herrschaftsrecht zugunsten einer fremden Hoheitsgewalt verzichtet wurde[7]. Die Zustimmungserklärung wurde als ein verteidigungspolitischer Akt im Rahmen eines vertraglichen Sicherheitsbündnisses eingestuft, der nicht die Rechtsnatur einer selbständigen Vertragsabschlusserklärung hatte, weshalb auf ihn Art. 59 Abs. 2 Satz 1 GG nicht

[1] Rauser, Die Übertragung von Hoheitsrechten auf ausländische Staaten, S. 79

[2] Rauser, a.a.O. S. 34

[3] Rauser, a.a.O. S. 79; mit der gleichen Argumentationskette Streinz, in: Sachs Art. 23 Rn. 54

[4] in diesem Sinn letztlich auch, wenn es als ausreichend angesehen wird, wenn in dem Begriff der Hoheitsrechte die Vorstellung eines Über-/Unterordnungsverhältnisses zwischen öffentlicher Gewalt und Bürger i.S.d. klassischen Eingriffsverwaltung „anklingt", Randelzhofer, in: M/D/H/S, Art 24 Abs. I Rn. 29

[5] Streinz, in: Sachs, Art. 24 Rn. 13f.; Tomuschat, BK, Art. 24 Rn. 113a; Randelzhofer, in: M/D/H/S, Art. 24 Abs. I Rn. 41; Rauschning, Organstreit zur Nachrüstung, JuS 1985, 863(866)

[6] BVerfGE 68, 1(66)

[7] BVerfGE 68, 1(90)

anwendbar war[1]. Ausschlaggebend für die Annahme einer Hoheitsrechtsübertragung war schließlich, dass mit der Zustimmung untrennbar das Recht verbunden war, über den Einsatz der Waffen zu entscheiden. Diese Rechtswirkung der Zustimmung kommt, so das Gericht, einer Übertragung von Hoheitsrechten gleich[2]. Damit habe die Bundesrepublik ihren zuvor bestehenden ausschließlichen rechtlichen Herrschaftsanspruch zurückgenommen[3]. Gleichzeitig verweist das Urteil darauf, „dass Art. 24 Abs. 1 GG nicht entnommen werden (könne), dass eine Übertragung von Hoheitsrechten immer nur dann anzunehmen ist, wenn der zwischenstaatlichen Einrichtung eine unmittelbare Durchgriffsbefugnis gegenüber Einzelnen eingeräumt wird“[4].

Diese Entscheidung ist angegriffen worden. Das BVerfG sei hier vom Merkmal des Durchgriffs für eine Hoheitsrechtsübertragung abgerückt und habe so „die Dogmatik des Art. 24 GG in Trümmern hinterlassen“[5]. Die Unterscheidung zwischen einer Hoheitsrechtsübertragung nach Art. 23/24 GG und einem bloßen völkerrechtlichen Vertrag nach Art. 59 Abs. 2 Satz 1 GG sei jetzt endgültig unmöglich gemacht[6]. Diese sei ohnehin schon schwierig genug, da bereits aufgrund Art. 59 Abs. 2 Satz 1 GG z.B. im Rahmen gemeinsamer Zollabfertigungsstellen vereinzelt Hoheitsrechte durch ausländische Zollbeamte gegenüber deutschen Bürgern wahrgenommen würden[7]. Allerdings muss man hier sehen, dass solchen Übertragungen räumlich abgegrenzte Bezirke oder Personen zugeordnet sind[8]. Gerade als eine räumlich und personell beschränkte Zulassung der Ausübung fremder Hoheitsgewalt, und somit nicht als Hoheitsrechtsübertragung im Sinne von Art. 23/24 GG, sieht Rauschning auch die Entscheidung über Stationierung und Einsatz amerikanischer Raketen auf deutschem Boden durch den amerikanischen Präsidenten[9].

In dem Urteil ist das BVerfG jedoch nicht vom Merkmal des Durchgriffs abgerückt. Dies ergibt sich bereits aus einer sprachlichen Analyse des obigen Zitats. Das BVerfG lehnt es nur ab, mit dem Hoheitsrecht einen Durchgriff auf „den Einzelnen“ zwingend zu verbinden. Der Durchgriff auf den Einzelnen hat jedoch in der bisherigen Rechtsprechung des BVerfG zu Art. 23/24 GG bereits

---

[1] BVerfGE 68,1(79f.)

[2] BVerfGE 68, 1(91)

[3] BVerfGE 68, 1(91)

[4] BVerfGE 68,1(94), bestätigt in 77, 170(232)

[5] Bryde, Sicherheitspolitik zwischen Regierung und Parlament, Jura 1986, 363(369)

[6] Rauschning, Organstreit zur Nachrüstung, JuS 1985, 863(866)

[7] Rauschning, a.a.O.; auf diese Durchbrechung von Art. 24 Abs. 1 GG verweist auch Tomuschat, in: BKGG, Art. 24 Rn. 8 sowie Randelzhofer, in: M/D/H/S, Art. 24 Abs. I Rn. 42

[8] Tomuschat, a.a.O.

[9] Rauschning, Organstreit zur Nachrüstung, JuS 1985, 863(866); Rauschning verweist zudem auf das interessante Problem, dass das BVerfG dann konsequent das NATO-Bündnis als zwischenstaatliche Einrichtung hätte sehen müssen, als die sie bisher nach allgemeiner Meinung nicht angesehen worden war (s. auch Bryde, Sicherheitspolitik zwischen Regierung und Parlament, Jura 1986, 363(368 m.z.w.N. in Fn. 102; Tomuschat, in: BKGG, Art. 24 Rn. 161

eigentlich keine Rolle gespielt. Entscheidend - wenn auch nicht abschließend - abgestellt hat das BVerfG immer auf die rechtlichen Wirkungen, die mit einer Hoheitsrechtsübertragung verbunden sind[1]. Diese Grundlinie bestätigt sich auch in der Entscheidung des BVerfG über den Antrag auf Erlass einer einstweiligen Anordnung gegen die Zustimmung der Bundesregierung zur Stationierung nuklearer Gefechtsköpfe. Die Antragsteller hatten die Verletzung verschiedener durch Art. 2 GG geschützter Rechte geltend gemacht. Das BVerfG hat diese Anträge bereits deshalb abgelehnt, weil die Voraussetzungen für eine Eilentscheidung nicht vorlagen. In dieser Entscheidung hat es jedoch, bezogen auf die nach der Stationierung mögliche Einsatzentscheidung für die Gefechtsköpfe, ausgeführt, dass „die grundrechtliche Verantwortlichkeit der staatlichen deutschen, an das Grundgesetz gebundenen öffentlichen Gewalt grundsätzlich dort (endet), wo ein Vorgang in seinem wesentlichen Verlauf von einem fremden, souveränen Staat nach seinem eigenen, von der Bundesrepublik Deutschland unabhängigen Willen gestaltet wird“[2].

In der Entscheidung E 68 hat sich das Gericht somit nicht vom Argument des Durchgriffs verabschiedet, sondern die Übertragung eines Hoheitsrechts endgültig und ausdrücklich, jedoch in Fortführung seiner vorhergehenden Rechtsprechung, vom Adressaten der auf Grund der Übertragung vorgenommenen Handlungen gelöst und sich auf das Kriterium des Durchgriffs beschränkt. Da mit der angegriffenen Zustimmung der Bundesregierung untrennbar das Recht verbunden ist, über den Einsatz der stationierten militärischen Mittel zu entscheiden, hat das Gericht die Zustimmung einer Übertragung gleichgestellt, da auch mit ihr die Bundesrepublik ihren zuvor bestehenden ausschließlichen rechtlichen Herrschaftsanspruch zurückgenommen hat[3]. Und darin liegt der Durchgriff durch den nationalen Souveränitätspanzer, der jedoch damit nicht automatisch zu einem Zugriff auf den Einzelnen wird. Im Gegenteil verknüpft das Gericht den Hoheitsrechtsbegriff gerade mit der völkerrechtlich anerkannten Unverletzlichkeit des nationalen Souveränitätspanzers[4].

Dem BVerfG ist im Anschluss an die Entscheidung E 68 auch vorgeworfen worden, eine zweite Fallkategorie eröffnet zu haben. Das Gericht sei von der Wirkungsweise der Handlungsform zur Intensität der eröffneten Handlungsmöglichkeit übergewechselt und habe damit die Wesentlichkeitstheorie zum

---

[1] BVerfGE 37, 271(280); 58, 1(36); 73, 339(374); 75, 233(240ff.)

[2] BVerfGE 66, 39(2. Leitsatz); abgerückt von dieser zurückhaltenden Linie ist das BVerfG jedoch in der Entscheidung zum Vertrag von Maasstricht, wenn es ausführt, auch Akte einer besonderen, von der Staatsgewalt der Mitgliedstaaten geschiedenen öffentlichen Gewalt einer supranationalen Organisation beträfen die Grundrechtsberechtigten in Deutschland und berührten damit die Gewährleistungen des Grundgesetzes..., die den Grundrechtsschutz in Deutschland und insoweit nicht nur gegenüber deutschen Staatsorganen zum Gegenstand haben, BVerfGE 89, 155(156, 7. Leitsatz)

[3] BVerfGE 68, 1(91)

[4] Geiger, GG und Völkerrecht, 1994, § 69 II

Maßstab der Hoheitsrechtsübertragung gemacht[1]. Hoheitsrechte i.S.v. Art. 23 GG wären danach auch alle Befugnisse einer zwischenstaatlichen Einrichtung zur Vornahme von Handlungen, einschließlich schlicht-hoheitlicher Tätigkeit, die in einer besonderen Weise auf durch die Rechtsordnung geschützte Rechtsgüter einwirken[2]. Die materielle Tragweite der Entäußerung von ungebundener nationaler Entscheidungsgewalt werde so zum ausschlaggebenden Merkmal der Hoheitsgewalt i.S.v. Art. 23 GG[3].

Es mag dahingestellt sein, ob das BVerfG in seiner Entscheidung „von der Argumentation der Antragsteller über die existentielle Bedeutung, die damit Entscheidungen eines amerikanischen Präsidenten für die Bundesrepublik haben, nicht unbeeinflusst geblieben ist“[4] und damit die Wesentlichkeitstheorie bei seiner Interpretation des Art. 24 Abs. 1 GG im Blick gehabt hat. Rechtssystematisch erforderlich für das Entscheidungsergebnisses war sie jedoch nicht. Das Gericht verweist auch mit keiner Silbe auf selbige. Tomuschat formuliert deshalb auch vorsichtig, dass das Gericht „stillschweigend ... auf diese Weise eine zweite Fallgruppe der Übertragung von Hoheitsgewalt“ gebildet habe[5].

Nicht kritisierend, sondern positiv greift Rauser die angebliche Neuorientierung des BVerfG auf. Seiner Meinung nach ist ohnehin angesichts der herausragenden Bedeutung des parlamentarischen Gesetzgebungsverfahrens für die Grundrechtsverwirklichung und Grundrechtssicherung eine Neubewertung der Machtverteilung im Bereich der auswärtigen Gewalt mit einer Stärkung des Parlaments gegenüber der Bundesregierung erforderlich[6]. Mit zwei Fallgruppen von Hoheitsrechtsübertragungen würde es möglich, „die Trennschärfe des rechtlichen Durchgriffskriteriums zu kombinieren mit der - im Einzelfall im Hinblick auf die materiellen Vorgaben des Grundgesetzes - sachgerechten Beteiligung des Gesetzgebers“[7]. Hoheitsrechte i.S.v. Art. 23 GG blieben damit entsprechend der bisherigen Lehre alle auf bestimmte Aufgaben bezogene Befugnisse, die mit Befehls- oder Zwangsgewalt durchgesetzt werden können[8]. Eine Übertragung von Hoheitsrechten soll auch vorliegen, „wenn dem Übertragungsakt die Ermächtigung zu schlicht-hoheitlichem Handeln innewohnt, das die vorhersehbare Gefahr von faktischen Grundrechtseingriffen birgt, wobei die im Einzelfall vorzunehmende Bewertung der notwendigen Relevanz dieser Gefahr nach den Parametern Wahrscheinlichkeit ihrer Verwirklichung, Art und

---

[1] Bryde, Sicherheitspolitik zwischen Regierung und Parlament, Jura 1986, 363(368); Randelzhofer, in: M/D/H/ S, Art. 24 Abs. I Rn. 40; Streinz, in: Sachs, Art. 24 Rn. 14ff.

[2] Randelzhofer, in: M/D/H/S, Art. 24 Abs. I Rn. 40

[3] Tomuschat, in: BKGG, Art. 24 Rn. 113a

[4] so Bryde, Sicherheitspolitik zwischen Regierung und Parlament, Jura 1986, 363(368)

[5] Tomuschat, in: BKGG, Art. 24 Rn. 113a

[6] Rauser, Übertragung von Hoheitsrechten, 1991, S. 95

[7] Rauser, a.a.O. S. 109; von der Eröffnung einer zweiten Fallgruppe geht auch Tomuschat, in: BKGG, Art. 24 Rn. 113a aus.

[8] Rauser, a.a.O. S. 25/109

Schwere des drohenden Eingriffs, Bedeutung des gefährdeten Rechtsguts vorzunehmen ist“[1].

In dieser Definition wird zum einen deutlich, dass der Begriff der Wesentlichkeit kaum justitiabel ist und mindestens so viele Probleme schafft wie er angeblich beseitigt. Stellte man auf sie ab, würden in der Tat die Konturen des Art. 23 Abs. 1 Satz 2 GG endgültig aufgelöst[2]. Es fragt sich zwar, ob diese Bedenken eine Neudefinition des Begriffs des Hoheitsrechts wirklich ausschließen. Denn Handhabungsprobleme, darauf verweist auch Randelzhofer zu Recht, gibt es im Grundgesetz zahlreiche[3].

Letztendlich hat das BVerfG jedoch auch keine zweite Fallkategorie geschaffen, sondern eben noch konsequenter auf den Durchgriff als entscheidendes Kriterium abgestellt. Entsprechend beginnt die Durchgriffswirkung einer Handlung durch den Souveränitätspanzer nicht erst mit einer innerstaatlich hervorgerufenen Bindung. Der Durchgriff ist ein Mittel auf dem Weg zu einer möglichen Bindung. Ob eine Handlung nach Durchbrechung des staatlichen Souveränitätspanzers Bindungswirkung entfaltet, ist eine Frage der Qualität der konkreten Handlung, hat aber auf ihre Qualität als Hoheitsrecht i.S.v. Art. 23/24 GG keine Auswirkung. Diese Qualität steht abstrakt betrachtet bereits fest, bevor die Handlung ihr Ziel erreicht, an dem sie wirken soll. Aus der völkerrechtlichen Souveränität eines Staates ergibt sich ein umfassendes Verbot, sich in dessen innere Angelegenheiten einzumischen[4]. Dieses Verbot gilt jedoch für sämtliche Handlungen eines fremden Staates, nicht nur für bindende und nicht nur für rechtsförmliche. Auch lediglich politische Äußerungen eines Staates zu inneren Angelegenheiten eines anderen Staates werden – auch wenn sie keinen Entscheidungscharakter haben[5] - zum Durchgriff durch den Souveränitätspanzer, wenn sie sich nicht nur im diplomatischen Verkehr an den Staat selbst, sondern gezielt an innerstaatliche Organe wenden, deren Verhalten sie unmittelbar beeinflussen wollen.

Das Problem bei der Definition der Hoheitsrechte in Art. 23/24 GG liegt jedoch nicht nur im Begriff selbst, sondern auch in der Definition der zwischenstaatlichen Einrichtung[6]. Und dieses unter Art. 24 Abs. 1 GG entstandene Problem soll nun mit in die Auslegung des Hoheitsrechts im Rahmen des Art. 23 GG übernommen werden und kann dort - da der Begriff der zwischenstaatlichen Einrichtung als Ursache dieses Problems nicht auch Bestandteil des Art. 23 GG ist - nicht mehr korrigiert werden. Das BVerfG hat diesen eigentlichen Sitz des

---

[1] Rauser, a.a.O. S. 109

[2] Randelzhofer, in: M/D/H/S, Art. 24 Abs. I Rn. 42 a.E.

[3] Randelzhofer, a.a.O. Rn. 42

[4] Geiger, GG und Völkerrecht, 1994, § 67, § 70 I

[5] zur umfassenden Legitimationspflicht staatlichen Handelns und dazu, dass es für die Legitimationspflicht nicht darauf ankommt, dass das Handeln Entscheidungscharakter hat, s. A.IV.

[6] gegen eine zu enge Auslegung des Begriffs hat sich schon Menzel, Die auswärtige Gewalt der Bundesrepublik Deutschland, VVDStRL 12(1954), 179(211), gewandt

Problems in der Entscheidung zur Raketenstationierung erkannt, wobei hier dahinstehen soll, ob es sich das richtige Objekt für diese Erkenntnis herausgesucht hat[1]. Das Gericht hat seinen Ansatz jedoch nicht konsequent durchgezogen. Auch Rauschning war das Problem in der Feder gelegen, wenn er schreibt, „das Bild einer zwischenstaatlichen Einrichtung i.S.d. Art. 24 Abs. 1 GG hat sich gewiss an den Europäischen Gemeinschaften geprägt“[2]. Der Begriff der zwischenstaatlichen Einrichtung wird im Grundgesetz nicht definiert, ebenso wenig in der Rechtsprechung des BVerfG[3]. Diese Kategorie wird immer nur bezogen auf bestimmte Organisationen angewendet[4]. Grundsätzlich besteht keine inhaltliche Einschränkung, welche Aufgaben von einer zwischenstaatlichen Einrichtung übernommen werden können[5]. Kein Kriterium für eine zwischenstaatliche Einrichtung ist es auch, dass diese in dem zugrundeliegenden Vertrag ermächtigt sein muss, Rechtsakte mit unmittelbarer Wirkung zu erlassen[6]. Die Art. 24 GG eröffnen nur die Möglichkeit, Hoheitsrechte auf zwischenstaatliche Einrichtungen zu übertragen, erklären aber eindeutig nicht die Übertragung als Qualifikationsmerkmal für die zwischenstaatliche Einrichtung[7]. Ihre Gründung erfolgt ohnehin nicht nach Art. 24 GG, sondern nach Art. 59 Abs. 2 GG. Nach Art. 24 GG richtet sich nur die Übertragung der Hoheitsrechte.

Auch die weiteren Kriterien, dass etwa Deutschland Mitglied der Einrichtung sein muss und unter welchen Voraussetzungen Deutschland gleichberechtigtes Mitglied ist, geben wenig hier relevante Gesichtspunkte für die Qualifikation der Einrichtung her[8]. Letztendlich darf die zwischenstaatliche Einrichtung lediglich nicht in einen Staat eingegliedert sein, da sie dann ihre Zwischenstaatlichkeit verlieren würde[9]. Außerdem muss sie in der Lage sein, durch Organe etwa übertragene Hoheitsrechte auch auszuüben[10].

Daraus ergibt sich jedoch, dass der einzige Grund, weshalb man sich mit der Definition des Begriffs Hoheitsrechte so schwer tut, darin liegt, dass die Konsequenz, eine Einrichtung unter Art. 24 GG einordnen zu müssen, vermieden werden soll. Indem man für die Qualifikation des Hoheitsrechts lediglich auf

---

[1] m.E. hätte das dortige Problem über eine Neubewertung des Art. 24 Abs. 2 GG gelöst werden müssen und können (so auch überzeugend Bryde, Sicherheitspolitik zwischen Regierung und Parlament, Jura 1986, 363 (369); zur NATO als System der gegenseitigen kollektiven Sicherheit s. auch Streinz, in: Sachs, Art. 24 Rn. 61ff.)

[2] Rauschning, Organstreit zur Nachrüstung, JuS 1985, 863(867)

[3] Randelzhofer, in: M/D/H/S, Art. 24 Abs. I Rn. 43

[4] BVerfGE 22, 293(296); 37, 271(278); 58, 1(31); 73, 339(376)

[5] Randelzhofer, in: M/D/H/S, Art. 24 Abs. I Rn. 46f.

[6] so aber Tomuschat, in: BKGG, Art. 24 Rn. 42

[7] zu den Vereinten Nationen als zwischenstaatlicher Einrichtung, der bisher keine Hoheitsrecht übertragen sind s. Tomuschat, a.a.O. Rn. 114

[8] dazu Randelzhofer, in: M/D/H/S, Art. 24 Abs. I Rn. 49ff.; Tomuschat, a.a.O. Rn. 69f.

[9] Randelzhofer, in: M/D/H/S, Art. 24 Abs. I Rn. 52; Tomuschat, a.a.O. Rn. 44

[10] Streinz, in: Sachs Art. 24 Rn. 19

die Durchgriffswirkung abstellt, erweitert sich nämlich dessen Anwendungsbereich erheblich.

Damit ergibt sich als Definition für den Begriff der Hoheitsrechte in Art. 23 Abs. 1 Satz 2 GG, dass ein Hoheitsrecht übertragen wird, wenn der EU eine Kompetenz eingeräumt wird, auf deren Grundlage Handelungen ihrer Organe den nationalen Souveränitätspanzer durchdringen und dadurch innerstaatliche Sachverhalte zum unmittelbaren Ziel ihres Handelns machen dürfen.

3. Die Handlungsinstrumente der Europäischen Union nach Art. 249 EVG

Nach Art. 249 EVG erfüllen EP, Rat und Kommission ihrer Aufgaben nach dem EGV mit den Rechtsinstrumenten der Verordnung (a.), der Richtlinie (c.), der Entscheidung (b.), der Stellungnahme und der Empfehlung (d.).

a. Die Verordnung

Die Verordnung gilt per Vertragsdefinition unmittelbar in jedem Mitgliedstaat (Art. 249 UA 2 EGV). Ein Transformationsakt zur Umsetzung in nationales Recht ist nicht nur nicht erforderlich, sondern sogar unzulässig, weil sonst der vertraglich festgelegte Geltungsgrund der erlassenen Verordnung in Frage gestellt würde[1].

b. Die Rechtswirkung der Entscheidung

Die Entscheidung ist in allen ihren Teilen für diejenigen verbindlich, die sie bezeichnet (Art. 249 UA 4 EGV). Sie ist mit dem Verwaltungsakt des nationalen deutschen Rechts vergleichbar.

c. Die Richtlinie

Nach der Vertragsdefinition richtet sich die Richtlinie an „jeden Mitgliedstaat" (Art. 249 UA 3 EGV). Sie ergeht also gegenüber den Mitgliedstaaten[2]. Die Richtlinie ist deshalb grundsätzlich auf eine Umsetzung durch die Mitgliedstaaten angelegt[3]. Damit könnte man eigentlich annehmen, es handle sich bei ihrem Erlass um klassisches völkerrechtliches Handeln ohne Durchgriffsmacht. Allein die Tatsache, dass die Richtlinie für den Mitgliedstaat verbindlich ist, unterscheidet sie auf den ersten Blick noch nicht von sonstigen völkervertraglichen Verpflichtungen, zu deren Inkorporation in nationales Recht sich die Bundesrepublik verpflichtet hat. Es gibt jedoch zwei Besonderheiten, die auch die Richtlinie zu einem Akt der Durchbrechung des nationalen Souveränitätspanzers werden lassen. Auch wenn die Richtlinie erst in nationales Recht umgewandelt werden muss, erzielt sie mit ihrem Erlass bereits Rechtswirkungen im

---

[1] Hetmeier, in: Lenz, 2. A. 1999, Art. 249 Rn. 7

[2] Schmidt, in: G/Th/E, 5. A. 1997, Art. 189 a.F. Rn. 36

[3] Huber, P.M., Recht der Europäischen Integration, § 6 Rn. 50

innerstaatlichen Bereich. Ab Erlass einer Richtlinie - nicht erst mit Ablauf ihrer Umsetzungsfrist - sind alle nationalen Behörden an sie gebunden. Von den nationalen Gerichten sind bereits ab Erlass der Richtlinie interpretationsbedürftige Rechtsvorschriften so auszulegen, dass der mit der Richtlinie verfolgte Zweck nach Möglichkeit erreicht werden kann. Bereits ab Inkrafttreten der Richtlinie dürfen die Mitgliedstaaten zudem keine Vorschriften mehr erlassen, die geeignet sind, die Erreichung des in der Richtlinie vorgeschriebenen Ziels ernsthaft in Frage zu stellen[1]. Über die Verpflichtung zur richtlinienkonformen Auslegung nationaler Rechtsvorschriften sind damit sämtliche Träger der öffentlichen Gewalt Adressaten der Umsetzungspflicht[2].

Auch ein weiteres Detail zeigt die Absicht der Richtlinie, den Souveränitätspanzer der Mitgliedstaaten selbst und unmittelbar mit ihrem Erlass zu durchbrechen. Die Wahl der Form und der Mittel zur Richtlinienumsetzung ist „den innerstaatlichen Stellen“ überlassen. Durchgriffswirkung hat sie somit allein deshalb, weil sie sich direkt an die Rechtsetzungsorgane der Mitgliedstaaten richtet[3].

Damit entlarvt die Richtlinie eigentlich ihre wahre Absicht. Sie wendet sich nur noch pro forma an die Mitgliedstaaten. Anders ist die direkte Ansprache der innerstaatlichen Stellen nicht zu erklären. Inhaltlich wirkt sie jedoch bereits mit Erlass im innerstaatlichen Bereich und durchdringt damit den nationalen Souveränitätspanzer. Ansonsten hätte statt der Worte „den innerstaatlichen Stellen“ auch ein schlichtes „ihm“, nämlich dem Mitgliedstaat, genügt. Mit der Richtlinie stimulieren damit die Gemeinschaftsorgane eben nicht nur die Mitgliedstaaten zu Maßnahmen ihrer eigenen Hoheitsgewalt[4]. Mit der Formulierung, sie richte sich nur an den Mitgliedstaat, ist damit nur ausgesagt, dass sie sich im Gegensatz zur Verordnung nicht unmittelbar an den Einzelnen wendet und dass die Durchgriffswirkung nicht ihr primäres Ziel, sondern nur ihr Nebeneffekt ist.

Noch deutlicher wird die Durchgriffswirkung der Richtlinie am Phänomen ihrer unmittelbaren Anwendbarkeit, die nach dem Wortlaut des Vertragstextes eigentlich ausgeschlossen ist. Unter bestimmten Voraussetzungen, auf die vorliegend nicht näher eingegangen werden muss[5], kann auch eine Richtlinie ganz oder in Teilen unmittelbar anwendbar sein, was sie in dem Umfang, in dem sie unmittelbar anwendbar ist, effektiv der Verordnung gleichsetzt. Die sprachliche Regelung, wonach eine Verordnung unmittelbar gilt, die Richtlinie jedoch unmittelbar anwendbar ist, bringt lediglich die unterschiedlichen rechtlichen Wege

---

1 dazu insgesamt Hetmeier, in: Lenz, 2. A. 1999, Art. 249 Rn. 11

2 Leible/Sosnitza, Richtlinienkonforme Auslegung vor Ablauf der Umsetzungsfrist..., NJW 1998, 2507

3 Flint, Die Übertragung von Hoheitsrechten..., 1998, S. 170

4 so noch Ipsen, Europäisches Gemeinschaftsrecht, S. 445

5 zur Direktwirkung allgemein und insbesondere zu den Voraussetzungen für die Direktwirkung von Richtlinien s. Huber, P.M., Recht der Europäischen Integration, § 6 Rn. 51ff.

zum Ausdruck, die hinter dem effektiv identischen Ergebnis stehen. Hier wird deutlich, welche Wirkung die Richtlinie latent, aber doch als Ergebnis einer Konzeption[1], in sich trägt. Flint spricht deshalb für die Richtlinie von einer „unvollständigen Durchgriffswirkung“[2]. Und diese verborgene Kraft ist ebenfalls nur im Licht der oben geschilderten Durchbrechung des Souveränitätspanzers durch die Richtlinie von Anfang an erklärlich und könnte nicht zum Tragen kommen, wenn die Richtlinie die völkerrechtliche Souveränität der Mitgliedstaaten umfassend achten würde. Selbst wenn man es ablehnt, die Richtlinie bereits grundsätzlich als Durchbrechung des Souveränitätspanzers zu sehen, so qualifiziert allein die Gefahr der unmittelbaren Anwendbarkeit die Richtlinienkompetenz als Hoheitsrechtsübertragung.

d. Die Rechtswirkung von Empfehlungen und Stellungnahmen

Empfehlungen und Stellungnahmen sind nach Art. 249 UA 5 EGV nicht verbindlich. Diese Unverbindlichkeit gilt gegenüber jedem Adressaten. Es stellt sich somit die Frage, ob Empfehlungen und Stellungnahmen den nationalen Souveränitätspanzer überhaupt durchbrechen können. Geht man davon aus, dass die Fähigkeit, Bindungswirkung zu erzeugen, zwingend mit dem Hoheitsrechtsbegriff in Art. 23 GG verbunden ist, so würde dies bedeuten, dass das Recht, Empfehlungen und Stellungnahmen abgeben zu dürfen, keine Hoheitsrechtsübertragung voraussetzt. Dafür spräche, dass Empfehlungen und Stellungnahmen auch ohne konkrete Kompetenznorm abgegeben werden dürfen[3]. Nach Art. 211 EGV kann die Kommission, um das ordnungsgemäße Funktionieren und die Entwicklung des gemeinsamen Marktes zu gewährleisten, Empfehlungen und Stellungnahmen auf den im EGV bezeichneten Gebieten nicht nur dann abgeben, wenn der Vertrag dies ausdrücklich vorsieht, sondern auch dann, wenn sie dies für notwendig erachtet (Art. 211 2. Spiegelstrich EGV). Ganz ohne Kompetenznorm handelt die Kommission somit auch hier nicht, Art. 211 EGV verleiht ihr eine allgemeine Kompetenz.

Ein grundsätzlicher Unterschied zwischen Empfehlung[4] und Stellungnahme existiert, wenn man auf die hier relevante Wirkungsweise der beiden abstellt, nicht[5]. Während aber Empfehlungen dem Adressaten ein bestimmtes Verhalten nahe legen, enthalten Stellungnahmen häufig eine Meinungsäußerung zu fremden Initiativen oder beurteilen eine gegenwärtige Lage oder bestimmte Vorgänge[6]. Stellungnahmen ergehen meist auf Initiative anderer Organe, Empfehlun-

[1] Iglesias, Gedanken zum Entstehen einer Europäischen Rechtsordnung, NJW 1999, 1

[2] Flint, Die Übertragung von Hoheitsrechten..., 1998, S. 170

[3] Hetmeier, in: Lenz, 2. A. 1999, Art. 249 Rn. 18

[4] auf den Unterschied, dass im EGKSV Empfehlungen hinsichtlich des Zieles verbindlich sind (Art. 14 UA 3 EGKSV), soll hier nicht eingegangen werden. Im EGKSV ist der Erlass von Richtlinien nicht vorgesehen. Die Empfehlung erfüllt hier die Funktion der Richtlinie und ist deshalb trotz sprachlicher Identität rechtssystematisch nicht mir der Empfehlung im EGV vergleichbar.

[5] Ipsen, Europäisches Gemeinschaftsrecht, S. 460; Oppermann, Europarecht, § 6 Rn. 479

[6] Schmidt, in: G/Th/E, 5. A. 1997, Art. 189 a.F. Rn. 46

gen sind in der Regel Ausfluss eigener Initiative des stellungnehmenden Organs[1]. Nach Art. 209 EGV etwa regelt der Rat nach Stellungnahme der Kommission die rechtliche Stellung der im EGV vorgesehenen Ausschüsse. Nach Art. 49 EUV gibt die Kommission eine Stellungnahme zu Beitrittsanträgen ab. Adressat sowohl von Empfehlungen als auch von Stellungnahmen können aber Organe der EU, Mitgliedstaaten oder private Wirtschaftssubjekte sein[2].

Trotz Unverbindlichkeit können Empfehlungen und Stellungnahmen Rechtswirkungen erzeugen[3]. Auch Stellungnahmen und Empfehlungen sind deshalb Rechtshandlungen der EU[4] und nicht lediglich schlicht-hoheitliche Handlungen. Art. 249 EUV differenziert lediglich die Rechtshandlungsformen nach Adressatenkreis und Wirkung[5]. Ihre Unverbindlichkeit darf nicht mit rechtlicher Irrelevanz gleichgesetzt werden[6].

Im Hinblick auf Empfehlungen hat der EuGH zudem entschieden, dass diese bei der Auslegung nationaler Vorschriften zu beachten sind[7]. Bereits Ipsen ging davon aus, dass sich aus Art. 10 EGV für die Mitgliedstaaten die Verpflichtung ergibt, auch unverbindliche Rechtsakte ernsthaft zu prüfen und sich ihnen gegenüber gemeinschaftsfreundlich zu verhalten, d.h. gegebenenfalls begründet zu remonstrieren, statt sie stillschweigend zu ignorieren[8]. An die Abgabe oder Nichtabgabe einer Empfehlung oder Stellungnahme sind zudem häufig konkrete Rechtsfolgen geknüpft[9].

Nach Flint sollen Empfehlungen und Stellungnahmen jedoch trotz dieser Wirkungen keine Durchgriffswirkung haben, ihre Abgabe somit nicht auf einer Ho-

---

1 Hetmeier, in: Lenz, 2. A. 1999, Art. 249 Rn. 18; Ipsen, Europäisches Gemeinschaftsrecht, S. 460

2 Schmidt, in: G/Th/E, 5. A. 1997, Art. 189 a.F. Rn. 48; Ipsen, a.a.O.; so konnte nach Art. 91 Abs. 1 UA 1 EGV a.F. die Kommission Empfehlungen direkt an Unternehmen abgeben.

3 Hetmeier, in: Lenz, 2. A. 1999, Art. 249 Rn. 19

4 Ipsen, Europäisches Gemeinschaftsrecht, S. 459; Hetmeier, in: Lenz, 2. A. 1999, Art. 249 Rn. 1

5 Hetmeier, a.a.O. Rn. 5

6 Schmidt, in: G/Th/E, 5. A. 1997, Art. 189 a.F. Rn. 49

7 EuGH Slg. 1989, 4407(4408)

8 Ipsen, Europäisches Gemeinschaftsrecht, S. 461

9 So dürfen nach Art. 97 Abs. 2 EGV, wenn eine nach Abs. 1 Satz 2 ausgesprochene Empfehlung der Kommission vom Mitgliedstaat nicht befolgt wird, in Art. 96 EGV bezeichnete Maßnahmen zu Lasten der anderen Mitgliedstaaten nicht getroffen werden. Im Rahmen der Koordinierung der Wirtschaftspolitik gibt die Kommission eine Empfehlung an den Rat ab, damit dieser einem Mitgliedstaat wiederum eine Empfehlung zu dessen künftiger Wirtschaftspolitik geben kann (Art. 99 Abs. 4 EGV). Ebenso darf der Rat auf Empfehlung der Kommission eine Empfehlung an die Mitgliedstaaten abgeben zur Wechselkursfestlegung nach außen (Art. 111 Abs. 2 EGV). Die Empfehlungen nach Art. 104 Abs. 7 - 9 EGV erlässt der Rat gegenüber den Mitgliedstaaten ebenfalls wieder auf Empfehlung der Kommission (Art. 104 Abs. 13 EGV). Nach Art. 226 EGV übermittelt die Kommission einem Mitgliedstaat, der ihrer Meinung nach seine Vertragspflichten verletzt, eine Stellungnahme zur Vertragsverletzung. Nach Art. 227 EGV kann ein Mitgliedstaat gegen einen anderen nur klagen, wenn die Kommission zuvor eine Stellungnahme abgegeben hat. Nach Art. 91 Abs. 2 EGV a.F. konnte die Kommission einen Staat ermächtigen, Schutzmaßnahmen gegen Dumping-Praktiken in einem anderen Staat zu treffen, wenn diese trotz Empfehlung nicht eingestellt wurden.

heitsrechtsübertragung beruhen[1]. Auch Empfehlungen und Stellungnahmen durchbrechen aber den nationalen Souveränitätspanzer. Nur soweit Empfehlungen und Stellungnahmen zwischen den Organen der EU abgegeben werden, durchbrechen sie den nationalen Souveränitätspanzer nicht, sie bleiben eine rein innereuropäische Angelegenheit. Eventuelle indirekte Wirkungen treten erst durch einen weiteren Akt aus dem Rechtsraum der EU heraus und durchbrechen dann ggfls. den nationalen Souveränitätspanzer. Auch sie sind damit zwar legitimationsbedürftig, jedoch wird hier keine Hoheitsgewalt ausgeübt. Richten sich Empfehlungen und Stellungnahmen aber an einen Mitgliedstaat oder gar direkt an eine natürliche oder juristische inländische Person, durchbrechen auch sie den nationalen Souveränitätspanzer.

e. Die Rolle des schlicht-hoheitlichen Aktes

Die Frage, ob schlicht-hoheitliches Handeln als Hoheitsrecht i.S.v. Art. 23 GG angesehen werden kann, wird als offen angesehen[2]. Bei schlicht-hoheitlichen Akten handelt es sich um Realakte, die nicht darauf abzielen, eine Rechtswirkung hervorzurufen[3]. Soweit sie Grundrechtsbeeinträchtigungen hervorrufen können, sollen sie nach neuerer Meinung wegen der Wesentlichkeitslehre auf einer Hoheitsrechtsübertragung basieren müssen[4]. Deshalb müssten mit Hilfe der Wesentlichkeitslehre relevante von irrelevanten Grundrechtsverletzungen abgegrenzt werden[5]. Da dies jedoch ein Problem sei, soll zur Abgrenzung, ob Realakte unter Art. 23/24 GG fallen, der Praktikabilität wegen die Vorhersehbarkeit von Grundrechtseingriffen durch schlicht-hoheitliches Handeln maßgeblich sein[6].

Bleibt man jedoch beim Merkmal des Durchgriffs, so löst sich auch das Problem, wie schlicht-hoheitliches Handeln eingeordnet werden soll[7]. Wichtig ist dabei bereits, dass auch Realakte rechtswidrig sind, wenn sie von der unzuständigen Behörde vorgenommen werden[8]. Indem der EU die Möglichkeit zu Realakten eingeräumt wird, wird somit bereits die Zuständigkeitsordnung des Grundgesetzes verändert.

---

[1] Flint, Die Übertragung von Hoheitsrechten..., 1998, S. 171

[2] Randelzhofer, in: M/D/H/S, Art. 24 Abs. I Rn. 33

[3] Rauser, Übertragung von Hoheitsrechten, 1991, S. 80f.

[4] Rauser, a.a.O. S. 82

[5] Rauser, a.a.O. S. 82ff.

[6] Rauser, a.a.O. S. 109

[7] die Begrifflichkeit ist in diesem Bereich des Verwaltungshandelns sehr unübersichtlich. Wegen der Unterscheidung zwischen Realakten, schlichtem Verwaltungshandeln, schlicht-hoheitlichem Verwaltungshandeln sei deshalb auf Wolff/Bachof/Stober, Verwaltungsrecht I, § 23 VI 2 und § 57 verwiesen. Auf eine solch differenzierte Unterteilung verzichtet auch Maurer, Allgemeines Verwaltungsrecht, § 15. Allen diesen Akten ist gemeinsam, dass sie nicht unmittelbar auf einen Rechtserfolg ausgelegt sind, ders., a.a.O.

[8] Maurer, a.a.O. § 15 Rn. 5

Die Durchgriffswirkung wird besonders bei Informationen durch die EU deutlich. Hier wird der nationale Souveränitätspanzer durchbrochen, wenn sich die EU unmittelbar an die Bürger der EU mit Informationsdaten wendet[1]. Gleiches gilt für die Erteilung von Auskünften. Auch bei der Erteilung von Auskünften steht dem Bürger statt einem deutschen staatlichen Organ, das die Auskunft üblicherweise erteilen würde, ein Unionsorgan unmittelbar gegenüber. Auch hier wird mit der Erteilung der Auskunft in den der deutschen Staatsgewalt zur Herrschaftsausübung vorbehaltenen Raum eingedrungen.

Es wird vertreten, die Kreditvergabe durch den IWF oder die Weltbank an Private sei schlicht-hoheitliches Handeln, das nicht unter Art. 24 GG fallen könne[2]. Auch schlicht-hoheitliches Handeln ist jedoch legitimationsbedürftig und kann den Legitimationspanzer faktisch durchbrechen. Entweder man sieht IWF und Weltbank als private Einrichtungen und nicht als Hoheitsträger, dann stehen beide den Bürgern wie ausländische private Banken gegenüber. Wenn man IWF und Weltbank jedoch die Fähigkeit zuspricht, schlicht-hoheitlich handeln zu können, muss man sich fragen, warum beide nicht zwischenstaatliche Einrichtungen sein sollen. Der Begriff der zwischenstaatlichen Einrichtung ist kein Begriff, der völkerrechtlich definiert ist. Er dient im Rahmen des Grundgesetzes lediglich dazu, den möglichen Empfänger von Hoheitsrechtsübertragungen zu benennen und klarzustellen, dass dieser in Deutschland in Kooperation mit anderen Staaten in besonderer Weise Aufgaben wahrnehmen kann[3].

Das BVerfG weist in seiner Entscheidung E 68, 1ff. darauf hin, dass die Einordnung der NATO als zwischenstaatliche Einrichtung völkerrechtlich keine Konsequenzen hat[4]. Nochmals wird dies deutlich, wenn das Gericht betont, dass es für die Anwendbarkeit des Art. 24 Abs. 1 GG auf die NATO ausreicht, wenn der Präsident der Vereinigten Staaten „jedenfalls aus der verfassungsrechtlichen Sicht des Art. 24"[5] ein Organ des Bündnisses sein kann. Diese Feststellung ist zutreffend und zwingend. Art. 24 Abs. 1 GG wirkt allein grundgesetzintern. Er bestimmt nur, auf wen mit welchem Mittel Hoheitsrechte übertragen werden dürfen. Erst der von ihm zugelassene Übertragungsakt wirkt auch nach außen. Es ist jedoch eine rein interne Angelegenheit des Grundgesetzes, wen es als zwischenstaatliche Einrichtung definiert und damit dem Geltungsbereich des Art. 24 GG unterwirft.

---

[1] dass gerade auch Information Herrschaftsausübung sein kann, wurde bereits in Ziff. A.IV. dargestellt.

[2] Rauser, Übertragung von Hoheitsrechten, 1991, S. 99, Tomuschat, in: BKGG, Art. 24 Rn. 21

[3] Randelzhofer, in: M/D/H/S, Art. 24 Abs. I Rn. 52f.

[4] BVerfGE 68, 1(95); Rauschning, Organstreit zur Nachrüstung, JuS 1985, 863(868)

[5] BVerfGE 68, 1(92)

f. Entscheidungen des Europäischen Rates

Für die derzeit vom Europäischen Rat zu fällenden Beschlüsse im Rahmen des EUV ist dagegen keine Hoheitsrechtsübertragung erforderlich. Hier beschließen die Staats- und Regierungschefs der Mitgliedstaaten, die dabei unabhängig von der zu entscheidenden Materie von ihren Außenministern unterstützt werden (Art. 4 UA 1 EUV)[1]. Die Mitglieder entscheiden nicht als Gemeinschaftsorgan, sondern als Konferenz der Staatenvertreter, also als rein zwischenstaatliche Konferenz[2]. Ihre Entscheidungen mögen normativen Charakter haben[3] und deshalb unter Art. 23 Abs. 3 GG fallen. Dies richtet sich jedoch nach dem besonderen Inhalt des Begriffs „Rechtsetzung" in Art. 23 Abs. 3 GG. Mag diese Wortwahl von ihrer Begrifflichkeit her auch ein Indiz für eine Durchgriffswirkung sein, so verkennt man, nimmt man gleichzeitig auch eine Durchgriffswirkung an, die Entstehungsgeschichte des Europäischen Rates aus den rein politischen Gipfelkonferenzen der Staats- und Regierungschefs[4], die letztlich mit der EEA vertraglich sanktioniert worden waren[5]. Damit hatte sich jedoch gerade die intergouvernementale Komponente der Verträge verstärkt[6]. Aus der Entstehungsgeschichte des EUV lässt sich nicht entnehmen, dass diese Bereiche vergemeinschaftet werden sollten. Beschlüsse zu gemeinsamen Aktionen und gemeinsamen Standpunkten im Rahmen der Außen-, Sicherheits- oder Justizpolitik sind deshalb gerade nur völkerrechtlich verbindlich[7]. Sie binden nur den Mitgliedstaat und durchbrechen nicht seinen Souveränitätspanzer.

Sieht man jedoch, in welchen Fällen überall eine Hoheitsrechtsübertragung nach Art. 23 Abs. 1 Satz 2 GG erforderlich ist und betrachtet man den starken Einfluss, den der Bundestag in diesen Fällen hat, dann wird deutlich, in welchem Umfang er auch über Art. 59 Abs. 2 GG hinaus legitimierenden Einfluss auf die europäischen Verträge nehmen kann.

4. Der formelle Einfluss des Bundestages auf die Übertragung von Hoheitsrechten

Inhaltlich hat der Bundestag somit einen umfassenden Einfluss auf die Ausgestaltung aller Aufgabenbereiche, in denen die EU mit den Mitteln aus Art. 249

---

[1] auf die Bedeutung dieser Zusammensetzung wird in Ziff. D.X. noch näher eingegangen.

[2] Oppermann, Europarecht, 1991, Rn. 249; Beutler/Bieber, Die EG, 3. A. 1987, 4.1/4.3.5.2

[3] so Rath, Die „unionswärtige Gewalt des BT..., 1995, S. 119

[4] zur Entstehung des Europäischen Rates s. Beutler/Bieber, Die EG, 3. A. 1987, 4.3.3.2; Magiera, Organisationsformen der politischen Parteien auf Gemeinschaftsebene und ihre Funktion bei der politischen Willensbildung, EuR 1978, 311(322); Bleckmann, Europarecht, 5. A. 1990, Rn. 37; Oppermann, Europarecht, 1991, Rn. 267

[5] Oppermann, a.a.O. Rn. 266; Ress, Über die Notwendigkeit der parlamentarischen Legitimierung der Rechtsetzung der EGten, S. 632

[6] Hrbek, Demokratiegebot und EG, in: Die Demokratie im Spektrum der Wissenschaften, 1980, S. 285(312)

[7] Kokott, Kontrolle der auswärtigen Gewalt, DVBl. 1996, 937(943)

EGV handeln darf. Doch welchen formellen Einfluss auf die Übertragung von Hoheitsrechten hat er.

a. Art. 23 Abs. 1 Satz 2 GG macht das Übertragungsgesetz zum Zustimmungsgesetz

Unter Art. 24 Abs. 1 GG konnte nach weit überwiegender Meinung[1] der Bund Zuständigkeiten der Länder ohne deren Zustimmung auf die europäische Ebene übertragen[2]. Ein Übertragungsgesetz war selbst dann lediglich ein Einspruchsgesetz[3]. Künftig ist nicht nur für die Übertragung von Länderrechten sondern für jede Hoheitsrechtsübertragung die Zustimmung des Bundesrates erforderlich[4]. Art. 23 GG hat damit ein europaspezifisches Zustimmungsrecht ohne Rücksicht auf die zu übertragende Materie geschaffen[5]. Eine Unterscheidung nach Materien schien dem verfassungsändernden Gesetzgeber angesichts der bereits fortgeschrittenen Integration untauglich, da es zukünftig regelmäßig um die Übertragung von Zuständigkeitsbündeln gehe und die Länder mindestens ihr Einspruchsrecht verlieren[6].

b. Art. 23 Abs. 1 Satz 3 GG ändert die für die Übertragung erforderlichen Mehrheiten

Da Art. 23 Abs. 1 Satz 2 GG keine abweichende Aussage dazu trifft, mit welcher Mehrheit eine Hoheitsrechtsübertragung beschlossen werden muss, ist vom grundgesetzlichen Regelfall für Mehrheiten bei Abstimmungen in Bundestag und Bundesrat auszugehen. Für eine Übertragung nach Art. 23 Abs. 1 Satz 2 genügt damit die Mehrheit der abgegebenen Stimmen im Bundestag (Art. 42 Abs. 2 Satz 1 GG) zuzüglich der Mehrheit der Stimmen im Bundesrat (Art. 52 Abs. 3 Satz 1 GG).

Art. 23 Abs. 1 Satz 3 GG benennt jedoch Fallkonstellationen, bei deren Vorliegen der Bundestag mit 2/3 der Stimmen seiner gesetzlichen Mitgliederzahl (Art. 23 Abs. 1 Satz 3, Art. 79 Abs. 2, Art. 121 GG) und der Bundesrat mit 2/3 seiner Stimmen beschließen muss (Art. 23 Abs. 1 Satz 3, Art. 79 Abs. 2 GG).

---

1 s. nur Stern, Staatsrecht Bd. I, 2. A., § 15 II 8 m.z.w.N.

2 zu den Einzelheiten der bis zum EUV nicht letztlich ausgetragenen Diskussion einer Übertragbarkeit von Länderrechten durch den Bund s. ausführlich Randelzhofer, in: M/D/H/S, Art. 24 Abs. I Rn. 37ff.

3 Streinz, in: Sachs Art. 24 Rn 25; Randelzhofer, in: M/D/H/S, Art. 24 Abs. I Rn. 66

4 Randelzhofer, in: M/D/H/S, Art. 24 Abs. I Rn. 201

5 StMin. Berghofer-Weichner, Gem.Verfk., Sten.Ber. 2. Sitzung, S. 35; Klein, Der Verfassungsstaat als Glied einer europäischen Gemeinschaft, VVDStRL 50, 56(92); Busch, Bundesländer und GG im Spannungsfeld der europäischen Integration, 1990, S. 28ff.

6 Sen. Peschel-Gutzeit, Gem.Verfk., Sten.Ber. 3. Sitzung, S. 20; StMin. Stoiber, Gem.Verfk., Sten.Ber. 8. Sitzung, S. 14; Fischer, W., Die EU im GG: der neue Artikel 23, ZfP 1993, 32(39f.); Scholz, GG und europäische Einigung, NJW 1992, 2593(2597)

(1) Das grundsätzliche Verhältnis von Satz 2 und Satz 3 zueinander

Nach Satz 3 sind abweichend von Satz 2 2/3-Mehrheiten erforderlich „für die Begründung der Europäischen Union sowie für Änderungen ihrer vertraglichen Grundlagen und vergleichbare Regelungen, durch die dieses Grundgesetz seinem Inhalt nach geändert oder ergänzt wird...". Probleme bereitet hier vor allem, dass nach der Rechtsprechung des BVerfG jede Hoheitsrechtsübertragung auch das Grundgesetz seinem Inhalt nach ändert[1]. In diesem Fall bliebe jedoch für Satz 2 in einem wesentlichen Punkt seiner Regelungswirkung kein eigenständiger Anwendungsbereich, da Hoheitsrechtsübertragungen dann immer mit der Mehrheit aus Art. 79 Abs. 2 GG beschlossen werden müssten und niemals mit der prinzipiell unter Satz 2 möglichen einfachen Mehrheit in Bundestag und Bundesrat beschlossen werden könnten.

Den verfassungsändernden Charakter der Übertragung leugnet Flint. Die Übertragung von Hoheitsrechten durchbreche nicht die Kompetenz- und Zuständigkeitsordnung des Grundgesetzes. Außerhalb des Grundgesetzes bedürfe die Ausübung öffentlicher Gewalt in Deutschland zwar einer Legitimation. Durch die Übertragung würde jedoch ein Hoheitsträger außerhalb der grundgesetzlichen Ordnung kreiert[2]. Diese Kreation sei lediglich die Ausübung einer Verfassungsermächtigung, ohne dass es der zusätzlichen Annahme bedürfe, die Übertragung wäre eine ausnahmsweise zulässige materielle Verfassungsänderung außerhalb des formellen Verfassungsänderungsverfahrens[3].

Diese Überlegung hat viel für sich. Andererseits steht ihr die ständige Rechtsprechung des BVerfG gegenüber[4]. Und diese lässt sich ebenfalls schlüssig begründen. Das Grundgesetz weist Kompetenzen zu. Wegen Art. 30 GG ist diese Zuweisung umfassend. Wird eine Aufgabe einer Stelle außerhalb des Grundgesetzes zugewiesen, verändert sich die Kompetenzverteilung des Grundgesetzes.

(2) Die Beratungen in der Gemeinsamen Verfassungskommission

Die Protokolle über die Sitzungen der Gemeinsamen Verfassungskommission belegen, dass ursprünglich vorgesehen war, Hoheitsrechtsübertragungen auch nach dem Vertrag von Maastricht unverändert mit einfacher Mehrheit zuzulassen. Für die Kommission entscheidend war, die Rolle des Bundesrates bei der Übertragung zu stärken. Diesem sollte ein Zustimmungsrecht zur Hoheitsrechtsübertragung eingeräumt werden, das unabhängig davon ist, ob für die Materie, der das Hoheitsrecht angehört, innerstaatlich ausschließlich der Bund zuständig ist oder ob es sich um eine Landeskompetenz handelt, ob innerstaatlich ein Zustimmungsgesetz erforderlich oder ein Einspruchsgesetz ausreichend

---

[1] BVerfGE 58, 1(28, 36); so auch Classen, in: v.Mangoldt/Klein/Starck, Art. 23 Rn. 21; Pernice, in: Dreier, Art. 23 Rn. 16, 91; Streinz, in Sachs, 2. A. 1999, Art. 23 Rn. 65

[2] Flint, Die Übertragung von Hoheitsrechten, 1998, S. 138

[3] Flint, a.a.O. S. 139

[4] BVerfGE 58, 1(36); so auch Rojahn, in: v. Münch, 3. A. 1995, Art. 23 Rn. 49

ist[1]. Die Beteiligung der Länder an der Integration sollte sich dabei grundsätzlich an der Struktur des Art. 24 GG orientieren. Durch ihre Beteiligung sollten insbesondere keine Hürden aufgebaut werden, die weitere Integrationsschritte erschweren würden[2]. Über die Modalitäten einer Beteiligung des Bundesrates an Hoheitsrechtsübertragungen wollte man jedoch erst zu einem späteren Zeitpunkt sprechen[3]. Eine doppelte 2/3-Mehrheit für künftige Hoheitsrechtsübertragungen war somit nicht von vornherein beabsichtigt. Auch im weiteren Verlauf der Beratungen in der Kommission wurde im Gegenteil immer wieder hervorgehoben, dass es grundsätzlich um die Zustimmung des Bundesrates zu weiteren Hoheitsrechtsübertragungen ginge. Auch von Länderseite war die Forderung auf einen „Zustimmungsvorbehalt der Länder im Bundesrat bei einer uneingeschränkten Übertragung von Hoheitsrechten" im Rahmen des Art. 24 GG beschränkt[4].

In der 3. Sitzung der Gemeinsamen Verfassungskommission wurde erstmals konkret der „Aspekt erwähnt"[5], dass „man sich bei der Übertragung von Hoheitsrechten eine Zweidrittelmehrheit des Bundestages und des Bundesrates vorstellen könne"[6]. Von den Ländern selbst wurde aber eingestanden, dass man qualifizierte Mehrheiten als „integrationshindernd und politisch bedenklich ansehen könne"[7]. Insgesamt wurde die Forderung mit deutlicher Zurückhaltung aufgenommen. Ob qualifiziert oder mit einfacher Mehrheit abgestimmt werden solle, „lasse man jetzt einmal dahingestellt..., weil wir das noch zu Ende diskutieren müssen"[8]. Dem „Parlamentarischen Rat war bewusst, dass die Übertragung von Hoheitsrechten ... in vielen Fällen eine materielle Verfassungsänderung bedeuten würde und daher eigentlich der Zweidrittelmehrheit der gesetzgebenden Körperschaften bedürfe". Wenn er „sich dennoch oder gerade deswegen für eine Übertragung durch einfaches Bundesgesetz entschieden (hat), so (hat er) damit das integrationspolitische Anliegen der Bundesrepublik besonders deutlich gemacht ...". „Dieser ... integrationspolitischen Vereinfachung könnte es zuwiderlaufen ..., wenn ... der europäischen Integration plötzlich durch neue Zustimmungsbefugnisse der Länder Hürden aufgebaut werden"[9]. Mit der Forderung einer 2/3-Mehrheit in beiden Häusern „verkehr(e) sich das, was das Grundgesetz bisher wollte, nämlich einen leichten, schnellen, relativ

1 Min. Berghofer-Weichner, Gem.Verfk., Sten.Ber. 2. Sitzung, S. 35

2 Abg. Möller, Gem.Verfk., Sten.Ber. 2. Sitzung, S. 29

3 Abg. Möller, a.a.O.

4 Min. Kaesler, Gem.Verfk., Sten.Ber. 2. Sitzung, S. 34

5 StMin. Stoiber, Gem.Verfk., Sten.Ber. 3. Sitzung, S. 14

6 Min. Alm-Merk, Gem.Verfk., Sten.Ber. 3. Sitzung, S. 29

7 StMin. Stoiber, Gem.Verfk., Sten.Ber. 3. Sitzung, S. 14; Min. Schnoor, ebenda S. 14

8 Abg. Jahn, Gem.Verfk., Sten.Ber. 3. Sitzung, S. 17

9 Abg. Möller, Gem.Verfk., Sten.Ber. 3. Sitzung, S. 6f.; historisch interessant ist der Verweis des Abg. Soell, wonach bei der Ausarbeitung des Grundgesetzes sowohl die Deutsche Partei als auch die KPD bereits die Forderung erhoben hatten, Hoheitsrechtsübertragungen nur mit 2/3-Mehrheiten zuzulassen, ebenda S. 9

unkomplizierten Weg zur europäischen Integration, in das Gegenteil"[1]. Es wurde deshalb ausdrücklich gefordert, dass sämtliche Hoheitsrechtsübertragungen „künftig mit der Zustimmung der Mehrheit der Länder im Bundesrat geschehen" müssten[2], da der Integrationsprozess durch Veränderungen in Art. 24 GG „nicht beschränkt, verzögert und gehemmt" werden dürfe[3].

(3) Die Sachverständigenanhörung

Einen Wendepunkt in der Diskussion brachte die Sachverständigenanhörung vom 22. Mai 1992. In den Antworten auf die Frage, ob eine weitere Hoheitsrechtsübertragung mit einfacher Mehrheit künftig noch möglich sei, war eine klare Tendenz der Sachverständigen zu erkennen, 2/3-Mehrheiten für erforderlich zu halten. Eine Übertragung mit einfacher Mehrheit sollte künftig nur noch möglich sein, wenn mit der Übertragung das Grundgesetz nicht „in wesentlichen Elementen berührt" werde[4]. Grundsätzlich reiche zwar eine einfache Mehrheit, „eine Grenze ist (jedoch) erreicht, wo die Grundstrukturen der Verfassung verändert würden"[5]. Insgesamt wurde in der Nachfolge der Anhörung deutlich, dass man die Solange-Rechtsprechung des BVerfG[6] aufgreifen und die Übertragung von Hoheitsrechten, wenn damit in die wesentliche Struktur des Grundgesetzes eingegriffen wird, der doppelten 2/3-Mehrheit unterwerfen wollte[7]. Trotzdem wurde nochmals vereinzelt versucht, die 2/3-Mehrheiten für Hoheitsrechtsübertragungen zu verhindern[8]. Außerdem wurde die Verwendung des Begriffs „wesentliche" bereits wieder kritisiert, eine Konkretisierung desselben gefordert und zur Überlegung gestellt, ob man nicht eigentlich besser ganz auf ihn verzichten könne[9].

In der 8. Sitzung der Gemeinsamen Verfassungskommission wurde Art. 23 GG abschließend beraten. Satz 3 lag zu diesem Zeitpunkt bereits in seiner heute gültigen Fassung vor. Zu ihm wurde als Konsens festgestellt, dass „nunmehr die Übertragung von Hoheitsrechten in europäischen Angelegenheiten an die Europäische Union immer an eine Zweidrittelmehrheit gebunden (werde)"[10]. Gerechtfertigt wurde dieses - als solches auch erkannte - künftige Integrationshemmnis damit, dass „die Europäische Union nach Maastricht bereits eine solche Integrationsqualität erreicht haben wird, dass weitere Hoheitsrechtsübertragungen ... in einem größeren Umfang wohl nicht mehr erforderlich sein werden

---

[1] Abg. Verheugen, Gem.Verfk., Sten.Ber. 3. Sitzung, S. 13
[2] StMin. Stoiber, Gem.Verfk., Sten.Ber. 3. Sitzung, S. 9
[3] StMin. Stoiber, a.a.O. S. 25
[4] Sv. Bieber, Sten.Ber. 1. Öffentl. Anhörung, S. 67, zu Frage 11; ebenso Sv. Lerche, ebenda S. 107, A.II.3.
[5] Sv. Randelzhofer, Gem.Verfk., Sten.Ber. zur 1. Öffentl. Anhörung, S. 126
[6] BVerfGE 37, 271 - Solange-I; BVerfGE 73, 399 - Solange-II
[7] Abg. Möller, Gem.Verfk., Sten.Ber. 7. Sitzung, S. 2
[8] neuer Formulierungsvorschlag des Abg. Verheugen, Gem.Verfk., Sten.Ber. 7. Sitzung, S. 7
[9] Min. Schnoor, Gem.Verfk., Sten.Ber. 7. Sitzung, S. 5
[10] Abg. Möller, Gem.Verfk., Sten.Ber. 8. Sitzung, S. 4

und zwangsläufig auf der Ebene der wesentlichen Strukturen erfolgen werden“[1]. „Die Sätze 2 und 3 des Abs. 1 tragen dem Umstand Rechnung, dass mit jeder weiteren Übertragung von Hoheitsrechten erhebliche Auswirkungen auf die innerstaatliche Verfassungsstruktur verbunden sind. Deshalb sind sie nur mit Zustimmung des Bundesrates und mit der verfassungsändernden Mehrheit des Art. 79 Abs. 2 zulässig .... Das ist eine klare Regelung“[2].

Begrüßt wurde außerdem, dass der ursprünglich unmittelbar an die Rechtsprechung des BVerfG anknüpfende Bezug auf „wesentliche Strukturen“ des Grundgesetzes, die für die verfassungsändernden Mehrheiten Voraussetzung werden sollten, fallen gelassen worden war, da bereits das BVerfG den Inhalt dieser Formulierung im Zusammenhang mit seiner Rechtsprechung zu Art. 24 Abs. 1 GG „nur in sehr unbestimmter Weise definiert hat“[3]. Man hatte hier Bedenken der Sachverständigen aufgegriffen, die die geplante Formulierung als „außerordentlich unscharf“ kritisiert hatten[4], aber auch Bedenken aus den eigenen Reihen[5].

(4) Die Sicht der Bundesregierung und der Parlamentsausschüsse

Die Bundesregierung hielt jedoch im gesamten Gesetzgebungsverfahren daran fest, dass für die Anwendung von Satz 3 eine Erheblichkeitsschwelle überschritten werden müsse[6]. Sie stellte deshalb in der Begründung ihres Gesetzentwurfes[7] fest: Auf Empfehlung der Gemeinsamen Verfassungskommission (wird) „im neuen Europa-Artikel die Zustimmung des Bundesrates für alle Hoheitsrechtsübertragungen auf die Europäische Union vorgesehen (Art. 23 Abs. 1 Satz 2)“[8]. Auch aus der weiteren Begründung des Gesetzentwurfes ergibt sich, dass die Bundesregierung im Grundsatz von einem Übertragungsgesetz mit einfachen Mehrheiten im Rahmen des Satzes 2 ausging; die dort festgelegte Zustimmungsbedürftigkeit durch den Bundesrat rechtfertigte sie damit, dass die Länder angesichts des erreichten Integrationsstandes von jeder weiteren Hoheitsrechtsübertragung stark betroffen sind[9]. Ihre Überlegungen zu Satz 3 leitete sie mit der Feststellung ein, dass das BVerfG jede Hoheitsrechtsübertragung als

---

[1] Abg. Möller, a.a.O.

[2] Min. Schnoor, Gem.Verfk., Sten.Ber. 8. Sitzung, S. 7

[3] Min. Schnoor, a.a.O.; auf die ungeklärte Frage der Grenzen des Art. 24 Abs. 1 GG weist auch der Sv. Stern, Gem.Verfk., Sten.Ber. 1. Öffentl. Anhörung, S. 151f.

[4] Sv. Bieber, Gem.Verfk., Sten.Ber. 1. Öffentl. Anhörung, S. 72, zu Frage 2; so ebenfalls Sv. Tomuschat zu vergleichbaren Formulierungen („wesentliche Interessen“, „wesentliche Einflussnahme“) in den Abs. 2ff., Gem.Verfk., ebenda S. 182

[5] Min. Schnoor, Gem.Verfk., Sten.Ber. 7. Sitzung, S. 5; Hölscheidt/Schotten, Die Erweiterung der EU als Anwendungsfall des neuen Europaartikels 23 GG ?, DÖV 1995, 187(190)

[6] Scholz, in: M/D/H/S, Art. 23 Rn.82; dieser Ansicht hatte der Bundesrat aber explizit widersprochen BR-Drs. 501/92 S.1f., Scholz, EU und deutscher Bundesstaat, NVwZ 1993, 817(821); Schotten, Das GG nach Maastricht, Verwaltungsrundschau 1993, 89(91); BT-Drs. 12/3338

[7] BR-Drs. 501/92

[8] BR-Drs. 501/92, S. 6

[9] BR-Drs. 501/92, S. 14

materielle Verfassungsänderung einstuft. Es stelle sich deshalb die Frage, in welchen Fällen der einfache Gesetzgeber von der Übertragungsermächtigung nach Satz 2 Gebrauch machen könne. Einen Anwendungsfall für Hoheitsrechtsübertragungen nach Satz 2 sah die Regierungsvorlage, „wenn Änderungen des Unions-Vertrages zu ratifizieren sind, die von ihrem Gewicht mit der Gründung der Europäischen Union nicht vergleichbar sind und insoweit nicht die „Geschäftsgrundlage“ dieses Vertrages betreffen“[1]. Auch nach Ansicht des Rechtsausschusses des Bundestages sollte Art. 23 Abs. 1 Satz 2 GG Hoheitsrechtsübertragungen „auch von Verfassungsrelevanz bis zur Grenze solcher Hoheitsrechtsübertragungen (erlauben), für die es eines neuen Vertrages oder einer Vertragsänderung bedurft hätte“[2]. Einen eigenständigen Anwendungsbereich für Satz 2 hat auch der Sonderausschuss „Europäische Union(Vertrag von Maastricht)“ grundsätzlich anerkannt. Seiner Meinung nach „muss eine Hoheitsrechtsübertragung nur dann von einer Zweidrittelmehrheit abhängig gemacht werden, wenn man über vorhandene Ermächtigungen hinausgeht“[3].

(5) Die Bundestagsdebatte

Auch in der Bundestagsdebatte zur Verabschiedung des Vertrages von Maastricht und zu den in der Gemeinsamen Verfassungskommission diskutierten Grundgesetzänderungen war der Konflikt über die Rolle des Bundesrates bei künftigen Integrationsschritten zu erkennen[4]. Während in einem Redebeitrag gleich zu Beginn der Debatte darauf hingewiesen wurde, dass künftig Hoheitsrechtsübertragungen immer einer 2/3-Mehrheit in beiden Häusern bedürften[5], sind die Befürworter einer zurückhaltenden Version im Rahmen ihrer Redebeiträge zu Art. 23 Abs. 1 Satz 2 und 3 GG überhaupt nicht darauf eingegangen, mit welchen Mehrheiten künftig Hoheitsrechtsübertragungen erfolgen sollen[6].

(6) Bisherige Streitfälle zur Abgrenzung von Satz 2 und Satz 3

Einen konkreten Streitfall um die Anwendung des Art. 23 Abs. 1 Satz 3 GG gab es zwischen Bundesregierung und Bundesrat zum Gesetz zum Vertrag über den Beitritt Norwegens, Österreichs, Finnlands und Schwedens zur EU[7]. Der Bundesrat behauptete, der Vertrag sei nach Art. 79 Abs. 2 GG zu verabschieden, da

---

[1] BR-Drs. 501/92, S. 15 (Hervorh. im Orig.)

[2] BT-Drs. 12/3896, S. 14

[3] BT-Drs. 12/3896, S. 18

[4] Bk. Kohl, weist auf das Misstrauen hin, das in den Kommissionen zwischen Bundestag und Bundesrat geherrscht habe, Sten.Ber. zur 126. Sitzung des BT, S. 10830(B); der Abg. Irmer spricht in der Bundestagsdebatte zum Ratifizierungsgesetz sogar davon, dass Bundesregierung und Bundestagsmehrheit in der Gem.Verfk. „von Seiten des Bundesrates unter ... der Drohung (standen), Maastricht gegebenenfalls nicht zu ratifizieren, wenn wir nicht bereit gewesen wären, über das hinauszugehen, was wir von uns aus zuzugestehen bereit waren“ Sten.Ber. 126. Sitzung, S. 10818(D)

[5] Abg. Wieczorek-Zeul, a.a.O. S. 10815(D); später auch ausdrücklich Abg. Voigt, ebenda S. 10839(B)

[6] Bk. Kohl, a.a.O. S. 10830(B); Abg. Verheugen, ebenda S. 10834(C)f.; Abg. Möller, ebenda S. 10839(B)

[7] BGBl. II 1994, S. 2022

mit ihm „die vertraglichen Grundlagen der Europäischen Union geändert werden“[1]. Die Bundesregierung war dagegen der Ansicht, ein einfaches Gesetz nach Art. 59 Abs. 2 Satz 1 GG sei zur Ratifikation des Beitrittsvertrags ausreichend[2]. Es fehle an einer Hoheitsrechtsübertragung und an einer materiellen Änderung des Grundgesetzes[3]. Das Vertragsgesetz bedürfe der Zustimmung nur im Hinblick auf Art. 80 Abs. 2 GG, da es eine Vorschrift enthalte, die zum Erlass einer zustimmungsbedürftigen Rechtsverordnung ermächtige und das Zustimmungserfordernis künftig ausgeschlossen sei[4]. Der Bundestag hat sich mehrheitlich dem Standpunkt der Bundesregierung angeschlossen[5].

Da das Vertragsgesetz in beiden Gesetzgebungsorganen einstimmig verabschiedet worden ist, konnte die Streitfrage über die richtigen Mehrheiten letztendlich jedoch offen gelassen werden[6]. Interessant ist in diesem Zusammenhang, dass der Bundesrat nicht damit argumentiert hat, mit dem Vertragsgesetz werde der Inhalt des Grundgesetzes verändert, sondern sich lediglich darauf berufen hat, dass mit dem Gesetz die vertraglichen Grundlagen der EU verändert würden. Mit dieser Argumentation allein kann die Anwendbarkeit des Art. 23 Abs. 1 Satz 3 GG jedoch keinesfalls begründet werden, da sich der Relativsatz in dieser Bestimmung auch auf die Fallvariante der „Änderung der vertraglichen Grundlagen“ bezieht[7].

Ein weiterer Streitfall um die Anwendbarkeit des Art. 23 Abs. 1 Satz 3 GG ergab sich zum Entwurf eines Gesetzes über das System der Eigenmittel der EG[8]. In diesem Verfahren knüpfte die Bundesregierung wieder an ihre alte Ansicht an, einen eigenen Anwendungsbereich für Art. 23 Abs. 1 Satz 2 GG anzunehmen. Sie hielt Satz 2 für anwendbar, da Rechtsetzungsbefugnisse nach Art. 8 Abs. 2 des Eigenmittelbeschlusses übertragen wurden[9]. Mit der gleichen Begründung hielt der Bundesrat Satz 3 für anwendbar[10]. In ihrer Gegenäußerung zum Bundesrat verdeutlichte die Bundesregierung ihre Ansicht. Sie sei nicht der Meinung, dass Satz 3 anwendbar sei, da nicht jede Hoheitsrechtsübertragung in den Anwendungsbereich von Satz 3 falle: „Eine derartige Auffassung ist nicht

---

1 BT-Drs. 12/7977, S. 330

2 BT-Drs. 12/7977, S. 6

3 Oschatz/Risse, Die BReg. an der Kette der Länder ?, DÖV 1995, 437(440)

4 BT-Drs. 12/7977, S. 6/330

5 Sten.Ber. über die 237. Sitzung des BT am 29.06.94, S. 20831(A); zu der Auseinandersetzung insgesamt Hölscheidt/Schotten, Die Erweiterung der EU als Anwendungsfall des neuen Europaartikels 23 GG ?, DÖV 1995, 187f.

6 Hölscheidt/Schotten, a.a.O. S. 188

7 so auch die BReg. in ihrer Gegenäußerung zur Stellungnahme des BR, BT-Drs. 7977, S. 330

8 BT-Drs. 13/382 zum Beschluss des Rates vom 31.07.94 (Abl. 1994 NR. L 293, S. 9)

9 BT-Drs. 13/382, S. 5; Oschatz/Risse, Die BReg. an der Kette der Länder ?, DÖV 1995, 437(440f.) verweisen darauf, dass die Bundesregierung nicht begründet, warum sie überhaupt von einer Hoheitsrechtsübertragung ausgeht; ihrer Meinung nach werden hier keine Hoheitsrechte übertragen, das Gesetz hätte sich deshalb auf Art. 59 Abs. 2 GG stützen können, die Zustimmungsbedürftigkeit folge lediglich aus Art. 105 GG.

10 BT-Drs. 13/382, S. 19

nur mit dem klaren Wortlaut von Art. 23 Abs. 1 Satz 2 GG unvereinbar, sondern wird ... den Intentionen des Gesetzgebers nicht gerecht"[1]. Zum Beleg beruft sich die Bundesregierung dabei auf den Beschluss des Sonderausschusses „Europäische Union(Vertrag von Maastricht)", der einen eigenen Anwendungsbereich von Satz 2 anerkannt und eine 2/3-Mehrheit erst verlangt hatte, wenn über vorhandene Ermächtigungen hinausgegangen werde[2]. Eine qualifizierte Hoheitsrechtsübertragung i.S.v. Satz 3 sah die Bundesregierung nicht als gegeben an, da „lediglich eine Änderung der Modalitäten" erfolge, durch die Kompetenzen abgerundet würden, die bereits zugunsten der EG begründet worden seien, weshalb man über vorhandene Ermächtigungen nicht hinausgehe[3]. Die Beschlussempfehlung des Haushaltsausschusses[4] ging ebenfalls von einer Hoheitsrechtsübertragung aus, hielt jedoch allein Art. 23 Abs. 1 Satz 2 GG für einschlägig, ohne aber seine Ansicht zu begründen[5].

(7) Zum eigenständigen Inhalt des Art. 23 Abs. 1 Satz 2 GG

In der Tat steht man vor dem Problem, dass Satz 2, folgt man der Auslegung der Gemeinsamen Verfassungskommission, partiell keinen Anwendungsbereich hat. Aus dieser Situation speisen sich auch die Überlegungen, zwischen Hoheitsrechtsübertragungen mit unterschiedlich starker Einwirkung auf das Grundgesetz zu unterscheiden[6]. Satz 2 und 3 stünden „eindeutig nebeneinander", und regelten damit „- wie sich in entsprechend systematischer Auslegung ergibt - auch unterschiedliche Sachverhalte ..."[7]. Da Satz 2 eine Übertragung mit einfacher Mehrheit zulasse, müsse für geringfügige Hoheitsrechtsübertragungen eine einfache Mehrheit genügen[8], da nur so für eine eigenständige Anwendung des Satz 2 mit Hoheitsrechtsübertragungen durch einfaches Gesetz Raum bleibe[9]. Wenn Satz 2 einen Sinn haben solle, könne für die Frage, ob eine Verfassungsänderung vorliege, nicht allein auf die Tatsache abgestellt werden, dass jede Hoheitsrechtsübertragung auch die Verfassung berührt. Wenn das Grundgesetz eine integrationsoffene Verfassung bleiben solle, könne eine 2/3-Mehrheit nur erforderlich sein, wenn sie den Inhalt der Verfassung über die Übertragung als solche hinaus beträfe[10]. Die Integrationsoffenheit des Grundgesetzes soll sogar eine Auslegung verlangen, wonach eine 2/3-Mehrheit nur erforderlich ist, wenn über die Übertragung als solche hinaus Verfassungsinhalte

---

[1] BT-Drs. 13/382, S. 20
[2] BT-Drs. 3896, S. 18
[3] BT-Drs. 13/382, S. 20
[4] BT-Drs. 13/828
[5] das Gesetz wurde trotz dieser unterschiedlichen Auffassungen am 23.06.95 beschlossen; insgesamt dazu Streinz, in: Sachs, Art. 23 Rn. 78 Fn. 140
[6] Jarras, in: Jarras/Pieroth, Art. 23 Rn. 16
[7] Scholz, in: M/D/H/S, Art. 23 Rn. 83
[8] Jarras, in: Jarras/Pieroth, Art. 23 Rn. 23
[9] Rojahn, in: v.Münch Art. 23 Rn. 49
[10] Schotten, Das GG nach Maastricht, Verwaltungsrundschau 1993, 89(91)

von der Übertragung betroffen sind[1]. Ansonsten hätte man außerdem das Erfordernis der 2/3-Mehrheit gleich in Satz 2 einbauen können[2].

Unabhängig davon, in welchem Verhältnis man Satz 2 und 3 zueinander sieht, vollkommen funktionslos ist Satz 2 in keinem Fall. Überflüssig ist gegebenenfalls nur der Hinweis, dass Hoheitsrechtsübertragungen der Zustimmung des Bundesrates bedürfen. Insgesamt ist die Existenz von Satz 2 jedoch gerechtfertigt. Zum einen hat er in jedem Fall einmal symbolischen Charakter. Die - bis auf das Zustimmungserfordernis - wörtliche Übernahme des Art. 24 Abs. 1 GG signalisiert, dass Art. 23 GG nahtlos an die bisherige Integration anknüpft und auch rechtssystematisch keinen fundamentalen Bruch mit der bisherigen Rechtsentwicklung bewirken sollte. Mit diesem ausdrücklichen Bekenntnis zum unter Art. 24 Abs. 1 GG eingeschlagenen Weg der europäischen Integration hat die bisherige Integration zudem nochmals einen Legitimationsbeweis erhalten.

Es wurden zwar Überlegungen angestellt, ob Satz 2 nicht auch als Ermächtigungsnorm funktionslos wäre, da auch dieser Zweck von Satz 3 erfüllt werden könnte[3]. Diese Bedenken tragen jedoch nicht. Satz 2 hat gerade in seiner Art. 24 Abs. 1 GG fortführenden Funktion den Zweck, die Funktionen, die das Übertragungsgesetz unter Art. 24 Abs. 1 GG für die Integration erfüllt haben, aufzugreifen und in Art. 23 GG zu transportieren. Art. 23 Abs. 1 Satz 2 GG erteilt nun für Hoheitsrechtsübertragungen auf die EU dem Gesetzgeber die Übertragungsermächtigung, öffnet die innerstaatliche Rechtsordnung und gibt den Anwendungsbefehl für Rechtsakte der EU[4]. Satz 3 ermächtigt dazu nicht, er öffnet auch nicht die deutsche Rechtsordnung für Akte der EU. Allein aus der Möglichkeit, die europäischen Verträge so ändern zu dürfen, dass das Grundgesetz seinem Inhalt nach geändert wird, ergibt sich nicht, dass die Übertragung von Hoheitsrechten auf die EU als außerstaatlichem Rechtsträger zulässig ist und dass einem außerstaatlichen Hoheitsträger die Macht eingeräumt werden kann, öffentliche Gewalt im Geltungsbereich des Grundgesetzes auszuüben. Auch eine Hoheitsrechtsübertragung ist zwar nach der h.M. eine Änderung des Grundgesetzes seinem Inhalt nach. Deshalb könnte man sich auf den Standpunkt stellen, dass, wenn Satz 3 schon zu einer Inhaltsänderung ermächtigt, er auch zu einer Hoheitsrechtsübertragung ermächtigen würde.

Grundsätzlich gilt jedoch der Ausschließlichkeitsanspruch deutscher Staatsgewalt innerhalb des Staatsgebietes[5]. Ein Abweichen davon ist deshalb als Aus-

---

1 Schotten, a.a.O.

2 Jarras, in: Jarras/Pieroth, Art. 23 Rn. 23

3 Scholz, in: M/D/H/S, Art. 23 Rn. 83; ders., EU und deutscher Bundesstaat, NVwZ 1993, 817(821), weshalb „ganz offenkundig" zwischen Hoheitsrechtsübertragungen mit der materiellen Qualität von Verfassungsänderungen und solchen ohne derartige Qualitäten unterschieden werden müsse.

4 Scholz, in: M/D/H/S, Art. 23 Rn. 6 i.V.m. Randelzhofer, in: M/D/H/S, Art. 24 Abs. I Rn. 21; Rojahn, in: v.Münch Art. 23 Rn. 49

5 BVerfGE 37, 271(280); 58, 1(28); 68, 1(98); Badura, Bewahrung und Veränderung ..., VVDStRL 23(1966), S. 34(36f.); Tomuschat, in: BKGG, Art. 24 Rn. 17

nahmetatbestand zu sehen. Da jedoch Ausnahmetatbestände eng auszulegen sind, deckt die allgemeine Formulierung „durch die dieses Grundgesetz seinem Inhalt nach geändert werden soll“, eine Hoheitsrechtsübertragung nicht, zumal die Regelung auch anders eine Funktion hat. Maßstab für völkerrechtliche Verträge nach Art. 59 Abs. 2 Satz 1 GG ist das gesamte Grundgesetz[1]. Satz 3 dispensiert einen völkerrechtlichen Vertrag in seinem Anwendungsbereich von diesem umfassenden Überprüfungsmaßstab weitgehend und verweist ihn auf Art. 79 Abs. 3 GG als einzigen Prüfungsmaßstab. Die Wirkung, die innerstaatliche Rechtsordnung für außerstaatliche Handlungen zu öffnen, geht jedoch über den Regelungsgehalt eines bloßen völkerrechtlichen Vertrages hinaus.

Für Verwirrung im Verhältnis von Satz 2 zu Satz 3 sorgt letztendlich nur der Verweis auf die Zustimmungsbedürftigkeit von Hoheitsrechtsübertragungen durch Bundestag und Bundesrat mit einfacher Mehrheit. Denn dieser Regelungsteil des Satzes 2 hat in der Tat keine eigenständige Funktion, wenn man jede Vertragsänderung inhaltlich als Verfassungsänderung sieht, da dann bei jeder Hoheitsrechtsübertragung über den Verweis des Satzes 3 auf Art. 79 Abs. 2 GG 2/3-Mehrheiten in Bundesrat und Bundestag erforderlich sind. In diesem Problem spiegelt sich die bis heute verfolgte Absicht der Bundesregierung wider, zwischen einfachen und qualifizierten Hoheitsrechtsübertragungen zu unterscheiden. Auch in der Gemeinsamen Verfassungskommission gab es wie dargestellt maßgebliche Stimmen, die generelle 2/3-Mehrheiten für Hoheitsrechtsübertragungen nicht wollten. Der Gedanke der einfachen Mehrheiten wurde trotz dieses offenen Streits aus dem Text des Art. 23 GG jedoch niemals konsequent eliminiert. Auch wurde das Verhältnis von Satz 2 zu Satz 3 in der Gemeinsamen Verfassungskommission nie aufgearbeitet. Beide Sätze wurden ununterschieden und undiskutiert immer als Einheit erörtert[2], so dass man vermutlich auch deswegen nie gezwungen war, die unklare Formulierung zur Kenntnis zu nehmen[3].

(8) Anhaltspunkte für eine Erheblichkeitsschwelle im Text des Art. 23 GG

Anhaltspunkte für eine Erheblichkeitsschwelle lassen sich im schließlich in Kraft getretenen Text allenfalls darin finden, dass Satz 3 die Mehrheiten aus Art. 79 Abs. 2 GG nur dann vorschreibt, wenn die "vertraglichen Grundlagen" der EU geändert werden sollen. „Grundlagen“ könnte man hier etwa im Sinne von „Grundzügen“ verstehen. Davon geht auch die Bundesregierung aus. In einer Gegenäußerung zum Bundesrat[4] setzt sich die Bundesregierung mit dem Problem auseinander, dass der Anwendungsbereich des Satzes 2 erheblich ein-

---

[1] Seifert/Hömig, Art. 59 Rn. 11

[2] dargestellt bei Hölscheidt/Schotten, Die Erweiterung der EU als Anwendungsfall des neuen Europaartikels 23 GG ?, DÖV 1995, 187(189); Schotten, Das GG nach Maastricht, VerwRdsch 1993, 89(91)

[3] als „Betriebsunfall“ bezeichnet deshalb Everling, Struktur der EU, DVBl 1993, 936(943) die unklare Trennung von Satz 2 und 3

[4] BT-Drs. 12/3338, S. 14

geschränkt würde, wenn jede Hoheitsrechtsübertragung als Anwendungsfall des Satzes 3 gesehen würde. Zudem würde die Integrationsbereitschaft erheblich gemindert. Die Bundesregierung erklärte deshalb, dass sie die Worte „Änderung ihrer vertraglichen Grundlagen“ so interpretiere, dass nur „qualifizierte Vertragsänderungen, nämlich solche, durch die die „Grundlagen“ des Unions-Vertrages verändert werden, der Zustimmung der verfassungsändernden Mehrheiten ... bedürfen“[1].

Einen weiteren Ansatzpunkt für eine Erheblichkeitsschwelle könnte die Formulierung "seinem Inhalt nach" in Satz 3 bieten. Diese Formulierung könnte eine Unterscheidung zwischen formellem Verfassungsrecht, das den Staatsaufbau und das förmliche Zustandekommen von Rechtsvorschriften inklusive der dazugehörigen Zuständigkeitsnormen regelt, und materiell-rechtlichen Vorschriften, die insbesondere die Grundrechte sichern, aufzeigen. Da bei dieser Differenzierung eine Hoheitsrechtsübertragung nur die formelle Zuweisung einer Zuständigkeit verändern würde, könnten Hoheitsrechtsübertragungen mit einfacher Mehrheit erfolgen. Soll durch eine Vertragsänderung der materielle Inhalt des Grundgesetzes geändert werden, so wäre die Vertragsänderung mit einfacher Mehrheit nicht möglich. Hier setzt auch Scholz an[2]. Er verweist dazu auf Feststellungen der Gemeinsamen Verfassungskommission unter Berufung auf BVerfGE 58, 1(36), wonach letztendlich jede Hoheitsrechtsübertragung „eine materielle Änderung der Verfassung mit sich bringen *kann*, namentlich dann, wenn sie in die verfassungsrechtlich festgelegte Zuständigkeitsordnung eingreift“[3]. Damit wäre in der Tat nicht jede Hoheitsrechtsübertragung eine Inhaltsänderung des Grundgesetzes[4], da einer Übertragung von Hoheitsrechten nicht in jedem Fall „der materielle Charakter einer Verfassungsänderung beizumessen wäre“[5]. An anderer Stelle will Scholz Satz 3 nur anwenden, wenn „im Einzelfall ein Tatbestand von neuer Verfassungsqualität“ hinzukomme[6]. In der Begrenzung auf Vertragsänderungen, die das Grundgesetz seinem Inhalt nach ändern, stelle Satz 3 ein „klares, qualitativ differenzierendes Kriterium (auf), das nach dem materiell-rechtlichen Gehalt der jeweiligen Hoheitsrechtsübertragung fragt und es nicht etwa bei der bloßen Feststellung einer Hoheitsrechtsübertragung als solcher bewenden sein lässt“[7]. Resümierend verweist diese Ansicht dann darauf, dass der Bundestags-Sonderausschuss „Europäische Union (Vertrag von Maastricht)“ dieser differenzierenden Sicht gefolgt ist und gefolgert hat, dass „eine Hoheitsrechtsübertragung nur dann von einer Zweidrittelmehrheit abhängig gemacht werden muss, wenn man über vorhandene Ermächtigungen hinausgeht“, Satz 2 also „Hoheitsrechtsübertragungen bis zu

---

[1] BT-Drs. 12/3338, S. 14; Hervorh. im Orig.
[2] Scholz, in: M/D/H/S, Art. 23 Rn. 83
[3] BT-Drs. 12/6000, S. 21; Hervorh. durch den Verfasser
[4] Scholz, in: M/D/H/S, Art. 23 Rn. 83
[5] Scholz, a.a.O.
[6] Scholz, EU und deutscher Bundesstaat, NVwZ 1993, 817(822)
[7] Scholz, in: M/D/H/S, Art. 23 Rn. 83

der Grenze, wo aus verfassungsrechtlichen Gründen ein neuer Vertrag oder eine Änderung der vertraglichen Grundlage nötig wäre", erlaubt[1].

Das BVerfG hat jedoch in seiner Entscheidung in Band 58, 1(36) noch zu Art. 24 Abs. 1 GG festgestellt, dass "die Übertragung von Hoheitsrechten ... einen Eingriff in und eine Veränderung der verfassungsrechtlich festgelegten Zuständigkeitsordnung und damit materiell eine Verfassungsänderung (bewirke)". In der Entscheidung ist nicht davon die Rede, dass mit der Hoheitsrechtsübertragung eine Verfassungsänderung verbunden sein „kann". Dem ist auch die allgemeine Meinung in der Literatur gefolgt[2]. Insofern kann man sich nicht auf das BVerfG berufen, wenn man aus der Formulierung „seinem Inhalt nach" auf eine Unterscheidung zwischen materiellem und formellem Verfassungsrecht für Hoheitsrechtsübertragungen schließen will.

Eine weitere Ansicht will die Verlagerung ausdrücklich zugewiesener Kompetenzen unter Satz 3 fallen lassen, sonstige Hoheitsrechtsübertragungen jedoch unter Satz 2[3]. Problematisch daran ist, dass es für eine solche Unterscheidung weder im Gesetzgebungsverfahren noch im Gesetzestext irgendeinen Hinweis gibt. Zudem würde damit jede Verlagerung aus dem Bereich der Bundeskompetenzen unter Satz 3 fallen, da gerade diese Kompetenzen insbesondere in den Art. 73 ff. GG ausdrücklich zugewiesen sind. Umgekehrt war Ziel der Neufassung des Art. 23 GG gerade, die Länder stärker an der Integration zu beteiligen, insbesondere wenn ihre Zuständigkeiten Übertragungsgegenstand sind. Nicht ausdrücklich zugewiesen wären damit jedoch nur Kompetenzen, die nach der Zuständigkeitsvermutung des Art. 30 GG den Ländern zustehen. Ausgerechnet die Übertragung dieser Zuständigkeiten wäre dann jedoch mit doppelter einfacher Mehrheit zulässig. Zudem ist es schwer zu erklären, warum angesichts Art. 30 GG lediglich die Übertragung zugewiesener Zuständigkeiten eine inhaltliche Änderung des Grundgesetzes bewirken soll.

Der Widerspruch zwischen Satz 2 und 3 soll sich dadurch lösen lassen, dass man Satz 3 als Qualifikation des Wortes „Gesetz" in Satz 2 sieht[4]. Diese Überlegung löst den skizzierten Widerspruch zwischen den beiden Sätzen jedoch nicht. Es bliebe bei dem Widerspruch, dass Satz 2 für das in Satz 3 definierte Gesetz eigentlich doppelte einfache Mehrheiten ausreichen lässt. Satz 3 enthielte zudem dann als Definition des Satzes 2 eine weiter Grundvoraussetzung für die Anwendbarkeit des Begriffes, den er eigentlich nur definieren soll.

Trotz des auf den ersten Blick eindeutigen Ergebnisses zur Auslegung von Satz 2 und 3 nach den Beratungen in der Gemeinsamen Verfassungskommission läge

---

[1] BT-Drs. 12/3896, S. 18

[2] allg. Meinung schon zu Art. 24 Abs. 1 GG, Streinz, in: Sachs Art. 23 Rn. 74; Rojahn, in: v. Münch Art. 23 Rn. 49; Randelzhofer, in: M/D/H/S, Art. 24 Abs. I Rn. 203

[3] Pernice, in: Dreier, Art. 23 Rn. 92

[4] Oschatz/Risse, Die BReg. an der Kette der Länder ?, DÖV 1995, 437(440)

es nach Wortlaut und Systematik wesentlich näher, für Hoheitsrechtsübertragungen Satz 3 als Spezialvorschrift zur generellen Regelung in Satz 2 zu sehen[1].

(9) Das Verhältnis von Art. 23 Abs. 1 Satz 2 GG zu Art. 23 Abs. 1 Satz 3 GG in der systematischen, historischen und teleologischen Auslegung

Ausgangspunkt jeder rechtssystematischen Auslegung ist der Wortlaut der auszulegenden Bestimmung[2]. Danach ist Satz 2 für sich betrachtet eindeutig. Er lässt Hoheitsrechtsübertragungen mit einfacher Mehrheit in beiden Häusern zu. Satz 3 für sich gesehen ist aber ebenso eindeutig. Er verlangt für Vertragsänderungen, die das Grundgesetz seinem Inhalt nach ändern, eine 2/3-Mehrheit. In einem nächsten Schritt wäre zu überlegen, was Satz 3 als Änderung des „Grundgesetzes seinem Inhalt nach" versteht. Das BVerfG versteht darunter, dass in jeder Hoheitsrechtsübertragung eine materielle Verfassungsänderung liegt. Danach verlangt Satz 3 somit für jede Hoheitsrechtsübertragung eine 2/3-Mehrheit. Da diese Auslegung des Grundgesetzes durch das BVerfG absolut h.M. ist und auch unwidersprochen den Erörterungen in der Verfassungskommission zugrunde lag, soll diese Interpretation vorliegend auch nicht angegriffen werden, zumal sie auch rechtssystematisch nur schwer zu erschüttern ist.

Mindestens dann, wenn der Wortlaut einer Vorschrift nicht bereits zu einem eindeutigen Ergebnis führt, bedarf diese weiterer Auslegung, um ihren Inhalt zu erschließen. Als Kriterien sind dabei vor allem die systematische **(1.)**, teleologische **(2.)** und historische **(3.)** Auslegung anerkannt[3].

(1.) In der systematischen Auslegung wird die Stellung einer Vorschrift im Gefüge der Verfassung untersucht. Dabei wird versucht, ihre nach dem Wortlaut möglichen Inhalte in der Verfassung in einen logischen Zusammenhang zu stellen, der möglichst ein nahtloses Ineinandergreifen der sich überschneidenden Bestimmungen ermöglicht[4].

Hier bietet es sich an, Satz 2 als Grundsatznorm zu sehen und Satz 3 als Spezialregelung. Denn immerhin ist in Satz 2 die bisherige Systematik aus Art. 24 Abs. 1 GG aufgegriffen worden. Die bisherige Regelung sollte somit der systematische Ausgangspunkt bleiben. Satz 3 wäre dann systematisch eine Sonderregelung zu Satz 2 und als solche eng auszulegen. Satz 3 als Sonderregelung darf Satz 2 nicht rechtssystematisch bereits ganz oder teilweise jeden Anwendungsbereich nehmen, wenn eine Auslegung des Satzes 3 möglich ist, die dem Grundsatz aus Satz 2 einen Anwendungsbereich belässt. Eine solche Auslegung

---

1 Scholz, EU und deutscher Bundesstaat, NVwZ 1993, 817(821)

2 Larenz, Allgemeiner Teil des deutschen Bürgerlichen Rechts, § 4 II S. 78; zu den Methoden der Verfassungsauslegung s. auch Sachs, in: Sachs Einf. Rn. 37ff.; Starck, Die Verfassungsauslegung, in: HdbdStR Bd. VII, § 164

3 Larenz, a.a.O. § 4 II S. 78f.

4 Larenz, a.a.O. § 4 II S. 78f.

ist jedoch möglich. Der Begriff der Änderung des „Grundgesetzes seinem Inhalt nach" kann grundsätzlich und vom Wortlaut her so ausgelegt werden, dass davon nur Vertragsänderungen erfasst werden, die das Grundgesetz ändern und nicht gleichzeitig Hoheitsrechte übertragen.

(2.) Dieses Ergebnis könnte auch vor einer teleologischen Auslegung noch Bestand haben. Im Gesetzgebungsverfahren zu den im Zusammenhang mit dem Vertrag von Maastricht erforderlichen Grundgesetzänderungen wurde laufend betont, dass auch unter einer Neuregelung der europäischen Integration im Grundgesetz die „Integrationsoffenheit des Grundgesetzes gewahrt bleiben (müsse) und zwar gerade im Hinblick auf den weiter fortschreitenden europäischen Einigungsprozess"[1]. Eine Neuregelung der europäischen Integration müsse sich an der „Verfassungsentscheidung zur integrationsoffenen Staatlichkeit ... orientieren"[2]. Die Integrationsoffenheit soll deshalb sogar eine in diesem Sinne restriktive Auslegung des 23 Abs. 1 Satz 3 GG fordern[3]. Auch eine zu starke Beteiligung der Länder an weiteren Hoheitsrechtsübertragungen könnt der Integration zuwiderlaufen[4]. Parallel dazu galt es sicherzustellen, dass die Länder an einer weiteren Integration angemessen beteiligt werden. Dem ist grundsätzlich auch durch eine einfache Mehrheit bei Hoheitsrechtsübertragungen Genüge getan. Dass es darüber keinen grundsätzlichen Dissens gab, beweist bereits die Tatsache, dass selbst in der Gemeinsamen Verfassungskommission nicht von Anfang 2/3-Mehrheiten gefordert worden waren. Zudem sollte Art. 23 GG die unter Art. 24 Abs. 1 GG mit einfacher Mehrheit möglichen Verfassungsdurchbrechungen an die Mehrheiten in Art. 79 Abs. 2 GG knüpfen[5]. Bei diesem Regelungsziel ging es jedoch weniger um die Verfassungsdurchbrechungen, die durch die Veränderung der Zuständigkeitsordnung verursacht wurden, als um darüber hinausgehende materielle Verfassungsänderungen.

(3.) Probleme bereitet diesem Ergebnis allerdings die historische Auslegung. Über sie fließen die Vorstellungen ein, die die am Gesetzgebungsverfahren beteiligten Personen über den Regelungsgehalt des von ihnen beschlossene Gesetzeswortlautes hatten[6]. Wie bereits dargelegt, hatte sich in der Gemeinsamen Verfassungskommission die Absicht durchgesetzt, für weitere Hoheitsrechtsübertragungen eine 2/3-Mehrheit in beiden Kammern zu normieren. Davon ging man auch in der Debatte zu Art. 23 GG im Bundestag ohne ausdrücklichen Widerspruch aus. Nun besteht zwar zwischen den verschiedenen Auslegungskriterien kein festes Rangverhältnis. Insbesondere die Rolle der historischen Auslegung im Auslegungskanon wird immer wieder diskutiert. Deshalb kann man die

---

[1] StSekr. Neusel, Gem.Verfk., Sten.Ber. 3. Sitzung, S. 4

[2] Abg. Möller, Gem.Verfk., Sten.Ber. 3. Sitzung, S. 6

[3] Pernice, in: Dreier, Art. 23 Rn. 92

[4] Abg. Möller, Gem.Verfk., Sten.Ber. 3. Sitzung, S. 5

[5] Randelzhofer, in: M/D/H/S, Art. 24 Abs. I Rn. 203; Scholz, GG und europäische Einigung, NJW 1992, 2593(2597); Abg. Verheugen, Gem.Verfk., Sten.Ber. 8. Sitzung, S. 9

[6] Larenz, Allgemeiner Teil des deutschen Bürgerlichen Rechts, § 4 II S. 78

Auslegungskriterien jedoch noch nicht beliebig gewichten[1]. Das BVerfG hat bereits im ersten Band seiner Entscheidungssammlung eine Entscheidung veröffentlicht, in der es sein Verhältnis zur historischen Auslegung grundlegend definiert hat. „Maßgebend für die Auslegung einer Gesetzesvorschrift ist der in dieser zum Ausdruck kommende objektivierte Wille des Gesetzgebers, so wie er sich aus dem Wortlaut der Gesetzesbestimmung und dem Sinnzusammenhang ergibt, in den diese hineingestellt ist. Nicht entscheidend ist dagegen die subjektive Vorstellung der am Gesetzgebungsverfahren beteiligten Organe oder einzelner ihrer Mitglieder über die Bedeutung der Bestimmung. Der Entstehungsgeschichte einer Vorschrift kommt für deren Auslegung nur insofern Bedeutung zu, als sie die Richtigkeit einer nach den angegebenen Grundsätzen ermittelten Auslegung bestätigt oder Zweifel behebt"[2]. „Im Interesse der Normerhaltung, das im Zweifel eine verfassungskonforme Auslegung verlangt, kann es nicht entscheidend darauf ankommen, ob dem subjektiven Willen des Gesetzgebers eine weitergehende als die nach der Verfassung zulässige Auslegung des Gesetzes eher entsprochen hätte"[3]. Die historische Auslegung wird damit vom BVerfG aber nur als subsidiäres Auslegungshilfsmittel gesehen[4]. Diese zurückhaltende Linie aus seiner Entscheidung im ersten Band führt das BVerfG auch fort, wenn es in einer späteren Entscheidung feststellt, dass der Wille des Gesetzgebers nur insoweit berücksichtigt werden könne, „als er in dem Gesetz selbst einen hinreichend bestimmten Ausdruck gefunden hat"[5], und ausdrücklich darauf hinweist, dass die Gesetzesmaterialien „für die Auslegung ohnehin nur unterstützend verwertet werden" dürften[6]. Auch für Larenz kommt es auf die Absicht des historischen Gesetzgebers nur dann entscheidend an, wenn die systematische und die teleologische Auslegung noch verschiedene Auslegungsmöglichkeiten offen lassen[7].

Das BVerfG scheut sich deshalb auch nicht, Entscheidungen zu fällen, deren „Ergebnis den Vorstellungen und Erwartungen ..., die in verschiedenen Äußerungen während des Gesetzgebungsverfahrens zum Ausdruck gekommen sind, in Teilen zuwiderläuft"[8]. Allerdings gibt das Gericht in dieser Entscheidung einen Hinweis, der vorliegend von erheblichem Gewicht sein könnte. Es streicht nämlich heraus, dass „bei neuzeitlichen und sachlich neuartigen Regelungen ... den anhand des Gesetzgebungsverfahrens deutlich werdenden Regelungsabsichten des Gesetzgebers erhebliches Gewicht bei der Auslegung (zukomme)", schränkt dies jedoch sofort wieder mit dem Nebensatz ein, „sofern Wortlaut und

---

[1] Larenz, a.a.O. § 4 II S. 79

[2] BVerfGE 1, 299(312)

[3] BVerfGE 69, 1(55)

[4] Sachs, Entstehungsgeschichte des GG als Mittel der Verfassungsauslegung, DVBl. 1994, 73(75)

[5] BVerfGE 11, 126(130)

[6] BVerfGE 48, 246(260)

[7] Larenz, Allgemeiner Teil des deutschen Bürgerlichen Rechts, § 4 II S. 79

[8] BVerfGE 54, 277(297)

Sinnzusammenhang der Norm Zweifel offen lassen"[1]. In einer solchen Lage dürfe die Auslegung nicht über die erkennbare Regelungsabsicht hinweggehen. Dies gelte allerdings nur für die in dieser Regelung erkennbar ausgeprägte und in ihr angelegte Grundentscheidung[2]. Vor allem Äußerungen einzelner Ausschussmitglieder seien dabei nicht bindend, „so erhellend sie im Einzelfall für die Sinnermittlung auch sein mögen"[3].

Entgegen dem Eindruck, den das BVerfG erwecken will, wenn es die Entstehungsgeschichte eines Gesetzes als nachrangiges Auslegungskriterium darstellt, verwendet es die Motive des Gesetzgebers sehr häufig[4]. Allerdings belegt es damit meist eine sich ohne weiteres aus dem Wortlaut ergebende Auslegung und sieht diese durch die Entstehungsgeschichte eindeutig bestätigt[5]. Das Gericht hat aber auch schon eine mögliche Auslegung eines Gesetzes mit dem Hinweis auf „Zweck und ... Entstehungsgeschichte" abgelehnt, an späterer Stelle dann der Entstehungsgeschichte („Namentlich die Entstehungsgeschichte ... zeigt klar...") sogar einen gewissen Vorrang bei der Auslegung eingeräumt[6].

Auch für die Auslegung von Verfassungsnormen bleibt das BVerfG bei seiner grundsätzlich restriktiven Anwendung der historischen Auslegung: „Allerdings kann der Entstehungsgeschichte für die Auslegung der einzelnen Bestimmungen des Grundgesetzes ausschlaggebende Bedeutung in der Regel nicht zukommen"[7]. Gerade im Bereich der Verfassungsinterpretation hat das BVerfG seine restriktive Linie aber nicht immer durchgehalten. „Entstehungsgeschichte und Staatspraxis gewinnen ... für die Auslegung besonderes Gewicht", wenn es darum geht, den Begriff der „Zulassung zu ärztlichen ... Heilberufen" in Art. 74 Ziff. 19 GG auszulegen[8]. Der ausschlaggebende Grund für ein Aufweichen seiner grundsätzlich restriktiven Linie liegt darin, dass „mehr als die Interpretation der Gesetze die der Verfassung mit dem Problem der Offenheit des Normtextes zu tun (hat), weil die Verfassung der aufgegebenen politischen Einheit des Staates zu dienen bestimmt ist" und damit wechselnden Gestaltungsmöglichkeiten Raum lassen müsse[9]. Ihr integrierender Charakter und ihre Funktion als Rahmenordnung und als Dokument eines Grundkonsenses gingen sonst verloren[10]. Allerdings betont das Gericht auch in dieser Entscheidung, dass es seine zurückhaltende Haltung der historischen Auslegung gegenüber nicht grund-

---

[1] BVerfGE 54, 277(297)
[2] BVerfGE 54, 277(298)
[3] BVerfGE 54, 277(298)
[4] einen umfassenden, mit zahlreichen Zitaten belegten Überblick über die Entscheidungen, in denen das BVerfG auf dieses Kriterium zurückgreift, gibt Sachs, Entstehungsgeschichte des GG als Mittel der Verfassungsauslegung, DVBl. 1994, 73(77f.)
[5] BVerfGE 10, 285(291)
[6] BVerfGE 12, 45(58)
[7] BVerfGE 6, 389(431)
[8] BVerfGE 33, 125(153)
[9] BVerfGE 62, 1(45)
[10] zu dieser Gratwanderung auch Isensee, Das Volk als Grund der Verfassung, 1995, S. 99f.

sätzlich aufgibt. Vor dem obigen Zitat verweist es einleitend auf seine frühere Rechtsprechung und baut seine weitere Argumentation auch auf dieser auf. „Der sogenannte Wille des Gesetzgebers bzw. der am Gesetzgebungsverfahren Beteiligten kann ... bei der Interpretation insoweit berücksichtigt werden, als er auch im Normtext Niederschlag gefunden hat. Die Materialien dürfen nicht dazu verleiten, die subjektiven Vorstellungen der gesetzgebenden Instanzen dem objektiven Gesetzesinhalt gleichzusetzen. ... Dennoch kann die Entstehungsgeschichte ... nicht völlig unberücksichtigt bleiben, insbesondere dann nicht, wenn sich für ihre Auslegung feste Grundsätze noch nicht haben bilden können. Ausschlaggebende Bedeutung kommt den Verfassungsmaterialien allerdings in der Regel nicht zu"[1].

Ein grundsätzlicher Wandel in der Einstellung des BVerfG zur historischen Interpretation ist auch in neueren Entscheidungen nicht zu erkennen[2]. In diesen Entscheidungen geht das Gericht zwar auf die Entstehungsgeschichte der jeweils umstrittenen Norm ein, misst dieser bei der Auslegung jedoch keine herausragende Bedeutung zu und äußert sich folgerichtig auch nicht grundsätzlich zur Stellung der historischen Auslegung bei der Verfassungsinterpretation.

In der Entscheidung E 69, 1ff. hat sich das BVerfG kontrovers mit der Bedeutung der Entstehungsgeschichte für die Auslegung einer (einfachgesetzlichen) Norm auseinandergesetzt. Die Mehrheitsmeinung hatte sich in dieser Entscheidung für eine Auslegung entschieden, gegen die die Entstehungsgeschichte sprach[3]. Entscheidend war für sie eine „verfassungsrechtlich gebotene" Auslegung[4]. Die Richter Böckenförde und Mahrenholz hatten dagegen ein Sondervotum verfasst, in dem sie den Materialien „für die Auslegung ... eine besondere Bedeutung" zumaßen, da „die Pointe der Bestimmung ... gerade der Ausschluss derjenigen Regelung (war), die jetzt (nach der Mehrheitsmeinung) Gesetz geworden ist"[5]. Aber auch im Sondervotum war die historische Auslegung letztendlich nicht das maßgebliche Argument. Auch das Sondervotum stützt sich primär auf andere Auslegungskriterien, insbesondere den Wortlaut und den Regelungszweck[6], und führt deshalb seine historischen Erörterungen auch mit der Formulierung ein, dass „die Materialien zur Entstehung ... diesen Befund mit seltener Eindeutigkeit (bestätigten)"[7].

Allerdings greift das BVerfG immer wieder die Möglichkeit auf, dass die Entstehungsgeschichte einer anderweitig gefundenen Auslegung widersprechen könnte und schließt dies dann vorsichtshalber aus. So stellt es fest, dass die Ent-

---

[1] BVerfGE 62, 1(45)
[2] BVerfGE 85, 1(11f.); 85, 134(145); 88, 40(47ff.); 90, 286(383f.)
[3] BVerfGE 69, 1(55)
[4] BVerfGE 69, 1(54)
[5] BVerfGE 96, 1(69)
[6] BVerfGE 69, 1(57ff./74)
[7] BVerfGE 69, 1(69)

stehungsgeschichte keinen Anhalt dafür bietet, dass die angegriffene gesetzliche Bestimmung nicht zulässig sein sollte[1], dass die Entstehungsgeschichte einer „gefundenen Auslegung ... nicht entgegen(stehe)“[2] oder bekräftigt seine gefundene Auslegung damit, dass „die Entstehungsgeschichte des Grundgesetzes keinen Anhaltspunkt dafür bietet, dass die Verfassung vom überkommenen Bild der ... Partei ... abgehen ... wollte“[3].

Eine offensichtlich entscheidende Rolle als Auslegungsgrundsatz wollte man der Entstehungsgeschichte in zwei weiteren Entscheidungen zugestehen. So stellt das Gericht zu einem gefundenen Auslegungsergebnis abschließend fest, „eine andere Auslegung würde .... dem Sinn des Art. 30 GG nicht gerecht werden. Sie würde auch der Entstehungsgeschichte der Vorschrift widersprechen“[4]. Noch deutlicher wird das Gericht in einer zweiten Entscheidung. „Von Bedeutung ist lediglich, dass eine Auslegung dem Willen des Gesetzgebers nicht zuwiderläuft“[5]. Das Gericht äußert sich jedoch nicht dazu, welche Folgen eine Auslegung hätte, die dem Willen des Gesetzgebers nicht entsprochen hätte. Insgesamt lässt sich aus diesen Ansätzen jedoch nicht schließen, dass das BVerfG seine immer wieder bekräftigte Linie aufgeben und der historischen Auslegung ausschlaggebende Bedeutung verleihen wollte[6].

Wichtig für die nachfolgende Beurteilung ist noch ein Äußerung des Gerichts, in der es auf den Wert der Entstehungsgeschichte eingeht, wenn widersprüchliche Erwartungen aufeinandergetroffen waren. „Mit Rücksicht auf die Änderung des Wortlautes der Entwürfe und die Widersprüchlichkeit der Meinungen im Hauptausschuss kann aus der Entstehungsgeschichte nicht der Schluss gezogen werden, dass ...“[7].

Auch wenn das Gericht in seinen Entscheidungen in erster Linie auf Äußerungen von Bundestagsmitgliedern zurückgreift[8], ist nicht zu erkennen, dass es Äußerungen der Bundesregierung im Gesetzgebungsverfahren aus grundsätzlichen Erwägungen nicht berücksichtigen würde. Im Gegenteil greift es in der Entscheidung E 1, 299(313) zur Auslegung ausdrücklich auf die Begründung der Bundesregierung zurück. Außerdem spricht es regelmäßig von der „Entste-

---

[1] BVerfGE 25, 269(289)

[2] BVerfGE 62, 1(44f.) wobei das Gericht den Aussagegehalt dieser Äußerung im anschließenden Halbsatz selbst wieder entwertet, indem es feststellt, dass die Entstehungsgeschichte sogar zur Bestätigung des gefundenen Auslegungsergebnisses beitrage; mit der Entstehungsgeschichte belegt das Gericht aber gerade gerne seine Auslegungsergebnisse.

[3] BVerfGE 20, 56(109)

[4] BVerfGE 12, 205(244)

[5] BVerfGE 69, 1(55)

[6] Sachs, Entstehungsgeschichte des GG als Mittel der Verfassungsauslegung, DVBl. 1994, 73(81)

[7] BVerfGE 10, 285(300)

[8] BVerfGE 10, 285(299); 12, 205(244); 25, 269(287ff.); 54, 277(298); 62, 1(46); 69, 1(69ff.) abw. Votum

hungsgeschichte"[1] eines Gesetzes. Zu dieser gehören jedoch mindestens sämtliche Meinungen der formell an der Gesetzgebung Beteiligten[2].

Vorliegend waren vor allem die Differenzen zwischen Bundesregierung und Bundesrat im gesamten Gesetzgebungsverfahren erkennbar[3]. Der Bundestag hatte sich[4] der Begründung aus dem Entwurf der Bundesregierung[5] angeschlossen, in dem diese die Ansicht vertreten hatte, dass sich ein Anwendungsfall des Satzes 2 ergeben könnte, „wenn Änderungen des Unions-Vertrages zu ratifizieren sind, die von ihrem Gewicht her der Gründung der Europäischen Union nicht vergleichbar sind und insoweit nicht die Geschäftsgrundlage dieses Vertrages betreffen"[6]. Zudem war auch der Rechtsausschuss des Bundestages von einem zwar schwer zu definierenden aber eigenständigen Anwendungsbereich des Satzes 2 ausgegangen[7]. Außer der Meinungsbildung in der Gemeinsamen Verfassungskommission ist deshalb die Stellungnahme des Bundesrates[8] die einzige Ansicht der am Gesetzgebungsverfahren Beteiligten, die sämtliche Hoheitsrechtsübertragungen unter Satz 3 subsumieren will. Sämtliche Aussagen zum Verhältnis von S. 2 und S. 3 lassen deshalb letztlich an Deutlichkeit vermissen[9].

(10) Inhaltliche Änderungen des Grundgesetzes durch eine Vertragsänderung

An diesem Ergebnis ändert auch die Formulierung in Satz 3 nichts, wonach eine doppelte 2/3-Mehrheit auch für Vertragsänderungen erforderlich ist, durch die das Grundgesetz nicht unmittelbar seinem Inhalt nach verändert wird, sondern die eine solche Änderung erst ermöglichen. Pernice sieht alle Handlungsermächtigungen als Regelungen, die eine Änderung des Grundgesetzes in diesem Sinne ermöglichen, insbesondere jede Kompetenznorm[10].

Mit einer solch extensiven Auslegung dieses Satzteiles würde zwar jede Hoheitsrechtsübertragung zu einer Ermächtigung, das Grundgesetz seinem Inhalt nach zu ändern. Das Problem der teilweisen Funktionslosigkeit des Satzes 2 wird so aber auch nicht gelöst. Es würde allenfalls ein Argument mehr geben, seine teilweise Funktionslosigkeit zu akzeptieren. Tatsächlich hängt jedoch die-

---

[1] BVerfGE 1, 299(314); 20, 56(109); 25, 269(287)

[2] Larenz, Allgemeiner Teil des deutschen Bürgerlichen Rechts, § 4 II S. 78, so aber auch ausdrücklich BVerfGE 62, 1(45)

[3] BT-Drs. 12/3338, S. 14 (Gegenäußerung der BReg. zur Stellungnahme des BR)

[4] BT-Drs. 12/3338, S. 4ff.

[5] BR-Drs. 501/92

[6] BR-Drs. 501/92, S. 15 bzw. BT-Drs. 12/3338, S. 7

[7] unter Satz 2 sollten seiner Meinung nach „Hoheitsrechtübertragungen auch von Verfassungsrelevanz bis zur Grenze solcher Hoheitsrechtsübertragungen, für die es eines neuen Vertrages bedurft hätte" fallen, BT-Drs. 12/3896, S. 14

[8] BT-Drs. 12/3338, S. 12

[9] Schotten, Das Grundgesetz nach Maastricht, Verwaltungsrundschau 1993, 89(91)

[10] Pernice, in: Dreier, Art. 23 Rn. 90

ser Satzteil eng mit den „vergleichbaren Regelungen" zusammen. Art. 23 Abs. 1 Satz 3 GG ermöglicht Änderungen oder Ergänzungen des Grundgesetzes durch Klauseln, die zu einem späteren Zeitpunkt erst aktiviert werden, die also das Grundgesetz nicht bereits mit dem Vertragsabschluss selbst verändern. Der Einschub „vergleichbare Regelungen" wurde eingefügt, um zu verdeutlichen, dass die Evolutivklauseln aus dem Vertrag von Maastricht die Bundesregierung nicht bereits zum Gebrauch derselben ermächtigen. Gäbe es den Satzteil „Ergänzungen oder Änderungen ermöglicht" nicht, so wäre Satz 3 für die Vereinbarung von Evolutivklauseln nicht einschlägig. Gäbe es den Einschub „vergleichbare Regelungen" nicht, so wäre für die Aktivierung, auch wenn mit ihr eine Inhaltsänderung des Grundgesetzes einherginge, nicht eine 2/3-Mehrheit in Bundestag und Bundesrat erforderlich.

Gegen eine solch extensive Auslegung dieses Satzteiles spricht auch die Entstehungsgeschichte des Art. 23 GG. Unter Art. 24 Abs. 1 GG konnte der Bundestag mit einfacher Mehrheit[1] im Vertrags- und Übertragungsgesetz materielle Grundgesetzänderungen beschließen, für die innerstaatlich verfassungsändernde Mehrheiten erforderlich gewesen wären. Diese Verfassungsdurchbrechungen sollten mit Satz 3 an die verfassungsändernden Mehrheiten aus Art. 79 Abs. 2 GG gekoppelt werden[2]. Art. 23 Abs. 1 Satz 3 GG sollte explizit diese bisherige Rechtslage abschaffen[3], ein „vielleicht viel zu spät vollzogener Schritt zur Verteidigung des Grundgesetzes"[4]. Im Rahmen der Verabschiedung des Vertrags von Maastricht stand zu diesem Themenbereich konkret zur Debatte, ob auf der Grundlage des Grundgesetzes ohne Verfassungsänderung in Art. 28 GG das kommunale Wahlrecht für EU-Ausländer eingeführt werden konnte. Ebenso wurde diskutiert, ob wegen Art. 14 Abs. 3 des Maastricht-Vertrages Art. 88 GG geändert werden muss oder wegen Art. 104 c a.F. des Vertrages der Art. 109 GG[5]. Gerade zum Wahlrecht für Ausländer hatte das BVerfG explizit eine Grundgesetzänderung angemahnt[6]. Aber auch darüber, ob durch die im Vertrag von Maastricht vereinbarte Zusammenarbeit in den Bereichen Justiz und Inneres, insbesondere durch die Absicht, in diesem Rahmen eine einheitliche Asylpolitik einzuführen, Art. 16 a GG betroffen sein könnte, wurde diskutiert[7].

---

[1] Randelzhofer, in: M/D/H/S, Art. 24 Abs. I Rn. 11, 68ff.,129ff.

[2] Abg. Möller, Gem.Verfk., Sten.Ber. 3. Sitzung, S. 6; Abg. Verheugen, Gem. Verfk., Sten. Ber. 8. Sitzung, S. 9; Randelzhofer, a.a.O. Rn. 203; Scholz, GG und europäische Einigung, NJW 1992, 2593(2597); ders., in: M/D/H/S, Art. 23 Rn. 79

[3] Randelzhofer, a.a.O.; Scholz, GG und europäische Einigung, NJW 1992, 2593(2597)

[4] Breuer, Die Sackgasse des neuen Europaartikels (Art. 23 GG), NVwZ 1994, 417(422)

[5] Abg. Verheugen, Gem.Verfk., Sten.Ber. 2. Sitzung, S. 32f.; StMin. Stoiber, Gem.Verfk., Sten.Ber. 3. Sitzung, S. 8; StS. Neusel, ebenda S. 4, der in dieser Diskussion für die Bundesregierung den Standpunkt vertrat, dass für den Vertrag keine Änderung des Grundgesetzes erforderlich sei.

[6] BVerfGE 83, 60(71ff); 83, 37(53ff.); Sv. Stern, Gem.Verfk., Sten.Ber. 1. Öffentl. Anhörung, S. 158

[7] Streinz, in: Sachs, 2.A. 1999, Art. 23 Rn. 79; Sv. Stern, Gem.Verfk., Sten.Ber. 1. Öffentl. Anh., S. 159

Würde sich dieser Satzbestandteil tatsächlich auf alle Handlungsermächtigungen in den Verträgen beziehen, so wäre zudem die gesamte Diskussion im Gesetzgebungsverfahren um das Verhältnis zwischen Satz 2 und 3 bereits überflüssig gewesen[1]. Denn dann wäre eine Hoheitsrechtsübertragung mit einfachen Mehrheiten unter keinen Umständen möglich, denn jede Hoheitsrechtsübertragung ist gleichzeitig auch Handlungsermächtigung[2].

(11) Das Verhältnis von Satz 2 und Satz 3: Ergebnis

Die Widersprüche im Gesetzgebungsverfahren[3] lassen die Diskussion in der Verfassungskommission in einem anderen Licht erscheinen. Aus den Rechtsmaterialien kann deshalb kein Ergebnis erschlossen werden, das den Wortlaut, vor allem aber auch die Systematik zwischen Satz 2 und Satz 3 überlagert. Der Gesetzgeber hat es in der Hand, seine Vorstellungen in Gesetzesform zu gießen. Wenn er, einen Dissens im Gesetzgebungsverfahren erkennend, davon absieht, ihn durch Umstellung der Gesetzesformulierung aufzulösen[4], so muss die Gesetzes-auslegung in diesem Streitpunkt ohne die Gesetzesmaterialien auskommen.

Dabei kommt es nicht darauf an, ob man - vor allem auch für die Interpretation von Verfassungsbestimmungen - die restriktive Haltung des BVerfG zur historischen Auslegung teilt. Denn gerade ein Verfassungsgesetzes soll den gesellschaftlichen Grundkonsens normieren und nicht die rechtliche Einzelfrage[5]. Zwar kann mit dem Alter einer Verfassungsnorm der ursprüngliche Wille des Gesetzgebers durchaus zugunsten einer neuen Wertüberzeugung in den Hintergrund treten[6]. Dieser Wertewandel muss sich jedoch vor dem einmal repräsentierten Grundkonsens des Gesetzgebers rechtfertigen.

Trotzdem ist es auch systematisch gerechtfertigt, die Gesetzesmaterialien nur sehr zurückhaltend und eher unterstützend zu verwenden. Der grundsätzliche Vorrang des Wortlautes auch einer Verfassungsnorm ist bereits durch Art. 79 Abs. 1 GG gesichert. Auch eine Grundgesetzinterpretation kann nur im Rahmen

---

[1] Begründung der Bundesregierung zu Art. 23 Abs. 1, BT-Drs. 12/3338, S. 7, Gegenäußerung des Bundesrates, ebenda S. 12, erneute Gegenäußerung der Bundesregierung, ebenda S. 14

[2] s. D.VII.2. wo dargestellt wurde, dass die Definition der Kompetenz untrennbar mit einer Hoheitsrechtsübertragung verbunden ist, da Hoheitsrechte nur hoheitlich ausgestattete, inhaltlich definierte Kompetenzen sind.

[3] der Dissens zwischen Bundesrat und Bundesregierung wurde auch in der Begründung zum Bericht des Sonderausschusses „Europäische Union (Vertrag von Maastricht)" ausdrücklich erwähnt und kurz zusammengefasst. An der Formulierung von Satz 2 und 3 hat aber auch der Ausschuss keine klarstellende Änderung empfohlen, BT-Drs. 12/3896, S. 18

[4] den Gesetzestext als grundsätzlich in sich widersprüchlich sehen auch Oschatz/Risse, Die BReg. an der Kette der Länder ?, DÖV 1995, 437(439)

[5] Schenke, Verfassung und Zeit, AöR 103(1978), 566(588)

[6] Leibholz, Die Repräsentation in der Demokratie, 1973, S. 105; Bleckmann, Nationales und europäisches Souveränitätsverständnis, in: Ress, Souveränitätsverständnis in den EGten, 1980, S. 3(50); BFH NJW 1995, 982(984)

des Wortlautes erfolgen, ansonsten würde sie zu einer Grundgesetzänderung ohne Textänderung führen[1].

Auch wenn jede Wissenschaft dazu neigt, sich in erster Linie an Vertreter der eigenen Zunft zu richten, so ist es gerade Aufgabe des Rechts, der Bevölkerung die Bedingungen, unter denen sie zusammenleben soll, verständlich darzulegen. Idealerweise soll deshalb ein Gesetzestext für jeden Betroffenen aus sich heraus verständlich sein. Allein aus Gründen der Rechtsklarheit und damit Rechtsstaatlichkeit muss Ausgangspunkt jeder Interpretation der Normtext sein. Gleichzeitig muss er aus diesem Grund auch Endpunkt jeder Interpretation sein.

Soll allerdings jede Norm aus sich heraus verständlich sein, würden Gesetze einen Umfang erreichen, der ebenfalls von niemandem mehr zu bewältigen wäre. Deshalb muss jede Norm in einer systematischen Auslegung in ihren gesetzestextliche Kontext eingeordnet werden können. Wer somit alle für seinen Fall einschlägigen Normen liest, muss wenigstens nachvollziehen können, welche Regelung mit einer Normen verbunden ist.

Erst wenn auch nach der systematischen Auslegung noch Fragen übrig bleiben, kann der Betroffene oder der Anwender auf das Studium von Gesetzesmaterialien verwiesen werden.

Vorliegend muss sich der verfassungsändernde Gesetzgeber deshalb an dem systematisch konsequenten Ergebnis festhalten lassen, dass für Hoheitsrechtsübertragungen Satz 2, für andere Änderungen der vertraglichen Grundlagen, mit denen das Grundgesetz seinem Inhalt nach geändert wird oder eine solche Änderung ermöglicht werden soll, Satz 3 einschlägig ist. Eine Qualitätsgrenze entsprechend den Vorstellungen der Bundesregierung ist dabei nicht zu beachten. Dieser Interpretation steht auch nicht der eindeutige Wille des Gesetzgebers entgegen. Zum einen ist ein solcher kaum auszumachen, zum anderen war Kern der Neufassung des Art. 23 GG eine Beteiligung des Bundesrates auch an Hoheitsrechtsübertragungen sowie die Verhinderung von Verfassungsdurchbrechungen durch die europäischen Verträge. Beide Ziele werden auch mit dieser Interpretation erreicht. Dass sie nicht in dem Ausmaß erreicht worden sind, wie sich dies Teile der Gesetzgebung vorgestellt hatten, führt nicht dazu, dass diese Auslegung dem Willen des Gesetzgebers zuwiderläuft. Der Gesetzgeber hat allenfalls sein maximales Regelungsziel nicht erreicht.

Aus dem gleichen Grund ist es unerheblich, dass diese Auslegung sogar noch über das hinausgeht, was Bundesregierung und Rechtsausschuss in ihren umständlichen Formulierungen beschreiben wollten. Da der Konflikt zudem auch

---

[1] Schenke, Verfassung und Zeit, AöR 103(1978), 566(589); Hesse, Grundzüge des Verfassungsrechts, Rn. 77; Lücke, in: Sachs, Art. 79 Rn. 6ff.

nach Erlass des Art. 23 GG weiterschwelt, können für die Auslegung auch keine Schlussfolgerungen aus einer existierenden Staatspraxis[1] gewonnen werden.

Eine Änderung des Grundgesetzes seinem Inhalt nach i.S.d. Satzes 3 liegt schließlich dann vor, wenn eine Regelung, falls sie im nationalen Raum ergehen sollte, eine Änderung des Grundgesetzes voraussetzen würde[2]. Unter Satz 3 fallen deshalb Inhaltsänderungen der Verträge, die unmittelbar Grundrechte des Grundgesetzes über die im Grundgesetz vorgesehenen Einschränkungsmöglichkeiten hinaus einschränken[3] oder die eine solche Einschränkung zu einem späteren Zeitpunkt durch Aktivierung einer Evolutivklausel beabsichtigen[4]. Ebenso würde das Grundgesetz seinem Inhalt nach geändert, wenn europäische Grundrechtsgarantien geschaffen werden, die die deutsche staatliche Gewalt binden. Die Charta der Grundrechte der EU etwa fällt nur deshalb nicht unter Art. 23 Abs. 1 Satz 3 GG, weil sie mit ihrem Art. 50 Abs. 1 Satz 1 die Mitgliedstaaten ausschließlich bei der Durchführung des Rechts der Union an die Charta-Grundrechte bindet. Die Charta übernimmt und ergänzt insofern die Rechtsprechung des EuGH zum europäischen Grundrechtsschutz, ohne den bestehenden nationalen Grundrechtsschutz zu verändern.

Einen weiteren Bereich spricht der Weizsäcker/Dehaene/Simon-Bericht an. Er will das Verfahren zur Vertragsänderung weiter europäisieren. Die europäischen Verträge sollen in einen „grundlegenden Vertrag", der die Ziele, Grundsätze und allgemeinen politischen Leitlinien, die Bürgerrechte und den institutionellen Rahmen festlegt und einen Vertragsteil, der die übrigen Vorschriften einschließlich der über die speziellen Politiken enthält, unterteilt werden. Für eine Änderung des Grundvertrages soll es beim derzeitigen Vertragsänderungsverfahren bleiben. Die übrigen Vertragsteile sollen mit Mehrheit oder einstimmig und nach Zustimmung durch das EP geändert werden können[5]. Ein solches Vorgehen würde Art. 59 Abs. 2 Satz 1 GG verändern. Er lässt es nicht genügen, wenn der Bundestag ein Mandatsgesetz als Zustimmungsgesetz i.S.v. Art. 59 Abs. 2 Satz 1 GG verabschiedet. Dem Bundestag muss die Möglichkeit gegeben werden, am Ende völkervertraglicher Verhandlungen über den Gesamtvertrag entscheiden zu dürfen. Eine Kompetenz zu Vertragsänderungsentscheidungen im Rat ohne abschließende und letztverbindliche Entscheidung des Bundestages würde deshalb, unabhängig davon, mit welcher Mehrheit sie getroffen werden muss, Art. 59 Abs. 2 Satz 1 GG verändern.

---

[1] BVerfGE 33, 125(153)

[2] Jarras, in: Jarras/Pieroth, Art. 23 Rn. 23

[3] Jarras, a.a.O.

[4] Classen sieht deshalb zu Recht die Fälle von der Regelung erfasst, in denen ein Vertrag einen Beschluss vorsieht, der durch die Mitgliedstaaten gemäß deren verfassungsrechtlichen Vorschriften zu ratifizieren ist, in: v.Mangoldt/Klein/Starck, zu Art. 23 Rn. 20

[5] Weizsäcker/Dehaene/Simon, Die institutionellen Auswirkungen der Erweiterung, Bericht an die Europäische Kommission vom 18.10.1999, S. 12

(12) Hoheitsrechtsübertragung durch interne Gewichtsverschiebung zwischen den Organen

Eine Sonderrolle in der Diskussion um die Übertragung von Hoheitsrechten spielt die Frage, ob eine Hoheitsrechtsübertragung vorliegt, wenn das institutionelle Zuständigkeits- und Entscheidungssystem der EU verändert wird und damit z.B. die Stellung Deutschlands in der EU. Getragen wird dieser Ansatz von der Überlegung, dass die Übertragung eines Hoheitsrechts dadurch eine graduelle Abstufung erfahren kann, dass die Bundesrepublik sich innerhalb der Entscheidungsstruktur der EU einen bestimmten Einfluss sichert. Eine Verminderung dieses Einflusses soll dann zu einer zusätzlichen Hoheitsrechtsübertragung im Sinne einer weiterreichenden Hoheitsrechtsübertragung führen[1]. Mit dem Ringen um den sogenannten „Luxemburger Kompromiss“[2] wird belegt, dass man die „graduelle Abstufbarkeit von Hoheitsrechtsübertragungen rechtlich anerkennen“ müsse[3], da es eben einen Unterschied mache, ob ein Mitgliedstaat im konkreten Fall der unmittelbaren Geltung eines Rechts aus einer anderen Quelle selbst zugestimmt hat oder ob dieses Recht auch gegen seinen Willen in Geltung gesetzt werden kann. Erst mit der Entscheidung über die interne Beteiligung an Entscheidungen der EU bestimme ein Mitgliedstaat, bis zu welchem Grade er tatsächlich auf die Ausübung von Hoheitsrechten verzichtet[4].

Entscheidendes Kriterium dafür, ob eine Vertragsänderung die Stellung Deutschlands grundsätzlich verändert, soll die Einbuße an Einwirkungsmöglichkeiten auf die Entscheidungen in der EU sein und ob diese einen über das bestehende Maß hinausgehenden Souveränitätsverlust bewirkt[5]. Dies wäre bei der Übertragung von Gesetzgebungsbefugnissen auf das EP der Fall, da in diesem der Mitgliedstaat keinen Einfluss mehr habe[6]. Der Einbußenverlust müsse zudem „messbar“[7] sein. Das prägnanteste Beispiel hierfür sei der Übergang von der Einstimmigkeits- zur Mehrheitsentscheidung[8]. Generell könne man jedoch alle Änderungen der Entscheidungsstruktur „als (zusätzliche) Hoheitsrechtsübertragung ansehen, welche die *direkte* Einwirkungsmöglichkeit der Mitgliedstaaten *strukturell* vermindern“, worunter auch der Übergang von der qualifizierten zur einfachen Mehrheit falle[9].

---

[1] Hölscheidt/Schotten, Die Erweiterung der EU als Anwendungsfall des neuen Europaartikels 23 GG ?, DÖV 1995, 187(191)

[2] s. dazu etwa Bleckmann, Europarecht, 6. A. 1997, Rn. 232ff.; Oppermann, Europarecht, 1991, Rn. 29; Geiger, EG-Vertrag, 1995, Art. 148 a.F. Rn. 8ff.

[3] Hölscheidt/Schotten, Die Erweiterung der EU als Anwendungsfall des neuen Europaartikels 23 GG ?, DÖV 1995, 187(191)

[4] Hölscheidt/Schotten, a.a.O. S. 191

[5] Hölscheidt/Schotten, a.a.O. S. 192

[6] Hölscheidt/Schotten, a.a.O. S. 192

[7] Hölscheidt/Schotten, a.a.O. S. 192 Hervorh. im Orig.

[8] Hölscheidt/Schotten, a.a.O. S. 192

[9] Hölscheidt/Schotten, a.a.O. S. 192 Klammersetzung und kursiv im Orig.

Unterschieden werden soll zudem zwischen einer strukturellen Änderung des Systems und einer linearen Fortschreibung desselben[1], wenn etwa lediglich eine lineare Anpassung des Gewichts Deutschlands in den Organen im Rahmen einer Erweiterung erfolgt[2]. Unterhalb dieser Schwelle soll z.B. eine institutionelle Verschiebung bleiben, wenn etwa durch den Beitritt weiterer Mitglieder zur EU die für eine Sperrminorität im Rat erforderliche Stimmenzahl verändert wird, ohne dass dadurch die prozentuale Größe der Sperrminorität verändert wird. Eine solche Gewichtsveränderung (immerhin sind für die Sperrminorität seit der jüngsten Beitrittsrunde 26 statt 23 Stimmen notwendig) sei nicht einmal politisch eindeutig relevant, erst recht nicht rechtlich[3].

Institutionelle Veränderungen kann man jedoch nur dann als weitere Stufe einer Hoheitsrechtsübertragung sehen, wenn man die Übertragung eines Hoheitsrechts als Zuweisung eines sachlich umgrenzten Aufgabenbereichs an ein Organ zur Wahrnehmung in einer bestimmten Form einstuft. Gegen eine solche Interpretation spricht aber bereits der ausdrückliche Wortlaut des Art. 23 Abs. 1 Satz 2 GG[4]. Danach wird ein Hoheitsrecht nicht auf bestimmte Organe übertragen, sondern auf die EU als überstaatliche Organisation. Gerade mit Art. 23 Abs. 1 GG wurde zudem das Objekt der weiteren europäischen Integration ausdrücklich benannt. Man kann deshalb nicht aus allgemeinen Überlegungen heraus dieses Zielobjekt der Übertragungen in seine Organbestandteile zerlegen.

An diesem Ergebnis ändert sich auch nichts, wenn man die Übertragung von Hoheitsrechten mit dem BVerfG im wesentlichen aus ihrer Wirkung heraus definiert, das Grundgesetz für die unmittelbare Geltung und Anwendbarkeit eines Rechts aus anderer Quelle zu öffnen[5]. Das BVerfG stellt auch hier entscheidend auf die Rechtsquelle ab, aus der das überstaatliche Recht fließt, nicht auf die Organe der Rechtsquelle.

Selbst wenn man auf Hoheitsrechtsübertragungen allein wegen ihrer die Zuständigkeitsordnung des Grundgesetzes verändernden Wirkung Satz 3 anwendet, erfolgt die Grundgesetzänderung jedoch bereits mit der Übertragung des Hoheitsrechts an den Übertragungsadressat EU bzw. an eine ihrer von diesem Begriff mit umfassten Teilorganisationen. Die Übertragung ist jedoch auch hier nicht an ein bestimmtes Organ gebunden[6].

---

[1] Hölscheidt/Schotten, a.a.O. S. 192

[2] Streinz, in: Sachs, 2.A. 1999, Art. 23 Rn. 80; zweifelnd bei einer grundlegenden Veränderung der Stellung Deutschlands, Jarras, in: Jarras/Pieroth, Art. 23 Rn. 23

[3] Hölscheidt/Schotten, Die Erweiterung der EU als Anwendungsfall des neuen Europaartikels 23 GG ?, DÖV 1995, 187(192)

[4] diesen Aspekt sprechen Hölscheidt/Schotten, a.a.O. S. 191 zwar an, setzen sich damit aber nicht auseinander.

[5] s. dazu BVerfGE 37, 271(280); 58, 1(28); 73, 339(374)

[6] Randelzhofer, in: M/D/H/S, Art. 24 Abs. I Rn. 34

Soll die Stellung der Bundesrepublik im Rahmen der Verträge verändert werden, liegt somit zwar keine Hoheitsrechtsübertragung vor. Dies bedeutet jedoch nur, dass nach der hier vertretenen Ansicht Art. 23 Abs. 1 Satz 2 GG nicht anwendbar ist. Wird die Stellung der Bundesrepublik jedoch verändert, dann ändert sich der materielle Gehalt des grundgesetzlichen Demokratieprinzips.

Denn jede Verringerung des Einflusses der Bundesrepublik in den Organen der EU führt zu einem erneuten, weiteren Souveränitätsverlust[1]. In diese Richtung argumentiert auch der französische conseil constitutionnel (CC, Verfassungsrat). Wird in einer Bestimmung des Unionsvertrages das Einstimmigkeitserfordernis aufgegeben, dann ist der Verfassungsrat der Ansicht, dass es „dazu führen könnte, dass die Ausübung wesentlicher Bestandteile der nationalen Souveränität beeinträchtigt wird"[2]. Dabei hatte der Verfassungsrat nicht einmal eine materiell besonders bedeutsame Vorschrift zur Beurteilung vor sich. Es ging lediglich um die Möglichkeit für die EU, Vorschriften über die Einreise in den Binnenmarkt und über Personenverkehr im Binnenmarkt mit Mehrheitsentscheidung verabschieden zu dürfen.

Grundsätzlich tritt zwar auch der Souveränitätsverlust bereits mit der Übertragung des Hoheitsrechts ein. Der Rat ist ein Gemeinschaftsorgan, alle Mitgliedstaaten sind verpflichtet, ihn funktionsfähig zu halten[3]. Gleichzeitig sind die Ratsmitglieder Vertreter ihres Staates und als solche ihrem nationalen Verfassungsrecht unterworfen[4]. Sie haben damit eine Doppelstellung[5]. In ihrer ersten Funktion sind sie - wenn auch im Interesse der Integrationsoffenheit des Grundgesetzes nicht in vollem Umfang - an das Grundgesetz gebunden, in ihrer zweiten Funktion jedoch auch an die europäischen Verträge[6]. Die grundsätzliche inhaltliche Bindung der nationalen Vertreter an das Grundgesetz, vor allem aber die institutionelle Rückbindung der Ratsmitglieder an die Bundesregierungen und über diese wiederum an den Bundestag, macht deutlich, dass im Rat unmittelbar nationale Souveränität wahrgenommen wird. Sind im Rat nur einstimmige Entscheidungen möglich, so wird für Ratsentscheidungen die Legitimation aus dem deutschen Volk sichergestellt. Zwar ist der Rat auch an die Verträge gebunden, auch diesen hat das deutsche Volk jedoch zugestimmt. Wechselt der Rat jedoch von der Einstimmigkeit zur Mehrheitsentscheidung,

[1] Hölscheidt/Schotten, Die Erweiterung der EU als Anwendungsfall des neuen Europaartikels 23 GG ?, DÖV 1995, 187(191)

[2] Entscheidung des Conseil consitutionnel (CC), Paris, vom 9. April 1992 zum Vertrag von Maastricht, in dt. Übersetzung abgedruckt in EuGRZ 1993, 189(192) zu den durch Art. G EUV eingefügten Art. 100c EGV a.F.

[3] Oppermann, Europarecht, 2. A. 1999, Rn. 284 unter Verweis auf Art. 10 EGV

[4] Huber, P.M., BVerfG und EuGH als Hüter der gemeinschaftsrechtlichen Kompetenzordnung, AöR 116(1991), 210(231); Randelzhofer, in: M/D/H/S, Art. 24 Abs. I Rn. 162ff.; a.A. offensichtlich Nicolaysen, EuR 1989, 215(218f.), der die Ratsmitglieder „aktiv und passiv nur noch in die Rechtsordnung der Gemeinschaften eingebunden" sieht.

[5] Rojahn, in: v.Münch Art. 23 Rn. 54; Rath, Die „unionswärtige Gewalt" des BT..., 1995, S. 122

[6] Rojahn, a.a.O.

wird die Souveränität des deutschen Volkes aus Art. 20 Abs. 2 Satz 1 GG inhaltlich grundsätzlich verändert. Sie kann sich - auch nicht im völkerrechtlich gebundenen und damit reduzierten Rahmen der Verträge - nicht mehr uneingeschränkt an der Ratsentscheidung fortsetzen.

Somit fällt der Wechsel von der Einstimmigkeit zur Mehrheitsentscheidung unter Art. 23 Abs. 1 Satz 3 GG. Kern der Veränderung im Grundgesetz ist dabei nicht Art. 20 Abs. 2 GG. Die lückenlose Legitimation europäischer Gewalt aus dem deutschen Volk wird nicht unterbrochen, sondern lediglich weiter modifiziert. Was jedoch nachlässt ist der Gehalt, der mit dieser Modifikation verbunden ist. Wenn eine Entscheidung nicht mehr einstimmig gefällt werden muss, dann legitimiert sich die Mehrheitsentscheidung im Rat nicht mehr aus der direkten Zustimmung eines deutschen Ratsmitglieds, das mit seinem Abstimmungsverhalten deutsche Staatsgewalt ausübt. Die Legitimation dieser Entscheidung ist auf die grundsätzliche Zustimmung zu den europäischen Verträgen als Basis für die Mehrheitsentscheidung und die Billigung der inhaltlichen Vorgaben für die Mehrheitsentscheidung in den Verträgen begrenzt. Diese Legitimation hat jedoch deutlich weniger Gehalt als die direkte Zustimmung des deutschen Ratsvertreters.

Kern dieser inhaltlichen Verbürgung ist Art. 38 GG. Art. 38 GG sichert jedem wahlberechtigten das subjektive Recht, an der Wahl zu den Abgeordneten des Deutschen Bundestages teilnehmen zu dürfen[1]. Art. 38 GG verbürgt jedoch nicht nur das Recht, tatsächlich körperlich am Wahlvorgang teilnehmen zu dürfen, sondern gibt der Ausübung dieses Rechts auch inhaltlich Sinn. Art. 38 GG verbürgt deshalb als grundlegenden demokratischen Gehalt des Wahlrechts, dass die durch die Wahl bewirkte Legitimation von Staatsgewalt (Art. 20 Abs. 2 GG) und Einflussnahme auf deren Ausübung durch eine Verlagerung von Aufgaben und Befugnissen entleert wird[2]. Und diese Entleerung geschieht nicht nur über Hoheitsrechtsübertragungen, die, wie ausgeführt, unter Art. 23 Abs. 1 Satz 2 GG fallen, sondern auch dadurch, dass Entscheidungen im Rat nicht mehr von einer Zustimmung des deutschen Vertreters und damit nicht mehr von der Ausübung deutscher Staatsgewalt im Rat abhängt. Die Wahl zum Bundestag ist bezogen auf eine Mehrheitsentscheidung im Rat gegen den Willen des deutschen Ratsvertreters wieder ein Stück sinnloser geworden. Denn der Vertrag als Legitimationsstrang ist zu diesem Zeitpunkt bereits längst verabschiedet. Er legitimiert zwar im Grundsatz die Mehrheitsentscheidung in einer Angelegenheit, entleert jedoch gerade den demokratischen Gehalt für die konkrete Entscheidung im Rahmen der Ermächtigung an die europäischen Organe.

Fraglich ist, wie Vertragsänderungen zu behandeln sind, mit denen der Rat von der Entscheidung mit qualifizierter Mehrheit zur Entscheidung mit einfacher Mehrheit wechseln will. Deutschland kann hier bereits vor der Vertragsände-

[1] BVerfGE 89, 155(171)
[2] BVerfGE 89, 155(171f.)

rung überstimmt werden, der Gehalt der Wahl zum Bundestag ist in diesen Fällen bereits vor der Vertragsänderung weiter ausgedünnt gewesen. Betrachtet man sich jedoch, mit welchen Vorstellungen die Stimmverteilung im Rat verbunden sind, wenn der Schlüssel für die Abstimmung mit qualifizierter Mehrheit ausgearbeitet wird, so wird deutlich, dass die Staaten darin sehr wohl eine Möglichkeit sehen, stärker auf Entscheidungen der EU Einfluss nehmen zu können als in einer bloßen Mehrheitsentscheidung. Wichtig ist dabei bereits, dass die Stimmen im Rat bei Abstimmungen mit qualifizierter Mehrheit anders als bei Abstimmungen mit einfacher Mehrheit überhaupt gewogen werden. Hinter dem konkreten Berechnungsmodus steht jedoch vor allem dann der Gedanke der Staatengleichheit. Der ponderierte Schlüssel – egal in welcher vertraglichen Fassung – ist ein Kompromiss zwischen dem völkerrechtlichen Grundsatz der Staatengleichheit und dem föderalistisch- demokratischen Ansatz, für den es, wenn es um das Gewicht eines Staates im ponderierten Schlüssel geht, entscheidend auf die Bevölkerungszahl in einem Staat ankommt[1]. Mit dem Gewicht eines Staates in einer Abstimmung mit qualifizierter Mehrheit geht es damit aber gleichzeitig auch um den Gehalt des von Art. 38 GG verbürgten Wahlrechts. Welche Bedeutung dem Schlüssel beigemessen wird und wie entscheidend für den Mitwirkungsgehalt eines Staates die Gewichtung im Schlüssel ist, wurde auch in den Berechnungsüberlegungen wieder deutlich, die in den Verhandlungen zum Vertrag von Nizza und der dort vereinbarten Neugestaltung des Schlüssels für Abstimmungen mit qualifizierter Mehrheit angestellt wurden[2].

Nicht in den Schutz des Art. 38 GG und damit auch nicht unter Art 23 Abs. 1 Satz 23 GG fällt es, wenn das EP an einer Ratsentscheidung beteiligt werden soll oder wenn sich die Sitzverteilung im EP verändern soll. Zum einen folgt das bereits daraus, dass im EP bereits jetzt mit Mehrheit entschieden wird. Die Abgeordneten des EP sind weder durch ihre jeweilige nationale Regierung noch ihr nationales Parlament an nationale Interessen gebunden[3]. Die Mitglieder des EP sind ausschließlich an die europäischen Verträge gebunden. Im Rahmen der Verträge repräsentieren sie gerade nicht die Souveränität der einzelnen Mitgliedstaaten, auch wenn die innere Bindung an diese der Grund dafür ist, dass das EP nicht nach dem Gleichheitssatz gewählt wird. Anders als der Rat, der die 15fache Souveränität der Mitgliedstaaten verkörpert, verkörpert das EP die Unionsbürger in ihrer 15fach gegliederten Autonomie. Anders als die Ratsvertreter üben die deutschen Abgeordneten im EP bei ihren Abstimmungen auch keine deutsche öffentliche Gewalt aus. Das EP ist anders als der Ratsvertreter auch kein Organ i.S.v. Art. 20 Abs. 2 GG. Die personelle Legitimation der Abgeordneten zum EP ist deshalb kein Element des Art. 20 Abs. 2 GG. Mit der

[1] Huber, P.M., Recht der Europäischen Integration, 1996, § 13 Rn. 18

[2] dazu Epiney/Abt/Mosters, Der Vertrag von Nizza, DVBl. 2001, 941(944); Gnan, Der Vertrag von Nizza, BayVBl. 2001, 449(450); Schäfer, Der Vertrag von Nizza..., BayVBl. 2001, 460(462)

[3] Bleckmann, Europarecht, 6. A. 1997, Rn. 288f.

Zustimmung zu den Verträgen und der Entscheidungen für die Direktwahl hat das deutsche Volk institutionell und sachlich-inhaltlich einen Legitimationsweg legitimiert, der personell nicht mehr Bestandteil des grundgesetzlichen Legitimationssystems in Art. 20 Abs. 2 GG ist. Eine Veränderung an der personellen Ausgestaltung dieses Organs kann deshalb bereits systematisch keine inhaltliche Änderung des Grundgesetzes mehr sein.

c. Der Wirkungsbereich des Relativsatzes in Art. 23 Abs. 1 Satz 3 GG

Nach Art. 23 Abs. 1 Satz 3 gilt für die Begründung der Europäischen Union sowie für Änderungen ihrer vertraglichen Grundlagen und für vergleichbare Regelungen, „durch die dieses Grundgesetz seinem Inhalt nach geändert oder ergänzt wird oder solche Änderungen oder Ergänzungen ermöglicht werden“, Art. 79 Abs. 2 und 3 GG.

Mit dem Mittel der sprachlichen Auslegung allein kommt man zu keinem eindeutigen Ergebnis, worauf sich der Relativsatz letztendlich bezieht. Sprachlich kann er sich sowohl ausschließlich auf die „vergleichbaren Regelungen“ beziehen als auch auf alle drei Fallgestaltungen.

Mit Verweis auf Zweck und Entstehungsgeschichte wird vertreten, dass sich der Relativsatz auf alle drei Fallgruppen bezieht[1]. Der Verweis auf Art. 79 Abs. 2 GG sollte sicherstellen, dass die unter Art. 24 Abs. 1 GG einfachgesetzlich mögliche[2] "Verfassungsdurchbrechung"[3] künftig ausgeschlossen sei[4]. Art. 23 GG sollte gerade diese bisherige Rechtslage abschaffen[5].

Eine andere Ansicht will zwischen einer Änderung der vertraglichen Grundlagen und vergleichbaren Regelungen unterscheiden[6]. Von der Reichweite des Relativsatzes hänge es ab, ob neben Satz 3 ein eigenständiger Anwendungsbereich für Satz 2 verbleibe[7]. Wie dieser Zusammenhang aussehen soll, wird jedoch nicht dargestellt. Bezieht man zudem den Relativsatz nicht auf die Änderung der vertraglichen Grundlagen, dann benötigte jede Vertragsänderung eine doppelte 2/3-Mehrheit.

Aus der Entstehungsgeschichte des Art. 23 GG kann überzeugend gefolgert werden, dass sich der Relativsatz mindestens auf die beiden letzten Alternativen

---

1 Streinz, in: Sachs, Art. 23 Rn. 72; praktisch relevant ist die erste Alternative allerdings nicht mehr, da mit dem Vertrag von Maastricht die Europäischen Union gegründet wurde; diese Fallvariante hat sich damit erledigt, Streinz, in: Sachs Art. 23 Rn. 71

2 Randelzhofer, in: M/D/H/S, Art. 24 Abs. I Rn. 11, 68ff.,129ff.

3 Abg. Verheugen, Gem.Verfk., Sten.Ber. 8. Sitzung, S. 9

4 Scholz, in: M/D/H/S, Art. 23 Rn. 79

5 Randelzhofer, in: M/D/H/S, Art. 24 Abs. I Rn. 203; Scholz, GG und europäische Einigung, NJW 1992, 2593(2597)

6 Rojahn, in: v.Münch Art. 23 Rn. 49

7 Rojahn, a.a.O.; Jarras, in: Jarras/Pieroth, Art. 23 Rn. 23

bezieht[1]. Dies ergibt sich zum einen daraus, dass Art. 23 GG eben in der Tat primär die Funktion haben sollte, die unter Art. 24 GG möglichen Verfassungsdurchbrechungen ohne verfassungsändernde Mehrheit zu beseitigen. Zudem ergibt sich dieses Ergebnis auch aus der sprachgeschichtlichen Entwicklung des Art. 23 Abs. 1 Satz 3 GG. Die Fallgruppe „vergleichbare Regelungen" verweist auf die Evolutivklauseln in EUV und EGV[2]. Soweit die Realisierung der Evolutivklauseln[3] verfassungsändernde Wirkung hat, gilt die verfassungsändernde Mehrheit[4]. Die Bundesregierung[5] hatte ursprünglich die Auffassung vertreten, dass Hoheitsrechtsübertragungen im Rahmen der Evolutivklauseln durch einstimmigen Ratsbeschluss möglich seien, da sie bereits grundsätzlich von der allgemeinen Billigung der Vertragsänderung durch Bundestag und Bundesrat abgedeckt seien. Nach ihren Vorstellungen war der Relativsatz deshalb an die „Änderung der vertraglichen Grundlagen" angefügt. Erst auf Empfehlung[6] des Sonderausschusses „Europäische Union (Vertrag von Maastricht)" wurden die „vergleichbaren Regelungen" in den Gesetzentwurf aufgenommen[7].

Die „vertraglichen Regelungen" sind so sprachlich zwischen die „Änderungen der vertraglichen Grundlage" und den Relativsatz eingeschoben worden. Dass damit über die nachträgliche Ergänzung des Gesetzentwurfes hinaus inhaltlich etwas in Bezug auf die „Änderung der vertraglichen Grundlagen" geändert werden sollte, ist nicht ersichtlich.

Würde man den Relativsatz außerdem lediglich auf die "vergleichbaren Regelungen" beziehen, würde sich die 2/3Regelung aus Art. 79 Abs. 2 GG auch auf vertragliche Änderungen der EU beziehen, die das Grundgesetz inhaltlich unberührt lassen. Satz 3 wäre dann nämlich so zu lesen, dass „für ... Änderungen ihrer (der EU) vertraglichen Grundlagen ... Art. 79 Abs. 2 und 3 gilt". Ein Ergebnis, gegen das nicht nur die sprachliche und entstehungsgeschichtliche Analyse spricht, sondern für das es umgekehrt außer der bloßen Möglichkeit, die Vorschrift sprachlich so lesen zu können, keinerlei Anhaltspunkte gibt.

---

1 Höllscheidt/Schotten, Die Erweiterung der EU als Anwendungsfall des neuen Europaartikels 23 GG ?, DÖV 1995, 187(189)

2 Streinz, in: Sachs Art. 23 Rn. 77; Rojahn, in: v.Münch Art. 23 Rn. 47; Verheugen, Die Arbeit des Sonderausschusses "EU (Vertrag von Maastricht)" des BT, ZfG 1993, 162(165)

3 Fischer, W., Die EU im GG: der neue Artikel 23, ZfP 1993, 32(45); die Evolutivklauseln als Instrument des auf Fortentwicklung angelegten, finalen Gemeinschaftsrechts, die deshalb vertragserweiternd wirken können, sieht Rojahn, in: v.Münch, Art. 23 Rn. 47; in den Evolutivklauseln etwa der Art. 138 Abs. 3, Art. 201 EGV oder Art. K. 9 EUV wird dem Rat der Union die Kompetenz eingeräumt, weitere Politikbereiche zu vergemeinschaften, die bis zu einem solchen Ratsbeschluss der intergouvernentalen Zusammenarbeit vorbehalten sind.

4 Streinz, in: Sachs, Art. 23 Rn. 77

5 Gesetzentwurf der BReg., BT-Drs. 12/3338, S. 3

6 BT-Drs. 12/3896, S. 18

7 Hölscheidt/Schotten, Die Erweiterung der EU als Anwendungsfall des neuen Europaartikels 23 GG ?, DÖV 1995, 187(189); Hilf/Pache, Der Vertrag von Amsterdam, NJW 1998, 705(713)

Nicht bezieht sich der Relativsatz jedoch auf die „Begründung der Europäischen Union". Die Vorstellung, dass der verfassungsändernde Gesetzgeber formuliert, „für die Begründung der Europäischen Union, durch die dieses Grundgesetz seinem Inhalt nach geändert ... wird", mutet bereits eigenartig an. Die Gründung der EU sollte in erster Linie deshalb in eine eigenständige Regelung überführt werden, damit man dahingestellt lassen konnte, ob sie noch eine zwischenstaatliche Einrichtung ist oder nicht[1]. Die Gründung der EU sollte außerdem in jedem Fall auf der Basis einer neuen grundgesetzlichen Regelung erfolgen. Der Vertrag von Maastricht ist gerade Anlass für Art. 23 GG gewesen. Seine Verabschiedung sollte der erste Anwendungsfall für den neuen Verfassungsartikel sein. Weshalb sollte für diesen Präzedenzfall, wenn auch nur formell, ein Qualifikationsmerkmal eingeführt werden, um die Mehrheitsregel aus Art. 79 Abs. 2 GG anwenden zu können, obwohl es den Erschaffern des Art. 23 GG ersichtlich nicht darum ging, die Verabschiedung des EUV über Art. 23 Abs. 1 Satz 3 GG noch gesondert rechtfertigen zu müssen. Die Rechtfertigung für diesen Weg steckte bereits in der Existenz des Art. 23 GG selbst.

Für die Ansicht, dass sich der Relativsatz nicht auf die Gründung der EU bezieht, spricht auch die sprachliche Fassung des Satzes 3. Wollte man den Relativsatz auf alle drei Varianten beziehen, so hätte es auch ausgereicht, statt dem „sowie" ein Komma zu setzen. Das „und" zwischen den beiden letzten Alternativen verdeutlicht jedoch auch sprachlich, dass die beiden letzten Alternativen als systematische Einheit gesehen werden.

VIII. Die Anforderungen des Grundgesetzes an den legitimierenden Einfluss des Bundestages auf das europäische Sekundärrecht

Art. 23 GG regelt nicht nur eine Beteiligung des Bundestages am Primärrecht, sondern auch seine Beteiligung an Akten des Sekundärrechts.

1. Artikel 23 Abs. 2 GG - Die Mitwirkung des Bundestages in Angelegenheiten der Europäischen Union

Grundsätzlich gelten hier die Ausführungen aus Ziff. D.V. und D.VI.. Nach Ansicht des Sonderausschusses "Europäische Union (Vertrag von Maastricht)" sollte Abs. 2 ganz allgemein klarstellen, dass die Angelegenheiten der EU nicht mehr allein Sache der Bundesregierung sind[2]. Und in diesem Sinn ist er auch Ausdruck des grundgesetzlichen Demokratieprinzips[3]. Der Bundestag verant-

---

[1] BR/Drs. 501/92, zu Art. 23 Abs. 1

[2] BT-Drs. 12/3338

[3] Streinz, in: Sachs 1996, Art. 23 Rn. 99; der Vollständigkeit halber soll hier darauf hingewiesen werden, dass auch die Beteiligung des Bundestages an der Umsetzung europäischer Entscheidungen, insbesondere an der Umsetzung von Richtlinien, keinen wesentlichen eigenständigen Beitrag zur demokratischen Legitimation europäischer Entscheidungen leistet. Je nach Regelungsintensität der Richtlinie verbleiben den Staaten zwar unterschiedliche Spielräume für eigene inhaltliche Entscheidungen. Diese Spielräume sollen es den Mitgliedstaaten aber vor allem ermöglichen, die Vorgaben der Richt-

wortet die Wahrnehmung der deutschen Mitgliedschaftsrechte in den europäischen Organen durch seine Mitwirkung künftig parlamentarisch unmittelbar mit[1]. Art. 23 Abs. 2 Satz 1 ist zwar in der Tat eine systematisierende Einleitungsformel für die nachfolgend konkretisierenden Regelungen dieser Mitwirkung[2]. Gleichzeitig bestimmt er aber auch die Position des Bundestages in einem außenpolitischen Sonderbereich grundsätzlich neu[3]. Der Einfluss des Bundestages auf den Erlass von Sekundärrecht[4] soll dem Bundestag einen Ausgleich dafür bieten, dass er mit jeder Zuständigkeitsübertragung auf der innerstaatlichen Ebene Kompetenzen einbüßt[5] und der übertragene Regelungsbereich künftig von der EU inhaltlich ausgefüllt wird. Gleichzeitig soll so die Balance der Verfassungsstruktur zwischen Bundesregierung und Bundestag wieder herstellen[6]. Klar ist dabei, dass diese Lösung kein äquivalenter Ersatz für die dem Bundestag auf nationaler Ebene mit der Hoheitsrechtsübertragung verloren gegangenen Kompetenzen ist[7]. Ein solcher hätte aber nur erreicht werden können, wenn die Kompetenzen rückübertragen worden wären[8]. Selbst eine Bindung des Ratsvertreters an ein Votum des Bundestages bindet und legitimiert nur die Handlung des nationalen Vertreters im Rat, nicht jedoch die Entscheidung des Rates als Organ der EU[9].

Sachlich bezieht sich das Mitwirkungsrecht auf die Rechtsakte nach Art. 249 EGV, auf Beschlüsse im Rahmen des EUV[10] aber auch auf die innerstaatlichen

---

linie formell und inhaltlich systemkonform in die nationalen Normen einbauen zu können. Da jedoch eine Verpflichtung zur Richtlinienumsetzung besteht, deren Erfüllung auch vor dem EuGH eingeklagt werden kann, ist die eigenständige legitimierende Wirkung der Bundestagsbeteiligung vor allem für die inhaltliche Entscheidung in den Umsetzungsgesetzen regelmäßig gering (Weber, Zur künftigen Verfassung der EGten, JZ 1993, 325(330)). Wie stark oder gering die legitimierende Wirkung der umsetzenden Gesetzgebung ist, hängt ausschließlich davon ab, wie groß der Gestaltungsspielraum, der dem Bundestages bei der Umsetzung der Richtlinie noch belassen wird (Schütz, Europaweite Freizügigkeit ohne demokratische Kontrolle, AöR 120(1995), 509(536)). Allerdings spielt auch bei der Richtlinienumsetzung der Aspekt der Akzeptanz der europäischen Rechtsordnung insgesamt eine nicht unwesentliche Rolle für die Legitimität dieser Rechtsordnung.

1 BVerfG NJW 1998, 1934(1936)

2 Breuer, Die Sackgasse des neuen Europaartikels (Art. 23 GG), NVwZ 1994, 417(426)

3 Scholz, in: M/D/H/S, Art. 23 Rn. 93

4 Bleckmann, Die Umsetzung von Gemeinschaftsbeschlüssen in nationales Recht im Lichte der Beziehungen zwischen den nationalen Parlamenten und dem Europäischen Parlament, ZfP 1991, 572(574); Oberreuther, Die EG-Staaten im Vergleich, 1992, 316

5 BT-Drs. 12/3896, S. 23; Scholz, in: M/D/H/S, Art. 23 Rn. 92; Streinz, in: Sachs, 2. A. 1999, Art. 23 Rn. 91; Brenner, Das Gesetz über die Zusammenarbeit von BReg. und BT in Angelegenheiten der EU, ThürVBl. 1993, 196(197); Epping, Die demokratische Legitimation der dritten Gewalt der EGten, Der Staat 36(1997), 349(375, Fn. 117); Lang, Mitwirkungsrechte...BT..., 1997, S. 131ff, 279ff.

6 Breuer, Die Sackgasse des neuen Europaartikels (Art. 23 GG), NVwZ 1994, 417(425)

7 Lang, Mitwirkungsrechte...BT..., 1997, S. 279

8 Breuer, Die Sackgasse des neuen Europaartikels (Art. 23 GG), NVwZ 1994, 417(425)

9 Seeler, Die Legitimation des hoheitlichen Handelns der EG/EU, EuR 33(1998), 721(729)

10 Einzelheiten zu den Unterrichtungsgegenständen s. Lang, Die Mitwirkungsrechte...des BT..., 1997, S. 284ff.

Maßnahmen, die mit der Wahrnehmung, Vorbereitung und Vollziehung von Zuständigkeiten, Befugnissen sowie Zielsetzungen der EU zusammenhängen[1].

Die Diskussion um eine Beteiligung des Bundestages am Entstehen europäischen Sekundärrechts führte - im Verhältnis zur Diskussion um die Beteiligung der Länder über den Bundesrat - in den Gesetzesberatungen zu Art. 23 GG ein Schattendasein. Seine Beteiligung wurde eher der Vollständigkeit halber erörtert als aus politischem Interesse. Die Gewichtverschiebung, die Hoheitsrechtsübertragungen im Verhältnis Bundestag - Bundesregierung bewirken, wurde zwar beklagt. Die Bundesregierung könne in der EU Regelungen durchbringen, von denen sie genau wisse, dass sie im Falle einer nationalen Regelung niemals die Zustimmung des Bundestages erhalten hätte. Mit der Feststellung, dass man sich mit dieser „ernsthaften Frage" beschäftigen müsse, hatte man die Erörterung dieses Problems in der Gemeinsamen Verfassungskommission aber wieder beendet[2]. Um Vorstellungen des Bundestages über eine allzu starke außenpolitische Rolle im Verhältnis zur Bundesregierung in Angelegenheiten der EU vorzubeugen, hat man in der Gemeinsamen Verfassungskommission schon sehr früh darauf verwiesen, dass die Bundesregierung in Angelegenheiten der EU handlungsfähig bleiben müsse[3]. Es gab jedoch auch Stimmen, die darauf verwiesen haben, dass der Hinweis auf eine notwendige außenpolitische Handlungsfähigkeit der Bundesregierung auch im Rat sich in der Vergangenheit zu einem jede Diskussion beendenden Argument entwickelt habe. Der Bundestag habe in der Vergangenheit „immer und häufig zähneknirschend auf die Handlungsfähigkeit der Bundesrepublik gerade in auswärtigen Angelegenheiten Rücksicht genommen". Vor allem bei den Richtlinien sei „das Zähneknirschen noch viel lauter geworden" und man müsse sich „sehr überlegen, wie man vorbeugende Maßnahmen treffen kann, um nicht jedes Mal in Treue fest hinterher Ergebnisse hinnehmen" zu müssen[4]. Auch darauf, dass man nicht eine Stärkung des Parlamentarismus auf europäischer Eben verlangen könne, wenn man gleichzeitig den daheim schwäche, wurde hingewiesen[5].

Zu keinen weiteren Erkenntnissen für eine Neupositionierung des Bundestages in der EU hatte die von der Gemeinsamen Verfassungskommission durchgeführte Sachverständigenanhörung geführt. Zwar wurde auch hier darauf verwiesen, dass es sehr fraglich sei, ob der Bundestag nicht mindestens genauso viele Kompetenzen an die EU verloren habe wie der Bundesrat und dies bisher noch nicht gebührend zur Sprache gekommen sei[6]. Zugleich wurde jedoch eingestanden, dass der Bundestag keine Kompensation für seinen mit den Kompetenz-

---

1 Heimlich, Die Ländermitwirkung bei EG-Entscheidungen, BayVBl. 2000, 231(233)
2 Abg. Verheugen, Gem.Verfk., Sten.Ber. 2. Sitzung, S. 32
3 StS Neussel, Gem.Verfk., Sten.Ber. 3. Sitzung, S. 4; Sv. Tomuschat, Gem.Verfk., Sten.Ber. 1. Öffentl. Anhörung, S. 31
4 Abg. Kleinert, Gem.Verfk., Sten.Ber. 3. Sitzung, S. 16
5 Abg. Elmer, Gem.Verfk., Sten.Ber. 3. Sitzung, S. 28
6 Sv. Tomuschat, Gem.Verfk., Sten.Ber. 1. Öffentl. Anhörung, S. 23

übertragungen zwangsläufig verloren gegangenen Einfluss erhalten könne: „Man kann sich gegen das Unvermeidbare einfach nicht sträuben". Auch in der Gemeinsamen Verfassungskommission wurde der Bundestag schließlich wieder auf die ihm zustehenden allgemeinen Kontrollrechte verwiesen[1]. Demokratietheoretisch sei zwar nichts gegen einen stärkeren Einfluss des Bundestages auf die Bundesregierung im Rat zu sagen, „je stärker aber die nationalen Regierungen an imperative Mandate nach dänischem Vorbild angebunden sind, desto schwieriger (werde) es, sich auf europäischer Ebene zu einigen" und damit überhaupt auf europäischer Ebene zu handeln. Damit könne die EU jedoch ihre Aufgabe, die modernen Probleme unseres globalen Wirtschaftssystems zu ordnen, nicht mehr erfüllen[2]. Das Gewicht in der Gewaltenteilung verschiebe sich zwar mit jeder Übertragung zugunsten der Bundesregierung und die allgemeinen parlamentarischen Kontrollrechte würden nicht ausreichen, den Kompetenzverlust des Bundestages an die Regierung zu kompensieren[3]. Bemühungen in anderen Mitgliedstaaten, namentlich in Dänemark und Großbritannien, stärkeren Einfluss auf den nationalen Vertreter im Rat zu nehmen, seien jedoch gescheitert. Die Entparlamentarisierung könne nicht national korrigiert werden, sondern nur indem man die Rolle des EP demokratietheoretisch konsequent weiterentwickle[4].

Sogar für bedenklich für die gesamte Gewaltenbalance zwischen Exekutive und Legislative wurde es gehalten, wenn dem Bundestag im Rahmen des Sekundärrechts Kompetenzen eingeräumt würden, die mit denen für den Bundesrat vorgesehenen vergleichbar wären[5].

Auch zu Beginn der 7. Sitzung der Gemeinsamen Verfassungskommission blieb es für die Beteiligung des Bundestages bei allgemeinen Feststellungen: Es gehe bei der Neufassung des Art. 23 GG „um eine eigene Entwicklung des Bundestages, um im Bereich der europäischen Einigung unsere Kompetenzen selbst neu zu formulieren"[6]. Gleichzeitig sah man es aber als ausreichend an festzustellen, dass man sich „darüber Gedanken machen müsse"[7]. Als „Anregung" wurde eine Weiterentwicklung des Europaausschusses zu einem Unionsausschuss aufgenommen[8]. Die künftigen Beteiligungsrechte des Bundesrates standen zu diesem Zeitpunkt bereits weitgehend fest. Für den Bundestag gab man sich mit der allgemein gehaltenen Absicht zufrieden, Rechte in jedem Fall in die

---

1 Sv. Tomuschat, a.a.O. S. 31; Sv. Bieber, Gem.Verfk., Sten.Ber. 1. Öffentl. Anhörung„ S. 44f., 75; Sv. Randelzhofer, ebenda S. 128

2 Sv. Scharpf, Gem.Verfk., Sten.Ber. 1. Öffentl. Anhörung, S. 35; auf die notwendige europäische Handlungs- und Entscheidungsfähigkeit sowie auf die allgemeinen verfassungsrechtlichen Kontrollmittel des Bundestages verweist auch Sv. Isensee, ebenda S. 41f.

3 Abg. Möller, Gem.Verfk., Sten.Ber. 7. Sitzung, S. 3f.

4 Sv. Bieber, Gem.Verfk., Sten.Ber. 1. Öffentl. Anhörung, S. 44f., 75

5 Sv. Lerche, Gem.Verfk., Sten.Ber. 1. Öffentl. Anhörung, S. 114

6 Abg. Möller, Gem.Verfk., Sten.Ber. 7. Sitzung, S. 3

7 Abg. Möller, a.a.O., S. 4

8 Abg. Möller, a.a.O.

Verfassung aufzunehmen, um wenigstens ein Mindestmaß an Gleichgewicht zum Bundesrat zu erreichen[1]. Inhaltlich wurde jedoch auf „interessante Anregungen und Vorschläge“ verwiesen, wie die Mitwirkung des Bundestages in einem Ausführungsgesetz konkretisiert werden könnte. Solche Überlegungen seien bereits angestellt worden, man müsse diese nun konstruktiv prüfen, eine Einigung sei aber schnell möglich[2].

In der 8. Sitzung der Gemeinsamen Verfassungskommission wurde zwar noch einmal hervorgehoben, dass es „schwer erträglich“ sei, dass die Mitwirkung des Bundesrates in Art. 23 GG „in geradezu liebevoller Detailarbeit ausgeführt worden (sei), während sich die Mitwirkung des Bundestages nur auf eine lakonische Bemerkung erstreck(e), mit der Hoffnung, dass wir das in einem Ausführungsgesetz etwas näher regeln“[3]. Insgesamt wurde das allgemeine Mitwirkungsrecht aus Abs. 2 Satz 1 jedoch als die Erfüllung aller Träume gefeiert. Mit ihm werde „dem Umstand Rechnung getragen, dass Europapolitik zunehmend ... sich einer europäischen Innenpolitik annäher(e)“[4]. „Der dadurch entstehende Kompetenzverlust von Bundestag und Bundesrat (werde) durch Mitwirkungsrechte beider gesetzgebenden Körperschaften in europäischen Angelegenheiten kompensiert“[5]. Wie die Mitwirkungsrechte ausgestaltet sein sollten, war jedoch auch in der 8. Sitzung noch unklar. Man stellte zwar fest, dass dazu in Art. 23 (neu) noch nichts enthalten sein, da man sich darüber noch Gedanken machen müsse. Nicht einmal die Verpflichtung, ein Ausführungsgesetz zu den Mitwirkungsrechten zu erlassen, wollte der Bundestag jedoch mit Zähnen und Klauen verteidigen. Es sei schließlich auch ausreichend, wenn die Beteiligungsrechte in der „Geschäftsordnung des Bundestages“ geregelt würden[6]. In einer Protokollnotiz würden die Berichterstatter jedoch „empfehlen ..., dass der Bundestag im Zusammenhang mit der Verabschiedung des (Art. 23 GG) über die Frage der stärkeren verfassungsrechtlichen Absicherung und der gesetzlichen Regelung seiner Mitwirkungsrechte entscheiden“ solle. Zu denken sei vor allem an einen Unionsausschuss[7]. Die Bescheidenheit des Bundestages in der Frage seiner eigenen Beteiligung an der Entwicklung der EU hätte nach dem Verweis auf eine mögliche Regelung in der Geschäftsordnung jedenfalls nicht mehr übertroffen werden können. Bescheiden auch die Anmerkung, dass zwischen den Beteiligungsrechten von Bundestag und Bundesrat „eine gewisse Unausgewogenheit“ bestehe, weshalb im Gesetzgebungsverfahren „nicht ausgeschlossen werden (könne), dass auch der Bundestag noch eine stärkere verfassungsrechtliche Ab-

---

[1] Abg. Verheugen, Gem.Verfk., Sten.Ber. 7. Sitzung, S. 8

[2] Abg. Verheugen, a.a.O.

[3] Abg. Hirsch, Gem.Verfk., Sten.Ber. 8. Sitzung, S. 20; auf diesen Einwand hat der Vorsitzende Scholz wenigstens darauf hingewiesen, dass die Beteiligung des Bundestages im Zusammenhang mit dem Parlamentsrecht beraten werde, ebenda S. 21.

[4] Abg. Möller, Gem.Verfk., Sten.Ber. 8. Sitzung, S. 5

[5] Abg. Möller, a.a.O.

[6] Abg. Möller, a.a.O.

[7] Abg. Möller, a.a.O.

sicherung seiner Mitwirkungsrechte ... verankert"[1]. Außerdem sollte der möglichen Fehlinterpretation entgegengewirkt werden, die Bundesregierung habe nur die Länder durch den Bundesrat, nicht aber den Bundestag zu beteiligen[2]. Geht man bei der Auslegung des Abs. 2 Satz 1 somit vom Willen des Gesetzgebers aus, kann man nur den Schluss ziehen, dass der Bundestag eine stärkere Einbindung in die EU und damit eine stärkere Verantwortung für die dort gefällten Entscheidungen eigentlich nicht wollte. Die Regierung war an seiner verstärkten europarechtlichen und europapolitischen Mitarbeit und einer weiteren Beschneidung ihrer eigenen außenpolitischen Kompetenz ohnehin nicht interessiert. In jedem Fall hat sich aber durch Art. 23 GG das europäische Gewicht zwischen Bundestag und Bundesrat erheblich verschoben[3].

Im weiteren Gesetzgebungsverfahren erfolgte dann noch eine wenigstens geringfügige Aufwertung des Bundestages[4]. Die nach den Beratungen in der Gemeinsamen Verfassungskommission als einzige vorgesehene Regelung in Abs. 2 Satz 1 wurde in Abs. 2 Satz 2 und Abs. 3 ausgebaut. Als stärkste Waffe wurde dem Bundestag die Berücksichtigung seiner Stellungnahmen durch die Bundesregierung an die Hand gegeben (Abs. 3 Satz 2). In der Gemeinsamen Verfassungskommission war die Pflicht zur Berücksichtigung von Stellungnahmen des Bundesrates jedoch sehr herablassend beurteilt worden. Mit der Bemerkung, dass „berücksichtigen" „nicht sehr viel bedeute" wurde sogar noch zu bedenken gegeben, ob man das Grundgesetz überhaupt mit einer solchen Bestimmung „belasten sollte, die in der Praxis keine besondere Auswirkung haben wird"[5]. Blickt man allein auf Art. 23 GG erhält der Bundestag auf die Entscheidungen im Ministerrat jedenfalls nicht annähernd den Einfluss, der dem Bundesrat in den weiteren Absätzen des Art. 23 GG eingeräumt wird und bekommt

---

[1] Abg. Verheugen, Gem.Verfk., Sten.Ber. 8. Sitzung, S. 10 mit dem Hinweis an die Kommissionsmitglieder, „in einer entsprechenden Protokollnotiz, die ja inzwischen ausgelegt ist, finden Sie diesen Gedanken".

[2] Fischer, W., Die EU im GG: der neue Artikel 23, ZfP 1993, 32(41)

[3] Di Fabio, Der neue Art. 23 des GG, Der Staat 1993, 191(209); Di Fabio hält die erfolgte Gewichtsverschiebung sogar für verfassungswidrig, a.a.O. S. 210; Abg. Möller: Gewichte sind „empfindlich verschoben", Gem.Verfk., Sten.Ber. 7. Sitzung, S. 3; Schwarze, Das Staatsrecht in Europa, JZ 1993, 585(590)

[4] Auf die Beteiligung des Bundesrates in Art. 23 Abs. 3 - 7 GG soll hier nicht näher eingegangen werden. Sie hängt nur sehr mittelbar mit der Forderung nach Demokratisierung europäischer Entscheidungen zusammen (Pernice, in: Dreier, Art. 23 Rn. 52; Einzelheiten zu seiner Beteiligung s. u.a. Fischer, W., Die EU im GG: der neue Artikel 23, ZfP 1993, 32(42ff.) und Oschatz/Risse, Die BReg. an der Kette der Länder ?, DÖV 1995, 437(441ff.)). Zwar verkörpert etwa auch der Bundesrat im Gefüge des Grundgesetzes zwar ein eigenständiges demokratisches Element (Starck, in: HdbdStR Bd. I, § 29 Rn. 34), da das Demokratieprinzip durch den Föderalismus gefördert und vervielfältigt wird (Busch, Bundesländer und GG im Spannungsfeld der europäischen Integration, 1990, S. 241). Die Hauptfunktion des Bundesrates - auch im Rahmen des Art. 23 GG - liegt jedoch nicht in seiner Qualität als Baustein zur demokratischen Legitimation der Unionsgewalt, sondern in seiner Eigenschaft als föderatives Repräsentativorgan (Seifert/Hömig, vor Art. 50 Rn. 1). Der demokratische Effekt seiner Beteiligung bleibt ein sekundärer, von Bedeutung ist eher noch seine allgemein legitimierende Rolle, da seine Beteiligung den Zweck hat, die Akzeptanz von Entscheidungen zu erhöhen.

[5] Abg. Verheugen, Gem.Verfk., Sten.Ber. 7. Sitzung, S. 8

somit keinesfalls ein Äquivalent für seinen innerstaatlichen Kompetenzverlust[1]. Insbesondere muss die Auffassung des Bundestages in keinem Fall "maßgeblich berücksichtigt werden" wie die des Bundesrates gem. Art. 23 Abs. 5 Satz 2 GG.

2. Beschränkende Themenauswahl und umfassende aktive Informationspflicht zum frühest möglichen Zeitpunkt

Für diese beiden Themenbereiche zur Beteiligung des Bundestages an der Rechtsetzung im Rat gelten die Ausführungen oben unter den Ziffern D.VI.1.. Letztendlich besteht auch hier eine laufende Raportpflicht der Bundesregierung gegenüber dem Bundestag. Zwar kann der Bundestag selbst - auch um eine Lähmung seiner Arbeitsfähigkeit durch Überinformation zu vermeiden[2] - Schwerpunkte setzen, zu denen er von der Bundesregierung überhaupt oder besonders umfassend informiert werden will[3]. Auch im Rahmen des EUZBBG kommt der Bundesregierung jedoch keine Selektionsmöglichkeit zu. Wenn, dann hat sie allenfalls als erster Normanwender ein Auslegungsprärogative für die Begriffe im EUZBBG. Die Bundesregierung muss bei dieser Auslegungsprärogative jedoch berücksichtigen, dass die Beteiligungsrechte des Bundestages Ausdruck des grundgesetzlichen Demokratiegedankens sind und hat die Rechte des Bundestages aus dem EUZBBG verfassungskonform im Zweifel weit auszulegen. Sie kann das EUZBBG auch nicht deshalb eng auslegen, weil sie die Mitwirkungsrechte des Bundestages als weiteren Ausnahmetatbestand zur außenpolitischen Prärogative des Art. 59 GG sieht. Art. 23 Abs. 2 GG erweitert zwar die Mitwirkungsrechte des Bundestages, knüpft inhaltlich jedoch nicht an Art. 59 ÄGG an, sondern unmittelbar an den Demokratiegedanken. Dies ergibt sich bereits daraus, dass Art. 23 GG als Kompensation für verlorengegangene Rechte des Bundestages gedacht ist. Und diese verlorenen Rechte hatten ihren Ursprung im grundgesetzlichen Demokratiesystem.

Dass seine Mitwirkungsrechte unmittelbar Ausdruck des Demokratiegedankens sind, hat der Bundestag bei seiner Selbstbeschränkung zu berücksichtigen. Daraus ergibt sich für den Bundestag nicht nur ein Recht, sondern auch eine Pflicht zur Beteiligung an Angelegenheiten der EU[4]. Dies wird unterstützt durch den Wortlaut der Bestimmung. Nach Art. 23 Abs. 2 GG „wirkt" der Bundestag mit. Dies ist eine ultimative Feststellung, ein Auftrag, eine Verpflichtung an den Bundestag und nicht lediglich eine Erlaubnis, von der er nach Ermessen Gebrauch machen kann. Daraus folgt vor allem, dass er der Bundesregierung zwar Richtlinien zu ihrem Informationsverhalten geben kann, dass damit aber der Bundestag nicht aus seiner Verpflichtung entlassen wird, diese Richtlinien regelmäßig daraufhin zu überprüfen, ob er unter ihnen seiner verfassungsmäßi-

[1] Di Fabio, Der neue Art. 23 des GG, Der Staat 1993, 191(209); and.: Fischer, W., Die EU im GG: der neue Artikel 23, ZfP 1993, 32(41), der einen Kompetenzausgleich annimmt
[2] Lang, Mitwirkungsrechte...BT..., 1997, S. 289
[3] Jarass, in: Jarass/Pieroth, Art. 23 Rn. 21; Streinz, in: Sachs, Art. 23 Rn. 94
[4] BVerfGE 89, 155(212)

gen Legitimationsaufgabe in europäischen Angelegenheiten gerecht wird. Zudem ist es ihm untersagt, die Informationspflichten der Bundesregierung in diesen Richtlinien abschließend-beschränkend zu regeln. Nach der Verfassung „hat" die Bundesregierung den Bundestag zu unterrichten. Auch diese verfassungsrechtliche Pflicht kann der Bundestag nicht aufheben oder beschränken, sondern er kann sie nur kanalisieren.

Zu unterscheiden ist zudem, ob der Bundestag die europäische Themenpalette beschränkt, zu der er von der Bundesregierung informiert werden will, oder ob er die erste Informationstiefe in europäischen Angelegenheiten beschränkend regelt. Denn in welchem Umfang der Bundestag mitwirken will, ist in einem weiteren Umfang einer Selbstbeschränkung zugänglich als die Entscheidung, wann er überhaupt mitwirken will. Der Bundestag muss jederzeit in der Lage sein, seine Mitwirkung der Bedeutung der Angelegenheit anzupassen[1].

Nicht zulässig ist es deshalb, wenn der Bundestag den Begriff der „Angelegenheiten der EU" in § 3 EUZBBG als „alle Vorhaben", die für Deutschland von Interesse sein können, definiert, den Begriff des Vorhabensgleichzeitig aber so eng formuliert, dass Einzelentscheidungen und allgemeine Stellungnahmen der Bundesregierung an die EU generell von der Berichtspflicht ausgenommen sind[2]. In beiden Fällen können diese Handlungen mindestens politisch für die Bundesrepublik von großer Bedeutung sein. Aus Art. 23 Abs. 2 GG folgt - unabhängig vom Inhalt des Beteiligungsgesetzes - unmittelbar, dass die Bundesregierung den Bundestag auch über diese Angelegenheiten unterrichten muss.

Art. 23 Abs. 2 Satz 2 GG legt zudem auch über Entwicklungen im Sekundärrecht eine aktive Informationsverpflichtung der Bundesregierung fest. Auch hier muss die Bundesregierung den Bundestag von sich aus über ihre Kenntnisse zu Entwicklungen im Sekundärrecht unterrichten und darf nicht abwarten, ob der Bundestag entsprechende An- oder Nachfragen stellt. Auf die der Bundesregierung im Rahmen des Art. 59 GG zur Seite stehende Prärogative in der Außenpolitik kann sie sich dem Bundestag gegenüber bei ihrer Informationspolitik über Angelegenheiten der EU nicht berufen[3]. Sie muss zudem auch hier die ihr zur Verfügung stehenden rechtlichen und politischen Mittel in Anspruch nehmen, um sich zu sekundarrechtlichen Vorgängen aktiv Informationen von den Organen der EU zu beschaffen[4].

„Frühestmöglich" bedeutet im Rahmen der Beteiligung des Bundestages an Rechtsetzungsakten der EU, dass die Information nicht erst vor einer Mitwirkung der Bundesregierung an einem Rechtsakt im Rat erfolgen darf. Es reicht

---

[1] Jarass, in: Jarass/Pieroth, Art. 23 Rn. 21

[2] dazu umfassend Lang, Mitwirkungsrechte...BT..., 1997, S. 284 m.w.N.

[3] Jarass, in: Jarass/Pieroth, Art. 23 Rn. 23

[4] Jarass, a.a.O. Rn. 21; Streinz, in: Sachs 1996, Art. 23 Rn. 93; eine Beschaffungspflicht für Informationen verneint - allerdings ohne Begründung - Pernice, in: Dreier, Art. 23 Rn. 103

auch nicht, wenn die Bundesregierung über einen fertigen Kommissionsentwurf unterrichtet. Regelmäßig finden vor der Endfassung des Entwurfs bereits sondierende und abstimmende Gespräche zwischen der Kommission und den Mitgliedsregierungen statt. Allerdings können Bundesregierung und Bundestag nicht die grundsätzliche Autonomie der europäischen Organe ignorieren. Die interne Meinungsbildung in der Kommission etwa muss auch nach Inkrafttreten des Art. 23 GG geachtet werden. Die Kommission als von den europäischen Verträgen geschaffenes autonomes Organ kann von der Bundesregierung nicht ausgeforscht werden. Gleichzeitig hat die Kommission jedoch dafür zu sorgen, dass sämtlichen Mitgliedstaaten die gleichen Informationen zur Verfügung stehen[1]. Sickern deshalb interne Organinformationen aus der Kommission nach außen, haben sämtliche Mitgliedstaaten das Recht, diese Information zu erhalten. Da der Begriff „frühestmöglich“ nicht das Organsystem der EU verändern kann, ist die Bundesregierung nur verpflichtet, über Kommissionsentscheidungen zu informieren, über die sie ihrerseits entweder auf offiziellem Wege informiert worden ist oder von denen sie anderweitig erfahren hat.

Aus der Kombination „umfassend“ und frühestmöglich“ ergibt sich zudem auch hier, dass die Bundesregierung über die Entwicklung des Rechtsetzungsaktes nicht nur einmalig berichten muss, sondern den Bundestag über einen einmal von der EU angegangenen Rechtsetzungsakt laufend weiter zu unterrichten hat. Anderenfalls hätte die Vorschrift kaum Sinn, da zum „frühestmöglichen“ Zeitpunkt häufig nur wenige Informationen zu einem Thema vorhanden sind.

3. Umfassende Unterrichtungspflicht und Kernbereich der Exekutive

Nicht nur für die Verhandlungen zu Vertragsänderungen, sondern auch für die Beratungen zu Rechtsetzungsakte der EU ist jedoch zu berücksichtigen, dass das Grundgesetz einen unentziehbaren Handlungsbereich der Exekutive kennt. In diesen darf das Parlament nicht eindringen, soll nicht die Gewaltenteilung letztendlich aufgehoben werden. Nach § 4 Satz 3 EUZBBG muss die Bundesregierung den Bundestag jedoch unverzüglich sogar über ihre Willensbildung und über den Verlauf der Beratungen unterrichten.

Am unentziehbaren Kern der Exekutive will aber auch Art. 23 GG nichts ändern. Dies ergibt sich - wie oben unter Ziffer D.VI.5. bereits dargestellt - bereits aus seinem Wortlaut. Informieren muss die „Bundesregierung“ über „Angelegenheiten der EU“. Die internen Beratungen der Bundesregierung sind jedoch keine „Angelegenheiten der EU“, sondern eine Angelegenheit der Bundesregie-

---

[1] damit es den Regierungen möglich ist, ihre Parlamente rechtzeitig zu informieren und diese auch die Möglichkeit haben, über einen Vorschlag der Kommission ausreichend zu beraten, wurde begleitend zum Vertrag von Maastricht das Protokoll über die Rolle der einzelstaatlichen Parlamente in der EU verabschiedet (BGBl. II 1998, S. 437). Darin sind - allerdings nur für „Vorschläge der Kommission für Akte der Gesetzgebung“ – Vorgaben für die Übermittlung an die Mitgliedstaaten vereinbart.

rung. Der Bundestag nimmt im Rahmen der Abs. 2 und 3 zudem an der Willensbildung des Bundes, nicht der der Bundesregierung teil[1].

Allerdings muss die Bundesregierung „umfassend" unterrichten. § 4 Satz 3 EUZBBG wäre hier gegebenenfalls jedoch verfassungskonform auszulegen[2]. Die Unterrichtungspflicht der Bundesregierung bezieht sich deshalb auch im Rahmen europäischer Rechtsetzung nicht auf den nicht ausforschbaren Kernbereich der exekutiven Eigenverantwortung[3].

4. Art. 23 Abs. 3 Satz 1 GG - Die Möglichkeit des Bundestages zur Stellungnahme

Art. 23 Abs. 3 knüpft an Abs. 2 an und gestaltet die Mitwirkung des Bundestages speziell an Sekundärrechtsakten der EU näher aus[4]. Nach Art. 23 Abs. 3 Satz 1 GG muss die Bundesregierung dem Bundestag „vor ihrer Mitwirkung an Rechtsetzungsakten der Europäischen Union Gelegenheit zur Stellungnahme geben".

Beschränkt wird das Beteiligungsrecht des Bundestages nach Abs. 3 dadurch, dass er nur an Rechtsakten beteiligt wird, an denen die Bundesregierung beteiligt ist. Rechtsakte, die die Kommission erlässt, fallen damit nicht unter Satz 3. Dies ist jedoch eine notwendige Folge aus den Verträgen. Das Grundgesetz kann nicht die Entscheidungsverfahren der europäischen Verträge verändern, sondern nur den Einfluss der nationalen Gesetzgebungsorgane auf die an einem Rechtsakt beteiligten nationalen Vertreter regeln.

Rechtsakte im Sinne der Vorschrift sind alle Akte der EU aus Art. 249 EGV, nicht etwa nur die Rechtsakte, die verbindliche Regelungen treffen. Auch Empfehlungen und Stellungnahmen sind Rechtsakte der EU[5]. Art. 23 Abs. 3 GG spricht jedoch nicht von Rechtsakten, sondern von „Rechtsetzungsakten". Unter „Rechtsetzung" wird jedoch der Erlass abstrakt-genereller Regelungen und nicht der Erlass von Einzelfallentscheidungen verstanden[6]. Empfehlungen und Stellungnahmen sowie eventuelle Einzelfallentscheidungen des Rates fallen deshalb nicht unter Art. 23 Abs. 3 GG.

An diese Sicht knüpft auch § 4 EUZBBG an. Er verlangt, dass die Bundesregierung „insbesondere die Entwürfe von Richtlinien und Verordnungen" dem

---

[1] Kohnen, Die Zukunft des Gesetzesvorbehalts in der EU, zugel. Diss. Jena 1996, S. 84

[2] Kohnen, a.a.O. S. 105f.; auf die verfassungsrechtliche Notwendigkeit, die internen Beratungen der Regierung aus der Unterrichtungspflicht herauszunehmen, verweist auch Pernice, in: Dreier, Art. 23 Rn. 103

[3] Möller/Limpert, Informations- und Mitwirkungsrechte des BT..., ZfP 1993, 21(26)

[4] Fischer, W., Die EU im GG: der neue Artikel 23, ZfP 1993, 32(41); allein aus dieser Formulierung ergibt sich, dass Abs. 3 nur für das Sekundärrecht maßgeblich ist, da das Primärrecht kein Rechtsetzungsakt der EU sondern einer der Mitgliedstaaten ist.

[5] Oppermann, Europarecht, 2. A. 1999, Rn. 535ff.; Jarass, in: Jarass/Pieroth, Art. 23 Rn. 24

[6] s. etwa die Ausführungen Maunz, in: M/D/H/S, Art. 80 Rn. 2

Bundestag zur Stellungnahme übersendet. Er geht damit aber gleichzeitig davon aus, dass dem Bundestag nicht nur Richtlinien und Verordnungen zugeleitet werden. Davon geht auch das BVerfG aus. Es hat - über Art. 249 EGV hinaus - z.B. die Entscheidung des Rates über den Teilnehmerkreis an der WWU als Rechtsetzungsakt i.S.v. Art. 23 Abs. 3 GG eingeordnet, da sie den Vertrag rechtsverbindlich gestaltend anwendet und die Bundesrepublik als Mitgliedstaat betrifft[1]. Betrachtet man Entstehungsgeschichte und Motive zu Art. 23 GG nochmals, so ist diese Sicht konsequent. Art. 23 GG sollte Ersatz dafür sein, dass dem Bundestag zunehmend Zuständigkeitsbereiche zur Gesetzgebung und damit zur Rechtsetzung verloren gehen. Deshalb ist es konsequent, den Begriff der Rechtsetzung in Abs. 3 nicht formell zu sehen, sondern inhaltlich. Kern der Rechtsetzung ist jedoch die abstrakt-generelle normative Bindungswirkung. Allerdings könnte man die Entscheidung über den Teilnehmerkreis auch als Einzelfallentscheidung interpretieren, zu der die Exekutive über die Zustimmung des Bundestages zum EUV ermächtigt worden ist. Dies ist jedoch nur eine - unbestrittene - Seite der Entscheidung. Die andere Seite liegt darin, wie der Bundestag an dieser Exekutivhandlung beteiligt wird. Und hier spielt für die Auslegung des Begriffs „Rechtsetzungsakt" eine große Rolle, dass Art. 23 GG als Ausgleich für innerstaatliche Zuständigkeitsverluste des Bundestages gedacht war. Deshalb kann der Begriff „Rechtsetzungsakte" auch nicht nur die innerstaatlichen Handlungsinstrumentarien mit denen der EU vergleichen. Werden Hoheitsrechte übertragen, muss die übertragene Aufgabe auf europäischer Ebene auch nicht mit dem identischen Rechtsinstrument erfüllt werden, für das der Bundestag etwa seine Zuständigkeit verliert. Zudem ist der Begriff der Rechtsetzung für die EU auch nicht definiert. Die EU handelt einfach in den ihr in den Verträgen zur Verfügung gestellten rechtlichen Handlungsformen. Verwendet deshalb eine innerstaatliche Norm wie etwa Art. 23 Abs. 3 GG den Begriff „Rechtsetzungsakt der EU", dann ist es zulässig, wenn man diesen Begriff nicht nur aus dem EUV definiert, sondern auch aus dem Grundgesetz und Art. 23 GG selbst. Und hier darf auch berücksichtigt werden, dass als Rechtsetzungsakt auch eine europäische Handlung gesehen werden darf, die innerstaatlich in einem Gesetz vorgenommen werden dürfte. Zu Recht wird deshalb auch in Kommentierungen davon ausgegangen, dass in den Anwendungsbereich des Abs. 3 generell auch Beschlüsse des Rates fallen, „die einem Rechtsetzungsakt entsprechen"[2].

Aus der Pflicht der Bundesregierung, dem Bundestag vor der Mitwirkung der Bundesregierung eine Stellungnahme zu ermöglichen, folgt nicht die Verpflichtung, den Bundestag bereits vor einer Willensbildung in der Regierung anzuhören. An einem europäischen Rechtsakt wirkt sie Bundesregierung erst mit, wenn sie ihre Position nach außen kundtut. Es genügt, wenn die Bundesre-

[1] BVerfG NJW 1998, 1934(1938)
[2] Scholz, in: M/D/H/S, Art. 23 Rn. 111

gierung die Stellungnahme „in den Verhandlungen berücksichtigt". In ihrer vorhergehenden internen Meinungsbildung ist dies noch nicht erforderlich[1].

Nach § 5 Satz 2 EUZBBG muss die Frist zur Stellungnahme so bemessen sein, dass der Bundestag ausreichend Zeit hat, sich mit der Vorlage zu befassen[2]. Eine Mitwirkung Deutschlands an einem Rechtsetzungsakt der EU ist jedoch nicht nur die abschließende Beschlussfassung über einen Rechtsakt, die Mitwirkung beginnt bereits mit den Beratungen im Rat. Das Mitwirkungsrecht des Bundestages ist vor allem unabhängig von einem beabsichtigten Abstimmungsverhalten der Bundesregierung[3]. Die Formulierung in § 5 Satz 1 EUZBBG, wonach der Bundestag vor einer „Zustimmung" der Bundesregierung eine Stellungnahme abgeben können muss, ist eine verfassungsrechtlich unzulässige Einengung des Abs. 3 Satz 1. Würde sie wörtlich ausgelegt, würde sie nicht Näheres i.S.v. Abs. 3 Satz 3 regeln, sondern Abs.. 3 Satz 1 inhaltlich verändern. In diesem Sinne ausgelegt wäre § 5 Satz 1 EUZBBG nicht von der Ermächtigungsnorm in Abs. 3 Satz 3 gedeckt. Bereits mit Beginn der Beratungen übt die Bundesregierung im Rat deutsche öffentliche Gewalt aus und wirkt somit am Erlass dieses Rechtsetzungsaktes bereits mit. Die Möglichkeit zur Stellungnahme muss dem Bundestag deshalb zu Vorschlägen der Kommission für Rechtsakte sowie zu Entwürfen für solche gegeben werden, da ab hier bereits eine Mitwirkung der Bundesregierung stattfindet und sich Abs. 3 auf den gesamten Willensbildungsprozess bezieht[4]. Sie muss dem Bundestag damit rechtzeitig vor einer ersten offiziellen Stellungnahme der Bundesregierung zu einem von der Kommission konkret vorgeschlagenen Rechtsakt gegeben werden. Will die Bundesregierung keine Stellungnahme abgeben, muss sie dem Bundestag die Möglichkeit geben, vor Ablauf einer gesetzten Frist Stellung nehmen zu können. Informelle Äußerungen außerhalb des Ratsverfahrens sind der Bundesregierung jedoch auch ohne Stellungnahme des Bundestages erlaubt.

Die Bundesregierung muss die Sicht des Bundestages in der jeweils nächsten Verhandlung nach Abgabe der Stellungnahme berücksichtigen. Nur so kann sichergestellt werden, dass seine Argumente nicht zu spät in die Verhandlungen eingebracht werden, wenn etwa wichtige Kompromisspositionen bereits fest vorverhandelt sind. In Verbindung mit ihrer Verpflichtung, den Bundestag frühestmöglich zu informieren, ist die Bundesregierung deshalb verpflichtet, den Bundestag darauf hinzuweisen, wenn sämtliche rechtlichen, tatsächlichen und politischen Informationen vorliegen, die erforderlich sind, um die Verhandlungen über den Rechtsakt aufzunehmen. Zudem berücksichtigt die Bundesregie-

---

[1] so aber Lang, Mitwirkungsrechte...BT..., 1997, S. 307

[2] Der Sonderausschuss „Europäische Union" hat im Gesetzgebungsverfahren zum EUZBBG erklärt, er erwarte, dass die Bundesregierung dem Bundestag den geeigneten Zeitpunkt für seine Stellungnahme mitteile, damit diese berücksichtigt werden kann, Möller/Limpert, Informations- und Mitwirkungsrechte des BT..., ZfP 1993, 21(27)

[3] Lang, Mitwirkungsrechte...BT..., 1997, S. 293f.

[4] Scholz, NVwZ 1993, (822); Streinz, in: Sachs 1996, Art. 23 Rn. 96

rung die Stellungnahme des Bundestages bei „den Verhandlungen". Damit sind jedoch sämtliche Verhandlungen gemeint, an denen sie teilnimmt; und damit sind auch sämtliche Verhandlungen gemeint, die auf Beamtenebene geführt werden, nicht etwa nur die Verhandlungen der Bundesregierung im Rat. Art. 23 GG sagt nichts darüber aus, dass die Bundesregierung die Stellungnahme des Bundestages persönlich berücksichtigen muss.

Zwar verpflichtet Abs. 2 Satz 2 die Bundesregierung bereits zu einer frühestmöglichen Unterrichtung, so dass der Bundestag allein aus diesem Grund immer ausreichend Zeit zur Abgabe seiner Stellungnahme haben müsste. Die Funktion des Abs. 3 Satz 1 geht aber über die Verpflichtung zur Information hinaus. Im Rahmen der Organtreue[1] ist die Bundesregierung aus Abs. 3 Satz 1 auch verpflichtet, im Rahmen ihrer Möglichkeiten darauf hinzuwirken, dass der europäische Zeitplan so gestaltet wird, dass der Bundestag von seinem Recht zur Stellungnahme effektiv Gebrauch machen kann.

5. Art. 23 Abs. 3 Satz 2 GG - Die Pflicht der Bundesregierung, Stellungnahmen des Bundestages zu berücksichtigen

„Bei den Verhandlungen" im Rat zum anstehenden Rechtsakt „berücksichtigt" die Bundesregierung die Stellungnahme des Bundestages (Art. 23 Abs. 3 Satz 2 GG). Damit genügt es nicht, wenn die Bundesregierung die Stellungnahme des Bundestages nur entgegen oder zur Kenntnis nimmt.

Sprachlich bedeutet „berücksichtigen", einen Umstand oder eine Tatsache bei seinen Überlegungen zu beachten, in seine Überlegungen mit einzubeziehen, aber auch: einem Wunsch, Anliegen zu entsprechen, ihn/es nicht zu übergehen[2]. „Beachten" ist das Befolgen, das Achten auf die Einhaltung von etwas, aber auch das zur Kenntnis nehmen[3].

Sprachlich ist der Begriff „berücksichtigen" deshalb kaum zu greifen. Von der bloßen Zurkenntnisnahme bis zum Entsprechen eines Anliegens deckt er jede Interpretation. Ob sich deshalb bereits aus einer sprachlichen Analyse zwingen ergibt, dass die Bundesregierung an die Stellungnahme des Bundestages nicht gebunden ist[4], ist deshalb vielleicht fraglich. Letztlich ergibt sich die fehlende Bindungswirkung der Stellungnahmen jedoch aus systematischen und historischen Gründen[5]. Hätte eine Bindung an die Stellungnahme erreicht werden sollen, so hätte man dies eindeutiger zum Ausdruck bringen müssen. Zudem

---

1 BVerfGE 89, 155(191)

2 Duden, Das große Wörterbuch der deutschen Sprache, Bd. 1, Stichwort „berücksichtigen"

3 Duden, a.a.O. Stichwort „beachten"

4 so Pernice, in: Dreier, Art. 23 Rn. 105

5 so im Ergebnis Fischer, W., Die EU im GG: der neue Artikel 23, ZfP 1993, 32(41); Randelzhofer, in: M/D/H/S, Art. 24 Abs. I Rn. 205; Hofmann/Meyer-Teschendorf, Der „Europa-Artikel" 23 GG in der staatlichen Praxis, ZfG 1997, 81(83/84f.); Lang, Mitwirkungsrechte...BT..., 1997, S. 307f.; Streinz, in: Sachs, 2. A. 1999, art. 23 Rn. 101

ergibt sich dieses Ergebnis aber auch aus der Entstehungsgeschichte der Vorschrift sowie einem Vergleich mit der im gleichen Gesetz geregelten „maßgeblichen" Berücksichtigen einer Stellungnahme des Bundesrates (Art. 23 Abs. 5 Satz 2 GG). Hätte bereits die Berücksichtigungspflicht eine Befolgungspflicht durch die Bundesregierung auslösen sollen, hätte es der gesteigerten Formulierung in Abs. 5 nicht mehr bedurft.

Nach Abs. 3 muss die Bundesregierung eine Stellungnahme des Bundestages somit in ihre eigene Entscheidungen aufnehmen, einbeziehen, ihn abwägen[1], auf ihn in weiteren Verhandlungen Rücksicht nehmen. Sie muss sich insgesamt mit den Forderungen aus der Stellungnahme inhaltlich auseinandersetzen[2]. Abs. 3 schafft deshalb für die Bundesregierung letztlich eine „Befassungs-, Begründungs- und Sorgfaltspflicht" für die Argumente des Bundestages[3]. Entsprechend reicht die Bandbreite der möglichen Reaktionen der Bundesregierung von der vollen Übernahme der Stellungnahme bis hin zur Begründung, warum sie nicht übernommen wurde[4]. Insofern geht der Einfluss des Bundestages in Angelegenheiten der EU weiter als seine sonstigen Möglichkeiten, mit Parlamentsbeschlüssen Einfluss auf die Politik der Bundesregierung zu nehmen, denn diese Beschlüsse hat die Bundesregierung lediglich politisch zu bewerten, kann sich einer Bewertung aber auch enthalten[5].

Im Wortlaut abweichend regelt § 5 S. 2 EUZBBG, welchen Einfluss die Stellungnahme auf das weitere Verhalten der Bundesregierung hat. § 5 verlangt, dass die Bundesregierung die Stellungnahme des Bundestages „ihren Verhandlungen zugrundelegt". Art. 23 Abs. 3 Satz 3 GG ermächtigt jedoch nur zu einem Ausführungsgesetz, um „Näheres" zu regeln, nicht um anderes zu regeln. Der Sonderausschuss „Europäische Union (Vertrag von Maastricht)" des Bundestages weist zutreffend darauf hin, dass die Berücksichtigungspflicht aus Satz 2 den gesamten Willensbildungsprozess auf europäischer Ebene umfasst. Demgegenüber soll das Wort „zugrundelegen" den Anfang dieses Willensbildungs- und Entscheidungsprozesses bezeichnen[6]. Der Begriff der Berücksichtigung umfasst jedoch den des Zugrundelegens[7]. Er passt mit Satz 1 zusammen, der dem Bundestag bereits vor Aufnahme der Verhandlungen Gelegenheit zur Stellungnahme einräumt. Sollte § 5 Satz 3 EUZBBG Art. 23 Abs. 3 Satz 2 GG Satz 2 inhaltlich einschränken wollen, müsste auch § 5 Satz 3 EUZBBG verfassungskonform ausgelegt werden. Die weitere Begründung zu dem Gesetz lässt

---

[1] Streinz, in: Sachs 1996 Art. 23 Rn. 96

[2] Hofmann/Meyer-Teschendorf, Der „Europa-Artikel" 23 GG in der staatlichen Praxis, ZfG 1997, 81(83)

[3] Möller/Limpert, Informations- und Mitwirkungsrechte des BT..., ZfP 1993, 21(28); Streinz, in: Sachs 1996, Art. 23 Rn. 101; Kokott, Kontrolle der auswärtigen Gewalt, DVBl. 1996, 937(942)

[4] Möller/Limpert, a.a.O., der zusammenfassend von einer „Befassungs-, Begründungs- und Sorgfaltspflicht" spricht, die Art. 23 GG der BReg. auferlegt.

[5] Stern, Staatsrecht Bd. II, § 26 II 2 c

[6] BT-Drs. 12/3896, S. 19

[7] so Lang, Mitwirkungsrechte...BT..., 1997, S. 309

jedoch erkennen, dass der Bundestag mit § 5 Satz 3 EUZBBG in Wirklichkeit über den Inhalt des Art. 23 Abs. 3 Satz 2 GG hinausgehen wollte. Denn das Wort „zugrunde legen" sollte bedeuten, dass der Bundestag der Bundesregierung „Empfehlungen und Vorgaben" geben darf, „an die die Bundesregierung innerstaatlich im Verhältnis zum Bundestag politisch gebunden ist"[1].

In einem weitergehenden Sinn versteht aber auch der Bundesrat den Begriff des Zugrundelegens. Seiner Meinung nach ist „zugrundelegen" mehr als „berücksichtigen"[2]. Auch sprachlich ist diese Sicht naheliegend. Während man mit dem ersten Begriff eher verbindet, dass auf Zugrundegelegtem aufgebaut wird, es somit die Grundlage für weiteres Handeln bildet, verbindet man mit dem zweiten Begriff eher, dass man das Vorbringen in die eigene Handlung mit einbezieht[3]. Auch wenn weder der Begriff der Beachtung noch der des Zugrundelegens ein finales Element enthält, das zu einer unmittelbaren Bindung der Bundesregierung führt, erklärt der Begriff „zugrundelegen" die Stellungnahme des Bundestages zur Leitentscheidung für die Bundesregierung. Z.T. wird deshalb vertreten, dass bereits nach der derzeitigen Rechtslage der Ratsvertreter wegen § 5 Satz 2 EUZBBG verpflichtet sei, die Ansicht des Bundestages im Rat zu vertreten[4]. „Zugrundelegen" verstärkt jedoch allenfalls die Begründungs- und Rechtfertigungspflicht der Bundesregierung, wenn sie von einer Stellungnahme des Bundestages abweichen will. Unabhängig davon, ob dies verfassungsrechtlich überhaupt grundsätzlich zulässig wäre, sprechen zwei wesentliche Gesichtspunkte dagegen, dass die derzeitige Rechtslage die Bundesregierung auf die Stellungnahme des Bundestages festlegt. Zum einen gilt der Regelungsauftrag für das EUZBBG nur im Rahmen des Art. 23 GG, er darf nur „Näheres" nicht anderes bestimmten[5]. Mit einer Bindung der Bundesregierung würde § 5 EUZBBG aber die Ermächtigungsnorm verlassen. Letztendlich verwendet aber auch der Bundesrat für den Bereich, in dem sich seine Meinung letztverbindlich durchsetzen soll, eine noch weitergehende Formulierung und spricht davon, dass dann seine Stellungnahme „maßgeblich" sein solle. Zudem geht auch die Gesetzesbegründung zum EUZBBG nur davon aus, dass die Bundesregierung durch die Stellungnahme „politisch" gebunden wird.

Darüber hinaus ergibt sich auch aus den Verhandlungen in der Gemeinsamen Verfassungskommission, dass die Beteiligung des Bundestages bewusst unterhalb der des Bundesrates gehalten worden war. Man wollte durch seine Erwäh-

---

[1] BT-Drs. 12/3896, S. 19

[2] BT-Drs. 12/4035, S. 2

[3] Brenner, Das Gesetz über die Zusammenarbeit von BReg. und BT in Angelegenheiten der EU, ThürVBl. 1993, 196(201f.)

[4] Brenner, a.a.O. S. 202

[5] für eine Auslegung des § 5 EUZBBG im Sinne der „höherrangigen" Norm allein schon wegen deren Höherrangigkeit auch Oschatz/Risse, Die BReg. an der Kette der Länder ?, DÖV 1995, 437(441); darauf, dass § 5 S. 2 EUZBBG in der Auslegung durch den Sonderausschuss verfassungswidrig ist, weist auch Kohnen, Die Zukunft des Gesetzesvorbehalts in der EU, zugel. Diss. Jena 1996, S. 106f. hin.

nung ja gerade lediglich sicherstellen, dass er aus der europäischen Meinungsbildung nicht vollkommen herausfallen würde.

6. Der Ausschuss für Angelegenheiten der Europäischen Union (Art. 45 GG)

Seinen legitimierenden Einfluss auf die Angelegenheiten der EU kann der Bundestag auf einen Ausschuss übertragen. Der Ausschuss für Angelegenheiten der Europäischen Union ist dabei ein Pflichtausschuss (Art. 45 GG)[1]. Betrachtet man die zentrale Rolle, die Ausschüsse in der parlamentarischen Arbeit spielen, so kann man sicherlich davon sprechen, dass Art. 45 GG die Mitwirkungsrechte des Bundestages institutionell absichern[2] und ihn gegenüber der Bundesregierung stärkt[3]. Die Angelegenheiten der EU, insbesondere hinsichtlich des Sekundärrechts, werden künftig nicht mehr verstreut nach Sachbereichen in den traditionellen Ausschüssen beraten. Im Ausschuss nach Art. 45 GG kann sich so mit der Zeit wichtiges Zentralwissen ansammeln. Er vermittelt zudem dem Bundestag organisiert und strukturiert einen umfassenden Überblick über die Aktivitäten der EU. Er soll sich deshalb insgesamt zu einer Clearingstelle für alle Aktivitäten in europäischen Angelegenheiten entwickeln[4] und gleichzeitig schnelle Entscheidungen ermöglichen[5]. Darüber hinaus soll die Einrichtung des Ausschusses auch zum Ausdruck bringen, welche herausgehobene Bedeutung der verfassungsändernde Gesetzgeber der europäischen Integration beimisst[6].

Art. 45 Satz 2 GG bestimmt, dass der Bundestag den Ausschuss ermächtigen kann, die Rechte des Bundestages gemäß Art. 23 GG gegenüber der Bundesregierung wahrzunehmen. Aus der Formulierung "Rechte des Bundestages ... gegenüber der Bundesregierung" ergibt sich, dass Art. 45 Satz 2 GG die Zuständigkeiten des Bundestages gem. Art. 23 Abs. 1 Satz 2 i.V.m. Art. 59 Abs. 2 nicht modifizieren will. Im diesem Rahmen übt der Bundestag nämlich kein Recht gegenüber der Bundesregierung aus, sondern sein von der Regierung unabhängiges Gesetzgebungsrecht. Es geht in Art. 45 Satz 2 GG somit nur um die Rechte des Bundestages aus Art. 23 Abs. 2 und 3 i.V.m. dem "Gesetz über die Zusammenarbeit zwischen Bundesregierung und Bundestag in Angelegenheiten der Europäischen Union"[7] mit den dort geregelten Unterrichtungs- und Abstimmungsgeboten sowie den Möglichkeiten zur Stellungnahme. Damit verbleibt die Kernaufgabe der Gesetzgebung im Parlament.

---

[1] Lang, Mitwirkungsrechte...BT..., 1997, S. 296

[2] Möller/Limpert, Informations- und Mitwirkungsrechte des BT..., ZfP 1993, 21(30); Brenner, Das Gesetz über die Zusammenarbeit von BReg. und BT..., ThürVBl. 1993, 196(199)

[3] Scholz, GG und europäische Einigung, NJW 1992, 2593(2595)

[4] Abg. Möller, Gem.Verfk., Sten.Ber. 7. Sitzung, S. 4; Lang, Mitwirkungsrechte...BT..., 1997, S. 303

[5] Lang, a.a.O. S. 295

[6] Brenner, Das Gesetz über die Zusammenarbeit von BReg. und BT in Angelegenheiten der EU, ThürVBl. 1993, 196(199)

[7] BGBl. I 1993 S. 311

Der Ausschuss ist als vorberatender Ausschuss für alle Angelegenheiten der EU zuständig. Der Bundestag kann ihm darüber hinaus aber auch die Wahrnehmung seiner Rechte gegenüber der Bundesregierung gemäß Art. 23 GG übertragen. Insofern entscheidet der Ausschuss dann abschließend.

Aus Art. 38 Abs. 1 Satz 2 GG ergibt sich, dass nicht jeder einzelne Abgeordnete das ganze Volk repräsentiert. Vertreter des ganzen Volkes sind lediglich die Abgeordneten in ihrer Gesamtheit[1]. Nicht der einzelne Abgeordnete, sondern das Parlament als Ganzes im Sinne der Gesamtheit seiner Mitglieder übt als besonderes Organ die vom Volk ausgehende Staatsgewalt aus[2]. Deshalb ist das Volk bei der Willensbildung im Parlament nur dann angemessen repräsentiert ist, wenn das Parlament als Ganzes an dieser Willensbildung tatsächlich beteiligt ist und nicht nur ein kleiner Rest interessierter Abgeordneter an Bundestagsabstimmungen teilnimmt.

Ausschüsse können deshalb den Bundestag nicht ersetzen. Sie verzerren bereits die Repräsentation[3]. Sollen Entscheidungen Ausschüssen zugewiesen werden, so wird damit auch die Repräsentation in diese vorverlagert. Das ist nur unbedenklich, solange der Entscheidungsprozess institutionell in den Bereich des Parlaments eingefügt bleibt[4]. Diesem muss vor allem das potentielle, jederzeit selbständig aktivierbare, umfassende Rückhol- und damit Letztbefassungsrecht vorbehalten bleibt[5].

Insoweit sind Formulierungen missverständlich, der Ausschuss bekäme „ein Mandat zur ausschließlichen Regierungskontrolle übertragen“[6], er könne „die Kontrollfunktion des Bundestages gegenüber der Bundesregierung in vollem Umfange wahrnehmen“[7]. Gleiches gilt für Überlegungen, dass eine verfassungsrechtliche Verankerung des Ausschusses bereits deshalb notwendig war, weil durch einfaches Gesetz die verfassungsrechtlichen Kompetenzen des Bundestages „nicht beseitigt oder beschnitten werden“ könnten[8].

Dem Ausschuss sind nicht sämtliche Kontrollrecht gegenüber der Bundesregierung übertragen, sondern nur die in Art. 23 GG vorgesehenen. Zentrales Kontrollgremium bleibt hier weiterhin der Bundestag.

---

1 Schmid, Das Verhältnis von Parlament und Regierung im Zusammenspiel der staatlichen Machtverteilung, 1971, S. 10

2 BVerfGE 44, 308(315f.)

3 Magiera, Parlament und Staatsleitung in der Verfassungsordnung des GG, 1979, S. 118

4 BVerfGE 44, 308(319)

5 BVerfGE 44, 308(316f.); Lang, Mitwirkungsrechte...BT..., 1997, S. 298

6 Brenner, Das Gesetz über die Zusammenarbeit von BReg. und BT in Angelegenheiten der EU, ThürVBl. 1993, 196(199)

7 Brenner, a.a.O. S. 200

8 Brenner, a.a.O. S. 199

Andererseits soll die Beteiligung des Bundestages am Entstehen europäischen Sekundärrechts ein Ersatz für den Verlust an Gesetzgebungskompetenzen sein, die er durch die europäische Integration erleidet[1]. Mit der Stärkung des Bundestages soll so demokratietheoretisch die an die Exekutive abgeflossene Gesetzgebungskompetenz für den Erlass europäischen Sekundärrechts korrigiert werden[2]. Demokratietheoretisch ist es dann aber unbefriedigend, wenn diese Kompensationszuständigkeit sogleich auf ein Organ übertragen wird, das die Repräsentation des Volkes gerade nicht unverfälscht zum Ausdruck bringt. Der Ausschuss ist zudem nicht ein den Bundestag beratender, sondern ein statt seiner entscheidender. Letztlich zulässig ist diese Konstruktion zum einen nur, weil der Ausschuss in Art. 45 GG verfassungsrechtlich abgesichert ist, zum anderen aber auch nur, weil der Bundestag die dem Ausschuss erteilte Ermächtigung jederzeit generell sowie im Einzelfall zurücknehmen und sein Recht gegenüber der Bundesregierung wieder selbst wahrnehmen kann[3].

IX. Bindungswirkung von Parlamentsbeschlüssen für die Verhandlungen der Bundesregierung zu Rechtsetzungsakten der EU im Rat

Unter Ziffer C.III.6.e. wurde bereits dargestellt, dass Parlamentsbeschlüsse, erklärt sie das Grundgesetz nicht ausdrücklich für verbindlich, für die Bundesregierung unverbindlich sind. Weder Art. 23 GG noch § 5 EUZBBG legen eine solche Bindung ausdrücklich fest. Vor allem auch ein Vergleich zwischen Abs. 1 Satz 2, der die Übertragung von Hoheitsrechten ausdrücklich an eine Zustimmung des Bundestages bindet, und Abs. 2 und 3 belegen dieses Ergebnis nochmals. Andererseits handelt es sich bei den Stellungnahmen im Rahmen des Art. 23 GG aber auch nicht lediglich um politische Äußerungen des Bundestages. Art. 23 Abs. 3 GG schafft mit der Beachtenspflicht für die Bundesregierung die rechtliche Verpflichtung, dem Bundestag gegenüber nachzuweisen, dass seine Stellungnahme berücksichtigt worden ist und aus welchen Gründen gegebenenfalls von seiner Stellungnahme abgewichen wurde[4].

Gegen einen stärkeren Einfluss des Bundestages auf die Ratsmitglieder wird eingewandt, ein imperatives Mandat für Ratsmitglieder würde gegen Art. 10 EGV verstoßen[5], wonach die Mitgliedstaaten alle Maßnahmen zu unterlassen hätten, die die Ziele des EGV gefährden können (Art. 10 UA 2 EGV). So wird z.B. vereinzelt bereits die bindende Einflussnahme der Länder nach Art. 23 Abs. 5 Satz 2 GG als Verstoß gegen Art. 10 EGV gewertet[6], was so jedoch schon deshalb nicht zu halten ist, da die Länder in Art. 23 Abs. 5 Satz 3 und Abs. 6 Satz 2 Hs. 2 GG auf die staatliche Gesamtverantwortung des Bundes

[1] Möller/Limpert, Informations- und Mitwirkungsrechte des BT..., ZfP 1993, 21(23ff.)
[2] Möller/Limpert, a.a.O.
[3] Scholz, in: M/D/H/S, Art. 45 Rn. 6; Möller/Limpert, a.a.O. S. 31
[4] Lang, Mitwirkungsrechte...BT..., 1997, S. 314f.
[5] Pernice, in: Isensee/Kirchhof, Rn. 53
[6] Ress, Die EGten und der deutsche Föderalismus, EuGRZ 1986, 549(551f.)

verpflichtet sind und damit auch auf die vom Bund geschlossenen völkerrechtlichen Verträge[1]. Deshalb müssen auch die Länder dafür sorgen, dass ihr Verhalten zu keiner Zielgefährdung i.S.d. Art. 10 EGV führt. Der aus Art. 10 EGV erwachsenden Pflicht der Mitgliedstaaten, das Funktionieren der Union zu sichern[2], wird damit ausreichend Rechnung getragen.

Außerdem bezieht sich die in Art. 10 EGV verankerte Treuepflicht in erster Linie auf die Anwendung des Gemeinschaftsrechts. Nationales Recht ist danach europarechtskonform auszulegen[3] und europäisches Recht innerstaatlich effektiv durchzusetzen[4]. Primär bezieht sich Art. 10 EGV somit auf die Schnittstelle zwischen nationalem Recht und Unionsrecht. Gerade die innerstaatliche Organzuständigkeit wird von Art. 10 EGV deshalb nicht eingeschränkt. Zudem unterscheidet Art. 10 EGV zwischen einer Handlungs- und einer Unterlassungspflicht. Handlungen unterlassen müssen die Mitgliedstaaten jedoch nur, wenn diese die Erfüllung der vertraglichen Verpflichtungen gefährden könnten (Art. 10 Satz 2 EGV). Damit ist ihnen nicht bereits jede tatsächlich-politische Erschwernis im rein innerstaatlichen Bereich verboten. Dass mit Art. 10 EGV ein status quo der innerstaatlichen Ratifizierungsverfahren eingefroren werden sollte, kann der allgemeinen Formulierung des Art. 10 EGV nicht entnommen werden. Außerdem überlassen auch die Art. 48 und 49 EUV die Regelung der innerstaatlichen Ratifikation von Vertragsänderungen explizit den Einzelstaaten. Als Gestaltungsgrenze gilt hier deshalb nicht jede innerstaatliche Verfahrensänderung. Es dürfen lediglich die Vertragsbestimmungen nicht gezielt untergraben werden und über innerstaatliche Regelungen eine Entscheidungsunfähigkeit des Rates herbeigeführt werden.

Es wird zwar befürchtet, der Rat könnte durch ein bindendes Votum der nationalen Parlamente handlungsunfähig werden[5]. In jedem Fall leide aber seine Entscheidungsflexibilität[6]. Bei einem Scheitern einer europäischen Regelung wegen Handlungsunfähigkeit des Rates trete faktisch sogar ein Verzicht auf staatliche Regelung ein, weil gleichzeitig die Mitglieder wegen fehlender nationaler Zuständigkeit nicht mehr zur Entscheidung fähig seien[7]. Eine verstärkte Bindung des Rates an die nationalen Parlamente lasse sogar befürchten, dass die Mitgliedsregierungen ihren Einfluss im Rat zukünftig in noch größerem Umfang nicht gemeinschaftlich nützen, sondern zunehmend mit Blick auf die nati-

---

[1] BR/Drs. 501/92, zu Art. 23 Abs. 4 Ziff. c; s. dazu auch StS Neusel, Gem.Verfk., Sten.Ber. 7. Sitzung, S. 12; StMin. Stoiber, Gem.Verfk., Sten.Ber. 8. Sitzung, S. 13; Scholz, GG und europäische Einigung, NJW 1992, 2593(2598)

[2] Bleckmann, Europarecht, 5. A. 1990, Rn. 420

[3] EuGH Slg. 1984, 1891

[4] Bleckmann, Europarecht, 5. A. 1990, Rn. 381ff.

[5] Rupp, Muß das Volk über den Vertrag von Maastricht entscheiden ?, NJW 1993, 38(40); Hrbek, Demokratiegebot und EG, 1980, S. 285(309); Fuss, Positionsstärkung des EP, EuR 1972, 358(362); Badura, Bewahrung und Veränderung ..., VVDStRL 23, 34(76)

[6] Winter, Institutionelle Strukturen der EU, DÖV 1993, 173(176)

[7] Scharpf, Europäisches Demokratiedefizit und deutscher Föderalismus, StwStp 1993, 293(297)

onalen Kräfte[1]. Dass allein die Anbindung der Ratsmitglieder an nationalen Voten nicht automatisch zu einer Entscheidungslähmung im Rat führt, zeigt jedoch das Beispiel Dänemarks (Art. 19 Abs. 3 der Dänischen Verfassung). Sind Mehrheitsentscheidungen möglich, hat eine strikte nationale Bindung der Ratsmitglieder zudem ohnehin nicht das Gewicht wie bei notwendig einstimmig zu fällenden Entscheidungen.

Zudem wird gegen eine Bindung der Ratsmitglieder vorgebracht, dass auch das Grundgesetz einer Entmachtung der Exekutive entgegenstehe, da der Regierung ein erhebliches Mitgestaltungsrecht über den Rat verbleiben müsse[2]. Der Rat ist auf eine Kompromissfähigkeit der Ratsvertreter angewiesen, um überhaupt Entscheidungen treffen zu können[3]. Und zum Treffen von Entscheidungen ist er sogar vertraglich verpflichtet (siehe Art. 232 EGV). Andererseits sind auch die Bundesminister, die die Bundesregierung im Rat vertreten, gegenüber der Bundesregierung weisungsgebunden. Zudem ist der Rat gerade das Organ, in dem die nationale Rückbindung europäischer Regelungen hergestellt werden soll[4]. Auch eine Bindungswirkung von Beschlüssen des Bundestages würden jedoch dem Grundsatz der Organtreue unterliegen. Der Grundsatz der Organtreue begleitet die gesamte Zusammenarbeit zwischen Bundesregierung und Bundestag im Rahmen der europäischen Integration[5]. Auch der Bundestag wäre deshalb bei seinen für die Regierung bindenden Entscheidungen verpflichtet, die europavertraglich erforderliche Handlungsfreiheit der Bundesregierung zu gewährleisten[6]. Immerhin hat er den europäischen Verträgen ja auch zugestimmt.

Darüber hinaus baut die demokratische Legitimation der EU gerade auf den nationalen Demokratien auf. Die EU sieht diese sogar als Bestandteil ihrer eigenen demokratischen Legitimation. Kern jeder der nationalen Demokratien sind jedoch die nationalen Parlamente. Wenn ausgerechnet deren verstärkte innerstaatliche Mitwirkung an europäischer Entscheidungsfindung europarechtlich verboten sein sollte, müsste dies klarer geregelt sein als in den allgemeinen Formulierungen des Art. 10 EGV.

Abs. 3 erschöpft die Mitwirkungsmöglichkeiten des Bundestages am Entstehen europäischen Sekundärrechts nicht. Bereits der Begriff des Mitwirkens in Abs. 2 Satz 1 GG ist offener als Abs. 3. Auch wenn Art. 23 GG eine bindende Betei-

---

[1] Neunreither, Legitimationsprobleme in der EG, 245(248); Sasse, Eine Gemeinschaft - Neun Legitimationen, ZfP 1978, 254(259); Friauf, Zur Problematik rechtsstaatlicher und demokratischer Strukturelemente in zwischenstaatlichen Gemeinschaften, DVBl. 1964, 781(784)

[2] Ress, Über die Notwendigkeit der parlamentarischen Legitimierung der Rechtsetzung der EGten, 1989, S. 683

[3] Lang, Mitwirkungsrechte...BT..., 1997, S. 366; ob davon jedoch eine „störungsfreie Ratsarbeit" erfasst ist, so Lang, a.a.O., erscheint doch sehr fraglich. Auch der Rat ist trotz grundsätzlicher Nichtöffentlichkeit seiner Sitzungen kein abgeschiedener Raum zur politisch ungestörten Entscheidung.

[4] Rath, Die „unionswärtige Gewalt" des BT..., 1995, S. 125

[5] BVerfGE 89, 155(191)

[6] Kohnen, Die Zukunft des Gesetzesvorbehalts in der EU, zugel. Diss. Jena 1996, S. 101f.

ligung des Bundestages nicht im Auge hatte, so kann sich aus anderen Wertentscheidungen in der Verfassung doch eine über Abs. 3 hinausgehende Mitwirkungsmöglichkeit des Bundestages ergeben. Zwar erklärt Art. 23 GG Stellungnahmen des Bundestages gerade nicht für verbindlich[1]. Art. 23 GG regelt die Rolle des Bundestages in Angelegenheiten der EU jedoch nicht abschließend[2]. Außer über seine Beteiligung im Rahmen des Art. 23 GG kann der Bundestag aber ein sog. Mandatsgesetz erlassen[3], mit dem er die Bundesregierung grundsätzlich auf Verhandlungspositionen verpflichten kann. Ein solches Gesetz entfaltet keine Außenwirkung gegen Dritte, sondern bindet nur die Bundesregierung gegenüber dem Bundestag. Es regelt einen Rechtsbereich nicht endgültig, sondern stellt, vergleichbar mit einem Plangesetz, nur bestimmte Weichen[4]. Mit einem Mandatsgesetz würde der Bundestag insbesondere nicht automatisch den Eigenbereich der Regierung zur politischen Leitentscheidung verletzen. Die Möglichkeit zur politischen Leitentscheidung verbleibt der Regierung auch bei einem Mandatsgesetz im gleichen Umfang, in dem sie im innerstaatlichen Rechtsetzungsverfahren Leitentscheidungen fällen kann.

Das Mandatsgesetz verletzt insbesondere nicht unzulässig den Außenvertretungsspielraum der Bundesregierung. Kann die Bundesregierung unter Art. 59 Abs. 2 Satz 1 GG - auch nach der hiesigen Bewertung der Vorschrift - vom Bundestag auch nicht auf einen bestimmten Vertragsinhalt verpflichtet werden, so kann sie sich für europäisches Sekundärrecht gerade nicht darauf berufen, dass dieses in Gestalt völkerrechtlicher Verträge erlassen wird.

Die Rechtsprechung des BVerfG zur starken Stellung der Bundesregierung in auswärtigen Angelegenheiten beruht zentral auch auf der Argumentation, dass sonst - entgegen der Intention des Art. 59 GG - in weitem Umfang politische Macht zu Lasten der Exekutive auf den Bundestag in einem Bereich verlagert würde, der funktionell nicht Gesetzgebung i.S.d. Art. 20 Abs. 2 Satz 2 GG ist. Denn die Vornahme solcher Akte auf der Ebene des Völkerrechts vermag als solche nicht schon innerstaatlich geltende Rechtssätze zu erzeugen[5]. Die Beschreibung der auswärtigen Gewalt uneingeschränkt als Exekutivfunktion würde ihr sogar umgekehrt gerade die Macht geben, ihre innerstaatlichen Kompetenzen ständig zu erweitern[6]. Gerade hier würde sich dann die Frage der Machtbalance stellen und nicht in einer stärkeren Beteiligung des Bundestages an materiell rechtsetzenden außenpolitischen Akten der Regierung.

---

[1] dass Willensäußerungen des Bundestages, die nicht in der Form eines Gesetzesbeschlusses geäußert werden, nur verbindlich sind, wenn die Verfassung dies ausdrücklich anordnet, wurde in Ziff. D.II.2. dargelegt.

[2] Rath, Die „unionswärtige Gewalt“ des BT..., 1995, S. 123f.

[3] Scholz, in: M/D/H/S, Art. 23 Rn. 118; Rath, Die „unionswärtige Gewalt“ des BT..., 1995, S. 138ff.

[4] Rath, a.a.O. S. 139f.

[5] BVerfGE 68, 1(87)

[6] Hitzel-Cassagnes, Rechtsstaatliche Domestizierung der Außenpolitik, Kritische Justiz 2000, 63(73f.)

Die Argumentation des Gerichts bezog sich in dieser Entscheidung auf Handlungen im Rahmen des NATOVertrages. Die NATO an sich ist bereits nicht auf die Erzeugung von Rechtsätzen angelegt. Anders ist die Situation im Rahmen der EU. Die Organe der EU, insbesondere sogar der Rat, sind von den Verträgen gerade zur Rechtssetzung angehalten. Auch wenn die Handlung eines Ratsmitgliedes für sich betrachtet nicht bereits Rechtsetzung ist, die Handlungen des Rates insgesamt sind funktionell Gesetzgebung. Verordnungen und - wenn auch etwas eingeschränkt - Richtlinien erzeugen gerade innerstaatlich geltende Rechtssätze.

Selbstverständlich sind Richtlinien und Verordnungen deshalb keine Gesetze i.S.v. Art. 76 GG. Das BVerfG stellt jedoch auch nur darauf ab, ob funktionell Gesetzgebung vorliegt. Und die Funktion von Gesetzen haben gerade Richtlinien und vor allem Verordnungen.

Aus der Wesentlichkeitslehre allein ergibt sich noch nicht das Recht des Bundestages, verbindlichen Einfluss auf das Verhalten der Bundesregierung im Rat nehmen zu dürfen. Dies folgt jedoch nicht daraus, dass ein Mandatsgesetz keine Außenwirkung entfaltet[1]. Der Bundestag hat den Verträgen als Handlungsgrundlage der Regierung im Rat zugestimmt und den Rat als Organ in der in den Verträgen definierten Zusammensetzung und mit den in den Verträgen definierten Aufgaben gebilligt. Damit hat er grundsätzlich die Regierung ermächtigt, auf der Grundlage der Verträge und in den in den Verträgen vorgesehenen Entscheidungsverfahren Rechtsnormen zu erlassen. Die Wesentlichkeitslehre ist zudem für internationale Verträge deren Funktionsbedingungen angepasst. Es ist weder demokratietheoretisch erforderlich noch ist es systematisch konsequent, wenn man für einzelne Entscheidungen die Wesentlichkeitslehre unmodifiziert, d.h. wie im innerstaatlichen Bereich, anwendet. Hier wird demokratietheoretisch der Rolle des Bundestages ausreichend Rechnung getragen, wenn er einerseits an der Erstellung der Verträge beteiligt ist und ihm andererseits seine allgemeinen Kontrollrechte zur Verfügung stehen.

Damit ist jedoch nur das Recht des Bundestages begründet, Normativgewalt überhaupt auf ein anderes Organ abzugeben. Innerstaatlich wäre dies nur im Rahmen des Art. 80 GG möglich. Und hier hat Verwerfungskompetenz für Rechtsverordnungen jedes nationale Gericht im Rahmen seiner Zuständigkeit. Verwerfungskompetenz für formelle Gesetze hat jedoch nur das BVerfG.

Das BVerfG hebt zudem in seinem Urteil zum Vertrag von Maastricht hervor, dass der Bundestag die Vorbereitungen zur WWU unter einen Gesetzesvorbehalt stellen könnte[2]. Dem Bundestag eröffnet es in diesem Zusammenhang sogar einen direkten Rückgriff auf die europäischen Verträge zur Begründung

---

[1] mit dieser Begründung lehnt Rath die Anwendung der Wesentlichkeitslehre auf Mandatsgesetze ab, Die „unionswärtige Gewalt" des BT..., 1995, S. 140

[2] BVerfGE 89, 155(203)

seiner Entscheidung, wenn es feststellt, dass sich das „Anliegen des Bundestages, sich für den Übergang zur dritten Stufe der Wirtschafts- und Währungsunion eine eigene Bewertung vorzubehalten und sich damit einer Aufweichung der Stabilitätskriterien zu widersetzen, insbesondere auf Art. 6 des Protokolls über die Konvergenzkriterien stützen“ könne[1].

Soweit befürchtet wird, durch eine verstärkte nationale Rückbindung für Einzelentscheidungen werde im Ergebnis das nur für Vertragsänderungen vorgesehene nationale Ratifikationsverfahren auf Einzelentscheidungen ausgedehnt[2], so gilt dies gerade nicht, wenn im Rat Mehrheitsentscheidungen gefällt werden können. Zudem kann der Bundestag einen völkerrechtlichen Vertrag ablehnen, ohne Bindungen aus den europäischen Verträgen unterworfen zu sein. Bei Weisungen an den Ratsvertreter der Bundesregierung muss der Bundestag diese - zudem von ihm gebilligten - Bindungen akzeptieren. Darauf kann sich die Bundesregierung auch berufen, wenn sie eine Weisung für rechtswidrig hält. Materiell bestehen zwischen beiden Verfahren deshalb zentrale Unterschiede. Dass sie formell ähnlich ablaufen, kann nicht als Begründung dazu dienen, die Möglichkeit einer Bindung abzulehnen.

X. Europapolitik als Außenpolitik ?

Das Recht des Bundestages, jederzeit bindenden Einfluss auf das Verhalten des deutschen Ratsmitgliedes zu nehmen, ergibt sich daraus, dass dessen Handlungen im Rat aus Sicht des Art. 59 GG nicht mehr der Außenpolitik zugeordnet werden können. Erst aus Art. 59 Abs. 2 Satz 1 GG folgt im Umkehrschluss, dass die Außenpolitik dem Bundestag grundsätzlich verschlossen sein soll. Soll der durch Art. 59 Abs. 2 Satz 1 GG vermittelte besondere Schutz des Regierungsbereichs für die Außenpolitik wirksam werden können, muss aber die von dieser Bestimmung geschützte Tätigkeit auch tatsächlich eine außenpolitische Handlung sein.

Die Frage, ob angesichts des wachsenden Einflusses europäischer Entscheidungen auf das innerstaatliche Rechtssystem Europapolitik überhaupt noch Außenpolitik und nicht bereits Innenpolitik ist, wird bereits länger diskutiert[3]. Fast alle Rechts- und Politikbereiche seien inzwischen mehr oder weniger stark europäisiert. Die Kategorien „innen“ und „außen“ würden für die Mitgliedstaaten im Blick auf die EU deshalb nicht mehr existieren[4]. Eine zunehmende Aufgaben- und Machtverteilung zwischen den Staaten und der übergeordneten Staatenverbindung habe klassische Themen der traditionellen Außenpolitik zu Angele-

---

1 BVerfGE 89, 155(202)

2 Seeler, Die Legitimation des hoheitlichen Handelns der EG/EU, EuR 33(1998), 721(731)

3 Steindorff, Verfassungsänderung durch die EG ?, AöR 116, 460(466); Min. Schnoor, Gem.Verfk., Sten.Ber. 7. Sitzung, S. 5; Abg. Möller, Gem.Verfk., Sten.Ber. 8. Sitzung, S. 5

4 Hirsch, EG: Kein Staat, aber eine Verfassung ?, NJW 2000, 46; Oppermann, Der Europäische Traum zur Jahrhundertwende, JZ 1999, 317(324)

genheiten europäischer Innenpolitik werden lassen[1]. Die europäische Integration trage deshalb zunehmend Züge einer Innenpolitik[2], mindestens sei eine europäische Innenpolitik im Entstehen[3]. Von einer „Europäisierung der Innenpolitik“ sprach dagegen jüngst der Bundesinnenminister[4]. Der Trend zur Beurteilung als Innenpolitik soll auch in der zunehmenden Beteiligung von Bundestag und Bundesrat an der deutschen Europapolitik zum Ausdruck kommen[5]. Eine gemäßigtere Ansicht sieht das Sekundärrecht als Mischung zwischen klassischer Außenpolitik und Innenpolitik[6].

Nach anderer Ansicht kennzeichnet der Begriff der europäischen Innenpolitik jedoch nur die innerstaatlichen Belastungen des Verfassungsgefüges[7] durch die fortschreitende europäische Integration. Trotz aller Veränderungen in der Europapolitik handle es sich bei allem, was als Integrationspolitik oder europäische Innenpolitik bezeichnet wird, primär um einen engen Bereich in der allgemeinen Außenpolitik, der allenfalls einen eigenen Namen erhalten hat[8]. Auch Art. 23 GG unterwerfe lediglich einen bestimmten Bereich der Außenpolitik eigenständigen innerstaatlichen Verfahrensregelungen. Zudem seien die Art. 32 und 59 GG unverändert geblieben. Sie erfassten aber abschließend die außenpolitische Zuständigkeit für alle Beziehungen, die sich aus der Stellung Deutschlands als Völkerrechtssubjekt im Verhältnis zu anderen Völkerrechtssubjekten ergeben[9].

In den zitierten Stimmen kommt zum Ausdruck, dass man die Bezeichnung „Innenpolitik“ für zwei unterschiedliche Bereiche verwendet. Dass mit zunehmender Integration eine europäische Innenpolitik entsteht, ist nicht zu bestreiten[10]. Dies bezeichnet jedoch nur die Erscheinung, dass die EU zunehmend als einheitlicher politischer Raum erkennbar wird, der mit dem Instrument der Außenpolitik früher der nationalen Innenpolitik zugeordnete Sachbereiche regelt. Dies ist jedoch eine automatische Konsequenz aus der Übertragung von Hoheitsrechten, da Hoheitsrechte eines Staates typischerweise innerstaatlich ausgeübt werden. Die Benennung der Handlungen der EU als europäische Innenpolitik

---

[1] Di Fabio, Der neue Art. 23 des GG, Der Staat 1993, 191(199, Fn. 29); Thürer, Der Verfassungsstaat als Glied einer europäischen Gemeinschaft, VVDStRL 50, 97(124); Min. Schnoor, Gem.Verfk., Sten.Ber. 7. Sitzung, S. 5; so auch die Prognose von Lemke, Europa als politischer Raum, Kritische Justiz 1999, 1(6); Rath, Die „unionswärtige Gewalt“ des BT..., 1995, S. 117

[2] Lemke, Europa als politischer Raum, Kritische Justiz 1999, 1(6)

[3] Möller/Limpert, Informations- und Mitwirkungsrechte des BT..., ZfP 1993, 21(24); Kokott, Kontrolle der auswärtigen Gewalt, DVBl. 1996, 937(938)

[4] Bundesminister des Innern Otto Schily, Die Europäisierung der Innenpolitik, NVwZ 2000, 883

[5] Di Fabio, Der neue Art. 23 des GG, Der Staat 1993, 191(199, Fn. 29)

[6] Sv. Lerche, Gem.VerfK., Sten.Ber. 1. Öffentl. Anhörung, S. 12; Min. Schnor, Gem.Verfk., Sten.Ber. 7. Sitzung, S. 5; Abg. Möller, Gem.Verfk., Sten.Ber. 8. Sitzung, S. 5

[7] Busch, Bundesländer und GG im Spannungsfeld der europäischen Integration, 1990, S. 53

[8] Maunz in: M/D/H/S, Art. 32 Rn. 6

[9] Rojahn in: v.Münch, Art. 32 Rn. 1f.

[10] Z.B. mit der Einrichtung europäischer Betriebsräte (Richtlinie 94/45/EWG) für grenzüberschreitende Unternehmen entsteht eine echte europäische Innenpolitik.

hat deshalb keinerlei rechtlichen Gehalt, sondern bringt eine politische Entwicklung zum Ausdruck.

Der andere Zusammenhang, in dem der Begriff der „Innenpolitik" Verwendung findet, ist die nationale Beurteilung der Frage, wie weit sich das Handeln der nationalen Vertreter im Rat in seiner Qualität gewandelt hat, wie weit deren Handeln im Rat aus nationaler Sicht noch Außenpolitik ist. Hier geht es jedoch nicht darum, welcher politische Charakter dem Handeln *der* europäischen Organe, sondern welcher rechtliche Charakter dem Handeln der nationalen Organe *in den* europäischen Organen zukommt.

Die eigentlich politische Redewendung von einer europäischen Innenpolitik legt aber trotzdem einen rechtlichen Kern offen[1]. Sie bringt zum Ausdruck, dass die Handlungen im Rat zunehmend ihre Qualität als Außenpolitik verändern.

Ein deutliches Indiz für eine erhebliche „Innenpolitisierung" europäischer Entscheidungen ergibt sich bereits aus der Zusammensetzung, mit der im Rat entschieden wird. Hier wird das übliche außenpolitische diplomatische Verhandlungsparkett deutlich verlassen. Formell vertritt nach Art. 59 Abs. 1 Satz 1 GG der Bundespräsident den Bund völkerrechtlich und schließt in seinem Namen völkerrechtliche Verträge. Art. 59 GG verleiht ihm aber keine inhaltliche außenpolitische Kompetenz. Die Kompetenz des Bundespräsidenten erschöpft sich deshalb im wesentlichen in einer Erklärungskompetenz[2]. Die inhaltliche außenpolitische Kompetenz liegt bei der Regierung. Sie ergibt sich aus der dem Kanzler in Art. 65 GG eingeräumten Richtlinienkompetenz für die gesamte Politik[3]. Eine Vertretung Deutschlands im Rat des EGV durch den Bundespräsidenten ist vertraglich sogar eindeutig ausgeschlossen (Art. 203 EGV).

Weniger eindeutig ist zwar die vertragliche Regelung für die Vertretung Deutschlands im Europäischen Rat. In ihm kommen die Staats- und Regierungschefs der Mitgliedstaaten zusammen. Der Europäische Rat hat jedoch die Aufgabe, die für die Entwicklung der EU erforderlichen Impulse zu geben und die allgemeinen politischen Zielvorstellungen für die Entwicklung festzulegen (Art. 4 UA 1 EUV). Deutschland somit muss in den Europäischen Rat einen Vertreter entsenden, der berechtigt ist, im Europäischen Rat im Sinne der Verträge zu handeln. Der Bundespräsident hat verfassungsrechtlich diese Kompetenzen jedoch. Würde er Deutschland im Europäischen Rat vertreten, käme Deutschland seiner Verpflichtung aus den Verträgen somit nicht nach, da der Präsident im Europäischen Rat nicht entsprechend inhaltlich handeln könnte.

---

1 Rath, Die „unionswärtige Gewalt" des BT..., 1995, S. 117

2 Einzelheiten der Vertragsschlusskompetenz des Präsidenten sind umstritten, Maunz in: M/D/H/S, Art. 59 Rn. 5 u. Grewe, HdbdStR. Bd. III, § 77 Rn. 40

3 Grewe, Zum Verfassungsrecht der Auswärtigen Gewalt, AöR 112(1987), 521(530), ders., HdbdStR. Bd. III, § 77 Rn. 33/55

Zudem ergibt sich auch aus der Geschichte des Europäischen Rates, dass Deutschland hier vom Bundeskanzler vertreten werden muss. Der Europäische Rat war 1974 als Zusammenkunft der Staats- und Regierungschefs geschaffen worden, nachdem man es nicht mehr als ausreichend angesehen hatte, wenn sich die Staats- und Regierungschefs als streng an den damaligen EWGV und dessen Zuständigkeitsregeln gebundenen Ministerrat trafen[1]. Der Europäische Rat ist damit eine Auskopplung des Rates aus Art. 203 EGV, um in einer bestimmten Zusammensetzung über den EGV hinausgehende Aufgaben erledigen zu können.

Die klassische Außenvertretung jedoch nicht nur auf den Bundeskanzler zugeschnitten, sondern daneben vor allem auch auf den Außenminister[2]. In den Geschäftsordnungen der Bundesregierung und der Bundesministerien ist geregelt, dass jeder Minister vor Reisen ins Ausland das Einvernehmen mit dem Kanzler herstellen muss (§ 13 Abs. 1 Satz 3 GeschOBReg.). Auch für Einladungen ins Ausland ist dessen Zustimmung erforderlich (§ 13 Abs. 2 GeschOBReg.). Verhandlungen mit dem Ausland dürfen nur mit Zustimmung des Auswärtigen Amtes, auf sein Verlangen oder unter seiner Mitwirkung geführt werden (§ 11 Abs. 2 GeschOBReg., § 79 Abs. 1 GGOBMin II). Vertreter auswärtiger Regierungen oder zwischenstaatlicher Einrichtungen sollen nur nach vorherigem Benehmen mit dem Auswärtigen Amt empfangen werden (§ 11 Abs. 1 GeschOBReg.). Verhandlungs- und Unterzeichnungsvollmachten für Regierungsabkommen werden vom Außenminister erteilt (§ 79 Abs. 2, 82 Abs. 2 GGOBMin II). Nur im noch verbleibenden außenpolitischen Feld können die Fachminister selbständig tätig werden[3].

Indizien für die Außenvertretung durch Bundeskanzler und Außenminister lassen sich auch dem Völkerrecht entnehmen (Art. 25 GG). Das Völkerrecht mischt sich zwar nicht in die innerstaatliche Kompetenzordnung ein, vermutet aber die außenpolitische Zuständigkeit des Regierungschefs und des Außenministers und fingiert sie notfalls auf völkerrechtlicher Ebene. Nach Art. 7 Ziff. 2. a WVK gelten Staatsoberhäupter, Regierungschefs und Außenminister „Kraft

---

[1] Oppermann, Europarecht, 2. A. 1999, Rn. 299; Ress, Über die Notwendigkeit der parlamentarischen Legitimierung der Rechtsetzung der EGten, GS Geck, 1989, S. 625(632); die derzeitige Vertrags- und Verfassungslage legt es zwar nahe, in den Verträgen das Hindernis zu sehen, dass der Bundespräsident Deutschland in Rat und Europäischem Rat vertreten darf. Inhaltlich vertritt der Bundespräsident verfassungsrechtlich Deutschland völkerrechtlich nach außen. Erst die Regelungen in den Verträgen führt dazu, dass er in den konkreten Fällen daran gehindert ist, diese Vertretungskompetenz wahrzunehmen. Im Grundgesetz könnte jedoch die Rolle des Bundespräsidenten neu definiert werden. Da die europäischen Verträge nicht explizit den Bundeskanzler als Vertreter Deutschlands festschreiben, sondern an Funktionen, denen der deutsche Vertreter entsprechen muss, anknüpfen, liegt es letztendlich in der Hand des Grundgesetzes, ob der Bundespräsident Deutschland vertreten darf. Nur vordergründig liegt deshalb die Ursache für die derzeitige Rechtslage in den Verträgen. Das eigentliche Hindernis für eine Vertretung Deutschlands durch den Bundespräsidenten in Rat und Europäischem Rat liegt jedoch im Grundgesetz.

[2] Fastenrath, Kompetenzverteilung im Bereich der auswärtigen Gewalt, 1986, S. 113

[3] Fastenrath, a.a.O., S. 216

ihres Amtes“ als Vertreter ihres Staates, ohne eine Vollmacht vorlegen zu müssen[1].

Die klassischen völkerrechtlichen Verträge überlassen es zudem den Vertragspartnern, wen sie ggf. konkret entsenden. Nach Art. 9 UNO-Charta entsendet jeder Mitgliedstaat höchstens „fünf Vertreter“ in die Generalversammlung. In der Praxis sind die Mitgliedstaaten in der Generalversammlung durch Diplomaten vertreten. Eine die innerstaatliche Entscheidung über die Vertretung einengende Regelung enthält Art. 14 S. 2 der Satzung des Europarates. Vertreter im Ministerkomitee sind hier verbindlich die Außenminister. Aber auch hier hält sich die vertragliche Regelung an internationale diplomatische Gepflogenheiten, nach denen in der Staatsspitze neben den Staats- oder Regierungschefs vor allem die Außenminister - und zwar unabhängig vom zu behandelnden Thema - ihren Staat im zwischenstaatlichen Verkehr vertreten.

Davon abweichend benennt der EGV die zur Vertretung im Rat vorgesehenen Vertreter der Mitgliedstaaten, nämlich einen Vertreter auf Ministerebene (Art. 203 EGV). Zwar zählen auch der Bundeskanzler und der Außenminister als Vertreter auf Ministerebene. Im Visier hat diese Bestimmung jedoch, dass je nach zu entscheidendem Themenbereich die jeweiligen nationalen Fachminister zu Ratssitzungen zusammenkommen[2]. Die Bezeichnung des jeweils konkret tagenden Rates richtet sich sogar nach dem betroffenen Fachbereich (z. B. Agrarministerrat, Umweltministerrat, Verkehrsministerrat). Der Rat bildet somit nur die gemeinsame Rechtsform für Tagungen in verschiedener Besetzung[3]. Sowohl die Regelung im EGV als auch die konkrete Praxis in der EU weichen damit jedoch erheblich von der internationalen diplomatischen und innerstaatlichen Praxis ab.

Noch deutlicher wird der innenpolitische Bezug europäischen Handelns, wenn man berücksichtigt, dass Art. 203 EGV inzwischen nicht mehr verlangt, dass der Vertreter eines Mitgliedstaates in einer Ratssitzung Mitglied der Regierung eines Staates sein muss, sondern jeden Vertreter „auf Ministerebene“ akzeptiert und damit auch einen Landesminister, wenn er befugt ist, für den Mitgliedstaat insgesamt zu handeln[4].

Nun könnte man argumentieren, dass die Vertragsstaaten in den europäischen Verträgen eben nur von ihrem jeweiligen innerstaatlichen Recht zur Bestimmung des Außenvertreters übereinstimmend Gebrauch gemacht haben. Es soll ihnen hier dieses Recht auch nicht abgesprochen werden. Dadurch, dass auf europäischer Ebene die Personen handeln, die national für die identischen Aufga-

---

1 Fastenrath, a.a.O. S. 215

2 Oppermann, Europarecht, 2. A. 1999, Rn. 282; Bleckmann, Europarecht, 6. A. 1997, Rn. 211; Beutler/ Bieber., Die EG, 3. A. 1987, 4.3.1

3 Beutler/Bieber, a.a.O. 4.3.3.1

4 Streinz, in: Sachs, 2. A. 1999, Art. 23 Rn. 115; Kleffner-Riedel, Die Mitwirkung der Länder...im EU-Ministerrat, BayVBl. 1995, 104(106)

ben innenpolitisch zuständig sind, wird nur deutlich, dass man sich sehr wohl bewusst war, dass mit der europäischen Einigung das Feld der klassischen Außenpolitik verlassen wird und man sich auf das Feld einer europäisch koordinierten Innenpolitik begibt[1].

Die innenpolitische Orientierung des Rates ergibt sich gerade auch aus der Rolle, die die Tagung der Staats- und Regierungschefs im Rahmen der EU spielt. Diese Gipfelkonferenzen hielt man für notwendig, um der damaligen EG von Zeit zu Zeit politische Impulse und Legitimation zu vermitteln, die unmittelbar von der höchsten politischen Autorität der Mitgliedstaaten ausgingen[2]. Dieser Effekt hätte jedoch auch erreicht werden können, wenn sich - was jederzeit möglich gewesen wäre - die Staats- und Regierungschefs als Rat getroffen hätten. Damals war man jedoch darüber hinaus zu dem Schluss gekommen, dass es für die Entwicklung und den Gesamtzusammenhang der Tätigkeit der Gemeinschaft erforderlich sei, allgemein politisch enger zusammenzuarbeiten[3]. Diese Zusammenarbeit der Staats- und Regierungschefs wurde schließlich im Europäischen Rat in Art. 2 EEA vertraglich sanktioniert[4]. Dieser erhielt jedoch für sein Handeln einen eigenen rechtlichen Rahmen und wurde nicht in die Gründungsverträge inkorporiert. Er ist bis heute (Art. 4 EUV) kein Organ der Gründungsverträge (Art. 7 EGV). Deutlich wird gerade hier, dass es neben den Gründungsverträgen eben noch eine eigenständige, die eigentliche Außenpolitik zwischen den Mitgliedstaaten gibt. Darüber hinaus unterhalten die Mitgliedstaaten auch noch Botschaften in anderen Mitgliedstaaten. EU-Entscheidungen laufen jedoch nicht über diese Botschaften, sondern direkt zwischen der EU und den Mitgliedsregierungen.

In der Diskussion um die rechtliche Qualität nationalen Verhaltens auf europäischer Ebene muss zwischen primärem und sekundärem Europarecht unterschieden werden. Ersteres hat unbestritten die Qualität eines völkerrechtlichen Vertrages zwischen souveränen Staaten. Das Aushandeln dieses Vertrages fällt unter Art. 59 Abs. 2 Satz 1 GG. Es ist kein Gesichtspunkt erkennbar, der den Abschluss eines Änderungsvertrages zu den Gründungsverträgen von der auswärtigen Gewalt in einen Akt der Innenpolitik umwandeln könnte.

---

1 auf den mit dieser Zusammensetzung des Rates verbundenen Verlust der Impermeabilität der Staaten als Besonderheit der EU weist auch Bleckmann hin, Die Wahrung der „nationalen Identität" im Unions-Vertrag, JZ 1997, 265(266)

2 Beutler/Bieber, Die EG, 3. A. 1987, 4.3.3.2; Magiera, Organisationsformen der politischen Parteien auf Gemeinschaftsebene und ihre Funktion bei der politischen Willensbildung, EuR 1978, 311(322)

3 Bleckmann, Europarecht, 5. A. 1990, Rn. 37; Oppermann, Europarecht, 1991, Rn. 267

4 Oppermann, a.a.O. Rn. 266; Ress, Über die Notwendigkeit der parlamentarischen Legitimierung der Rechtsetzung der EGten, 1989, S. 632; Der Rat kann damit nicht nur in unterschiedlicher personeller und fachlicher Zusammensetzung tagen, sondern auch in verschiedenen rechtlichen Organisationsformen auftreten; Der Rat als Superorgan: Oppermann, Europarecht, 1991, Rn. 270; Winter, Institutionelle Strukturen der EU, DÖV 1993, 173(175)

Die Diskussion um eine Qualitätsänderung kann deshalb nur für das Verhalten der Vertreter im Rat sinnvoll sein. Denn mit der Hoheitsrechtsübertragung wird tatsächlich erhebliche materiell gesetzgebende Macht auf die im Rat ausschließlich vertretene Exekutive verlagert.

Inhaltlich grenzt sich das Merkmal „auswärtige" zum „innere" dadurch ab, dass sich die Zuständigkeit zur Einwirkung auf zwei getrennte Sphären bzw. Handeln in verschiedene Richtungen bezieht[1]. Keine Rolle spielt es, wo sich der Erfolg einer Handlung auswirkt. Wegen der gerade heute umfassenden rechtlichen und tatsächlichen internationalen Eingebundenheit der Staaten wären Innen- und Außenpolitik sonst nicht mehr voneinander abzugrenzen. Maßgeblich ist deshalb die Handlungsrichtung. Auswärtige Gewalt muss deshalb auf die zwischenstaatlichen Beziehungen und damit auf die Beziehungen eines Staates zu anderen Völkerrechtssubjekten gerichtet sein[2]. Bei ihr handelt es sich auch nicht um eine aus dem klassischen dreiteiligen Gewaltenteilungsschema herausgelösten 4. Gewalt[3]. Bei der Diskussion um die Zuordnung der Außenpolitik geht es nicht um formelle Gewaltenteilung, sondern um materielle Funktionstrennung[4]. Der Begriff der „Auswärtigen Gewalt" umschreibt Kompetenzen, die einzelnen Verfassungsorganen in Bezug auf internationales Handeln zugewiesen sind[5]. Auswärtige Gewalt ist deshalb lediglich die konkrete verfassungsrechtliche Zuständigkeit, über auswärtige Angelegenheiten zu entscheiden[6].

Unter dem Begriff der Integrationsgewalt wurde bereits in der Vergangenheit versucht, den speziellen Besonderheiten der europäischen Integration gerecht zu werden[7]. Im Ergebnis wurde die Integrationsgewalt jedoch ebenfalls als Teil der auswärtigen Gewalt gesehen[8], als „technisch-verfassungsrechtliche Konsequenz der Tatsache, dass sich die zwischenstaatlichen Beziehungen differenziert haben und dass wir in eine Zeit eintreten, in der es zwischen den bundesstaatlichen Bund-Länder-Beziehungen und den internationalen Beziehungen zwischen souveränen Staaten eine dritte, besonders geartete Kategorie von Beziehungen zwischen den Mitgliedstaaten einer integrierten Gemeinschaft gibt, die besondere verfassungsrechtliche und völkerrechtliche Probleme hervorbringt"[9].

---

1 Fastenrath, Kompetenzverteilung im Bereich der auswärtigen Gewalt, 1986, S. 62

2 Fastenrath, a.a.O. S. 65

3 Pernice, in: Dreier Art. 32 Rn. 1, 18

4 Schuppert, Verfassungsgerichtliche Kontrolle der Ausw. Gewalt, 1973, S. 20

5 Pernice, in: Dreier Art. 32 Rn. 1, 18

6 Schuppert, Verfassungsgerichtliche Kontrolle der Ausw. Gewalt, 1973, S. 21

7 Grewe, Die auswärtige Gewalt ... VVDStRL 12, 129(175 Ls IIII.1): Die Integrationsgewalt entstehe neben der normalen völkerrechtlichen Vertragsschlussgewalt. Den Begriff verwendet im Rahmen der auswärtigen Gewalt auch Menzel, Die auswärtige Gewalt der Bundesrepublik Deutschland, VVDStRL 12(1954), 179(211)

8 Schuppert, Verfassungsgerichtliche Kontrolle der Ausw. Gewalt, 1973, S. 28

9 Grewe, Die auswärtige Gewalt ... VVDStRL 12, 129(144f.)

Von der Ausübung der deutschen Mitgliedschaftsrechte im Rahmen der EU als „unionswärtige Gewalt" spricht Rath. Diese Gewalt soll neben der auswärtigen Gewalt bestehen[1].

Im Grundgesetz kommt der Begriff der auswärtigen Gewalt nicht vor[2]. Erst Recht definiert es ihn nicht[3]. Es versucht vielmehr, direkt die Zuständigkeit für konkrete Handlungen mit Außenwirkung festzulegen[4].

Art. 32 GG spricht nicht einmal von auswärtigen Beziehungen, sondern von Beziehungen zu auswärtigen Staaten. Damit liegt der Schwerpunkt nicht in der Qualität der Beziehungen als auswärtige, sondern darin, ob sich die Partner, zu denen Beziehungen unterhalten werden, als Völkerrechtssubjekt präsentieren. An der Staatsqualität der Mitgliedstaaten haben die bisherigen europäischen Verträge aber nichts geändert, die Völkerrechtssubjektivität der Einzelgemeinschaften steht ebenfalls außer Zweifel. Solange jedes EU-Mitglied ein völkerrechtlicher Staat ist, bleiben die Beziehungen zwischen den EU-Mitgliedstaaten sowie zwischen EU und Mitgliedstaaten grundsätzlich eine Angelegenheit der Außenpolitik.

Für eine Bewertung ist jedoch auf die Zusammenarbeit im Rat näher einzugehen. Wörtlich spricht Art. 32 Abs. 1 GG davon, dass „die Pflege der Beziehungen zu auswärtigen Staaten Sache des Bundes (ist)". Mittelbar wirkt sich deshalb die Zusammensetzung des Rates auf die Qualität der Tätigkeit in ihm als Außenpolitik aus. In Regelung und Praxis des Rates wird deutlich, dass es im Ministerrat eben nicht nur um den üblichen zwischenstaatlichen diplomatischen Kontakt zwischen den Vertragsstaaten geht. Regelung und Praxis ersetzen hier diplomatische durch innerstaatliche Handlungsstrukturen. In dieser Konstruktion wird deutlich, dass vom Ergebnis her im Ministerrat gezielt materiell innenpolitische Entscheidungen mit anderen als rein innerstaatlichen Mitteln getroffen werden. Die Zwischenüberschriften in Berichten über die Entwicklung des Gemeinschaftsrecht in den Jahren 1997 und 1998 lesen sich wie ein Bericht der Bundesregierung über ihre Innenpolitik in diesen beiden Jahren und nicht wie ein Bericht über die „Pflege der Beziehung zu auswärtigen Staaten": Unterlassen als Beschränkung der Grundfreiheiten, Werbung in Medien, Arbeit und Soziales, Diskriminierungsverbot, Ausgestaltung der Systeme der sozialen Sicherheit, Wettbewerb - Verfahrensrecht, Öffentliches Auftragswesen, Gemeinschaftsrechtlicher Ersatzanspruch, Grundfreiheiten und Sozialrecht, Grundfreiheiten und Steuerrecht, Schutz der schwangeren Frauen im Arbeitsrecht, Anwendung des Gleichheitsgrundsatzes auf Homosexuelle[5].

---

[1] Rath, Die „unionswärtige Gewalt" des BT..., 1995, S. 114

[2] Fastenrath, Kompetenzverteilung im Bereich der auswärtigen Gewalt, 1986, S. 55

[3] Hitzel-Cassagnes, Rechtsstaatliche Domestizierung der Außenpolitik, Kritische Justiz 2000, 63(66)

[4] Fastenrath, Kompetenzverteilung im Bereich der auswärtigen Gewalt, 1986, S. 55

[5] Montag in seinen Berichten über die Entwicklung des Gemeinschaftsrecht 1997 und 1998; zum Beleg auch Heß, Die „Europäisierung" des internationalen Zivilprozeßrechts..., NJW 2000, 23

Die grundsätzliche direkte innenpolitische Zielrichtung nicht nur des Rates, sondern auch der übrigen europäischen Organe, wird auch deutlich, wenn man die Präambel und die Zielvereinbarung in den europäischen Verträgen vergleicht mit den Verträgen zur Gründung anderer internationaler Organisationen. So beziehen sich Präambel und Zielvereinbarung in der UNO-Charta allgemein auf die Verwirklichung des Weltfriedens und der Menschenwürde. Man wolle deshalb als gute Nachbarn in Frieden miteinander leben, mit vereinten Kräften den Weltfrieden wahren, den wirtschaftlichen und sozialen Fortschritt aller Völker für einen besseren Lebensstandard in größerer Freiheit fördern. Auch die Präambel zur Satzung des Europarates will den Frieden auf der Grundlage von Gerechtigkeit zur Erhaltung der menschlichen Gesellschaft und der Zivilisation wahren, die Demokratie schützen, die auf dem gemeinsamen geistigen Erbe der Völker, der politischen Freiheit und der Herrschaft des Rechts beruht.

Ganz anders dagegen liest sich die Präambel des EGV. Er erschöpft sich nicht in Allgemeinheiten, sondern spricht präzise Ziele an, die er erreichen will. Dabei handelt es sich auch nicht nur um allgemeine außen- und weltpolitische Ziele. So bezieht sich die Präambel der UNO-Charta nicht einmal dann, wenn sie wenigstens auch innenpolitische Veränderungen anmahnt, wie etwa den wirtschaftlichen und sozialen Fortschritt, nur auf die Völker, die die Charta unterzeichnet haben, sondern bezieht dieses Ziel ausdrücklich auf „alle" Völker. Die Präambel zum EGV dagegen spricht davon, dass es sich die Staats- und Regierungschefs mit dem EGV zum Ziel gesetzt haben, den wirtschaftlichen und sozialen Fortschritt „ihrer" zugehörigen Länder zu sichern. Als wesentliches Ziel wird angestrebt, die Lebensbedingungen „ihrer" Völker zu verbessern sowie eine beständige Wirtschaftsausweitung und einen redlichen Wettbewerb zu gewährleisten. „Ihre" Volkswirtschaften sind zu einigen und deren harmonische Entwicklung zu fördern, indem der Abstand weniger begünstigter Gebiete verringert. Auch in der Präambel zum EUV wird die Redewendung von „ihren" Völkern verwendet, wenn diesen eine Stärkung des Umweltschutzes sowie wirtschaftlicher und sozialer Fortschritt versprochen wird.

Die EU wendet sich damit in ihrem gesamten Vertragsinhalt eben nicht nur an die am Vertrag beteiligten Staaten, sondern auch direkt an die Völker dieser Staaten. Diese Grundeinstellung prägt das gesamte Handeln der Union. Fragen der Integration sind nicht Probleme herkömmlicher Außenpolitik, sondern Bestandteil innerstaatlichen Rechts und innerstaatlicher Politik[1]. Der EuGH hat sich zur Begründung der Direktwirkung von Richtlinien eben gerade nicht nur auf die Notwendigkeit einer einheitlichen und effektiven Geltung[2] (effet utile) des europäischen Sekundärrechts berufen, sondern seine Rechtsprechung auch darauf gestützt, dass es nicht einzusehen wäre, wenn sich die Staaten ihrer Verpflichtung dadurch entziehen könnten, dass sie Richtlinien nicht umsetzen, mit

---

1 Streinz, in: Sachs, 2. A. 1999, Art. 23 Rn. 91

2 st. Rspr., s. auch EuGH 2.7.96, NJW 1996, 3199(3201) Ziff. 38

denen sie dem einzelnen Bürger Begünstigungen schaffen würden. Damit hat der EuGH aber dem einzelnen eigenständige subjektive öffentliche Rechte zugewiesen[1]. Eine solche Erweiterung einer Rechtsfigur des Vertrages über den Wortlaut des einschlägigen Art. 249 Abs. 3 EGV hinaus[2], ist jedoch nur denkbar, wenn man dem EUV insgesamt in seinem materiellen Inhalt eine besondere Zielrichtung in die Staaten hinein zugesteht, die auch über den unmittelbaren Gebrauch der übertragenen Hoheitsrechte hinausgeht.

Belegt wird dieses Ergebnis auch durch das völkerrechtliche Verbot, sich in innerstaatliche Angelegenheiten eines anderen Staates einzumischen. Davon erfasst sind selbst bloße Äußerungen zu innenpolitischen Entwicklungen. Art. 2 Ziff. 7 der Charta der Vereinten Nationen stellt klar, dass trotz der weitreichenden Verpflichtungen, denen sich die Mitglieder in der Charta unterwerfen, aus ihr keine Befugnis zum Eingriff in Angelegenheiten abgeleitet werden kann, die ihrem Wesen nach zur inneren Zuständigkeit eines Staates gehören. Aus der staatlichen Souveränität folgt deshalb sowohl nach dem Grundgesetz als auch unmittelbar aus dem Völkerrecht, dass jede Äußerung eines außerstaatlichen Organs mit der Absicht, das Verhalten innerstaatlicher Handlungseinheiten bezüglich innenpolitischer Entwicklungen auch nur indirekt zu beeinflussen, gesondert legitimationsbedürftig ist[3]. Die Unterscheidung zwischen Äußerungen zu innenpolitischen Themen und außenpolitischen kennt die EU jedoch praktisch nicht mehr. Für ein Handeln der europäischen Organe entscheidend ist nur, ob die europäischen Verträge sachlich ein Handlungsgebiet für die Organe eröffnen. Soweit dies der Fall ist, existiert innereuropäisch die völkerrechtliche Unterscheidung zwischen innenpolitischen Angelegenheiten und solchen der Außenpolitik in vergemeinschafteten Bereichen nicht mehr. Über die Organe der EU betreiben die Regierungen der Mitgliedstaaten deshalb letztendlich nationale Innenpolitik mit Mitteln der Außenpolitik[4]. Die Außenpolitik im Rahmen der EU wird zum Bestandteil des innenpolitischen Entscheidungsprozesses[5]. Hier werden keine auswärtigen Angelegenheiten mehr entschieden, sondern innerstaatliche. Der Nationalstaat ist nur noch die Basis dieser Beziehungen[6]. Und dies kommt darin zum Ausdruck, dass die europäischen Verträge selbst weiterhin Element der Außenpolitik bleiben.

Die Entscheidung über innenpolitische Sachverhalte mit Mitteln der Außenpolitik ist auch Ziel der europäischen Integration und nicht nur eine Nebenwir-

---

[1] Huber, P. M., Recht der Europäischen Integration, § 6 Rn. 53

[2] Huber, P. M., a.a.O. Rn. 51

[3] s. zur umfassenden Legitimationspflicht staatlichen Handelns A.IV.

[4] Fastenrath, Kompetenzverteilung im Bereich der auswärtigen Gewalt, 1986, S. 64; s. dazu etwa auch die eigentlich klassisch innenpolitische Entscheidung der Kommission vom 8.7.1999, wonach die WestLB an das Land NRW Rückzahlungen leisten muss, weil das Land der WestLB Eigenmittel zu marktwidrig günstigen Bedingungen zur Verfügung gestellt hat (Näheres dazu s. Beyer, Gewährträgerhaftung ohne Gewähr ? NJW 1999, 1085).

[5] Hitzel-Cassagnes, Rechtsstaatliche Domestizierung der Außenpolitik, Kritische Justiz 2000, 63(64)

[6] Hitzel-Cassagnes, a.a.O.

kung. Auch das BVerfG hat im Maastricht-Urteil für die Rollenverteilung zwischen Regierung und Bundestag nicht auf seine sehr dezidierte Rechtsprechung zur auswärtigen Gewalt der Bundesregierung zurückgegriffen[1]. Im Rahmen der EU sollten von Anfang an, am radikalsten mit dem EGKSV, klassische innenpolitische Bereiche ausgegliedert und künftig gemeinsam wahrgenommen werden. Und inhaltlich sind die Aktivität des Rates beim Erlass von Verordnungen und Richtlinien genau das, worin das BVerfG eigentlich die Grenze der auswärtigen Exekutivgewalt sieht: wenn ihre Handlungen funktionell zur Gesetzgebung werden[2].

XI. Folgen für den Einfluss des Bundestages auf die Entwicklung der EU

Überträgt die Bundesregierung in dem völkerrechtlichen Vertrag Hoheitsrechte, kann der Bundestag auf den Inhalt der Hoheitsrechtsübertragung detailliert Einfluss nehmen. Insbesondere kann er der Bundesregierung konkrete inhaltliche Vorgaben für ihre Verhandlungen machen. Begrenzt wird er hier nur durch seine Verpflichtung zur Organtreue, die ihn zwingt, der Bundesregierung den Verhandlungsspielraum zu lassen, damit sie außenpolitisch überhaupt handlungsfähig bleibt. Dies hindert den Bundestag jedoch insbesondere nicht daran, der Bundesregierung zu verbieten, bei den Verhandlungen über die Übertragung von Hoheitsrechten bestimmte Eckpunkte zu überschreiten. Stellt sich im Rahmen der Verhandlungen heraus, dass wegen dieser Eckpunkte eine Einigung nicht möglich ist, so muss die Bundesregierung mit dem Bundestag klären, ob er bereit ist, von seinen Vorgaben Abstriche zu machen. Die außenpolitische Handlungsfähigkeit der Bundesregierung wird dadurch nicht unvertretbar eingeschränkt, da die Verhandlungen zu völkerrechtlichen Verträgen, insbesondere solcher, in denen Hoheitsrechte übertragen werden sollen, ohnehin in mehreren Verhandlungsrunden ablaufen.

Gleiches gilt für Entscheidungen in der EU. Auch sie fallen nicht wie in der übrigen Außenpolitik in formlosen Verhandlungen, deren Modus die jeweiligen Parteien selbst frei bestimmen, sondern in komplizierten und vereinbarten Entscheidungsverfahren. Verhandlungen im Rat sind - und dies ganz besonders im Verfahren nach Art. 251 EGV, wenn dort ein Vermittlungsausschuss angerufen werden muss - nicht internationale Diplomatie sondern zähes Ringen in einem Gesetzgebungsverfahren[3]. Die Auseinandersetzung mit einer Materie im Bundestag parallel zum europäischen Rechtsetzungsverfahren ist somit durchaus möglich.

Handelt der Rat damit aufgrund einer Hoheitsrechtsübertragung, so ist diese Entscheidung nicht dem von Art. 59 Abs. 2 Satz 1 GG besonders geschützten

---

[1] Rath, Die „unionswärtige Gewalt“ des BT..., 1995, S. 117

[2] genau eine solche sehen hier auch Möller/Limpert, Informations- und Mitwirkungsrechte des BT..., ZfP 1993, 21(24)

[3] Rath, Die „unionswärtige Gewalt“ des BT..., 1995, S. 133

Bereich der Außenpolitik zuzuordnen. Der Bundestag kann nicht darauf verwiesen werden, dass er wegen Art. 59 Abs.2 Satz 1 GG nur an völkervertraglicher Außenpolitik beteiligt wird. Die Bundesregierung kann sich nicht darauf berufen, dass die Führung der Außenpolitik mit Ausnahme der Regelung in Art. 59 Abs. 2 Satz 1 GG ihr zusteht. Wie im innerstaatlichen Bereich auch, steht es allein im politischen Ermessen des Bundestages, ob er der Bundesregierung in der Form eines Maßnahmegesetzes inhaltliche Vorgaben für ihre Verhandlungen im Rat macht.

Auch der Bundestag ist bei seinem politischen Ermessen jedoch an die europäischen Verträge und deren Ziele gebunden. Die Bindungswirkung der europäischen Verträge sowie die Bindung an bereits erlassenes Sekundärrecht wirkt auch ihm gegenüber. Er hat zudem ebenso wie im Rahmen der Übertragungsgesetze im Rahmen der Organtreue die Rolle der Bundesregierung als Exekutive im Rahmen des Grundgesetzes zu berücksichtigen. Insbesondere kann er ihr deshalb nicht die Verhandlungsführung im Rat aus der Hand nehmen[1]. Am Maßnahmegesetz setzt sich das allgemeine Gesetzgebungsrecht des Bundestages fort, das ihm mit der Übertragung von Hoheitsrechten verloren geht. Die Übertragung von Hoheitsrechten schafft jedoch kein neues Recht des Bundestages, die Funktion und Rolle der Exekutive unter dem Grundgesetz grundsätzlich zu verändern. Auch ist die Regierung für Verhandlungen im Rat sachlich besonders geeignet. Denn hier treten sich die Vertreter der Mitgliedstaaten unabhängig vom jeweils einschlägigen Entscheidungsmodus im Rat, wie grundsätzlich im völkerrechtlichen Verkehr, als gleichberechtigte Vertreter souveräner Staaten gegenüber.

Im Rahmen der Organtreue hat der Bundestag außerdem speziell zu berücksichtigen, dass er den europäischen Verträgen und deren Entscheidungsmodus zugestimmt hat. Er darf deshalb die Bundesregierung auch durch Maßnahmegesetze nicht derart einschnüren, dass diese ihre grundsätzlich vom Bundestag gebilligte Rolle im Rahmen der Verträge nicht mehr erfüllen kann. Ein entsprechendes Verhalten des Bundestages wäre in sich widersprüchlich und stünde allein deshalb in Widerspruch zum Grundsatz der Organtreue.

Damit dringt der Bundestag auch nicht in zentrale Handlungsbereiche der Regierung ein[2]. Der Regierung ist kein bestimmter Sachbereich zur ausschließlichen Entscheidung zugeordnet. Ihr sind bestimmte Funktionen zugeordnet. Dies gilt auch für den Bereich der Außenpolitik als Querschnitt durch alle staatlichen Handlungsbereiche. Dies impliziert weder eine Regierung ohne Handlungsspielraum noch ein allein auf unverbindliche Beteiligung und Kontrolle redu-

---

[1] Die Bundesregierung hatte es deshalb für die Revisionsverhandlungen zum Vertrag von Maastricht zu Recht abgelehnt, den Bundestag „auf der Arbeitsebene der Exekutive" zu beteiligen. Gleichzeitig hatte sie jedoch ein Mandat für die Verhandlungen nicht grundsätzlich abgelehnt, sondern nur gebeten, es nicht zu eng zu fassen, wib 6/96-XVII/52

[2] Fastenrath, Kompetenzverteilung im Bereich der auswärtigen Gewalt, 1986, S. 233

ziertes Parlament[1]. Jedem Einfluss entzogen ist nur die interne Willensbildung der Regierung. Nicht Sachbereiche, sondern Handlungsweisen, Verfahren und Strukturen machen das Wesen exekutivischer Eigenständigkeit aus. Diese exekutivische Eigenständigkeit mag zwar bereits durch wenige Einschnitte nachhaltig gelähmt werden können[2]. Mit einer Bindung der Regierung an Vorgaben des Bundestages im Rahmen der Organtreue wird jedoch gerade nicht die Gewaltenteilung zugunsten eines „amorphen Gewaltenmonismus" aufgehoben[3]. Weder wird der Bundesregierung die außenpolitische Zuständigkeit generell entzogen, noch wird sie über ein innerstaatlich zulässiges Maß hinaus vom Bundestag gebunden. Handlungen der Regierung können innerstaatlich weitgehend durch Gesetzgebung des Bundestages vorgeprägt und eingeschränkt werden. Staatsleitende Funktion kann die Regierung auch im Ministerrat weiterhin ausüben. Auch im innerstaatlichen Rechtsraum werden ihre normativen Vorstellungen nicht uneingeschränkt Wirklichkeit. Auch im Rahmen der EU kann der Bundestag Handlungen der Regierung im Rat nicht nachträglich aufheben. Auch hier wird er zudem nicht in einem unzulässigen Maß an Einzelfallentscheidungen der Exekutive beteiligt. In diesem Fall müsste man zudem allenfalls klären, welche grundsätzlich bindende Beteiligung des Bundestages als unzulässige Beteiligung an Einzelfallentscheidungen der Exekutive gewertet werden soll. Keinesfalls kann dieses Argument entscheidend dafür sein, grundsätzlich bindende Entscheidungen des Bundestages allgemein zu verbieten.

[1] Hitzel-Cassagnes, Rechtsstaatliche Domestizierung der Außenpolitik, Kritische Justiz 2000, 63(74)
[2] Schmidt-Aßmann, HdbStR Bd. I, § 24 Rn. 57; Brenner, Das Gesetz über die Zusammenarbeit von BReg. und BT in Angelegenheiten der EU, ThürVBl. 1993, 196(202)
[3] Brenner, a.a.O.

E. Das Grundgesetz und der Erhalt einer lebendigen Demokratie

Das BVerfG verlangt, dass auch im Fortgang der Integration in den Mitgliedstaaten eine lebendige Demokratie erhalten bleiben muss[1]. Den Staaten müssten deshalb hinreichend bedeutsame eigene Aufgabenfelder verbleiben, damit das Staatsvolk „dem, was es - relativ homogen - geistig, sozial und politisch verbindet, rechtlichen Ausdruck zu geben" in der Lage ist[2]. Als Mindestvoraussetzung dafür wiederum verlangt das Gericht, dass auf der Ebene der EU nicht ein Übergewicht an Aufgaben und Befugnissen entsteht und die mitgliedstaatlichen Parlamente deshalb die Legitimation der von der Unionsgewalt wahrgenommenen Hoheitsgewalt nicht mehr ausreichend vermitteln können[3]. „Vermitteln die Staatsvölker - wie gegenwärtig - über die nationalen Parlamente demokratische Legitimation, sind mithin der Ausdehnung von Aufgaben und Befugnisse der Europäischen Gemeinschaft Grenzen gesetzt"[4]. Gleichzeitig will das Gericht die Legitimation europäischer Entscheidungen durch das EP „mit dem Ausbau der Aufgaben und Befugnisse" auf der Ebene der EU in jedem Fall ausgebaut sehen[5].

Problematisch ist das Übergewichtsargument des BVerfG jedoch nicht nur deshalb, weil das Gericht keinerlei Anhaltspunkte dafür aufgezeigt hat, wie es ein solches Übergewicht definieren will. Legitimation wird bestimmten Personen und den von diesen Personen getroffenen Entscheidungen vermittelt. Entscheidend für das konkret erforderliche Legitimationsniveau ist somit aber die konkret legitimierte Macht[6]. Die Legitimation richtet sich deshalb in erster Linie nach konkreten Befugnissen. Die Legitimation der Unionsgewalt als Gesamtgewalt speist sich im übrigen aus den Verträgen und nicht aus den einzelnen Legitimationssträngen zu besonderen Befugnissen und Handlungen. Das Gericht setzt hier die über die Verträge vermittelte Gesamtlegitimation der Union und ihrer Organe mit der Legitimation für die Einzelentscheidung gleich.

Dem BVerfG wird vorgeworfen, in seinem Maastricht-Urteil in der nationalen Staatlichkeit zu bleiben[7]. Die europäische Integration sehe es als Problem der demokratischen Legitimation durch die nationalen Parlamente[8]. Und in der Tat

---

[1] BVerfGE 89, 155 Leitsatz 3 b; Klein, Der Verfassungsstaat als Glied einer europäischen Gemeinschaft, VVDStRL 50, 56(71): die zwischenstaatliche Einrichtung und ihre Rechtsakte müssen so strukturiert sein, dass durch sie die mitgliedstaatliche Ordnung als eine freiheitlich-demokratische Grundordnung nicht in Frage gestellt werden kann.

[2] BVerfGE 89, 155(186)

[3] BVerfGE 89, 155(186)

[4] BVerfGE 89, 155(186)

[5] BVerfGE 89, 155(184)

[6] Epping, Die demokratische Legitimation der dritten Gewalt der EGten, Der Staat 36(1997), 349(367) am Beispiel der Bestellung der Richter zum EuG bzw. zum EuGH, für die ein jeweils unterschiedliches Legitimationsniveau erreicht werden müsse, a.a.O. insbes. S. 377

[7] Steinberger, Anmerkungen zum Maastricht-Urteil des BVerfG, 1994, S. 30

[8] Schröder, Das BVerfG als Hüter des Staates, DVBl. 1994, 316(319)

hat das BVerfG bis heute noch nicht die Schaffung eines umfassenden europäischen Parlamentarismus oder gar eine Art. 20 Abs. 3 GG entsprechende Stellung der europäischen Parlamentsgesetze gefordert[1]. Betrachtet man, was in dem Urteil nicht ausdrücklich steht, so lässt das Gericht viel Spielraum für die weitere Entwicklung der EU. Es erörtert nämlich die nationalstaatliche Perspektive demokratischer Legitimation für die EU, ohne aber eine europäische demokratische Legitimation auszuschließen. Ausführliche Erörterungen zu einem künftigen europäischen Legitimationssystems unterlässt es und beschränkt sich auf den Hinweis, dass das EP weiter gestärkt werden müsse. Das derzeitige europäische Legitimationssystem hat das Gericht aber trotzdem als ausreichend anerkannt. Selbstverständlich hätte es sich hier auf tiefergehende Erörterungen einlassen können, aus denen indirekt Rückschlüsse auf die vom Grundgesetz geforderte Ausgestaltung des europäischen Entscheidungssystems hätten gezogen werden können. Das Gericht hat darauf verzichtet und so aber gleichzeitig dem gesamten europäischen Legitimationssystem eine europäische Perspektive belassen. Diese Zurückhaltung in den Fragen der innereuropäischen Systementwicklung wird auch deutlich, wenn sich das Gericht nicht einmal explizit dazu äußert, ob das Grundgesetz einen europäischen Bundesstaat zulassen würde, obwohl sich aus seinen Ausführung indirekt durchaus ergibt, dass es dies nicht für möglich hält. Setzt sich das Gericht mit dem Gehalt des Begriffes der „Europäischen Union“ auseinander, so stellt es lediglich fest, dass der Begriff inhaltsoffen ist und die Gründung eines europäischen Bundesstaates „derzeit nicht beabsichtigt“ ist[2]. Daraus wird geschlossen, das BVerfG habe im seinem Maastricht-Urteil die Frage offen gelassen, ob Art. 23 GG einen Bundesstaat zulässt[3]. Aus den Ausführungen zur Lage der Kompetenz-Kompetenz in der EU und den umfangreichen Erörterungen einiger vertraglicher Regelungen, die diesen Bereich berühren könnten[4], kann jedoch geschlossen werden, dass es die Kompetenz-Kompetenz auch künftig bei den Staaten sehen will. Damit wird ein europäischer Bundesstaat jedoch automatisch ausgeschlossen[5]. Trotzdem symbolisiert die Formulierung des BVerfG die Zurückhaltung, mit der das Gericht die europäische Entwicklung bewertet und damit auch den Spielraum, den es dem Gesetzgeber für diese Entwicklung belässt.

Das Gericht verlangt zudem für die Unionsgewalt ein bestimmtes Legitimationsniveau[6]. Den Einflussverlust des Staatsvolkes auf übertragene Hoheitsrechte erkennt es als logische und unter dem Grundgesetz zulässige Folge der Integra-

---

[1] Herzog in: M/D/H/S, Art. 20 Kap. II Rn. 113

[2] BVerfGE 89, 155(189)

[3] Pernice, in: Dreier, Art. 23 Rn. 36; davon, dass Art. 23 GG einen Bundesstaat zulässt, gehen auch aus Jarass, in: Jarass/Pieroth, Art. 23 Rn. 26; Stern, Staatsrecht Bd. I, 2.A., § 15 II 2; Breuer, Die Sackgasse des neuen Europaartikels (Art. 23 GG), NVwZ 1994, 417(418) m. zahlr. w. Nachw.

[4] BVerfGE 89, 155(195ff.)

[5] s. zur Lage der Kompetenz-Kompetenz als zentrales Abgrenzungskriterium Ziff. E.III.3. sowie B.I.

[6] BVerfGE 89, 155(182)

tion ausdrücklich an[1]. Die Übertragung der Währungshoheit akzeptiert es als mit Art. 79 Abs. 3 GG zu vereinbarende, „in Art. 88 Satz 2 GG vorgesehene Modifizierung des grundgesetzlichen Demokratieprinzips“[2], obwohl in diesem Bereich der Bundestag seinen Einfluss „nahezu vollständig zurückgenommen hat“[3]. Ebenso akzeptiert das Gericht, dass der Bestimmtheitsgrundsatz für völkerrechtliche Verträge nur modifiziert angewendet werden kann[4]. Für die Ebene der EU fordert es sogar eine mit dem Ausbau von Aufgaben und Befugnissen wachsende Legitimation europäischer Entscheidungen durch das EP[5]. Es erkennt das EP als Quelle demokratischer Legitimation an i.S.e. „Vermittlung demokratischer Legitimation durch das von den Bürgern der Mitgliedstaaten gewählte Europäische Parlament“[6]. Durch ein einheitliches Wahlrecht soll sich diese Funktion des EP sogar noch ausbauen lassen[7]. Das BVerfG eröffnet damit aber selbst eine dynamische Sicht der Rolle des EP. Daran ändert sich nichts, wenn das Gericht sein Augenmerk vor allem auf das demokratische Defizit zwischen den Organen und speziell zum Rat richtet[8]. Es erlaubt gerade auch eine weitere Demokratisierung der inneren Struktur des EP, und damit auch insbesondere eine verstärkte Orientierung der Sitzverteilung im EP am Gleichheitsgrundsatz. Und eine Weiterentwicklung gerade dieser Struktur würde auch eine verstärkte Beteiligung des EP an europäischen Entscheidungen rechtfertigen. Aus der Ideengeschichte des Parlamentarismus allein kann das EP keine Stellung in den Verträgen einfordern. Das Parlament dient der Entscheidungsfindung in einer demokratischen Rechtsordnung. Seine Stellung leitet sich aus dem Anspruch einer Herrschaftsordnung ab, demokratisch organisiert zu sein. Erst in dem Umfang, in dem dieser Anspruch erhoben und erfüllt wird, kann das Parlament Forderungen für seine Stellung im Entscheidungssystem stellen. Indem das Gericht das EP als Quelle demokratischer Legitimation anerkennt, entschärft es - rechtlich betrachtet - die Diskussion darüber, ob die Unionsgewalt demokratisch legitimiert ist. Es nimmt der Auseinandersetzung um die Rechtfertigung der Unionsgewalt einen inhaltlichen Streitpunkt. Erneut rückt die Frage um die richtige Legitimationsquelle in den Mittelpunkt, die Frage nach dem richtigen Legitimationsweg wird in den Hintergrund gedrängt. Seine zentrale Rolle spielt er als Mittel der Legitimationsquelle, damit diese nicht nur Ursprung der Unionsgewalt bleibt, sondern als Quelle staatliche Gewalt auch ausübt: Die Souveränität des deutschen Volkes ist damit für das Grundgesetz die Kernfrage der europäischen demokratischen Legitimation.

---

1 BVerfGE 89, 155(182f.)
2 BVerfGE 89, 155(208)
3 BVerfGE 89, 155(207)
4 BVerfGE 89, 155(187f.)
5 BVerfGE 89, 155(184ff.)
6 BVerfGE 89, 155(185f.); Steinberger, Anmerkungen zum Maastricht-Urteil des BVerfG, 1994, S. 28
7 BVerfGE 89, 155(186)
8 Rojahn, in: v.Münch Art. 23 Rn. 24

I. Die praktische Konkordanz unter Art. 79 Abs. 3 GG

Doch wie kann Deutschland integrationsoffen bleiben, die legitimierende Stellung des EP ausbauen und gleichzeitig souverän bleiben und eine lebendige Demokratie in Deutschland erhalten ?

Art. 23 Abs. 1 GG regelt nicht nur die Funktion des Art. 79 Abs. 3 GG für die Integration neu, sondern auch den Ausgleich zwischen sich widersprechenden Wertentscheidungen im Grund-gesetz.

Enthält die Verfassung Entscheidungen, die sich widersprechen, muss nach einem Ausgleich zwischen den konkurrierenden Wertentscheidungen gesucht werden[1]. Das BVerfG hat sich in der Entscheidung BVerfGE 3, 225ff. mit der Kollision des damaligen Art. 117 Abs. 1 GG mit Art. 3 Abs. 2 GG beschäftigt[2]. In dieser Grundsatzentscheidung stellte das Gericht fest, dass Verfassungsnormen, die einander zu widersprechen scheinen, mit den Mitteln der Auslegung zueinander in Einklang zu bringen sind. Das Grundgesetz könne dabei aber nur als Einheit begriffen werden. Ranghöhere und rangniedere Verfassungsnormen in dem Sinne, dass sie aneinander gemessen werden könnten, seien grundsätzlich nicht denkbar[3].

Dagegen lässt sich jedoch anführen, dass es im Grundgesetz Verfassungsbestandteile geben könnte, die wegen ihrer elementaren materiellen Inhalte eine höhere Standfestigkeit haben müssen[4]. Andererseits muss man der Entscheidung des BVerfG zugestehen, dass wegen der Einheit der Verfassung kein Rechtsgut auf Kosten eines anderen als vorrangig erachtet werden darf, es sei denn, die Verfassung ordnet dies an[5].

Das BVerfG lieferte jedoch bereits in der zit. Entscheidung die Lösung für die Spannung zwischen der Vorstellung von der Einheit der Verfassung und den verschiedenen materiellen Gewichten einzelner Normen. Das Gericht hatte nämlich lediglich ausgeschlossen, dass eine Verfassungsnorm an einer anderen "gemessen" werden darf. Gleichzeitig erkennt es jedoch an, dass es auch im Grundgesetz Normen mit unterschiedlicher Bedeutung und unterschiedlichem inneren Gewicht geben kann[6].

Dies bedeutet, dass im konkreten Einzelfall zwar nicht eine Verfassungsbestimmung an einer anderen gemessen werden darf, trotzdem jedoch einzelnen

---

1 BVerfGE 83, 130(143)

2 Art. 117 Abs. 1 GG lautete: Das dem Art. 3 Abs. 2 GG entgegenstehende Recht bleibt bis zu seiner Anpassung an diese Bestimmung des Grundgesetzes in Kraft, jedoch nicht länger als bis zum 31. März 1953.

3 BVerfGE 3, 225(231)

4 Stern, Staatsrecht Bd. I, 2. A., § 4 II 2 m.w.N.

5 Stern, a.a.O. III 8 m.w.N.

6 BVerfGE 3, 225(231f.)

Verfassungsbestimmungen im Verhältnis zueinander größeres Gewicht beigemessen werden darf mit der Folge, dass sie ihren Inhalt gegenüber der „schwächeren" Verfassungsnorm effektiver und nachhaltiger durchsetzen können[1]. Auch die Feststellung eines größeren Gewichts führt jedoch noch nicht automatisch zum generellen Vorrang einer Wertentscheidung, vor allem aber nicht dazu, dass die schwächere Wertentscheidung an der stärkeren gemessen wird. Entscheidend ist, welchem der konkurrierenden Grundprinzipien in einer konkreten Verfassungsfrage im Rahmen einer Güterabwägung das größere Gewicht zukommt[2]. Ein Vorrang muss sich somit an jedem Verfassungskonflikt neu beweisen. Inhaltlich ist für die so angestrebte praktische Konkordanz zwischen kollidierenden Verfassungsgrundsätzen nämlich entscheidend, dass keiner der kollidierenden Verfassungsinhalte ausschließlich aus sich heraus interpretiert werden kann. Jeder muss so interpretiert werden, dass er einerseits soweit irgend möglich wirksam wird, andererseits sich aber alle konkurrierenden Prinzipien soweit wie möglich praktisch entfalten können[3]. Mit diesem Ziel der Optimierung werden die konkurrierenden Wertentscheidungen der Verfassung zueinander in einen angemessenen Ausgleich gebracht und gleichzeitig wird für jeden der konkurrierenden Grundsätze im Rahmen der Auflösung des Konflikts die jeweils größtmögliche Entfaltung gewährleistet[4]. Dass hier keine Normen aneinander gemessen werden, wird in erster Linie an der Rechtsfolge entsprechender Konkordanzüberlegungen deutlich. Auch wenn die Wertentscheidung einer Norm im Einzelfall durch die Wertentscheidung einer anderen Norm verdrängt wird, wird die geringer gewichtete Wertentscheidung deswegen nicht verfassungswidrig.

Eine höhere Wertigkeit einzelner Normen lässt sich auch der BVerfGE 30, 1(20) entnehmen, wonach alle Verfassungsbestimmungen so ausgelegt werden müssen, dass sie mit den elementaren Grundsätzen des Grundgesetzes und seiner Wertordnung vereinbar sind[5]. Letztere bilden offensichtlich eine Art obersten grundgesetzlichen Maßstab. In dieser Rechtsprechung wird bereits deutlich, dass die von Art. 79 Abs. 3 GG geschützten Verfassungswerte im Rahmen einer herzustellenden praktischen Konkordanz eine herausgehobene Rolle spielen. Die Inhalte des Art. 79 Abs. 3 GG sind von Verfassung wegen der Gestaltungsmacht selbst des verfassungsändernden Gesetzgebers entzogen. Kollidiert ein von Art. 79 Abs. 3 GG geschützter Verfassungswert mit einem außerhalb Art. 79 Abs. 3 GG stehenden, so wird zwar ebenfalls nicht der außenstehende Wert an Art. 79 Abs. 3 GG gemessen. Im Rahmen der praktischen Konkordanz muss jedoch der von Art. 79 Abs. 3 geschützte Verfassungswert mindestens in

---

1 BVerfGE 28, 243(261); Busch, Bundesländer und GG im Spannungsfeld der europäischen Integration, 1990, S. 81

2 Busch, a.a.O.

3 Herzog, in: M/D/H/S, Art. 20 I. Rn. 37

4 Hesse, Grundzüge des Verfassungsrechts, Rn. 72; Busch, Bundesländer und GG im Spannungsfeld der europäischen Integration, 1990, S. 84

5 BVerfGE 30, 1(19)

dem Maße gegen den außerhalb stehenden Wert durchsetzen, dass nicht im Wege praktischer Konkordanz die Unabänderlichkeit des Art. 79 Abs. 3 GG unterlaufen wird. Er kann deshalb keinesfalls - auch wenn ein Ausgleich wegen zu stark widersprechender Zielrichtungen der konkurrierenden Werte rechtstechnisch nicht möglich sein sollte - vollständig verdrängt werden. Maßstab für die Gewichtung widerstreitender Grundsätze und ihre Optimierung ist nach der Rechtsprechung des BVerfG der Grundsatz der Verhältnismäßigkeit[1].

Unter der Integration nach Art. 24 GG standen sich der durch Art. 79 Abs. 3 i.V.m. Art. 20 GG geschützte Grundsatz der Souveränität des deutschen Volkes[2] und der vor allem durch die Präambel[3] und Art. 24 GG insbesondere für die europäische Integration geschützte Grundsatz der offenen Staatlichkeit[4] gegenüber.

Art. 24 GG sollte dafür sorgen, dass sich die Bundesrepublik Deutschland nach dem 2. Weltkrieg in zwischenstaatliche Organisationen eingliedern konnte[5]. Mit ihm hatte sich das Grundgesetz für die offene Staatlichkeit[6] und die Abkehr von der Idee des geschlossenen Nationalstaats entschieden[7].

Diese Offenheit war Leitmotiv des Grundgesetzes[8]. Art. 24 Abs. 1 GG sprach mit der Formulierung "zwischenstaatliche Einrichtungen" grundsätzlich zwar nicht nur die Europäischen Gemeinschaften an[9]. In Verbindung mit der Präam-

---

1 BVerfGE 83, 130(143); 30, 173(199); zum unterschiedlichen Verhältnismäßigkeitsmaßstab bei einer Kollision zweier außerhalb Art. 79 Abs. 3 GG stehender Verfassungswerte einerseits - unspezifischer, grundrechtsdogmatischen Angemessenheits- Verhältnismäßigkeitsmaßstab - und dem strengeren Verhältnismäßigkeitsmaßstab aus der Eingriffsdogmatik bei einer Kollision einer Wertentscheidung außerhalb mit einer aus Art. 79 Abs. 3 GG s. Huber, P.M., Maastricht - ein Staatsstreich ?, 1993, S. insbes. S. 26

2 Streinz, in: Sachs, Art. 23 Rn. 84

3 Seifert/Hömig, GG für die Bundesrepublik Deutschland, 4. A. 1991, Präambel Rn. 3

4 Stern, Staatsrecht Bd. I, 2. A., § 15 I 1 a; Streinz, Der Verfassungsstaat als Glied einer europäischen Gemeinschaft, DVBl. 1990, 949(953)

5 Schröder, Das BVerfG als Hüter des Staates im Prozeß der europäischen Integration, DVBl. 1994, 316(317)

6 Ipsen, Europäisches Gemeinschaftsrecht, S. 52; Scholz, in: M/D/H/S, Art. 23 Rn. 2; Di Fabio, Der neue Art. 23 des GG, Der Staat 1993, 191; Art. 24 GG gibt den Weg frei zu einer europäischen Integration in einer ausbalancierten Weise, Klein, Der Verfassungsstaat als Glied einer europäischen Gemeinschaft, VVDStRL 50, 56(88); Schwarze, Ist das GG ein Hindernis auf dem Weg nach Europa, JZ 1999, 637; den Begriff der „offenen Staatlichkeit" stammt von Klaus Vogel, Die Verfassungsentscheidung des Grundgesetzes für eine internationale Zusammenarbeit, Recht und Staat 292/293 (1964), S. 1ff., insbes. S. 42ff., der mit seiner Schrift auch grundlegend die Bedeutung dieser Formel geprägt hat.

7 Stern, Staatsrecht Bd. I, 2. A., § 15 I 1 a; Streinz, Der Verfassungsstaat als Glied einer europäischen Gemeinschaft, DVBl. 1990, 949(953); Seifert/Hömig, GG für die Bundesrepublik Deutschland, 4. A. 1991, Art. 24 Rn. 1; Abg. Möller, Gem.Verfk., Sten.Ber. 2. Sitzung, S. 28; Breuer, Die Sackgasse des neuen Europaartikels (Art. 23 GG), NVwZ 1994, 417

8 Ress, Über die Notwendigkeit der parlamentarischen Legitimierung der Rechtsetzung der EGten, 1989, S. 674f.

9 Stern, Staatsrecht Bd. I, 2. A. 1984, § 15 II 4 a

bel kam jedoch zum Ausdruck, dass zwischenstaatliche Einrichtungen, die einem Zusammenwachsen Europas dienten, eine Vorzugsstellung genießen sollten[1].

Darüber hinaus stand Art. 24 GG an der Spitze der völkerrechtlichen Regelungen und in einem Abschnitt des Grundgesetzes, in dem auch andere fundamentale Staatsprinzipien ihren Niederschlag gefunden hatten. Integrationsfeindliche Handlungen hätten deshalb verfassungsrechtlich unzulässig sein können, insbesondere wenn sie eine Integration endgültig vereitelt hätten[2]. Der Integrationsbereitschaft des Grundgesetzes wurde deshalb eine für die verfasste Staatlichkeit Deutschlands überragende Bedeutung zugeschrieben[3]. Die internationale Offenheit des Grundgesetzes sei identitätsstiftendes Merkmal der Verfassung, sogar eines der das Grundgesetz insgesamt tragenden Struktur- und Sinnprinzipien[4], ein konstituierendes Element des Grundgesetzes[5]. Selbst speziell das Integrationsprinzip, das eigentlich nur eine spezielle Ausprägung der internationalen Offenheit des Grundgesetzes ist, soll deshalb zum Schutzinhalt des Art. 79 Abs. 3 GG gehören[6].

Trotz aller Bedenken gegen einen integrationsfeindlichen Charakter des Art. 23 GG[7] wurde die grundsätzliche Integrationsoffenheit des Grundgesetzes durch Art. 23 GG nicht angetastet. Die ausdrückliche Erwähnung der "Europäischen Union" in Art. 23 GG gegenüber früher verstärkt[8] diese Integrationsoffenheit sogar. Art. 23 Abs. 1 Satz 1 GG will die Integration[9], und zwar sowohl die aktuelle als auch eine weitergehende. Art. 23 GG beauftragt die staatlichen Organe, die offene Staatlichkeit des Grundgesetzes in Richtung einer europäischen Integration nachhaltig weiterzuentwickeln[10]. Dies ergibt sich bereits daraus, dass Satz 2 weitere Hoheitsrechtsübertragungen auf die EU ermöglicht. Die verstärkten Zustimmungsrechte der Länder in Art. 23 Abs. 4 ff. GG hatten nicht

---

1 Ress, Über die Notwendigkeit der parlamentarischen Legitimierung der Rechtsetzung der EGten, 1989, S. 674f.; so wohl auch Stern, Staatsrecht Bd. I, 2. A. 1984, § 15 I 4 a.E.

2 Stern, Staatsrecht Bd. I, 2. A. 1984, § 15 I 4

3 Robbers, Die Änderungen des GG, NJW 1989, 1325f.

4 Pernice, Die Verwaltung 1993, 449(471); Robbers, a.a.O. S. 1326

5 Fromont, Europa und nationales Verfassungsrecht nach dem Maastricht-Urteil, JZ 1995, 800(801)

6 Lang, Mitwirkungsrechte...BT..., 1997, S. 324, Fn. 220

7 integrationsfreundliche Regelung des Art. 24 Abs. 1 GG werde deutlich erschwert, Abg. Verheugen, Gem.Verfk., Sten.Ber. 7. Sitzung, S. 7; integrationspolitische Handlungsfähigkeit des Bundes werde geschwächt, Abg. Möller, Gem.Verfk., Sten.Ber. 2. Sitzung, S. 29; Randelzhofer, in: M/D/H/S, Art. 24 Abs. 1 Rn. 211: Eindeutiger Minuspunkt des Art. 23 GG ist die eingeschränkte integrationspolitische Handlungsfähigkeit der Bundesrepublik; Art. 23 GG als Europa-Behinderungsartikel, Oppermann/Classen, Die EG vor der EU, NJW 1993, 5(12); Art. 23 GG schränkt die Offenheit der Verfassung ein, Herdegen, Die Belastbarkeit des Verfassungsgefüges auf dem Weg zur EU, EuGRZ 1992, 589(591); Lang, a.a.O. S. 324

8 BR/Drs. 501/92 Nr. 1a; sie bleibt erhalten, Abg. Verheugen, Gem.Verfk., Sten.Ber. 7. Sitzung, S. 7, wird sogar gestärkt und nicht verschlechtert, ders., Gem.Verfk., Sten.Ber. 8. Sitzung, S. 9

9 Streinz, in: Sachs, Art. 23 Rn. 17

10 Kirchhof, Die Gewaltenbalance zwischen staatlichen und europäischen Organen, JZ 1998, 965(968)

das Ziel, unüberwindbare Integrationshürden aufbauen[1], auch wenn sie vor allem politisch-tatsächlich selbstverständlich zusätzliche Hürden für die Integration schaffen[2]. Sie sollten den innerstaatlichen Willensprozess auf dem Weg zu einer weiteren Integration - angepasst an den bereits erreichten Stand der europäischen Integration - neu ordnen. Die mit Art. 23 GG geschaffene neue Integrationsfreundlichkeit des Grundgesetzes sollte nach vereinzelter Meinung sogar bereits den Weg zu einem europäischen Bundesstaat eröffnen[3]. Deutschland verliere in einem europäischen Bundesstaat nicht seinen Staatscharakter. Selbst die deutschen Bundesländer würden als Staaten gesehen[4].

Zwar ist die offene Staatlichkeit sicherlich ein wesentliches Element des grundgesetzlichen Wertesystems. Dies ergibt sich vor allem aus der Präambel, die ausdrücklich festhält, dass das deutsche Volk von dem „Willen beseelt (ist), als gleichberechtigtes Mitglied in einem vereinten Europa dem Frieden der Welt zu dienen". Trotzdem kann man nicht umhin, darauf Rücksicht zu nehmen, dass Art. 79 Abs. 3 GG vorliegend relevant eben nur auf Art. 20 GG verweist. Als Ausnahmevorschrift ist Art. 79 Abs. 3 GG zudem auch eng auszulegen[5].

Selbst wenn man jedoch den Grundsatz der offenen Staatlichkeit über Art. 20 GG als Inhalt der Art. 79 Abs. 3 GG sehen würde, würde daraus noch nicht folgen, dass auch konkret das Staatsziel der Verwirklichung der Europäischen Union zu diesem Inhalt gehört. Über die Präambel - und jetzt vor allem auch explizit über Art. 23 GG - gehört die EU zwar zu den gegenüber anderen zwischenstaatlichen Organisationen hervorgehobenen und besonders geschützten Ausprägungen der grundgesetzlichen europäischen offenen Staatlichkeit. Die Verfassungsentscheidung der offenen Staatlichkeit ist jedoch weiter. Sie umfasst insbesondere auch Art. 24 Abs. 2 GG und vor allem Art. 25 und 26 GG[6].

Erst recht kein prägender Aspekt der grundgesetzlichen Offenheit ist die Möglichkeit, Hoheitsrechte auf zwischenstaatliche Einrichtungen zu übertragen. Eindeutig dagegen spricht bereits, dass Art. 23 GG nur zur Übertragung von Hoheitsrechten berechtigt, nicht jedoch dazu verpflichtet. Im Gegensatz zum Staatsziel der Europäischen Union besteht hier nicht einmal eine Hinwirkungspflicht.

---

[1] Verheugen, Die Arbeit des Sonderausschusses "EU (Vertrag von Maastricht)" des BT, ZfG 1993, 162(164)

[2] Fromont, Europa und nationales Verfassungsrecht nach dem Maastricht-Urteil, JZ 1995, 800(802)

[3] lediglich ein europäischer Zentralstaat soll durch das GG nicht gedeckt sein, Pernice, in: Dreier, Art. 23 Rn. 35; Abg. Verheugen, Gem.Verfk., Sten.Ber. 3. Sitzung, S. 13; Pernice, Maastricht, Staat und Demokratie, Die Verwaltung 1993, 449(472), der bereits unter Art. 24 GG die Teilnahme Deutschlands an einem „Gesamtakt europäischer Verfassungsgebung" für zulässig hielt; ders., DVBl. 1993, (922ff.)

[4] Jarras, in: J./P., Art. 23 Rn. 26, der unter dem GG einen Bundesstaat für möglich hält, jedoch noch nicht unter Art. 23 GG in seiner jetzigen Fassung, der deshalb entsprechend geändert werden müsste.

[5] BVerfGE 30, 1(24 f.); Bryde, in: v.Münch, Art. 79 Rn. 28; Busch, Bundesländer und GG im Spannungsfeld der europäischen Integration, 1990, S. 117

[6] Herzog, in: M/D/H/S, Art. 20 I. Rn. 58

Letztlich kommt es für die praktische Konkordanz unter Art. 23 Abs. 1 GG jedoch nicht mehr darauf an, ob das Staatsziel der EU von Art. 79 Abs. 3 GG geschützt wird oder nicht.

Art. 23 GG sieht Art. 79 Abs. 3 GG zwar nicht als einzige Integrationsvoraussetzung - hier sind neben Art. 79 Abs. 3 GG auch die Inhalte der Struktursicherungsklausel zu beachten - aber als einzige Integrationsgrenze. Damit stehen im Rahmen der europäischen Integration eigentlich keine Wertentscheidungen der Verfassung gegenüber, sondern die Integration selbst unterliegt einer klaren Begrenzung, nämlich Art. 79 Abs. 3 GG. Würde man versuchen, die Wertentscheidungen aus Art. 79 Abs. 3 GG und die übrigen Wertentscheidungen in Art. 23 GG in eine praktische Konkordanz zu bringen, so müsste man einen Ausgleich zwischen diesen beiden Verfassungsentscheidungen finden. Da die Wertentscheidungen aus Art. 79 Abs. 3 GG als unabänderliche Wertentscheidungen eine stärkere Wirkungskraft entfalten als die - abänderbaren - Wertentscheidungen aus Art. 23 GG, würde dies dazu führen, dass die Integrationsgrenze entgegen dem Wortlaut von Art. 23 Abs. 1 Satz 3 GG ins Vorfeld des Art. 79 Abs. 3 GG verlegt würde. Das stärkere Gewicht des Art. 79 Abs. 3 GG würde den Integrationsspielraum enger ziehen als Art. 79 Abs. 3 GG selbst.

Die praktische Konkordanz zwischen diesen Wertentscheidungen kann auch nicht darauf beschränkt werden, dass die Konkordanz nicht auf der Ebene des Grundgesetzes, sondern auf der der EU hergestellt werden soll. Welche Voraussetzungen das Grundgesetz an die Struktur der EU stellt, ergibt sich seit der Neufassung des Art. 23 GG allein aus Abs. 1 S. 1. Dieser wendet sich aktiv gestaltend an die EU. Unabhängig davon, in welchem Umfang bisher aus dem Grundgesetz allgemein Anforderungen an die interne Struktur der EU gestellt wurden, Art. 79 Abs. 3 GG ist nunmehr nicht mehr der rechtliche Ursprung solcher Forderungen. Dass zwischen den aktiv gestaltenden Interessen der Struktursicherungsklausel und den schützend bewahrenden des Art. 79 Abs. 3 GG ein Weg für das Zusammenspiel beider Zielvorstellungen gefunden werden muss, ist keine Frage der Konkordanz zwischen einer Wertentscheidung in Art. 79 Abs. 3 GG und einer außerhalb desselben, sondern ein reines Grenzproblem des Art. 79 Abs. 3 GG.

Art. 79 Abs. 3 GG begrenzt in erster Linie Verfassungsänderungen. Eventuell ist das Gewicht seiner Wertentscheidungen gegenüber der offenen Staatlichkeit größer, wenn nicht eine Verfassungsänderung, sondern - wie in den Fällen von Art. 23 Abs. 1 Satz 2 und 3 GG - eine Verfassungsanwendung zur Beurteilung ansteht. Dem einfachen Gesetzgeber oder dem exekutiv handelnden Staat würde sonst ein Spielraum eröffnet werden, der eigentlich dem verfassungsändernden Gesetzgeber zukommt. Das Ausloten der Grenzen des Art. 79 Abs. 3 GG ist in erster Linie ein Privileg des verfassungsändernden Gesetzgebers. Dies bedeutet natürlich nicht, dass der einfache Gesetzgeber nicht auch an Art. 79 Abs. 3 GG gebunden ist. Aber nur der verfassungsändernde Gesetzgeber kann den von Art.

79 Abs. 3 GG eröffneten Handlungsspielraum so weit ausschöpfen, dass er ausschließlich an die Verfassungsentscheidungen gebunden ist, die in Art. 79 Abs. 3 GG geschützt werden.

Dieses Privileg überträgt aber Art. 23 Abs. 1 Satz 3 GG auf den Integrationsgesetzgeber. Art. 23 GG geht zwar nicht so weit, Vertragsänderungen direkt als Verfassungsänderungen zu betrachten. Daran, dass die nach seinen Vorschriften verabschiedeten Verträge und übertragenen Hoheitsrechte den Rang einfacher Gesetze behalten, will er nichts ändern. Sichergestellt werden soll nur, dass bei Vertragsänderungen mit verfassungsänderndem Gewicht[1] der gleiche breite Konsens hergestellt wird wie bei einer Grundgesetzänderung. Deshalb ist das Übertragungsgesetz nach Art. 23 Abs. 1 Satz 2 GG auch kein verfassungsänderndes Gesetz im formellen Sinne, sondern deckt die materiellen Folgen in der gleichen formellen Art ab wie ein formell verfassungsänderndes Gesetz. Mit dem Verweis auf Art. 79 Abs. 3 GG ist der einfache Gesetzgeber aber ebenso wie der verfassungsändernde Gesetzgeber nicht mehr an die gesamte Verfassungsordnung des Grundgesetzes gebunden, innerhalb derer er eine praktische Konkordanz finden muss, sondern nur noch an Art. 79 Abs. 3 GG. Belegt wird dieses Ergebnis noch durch Art. 23 Abs. 1 Satz 3 GG. Art. 24 Abs. 1 GG hatte nicht gezielt zu Grundgesetzänderungen ermächtigt, sondern diese als Nebenwirkung zu Hoheitsrechtsübertragungen lediglich zugelassen[2]. Mit Satz 3 sollten auch diese Nebenwirkungen an Art. 79 Abs. 2 GG gebunden werden. Satz 3 geht darüber jedoch hinaus und ermächtigt gezielt zu Änderungen des Grundgesetzes dem Inhalt nach - bis zur Grenze des Art. 79 Abs. 3 GG. Auch Art. 23 GG macht die europäische Integration zwar nicht zu einer Wertentscheidung innerhalb des Art. 79 Abs. 3 GG. Indem er Art. 79 Abs. 3 GG jedoch als einzige Grenze der Integration definiert[3] und damit dem die europäische Integration vorantreibenden Gesetzgeber das Privileg einräumt, die Grenzen des Art. 79 Abs. 3 GG ausschöpfen zu dürfen, bleibt dies ohne Folge. Ansonsten würden im Wege der Auslegung die festgesetzten Grenzen der Integration über den Wortlaut der Verfassung eingeengt[4].

---

[1] Jarass, in: Jarass/Pieroth, Art. 23 Rn. 16

[2] Randelzhofer, in: M/D/H/S, Art. 24 Abs. I Rn. 11

[3] zur Diskussion, ob Art. 79 Abs. 3 GG nicht bereits unter Art. 24 Abs. 1 GG die einzige Integrationsschranke war, s. umfassend Randelzhofer, a.a.O. Rn. 68ff.

[4] Diese Auswirkung wird gerade durch den Versuch deutlich, die Spannung zwischen Integration und Struktursicherungsklausel im Wege der praktischen Konkordanz zu lösen und deshalb eine Mitwirkung Deutschlands an der Verwirklichung der EU nur soweit zuzulassen, wie dies zur Gewährleistung der in der Struktursicherungsklausel enthaltenen Schutzgüter erforderlich ist, Brosius-Gersdorf, Die doppelte Legitimationsbasis der EU, EuR 1999, 133(145). Der Verweis auf Art. 79 Abs. 3 GG als einzige Integrationsschranke wird hier überflüssig.

II. Die Souveränität des deutschen Volkes als Schutzinhalt des Art. 79 Abs. 3 GG

In Art. 20 Abs. 2 Satz 1 GG steckt der tragende Gedanke der grundgesetzlichen Legitimation von Staatsgewalt[1]. Gleichzeitig steckt in ihm damit auch das ausdrückliche Bekenntnis zum Prinzip der demokratischen Volkssouveränität[2] als dem Letztbestimmungsrecht des deutschen Volkes über den Staatswillen[3].

Nach Art. 20 Abs. 2 Satz 1 GG muss deshalb jede staatliche Entscheidung ihre Grundlage im Willen des Volkes haben[4]. Art. 20 Abs. 2 Satz 2 GG benennt die Mittel, mit denen das Volk die von ihm ausgehende Staatsgewalt ausübt. Damit erkennt das Grundgesetz ausdrücklich an, dass das Volk die ihm zustehende Staatsgewalt nicht selbst ausüben muss, sondern durch gewählte Organe ausüben lassen kann[5]. Ausgeübt werden kann die Staatsgewalt zwar auch in unmittelbaren Abstimmungen. Grundsätzlich legt Art. 20 Abs. 2 Satz 2 GG die Bundesrepublik jedoch auf eine mittelbare Demokratie fest[6]. Die dort genannten Organe müssen eingerichtet und mit Kompetenzen ausgestattet werden. Die vom Volk zur Ausübung der Staatsgewalt legitimierten Repräsentanten haben dabei ihre Legitimation regelmäßig zu erneuern und müssen sich so ihrer Verantwortung vor dem Volk stellen[7]. Gleichzeitig wird für diese Organe der Grundsatz der Gewaltenteilung festgelegt, d.h. keinem dieser Staatsorgane darf deshalb die gesamte staatliche Gewalt übertragen werden[8].

Für den vorliegenden Zusammenhang relevant ist, dass Art. 79 Abs. 3 GG den grundsätzlichen staatlichen Bestand Deutschlands und die grundsätzliche staatliche Identität der Bundesrepublik schützt[9]. I.V.m. mit Art. 20 Abs. 2 GG steht dabei auch die Souveränität des verfassten Volkes[10] als Fundament des demokratischen Verfassungsstaates[11] unter dem Schutz des Art. 79 Abs. 3 GG[12]. Dem verfassungsändernden Gesetzgeber ist es deshalb primär einmal untersagt, „das Volk als Träger aller Staatsgewalt zu verdrängen“[13]. Das Grundgesetz lässt je-

---

1 Böckenförde, HdbdStR Bd. I, § 22 Rn. 10; Schnapp in: v.Münch, Bd. I, 4. A. 1992, Art. 20 Rn. 30f.

2 BVerfG NJW 91, 162(163); Stern, Staatsrecht Bd. I, 2. A., § 18 II 4 a; Badura, in: HdbdStR Bd. I, § 23 Rn. 27; zum Begriff der vordemokratischen Volkssouveränität Herzog, in: M/D/H/S, Art. 20 II. Rn.. 34f.

3 Seifert/Hömig, Art. 20 Rn. 7

4 BVerfG, NJW 1991. 159(160); BVerfG NVwZ 1996, 574(575)

5 Herzog, in: M/D/H/S, Art. 20 II. Rn. 17

6 Herzog, in: M/D/H/S, Art. 20 V. Rn. 1

7 Kirchhof, HdbdStR Bd. I, § 19 Rn. 75

8 Herzog, in: M/D/H/S, Art. 20 V. Rn. 4; Sachs, in: Sachs, Art. 20 Rn. 54ff.

9 Scholz, in: M/D/H/S, Art. 23 Rn. 88; Lücke, in: Sachs 2.A. 1999, Art. 79 Rn. 37; Dreier, in: Dreier, At. 79 Abs. 3 Rn. 46

10 Kirchhof, HdbdStR Bd. I, § 19 Rn. 75

11 Streinz, in: Sachs, 2.A. 1999, Art. 23 Rn. 84; Brosius-Gersdorf, Die doppelte Legitimationsbasis der EU, EuR 1999, 133(135)

12 Lücke, in: Sachs 2.A. 1999, Art. 79 Rn. 40; Dreier, in: Dreier, At. 79 Abs. 3 Rn. 31

13 Lücke, a.a.O.

doch nur das deutsche Volk als Subjekt der Staatsgewalt zu. Dieses darf zwar einzelne Hoheitsrechte zur Ausübung übertragen. Deshalb darf unter dem Grundgesetz nicht die europäische Bevölkerung Subjekt der Unionsgewalt werden[1]. Sie darf lediglich als Subjekt an Entscheidungen der Unionsgewalt beteiligt sein. Subjekt der Unionsgewalt müssen jedoch die Völker der Mitgliedstaaten bleiben. Unter dem Grundgesetz sind und bleiben deshalb die Mitgliedstaaten der letzte legitimierende Grund für die EU[2]. Die Rechtsnatur der EU war und ist deshalb der zentrale Maßstab für die Entscheidungsstruktur der EU[3]. Für diese Struktur gehört es gerade zum zentralen Legitimationselement, ihre Legitimation aus den Staaten zu beziehen[4]. Das Grundgesetz als ursprüngliche Verfassungen duldet auch keine gleichrangige, konkurrierende Grundnorm neben sich[5]. Sein Geltungsanspruch ist die Grundlage der Integration und gleichzeitig aber auch nicht ein Gegensatz zu ihr[6].

III. Die Schutzintensität des Art. 79 Abs. 3 GG

Auf den ersten Blick scheint die Maastricht-Entscheidung des BVerfG relativ konkrete Anforderungen an Rolle und Gewicht der innerstaatlichen deutschen Verfassungsorgane auch in einem zusammenwachsenden Europa zu stellen. Im einzelnen eröffnet jedoch auch sie Interpretationsspielräume. Allein die Aussage, im Anwendungsbereich des Art. 23 GG dürfe das demokratische Recht, durch die Wahl an der Legitimation von Staatsgewalt teilzunehmen und auf deren Ausübung Einfluss zu gewinnen, durch Verlagerung von Aufgaben nicht so weit entleert werden, dass das demokratische Prinzip, soweit es Art. 79 Abs. 3 GG i.V.m. Art. 20 Abs. 1 und 2 GG für unantastbar erklärt, verletzt wird[7], hat eigentlich keine tiefere Aussage als Art. 23 Abs. 1 Satz 3 GG selbst. Der Eindruck, das Gericht wolle für die künftige Integration Auslegungsspielräume belassen, wird noch verstärkt, wenn es unmittelbar im Anschluss an diese Aussage ausführt, dass es zwar zum „nicht antastbaren Gehalt des Demokratieprinzips gehöre, dass die Wahrnehmung staatlicher Aufgaben und die Ausübung staatlicher Befugnisse sich auf das Staatsvolk zurückführen lassen und grundsätzlich ihm gegenüber verantwortet werden" müsse, „sich der notwendige Zurechnungszusammenhang jedoch auf verschiedene Weise...herstellen lasse. Ent-

---

[1] Penski, Bestand nationaler Staatlichkeit als Bestandteil der Änderungsgrenze in Art. 79 III GG, ZRP 1994, 192(195)

[2] Kirchhof, Die Gewaltenbalance zwischen staatlichen und europäischen Organen, JZ 1998, 965

[3] Huber, P. M., Die Rolle des Demokratieprinzips im europäischen Integrationsprozeß, StwStp 1992, 349(353); ders., Recht der Europäischen Integration, 1996, S. S. 68/69 Rn. 3; Streinz, Der Verfassungsstaat als Glied einer europäischen Gemeinschaft, DVBl. 1990, 949(961); Kirchhof, Die verfassungsrechtlichen Grundlagen des Europarechts, EGmagazin 1991 Nr. 1/2, Nr. 1/2, S. 4; Bleckmann, Nationales und europäisches Souveränitätsverständnis, 1980, S. 3(55)

[4] Kirchhof, Das Maastricht-Urteil des BVerfG, 1994, S. 19

[5] Kirchhof, Die Gewaltenbalance zwischen staatlichen und europäischen Organen, JZ 1998, 965; zur Diskussion um das Verhältnis zwischen GG und EUV als unabgeleitete Legitimationsquelle s. B.II.

[6] Kirchhof, a.a.O. S. 970

[7] BVerfGE 89, 155(182)

scheidend sei, das ein hinreichend effektiver Gehalt an demokratischer Legitimation, ein bestimmtes Legitimationsniveau, erreicht werde"[1]. Im Anschluss rechtfertigt das Gericht ausführlich die derzeitigen Entscheidungsmechanismen in der EU.

In einem weiteren Argumentationsschritt greift das Gericht zum bereits angeführte „Übergewichtzitat". Abgesehen davon, dass man nicht wirklich definieren kann, wann ein Übergewicht an Aufgaben und Befugnissen auf die EU verlagert ist, relativiert das Gericht auch seine Übergewichtsthese: „Vermitteln die Staatsvölker - wie gegenwärtig - über die nationalen Parlamente Legitimation, sind mithin der Ausdehnung der Aufgaben und Befugnisse der Europäischen Gemeinschaften vom demokratischen Prinzip her Grenzen gesetzt. Jedes der Staatsvölker ist Ausgangspunkt für eine auf es selbst bezogene Staatsgewalt. Die Staaten bedürfen hinreichend bedeutender Aufgabenfelder, auf denen sich das jeweilige Staatsvolk in einem von ihm legitimierten und gesteuerten Prozess politischer Willensbildung entfalten und artikulieren kann..."[2]. Es wäre irreführend, wenn das Gericht mit dem Einschub „- wie gegenwärtig -" nur die allgemeine Möglichkeit einer europäischen Staatsgründung ansprechen würde. Eine solche ist unter dem Grundgesetz auch nach dem Maastricht-Urteil gerade nicht zulässig.

1. Der Begriff der „Grundsätze" in Art. 79 Abs. 3 GG

Auch im Urteil zum Vertrag von Maastricht ist das BVerfG letztlich seiner bisherigen Linie zu Art. 79 Abs. 3 GG treu geblieben: Es hat die Grenzen des Art. 79 Abs. 3 GG zwar umrissen, aber nicht präzisiert[3]. Es hat erneut die Grenzen, die Art. 79 Abs. 3 GG der Integration setzt, nicht abstrakt, sondern in Auseinandersetzung mit dem konkreten Fall[4] erörtert.

Will man den Schutzinhalt des Art. 79 Abs. 3 GG konkretisieren, bereitet bereits der Wortlaut dieser Vorschrift beinahe unüberwindliche Hindernisse. Art. 79 Abs. 3 GG schützt die in Art. 20 GG niedergelegten Grundsätze. Art. 20 GG selbst enthält jedoch bereits nur grundsätzliche Aussagen. Er belässt deshalb dem verfassungsändernden Gesetzgeber weiten Gestaltungsspielraum[5]. Würde andererseits jede konkretisierende Auslegung, die Art. 20 GG im Laufe der letzten über 50 Jahren erhalten hat, von Art. 79 Abs. 3 GG geschützt, so wäre es nicht erforderlich gewesen, in Art. 79 Abs. 3 GG lediglich auf die Grundsätze aus Art. 20 GG zu verweisen. Dann hätte ein unkommentierter Verweis auf Art. 20 GG ausgereicht. Art. 79 Abs. 3 GG verbietet es deshalb nicht, die konkrete

---

[1] BVerfGE 89, 155(182) unter Verweis bereits auf E 83, 60(72)

[2] BVerfGE 89, 155(186)

[3] Streinz, Der Verfassungsstaat als Glied einer europäischen Gemeinschaft, DVBl. 1990, 949(950)

[4] Herzog, in: M/D/H/S, Art. 20 II. Rn. 106

[5] BVerfGE 58, 1(28); Streinz, Der Verfassungsstaat als Glied einer europäischen Gemeinschaft, DVBl. 1990, 949(954)

grundgesetzliche Ausgestaltung der Grundsätze aus Art. 20 GG auch wesentlich zu verändern[1]. Auch das BVerfG sieht den Gesetzgeber durch Art. 79 Abs. 3 GG nicht daran gehindert, auch elementare Verfassungsgrundsätze systemimmanent zu modifizieren[2]. Es hat gleichzeitig aber auch darauf hingewiesen, dass Art. 79 Abs. 3 GG als Grenze nicht erst greift, wenn seine Grundsätze vollständig aufgehoben oder partiell preisgegeben werden[3].

Wie vorsichtig das BVerfG an die Grenzen des Art. 79 Abs. 3 GG herangeht, hat es gerade auch im Maastricht-Urteil zu erkennen gegeben. Im Zusammenhang mit der Verabschiedung des Vertrages von Maastricht wurde Art. 88 S. 2 GG in das Grundgesetz eingefügt. Diesen hielt das Gericht für mit Art. 79 Abs. 3 GG vereinbar, obwohl seiner Einschätzung nach in der WWU die Einflussmöglichkeiten der Wähler auf die Währungspolitik „nahezu vollständig zurückgenommen" werden[4] und obwohl die von der WWU ausgehenden Einschränkungen der demokratischen Legitimation das Demokratieprinzip des Grundgesetzes „berühren"[5]. Wegen der besonderen Rolle, die der Geldwert als allgemeine ökonomische Grundlage „für die staatliche Haushaltspolitik und für private Planungen und Dispositionen bei der Wahrnehmung wirtschaftlicher Freiheitsrechte" spielt[6] und wegen der besonderen Rolle, die eine Zentralbank beim Schutz des Geldwertes spielt, ließ das Gericht eine solch weitgehende Modifizierung der Grundsätze aus Art. 79 Abs. 3 GG aber trotzdem zu. Es bestätigte damit erneut den weiten Spielraum, den es dem verfassungsändernden Gesetzgeber gerade bei der Ausgestaltung des demokratischen Gedankens belässt.

2. Das Verbot, die von Art. 79 Abs. 3 GG geschützten Grundsätze zu „berühren"

In krassem Gegensatz zu dieser Offenheit der Art. 79 Abs. 3 und 20 GG scheint das Verbot zu stehen, diese Grundsätze auch nur zu berühren. Letztlich führt aber gerade die Erkenntnis, dass Art. 20 GG im wesentlichen Grundsätzliches enthält, zum richtigen Verständnis des Art. 79 Abs. 3 GG und dafür, weshalb dort u.a. die Grundsätze des Art. 20 GG nicht einmal berührt werden dürfen. Auch Art. 79 Abs. 3 GG kann zwar keine Staatsstreiche oder Revolutionen verhindern. Dessen waren sich die Schöpfer des Grundgesetzes auch bewusst[7]. Art. 79 Abs. 3 GG sollte in erster Linie verhindern, dass ein totalitäres Regime auf dem Weg formal-legalistischer Verfassungsänderung an die Macht kommen kann[8]. Er ist als Notbremse in das Grundgesetz eingefügt worden. Er dient zwar

---

1 Huber, P. M., Maastricht - ein Staatsstreich ?, 1993, S. 23

2 BVerfGE 30, 1(25)

3 BVerfGE 30, 1(41 ff.)

4 BVerfGE 89, 155(207)

5 BVerfGE 89, 155(208)

6 BVerfGE 89, 155(208)

7 Rupp, Muß das Volk über den Vertrag von Maastricht entscheiden ?, NJW 1993, 38(39)

8 JöR n.F. Bd. 1 zu Art. 79 Abs. 3 GG, S. 584ff; BVerfGE 30, 1(24ff); Randelzhofer, in: M/D/H/S, Art. 79 Rn. 28; Huber, P. M., Maastricht - ein Staatsstreich ?, 1993, S. 25f. m.w.N.; Art. 79 Abs. 3

nicht ausschließlich dazu, in Deutschland ein erneutes Drittes Reich zu verhindern. Das in einer geschichtlichen Situation entstandene Recht kann deshalb nicht allein reduziert auf die Wiederholung dieser historischen Situation ausgelegt werden. Trotzdem wird vor diesem Hintergrund deutlich, dass Art. 79 Abs. 3 GG Kerninhalte und Identitäten schützen und keine demokratischen Detailfragen der täglichen Politik lösen soll. Nur wenn der verfassungsändernde Gesetzgeber als verfassungsgebender auftreten will, wenn er die Natur des Grundgesetzes fundamental verändert und nicht nur ausgestaltet, erlischt die Berufung auf den verfassungsgebenden Akt, auf den die Präambel des Grundgesetzes verweist. Mit dieser weiten Sicht des Art. 79 Abs. 3 GG in Einklang steht auch die Forderung, ihn als Ausnahmevorschrift eng auszulegen[1].

3. Die Kompetenz-Kompetenz als Grenze der Integration

Die Souveränität eines Volkes besteht vor allem aus zwei Elementen, die eng miteinander verzahnt sind. Dies ist einmal die Souveränität als Kompetenz-Kompetenz und die Souveränität als Freiheit, die im Rahmen der Kompetenz-Kompetenz verteilten Aufgaben wahrzunehmen.

a. Die Lage der Kompetenz-Kompetenz in der Europäischen Union

Auch das BVerfG sieht die EU nach wie vor als internationale und damit zwischenstaatliche Organisation[2]. Es bezeichnet sie dabei als Staatenverbund, will damit aber nicht die Staatlichkeit der Bundesrepublik zu Gunsten einer Staatlichkeit der EU verringern. Das Konzept des Staatenverbundes ist die Antwort des BVerfG auf die Integration wie sie das BVerfG interpretiert, nämlich als vor-bündische Ordnung. Das Gericht bringt damit sein Grundverständnis zum Stand der Integration zum Ausdruck[3]. Insoweit hat die Verwendung der Bezeichnung Staatenverbund aber keine rechtliche, sondern nur einen sprachlich-bildhafte Bedeutung. Der Begriff soll die besondere Verbundenheit der Mitgliedstaaten in der EU zum Ausdruck bringen[4].

---

war gedacht, „einer Revolution die Maske der Legitimität zu nehmen“ Dehler, zit. nach Hirsch, EuGH und BVerfG - Kooperation oder Konfrontation ?, NJW 1996, 2457(2466)

[1] BVerfGE 30, 1(24 f.); Bryde, in: v.Münch, Art. 79 Rn. 28; Busch, Bundesländer und GG im Spannungsfeld der europäischen Integration, 1990, S. 117

[2] BVerfG NJW 1993, 3047(3050)

[3] Schröder, Das BVerfG als Hüter des Staates im Prozeß der europäischen Integration, DVBl. 1994, 316(320)

[4] Kirchhof, Das Maastricht-Urteil des BVerfG, 1994, S. 12; von einem „Formelkompromiss“ spricht ers. in HdbStR Bd. VII, § 183 Rn. 68; von einem „Begriff praktisch ohne Erklärungswert“ spricht Pernice, in: Dreier, Art. 23 Rn. 41; davon, dass der Begriff „Staatenverbund“ rechtlich identisch ist mit dem des „Staatenbundes“, geht letztendlich auch Kahl aus, EU: Bundesstaat - Staatenbund - Staatenverbund ?, Der Staat 33(1994), 241(245/257); für sachlich identisch mit der zwischenstaatlichen Einrichtung hält auch Weber den Begriff, Die WWU nach dem Maastricht-Urteil des BVerfG, JZ 1994, 53(60)

Zwar kann man bei der Union Ansätze für die Entwicklung einer inneren und äußeren Souveränität diagnostizieren[1]. Durch das Unionsrecht verlagert sich damit jedoch noch nicht der um die einzelnen Staaten bestehende Souveränitätspanzer auf die äußeren Grenzen der Union[2]. Andernfalls würde man die Verteilung von Kompetenzen bereits mit der Erlangung von Souveränität gleichsetzen[3].

Soweit man für die Frage der Souveränität auf die Quantität[4] oder Qualität der übertragenen Aufgaben abstellt[5], steht man zudem vor dem Problem zu definieren, welche Aufgabenfelder damit letztlich erfasst werden sollen[6]. Die Staatslehre kennt keine Präzisionsmessung, um die Entwicklungsstufen etwa von einem souveränen Staat zu einem Bundesstaat exakt bestimmen zu können[7]. Außen-, Währungs- und Geldpolitik, Haushalt und Steuern sind zwar wichtige Indizien für die Lage der Souveränität[8]. Entscheidend ist aber, ob diese Bereiche ganz oder nur in Bruchstücken, endgültig oder rückrufbar verlagert worden sind und in welchem rechtlichen Rahmen nach der Übertragung in diesen Bereichen entschieden wird. Unbeschränkte Völkerrechtssubjektivität, eigene Streitkräfte sowie das Recht zum unmittelbaren Zwang[9] gehören zudem ebenfalls in die Reihe der maßgeblichen Indizien. An der Aufgabenverteilung allein kann die Begrenzung der Integration deshalb nicht festgemacht werden[10]. Das Demokratieprinzip als Entscheidungslegitimation durch Herleitung von einem souveränen Volk verlangt ja gerade, dass jede staatliche Gewalt, also auch die, die im Verbund mit anderen Entscheidungsträgern ausgeübt wird, vom Volk legiti-

---

[1] Bleckmann, Europarecht, 5. A. 1990, Rn. 357

[2] Bleckmann, Nationales und europäisches Souveränitätsverständnis, 1980, S. 57

[3] Der häufige Gebrauch des Begriffs der Souveränität steht zudem in auffälligem Gegensatz zu seiner Prägnanz. Seine Verwendung erscheint bereits deshalb zunehmend fragwürdig (Herzog, in: M/D/H/S, Art. 20 IV. Rn. 8). Der Begriff der Souveränität ist im Verfassungsrecht, das in erster Linie die innere Souveränität des Staates regelt, im Völkerrecht, das die äußere Souveränität umfasst, und in der Staatstheorie, die die politische und ökonomische Unabhängigkeit des Staats beleuchtet, mit jeweils zahlreichen Vorstellungen verbunden (ders., a.a.O. Rn. 9). Angesichts der weltweiten wirtschaftlichen und politischen Verflechtungen erscheint dabei die Forderung nach politischer und ökonomischer Selbständigkeit des Volkes als besonders ungeeignet, seine Souveränität zu bewerten (Murswiek, Maastricht und der pouvoir constituant, Der Staat 1993, 161(175)).

[4] Murswiek, a.a.O. S. 169

[5] Murswiek, a.a.O. S. 170

[6] Scholz, GG und europäische Einigung, NJW 1992, 2593(2594)

[7] König, Volksabstimmungen nach dem GG auf dem Weg in die Vereinigten Staaten von Europa ?, DVBl. 1993, 140(147); Winter, Institutionelle Strukturen der EU, DÖV 1993, 173

[8] Nicolaysen, Ansichten zur Gemeinschaftsverfassung, EuR 1987, 299(302)

[9] Murswiek, Maastricht und der pouvoir constituant, Der Staat 1993, 161(168); Ipsen, Europäische Verfassung - Nationale Verfassung, EuR 1987, 195(204)

[10] BVerfG NJW 1993, 3047(3051); Ress, Über die Notwendigkeit der parlamentarischen Legitimierung der Rechtsetzung der EGten, 1989, S. 671f.; Schilling, T., Die deutsche Verfassung und die europäische Einigung, AöR 116, 32(40f.): Die Quasi-Staatlichkeit als absolute Schranke sieht Schilling, die seiner Meinung nach erreicht wird, wenn die Kompetenzausstattung über eingegrenzte sachliche Zuständigkeiten hinauswächst, was der Fall ist, wenn ein erheblicher Teil der Staatsgewalt aus unterschiedlichen staatlichen Tätigkeitsbereichen übertragen wird.

miert wird. Entscheidend für ein demokratisches Verfahren ist somit das Legitimationsverfahren, nicht die Aufgabenverteilung.

Besonders Art. 308 EGV wird verschiedentlich als Kompetenz-Kompetenznorm der EU gesehen[1], da er letztlich ohne Kompetenzabgrenzung sei[2]. Lediglich die weit formulierten Vertragsziele seien für ihn als Grenze maßgeblich[3]. In Verbindung mit dem übrigen Kompetenzmosaik soll die EU über ihn in der Lage sein, umfassend gesetzgeberisch tätig zu werden[4]. Weil keine klare Kompetenzverteilung vorhanden sei, könne sie nahezu jede Materie an sich ziehen[5]. Letztlich könne ihr Handeln auf beinahe jedem Tätigkeitsfeld wirtschaftliche Auswirkungen auf den gemeinsamen Markt haben[6]. Da aber nur das Prinzip der begrenzten Einzelermächtigung das demokratische Defizit der EU ertragbar erscheinen lasse, sei aus demokratietheoretischer Sicht eine enge Auslegung des Art. 308 EGV zwingend erforderlich[7]. Im Rahmen einer bundesstaatsähnlichen Verfassung sei es nicht mehr hinnehmbar, dass Kompetenzen nicht eindeutig voneinander abgegrenzt seien[8]. Daran ändere auch das Subsidiaritätsprinzip nichts. Bei entsprechendem politischem Willen sei auch bisher die Gemeinschaft nicht gehindert gewesen, nur dann tätig zu werden, wenn Ziele auf der Ebene der Mitgliedstaaten nicht ausreichend erreicht werden konnten[9]. Es wurde sogar die ersatzlose Streichung des Art. 308 EGV gefordert[10].

Über Art. 308 EGV werden in der Tat schwer vorhersehbare Zuständigkeitsausweitungen ermöglicht[11]. Verstärkt wird dieses Problem durch Art. 100 Abs. 1 EGV, wonach dem Rat weitere Befugnisse zur Umgestaltung der Rechtsordnung der Mitgliedstaaten zur Verfügung stehen[12]. Auch Art. 308 EGV enthält

---

[1] Sv. Hölzer, Gem.VerfK., Sten.Ber. 1. Öffentl. Anhörung, S. 7; Busch, Bundesländer und GG im Spannungsfeld der europäischen Integration, 1990, S. 208ff.; Hrbek, Demokratiegebot und EG, 1980, S. 285(296) ist lediglich fast geneigt, Art. 235 EVG so zu bezeichnen; Bleckmann, Nationales und europäisches Souveränitätsverständnis, 1980, S. 46 sieht Art. 235 EVG als "eine Art Kompetenz-Kompetenz

[2] Abg. Däubler-Gmelin, Gem.Verfk., Sten.Ber. 3. Sitzung, S. 23; seine Aufhebung verlangt deshalb Weber, Zur künftigen Verfassung der EGten, JZ 1993, 325(328)

[3] Everling, Vom Zweckverband zur EU, 1977, S. 601

[4] Rabe, Europäische Gesetzgebung - das unbekannte Wesen, NJW 1993, 1(2); Götz, Europäische Gesetzgebung durch Richtlinien - Zusammenwirken von Gemeinschaft und Staat, NJW 1992, 1849; Bleckmann, Nationales und europäisches Souveränitätsverständnis, 1980, S. 45

[5] Di Fabio, Der neue Art. 23 des GG, Der Staat 1993, 191(196)

[6] Tomuschat, in: BKGG, Art. 24 Rn. 20; Everling, Vom Zweckverband zur EU, 1977, S. 606; Hänsch, Europäische Integration und parlamentarische Demokratie, EA 1986, 191(196)

[7] Hilf, Die rechtliche Bedeutung des Verfassungsprinzips der parlamentarischen Demokratie für den europäischen Integrationsprozeß, EuR 1984, 9

[8] Seidel, Zur Verfassung der EG nach Maastricht, EuR 1992, 125(144)

[9] Rabe, Europäische Gesetzgebung - das unbekannte Wesen, NJW 1993, 1(2)

[10] Möschel, Politische Union für Europa: Wunschtraum oder Alptraum ?, JZ 1992, 877(882)

[11] Streinz, Der Verfassungsstaat als Glied einer europäischen Gemeinschaft, DVBl. 1990, 949(955)

[12] Zuleeg, Der Verfassungsgrundsatz der Demokratie und die EGten, Der Staat 1978, 17(40); Bleckmann, Nationales und europäisches Souveränitätsverständnis, 1980, S. 45; Di Fabio, Der neue Art. 23 des GG, Der Staat 1993, 191(196)

jedoch keine beliebige Integrationskompetenz[1]. Es ist auch nicht zu erkennen, dass er von den Akteuren anders verstanden wird. Geht man von den Fällen aus, in denen er tatsächlich zur Anwendung kam, so lässt sich zudem ein sehr punktuelles Vorgehen der Union erkennen[2].

Will man die Kompetenzordnung der Verträge mit dem Maßstab des Grundgesetzes messen, so müsste man ohnehin zu dem Ergebnis kommen, dass der heutige EGV von Anfang an verfassungswidrig war, da die finale Begrenzung der Kompetenzen dann seit Beginn der europäischen Integration in Wirklichkeit keine Begrenzung, sondern eine versteckte Ermächtigung zur Kompetenzausdehnung war[3], die damals nur niemand erkannt hatte oder hatte erkennen wollen.

Zu einer Kompetenz-Kompetenz gelangt die EU auch nicht über das Haushaltsrecht. Ursprünglich finanzierte sich die EU ausschließlich aus Finanzbeiträgen der Mitgliedstaaten, über deren jährliche Aufbringung der Rat einstimmig beschloss. Art. 201 EGV a.F. sah aber gleichzeitig von vornherein vor, dass diese Finanzbeiträge im Laufe der Zeit durch Eigenmittel ersetzt werden sollten. Mit dem EUV wurden jetzt die Finanzzuweisungen vollständig abgeschafft und durch das seit 1970 schrittweise aufgebaute Eigenmittelsystem ersetzt. Der Begriff der Eigenmittel macht die Finanzierung der EU jedoch noch nicht unabhängig von den Mitgliedstaaten. Im Gegensatz zu den Finanzzuweisungen fallen die Eigenmittel als Einnahmen lediglich nach Art und Umfang grundsätzlich unabhängig vom weiteren Willen der Mitgliedstaaten an und stehen dann der Union zur Verfügung. Damit hat sich im Verhältnis zu den Finanzzuweisungen lediglich der Berechnungsmodus für die Beiträge der Mitgliedstaaten verändert. Die EU verfügt damit auch weiterhin über kein eigenständiges Steuerfestsetzungs- und Steuererhebungsrecht[4].

Dieses System der finanziellen Abhängigkeit wird auch nicht von Art. 6 Abs. 3 EUV durchbrochen, der somit ebenfalls keine Kompetenz-Kompetenz begründet[5], auch wenn sich danach die Union mit den Mitteln ausstattet, die zum Er-

---

[1] Klein, Der Verfassungsstaat als Glied einer europäischen Gemeinschaft, VVDStRL 50, 56(62); zudem hat Art. 235 EGV seit den generalklauselartigen Ermächtigungen der EEA etwa durch Art. 100a und 130s EGV nicht mehr die Bedeutung, die er vor Abschluss der EEA hatte und die ihm auch das BVerfG in der Maastricht-Entscheidung noch zumisst, Schröder, Das BVerfG als Hüter des Staates im Prozeß der europäischen Integration, DVBl. 1994, 316(322)

[2] Everling, Vom Zweckverband zur EU, 1977, S. 602f.

[3] Murswiek, Maastricht und der pouvoir constituant, Der Staat 1993, 161(182)

[4] Zur Finanzierung der EU im einzelnen Bleckmann, Europarecht, 5. A. 1990, Rn. 1434ff.; Eigenmittelbeschluss vom 01.02.1988, BGBl. II 1988, 1157; Richtlinie zur Erfassung des BSP zu Marktpreisen, Abl. L 49 vom 21.02.1989; Beschluss des Rates Nr. 94/728/EG/Euratom vom 31.10.1994; Möschel, Politische Union für Europa: Wunschtraum oder Alptraum ?, JZ 1992, 877(882)

[5] Pernice, HdbdStR Bd. VIII, § 191 Rn. 45; Kahl, EU: Bundesstaat-Staatenbund-Staatenverbund ?, Der Staat 33(1994), 241(246); Schröder, Das BVerfG als Hüter des Staates im Prozeß der europäischen Integration, DVBl. 1994, 316(322) stellt dazu zu Recht fest, dass die Annahme, Art. 6 EUV

reichen ihrer Ziele und zur Durchführung ihrer Politiken erforderlich sind. Er ermächtigt die Union nicht, sich aus eigener Macht Finanzmittel oder sonstige Haushaltsmittel zu besorgen und verleiht ihr somit keine Ertragshoheit. Er enthält lediglich die politisch-programmatische Aussage, dass die Mitgliedstaaten beabsichtigen, die Union mit den erforderlichen Mitteln auszustatten. Sicherheitshalber hat das BVerfG hierzu auch noch festgestellt, dass eine andere Anwendung mit dem deutschen Zustimmungsgesetz nicht vereinbar und somit für Deutschland nicht verbindlich wäre[1]. Gegen eine weite Auslegung des Art. 6 Abs. 3 EUV spricht dabei auch, dass die Union gerade kein selbständiges Rechtssubjekt mit eigenen Kompetenzen ist[2]. Die Formulierung "stattet sich mit Mitteln aus" bezieht sich deshalb lediglich auf die gemeinsam handelnden Mitgliedstaaten[3].

Da die Kompetenz-Kompetenz demjenigen zusteht, der über die Verteilung der Kompetenz entscheidet, enthält z.B. auch das Grundgesetz keine Regelung, nach der die Länder etwa in einer Vereinbarung untereinander die Kompetenzen des Bundes einschränken könnten. Die EU ist jedoch gerade nicht von sich aus in der Lage, über die ihr von den Mitgliedstaaten eingeräumten Kompetenzen hinauszugehen oder über deren Verteilung zu bestimmen und hat allein deshalb keine Kompetenz-Kompetenz[4]. Sie kann vor allem nicht wie ein Staat Hoheitsgewalt aus sich selbst heraus erzeugen. Sie besitzt auch nicht die Fülle der Hoheitsgewalt, die nur von den Verträgen begrenzt ist, sondern die Befugnisse der Unionsorgane müssen umgekehrt aus den Verträgen abgeleitet werden[5]. Diese Kompetenz der Mitgliedstaaten darf auch künftig nicht vom Willen Dritter abhängig gemacht werden[6]. Die Kompetenz-Kompetenz ist das primäre Merkmal der Volkssouveränität[7]. Die Entscheidung darüber, ob Kompetenzen auf die EU übertragen werden, muss deshalb immer bei den Mitgliedstaaten verbleiben. Weder Rat noch EP noch beide im Verbund können die Grundentscheidung darüber treffen, dass eine Kompetenz von den Mitgliedstaaten auf die EU übergeht.

---

schaffe eine Kompetenz-Kompetenz, eher die Meinung besorgter Kritiker des EUV gewesen ist als das Ergebnis juristisch tragfähiger Argumentation.

1 BVerfG NJW 1993, 3047(3053)

2 BVerfG, a.a.O.

3 BVerfG NJW 1993, 3047(3054)

4 BVerfGE 75, 223(242); Pernice, HdbdStR Bd. VIII, § 191 Rn. 45; Streinz, Der Verfassungsstaat als Glied einer europäischen Gemeinschaft, DVBl. 1990, 949(955); Lenz, Vertrag von Maastricht - Ende der demokratischen Staatlichkeit ?, NJW 1993, 1962(1963); Weber, Zur künftigen Verfassung der EGten, JZ 1993, 325(328); Kahl, EU: Bundesstaat - Staatenbund - Staatenverbund ?, Der Staat 33(1994), 241(246); Klein, Diskussionsbeitrag in: Hommelhof/Kirchhof, 1994, S. 103; Lindner, EG-Grundsrechtscharta..., DÖV 2000, 543(545)

5 Bleckmann, Nationales und europäisches Souveränitätsverständnis, 1980, S. 46f.

6 Ress, Über die Notwendigkeit der parlamentarischen Legitimierung der Rechtsetzung der EGten, S. 674; Tomuschat, in: BKGG, Art. 24 Rn. 20

7 Herzog, Allgemeine Staatslehre, 1972, S. 413

Davon unberührt ist die Möglichkeit, etwa das EP an einer Entscheidung über eine Vertragsänderung zu beteiligen[1]. So stimmt es nach Art. 49 EUV der Neuaufnahme von Mitgliedern zu. In diesem Fall werden bereits keine Hoheitsrechte übertragen. Selbst ein Zustimmungsrecht des EP zu einer Hoheitsrechtsübertragung wäre möglich. Denn in diesem Fall kann der souveräne Mitgliedstaat durch ein ablehnendes Votum des EP allenfalls daran gehindert werden, sich einer seiner staatlichen Souveränität zugeordneten Kompetenz zu entledigen. Hier wird der Unterschied zwischen Souveränität und Kompetenz-Kompetenz deutlich. Durch ein ablehnendes Votum des EP zur Vertragsänderung wird der Mitgliedstaat nur daran gehindert, seine Kompetenz-Kompetenz in einer bestimmten Weise zu gebrauchen, nämlich indem er die zur Übertragung anstehende Kompetenz aus seiner staatlichen Gewalt ausgliedert und auf eine überstaatliche Einheit überträgt. Gerade dann, wenn der anvisierte Empfänger des Hoheitsrechts selbst ein völkerrechtliches Subjekt ist, unterliegt der Mitgliedstaat damit jedoch nur einer Beschränkung, auf die er im völkerrechtlichen Verkehr regelmäßig trifft. Selbstverständlich wird durch eine Zustimmung des EP eine Änderung des Primärrechts nicht zu einem völkerrechtlichen Vertrag zwischen der EU und den Mitgliedstaaten. Im Rahmen der Erörterungen zum Verhältnis von Art. 59 GG und Art. 23 GG wurde jedoch bereits deutlich, dass auch das Grundgesetz davon ausgeht, dass eine Hoheitsrechtsübertragung nicht ohne Beteiligung der annehmenden Einheit möglich ist[2]. Im Rahmen des Art. 59 GG handeln hier die souveränen Staaten einen völkerrechtlichen Vertrag aus und besiegeln im Abschluss desselben, dass sie nicht nur als Herren der Verträge bereit sind, die im Vertrag definierten Hoheitsrechte nach ihren nationale Verfassungsregeln zu übertragen, sondern dass sie gleichzeitig auch als Träger der aufnehmenden Einheit bereit sind, diese Hoheitsrechte in einem überstaatlichen Entscheidungsverfahren auf der überstaatlichen Ebene anzunehmen. Diese annehmende Entscheidung können die Mitgliedstaaten nicht nur verbunden treffen, sondern auch in einer Entscheidung in einem Organ, dessen Kreatoren und Träger sie sind.

In der Tat ist Art. 23 GG zwar nur ein Stein im Gesamtmosaik des Grundgesetzes, der nicht alles andere überlagern darf[3]. Ebenso wie der verfassungsändernde Gesetzgeber nur an Art. 79 Abs. 3 GG gebunden ist, gilt dies auch für den Integrationsgesetzgeber. Art. 79 Abs. 3 GG lässt aber in der Tat eine weitgehende inhaltliche Veränderung des Grundgesetzes zu. Ob diese Veränderung nun über den verfassungsändernden Gesetzgeber unmittelbar im Rahmen des Art. 79 Abs. 3 GG erfolgt oder über den Integrationsgesetzgeber im Rahmen des Art. 23 Abs. 1 Satz 3 GG ist für die Bandbreite der möglichen inhaltlichen Veränderungen des Grundgesetzes unerheblich.

---

1 oder etwa an der Verabschiedung einer Grundrechtscharta, Weber, Die Europäische Grundrechtscharta - auf dem Weg zu einer europäischen Verfassung, NJW 2000, 537(539)

2 D.VII.1

3 Kirchhof, Das Maastricht-Urteil des BVerfG, 1994, S. 14

(1) Das Recht zum Austritt

Deutschland hat auch weiterhin das Recht, aus der EU auszutreten[1]. Dass ihm dieses Recht verbleibt, ist sogar Bedingung dafür, dass das demokratische Prinzip für die Legitimation der Unionsgewalt aus der Sicht des Grundgesetzes eingehalten ist[2]. Das Recht zum Austritt ist Ausdruck der ultimativen Letztverantwortung des deutschen Volkes für die Handlungen der EU. Es ist zentraler Ausdruck seiner Souveränität. Würde Deutschland das Austrittsrecht aufgeben, wäre die auf der Ebene der EU ausgeübte Herrschaft nicht mehr rücknehmbar. Sie würde sich verselbständigen. Damit wäre jedoch der Legitimationszusammenhang zwischen Grundgesetz und Unionsgewalt zerschnitten. Von der Möglichkeit zum einseitigen Austritt geht im übrigen auch Großbritannien aus[3]. Da sich diese Frage nach dem Völkerrecht und nicht nach dem Grundgesetz beurteilt, ist diese Sicht der Briten auch nicht unerheblich[4]. Das Recht zum Austritt darf deshalb auch von keiner fremden Entscheidung abhängig sein. Allein deshalb ist auch eine Zustimmung des EP zu Hoheitsrechtsübertragungen vertretbar.

Bereits der EWGV galt nach seinem Art. 240 - ebenso wie die EAG (Art. 20 EAGV) - "auf unbegrenzte Zeit". Im Gegensatz dazu ist der EGKSV nur auf 50 Jahre geschlossen (Art. 97 EGKSV). Schon zu Art. 240 EWGV war jedoch nicht geklärt, ob sich die Mitgliedstaaten den europäischen Verträgen wenigstens gemeinsam und ohne Zustimmung der Gesamtorganisation wieder entziehen können[5] oder ob selbst im Falle der einvernehmlichen Aufhebung der Verträge durch die Mitgliedstaaten die Unionsorgane berechtigt seien, gegen alle Mitgliedstaaten vertragsrechtlich vorzugehen[6]. Trotzdem wurde auch der EUV "auf unbegrenzte Zeit" geschlossen (Art. 51 EUV) und auch Art. 240 EWGV wurde nach dem Vertrag von Amsterdam als Art. 312 EGV unverändert fortgeführt[7].

Aus der Formulierung "auf unbegrenzte Zeit" in den jetzigen Art. 312 EGV und 51 EUV wird zum Teil das Vorliegen eines ewigen Bundes zwischen den Mit-

---

[1] Bleckmann, Die Wahrung der „nationalen Identität" im Unions-Vertrag, JZ 1997, 265(267); Classen, Europäische Integration und demokratische Legitimation, AöR 119(1994), 239(245); Kirchhof, Das Maastricht-Urteil des BVerfG, 1994, S. 17; Burgbacher, Der Beitrag Maastrichts zur Europäischen Integration, Demokratie und Recht 1993, 26(30); Flint, Die Übertragung von Hoheitsrechten..., 1998, S. 199ff.; einen Austritt für grundsätzlich möglich, jedoch kaum rechtfertigbar, hält Weber, Die WWU nach dem Maastricht-Urteil des BVerfG, JZ 1994, 53(58)

[2] Kokott, Deutschland im Rahmen der EU..., AöR 119(1994), 205(225)

[3] MacCormick, Das Maastricht-Urteil: Souveränität heute, JZ 1995, 797f.

[4] J. Charpentier und J.-D. Mounton auf dem Jahreskongress 1995 der Europäischen Rechtsakademie Trier, BayVBl. 1997, 78(79)

[5] Klein, Der Verfassungsstaat als Glied einer europäischen Gemeinschaft, VVDStRL 50, 56(58); Constantinesco, Das Recht der EGten, 1977, S. 178

[6] Beutler/Bieber, Die EG, 3. A. 1987, 3.1.2.3

[7] auch Art. 97 EGKSV und Art. 208 EAGV blieben im Zuge des Vertrages von Maastricht unverändert

gliedstaaten geschlossen[1]. Dem kann nicht gefolgt werden[2]. Zwischen den Worten auf "unbegrenzte Zeit" und "für immer" besteht ein wesentlicher Unterschied[3]. Entsprechend bezeichnet z.B. Art. V der Wiener Schlussakte vom 15. Mai 1820 den Deutschen Bund als einen "unauflöslichen Verein". Die Acts of Union zwischen England und Schottland von 1706/7 und zwischen Großbritannien und Irland aus dem Jahr 1800 bezeichnen die jeweiligen Bünde als geschlossen "for ever after" bzw. "in all time coming" und die Präambel zur amerikanischen Konföderationsakte vom 9. September 1778 spricht von einer "perpetual union"[4]. Die Souveränität der Mitglieder kann aber nur durch einen solch eindeutig im Vertrag zu erkennenden Souveränitätsverzicht für immer eingeschränkt werden[5].

Damit werden die Art. 312 EGV und 51 EUV aber nicht überflüssig, obwohl für völkerrechtliche Verträge, die ihr Ende nicht bereits festlegen, automatisch eine unbegrenzte Dauer angenommen wird[6]. In vertragliche Vereinbarungen werden häufig zur Klarstellung deklaratorische Vereinbarungen aufgenommen. Zudem ist die Regelung dann unabhängig von eventuellen Veränderungen im internationalen Vertragsrecht. Außerdem dienen die Bestimmungen der Abgrenzung gegenüber dem EGKSV.

(2) Vertragliche Revisionsvorschriften

Ein Austrittsrecht wird u.a. abgelehnt, weil die Verträge Revisionsverfahren ermöglichen (Art. 48 EUV), neue Mitglieder zu (rücktrittsbezogenen) Vorbehalten nicht berechtigt sind und gleichzeitig keine Regelungen über einen Austritt enthalten sowie wegen der Natur der Verträge als Integrationsverträge[7]. Daneben gibt es punktuelle gemeinschaftsautonome Vertragsergänzungs- und Vertragsanpassungsvorschriften[8]. Gegen ein vertragsuntreues Mitglied hätten die Verträge zudem das Vertragsverletzungsverfahren geschaffen. Damit berechtigten Vertragsverletzungen eines Staates nicht die anderen zum Austritt,

---

[1] Ipsen, Europäisches Gemeinschaftsrecht, 1972, S. 99; Beutler/Bieber, Die EG, 3. A. 1987, 3.1.2.3; Wolf, Die Revision des Grundgesetzes durch Maastricht, JZ 1993, 594(597); Hilf, Die EU und die Eigenstaatlichkeit ihrer Mitgliedstaaten, 1994, S. 79f., der allerdings einen Austritt nach der clausula rebus sic stantibus nicht ausschließt

[2] Dagtoglou, Recht auf Rücktritt von den Römischen Verträgen ?, 1972, S. 80

[3] Dagtoglou, a.a.O. S. 78

[4] zit. aus Dagtoglou, a.a.O. S 79f.

[5] Dagtoglou, a.a.O. S. 79/85

[6] Dagtoglou, a.a.O. S. 78 Fn. 8

[7] dazu Ipsen, Europäisches Gemeinschaftsrecht, 1972, S. 100; Beutler/Bieber, Die EG, 3. A. 1987, 3.1.2.2 - 3.1.2.4; Dagtoglou, a.a.O. S. 82; Thieme, Das GG und die öffentliche Gewalt internationaler Staatengemeinschaften, VVDStRL 18, 50(72); Wolf, Die Revision des GG durch Maastricht, JZ 1993, 594(597)

[8] Oppermann, Europarecht, 1991, Rn. 424; so kann nach Art. 221 UA 4 bzw. 222 UA 3 EGV der Rat die Anzahl der Richter oder Generalanwälte einstimmig erhöhen.

sondern verpflichteten die Gemeinschaftsorgane und die vertragstreuen Mitglieder zur Einleitung dieses Verfahrens[1].

Durch das Instrument des Vertragsverletzungsverfahrens wird aber allenfalls das vertragswidrige Verhalten eines anderen Mitgliedstaates als Kündigungsgrund für die vertragstreuen Mitglieder ausgeschlossen. Auch die Schutzklauseln, nach denen einem mit der Erfüllung seiner Vertragspflichten in Schwierigkeiten befindlichen Mitglied die Möglichkeit eingeräumt wird, vorübergehend eine Entbindung von bestimmten Vertragspflichten beantragen zu können, sollen nur einer Kündigung vorbeugen[2], sie jedoch nicht ausschließen.

Die Verträge tragen Schwierigkeiten und Konflikten somit eben nur punktuell Rechnung[3]. In Streitfällen sollen die Mitglieder in einen Dialog hineingezwungen werden. Die vertraglichen Regelungen sind damit nur vorrangig vor den allgemeinen völkerrechtlichen Regelungen, schließen diese mindestens als Notbremse jedoch nicht aus[4]. Das Einstimmigkeitserfordernis aus Art. 48 EUV wendet sich nämlich gerade gegen die änderungswilligen Mitglieder[5].

Ein Rücktrittsausschluss lässt sich auch nicht aus dem allgemein von den Vertragspartnern akzeptierten[6] Vorbehalt Deutschlands für den Fall einer Wiedervereinigung folgern[7]. Im Gegenteil: Es ist nicht erkennbar, dass der Wiedervereinigungsvorbehalt die gesamte Struktur der EU hat in Frage stellen dürfen.

(3) Der Integrationscharakter der Europäischen Union

Das gewichtigste Argument gegen die Möglichkeit eines einseitigen Austritts liegt in dem Verweis auf den Integrationscharakter der EU. Die Verträge schweigen sich demnach zum Sezessionsrecht nicht zufällig aus, sondern lassen ein solches bewusst nicht zu, da sie einen dauernden und tiefgreifenden Strukturveränderungsprozess einleiten und begleiten wollen[8]. Mit diesem Wesen der Verträge als Integrationsverträge soll ein Austritts- oder Rücktrittsrecht unvereinbar sein[9].

Zu weit geht es jedenfalls, wenn man in diesem Zusammenhang auf einen Ausschluss der völkerrechtlichen Kündigungsmöglichkeiten schließen will, indem

---

[1] Constantinesco, Das Recht der EGten, 1977, S. 181; Ipsen, Europäisches Gemeinschaftsrecht, 1972, S. 100

[2] Constantinesco, a.a.O.

[3] Constantinesco, a.a.O. S. 182

[4] Flint, Die Übertragung von Hoheitsrechten..., 1998, S. 199ff

[5] Dagtoglou, Recht auf Rücktritt von den Römischen Verträgen ?, 1972, S. 88

[6] Dagtoglou, a.a.O. S. 91

[7] so aber Constantinesco, Das Recht der EGten, 1977 S. 181ff.

[8] Constantinesco, Das Recht der EGten, 1977, S. 181 f.; einen Austritt wohl aus diesen Gründen für unzulässig hält Kokott, Deutschland im Rahmen der EU..., AöR 119(1994), 205(225)

[9] Constantinesco, a.a.O. S. 182; Dagtoglou, Recht auf Rücktritt von den Römischen Verträgen ?, 1972, S. 94

man davon ausgeht, der EGV sei kein klassischer völkerrechtlicher Vertrag[1]. Nach seinem Art. 1 ist die WVK auf Verträge zwischen Staaten anwendbar. Sämtliche Unionsverträge sind Verträge zwischen Staaten. Erst wenn die Einzelstaaten als Völkerrechtssubjekte aufgehört haben zu existieren, ist Völkerrecht auf das Verhältnis zwischen den Staaten nicht mehr anwendbar. Dabei ist jedoch Vorsicht geboten, solange die Staaten der EU von ihrem eigenen Fortbestand als Völkerrechtssubjekte ausgehen, sich auch international als Völkerrechtssubjekt verhalten und von anderen Staaten als solches behandelt werden[2]. Im Völkerrecht gilt zudem der Grundsatz der Kontinuität der Staaten. Ein Staat besteht als Völkerrechtssubjekt trotz grundlegender äußerer und innerer Wandlung grundsätzlich fort. Dieses wird vermutet, solange er die effektive Staatsgewalt als Zeichen der Souveränität in Anspruch nimmt und derjenige, der die Staatsgewalt für die Zukunft für sich in Anspruch nehmen will, seine Stellung gegen den Anspruch der bisherigen Staatsgewalt nicht behaupten kann.

Die allgemeinen Regeln des Völkerrechts sind außerdem anerkanntermaßen eine ergänzende Rechtsquelle der Union zur Lückenschließung im Unionsrecht[3].

Mit einem Austrittsrecht in Einklang steht auch die Auslegungsregel des Art. 56 Nr. 1 a WVK. Danach kann ein Vertrag, der weder eine Bestimmung über seine Beendigung noch über einen Rücktritt enthält, grundsätzlich nicht gekündigt werden, sofern nicht feststeht, dass die Parteien die Möglichkeit einer Kündigung oder eines Rücktritts zuzulassen beabsichtigten (Art. 56 Nr. 1 a WVK). Bei der Anwendung dieser Vorschrift muss zwischen zwei Eckpfeilern argumentiert werden. Sind der Wille und die politische Autorität der Vertragsparteien stark genug, dann wird ein Kündigungsrecht regelmäßig ausdrücklich vereinbart. Für Nr. 1 a ist dann kein Platz mehr. Er ist gerade für die Fälle vorgesehen, in denen ein Vertrag eben keine Kündigungsvereinbarung enthält. Auf der anderen Seite ergibt sich aber der Wille, dass die Parteien eine Kündigung nicht zulassen wollten, nicht erst aus einem ausdrücklichen Ausschluss jeder Kündigungsmöglichkeit. Auch dann wäre wegen einer eindeutigen vertraglichen Regelung Art. 56 WVK nicht anwendbar. Bereits aus der Formulierung "zuzulassen beabsichtigten" folgt, dass eine entsprechende vertragliche Regelung, aus welchen Gründen auch immer, entgegen dem eigentlichen Willen der Vertragsparteien unterlassen wurde. Bei Abschluss der Gründungsverträge hat man auf eine ausdrückliche Beendigungsregelung aus psychologischen Gründen verzichtet[4].

Nach Art. 56 Nr. 1 b WVK kann ein Vertrag, der weder eine Bestimmung über seine Beendigung noch über einen Rücktritt enthält, grundsätzlich nicht gekün-

---

[1] Constantinesco, a.a.O. S. 180/183

[2] Ipsen, K., Völkerrecht, 1990, § 22 Rn. 1ff./24, § 1 Rn. 44

[3] Oppermann, Europarecht, 1991, Rn. 408

[4] Dagtoglou, Recht auf Rücktritt von den Römischen Verträgen ?, 1972, S. 84; anders Constantinesco, Das Recht der EGten, 1977, S. 181f.

digt werden, sofern eine Kündigung oder ein Rücktritt sich nicht aus der Natur des Vertrages herleiten lassen (Art. 56 Nr. 1 b WVK). Art. 56 Nr. 1 b WVK spielt auf den Integrationscharakter eines Vertrages an. Im Rahmen dieser Vorschrift kommt es dabei nicht darauf an, ob ein konkreter Integrationsstand eine Kündigung ausschließt[1]. Entscheidend ist allein die Gesamtbetrachtung des Vertrages vor allem hinsichtlich seiner Zielrichtung und seiner Zukunftsvorstellungen. Unerheblich ist im Rahmen des Art. 56 Nr. 1 b WVK auch, ob der Vertragszweck nur beim Verbleib aller Mitglieder realisiert werden kann[2]. Ansonsten stünden Kündigungsrechte nur den Erstkündigenden zu. Ein solcher Wettlauf ist jedoch erst recht nicht gewollt.

Nach h.M. sollen insbesondere Bündnis- oder Handelsverträge ihrer Natur nach eine einseitige Beendigung zulassen[3]. Die Geschichte wechselnder Militärbündnisse lässt darauf schließen, dass vor allem Bündnisse geradezu traditionell aufgekündigt werden können.

Man kann die europäischen Verträge aber nicht einfach als Handelsbündnis einstufen. Bereits mit dem EGKSV hat man eine echte Vergemeinschaftung begonnen, die weit über den Inhalt zwischenstaatlicher Handelsverträge hinausging. Zwar ist im Völkerkonsens eine zu restriktive Auslegung der Beendigungsmöglichkeiten nicht gewollt[4]. Soll jedoch die Regelung in Art. 56 Nr. 1 b WVK überhaupt einen Anwendungsfall finden können, dann stellt sich die Frage, welchen Inhalts ein Vertrag noch sein muss, damit sich aus seiner Natur kein Rücktrittsrecht ergibt. Es ist demnach davon auszugehen, dass Nr. 1 b WVK in der Tat eine Kündigung des heutigen EUV ausschließen würde.

(4) Der Austritt nach der clausula rebus sic stantibus

In jedem Fall ergibt sich aber allein aus der völkerrechtlichen Natur der Verträge ein Austrittsrecht nach dem allgemeinen Völkerrechtsgrundsatz der clausula rebus sic stantibus, der in Art. 62 WVK seinen Niederschlag gefunden hat. Danach kann ein Vertragspartner einen völkerrechtlichen Vertrag einseitig beenden, wenn sich ein bei Vertragsschluss gegebener Umstand später grundlegend ändert. Art. 62 WVK konstituiert eine völkerrechtliche Notbremse für Verträge, in denen kein Kündigungsrecht vorgesehen ist[5]. Der Anwendungsbereich dieses Grundsatzes beschränkt sich nach Ansicht der Völkerrechtskommission sogar nicht nur auf unkündbare Verträge, sondern erstreckt sich darüber hinaus auch auf Verträge, in denen eine Kündigung zwar vorgesehen, die Voraussetzungen

---

[1] Dagtoglou, a.a.O. S. 94
[2] Dagtoglou, a.a.O.
[3] Ipsen, K., Völkerrecht, 1990, § 15 Rn. 69
[4] Ipsen, K., a.a.O.
[5] Constantinesco, Das Recht der EGten, 1977, S. 180; Flint, Die Übertragung von Hoheitsrechten..., 1998, S. 199ff.

für eine solche in den Verträgen jedoch zu eng gefasst sind und deshalb den tatsächlich eingetretenen Umständen nicht mehr gerecht werden können[1].

Entscheidend für eine Vertragsbeendigung nach der clausula ist, dass sich die zur Zeit des Vertragsschlusses bestehenden Umstände, von den Parteien nicht vorausgesehen, derart verändert haben, dass es einer Partei nach Treu und Glauben nicht mehr zugemutet werden kann, den Vertrag zu erfüllen[2]. Unschädlich ist, dass die Veränderung voraussehbar gewesen wäre. Von besonderer Bedeutung ist dabei, dass eine solch grundlegende Änderung der Umstände auch in der Änderung politischer Umstände liegen kann[3].

Kein Mitglied kann damit rechtlich gegen seinen Willen in der EU gehalten werden[4]. Spätestens die clausula rebus sic stantibus sichert diesen Kernbestand an Souveränität[5]. Damit geht aber auch von einem Verbleiben Deutschland in der Union eine indirekt legitimierende Wirkung aus. Wenn die Bundesrepublik trotz tagespolitischer Differenzen in der EU aus dieser nicht austritt, so bedeutet dies, dass sie in Abwägung aller relevanten Argumente das europäische Gesamtsystem billigt oder wenigstens an seiner Veränderung mitarbeiten will und zu seinen Gunsten darauf verzichtet, rechtlich volle Handlungsfähigkeit in allen Einzelfragen wieder herzustellen. Bereits auf die EU übergegangene Kompetenzen sind damit nicht endgültig verloren[6]. Die Herrschaft der EU ist grundsätzlich rückrufbar. Das Drohen mit Rückruf ist das ultimative Mittel, Rechtfertigung zu erzwingen, der Rückruf das ultimative Mittel, fehlgeschlagene Rechtfertigung zu sanktionieren. Auch von der bloßen Existenz des Rücktrittsrechts geht deshalb eine erhebliche legitimierende Wirkung aus[7]. Solange den Einzelstaaten die Möglichkeit der Sezession verbleibt, ist damit aber der „point of no return" in der europäischen Entwicklung nicht erreicht[8]. Zudem steht weder den anderen Mitgliedstaaten noch der Union selbst ein effektives Mittel zur Verfügung, eine selbst vertragswidrige Sezession zu verhindern[9]. Und darin allein liegt ein massives Element mitgliedstaatlicher völker- und staatsrechtlicher

---

[1] Ipsen, K., Völkerrecht, 1990, § 15 Rn. 97: auch aus dieser Interpretation durch die Völkerrechtskommission ergibt sich, dass in völkerrechtlichen Verträgen aus der Existenz von Vertragsrevisionsvorschriften gerade nicht auf den Ausschluss jeder Kündigungsmöglichkeit geschlossen werden darf.

[2] Ipsen, K., a.a.O. Rn. 101

[3] Ipsen, K., a.a.O. Rn. 94

[4] Randelzhofer, Staatsgewalt und Volkssouveränität, in: HdbdStR Bd. I, § 15 Rn 34; Klein, Der Verfassungsstaat als Glied einer europäischen Gemeinschaft, VVDStRL 50, 56(67)

[5] Mosler, in: HdbdStr. VII, § 175 Rn. 50f.; Pöhle, K., EU à la Maastricht - Eine ernste Herausforderung für die Parlamente der EG, ZfP 1993, 49(55)

[6] Bleckmann, Nationales und europäisches Souveränitätsverständnis, 1980, S. 49; ders., Die Wahrung der „nationalen Identität" im Unions-Vertrag, JZ 1997, 265(266); Gassner, Kreation und Repräsentation, Der Staat 34(1995), 429(436)

[7] v.Simson/Schwarze, Europäische Integration und GG, 1992, S. 17; BVerfG NJW 1994, 1942(1944); so auch für den Volksentscheid Böckenförde, in: HdbdStR Bd. I, § 22 Rn. 16

[8] Zippelius, Reinhold, Allgemeine Staatslehre, 13. A. 1994, § 10 III

[9] Ipsen, Europäisches Gemeinschaftsrecht, 1972, S. 98; Constantinesco, Das Recht der EGten, 1977, S. 182

souveräner Eigenstaatlichkeit. Das Sezessionsrecht ist auch nicht lediglich ein tatsächliches Recht. Auch Vertreter, die ein Austrittsrecht nur als faktisch-politisches Recht sehen[1], gestehen zu, dass sich auch im Falle eines vertragswidrigen Austritts „die politische Entscheidung von der Vertragsnorm abson-dert und Rechtscharakter annimmt"[2].

Diese Souveränität der Mitgliedstaaten ist auch nicht lediglich „theoretisch", da mit einem Austritt ein hoher Preis verbunden wäre[3]. Zum einen ändert dies an der rechtlichen Situation der Staaten nichts. Zum anderen werden solche Preise in der Geschichte auch tatsächlich gezahlt, wenn sie für gerechtfertigt gehalten werden, wie der Zerfall der osteuropäischen Staaten nach dem Ende des Kalten Krieges beweist. Auch gemeinsame Währungen haben diesen Zerfall nicht aufhalten können. Es ist deshalb nicht gerechtfertigt, eine Lösung Deutschlands aus der EU als lediglich theoretische Möglichkeit zu bezeichnen. Von einer im Zusammenhang mit dem Vertrag von Maastricht angesprochenen Unumkehrbarkeit[4], die die EU zu einem Gebilde rechtlich unauflöslicher Intensität machen würde, wird man mangels Vorhersehbarkeit historischer Entwicklungen deshalb nicht ausgehen können[5].

Genau darin liegt aber der Grund, dass es Art. 23 GG verbietet, die EU in einen Bundesstaat umzuwandeln und weshalb die Bundesrepublik auch im Rahmen der EU ein souveräner Staat bleiben muss[6]. In einem Bundesstaat würden sich die Austrittsmöglichkeiten nicht mehr nach dem Völkerrecht richten, sondern ausschließlich nach einer internen Rechtsordnung. Der Gliedstaat eines Bundesstaates kann in keinem Fall mehr uneingeschränktes Völkerrechtssubjekt sein. Völkerrechtssubjektivität kann ihm nur noch zukommen, soweit dies die

---

[1] Kaufmann, Permanente Verfassungsgebung..., Der Staat 36(1997), 521(536)

[2] Kaufmann, a.a.O.

[3] so aber Oppermann, Zur Eigenart der EU, 1994, S. 95f.; s. dazu auch Murswiek, Maastricht und der pouvoir constituant, Der Staat 1993, 161(183); Dagtoglou, Recht auf Rücktritt von den Römischen Verträgen ?, 1972, S. 95/96

[4] EA 1992 D 90, so auch der ehem. Kommissionspräsident Delors in einer Rede vor dem EP am 12. Dezember 1991, EA 1992 D 106 sowie Bundeskanzler Kohl in einer Regierungserklärung vor dem BT am 13. Dezember 1991 über die Ergebnisse des Europäischen Rates in Maastricht: "Der Weg zur EU ist unumkehrbar", EA 1992 D 110; "Der Vertrag über die EU leitet eine neue, entscheidende Etappe des europäischen Einigungsprozesses ein, die in wenigen Jahren dazu führen wird, das zu schaffen, was die Gründungsväter des modernen Europa nach dem letzten Krieg erträumt haben: die Vereinigten Staaten von Europa." Kohl, zit. nach Möschel, Politische Union für Europa: Wunschtraum oder Alptraum ?, JZ 1992, 877(878); ebenso König, Volksabstimmungen nach dem GG auf dem Weg in die Vereinigten Staaten von Europa ?, DVBl. 1993, 140; Sen. Peschel-Gutzeit, Gem.Verfk., Sten.Ber. 3. Sitzung, S. 20: "unumkehrbare komplette Abgabe staatlich legislatorischer Souveränität"; ebenso Vortrag Beschwerdeführer: Unumkehrbarkeit der Kompetenzausweitung ergebe sich aus Art. B Abs. 1, 5. Gedankenstrich und Art. C EUV sowie aus dem Protokoll über den Übergang zur dritten Stufe der WWU. zit. nach B.1.b.

[5] Schüttemeyer, Funktionsverluste des BT durch die europäische Integration ?, ZfP 1978, 261(268); Friauf, Zur Problematik rechtsstaatlicher und demokratischer Strukturelemente in zwischenstaatlichen Gemeinschaften, DVBl. 1964, 781(784)

[6] Herzog, in: M/D/H/S, Art. 20 II. Rn. 106

Staatsverfassung zulässt[1]. Auch die Völkerrechtssubjektivität eines Gliedstaates ist damit eine vom Gesamtstaat abgeleitete. Die Kompetenz-Kompetenz würde aber auf den neu geschaffenen Gesamtstaat übergehen. Bereits Ausgangspunkt der staatlichen Gewalt wäre nicht mehr das deutsche Volk, sondern das Volk, das sich zu einem neuen Staat zusammengeschlossen hat. Deshalb wäre selbst ein europäischer Bundesstaat nicht zulässig, der etwa einer Staatenkammer eine Mitentscheidung über die Übertragung von Kompetenzen auf den Gesamtstaat zugesteht. Zum einen müsste als Übertragungsvoraussetzung die Zustimmung jedes Gliedstaates in der Staatenkammer, also Einstimmigkeit, festgelegt werden, wenn eine solche Bestimmung überhaupt grundsätzlich geeignet sein soll, die Souveränität des Gliedstaates zu sichern. Aber auch dann wäre das Zustimmungserfordernis der Staatenkammer ein Zugeständnis, das aus der Verfassung des Gesamtstaates abgeleitet ist und nicht Ausdruck der unabgeleiteten Kompetenz-Kompetenz der Gliedstaaten.

(5) Austrittsverbot nach dem Grundgesetz

Das BVerfG hat in seiner Entscheidung zum EUV ausdrücklich festgestellt, dass die Bundesrepublik nach Eintritt der dritten Stufe der WWU aus dieser austreten kann, wenn die Währungsunion als Stabilitätsgemeinschaft scheitert[2]. Aus dieser Feststellung und aus den umfangreichen Erwägungen und Ausführungen[3] zu dem Einwand, dass die EU bereits Kompetenz-Kompetenz habe, ergibt sich zwar, dass das BVerfG die Möglichkeit, sich aus der WWU auch wieder lösen zu können, sogar als Voraussetzung dafür sieht, dass der Vertrag von Maastricht verfassungsmäßig ist. Daraus kann zwar nicht definitiv geschlossen werden, dass auch ein Gesamtaustritt aus allen Unionsverträgen vom BVerfG für möglich gehalten wird[4]. Das immer wieder angesprochene Verbot, einmal an die EU übertragene Hoheitsrechte einseitig aufzukündigen[5], ist damit aber nicht haltbar[6].

Dass sich aus dem Urteil eine Erlaubnis zum Austritt herleiten lässt, leugnet Lenz[7]. Das Staatsziel der EU in Präambel und Art. 23 GG würde Deutschland

---

[1] Ipsen, Völkerrecht, 1990, § 5 Rn. 18

[2] BVerfGE 89, 155(204)

[3] BVerfGE 89, 155(195ff.)

[4] an anderer Stelle spricht das Gericht nämlich lediglich davon, dass Deutschland als einer der Herren der Verträge die Zugehörigkeit letztlich „durch einen gegenläufigen Akt auch wieder aufheben" könnte, BVerfGE 89, 155(190); hier wird aber nicht ganz deutlich, ob das Gericht auch eine einseitige oder nur eine einvernehmliche Aufhebung durch alle „Herren der Verträge" meint.

[5] Blanke, Der Unionsvertrag von Maastricht, Ein Schritt auf dem Weg zu einem europäischen Bundesstaat ?, DÖV 1993, 412(420)

[6] so interpretiert das Urteil auch Kahl, EU: Bundesstaat - Staatenbund - Staatenverbund ?, Der Staat 33(1994), 241(248)

[7] Lenz, Der Vertrag von Maastricht nach dem Urteil des Bundesverfassungsgerichts, NJW 1993, 3038f.

den Austritt abschneiden[1]. Letztlich muss im vorliegenden Zusammenhang jedoch nicht entschieden werden, ob Art. 23 GG einem Austritt entgegensteht. Vor allem die Verpflichtung, an der Verwirklichung der EU mitzuwirken, spricht sicherlich dafür, dass mindestens ein Austritt, der nicht aus anderen Wertentscheidungen und/oder Staatszielen des Grundgesetzes gerechtfertigt würde, unzulässig wäre. Vor allem hat es das deutsche Volk jedoch selbst in der Hand, Art. 23 GG erneut zu verändern. Seine Souveränität als Verfassungsgeber und als Träger der Kompetenz-Kompetenz wird durch Art. 23 GG deshalb nicht berührt, allenfalls wird die Ausübung dieser Souveränität erschwert. Einer entsprechenden Verfassungsänderung stünde vor allem nicht Art. 79 Abs. 3 GG entgegen. Zu dessen Inhalt gehört - unabhängig davon, ob man den Grundsatz der offenen Staatlichkeit als Schutzinhalt sieht oder nicht[2] - in keinem Fall die konkrete Teilnahme an der Verwirklichung der EU.

b. Die Souveränität als Freiheit zur Entscheidung über den Inhalt

Die Diskussion um Inhalt und Rolle der staatlichen Souveränität in der Einzelentscheidung muss die „Metamorphose“[3] des europäischen Nationalstaates des 19. Jahrhunderts zum modernen, postindustriellen, international eingebundenen, wirtschaftlich international abhängigen Staat berücksichtigen[4]. Dieser Wandel ist auch an den Souveränitätsvorstellungen des Art. 79 Abs. 3 GG nicht vorbeigegangen[5]. Die Internationalisierung zahlreicher staatlicher und gesellschaftlicher Handlungsbereiche lässt die scheinbare Allmacht eines einzelnen Volkes zunehmend als Fiktion erscheinen. Will man deshalb die Auswirkung der Kompetenzverlagerung auf die Souveränität der Mitgliedstaaten, von ihren staatlichen Kompetenzen inhaltlich Gebrauch zu machen, beurteilen, so kommt man nicht umhin, sich mit einem seit Entstehen der Demokratie- und Souveränitätslehre gewandelten Staatsbild auseinander zusetzen.

Eine der großen Aufgaben der nach dem Mittelalter entstehenden Staatlichkeit war die Beseitigung der Zerrissenheit des Landes in einzelne, sich sinnlos und häufig aus lediglich privaten Gründen befehdende Klein- und Kleinstherrschaften[6]. Der Staat erschien hier in erster Linie als Einrichtung zur Ordnung

---

1 Pernice, in: Dreier, Art. 23 Rn. 45; Hilf, Die EU und die Eigenstaatlichkeit ihrer Mitgliedstaaten, 1994, S. 78; Kaufmann, Permanente Verfassungsgebung..., Der Staat 36(1997)521(537); so bereits für Art. 24 Abs. 1 GG Schachtschneider u.a., Der Vertrag über die EU und das GG, JZ 1993, 751(158f.), der Veränderungen der europäischen Verträge nur zum Zwecke der fortschreitenden Integration für zulässig hält und daraus ein Loslösungsverbot aus den Verträgen ableitet. Lediglich als verfassungsrechtliche Notbremse akzeptiert Kokott ein Austrittsrecht „gegen eine der parlamentarischen Kontrolle durch das Zustimmungsgesetz entschwindenden Integration“, Deutschland im Rahmen der EU..., AöR 119(1994), 205(225f.)

2 zu dieser Diskussion s. E.I.

3 Isensee, Die alte Frage nach der Rechtfertigung des Staates, JZ 1999, 265(267)

4 Streinz, Der Verfassungsstaat als Glied einer europäischen Gemeinschaft, DVBl. 1990, 949(954)

5 Hesse, Grenzen der Verfassungswandlung, 1973, S. 127

6 Schilling, K., Der Staat, 1935, S. 249

von Herrschaft[1]. Als Ordnungsrahmen für menschliches Zusammenleben[2] hatte er die Hauptaufgabe, seine inneren Angelegenheiten autonom zu gestalten[3] und sich aus eigener wirtschaftlicher und militärischer Kraft selbst zu behaupten[4].

Im Laufe der Zeit wurden jedoch die Leistungsgrenzen von Einzelstaaten deutlich. Zwei Weltkriege und die Zunahme staatenübergreifender Verflechtungen erschwerten eine autonome Gestaltung auch der inneren Angelegenheiten zunehmend[5]. Moderne Technik und Ökonomie haben dem Nationalstaat die Steuerungsmöglichkeit und -fähigkeit über das sozialökonomische System weitgehend genommen[6], vor allem auch ist Autarkie kein Merkmal des modernen Staates mehr[7]. Der früher geschlossene Nationalstaat musste sich Einflüssen von außen zunehmend auch rechtlich öffnen[8]. Je mehr der Staat nicht nur in seiner staats- und völkerrechtlichen Stellung äußeren Einflüssen ausgeliefert ist, sondern diese auch das innerstaatliche Leben in jedem Fall faktisch steuern, desto mehr ist der Staat gezwungen, diese faktischen Einflüsse auch rechtlich zu kanalisieren. Der Staat generell und damit auch der souveräne Nationalstaat ist deshalb heute gerade von der Tendenz gekennzeichnet, gemeinsame öffentliche Güter multilateral durch kollektive Ordnungen zu sichern. Alle Elemente des klassischen Staatsbegriffes sind dabei Erosionstendenzen ausgesetzt, insbesondere aber die äußere wie die innere staatliche Souveränität[9]. Seinen staatliche Herrschaft legitimierenden Leistungspflichten genügt der Staat heute eben nur noch, wenn er sie zusammen mit anderen leistungsbereiten Einheiten erbringt[10]. Damit hebt er sein eigentliches Wesen nicht auf, sondern behauptet sich innerhalb der überregionalen Verantwortung als individueller Bestandteil des Ganzen[11]. War es bisher die Pflicht des Staates, alle Aufgaben selbst zu erfüllen, so ist es jetzt seine Pflicht, sich zu versichern, dass seine Aufgaben weiterhin, aber gegebenenfalls eben in einer Gemeinschaft, wirkungsvoll wahrgenommen werden[12]. Eine Wahlfreiheit, ob er Aufgaben allein oder im Verbund erfüllt, hat der Staat wegen der zu steuernden universellen Sachverhalte nicht[13]. Dass der Staat

---

1 Menzel, Beiträge zur Geschichte der Staatslehre, 1929, S. 547f.

2 Jellinek, Allgemeine Staatslehre, 3. A. 1966, S. 323ff.; Krüger, Allgemeine Staatslehre, 2. A. 1966, S. 1ff.

3 zu den - im einzelnen sehr umstrittenen - Staatszwecken und -aufgaben Jellinek, a.a.O. S. 230ff.; Krüger, a.a.O. S. 759ff.; Herzog, Allgemeine Staatslehre, 1972, S. 105ff.

4 Huber, E. R., Nationalstaat und Verfassungsstaat, 1965, S. 280

5 Magiera. Die EEA und die Fortentwicklung der EG zur EU, 1989, S. 507(509)

6 Huber, E. R., Nationalstaat und Verfassungsstaat, 1965, S. 281

7 Isensee, Die alte Frage nach der Rechtfertigung des Staates, JZ 1999, 265(276)

8 Diskbeitr. Scheuner, VVDStLR 23, S. 109

9 Thürer, Der Verfassungsstaat als Gliedstaat einer europäischen Gemeinschaft, VVDStRL 50, 97(138); v.Simson/Schwarze, Europäische Integration und GG, 1992, S. 2

10 Herzog, Allgemeine Staatslehre, 1972, S. 417; Zuleeg, Demokratie in der EG, JZ 1993, 1069(1074); Isensee, Die alte Frage nach der Rechtsfertigung des Staates, JZ 1999, 265(276)

11 v.Simson/Schwarze, Europäische Integration und GG, 1992, S. 68

12 v.Simson/Schwarze, a.a.O. S. 67; Thürer, Der Verfassungsstaat als Glied einer europäischen Gemeinschaft, VVDStRL 50, 97(123)

13 Schwarze, Ist das GG ein Hindernis auf dem Weg nach Europa, JZ 1999, 637(638)

bereit ist, sein Entscheidungssystem an die Anforderungen anzupassen, die an ihn gestellt werden, und damit bereit ist, seine Aufgaben im Verbund mit anderen Staaten zu erfüllen, wird zunehmend wiederum zu einer eigenen Legitimitätsvoraussetzung[1]. Der Bundestag ist nicht nur innerstaatlich im Verhältnis zu anderen Staatsorganen des Grundgesetzes verpflichtet, zentrale Fragen des Zusammenlebens zu regeln. Der Staat insgesamt ist verpflichtet, die zentralen Fragen des Zusammenlebens zu regeln. Nationale Sachverhalte kann er dabei mit nationalen Handlungsinstrumenten bewältigen, internationale Sachverhalte muss er mit überstaatlichen Mitteln regeln. Gerade im kleinräumigen Europa haben die Staaten dabei zunehmend weniger Spielraum bei der Wahl ihrer Steuerungsmittel. Art. 23/24 GG sehen die Übertragung von Hoheitsrechten als Steuerungsmittel gerade vor.

Diese Internationalisierung von Sachverhalten und staatlichen Aufgaben hatten auch die Vätern des europäischen Integrationsprozesses vor Augen als sie im Grundgesetz die Möglichkeit zur Übertragung von Hoheitsrechten geschaffen haben. Die nationale Souveränität sollte durch Integration gerade gerettet werden[2]. Internationale Verflechtungen beweisen sogar die Anpassungsfähigkeit eines Staates[3] und sind damit gerade nicht Ausdruck seiner Schwäche, sondern Ausdruck seiner selbstbewussten Souveränität. Mit der Notwendigkeit supranationaler Herrschaftsformen wird auch der Nationalstaatsgedanke nicht verneint. Jedoch ist der Staat jetzt als Einzelstaat nicht mehr unrelativiert das Höchste, sondern unter den heutigen Bedingungen in der Welt ein Glied in einem größeren Bund der Nationen[4]. Dass er auch in der Kooperation in der Lage sein muss, die Wohlfahrtsinteressen seines Volkes innerhalb der gemeinsamen Handlungen zur Geltung bringen zu können[5], ist unbestritten. Die Mittel, mit denen er dies tut, müssen jedoch gleichzeitig seiner Aufgabe gerecht werden, wirksame Problemlösungen anbieten zu können.

Dass der Staat dabei „um der Effizienz willen Souveränität opfert und nationale Selbstbestimmung hingibt für supranationale Mitbestimmung“[6], ist offensichtlich. Die Kooperation erfolgt jedoch unter Zurücktreten, aber nicht unter Aufgabe der nationalen Souveränität[7]. Durch Hoheitsübertragungen im Rahmen von Kooperationen verliert das einzelne nationale Repräsentationsorgan notwendig an Einfluss[8]. Dass dies für alle beteiligten Staaten gleichermaßen gilt, ist Ausdruck des völkerrechtlichen Prinzips der äußeren Souveränität und damit

---

[1] v. Simson, Zur Theorie der Legitimität, 1971, S. 469/472

[2] Burgbacher, Der Beitrag Maastrichts zur Europäischen Integration, Demokratie und Recht 1993, 26(34)

[3] Isensee, Die alte Frage nach der Rechtfertigung des Staates, JZ 1999, 265(276)

[4] Huber, E. R., Nationalstaat und Verfassungsstaat, 1965, S. 290

[5] Bleckmann, Die Wahrung der „nationalen Identität“ im Unions-Vertrag, JZ 1997, 265(267)

[6] Isensee, Die alte Frage nach der Rechtfertigung des Staates, JZ 1999, 265(276)

[7] Häberle, Der kooperative Verfassungsstaat, 1978, S. 158; so auch Thürer, Der Verfassungsstaat als Glied einer europäischen Gemeinschaft, VVDStRL 50, 97(123)

[8] BVerfG NJW 1993, 3047(3051)

der äußeren Gleichheit und Gleichwertigkeit der beteiligten Staaten. Die Offenheit für entsprechende Bindungen in der Völkerrechtsgemeinschaft ist in Art. 24 und 23 GG, ergänzt durch die Präambel, auch ausdrücklich anerkannt[1]. Die Einräumung von Hoheitsbefugnissen hat zwar zur Folge, dass deren Wahrnehmung nicht mehr stets vom Willen eines Mitgliedstaates allein abhängt. Wenn jedoch Souveränität heute noch identisch wäre mit einer jeder Bindung enthobenen staatlichen Gewalt[2], dann käme derzeit ohnehin keinem zivilisierten Nationalstaat mehr Souveränität zu. Dass auch den heutigen zivilisierten Staaten trotzdem Souveränität zugestanden wird, hängt letztlich mit einem unbewussten ohnehin bereits vollzogenen Wandel des Souveränitätsverständnisses zusammen[3]. Im Zusammenhang mit der EU wurde das Prinzip der Volkssouveränität deshalb auch schon als Museumsstück bezeichnet, das die Bürger gegen absolutistische Könige[4], nicht aber gegen supranationale Gemeinschaften schützen sollte[5].

Viel zu wenig beachtet wird in diesem Zusammenhang auch Häberles Vorstellung von einem "kooperativen Verfassungsstaat"[6]. Häberle griff auf, dass das Geflecht internationaler Beziehungen im Laufe der vergangenen Jahrzehnte eine solche Intensität gewonnen hat, dass der westliche Verfassungsstaat in seinem Selbstverständnis darauf angemessen reagieren muss[7]. Dieser findet seine Identität deshalb gerade auch im Geflecht internationaler und supranationaler Beziehungen in der Wahrnehmung internationaler Zusammenarbeit und Verantwortung[8]. Er lebt aus der Kooperation mit anderen Staaten und internationalen Organisationen[9]. Der Verfassungsstaat westlicher Prägung ist nach Häberle sogar von vornherein auf Kooperation im internationalen Feld angelegt. Art. 24 und 25 GG sind lediglich adäquater Ausdruck dafür und als Regel und nicht als Ausnahme zu denken[10]. Aus den Wechselwirkungen zwischen Verfassungsrecht und Völkerrecht entstehe mit der Zeit ein gemeinsames Kooperationsrecht[11]. Formell-verfahrensrechtlich äußere sich dies in der Bereitschaft zu vertragli-

---

[1] BVerfG NJW 1993, 3047(3051)

[2] zu diesem Streit s. grundsätzlich Jellinek, Allgemeine Staatslehre, 3. A. 1929, 14. Kap., insbes. I.2.a.ff. und Kelsen, Reine Rechtslehre S. 321ff., insbes. S. 342; seine Ansicht von der Bindungslosigkeit der Staatsgewalt verteidigt Kelsen ausdrücklich gegen Jellinek in Staatsrechtslehre, 2. A. 1923, IX. Kap. S. 245, insbes. 248; XIV. Kap. S. 394, insbes S. 398ff.

[3] Hirsch, EG: Kein Staat, aber eine Verfassung ?, NJW 2000, 46(47)

[4] Nicolaysen, Ansichten zur Gemeinschaftsverfassung, EuR 1987, 299(304); v. Bogdandy, Konturen des integrierten Europas, EA 1993, 49(56); Freund, Alexis Tocqueville und die politische Kultur der Demokratie, 1974, S. 25; Kaiser, Bewahrung und Veränderung ..., VVDStRL 23, 1(2)

[5] Goes van Naters, holländischer Verfassungsrechtler, zit. nach Badura, Bewahrung und Veränderung ..., VVDStRL 23, 34(71f.); Kaiser, a.a.O. S. 1(2/These I 1 Abs. III/These III 1/These II 6)

[6] Häberle, Der kooperative Verfassungsstaat, 1978, S. 141

[7] Häberle, a.a.O. S. 142

[8] Häberle, a.a.O. S. 143

[9] Häberle, a.a.O. S. 146

[10] Häberle, a.a.O. S. 148

[11] Häberle, a.a.O. S. 147

chen Bindungen und komplexen Rechtsetzungsvorgängen, materiell in solidarisch sachlichen Zielen wie Frieden, soziale Gerechtigkeit, Menschenrechte[1].

Souveränität ist deshalb heute das Recht der staatlich organisierten Nation auf Einheit, Freiheit und Gleichheit innerhalb der gemeinsamen Ordnung der Welt[2]. Durch und in der Gemeinschaft werden sogar neue Handlungsspielräume aber auch Aufgabenbereiche zur Erreichung gemeinsamer Ziele und zur Lösung gemeinsamer Probleme geschaffen[3]. Für eine Verengung des Souveränitätsproblems auf einen undifferenzierten Begriff der Unabhängigkeit ist deshalb kein Platz[4]. Vielmehr ist die nationalstaatliche Souveränität durch die Einfügung der einzelnen Nation in supranationale Ordnungen bedingt, da nur so die einzelne Nation auf zahlreiche Probleme der staatlichen Gemeinschaft überhaupt noch wirksam Einfluss nehmen kann[5]. Aus dem Nebeneinander nationaler und gemeinsamer Machtausübung erwächst dabei für beide Handlungsebenen zwangsläufig eine neue Legitimationssituation[6]. Die europäische Integration kann bei diesem Ausgangspunkt sogar als der Versuch staatlicher Systeme gesehen werden, einen durch tatsächliche internationale Abhängigkeiten bedingten Verlust an Steuerungspotential so in einer Organisation aufzufangen, dass der Verlust als planvoll gelenkt und lenkbar erscheint und daher gerade keine unmittelbare Gefährdung der nationalen Souveränität und Legitimität auslöst[7]. Dabei handelt es sich nicht nur um ein dynamisches Souveränitätsverständnis lediglich mit dem Zweck, trotz der bereits starken Kompetenz auf europäischer Ebene, eine innere Souveränität der Mitgliedstaaten weiterhin begründen zu können[8]. Das eben skizzierte Souveränitätsverständnis zeigt vielmehr, dass auch der Begriff der staatlichen Souveränität keinen absoluten Inhalt verkörpert, sondern ein - wenn auch zentrales - Element jedes demokratischen Legitimationssystems ist, das sich aber trotzdem auch in dieses System einordnen muss.

Es geht bei der Diskussion um das Souveränitätsverständnis des Grundgesetzes im Rahmen des Art. 79 Abs. 3 GG auch nicht darum, die EU als einziges künftiges Mittel zur wirksamen Problemlösung darzustellen. Es geht lediglich darum, die EU nicht aus einem - gerade auch durch die offenen Staatlichkeit des

---

1 Häberle, a.a.O. S. 146/171

2 Huber, E. R., Nationalstaat und Verfassungsstaat, 1965, S. 285

3 Steinberg, GG und Europäische Verfassung, ZRP 1999, 365(373); Everling, Vom Zweckverband zur EU, 1977, S. 595(615)

4 Ress, Souveränitätsverständnis in den EGten als Rechtsproblem, 1980, S. 11(17)

5 Huber, E. R., Nationalstaat und Verfassungsstaat, 1965, S. 285

6 Bieber, Funktion und Grundlagen direkter Wahlen zum EP im Jahre 1978, ZfP 1976, 228

7 Bieber, a.a.O.

8 Hilf, Völkerrechtliche und gemeinschaftsrechtliche Elemente des Beschlusses vom 20. September 1976 im Lichte des Souveränitätsdenkens in der EG, 1980, S. 21(23)

Grundgesetzes - überholten Souveränitätsverständnis heraus gerade als unzulässiges Mittel zur Problemlösung einzuordnen[1].

Darüber hinaus stellt zwar jede vertragliche Begründung von Pflichten naturgemäß eine Bindung der Ausübung der Souveränität dar. Dadurch vermindert sich aber nicht der Rechtsstatus der Souveränität als solcher[2]. Die Idee vom souveränen Volk als Inhaber dieser Staatsgewalt muss von einer Trennung zwischen dem Volk als verfassungsgebender Gewalt und dem Volk als verfassungsunterworfenem Staatsorgan ausgehen. Einmal ist das Volk wirklich souverän, da extrakonstitutionell, im anderen Fall ist es konstitutionell tätig und somit an die Verfassung gebunden. Der Begriff der Volkssouveränität bezieht sich dabei zwar sowohl auf die verfassungsgebende Gewalt des Volkes als auch - nach dem Akt der Verfassungsgebung - auf die Legitimation der Staatsgewalt im Rahmen dieser Verfassung. Als Souverän im Sinne einer rechtlich bindungslosen Souveränität handelt das Volk aber ohnehin allenfalls, wenn es als Subjekt der verfassungsgebenden Gewalt auftritt. Die völkerrechtliche Parallele zur verfassungsgebenden Gewalt ist das Recht, sich von einer völkervertraglichen Bindung wieder lösen zu können.

c. Die Demokratie des Grundgesetzes beschränkt sich nicht auf das Innehaben der Staatsgewalt

Gleichzeitig ist aber zu berücksichtigen, dass sich die Demokratie des Grundgesetzes nicht darauf beschränkt, dass das deutsche Volk Ausgangspunkt jeder Legitimation ist[3]. Auch das alleinige Abstellen auf die Lage der Kompetenz-Kompetenz wäre zu statisch[4], um die Souveränität des deutschen Volkes zu beschreiben, die Art. 79 Abs. 3 GG sichern will. Art. 79 Abs. 3 GG kann sich auch nicht darin erschöpfen, die schlichte Hülse der Eigenstaatlichkeit Deutschlands als Völkerrechtssubjekt zu retten[5]. Art. 20 Abs. 2 Satz 1 GG verlangt darüber hinaus, dass das Volk die politische Herrschaftsgewalt auch selbst ausübt[6]. Allein dadurch, dass der Ursprung einer Herrschaft im Volk liegt, wird Staatsgewalt jedoch noch nicht ausgeübt. Die Staatsgewalt, die ihren Ursprung im deutschen Volk hat, wird erst "in Wahlen und Abstimmungen und durch besondere Organe der Gesetzgebung, der vollziehenden Gewalt und der Rechtsprechung

---

1 so aber die Stimmen, die im Vertrag von Maastricht eine über Art. 79 Abs. 3 GG hinausgehende Verfassungsneuschöpfung sahen, Rupp, Muß das Volk über den Vertrag von Maastricht entscheiden ?, NJW 1993, 38(40); Schachtschneider SZ Nr. 272 v. 25.11.1992, S.15 bzw. seine Verabschiedung unter dem Grundgesetz trotz Art. 23 GG nicht für möglich gehalten haben, Ossenbühl, Maastricht und das GG - eine verfassungsrechtliche Wende ?, DVBl. 1993, 629(632); Murswiek, Maastricht und der pouvoir constituant, Der Staat 1993, 161; Di Fabio, Der neue Art. 23 des GG, Der Staat 1993, 191(211); Oppermann/Classen, Die EG vor der EU, NJW 1993, 5(11f.)

2 Steinberger, Der Verfassungsstaat als Gliedstaat einer europäischen Gemeinschaft, VVDStRL 50, 8(18)

3 darin liegt ihr demokratie-historischer Mindestinhalt, Böckenförde, in: HdbdStR Bd. I, § 22 Rn. 7

4 Di Fabio, Der neue Art. 23 des GG, Der Staat 1993, 191(195)

5 Herdegen, Die Belastbarkeit des Verfassungsgefüges auf dem Weg zur EU, EuGRZ 1992, 589(592)

6 Böckenförde, in: HdbdStR Bd. I, § 22 Rn. 8

ausgeübt" (Art. 20 Abs. 2 Satz 2 GG). Unter dem Schutz des Art. 79 Abs. 3 GG steht nicht eine beliebige Konzeption von Demokratie, sondern die konkrete Ausgestaltung, die das demokratische Prinzip im Grundgesetz erfahren hat[1]. Wahlen zu einer gesetzgebenden Versammlung sind deshalb ebenfalls ein verfassungsfestes Element, um die vom Volk ausgehende Legitimation zu vermitteln[2]. Die „Grundsätze“ des Demokratieprinzips aus Art. 79 Abs. 3 i.V.m. Art. 20 GG fordern zudem ein auf Dauer verbundenes Wahlvolk, das durch Wahlen einen Gesetzgeber hervorbringt[3] und periodisch neu bestätigt.

Dieser Gesetzgeber muss die vom Volk ausgehende Gewalt auch selbst ausüben und durch Maßstabgebung und Kontrolle gegenüber den weiteren in Art. 20 Abs. 2 GG genannten Staatsgewalten Legitimation vermitteln[4]. Entscheidend dafür, dass Staatsgewalt ausgeübt wird, ist aber, dass sie auch tatsächlich betätigt wird[5]. Und das Ausüben einer Staatsgewalt ist nur deren regelmäßige Betätigung. Art. 79 Abs. 3 GG lässt lediglich - allerdings weitgehende - Modifikationen zu, wie das Volk im einzelnen seine Staatsgewalt tatsächlich ausüben kann. Art. 23 GG erlaubt deshalb vor allem keine Unterbrechung der Legitimationskette, er lässt jedoch eine Verlängerung derselben auch über das unter Art. 20 GG innerstaatlich gestattete Maß hinaus zu[6]. Die Länge einer demokratischen Legitimationskette allein ist kein vorrangiges „Kriterium für das Ausmaß demokratischer Würde“[7]. Art. 23 GG rechtfertigt so gerade auch ein Unterschreiten der grundsätzlich innerstaatlich von Art. 20 GG geforderten Legitimationsdichte[8]. Der unantastbare Gehalt des Demokratieprinzips aus Art. 79 Abs. 3 GG verlangt jedoch gleichzeitig, dass der notwendige Zurechnungszusammenhang zwischen deutschem Volk und Unionsgewalt bezogen auf die einzelne Herrschaftsentscheidung "hinreichend effektiv“ bleibt[9].

---

[1] Huber, P.M., Maastricht - ein Staatsstreich ?, 1993, S. 21; Böckenförde, HdbdStR Bd. I, § 22 Rn. 9f.; Herzog, in: M/D/H/S, Art. 20 I. Rn. 10

[2] Lücke, in: Sachs 2.A. 1999, Art. 79 Rn. 40

[3] Demokratie gerade als repräsentative Demokratie gehört zum Schutzinhalt des Art. 79 Abs. 3 GG, Hain, Die Grundsätze des GG - eine Untersuchung zu Art. 79 Abs. 3 GG, 1999, S. 332

[4] Kirchhof, in: HdbdStR Bd. I, § 19 Rn. 75; zur Diskussion um die Rechtsnatur der EU s. B.I.

[5] betreiben, wirksam machen (i.S.v. Druck ausüben), öffentliche Betätigung (von Ämtern), Mackensen, Deutsche Etymologie, 1977 Stichwort „ausüben“; tätig sein, Kluge, Etymologisches Wörterbuch, 1975, Stichwort „üben“

[6] Baldus, Europol und Demokratieprinzip, ZRP 1997, 286(288)

[7] Schmidt-Aßmann, Verwaltungslegitimation als Rechtsbegriff, AöR 116(1991) 329(360)

[8] Streinz, in: Sachs, Art. 23 Rn. 85; h.M. Randelzhofer, in: M/D/H/S, Art. 24 Abs. I Rn. 204; Cremer, Das Demokratieprinzip auf nationaler und europäischer Ebene im Lichte des Maastricht-Urteil des BVerfG, EuR 30(1995), 21(26); Baldus, Europol und Demokratieprinzip, ZRP 1997, 286(288); Enders, Offene Staatlichkeit..., 1995, S. 38: Art. 23 GG „erhebt ... die Verfassungsdurchbrechung gezielt zum regulären Integrationsinstrumentarium“

[9] BVerfGE 89. 155(182)

II. Die Legitimation der Unionsgewalt in einer lebendigen nationalen Demokratie

Die EU bezieht auf der Basis der nationalen Verfassungen als einzige unabgeleitete Grundordnungen ihre eigene unverwechselbare Identität gerade aus dem Zusammenspiel zwischen den mitgliedstaatlichen Wurzeln und der aus diesen Wurzeln erwachsenden eigenständigen europäischen Legitimationskraft. Sie bezieht weder ihre Identität noch ihre Legitimation aus dem Ziel, sich von den mitgliedstaatlichen Wurzeln zu lösen[1]. Auch würde ein Verdrängen des einen Legitimationstangs zu Lasten des anderen das „wechselseitige Aufeinanderangewiesensein und damit die besondere Legitimation der EU" aufheben[2]. Nationale und europäische Rechtsordnung stehen im Verhältnis wechselseitiger Komplementarität, die funktional darauf gerichtet ist, dem Prinzip der demokratischen Legitimation im Rahmen des stufenweisen Aufbaus der EU umfassend zur Verwirklichung zu verhelfen[3]. Beide Ebenen können dabei nicht als jeweils ausschließlich in sich ruhende und selbstgenügsame Systeme begriffen werden[4]. Nicht Gegeneinander, sondern Miteinander prägt ihr Verhältnis zueinander[5]. Im Rahmen ihres Ebenensystems ergänzen sich nationale und europäische Demokratie[6]. Die grundgesetzliche Legitimation der Verträge und die Legitimation europäischer Entscheidungen aus den Verträgen bilden gemeinsam das Legitimationsniveau europäischer Entscheidungen. Die Legitimation aus den Verträgen ist dabei eine national und europäisch gemischte Legitimation. Im Sinne einer materiellen Einheit von Unionsrecht und nationalem Verfassungsrecht entsteht so für die Legitimation der Unionsgewalt ein Gesamtlegitimationssystem des in der EU und zur EU zusammengeschlossenen politischen Gemeinwesens[7].

Auch die Forderung aus Art. 23 GG, die EU müsse demokratischen Grundsätzen verpflichtet sein, bezieht sich auf beide Legitimationsebenen[8], da es Ziel des Art. 23 GG ist, die demokratische Legitimation der Unionsgewalt insgesamt zu sichern[9]. In der europäischen Rechtsordnung werden deshalb beide Legitimationsebenen im Sinne einer „Auffang- und Gegenseitigkeitsordnung"[10] zu

---

1 Kirchhof, Die Gewaltenbalance zwischen staatlichen und europäischen Organen, JZ 1998, 965

2 Kirchhof, a.a.O. S. 968

3 Brosius-Gersdorf, Die doppelte Legitimationsbasis der EU, EuR 1999, 133(167)

4 Thürer, Der Verfassungsstaat als Glied einer europäischen Gemeinschaft, VVDStRL 50, 97(126)

5 Schwarze, Das Staatsrecht in Europa, JZ 1993, 585(593)

6 Fromont, Europa und nationales Verfassungsrecht nach dem Maatricht-Urteil, JZ 1995, 800(802)

7 Steinberg, GG und Europäische Verfassung, ZRP 1999, 365(373)

8 Brosius-Gersdorf, Die doppelte Legitimationsbasis der EU, EuR 1999, 133(168)

9 Brosius-Gersdorf, a.a.O. S. 145

10 Huber, P. M., Die politischen Parteien als Partizipationsinstrument auf Unionsebene, EuR 34(1999), 579(592); ders., Recht der Europäischen Integration, § 9 Rn. 7ff.

dem verfassungsrechtlich erforderlichen Legitimationsniveau zusammengeführt[1].

Gerade Art. 23 GG mit seiner Zielrichtung auf beide Legitimationsebenen und seiner gleichzeitigen ausdrücklichen Schrankenbegrenzung auf Art. 79 Abs. 3 GG unterstützt diese Zusammenführung beider Legitimationsebenen zu einem Gesamtlegitimationsniveau. In diesem ergänzen die europäischen Legitimationsstrukturen die nationalen Legitimationslücke, die dadurch entsteht, dass die EU übertragene Hoheitsrechte autonom wahrnimmt. Umgekehrt ist die nationale Legitimation die Basis der europäischen Legitimation schlechthin und schließt gleichzeitig die Legitimationslücken im europäischen autonomen Entscheidungssystem[2].

Denn dem europäischen Entscheidungssystem fehlt die volldemokratische Entscheidungseinheit. Die Gesamtautonomie der europäischen Verträge ist jedoch gleichzeitig zu groß, um die Unionsgewalt auf der Basis der europäischen Verträge in die alleinige demokratische europäische Autonomie zu entlassen. Und die europäischen Verträge sind zu unbestimmt, um die durch die nationalen Zustimmungsgesetze vermittelte demokratische Entscheidung ohne Beteiligung der einzigen in der EU vorhandenen ursprünglichen Legitimationsquellen in die Einzelentscheidung zu vermitteln.

Die Vermittlung demokratischer Legitimation ohne Rat ist deshalb nicht möglich. Die Legitimation der Verträge aus dem Grundgesetz und die über den Rat vermittelte nationale Legitimation aus den Verträgen sorgen dabei gemeinsam dafür, dass auch für Handlungen der EU aufgrund der Verträge in Deutschland eine lebendige Demokratie erhalten bleibt.

Zwar legitimiert sich die Unionsgewalt über zwei Legitimationsstränge. Bereits diese Bezeichnung suggeriert aber ein Nebeneinander zweier Legitimationswege. Akzeptiert man jedoch den im Kern stufenweisen Aufbau und den deshalb nur in der Einzelentscheidung parallel verlaufenden Weg der europäischen Legitimation[3], dann löst sich auch die Spannung aus der Konkurrenz zweier möglicher ursprünglicher Legitimationsquellen für die EU.

Die EU legitimiert sich ursprünglich nur aus einer Quelle und das sind die nationalen Völker der Mitgliedstaaten. Nur diese legitimieren die demokratische Legitimation auf der Ebene der EU als abgeleitetes demokratisches Legitimationssystem. Zu berücksichtigen ist jedoch beim Verhältnis zwischen beiden Legitimationsebenen einerseits und beiden Legitimationssträngen andererseits, dass es Art. 23 Abs. 1 Satz 1 GG mit seiner Verpflichtung auf demokratische

---

[1] Huber, P. M., Die politischen Parteien als Partizipationsinstrument auf Unionsebene, EuR 34(1999), 579(593)

[2] Huber, P. M., a.a.O. S. 593f.

[3] s. Ziffer B.I.

Grundsätze gerade nahe legt, auch auf europäischer Ebene ein aus einer ursprünglichen Legitimationsquelle gespeistes Legitimationssystem aufzubauen. Unterstützt wird diese Interpretation noch durch die Forderung, das EP künftig verstärkt an europäischen Entscheidung zu beteiligen und so gezielt parlamentarische Kontrollverluste auf nationaler Ebene durch eine entsprechende Stärkung des EP auf europäischer Ebene auszugleichen[1]. Abnehmende nationale Strukturen müssten danach mit zunehmender Integration durch gleichwertige europäische ersetzt[2], nationale Legitimationsverluste auf europäischer Ebene formidentisch ausgeglichen werden[3]. Die sprachlich uneingeschränkte Forderung nach demokratischen Grundsätzen in der EU betont deshalb zusätzlich den gesamtlegitimierenden Charakter der beiden, Herrschaft rechtfertigenden Ebenen.

Denn unabhängig davon, ob und in welchem Umfang man von Art. 79 Abs. 3 GG einen Grundbestand an Aufgaben und Befugnissen auf der nationalen Ebene des Grundgesetzes gesichert sehen will, allein eine verstärkte Beteiligung des EP an europäischen Entscheidungen führt zu einer weiteren Stärkung europäischer Demokratie zu Lasten der nationalen Demokratien: Deutschland überträgt Aufgaben auf die EU und fordert gleichzeitig, dass sein Einfluss auf deren Erfüllung noch dadurch verringert wird, dass der Einfluss des Europäischen Parlaments gegenüber dem Rat gestärkt wird. Damit steigt gleichzeitig der Druck auf die EU, ihr internes Entscheidungssystem verstärkt zu demokratisieren. Daraus ergibt sich jedoch wiederum die Notwendigkeit, verstärkt nach einer zunehmend demokratisch strukturierten europäischen Entscheidungseinheit zu suchen. Da mit zunehmender Integration auch die Anforderungen an die Nachweispflicht der EU aus Art. 23 Abs. 1 Satz 1 GG steigen, dass sie demokratischen Grundsätzen verpflichtet ist und diese nicht nur verbal-rechtfertigend in Anspruch nimmt[4], öffnet Art. 23 GG, der nach seinem ganzen Sinn und Zweck gerade eine Stärkung des EP verlangen soll[5], den Weg zu einer weiteren Demokratisierung des Unionssystems zugunsten des EP und damit auch den Weg zu einer weiteren Schwächung des nationalen Legitimationsbeitrags jenseits der Zustimmungsgesetze zu Vertragsänderungen.

Gleichzeitig wird so der Weg eröffnet, eine lebendige Demokratie auch auf der Ebene der EU zu schaffen. Das BVerfG verlangt sogar mindestens indirekt, eine solche Struktur zu schaffen, wenn es feststellt, dass die von den Unionsbürgern ausgehende Einflussnahme in dem Maße in eine demokratische Legitimation der Unionsgewalt münden kann, in dem die vom Gericht definierten vorrechtli-

[1] Schütz, Raimund, Europaweite Freizügigkeit ohne demokratische Kontrolle, AöR 120(1995), 509(534)

[2] Friauf, Zur Problematik rechtsstaatlicher und demokratischer Strukturelemente in zwischenstaatlichen Gemeinschaften, DVBl. 1964, 781(788)

[3] Schilling, T., Die deutsche Verfassung und die europäische Einigung, AöR 116, 32(58)

[4] s. dazu Ziff. C.VI.

[5] s. dazu Ziff. C.

chen Voraussetzungen erfüllt sind[1]. Art. 23 GG wird so zum Auftrag für eine europäische lebendige Demokratie. Und Art. 79 Abs. 3 GG verlangt nicht, dass die innerstaatliche lebendige Demokratie ausschließlich aus geschlossenen nationalen Verfahren gewonnen werden kann. Art. 23 GG bezieht sich auf beide Legitimationsebenen. Allein deshalb, weil Art. 79 Abs. 3 GG die nationale demokratische Legitimationsfähigkeit schützt, wird die demokratische Legitimation auf der Ebene der EU nicht zu einem externen Legitimationserlebnis. Auch an der Legitimation von Unionsentscheidungen über das EP nimmt das deutsche Volk teil. Die Ausführungen des BVerfG zur Bewahrung der nationalen lebendigen Demokratie sind deshalb in der Tat zu sehr innerstaatlich orientiert. Dass das Volk die Möglichkeit haben muss, dem Ausdruck zu verleihen, was es geistig, sozial und kulturell zusammenhält[2], soll hier nicht bestritten werden. Was es geistig zusammenhält definiert aber nicht Art. 79 Abs. 3 GG und aus dem, was es geistig zusammenhält, lassen sich auch keine Rechtsfolgen ableiten[3].

Wird aber die Wahlgleichheit auf europäischer Ebene unverfälscht umgesetzt, wäre unter Art. 23 GG eine uneingeschränkte Gleichstellung von Rat und EP auf der Ebene der EU sogar unverzichtbar. Solange die Mitgliedstaaten Herren der Verträge blieben, kann sogar ein Übergewicht des EP in Entscheidungen zum europäischen Sekundärrecht entstehen. Auch kann ihm ein direktes Initiativrecht eröffnet werden, das bisher nur der Kommission zusteht. Die Auseinandersetzungen zu Entscheidungen des EP würden dann ebenso zum Ausdruck dessen gehören, was das deutsche Volk zusammenhält, wie die Ebene der nationalen Auseinandersetzung. Dem deutschen Volk darf unter dem Grundgesetz nur nicht die Möglichkeit genommen werden, sich wieder ausschließlich auf die Motive zurückzuziehen, die es derzeit noch immer, im Schwerpunkt aber rein national orientiert, zusammenhalten. Und dies bedeutet, dass ihm das Recht zum Austritt nicht genommen werden darf. Dies bedeutet zudem insbesondere auch, dass das Primärrecht als legitimierender und gleichzeitig aber auch beschränkender Kern der europäischen Rechtsordnung in der Hand der Mitgliedstaaten bleiben muss. Denn gerade in der Gestaltung des Primärrechts kann das deutsche Volk immer wieder dem Ausdruck verleihen, was es zusammenhält.

Das BVerfG hebt hervor, dass Wahlen nur dann legitimierend wirken können, wenn sie möglichst unverfälscht den Willen des Volkes wiedergeben[4]. An einer späteren Stelle verbietet das Gericht deshalb konkret ein „Übergewicht von Aufgaben und Befugnissen in der Verantwortung des europäischen Staatenverbundes", da ein solches „die Demokratie auf staatlicher Ebene nachhaltig schwächen (würde), so dass die mitgliedstaatlichen Parlamente die Legitimation der von der Union wahrgenommenen Hoheitsgewalt nicht mehr ausreichend

---

[1] BVerfGE 89, 155(184f.)
[2] BVerfGE 89, 155(186)
[3] s. dazu Ziff. C.II.6.
[4] Lücke, in: Sachs 2.A. 1999, Art. 79 Rn. 40

vermitteln könnten“[1]. Als Konsequenz ergibt sich aus der Sicht des BVerfG deshalb, dass die Kompetenzen des Bundestages nicht so weit entleert werden dürfen, dass das aus Wahlen hervorgegangene Parlament mangels Kompetenzen einen Willen des Volkes überhaupt nicht mehr wiedergeben kann[2]. Das Gericht hat aber auch festgestellt, dass der wahlberechtigte Deutsche „auch über die Mitgliedschaft Deutschlands in der Europäischen Union, ihren Fortbestand und ihre Entwicklung bestimmen“ können müsse[3]. Diese Voraussetzungen werden jedoch auch bei der dargestellten Entwicklung erfüllt. Die Entscheidung über Fortbestand und Entwicklung der EU liegt mit der Vertragsänderungskompetenz und der Möglichkeit zum Austritt aus den europäischen Verträgen beim deutschen Volk. Der Bundestag spielt bei der Ausgestaltung der Verträge - gerade wenn Hoheitsrechte übertragen werden sollen - eine zentrale Rolle.

Im Sinne einer sich gegenseitig ergänzenden Demokratiestruktur auf beiden Entscheidungs-ebenen ist eine Stärkung des EP zudem gerade nicht der einzige Weg, das demokratische Defizit in der EU auch für Entscheidungen des Sekundärrechts zu verringern[4]. Gerade dieser Weg ist ja an die Voraussetzung gebunden, dass das EP selbst in seiner Struktur demokratischen Forderungen entspricht. Der Versuch, die demokratische Legitimation aus den Einzelstaaten vollständig durch noch so demokratische europäische Legitimationsstränge, ausgehend von einer europäischen ursprünglichen demokratischen Entscheidungseinheit, zu ersetzen, würde sogar gegen Art. 79 Abs. 3 GG verstoßen und wäre deshalb verfassungswidrig[5].

Keine Rolle spielt in diesem Zusammenhang das Austrittsrecht. Dieses steht anderen ursprünglich verfassten Entscheidungseinheiten gegenüber einem Zusammenschluss, an dem sie beteiligt sind, zu. Wenn eine europäische unabgeleitete, nach demokratischen Regeln entscheidende Entscheidungseinheit entstanden ist, werden die bisherigen unabgeleiteten Entscheidungseinheiten in den Mitgliedstaaten aufgelöst, da sie nicht gleichzeitig neben der neuen unabgeleiteten Entscheidungseinheit bestehen können. Damit können die mitgliedstaatlichen Entscheidungseinheiten ein Austrittsrecht nicht mehr geltend machen.

Gerade die zentrale Rolle des Rates ist deshalb sowohl wegen der überstaatlichen Struktur der EU als auch wegen der unzureichenden internen demokratischen Struktur des EP strukturadäquat[6]. Kann die Rolle des Rates mit fortschreitender interner demokratischer Strukturierung des EP auch weiter geschwächt werden, die unveränderliche überstaatliche Struktur des EP sichert

---

[1] BVerfGE 89, 155(185)
[2] Lücke, in: Sachs 2.A. 1999, Art. 79 Rn. 41
[3] BVerfGE 89, 155(186)
[4] Streinz, Der Verfassungsstaat als Glied einer europäischen Gemeinschaft, DVBl. 1990, 949(958)
[5] Kahl, EU: Bundesstaat - Staatenbund - Staatenverbund ?, Der Staat 33(1994), 241(249)
[6] Disk.-beitr. Klein, in: Hommelhoff/Kirchhof, 1994, S. 104

ihm eine zentrale Rolle im Entscheidungssystem der EU. Seine Rolle resultiert aus der Struktur der EU und nicht daraus, dass die Regierungen sich quasi-diktatorische Machtbefugnisse zulegen wollen[1]. Der Rat vermittelt über die nationalen Regierungen den europäischen Rechtsakten einen wesentlichen Teil ihrer Legitimation[2]. Das demokratische Defizit der EU liegt aber gerade deshalb nicht nur in einer unzureichenden Stellung des EP im Rahmen der Verträge oder in seiner demokratietheoretisch unzureichenden internen Struktur, sondern auch in der Unfähigkeit der nationalen Parlamente, ihre Regierungen zu kontrollieren[3].

Ein wesentliches Element der nationalen lebendigen Demokratie ist damit zwar die Auseinandersetzung über die europäischen Verträge. Es ist jedoch nicht das einzige Element der nationalen lebendigen Demokratie. Die lebendige nationale Demokratie wird entscheidend auch über die Beteiligung des Bundestages am Erlass des Sekundärrechts gesichert. Bei Entscheidungen des Sekundärrechts geht es nicht mehr um außenpolitische Handlungen der Bundesregierung. Materiell handeln die Vertreter im Rat bei der Ausübung der auf die EU übertragenen Hoheitsrechte innenpolitisch[4]. Während der Bundestag bei der Mitwirkung an der Gestaltung völkerrechtlicher Verträge aber - abgesehen von seinen Einwirkungsmöglichkeiten auf die Übertragung von Hoheitsrechten - auf seine allgemeinen Kontrollrechte gegenüber der Regierung zurückgeworfen ist, kann er im Rahmen des Art. 23 Abs. 2 und 3 GG sowie über ein Mandatsgesetz unmittelbar Einfluss auf den inhaltlichen Verlauf nicht nur europäischer Vertragsverhandllungen nehmen, sondern sogar auf den inhaltlichen Verlauf europäischer Rechtsetzungsverfahren[5]. Auch so kann er den Willen des deutschen Volkes wiedergeben. Dass der Wille des deutschen Volkes nicht in jedem Fall verbindlich wird, ist von der Integrationsoffenheit des Grundgesetzes und in Verbindung damit vor allem auch vom ausdrücklichen Rückzug des Art. 23 GG auf Art. 79 Abs. 3 GG als Grenze für die Integration gedeckt.

Das europäische demokratische Defizit kann die mittelbare Beteiligung des Bundestages an Ratsentscheidungen jedoch nicht ausgleichen, sondern lediglich mildern[6]. Auch ein bindendes Votum des Bundestages legitimiert nur die Entscheidung des deutschen Vertreters im Rat, jedoch nicht die Ratsentscheidung

---

[1] Schwarze, Das Staatsrecht in Europa, JZ 1993, 585(588)

[2] Grimm, Braucht Europa eine Verfassung ?, JZ 1995, S. 581(582). Die Entwicklung der Gemeinschaft zu einer Europäischen Union soll sogar eine weitere Stärkung des Rates erforderlich machen, so die Schlussfolgerung des Rates im Vorfeld zu der Tagung der Staats- und Regierungschefs in Rom am 14. und 15. Dezember 1990, Bull. EG 12/1990 S. 7(11); aus denselben Gründen wurde aber auch eine Stärkung der Kommission, insbesondere ihrer Durchführungsbefugnisse gefordert, a.a.O. S. 12

[3] Pernice, in: Isensee/Kirchhof, § 191 Rn. 39

[4] s. dazu Ziff. D.X.

[5] s. dazu Ziff. D.V.- IX.

[6] Möller/Limpert, Informations- und Mitwirkungsrechte des BT..., ZfP 1993, 21(24)

als Organentscheidung[1]. Eine Stärkung der Mitwirkung des Bundestages und eine Vollparlamentarisierung der EU sind jedoch keine gegenläufigen Ziele, sondern komplementäre Prozesse zur Erreichung einer höchstmöglichen demokratischen Legitimation europäischer Entscheidungen[2]. Denn die Stärkung der Rolle des Bundestages läuft leer, wenn im Rat Mehrheitsentscheidungen möglich sind. Jede auch nur mögliche Mehrheitsentscheidung - und erst recht selbstverständlich jede tatsächliche - verwässert durch das Entscheidungsrecht der anderen Staatenvertreter als Mehrheit jede nationale Legitimationskette[3]. Eine gemeinschaftseigene Legitimation ist deshalb vor allem hier unerlässlich[4]. Erst mit einer ergänzenden unionseigenen demokratischen Legitimation wird in diesen Fällen die europäische Entscheidung insgesamt demokratisch legitimiert.

Auch in den Fällen, in denen Einstimmigkeit vorgesehen ist, sind die Ratsvertreter zwar regelmäßig auf einen Entscheidungskompromiss angewiesen, wenn sie eine Entscheidung treffen wollen. Ob sie einen Kompromiss akzeptieren ist ihre alleinige politische Entscheidung. Jedes Ratsmitglied bestimmt hier letztverbindlich über die Geltung einer europäischen Entscheidung.

Wenn Mehrheitsentscheidungen jedoch möglich sind, hat bereits in der Verhandlungsphase nicht jede Meinung das gleiche Gewicht. Es werden sich im Laufe der Verhandlungen zwischen den Mitgliedstaaten unterschiedlich starke Positionen herausbilden. Mehrheiten werden absehbar. Das Gewicht der Meinung derer, die in den Verhandlungen in die Minderheit geraten, wird geringer. Die Mehrheit muss gleichzeitig nicht befürchten, dass die Minderheit den Erfolg der Mehrheitsmeinung in der Abstimmung verhindern kann. Ihr rechtliches Kompromissbedürfnis nimmt ab. Wenn der Minderheit Zugeständnisse gemacht werden, dann werden diese nicht so weit gehen, wie wenn man die Zustimmung der Minderheit noch erreichen müsste. Umgekehrt wird die Minderheit oft aus politischen Gründen bereit sein, sich auch mit schwächeren Zugeständnissen der Meinungsmehrheit abzufinden.

Dies bedeutet jedoch nicht, dass es für die Entwicklung der Integration unerheblich ist, welchen Einfluss der Bundestag auf die deutschen Ratsvertreter hat. Eine zentrale Rolle spielt der Einfluss des Bundestages auf die deutschen Ratsmitglieder, wenn es darum geht, auch im Rahmen der weiteren Integration innerstaatlich eine lebendige Demokratie zu erhalten. Auch nach Ansicht des

---

1 Steinberger, Der Verfassungsstaat als Gliedstaat einer europäischen Gemeinschaft, VVDStRL 50, 8(42); Glaesner, Die Beziehungen zwischen Ministerrat und EP - Erfolg der "kleinen Schritte" ?, ZfP 1982, 191; Friauf, Zur Problematik rechtsstaatlicher und demokratischer Strukturelemente in zwischenstaatlichen Gemeinschaften, DVBl. 1964, 781(784)

2 Möller/Limpert, Informations- und Mitwirkungsrechte des BT..., ZfP 1993, 21(24)

3 Zuleeg, Der Verfassungsgrundsatz der Demokratie und die EGten, Der Staat 1978, 17(38); Ipsen, Fusionsverfassung EGten, 1969, S. 34

4 Huber, P. M., Die politischen Parteien als Partizipationsinstrument auf Unionsebene, EuR 34(1999), 579(585); Kamann, Regierungskonferenz 1996/97 - Überlegungen zu einer Reform des Beschlußverfahrens im Rat der EU, EuR 42(1997), 58(62f.)

BVerfG führt bereits die bloße Kreations- und Kontrollfunktion des Bundestages gegenüber der Bundesregierung zu „eine(r) Auseinandersetzung der Öffentlichkeit und der politischen Parteien mit der Europapolitik der Bundesregierung und wird damit zu einem Faktor für die Wahlentscheidung der Bürger“[1]. Die vom Gericht auch im Fortgang der Integration geforderte „lebendige Demokratie“, die in den Mitgliedstaaten erhalten bleiben müsste[2], kann deshalb auch über eine effektive Kontrolle des Bundestages gegenüber deutschen Ratsvertreter erhalten werden. Die Wahlen zum Bundestag werden nicht entleert, wenn der Bundestag gleichzeitig die Möglichkeit hat, nach einer nationalen Diskussion das Abstimmungsverhalten der deutschen Vertreter im Rat entscheidend zu beeinflussen. Die innerstaatliche Demokratie wird dann nur im Rahmen des Art. 79 Abs. 3 GG modifiziert. Ob eine so weitgehende Modifizierung der nationalen demokratischen Entscheidungsmechanismen politisch erwünscht ist, steht dabei auf einem anderen Blatt.

Solange zudem die Mitgliedstaaten Herren der Verträge bleiben und solange der Wille der EU nicht von deren Organen mit Zwang aktiv gegen den Willen der Deutschen durchgesetzt werden kann und solange diesen die Möglichkeit zum Austritt aus der EU verbleibt, ist die nationale Demokratie immer stark und lebendig genug, um die Anforderungen zu erfüllen, die Art. 79 Abs. 3 GG an sie stellt. So lange kann das deutsche Volk dem Ausdruck verleihen, was es zusammenhält. So lange ist auch das EP nur eine aus den nationalen Verfassungen legitimierte Ergänzung, nur ein weiteres Glied in einer integrationsoffenen Legitimationskette im Sinne der von Art. 79 Abs. 3 GG geschützten Grundsätze des Art. 20 GG. Und so lange liegt das Legitimationsniveau der Unionsgewalt im Rahmen des Gestaltungsspielraumes für demokratische Legitimation von Herrschaft, den Art. 79 Abs. 3 GG eröffnet. Bis zu diesem Punkt kann der nationale Demokratieverlust auf europäischer Ebene aufgefangen werden.

Der Rat muss als zentrales Entscheidungsorgan der EU jedoch auch weiterhin in der Lage sein, die Interessen der Mitgliedstaaten wirksam in den europäischen Entscheidungsprozess einzubringen. Zu sichern ist dies dadurch, dass das EP in den Fällen, in denen ihm ein positives Entscheidungsrecht gegen den Rat zugestanden wird, den Rat nur mit der Mehrheit überstimmen darf, mit der dieser einen beabsichtigten Akt des EP abgelehnt hat. Zwar vermitteln Entscheidungen mit größerer Mehrheit als der absoluten grundsätzlich nicht per se ein Mehr an demokratischer Legitimation[3]; da jedoch eine vollständige Demokratisierung der EU unter dem Grundgesetz ohnehin nicht möglich ist, weil auf der Ebene der EU keine unabgeleitete Legitimationsquelle entstehen darf, vermittelt auch die legitimierende Kraft von Entscheidungen des EP immer eine unvollständige, die nationale Legitimation lediglich ergänzende demokratische Legitimation.

---

[1] BVerfGE 89, 155(191)

[2] BVerfGE 89, 155(187)

[3] s. zu dieser Diskussion Ziff. C.II.7.d.

Denn strukturell erschöpft sich, solange allein die Mitgliedstaaten für Europa unabgeleitete Legitimation liefern können, die demokratische Legitimationsbeziehung des EP nicht in seiner Beziehung zu einem europäischen Volk, das eben gerade kein Volk im Sinne einer unabgeleiteten Legitimationsquelle ist oder derzeit werden kann. Das EP bleibt, selbst wenn es intern vollständig demokratisch strukturiert würde, gleichzeitig der Puffer im Spannungsfeld zwischen dem Rat als Staatenvertreter und einer sich zunehmend demokratisch verfassenden Entscheidungseinheit, die aber unter dem Grundgesetz nie zu einer vollwertigen demokratischen Entscheidungseinheit im Sinn eines europäischen Volkes werden kann.

Während zudem in einem Bundesstaat das Bundesstaatsprinzip neben anderen Verfassungsentscheidungen gleichberechtigter Teil der bundesstaatlichen demokratischen Ordnung ist, ist die souveräne Staatlichkeit der Mitgliedstaaten das alles überlagernde strukturelle Fundament europäischer Legitimation. Zwar mag etwa auch das grundgesetzliche Bundesstaatsprinzip von zwei Ebenen der Staatlichkeit ausgehen[1], auch mag sich etwa im Bundesstaat des Grundgesetzes nicht eine Ebene von der anderen ableiten[2]. Trotzdem ist zentrales Gesetzgebungsorgan der grundgesetzlichen Demokratie der Bundestag. Art. 77 Abs. 1 GG ist hier von geradezu subtiler Schlichtheit: Bundesgesetze werden vom Bundestag beschlossen.

Aus dem Bundesstaatsprinzip ergibt sich zwar die Möglichkeit, den Bundesrat an dieser Gesetzgebung zu beteiligen. Das Demokratieprinzip darf insofern bundesstaatlich modifiziert wer-den. Im Rahmen der EU muss sich jedoch gerade nicht die Beteiligung des Rats an einer Entscheidung des EP rechtfertigen, sondern die Beteiligung des EP an einer Entscheidung der im Rat versammelten Mitgliedstaaten.

Diese Rechtfertigungsumkehr ergibt sich aus der überstaatlichen Struktur der EU. Das EP muss der Staatenvertretung gegenüber den Nachweis erbringen, dass seine Beteiligung demokratietheoretisch gerechtfertigt ist.

Während der Bundesstaat zudem ein System gegenseitiger Hoheitsverzichte auf beiden Ebenen der Staatlichkeit ist[3], verzichten in der EU nur die Staaten zugunsten der EU. Durch diesen einseitigen Verzicht entsteht jedoch auch eine einseitige Abhängigkeit. Und diese einseitige Abhängigkeit führt dazu, dass ein Beschluss des EP, auch wenn er mit einer anderen Mehrheit als der absoluten gefällt wird, dann eine höhere Legitimationswirkung hat, wenn er in direktem Gegenzug zu einer Entscheidung des Rates gefällt wird. Hier ist es nämlich nicht mehr ausreichend, wenn das EP eine eigene demokratische Legitimation in eine europäische Entscheidung einbringt. Wenn ihm die Möglichkeit einge-

---

[1] Herzog, in: M/D/H/S, Art. 20 IV. Rn. 7
[2] Herzog, in: M/D/H/S, Art. 20 IV. Rn. 26ff.
[3] Herzog, in: M/D/H/S, Art. 20 IV. Rn. 28

räumt wird, auch gegen den Rat entscheiden zu dürfen, überstimmt es mit seiner Entscheidung gleichzeitig auch die die Ratsentscheidung tragenden nationalen souveränen Mehrheiten. Und diesem Umstand muss bei der derzeitigen Struktur der EU als Gemeinschaft souveräner Staaten Rechnung getragen werden.

Auch in diesem Fall bleibt es jedoch ausgeschlossen, dass das EP Vertragsänderungen gegen die Mitgliedstaaten durchsetzen kann. Andernfalls würde es zu einer ursprünglichen Legitimationsquelle. Im Primärrecht lebt jedoch die Souveränität der Mitgliedstaaten fort. Diese haben sie nur für die zur Ausübung der auf die EU übertragenen Hoheitsrechte eingeschränkt.

Und im Primärrecht lebt auch die mitgliedstaatliche Demokratie fort. Das Primärrecht muss deshalb als beschränkender und legitimierender Kern der europäischen Rechtsordnung für positive Entscheidungen durch das EP unantastbar bleiben.

Aus diesem Grund muss dem BVerfG auch die Letztkontrolle darüber verbleiben, ob ein Akt der EU vom Zustimmungsgesetz zum europäischen Primärrecht gedeckt ist.

Gleiches gilt für das völkerrechtlich verbürgte Recht der Mitgliedstaaten, aus den Verträgen austreten zu dürfen. Dieses Recht darf durch die Verträge weder ausdrücklich noch implizit ausgeschlossen werden[1]. Es ist dabei nicht ausreichend, wenn die EU lediglich keinen Zwang ausüben darf, um einen Austritt zu verhindern.

In den sensiblen Bereich der Vertragsänderungen wagt sich der Weizsäcker/Dehaene/Simon-Bericht vor. Er will das Verfahren zur Vertragsänderung weiter europäisieren. Die europäischen Verträge sollen dazu in einen „grundlegenden Vertrag", der die Ziele, Grundsätze und allgemeinen politischen Leitlinien, die Bürgerrechte und den institutionellen Rahmen festlegt und einen Vertragsteil, der die übrigen Vorschriften einschließlich der über die speziellen Politiken enthält, unterteilt werden. Für eine Änderung des Grundvertrages soll es beim derzeitigen Vertragsänderungsverfahren bleiben. Die übrigen Vertragsteile sollen mit Mehrheit oder einstimmig und nach Zustimmung durch das EP geändert werden können[2].

Legitimationstheoretisch kann die Sichtbarmachung einer europäischen Grundordnung in diesem Grundvertrag die Legitimation der europäischen Organe sicherlich stärken[3]. Die Transparenz europäischer Handlungen würde verstärkt

---

[1] Huber, P.M., Die Anforderungen der EU an die Reform des GG, ThürVBl. 1994, 1(6); ders., Maastricht - ein Staatsstreich ?, S. 27ff.

[2] Weizsäcker/Dehaene/Simon, Die institutionellen Auswirkungen der Erweiterung, Bericht an die Europäische Kommission vom 18.10.1999, S. 12

[3] Rojahn, in: v.Münch, Art. 23 Rn. 25 mit dem Verweis darauf, dass die Gesamtrechtsgrundlage der EU derzeit aus 17 völkerrechtlichen Verträgen besteht.

und ihre inhaltliche Rechtfertigung verdeutlicht. Zudem wäre die Zustimmung zu diesem Grundvertrag erneut eine eindrucksvolle demokratische Bestätigung der EU und ihres grundsätzlichen Legitimationssystems in den Mitgliedstaaten.

Mit diesem Verfahren würde die Bindung der Unionsgewalt an das Grundgesetz zwar weiter verdünnt. Soweit im Rat Einstimmigkeit über eine solche Änderung erzielt werden muss, ist dieses Verfahren demokratietheoretisch relativ unbedenklich. Mit der Evolutivklausel ist dieser Weg ohnehin bereits grundsätzlich beschritten worden. Sollte eine Änderung der anderen Vertragsteile sogar mit Mehrheit zulässig werden - ganz egal mit welcher -, dann reduziert sich die nationale Rückbindung auf die Definition der Vertragsbestandteile im Grundvertrag, auf die diese Erleichterung angewendet wird. Solange diese Ermächtigungsnorm jedoch allein in der Hand der Mitgliedstaaten verbleibt, wäre ein solches Verfahren ebenfalls noch mit dem Grundgesetz vereinbar.

Vor allem würde selbst in diesem Fall kein europäischer Bundesstaat entstehen[1]. Die Kompetenz-Kompetenz verbliebe auch hier bei den Mitgliedstaaten. Sie allein wären weiterhin die einzige ursprüngliche Legitimationsquelle der EU.

Letztendlich würde hier jedoch der Grundvertrag zum eigentlichen Primärrecht. Die Änderungsverfahren für die übrigen Vertragsbestandteile würden letztendlich neue Handlungsinstrumente für die EU. Materiell stünden diese Änderungen dem Sekundärrecht näher als dem Primärrecht in seiner derzeitigen Form.

Zudem dürfen Änderungen am Primärrecht in keinem Fall - unabhängig davon, mit welchen Mehrheiten im Rat eine solche Änderung durchgesetzt werden könnte - außerhalb Art. 59 Abs. 2 Satz 1 GG durchgeführt werden. Art. 59 Abs. 2 Satz 1 GG lässt es nicht genügen, dass der Bundestag ein Mandatsgesetz als Zustimmungsgesetz i.S.v. Art. 59 Abs. 2 Satz 1 GG verabschiedet, an das dann lediglich die Ratsvertreter beim Aushandeln des Änderungsinhaltes gebunden sind. Dem Bundestag muss die Möglichkeit gegeben werden, am Ende der Vertragsänderung über den Gesamtvertrag entscheiden zu dürfen. Wenn die in dem Bericht angerissenen Verfahren deshalb umgesetzt werden sollen, wäre eine Änderung des Art. 59 GG unverzichtbar. Eine mit diesen Vorschlägen konforme Verfassungsänderung wäre jedoch mit Art. 79 Abs. 3 GG vereinbar.

Ein weiterer Vorschlag zur stärkeren Einbindung der nationalen Parlamente und damit zur Stärkung einer innerstaatlichen lebendigen Demokratie favorisiert eine intensivere Beziehung zwischen den Abgeordneten des EP und denen des Bundestages[2]. Zur Stärkung der demokratischen Legitimation europäischer

---

[1] so aber die Befürchtung der Bay. Staatsregierung, Bull. 24/99

[2] Steinberg, GG und Europäische Verfassung, ZRP 1999, 365(370); so schon Frowein, Zur institutionellen Fortentwicklung der Gemeinschaft, KSE 22, 83(96); zum immer wieder geäußerten Wunsch des Bundestages nach einer besseren Zusammenarbeit der nationalen Parlamente mit dem EP s. z.B. wib 20/92/XIX/220 u. wib 5/93/XIX/268

Handlungen sollten die nationalen Parlamente gerade in kritische Entscheidungen stärker mit einbezogen werden als nur über die „symbolische Kontrolle über die Legislativtätigkeit der nationalen Minister auf europäischer Ebene“[1]. Solange die Versammlung von den nationalen Parlamenten beschickt worden ist, sei deren indirekte Mitwirkung an der Unionsgewalt gesichert gewesen[2].

Frankreich und Großbritannien wollten als Gegenspieler zum EP sogar einen ständigen Kongress aus Delegierten der Nationalparlamente schaffen[3]. Bereits für die schließlich an der Ablehnung Frankreichs gescheiterte EVG war ein vergleichbares Entscheidungssystem mit zwei Kammern vorgesehen. Eine Völkerkammer hätte direkt von den Staatsvölkern der EVG-Mitgliedstaaten gewählt werden sollen, die Mitglieder des Senates von den Parlamenten der Mitgliedstaaten. Beiden Kammern sollte die Legislativgewalt gemeinsam zustehen. Die stärkere Stellung sollte jedoch der Senat erhalten[4]. Neben Senat und Völkerkammer sollte aber auch ein Rat der nationalen Minister weiterbestehen und umfangreiche Kompetenzen inklusive umfangreicher Legislativkompetenzen behalten[5]. Nunmehr wäre dies jedoch ein Rückschritt in die Gründungszeiten mit ihrem Entsendungsparlamentarismus.

An diese Idee knüpfte letztlich auch jüngst Außenminister Fischer an. Er hält künftig ein EP für möglich, das „über zwei Kammern verfügt, wobei eine Kammer durch gewählte Abgeordnete besetzt wird, die zugleich Mitglieder der Nationalparlamente sind“[6]. Er sieht damit die Möglichkeit, in der EU eine Staatenkammer nach einem Senatsmodell mit direkt gewählten Senatoren der Mitgliedstaaten oder eine Staatenkammer analog des deutschen Bundesrates zu schaffen. Eine europäische Regierung will Fischer aus der Fortentwicklung des Europäischen Rats bilden. Die europäische Regierung sollte so aus den nationalen Regierungen heraus gebildet werden. Man könne aber auch an die bisherige Kommission anknüpfen, gleichzeitig jedoch den Kommissionspräsidenten direkt wählen lassen. Möglich seien auch Zwischenstufen und Kombinationen aus diesen Überlegungen[7].

In der Tat politisch schwach und institutionell schwach ausgeprägt und damit auch auf schwacher Legitimationsgrundlage arbeiten die Parlamente der Mitgliedstaaten in der Konferenz der Parlamentspräsidenten, geregelt in der Geschäftsordnung des EP[8], der Konferenz der Parlamente und der Konferenz der auf Europafragen spezialisierten Organe der nationalen Parlamente, COSAC,

---

1 Weiler, Der Staat „über alles“, JöR 44 (1996), 91(108)

2 Seeler, Die Legitimation des hoheitlichen Handelns der EG/EU, EuR 33(1998), 721(730)

3 Hauser, Illegitime Frucht der deutschen Einheit, EGmagazin 1991 Nr. 4, 6(7)

4 Seeler, Die Legitimation des hoheitlichen Handelns der EG/EU, EuR 33(1998), 721(725)

5 Seeler, a.a.O.

6 Außenmin. Fischer, Rede am 12. Mai 2000 in der Humboldt-Universität Berlin

7 Außenmin. Fischer, Rede am 12. Mai 2000 in der Humboldt-Universität Berlin, Pressearchiv 2000 des Auswärtigen Amtes, www.auswaertiges-amt.government.de, Icon „Archiv“

8 Abl. 1993 C 268/51

zusammen. Im Rahmen einer stärkeren Einbindung der nationalen Parlamente in die Entscheidungsfindung der EU will Frankreich eventuell die COSAC zu einer „Hüterin der Subsidiarität" ausbauen[1]. Legitimationstheoretisch spielen diese Foren nur eine allgemein-legitimierende Rolle, indem sie versuchen, Akzeptanz für europäische Entscheidungen zu vermitteln[2].

Werden die nationalen Parlamente nach den vorstehend skizzierten Vorstellungen in das Entscheidungssystem der EU einbezogen, so liefern sie wie die nationalen Regierungen Legitimation nur aus dem nationalen Kräftefeld. Ihre Legitimation bleibt trotz dieser Einbeziehung eine überwiegend nationale. Allein deshalb würde diese Entwicklung eine spezifisch europäische Legitimationsstruktur nicht ersetzen[3].

---

[1] wib 13/96-XVII/64

[2] diese Funktion hat auch der Ausschuss der Regionen, Bayerische Landkreistag, Mitteilungen Nr. 7, Okt. 1996, S. 12; in diesem Sinne auch als „Träger der Integration" sieht die Regionen Jochimsen, Perspektiven der europäischen WWU, 2. A. 1998, S. 223ff. Ausweislich des Wortlautes und des Sinns des Art. 263 EGV repräsentieren die dortigen Vertreter der Regionen, regionalen oder lokalen Körperschaften, gerade nicht das deutsche Volk in seiner Gesamtheit oder ein europäisches Gesamtvolk, sondern das Volk in seiner Zersplitterung. Will man den Ausschuss als Legitimationsgremium ausbauen, stärkt man nicht die demokratische Legitimation existierender deutscher Staatsgewalt, sondern eröffnet einen eigenständigen Legitimationsstrang föderaler Art. Der AdR ist Ausdruck des Subsidiaritätsprinzips (Baetge, Grundzüge des Vertrags von Maastricht, BayVBl. 1992, 711(713); BRÜSSEL AKTUELL 24/99 S. 6). Im Hinblick darauf sah der ehem. Kommissionspräsident Delors in ihm sogar eine mögliche künftige Struktur verborgen (Delors im einer Rede vor dem EP am 12. Dezember 1991, EA 1992 D 107). Das EP wiederum betrachtet den AdR als Konkurrenten in seinem Kampf um die volle Anerkennung als demokratische Vertretung (Wiedmann, Der Ausschuß der Regionen..., EuR 1999, 49(64)). Auch im Vertrag von Amsterdam wurde der AdR nicht zu einem Hauptorgan erhoben, sondern blieb - zusammen vor allem mit dem WSA - ein sog. Nebenorgan (Wiedmann, a.a.O. S. 60f.)). Ihm obliegt die Verantwortung für die statusangemessene Vertretung der subnationalen Gebietskörperschaften (Wiedmann, a.a.O. S. 62). Selbst die Vertreter im Ausschuss sehen dessen Aufgabe in erster Linie darin sieht, „die Rechte der Regionen gegen die Zentralgewalten zu verteidigen", (BRÜSSEL AKTUELL 24/99 S. 7; immerhin sieht es der Ausschuss jedoch als zwingende Voraussetzung, dass sich jeder Vertreter entweder auf ein nationales demokratisches Mandat berufen kann oder mindestens einem so zusammengesetzten Gremium direkt verantwortlich ist, a.a.O. S. 6). Zur Subsidiarität als Ausdruck des demokratischen Gedankens s. Langguth, Memorandum zur Demokratieentwicklung in der EG, 1992, 22(23ff.).; "Subsidiarität und Demokratie" lautet auch eine Überschrift in den Schlussfolgerungen der Tagung des Europäischen Rates der Staats- und Regierungschefs am 26. und 27. Juni 1992 in Lissabon, EA 1992 D 511; einen Zusammenhang zwischen beiden sieht auch Jacques Delors in einer Rede vor dem EP am 12. Dezember 1991 nach der Konferenz von Maastricht EA 1992 D 105, insbesondere 107: Die Subsidiarität "ist ein Element der Klarheit, es sagt, wer was macht, ... Es ist ein Faktor der Demokratie und besonders der greifbaren Demokratie." Die Kommission hat sich auch bereits dazu verpflichtet, in den Erwägungsgründen künftiger Vorschläge ihre Initiative mit Blick auf das Subsidiaritätsprinzip zu rechtfertigen. Der Rat hat sich dem allgemein für seine Beschlüsse sowie dann, wenn er einen Vorschlag der Kommission ändern will, angeschlossen (Schlussfolgerungen der Tagung des Europäischen Rates der Staats- und Regierungschefs am 26. und 27. Juni 1992 in Lissabon, EA 1992 D 492; für die Kommission bekräftigt dies Delors in einer Rede vor dem EP am 12. Dezember 1991, EA 1992 D 107; zur Absicht des Europäischen Rates, den Subsidiaritätsgedanken zu stärken s. die Schlussfolgerungen der Tagung des Europäischen Rates der Staats- und Regierungschefs in Edinburgh am 11. und 12. Dezember 1992, EA 1993 D 3).

[3] Winter, Institutionelle Strukturen der EU, DÖV 1993, 173(176)

Letztendlich würde hier aber vor allem eine neue unmittelbare Legitimationskonkurrenz auf der Ebene der EU zwischen verschiedenen demokratisch legitimierten Organen entstehen: Dem EP, dem Rat, den nationalen Parlamenten und eben gegebenenfalls einer eigenen Staatenkammer. Sinnvoller wäre es, wenn die Vertreter im Rat ihre eigentliche Funktion, nämlich die Legitimation ihrer Parlamente zu vermitteln, ernst nehmen würden. Tatsächlich sehen die Regierungen ihr Verhalten im Rat immer noch fälschlicherweise als außenpolitisches Freifeld. Und diese Sicht weckt verständlicherweise das Verlangen der nationalen Parlamente, sich andere Wege zu suchen, auf europäische Entscheidungen Einfluss zu nehmen, als nur den Weg über die nationalen Regierungen. Andererseits wäre es mit dem Gewaltenteilungsmodell des Grundgesetzes nicht vereinbar, wenn der Rat gänzlich durch ein aus den nationalen Parlamenten beschickten Organ ersetzt würde. Denn dann würde ihm nicht nur die europäische Gesetzgebung genommen, sondern der Vollzug der Verträge generell. Und der Vollzug der Verträge - die ja immerhin innerstaatlich den Rang eines Gesetzes haben (Art. 59 Abs. 2 Satz 1 GG) - kann der Exekutive nicht vollständig entzogen werden. Eine entsprechende Modifikation der grundgesetzlichen Gewaltenteilung läge jedoch noch im Rahmen des Art. 79 Abs. 3 GG. In diesem Rahmen halten sich auch die Vorstellungen von Bundesaußenminister Fischer. Allerdings fordert Art. 23 Abs. 1 Satz 1 GG eine solche Entwicklung nicht.

Gegen die Stärkung einer europäischen Demokratie durch ein neues europäisches Organ spricht auch, dass damit erneut ein weiteres Stück Klarheit der demokratischen Verantwortung verloren ginge[1]. Demokratische Verantwortlichkeit von Herrschaft setzt jedoch gerade auch eine klare Zuordnung von Verantwortung voraus[2]. Die Kompliziertheit des EUV lässt bereits derzeit die Institutionen der EU diffus erscheinen, worin ein Hauptgrund dafür liegt, dass sie als undemokratisch empfunden werden[3]. Ihre Form kollektiver Willensbildung macht die Zurechnung einer Entscheidungen häufig unmöglich[4]. Auch wenn in den europäischen Verträgen das Integrationsprogramm der EU hinreichend bestimmt festgelegt ist und ihre Kompetenzbeschreibung dem Grundgesetz entspricht, wäre eine klarere Zuständigkeitsverteilung zwischen den Legitimationsebenen und Legitimationssträngen demokratietheoretisch wünschenswert.

---

[1] ein Vorwurf, den man vor allem auch gegen die neuen Beteiligungsrechte der Länder zu Recht erheben kann. In der Vertretung der Bundesrechte durch einen Vertreter der Länder liegt ein Stück Desorientierung der parlamentarischen Verantwortung, denn der Landesminister ist nicht dem Bundestag und damit auch nicht dem Gesamtvolk verantwortlich, Breuer, Die Sackgasse des neuen Europaartikels (Art. 23 GG), NVwZ 1994, 417(428). Wie soll der Wähler zudem Verantwortung zuordnen, wenn sich in Zukunft auch noch die Länder auf eine in Brüssel zu verfolgende Verhandlungslinie einigen müssen, die dann mit dem Bund abgestimmt werden muss und zu der schließlich im Ministerrat weitere Kompromisse geschlossen werden müssen. Leidet schon der Willensbildungsprozess in Brüssel an mangelnder Transparenz, Wuermeling, Streicht die Räte und rettet den Rat !..., EuR 1996, 167(176), wird dieser Schwachpunkt durch die neuen Verfassungsbestimmungen verdoppelt, Oppermann/Classen, Die EG vor der EU, NJW 1993, 5(12); wib 23/96-XVII/74

[2] Pernice, in Dreier, Art. 23 Rn. 56

[3] Delors, Entwicklungsperspektiven der EG, Aus Politik und Zeitgeschichte 1993, 3(4, 8)

[4] Sv. Lepsius, Gem.VerfK., Sten.Ber. 1. Öffentl. Anhörung, S. 39f.

Die grundgesetzlichen Anforderungen an die Legitimation der Europäischen Unionsgewalt - Thesen

1. Unabhängig von ihrer rechtlichen Qualität muss sich jede Handlung der Europäischen Union auch aus dem Grundgesetz legitimieren (A.III. und IV.).

2. An der Kritik, die an der Legitimation der Unionsgewalt aus dem Grundgesetz geübt wird, sowie an der Kritik, die an der Legitimation der Unionsgewalt aus den Verträgen geübt wird (A.II.), lässt sich erkennen, dass zwei Legitimationssysteme den Anspruch erheben, das Handeln der Unionsorgane zu legitimieren: Das Grundgesetz und das Entscheidungssystem der europäischen Verträge (B.).

3. Für die vom Grundgesetz für die Unionsgewalt verlangte Legitimation ist es von zentraler Bedeutung, dass die Europäische Union als demokratische Entscheidungseinheit kein Staat ist (B.I.).

4. Das europäische Primärrecht ist weder eine unabgeleitete Rechtsordnung noch ist es autonomes Recht in dem Sinn, dass die Europäisches Union Normen des Primärrechts selbst erzeugen kann. Auch das Sekundärrecht ist eine abgeleitete, im Gegensatz zum Primärrecht jedoch autonome Rechtsordnung; und die Autonomie des Sekundärrechts ist der wesentliche Grund für die Forderungen an die Europäische Union, ihre Entscheidungsverfahren verstärkt nach demokratischen Entscheidungsregeln zu gestalten (B.II.).

5. Parallel zur Abgeleitetheit von Primärecht und Sekundärrecht ist das Europäische Parlament kein Parlament im Sinne einer ursprünglichen Volksrepräsentation (B.III.).

6. Die europäischen Verträge halten formal den Grundsatz der nationalen Kontingentierung der Abgeordneten zwar aufrecht, mit Art. 19 Abs. 2 EGV verliert die nationale Rückbindung der Abgeordneten zum Europäischen Parlament jedoch immer mehr an Bedeutung. Mit Art. 19 Abs. 2 EGV gehen die europäischen Verträge einen wichtigen Schritt zu einer gesamteuropäischen Legitimation des Europäischen Parlaments (B.III.2.).

7. Die Verpflichtung auf demokratische Grundsätze in Art. 23 Abs. 1 Satz 1 GG erschöpft sich nicht darin, dass demokratische Grundsätze im europaeigenen Legitimationssystem wirken müssen, sondern verlangt, dass die Legitimation der Europäischen Union insgesamt nach demokratischen Grundsätzen erfolgt (C. und C.I.).

8. Der Begriff des Volkes ist nicht nur sprachlich ein Grundbegriff der Demokratie. Bereits mathematisch ist, um eine Mehrheit ermitteln zu können, eine Zahlenganzheit erforderlich, da sich nur eine solche in Mehrheit und Minderheit

aufteilen lässt. In der Demokratie verbindet ein gemeinsamer Grundkonsens das demokratisch verfasste Volk zu einer Einheit im Sinne einer Zahlenganzheit (C.II.4.).

9. Für den gemeinsamen Grundkonsens (These 8) genügt ein rein rechtliches Band nicht. Hinzukommen muss ein Zusammengehörigkeitswille. Erst der gemeinsame Wille, einen einheitlichen politischen Körper zu bilden, eröffnet die Möglichkeit, dass das Gemeinwesen in Mehrheit und Minderheit auseinander bricht. Mehrheit und Minderheit werden gerade durch Gruppenloyalität als Kern des demokratischen Ethos zusammengehalten (C.II.4. und 5.).

10. Unter dem Begriff der Nation sammeln sich in erster Linie die politischen und historischen Motive, die ein Volk sich zusammenschließen lassen. Zum Inhalt des Volksbewusstseins sagt die Demokratietheorie selbst jedoch nichts aus. Das von den Beteiligten akzeptierte Gemeinwesen ist das demokratietheoretisch relevante Volk (C.II.5.).

11. Demokratietheoretisch ist der Nationalstaat nicht die einzige Möglichkeit, eine Einheit, die das Mehrheitsprinzip akzeptiert, zu schaffen. Denn hinter der Idee der Volkssouveränität steht die Idee der freien Selbstbestimmung des Einzelnen. Die Bildung eines Volkes als demokratisch organisiertem Entscheidungsverband fließt somit aus dem selbstbestimmten Willen aller Beteiligten, diesen Verband gründen zu wollen. Vorrechtliche Gesichtspunkte der Demokratie sind damit aber rechtlich Motive, Argumente und Gründe für das Wollen des Volkes, sich als demokratisch organisierte Einheit zusammenzuschließen. Sie sind nicht rechtliche Voraussetzungen für die Demokratisierung der Europäischen Union, sondern politische Bedingungen (C.II.5. und 6.).

12. Eine geschlossene Demokratietheorie gibt es nicht, und damit auch keine, auf die man für die Definition der „demokratischen Grundsätze" in Art. 23 GG zurückgreifen kann. Demokratie lässt sich letztlich nur anhand von Einzelmerkmalen umschreiben (C.II.7.).

13. Art. 23 Abs. 1 Satz 1 GG verlangt lediglich, dass die Europäische Union den Zielen der Struktursicherungsklausel „verpflichtet" ist. Hier wird der Unterschied zu den Grundrechten deutlich. Diese müssen mit dem spezifischen Inhalt aus der Struktursicherungsklausel „gewährleistet" sein (C.III.).

14. Die bloße „Verpflichtung" der Europäische Union auf demokratische Grundsätze lässt die Anforderungen an ihre Umsetzung weitgehend offen. Es ist erforderlich, aber auch ausreichend, dass sich die Inhalte, auf die sich die Verpflichtung bezieht, objektiv feststellbar im Handeln der Organisation niederschlagen und nicht lediglich behauptet werden (C.III.).

15. Der Demokratiegrundsatz ist seit den Gründungsverträgen Bestandteil des Unionsrechts und Grundlage der konkreten europäischen institutionellen Verfahren. Die Grundelemente demokratischer Rechtsordnungen sind in der Europäischen Union auch tatsächlich umgesetzt und verwirklicht (C.III.1.).

16. In nur beschränktem Umfang gilt in der Rechtsordnung der Europäischen Union der Gleichheitssatz bei der Wahl der Abgeordneten zum Europäischen Parlament. Es repräsentiert aber auch nicht ein zu einer demokratischen Entscheidungseinheit verfasstes europäisches Volk (C.III.5.).

17. Insgesamt wird in den europäischen Verträgen hinreichend deutlich, dass sich die Europäische Union bemüht, ihre Entscheidungen in Verfahren zu gewinnen, die sich, so weit es ihre rechtliche Struktur zulässt, an Verfahren anlehnen, die nicht nur in den Verfassungen der Mitgliedstaaten sondern auch speziell im Rahmen des Grundgesetzes eine demokratische Legitimation hoheitlicher Entscheidungen sicherstellen (C.III.6.).

18. Nach dem Konzept des Grundgesetzes ergibt sich das eigentliche Gewicht des Bundestages aus seinem Recht, jede beliebige politische Frage im Rahmen der grundgesetzlichen Ordnung gesetzlich zu regeln, sowie aus dem in Art. 20 Abs. 3 GG niedergelegten Vorrang des Gesetzes, der sicherstellt, dass der vom Bundestag in Gesetzesform geäußerte Volkswille jeder anderen staatlichen Willensäußerung vorgeht (C.III.6.d.).

19. Unter dem Grundgesetz gibt es keinen Sachbereich, der der Exekutive zur alleinigen Entscheidung zugewiesen ist. Einzig die Personalhoheit, d.h. die Auswahl, Einstellung und Zuweisung von Beamten wird vom Bundesverfassungsgericht als wesentlicher Bestandteil der Exekutive ausschließlich dieser überantwortet (C.III.2.).

20. Verfassungsrechtlich geschützt ist nur, dass die Gesamttätigkeit der Bundesregierung nicht so weit reduziert werden darf, dass sie in der Gesamtbetrachtung nur noch von anderen Gewalten vorgegebene Inhalte vollzieht (C.III.2.).

21. Der Bundesregierung darf ihre Funktion der politischen Führung, und dabei insbesondere das Recht zur auf Rechtsveränderung und Rechtsgestaltung hinzielenden Initiative, nicht entzogen werden (C.III.2.).

22. Unter dem Grundgesetz ist es der Bundesregierung vorbehalten, darüber zu entscheiden, ob und mit welchem Inhalt sie völkerrechtliche Verträge aushandeln und ratifizieren will. Der Bundestag kann ihnen im innerstaatlichen Ratifizierungsverfahren lediglich im Paket zustimmen oder sie ablehnen (D.IV.4.).

23. Der Versuch des Bundestages, die Bundesregierung auf einen bestimmten Vertrag oder Vertragsinhalt von vornherein zu verpflichten, verstieße grundsätzlich gegen die konkrete Gewaltenteilung des Grundgesetzes. Unzulässig ist

auch ein Antrag des Bundestages auf Abänderung eines bereits geschlossenen völkerrechtlichen Vertrages (D.IV.7.).

24. Eine spezielle Variante der Wesentlichkeitslehre als Weiterentwicklung des Vorbehalts des Gesetzes lebt in der begrenzten Einzelermächtigung. Seine Wurzel hat der Grundsatz des Vorbehalts des Gesetzes für die Legitimation der Europäische Union aus dem Grundgesetz jedoch nicht nur in Art. 59 Abs. 2 Satz 1 GG sondern auch in den Art. 24 Abs. 1 und 23 Abs. 1 Satz 2 GG (D.IV.6.).

25. Art. 59 Abs. 2 GG regelt zwar eine Beteiligung des Bundestages an einem Akt der Exekutive. Diese Beteiligung ist jedoch kein Einbruch des Parlaments in einen fremden Ausschließlichkeitsbereich. Nicht die Beteiligung des Bundestages nach 59 GG ist demokratietheoretisch ein Einbruch in den Handlungsbereich der Exekutive, sondern die Reduzierung der Beteiligung des Parlaments auf einen Akt „in der Form eines Gesetzes" in Art. 59 GG ist, soweit der völkerrechtliche Vertrag transformationsfähigen Inhalt hat, rechtssystematisch ein Einbruch der Exekutive in den Bereich der Legislative (D.IV.7.).

26. Die Formulierung in Art. 23 Abs. 1 Satz 2 GG, wonach auf die Europäische Union Hoheitsrechte „durch Gesetz" übertragen werden können, bewirkt, dass die Rolle des Bundestages bei völkerrechtlichen Verträgen, die auch Hoheitsrechte übertragen, seiner Rolle im innerstaatlichen Gesetzgebungsverfahren entspricht. Im Bereich der Hoheitsrechtsübertragung ist auswärtige Gewalt nicht Exekutivgewalt sonder Legislativgewalt (D.VII.1.).

27. Der Bundestag hat bei der Übertragung von Hoheitsrechten auf die Europäische Union ein uneingeschränktes Weisungsrecht gegenüber der Bundesregierung auch während laufender Vertragsverhandlungen (D.VII.1.).

28. Hoheitsrechte werden nach Art. 23 Abs. 1 Satz 2 GG mit einfachen Mehrheiten in Bundestag und Bundesrat auf die Europäische Union übertragen (D.VII.4.).

29. Die Unterrichtungspflicht aus Art. 23 Abs. 2 Satz 2 GG bezieht sich auf die Angelegenheiten der Europäischen Union aus Satz 1 und unterscheidet nicht, in welchem Rechtsbereich sich die Angelegenheit abspielt oder in welcher rechtlichen Form sich eine „Angelegenheit der Europäischen Union" entwickelt (D.VI.).

30. Art. 23 GG geht von einem weiten Verständnis des Begriffs Hoheitsrechte aus. Hoheitsrechte im Sinne des Art.23 Abs. 1 Satz 2 GG werden deshalb bereits übertragen, wenn der Europäischen Union eine Kompetenz eingeräumt wird, auf deren Grundlage Handlungen ihrer Organe den nationalen Souveränitätspanzer durchdringen und dadurch innerstaatliche Sachverhalte zum unmittelbaren Ziel ihres Handelns machen dürfen (D.VII.2.b. und c. sowie D.VII.3.).

31. Art. 23 GG regelt nicht nur die Beteiligung des Bundestages am Entstehen neuen Primärrechts sondern auch seinen Einfluss auf Handlungen der Europäischen Union im Rahmen der europäischen Verträge. Der Bundestag kann dabei über ein Mandatsgesetz den Vertreter Deutschlands in den Organen der Europäischen Union inhaltlich binden, soweit diese Organe sachlich innenpolitische Angelegenheiten mit Mitteln der Außenpolitik regelt. Denn insoweit können Handlungen des deutschen Vertreters im Rat nicht mehr der Außenpolitik zugeordnet werden (D.IX.).

32. Das Bundesverfassungsgericht eröffnet in seinem Urteil zum Vertrag von Maastricht selbst eine dynamische Sicht des Europäischen Parlaments als Organ demokratischer Legitimation für Entscheidungen der Europäischen Union (E.).

33. Art. 79 Abs. 3 GG schützt das Letztbestimmungsrecht des deutschen Volkes. Er schützt deshalb in jedem Fall die Kompetenz-Kompetenz des deutschen Volkes sowie das Recht Deutschlands, aus der Europäischen Union austreten zu können (E.II.).

34. Die Demokratie des Grundgesetzes beschränkt sich nicht darauf, dass das deutsche Volk Ausgangspunkt demokratischer Legitimation ist. Art. 79 Abs. 3 GG schützt nicht die schlichte Hülle demokratischer Eigenstaatlichkeit Deutschlands als Völkerrechtssubjekt. Das Volk unter dem Grundgesetz muss Herrschaft auch selbst ausüben. Art. 79 Abs. 3 GG und Art. 23 GG erlauben deshalb keine Unterbrechung der Legitimationskette, lassen jedoch eine Verlängerung derselben auch über das unter Art. 20 GG innerstaatlich zulässige Maß hinaus zu (E.III.3.c.).

35. Die Legitimation der Verträge und die Legitimation aus den Verträgen bilden gemeinsam das Legitimationsniveau europäischer Entscheidungen. Die Legitimation aus den Verträgen ist dabei eine national und europäisch gemischte Legitimation (E.II.).

36. Die Legitimation der Verträge aus dem Grundgesetz und die gemischte Legitimation aus den Verträgen sorgen gemeinsam dafür, dass in Deutschland eine lebendige Demokratie erhalten bleibt (E.II.).

37. Aus der Sicht des Grundgesetzes kann auf eine starke Stellung des Rates in den europäischen Verträgen nicht verzichtet werden, auch nicht zugunsten einer unbeschränkten Stärkung des Europäischen Parlaments (E.II.).

38. Sowohl unter dem Gesichtspunkt der Kompetenz-Kompetenz als auch unter dem Gesichtspunkt einer lebendigen Demokratie in Deutschland kann die Entscheidung über Änderungen der europäischen Verträge nicht auf die Europäische Union übertragen werden (E.II.).

FSC
www.fsc.org
MIX
Papier | Fördert
gute Waldnutzung
FSC® C083411

Kolibri 360 GmbH
Ferdinand-Jühlke-Straße 7
99095 Erfurt, Deutschland
produktsicherheit@kolibri360.de

Druck:
CPI Druckdienstleistungen GmbH
im Auftrag der
Kolibri 360 GmbH
Ferdinand-Jühlke-Str. 7
99095 Erfurt